T0381346

**POLICARPO ALFONSO MACHADO C.**

# MANUAL DEL TÉCNICO

# DE

# DIQUES SECOS

## *TEORÍA Y OPERACIONES*

| | | |
|---|---|---|
| Número de Control de la Biblioteca del Congreso de EE. UU.: | | 2020910454 |
| ISBN: | Tapa Dura | 978-1-5065-3279-0 |
| | Tapa Blanda | 978-1-5065-3278-3 |
| | Libro Electrónico | 978-1-5065-3277-6 |



Información de la imprenta disponible en la última página.

Fecha de revisión: 12/10/2020

**Para realizar pedidos de este libro, contacte con:**
Palibrio
1663 Liberty Drive
Suite 200
Bloomington, IN 47403
Gratis desde EE. UU. al 877.407.5847
Gratis desde México al 01.800.288.2243
Gratis desde España al 900.866.949
Desde otro país al +1.812.671.9757
Fax: 01.812.355.1576
ventas@palibrio.com
810643

*Dedicado a los Capitanes de diques secos y a todos mis compañeros de labor del astillero de Monte Esperanza de la Autoridad del Canal de Panamá. A mi señora esposa por su paciencia y valiosa ayuda.*

# CONTENIDO GENERAL

## LISTA DE FIGURAS

**LISTA DE TABLAS**

# PRÓLOGO

La intención primordial de este manual es el fortalecimiento de los conocimientos de los técnicos dedicados a las operaciones de diques secos de un astillero. Contiene información relacionada a las estructuras de los distintos tipos de diques secos y conceptos de la teoría del buque importantes para la colocación de buques dentro de los diques secos. Orientamos el manual siguiendo la programación de las actividades que se realizan para la ejecución de una operación de varada, estadía y desvarada de una embarcación en un dique seco. El texto le servirá al técnico como material de referencia y una herramienta útil, que le proveerá el respaldo técnico para los proyectos de varada que deberá desarrollar. Agrupamos cinco capítulos en la primera unidad, dedicados al estudio de los elementos básicos de la teoría del buque, las cuales son indispensables para la evaluación de las condiciones hidrostáticas del buque a flote. En la segunda unidad estudiamos las características y propiedades de los distintos tipos de diques secos. Las unidades siguientes examinan los procesos de recopilación de datos pertinentes a la varada del buque, las características de los materiales empleados en la fabricación de picaderos, las técnicas de emplazamiento de los picaderos, los cálculos que se requieren para la ejecución de la actividad y los procedimientos de nivelación. Se analizan elementos de la planeación de la maniobra de entrada, exaltando la comunicación que debe

prevalecer, como elemento importante entre el equipo de varada. En la etapa de estadía dentro del dique seco se hizo énfasis en los riesgos inherentes a las actividades que se llevan a cabo estando el buque en seco sobre la cama de picaderos. Finalizamos nuestro estudio con un enfoque sobre las necesidades de una formación profesional del personal que programa, coordina y ejecuta la operación de varada. Al final del manual incluimos varios anexos con aplicaciones aritméticas a problemas de trabajos que comúnmente son solventados dentro del ámbito del astillero. Diversas fallas se han imputado a errores humanos en el proceso de varada y desvarada las cuales pueden ser minimizadas con una agresiva capacitación de los operarios. Reiteramos: "*la operación de varada, en manos de un personal inexperto, es insegura, tanto para la embarcación, como para los diques secos*." La capacitación formal, debe suplantar al conocimiento empírico.

Prima la intención de ser lo más claro y flexibles en nuestras discusiones, considerando las variadas nomenclaturas empleadas en el léxico tradicional de cada astillero. Hemos incluido en algunas explicaciones, algo de la terminología naval inglesa, considerando que, en algunas instancias, el técnico tendrá que gestionar la entrada de un buque al dique seco con planos confeccionados con dicha terminología. Exhortamos a la comunidad dedicada a esta labor que persista en las investigaciones más profundas de los temas que hemos examinados y puestos de manifiesto en este manual.

## AGRADECIMIENTOS

Agradezco de manera muy especial a los integrantes del personal encargado de varar los buques en los diques secos de la Compañía del Canal de Panamá. Fueron ellos mis verdaderos maestros, quienes lograron despertar mi interés por concebir un manuscrito que integrara parte de la teoría fundamental relacionada a los buques con las actividades manuales que se realizan para ejecutar una varada de un buque en un dique seco. Por este logro debo agradecer de manera especial a mi esposa Amelia de Machado, a los Capitanes de diques: Rodolfo Smith, Robert N. Moolchan y Clarence George. También de la misma manera, agradezco la colaboración especial y desinteresada del Arquitecto Naval Sergio Burke, del Licenciado Eyvard Castillo, del arquitecto Jorge Araya, del arquitecto naval Júpiter González, al Profesor Arístides Blanco Ruiz, Profesor y Capitán Orlando Araúz, Ingeniero Alex Machado, a mis hijas Vielka I. Machado, Marlene Jenkins Smith, Melanie Jenkins Grant y a mi estimado amigo Franklin Pringle, por su colaboración, su entusiasmo e interés demostrado y por todo el material técnico puestos a mi disposición. Mi agradecimiento por su apoyo irrestricto y desinteresada cooperación, a los ingenieros Humberto Bandeira Gerente del Astillero Lisnave Portugal, Chris Rochette de Bay-Ship &Yacht Co. Ingeniero Naval Robert Heger, presidente de la firma Heger Dry dock, Inc. Estado de Massachusetts Estados Unidos, al Arquitecto Naval Robert G. Wasalaski de la Marina Estadounidense, Max Whitley de Bardex Corporation, Rachel Tetrault de Crandall Drydock Engineers Co., Al Doctor Bruce Johnson, Ingeniero Naval y profesor de Arquitectura Naval del Instituto Naval en Maryland, Estados Unidos, al Capitán de Diques Secos David Anderson de la Compañía Todd Shipyards de Seattle Washington y al señor Allan Cameron Gerente general del astillero Bay Ship & Yacht Co y muy especialmente al Arquitecto Naval Joe Stiglich instructor del programa de Formación de Capitanes de Diques de DM Consulting, San Diego, CA. A todos por toda la atención y ayuda con el proyecto.

Mi más profundo y sincero agradecimiento a todos.

Policarpo Alfonso Machado C.

## CAPÍTULO 1
## DIMENSIONES, LÍNEAS Y FORMA DE LOS BUQUES.

### 1.1 Introducción.

La preparación de un dique seco para la puesta en seco de un buque está subordinada a la información obtenida en un plano de varada hecho exclusivamente para dicho buque. En ocasiones será necesario obtener junto a los planos de varada, los de construcción y demás planos auxiliares del buque, particularmente los de la expansión del casco y aquellas que incluyen las coordenadas de tapones y tomas de agua a lo largo del casco para la omisión de picaderos en dichas ubicaciones. De acuerdo con la información recabada de estos planos, podrán los técnicos diseñar una cama de picaderos con la precisión adecuada, cónsono con el diseño del casco y con los trabajos programados para su estadía. Por esta razón será importante que el técnico esté versado en la lectura e interpretación de estos planos y para ello debe haber realizado un estudio formal de las dimensiones del buque, de su forma y de las líneas que lo describen. El técnico aplicará este conocimiento, cada vez que tenga que edificar una cama de picaderos para un buque y cada vez que realice los replanteos de las líneas durante las actividades de emplazamiento y de fabricación de almohadas laterales para el apoyo del pantoque. Esperamos que al concluir este capítulo el lector podrá:

- Saber cuán importante son las líneas para la confección de gálibos.
- Valorar las semimangas de las cuadernas con las alturas en cada línea de agua.
- Comparar los procedimientos en la sala de gálibos con los métodos modernos para el alisado de líneas.
- Relacionar los tres planos principales que dividen el buque.
- Reconocer distintos procedimientos para el alisado de líneas.
- Desarrollar líneas de referencias según los planos para la elaboración de gálibos.
- Desarrollar cartillas de trazado del replanteado transversal de las líneas del pantoque del buque.

### 1.2 Dimensiones Principales.

La complejidad de la forma del buque dificulta una medida definida y exacta. Para obtener dichas dimensiones, debieron ubicárseles referencias entre planos longitudinales, transversales y verticales, con sus respectivos ejes de referencia. Las tres dimensiones principales resultantes son*: **Eslora, Manga y Puntal.***[1]

#### 1.2.1 Eslora.

Se denomina *eslora* la longitud del buque. Si la eslora se mide entre la perpendicular de proa y de popa se le denomina: *eslora entre perpendiculares*. las compañías clasificadoras la toman como eslora de

---

[1] Bonilla De La Corte, Antonio. *Teoría Del Buque*. Librería San José Carral, 19 –Vigo España 1972 Págs. 25-30

clasificación. cuando la distancia es medida entre perpendiculares tangentes con los extremos más salientes de proa y popa recibe el nombre de *eslora total*.

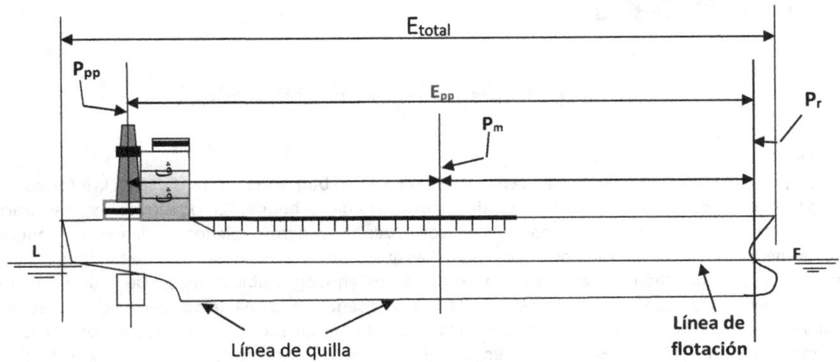


***Figura 1. 1.***
***Dimensiones Principales***

**1.2.2 Manga**

Cuando medimos el buque en sentido transversal, medimos la *manga o anchura del buque.* Depende de las acotaciones y puntos de referencia que se utilicen podemos clasificar la manga como *Manga máxima* **($M_m$)** si es tangente a la línea de flotación normal del buque. Se llama *manga en el fuerte* **($M_f$)** cuando la medida máxima se toma fuera del forro del casco y se incluye el grosor del casco. Cuando se mide la dimensión transversal entre el interior del forro del casco de ambas bandas, sin incluir el grosor del forro se conoce como *manga de trazado. (**$M_t$**).* Véase la Figura 1.2.

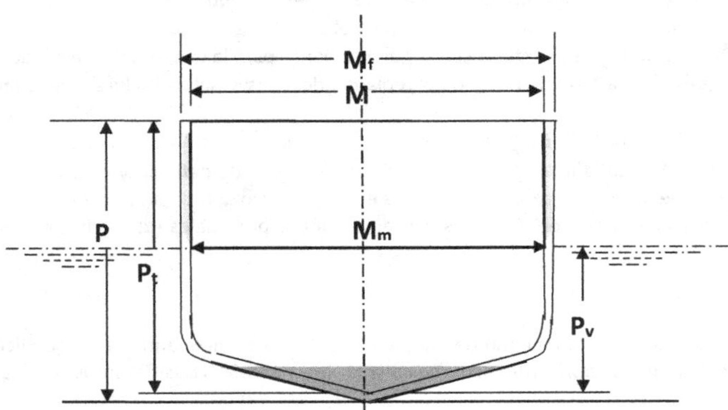


***Figura 1. 2***
***Manga o Anchura del buque***

### 1.2.3 Puntal

El puntal es una dimensión vertical del buque, la suma del francobordo y el calado. Cuando se mide entre la línea base y la línea de flotación se conoce como *Puntal de obra viva* **($P_v$)**. Cuando se mide entre el exterior de la quilla y la intersección del *bao* de la cubierta superior y el forro externo del casco se le denomina *Puntal de construcción* **($P_c$)**. Si la medida es entre el exterior de la quilla y la intersección del *bao* de la cubierta superior, descontando el espesor del forro recibe el nombre de *Puntal de trazado* **($P_t$)**. Puede observarse la descripción de las medidas del puntal en la Figura 1.2. [2]

## 1.3 Perpendiculares.

La perpendiculares son los puntos de referencia más importantes. Permiten la ubicación de otros componentes estructurales y cualquier otro punto del buque que queramos determinar, y las distancias referidas a ella. Pueden referirse a la *perpendicular de popa* o la *perpendicular de proa*. La *perpendicular de popa* se define de dos formas. Los buques que poseen un timón central compensado conocido como *popa crucero*[3], poseen una perpendicular de popa que atraviesa el eje de la mecha del timón. (Véase la Figura 1.3)

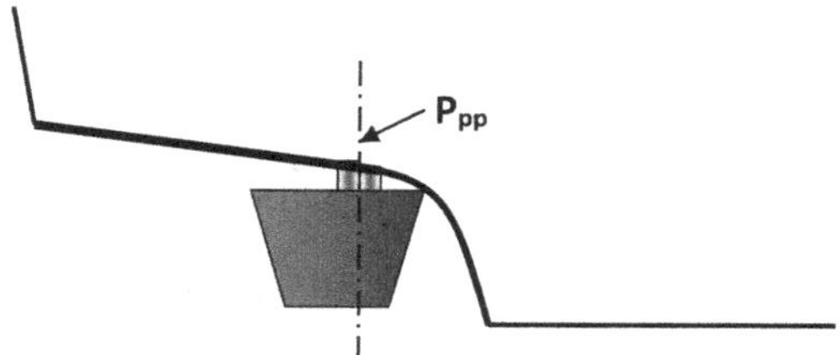


***Figura 1. 3.***
***Perpendicular de Popa Eje de la mecha del timón***

En los Buques con timones centrales ordinarios y codaste popel, la perpendicular de popa pasa por **la arista hacia popa del codaste popel**. Véase la Figura 1.4.

---

[2] Bonilla De La Corte, Antonio. *Teoría del buque*. Librería San José Carral, 19 –Vigo España 1972.

Página 27, 29.

[3] Mandelli, Antonio. *Elementos de Arquitectura Naval*. Librería y Editorial Alsina, Buenos Aires 1986. Pagina 2.

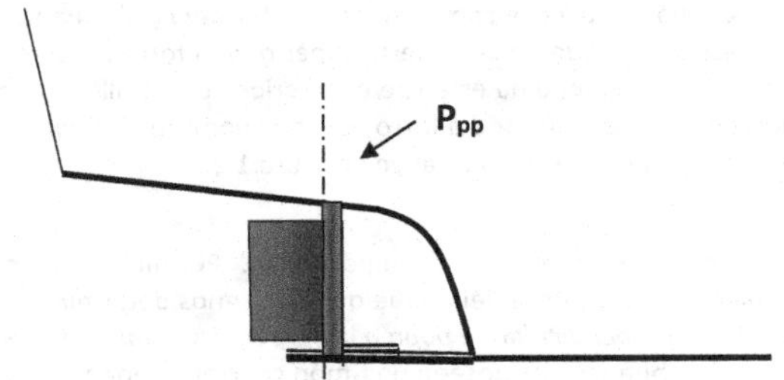


*Figura 1. 4.*
***Perpendicular de Popa Codaste Popel.***

La línea vertical que interseca perpendicularmente la línea de flotación, justamente al frente de la roda se llama *perpendicular de proa*. Véase la Figura 1.5.

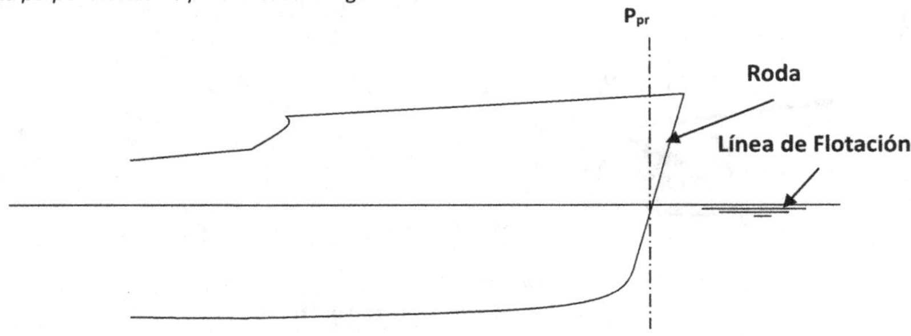


***Figura 1. 5.***
***Perpendicular de Proa.***

### 1.4 Planos de flotación.

La superficie de agua que interseca la superficie exterior del casco se denomina *"plano de flotación"*. La línea que encierra esta área o limita la superficie, se conoce como "línea de flotación". Algunos libros se refieren a dicha línea como simplemente "flotación". El plano de flotación divide el buque en dos, una parte sumergida llamada *obra viva o carena* y otra por encima fuera del agua llamada *obra muerta*. Esta se extiende hacia arriba hasta la última cubierta estanca. La superficie que envuelve el volumen de la *obra viva* recibe el nombre de *superficie mojada*.

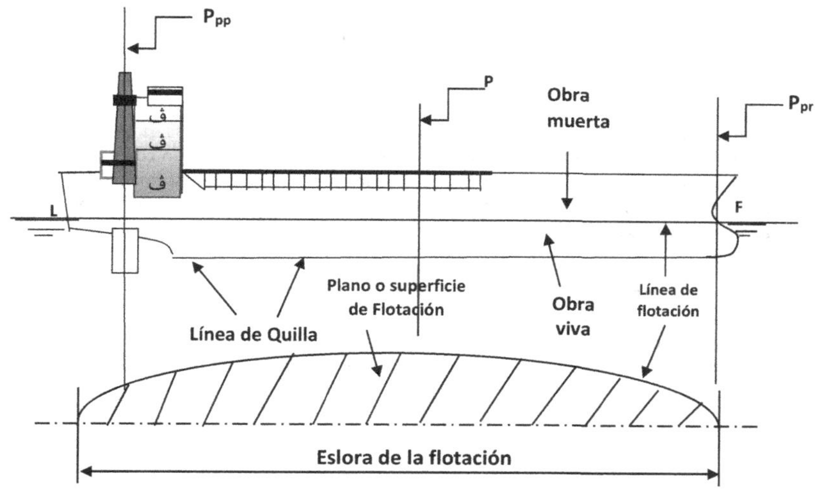


*Figura 1. 6.*
*Plano o Superficie de flotación.*

**1.5 Calados del buque.**

La medida vertical entre la parte inferior de la quilla hasta la línea de flotación recibe el nombre de calado. Son de dos tipos:

***Calado para los cálculos*:**

Se utiliza para determinar el desplazamiento y otras propiedades del buque y para el control de daños y la estabilidad. Mide verticalmente la profundidad de la obra viva, desde el fondo de la quilla o línea base, hasta la línea de flotación.

***Calado para la navegación*:**

Es el calado con que opera el buque. Miden verticalmente la distancia entre el fondo de cualquiera proyección o protuberancia, que se extienda más allá de la quilla. La extensión más allá de la quilla ocurre a menudo en los buques militares, porque vienen provistos de domos y aparatos electrónicos que sobresalen de la quilla.

La zona del buque donde se dibujan los calados son las siguientes:

a. En la perpendicular de proa ($P_{pr}$), para el calado de proa ($C_{pr}$).

b. En la perpendicular de popa ($P_{pp}$), para el calado de popa ($C_{pp}$).

c. En la perpendicular media (Ppm), para el Calado medio ($C_m$).

d. Calado medio – Es la semisuma del calado de proa y popa. $C_m = \dfrac{C_{pr} + C_{pp}}{2}$ (1.1)

La numeración de los calados generalmente empieza en cero desde la línea del fondo de la quilla, suben por todas las flotaciones hasta cruzar las *marcas de Plimsoll.* Se pintan con números arábigos y otras en letras romanas. Se enumeran en algunos buques con unidades del sistema métrico decimal y en otras en unidades inglesas. Generalmente se pintan en las perpendiculares de la popa, en la media y en la de la proa.[4] Las escalas en unidades del sistema inglés (pies y pulgadas) poseen las siguientes características:

1. Se pintan los números pares e impares
2. La altura de los números es de 6 pulgadas.
3. La separación entre los números es de 6 pulgadas.
4. Se colocan en la perpendicular de la proa y el de la popa. Véase la ilustración 1.7.

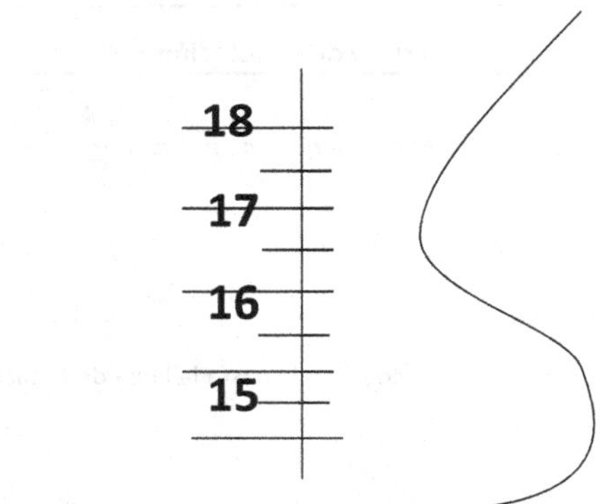


***Figura 1. 7.***
***Escala de calado en unidades inglesas.***

Las escalas en unidades del sistema métrico decimal (decímetros) poseen las siguientes características:

[4] Bonilla De La Corte, Antonio. *Teoría del buque*. Librería San José Carral, 19 –Vigo España 1972. Página 30.

1. Altura del número: 1 decímetro.
2. Separación entre números: 1 decímetro.
3. Área de Colocación: en la perpendicular de proa y perpendicular de popa.

Véase la ilustración 1.8

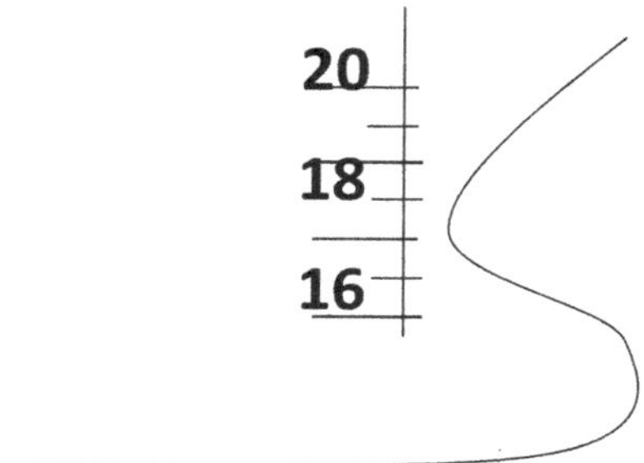


*Figura 1. 8.*
***Escala de Calado en el Sistema métrico.***

Tal como lo señala la Figura 1.8, la altura del número equivale a un decímetro y se mide de la base del número, hasta su parte superior. El espacio entre los números es también de un decímetro, lo cual permite la lectura de un calado en cualquier situación, con bastante exactitud.

1.5.1 Inclinación transversal y longitudinal.

Para el encargado de varar buques en diques secos, es importante la forma como se encuentre flotando cuando se presente para la varada. Cuando se presenta el buque a los muelles del astillero para la varada, generalmente llega con una inclinación hacia popa. Cuando se inclina el buque longitudinalmente, pasa de un plano de flotación a otro plano perpendicular a un eje determinado. El centro de carena se encuentra situado sobre dicho eje que es perpendicular al plano recto y al inclinado y no se moverá de su posición debido a la simetría del buque. Cualquier asiento que adopte el buque, el centro de carena se mantendrá en el plano. En la inclinación transversal el buque gira alrededor de un eje llamado eje de inclinación y el plano perpendicular a dicho eje recibe el nombre de plano de inclinación. Este plano contiene el centro de carena cuando la embarcación se encuentra adrizado. Cuando ocurren balanceos, el centro de carena se mueve con la inclinación, porque en este caso no hay simetría con relación al plano inclinado. Cuando el buque se inclina longitudinalmente hacia popa o hacia la proa, se produce una diferencia entre los calados de la popa y la proa, se dice que la embarcación se encuentra flotando con un *asiento*. Si el calado de popa es mayor, se tiene un asiento *apopante* o positivo y si el calado de proa es mayor, entonces se tiene un asiento *aproante* o negativo.[5] El asiento puede

[5] Ibidem. Página 30 y 31.

alterarse por el traslado de pesos a bordo o por el embarque o desembarque de los mismos. Esta alteración puede ser positiva o negativa.

### 1.6 Planos de forma y líneas de referencia.

Un conjunto de tres planos ortogonales representa la forma del buque. Los tres planos de forma se confeccionan a una escala conveniente mediante los métodos de la geometría descriptiva. Se conocen como: plano diametral, plano horizontal o plano base y plano transversal. Véanse los tres planos en las Figuras 1.9 y 1.10. Estos tres planos definen la configuración geométrica del buque.[6]

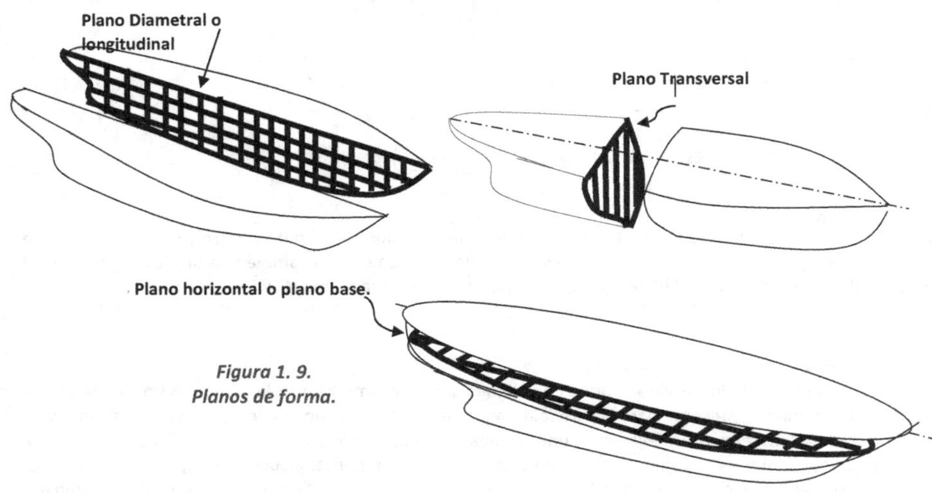


*Figura 1. 9.*
*Planos de forma.*

1.6.1 El plano diametral o longitudinal.

Es un plano vertical y longitudinal, que divide al buque en partes iguales, desde la proa hasta la popa. (Véase la Figura 1.10). Es el plano de perfil del buque. Los planos que se trazan equidistantes a este y que lo dividen siguiendo el mismo sentido longitudinal, se conocen como secciones longitudinales. Estas también generan diferentes perfiles verticales del contorno longitudinal del buque a medida que se vayan apartando del plano central.

---

[6] Rawson, K. J., Tupper, E. C. *Basic Ship Theory.* Longman Group Limited. New York, 1976. Página 9.

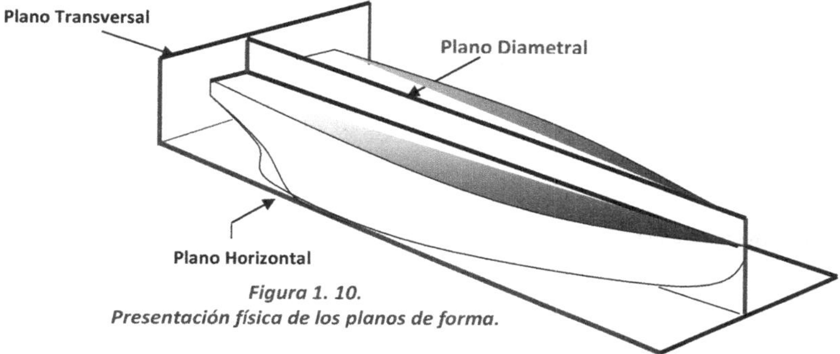


*Figura 1. 10.*
*Presentación física de los planos de forma.*

1.6.2 Plano horizontal base.

Es el plano que pasa por la línea de quilla en un buque. El resto de los planos que dividen el buque hasta el plano de flotación, son paralelos al plano base. Sobre ellas también se proyectan las coordenadas verticales.

1.6.3 Plano transversal.

Es un plano perpendicular al plano base y al plano diametral, alineado en sentido vertical y transversal. Vienen de la perpendicular de popa, llegando a la perpendicular media, hasta la de proa. Son veinte o diez secciones transversales verticales (buques grandes) en sentido longitudinal, paralelos y de igual distancia entre sí. Generan los contornos verticales transversales del buque. En las zonas de pantoque, donde se dificulta la continuidad de las formas, se trazan, según sean necesarios, planos diagonales al plano diametral y perpendicular al contorno del buque para el alisado y la verificación de la continuidad.

1.7 Líneas limitantes de las secciones.

Las líneas que limitan las secciones verticales longitudinales se llaman *líneas de contornos longitudinales* y las que limitan a las secciones horizontales se conocen como: *líneas de agua.* Las que envuelven las secciones transversales son *cuadernas de trazado* y las que limitan los planos diagonales auxiliares son las *líneas diagonales o vagras Inclinadas.*

## 1.8 Líneas de referencia.

Las líneas de referencias son las que resultan de las intersecciones entre los tres planos. Son indispensables para la medición de coordenadas horizontales y transversales. Son:

***Línea Base*:** Es una línea de referencia para obtener coordenadas en el plano diametral. Resulta de la intersección del plano diametral y el plano base. ***Línea Central o de Crujía*:** Se utiliza para medir coordenadas transversales en un plano horizontal. Viene determinada cuando interseca el plano diametral con los planos horizontales.

***Perpendicular Media, de Proa y de Popa:*** Son ejes que se utilizan como referencias para medir coordenadas horizontales longitudinales. Se obtienen de las intersecciones entre el plano diametral y los planos transversales.[7]

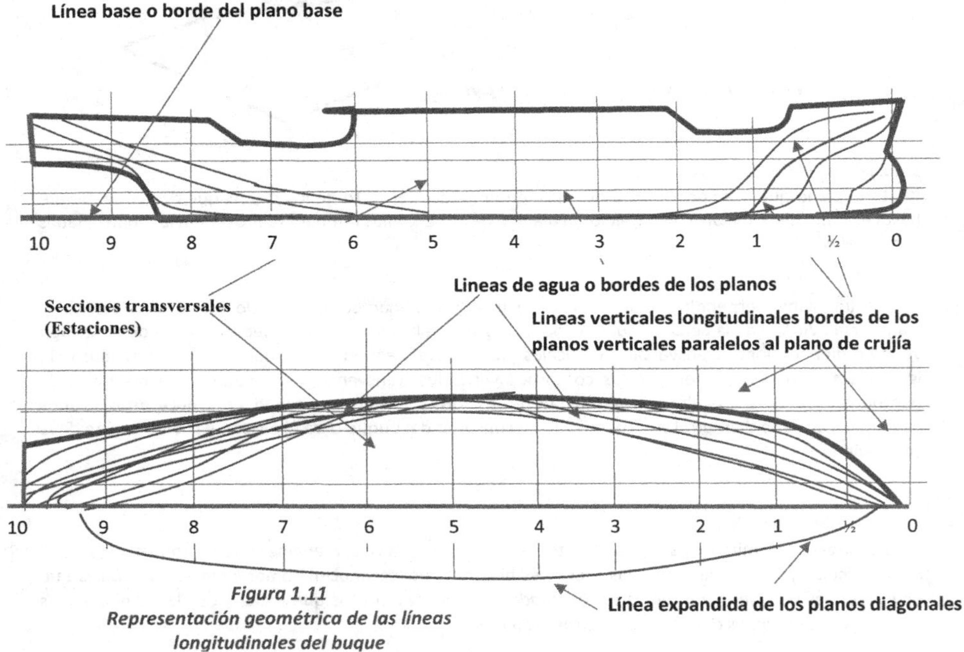


*Figura 1.11*
*Representación geométrica de las líneas longitudinales del buque*

[7] Gillmer, Thomas Charles and Johnson, Bruce. *Introduction to Naval Architecture* United States Naval Institute Annapolis Maryland 1982. Página 39.

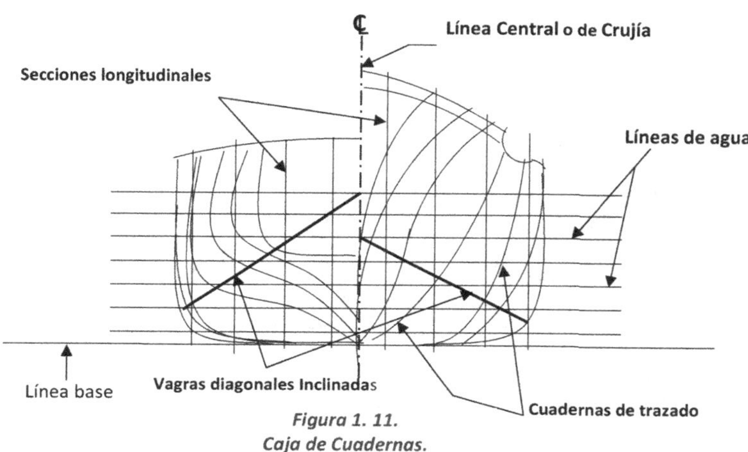


*Figura 1. 11.*
*Caja de Cuadernas.*

***Vagras planas:*** Se trazan arbitrariamente dependiendo de la complejidad de la forma del casco y para lograr mayor precisión. También sirven para verificar la continuidad de las líneas.[8]

### 1.10 Ubicación de los dibujos de las formas en los planos.

Desconocemos la existencia de algún acuerdo internacional, en que se haya establecido la posición exacta que deben ocupar los tres planos en la hoja del plano de líneas, pero generalmente en los dibujos se encuentra el plano longitudinal encima del plano horizontal. El plano transversal puede estar en el centro del plano longitudinal o puede estar en la izquierda del plano longitudinal, en ambos planos se hacen coincidir las líneas de agua. El plano horizontal se dibuja debajo del plano longitudinal y las cuadernas de proa se trazan a la derecha de la maestra y las de popa a la izquierda de la cuaderna maestra. Solo la mitad del buque se dibuja en los tres planos, por lo tanto, en el plano horizontal, se dibujan las líneas de agua encima del eje central y por debajo del eje, las líneas auxiliares. En el plano transversal se trazan en la izquierda del eje de crujía las curvas de las cuadernas hacia popa y las de proa a la derecha del eje de crujía. *(*Figura 1.13)

[8] Nudelman, Norman. *Hydrostatics I.* Westlawn Institute of Marine Technology, 733 Summer Street, Stamford Connecticut U.S.A. 0690. Página 45, 46.

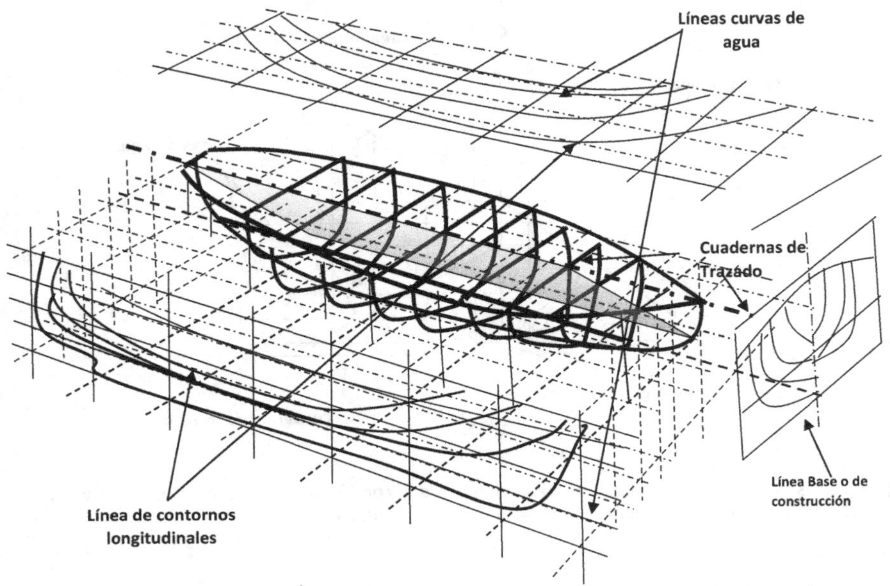


*Figura 1. 12.*
*Proyecciones de las Líneas de Referencias*

**1.9 Líneas de contorno de las cubiertas.**

Se completa el contorno del buque con el plano en que se muestra el arrufo, las líneas de la curvatura de la cubierta principal, los costados, la línea de flotación de diseño, el pantoque y la localización de la quilla. (Figura 1.14)

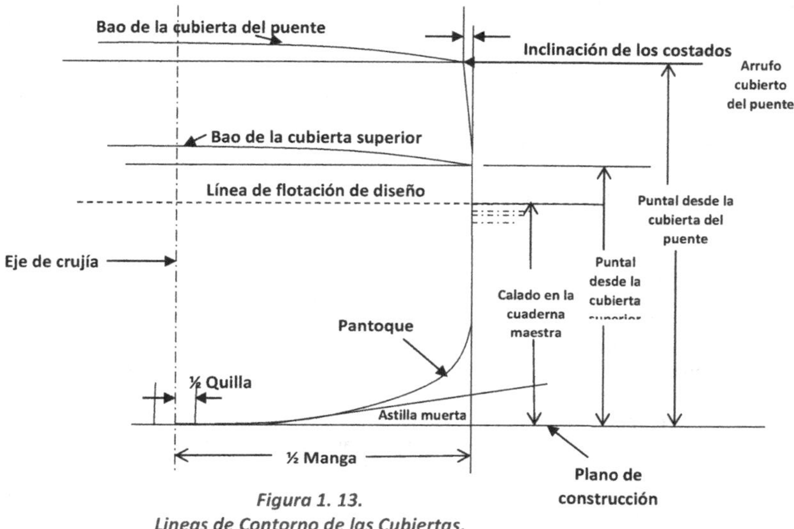


*Figura 1. 13.*
*Lineas de Contorno de las Cubiertas.*

**1.11 Generalidades sobre el trazado de las formas.**

Después del trazado del plano, se confecciona una *cartilla* con las coordenadas de las líneas a escalas, generalmente de 1/100 o de 1/50 en el sistema métrico o de 1-1/16 o 1-1/8 en el sistema inglés para después dibujarlas a escala natural o a la escala 1/10. En la escala natural siempre aparecerán jorobas o bollos u otras imperfecciones en las líneas que deberán ser alisadas para definir correctamente las formas del buque y basadas en ella se crea una nueva cartilla de trazado.

**1.12 Métodos para el alisado de líneas.**

Después de proyectadas las líneas por el ingeniero naval, estas deben pasar por un proceso de alisado a fin de corregir cualquiera deformación en ellas. Después de su verificación, se tomarán estos nuevos puntos y se reintroducirán a la *cartilla de trazado.* Los técnicos del astillero recurren a varios métodos para desarrollar esta labor, entre los más importantes podemos mencionar las siguientes.

**1.13 Alisado realizado en una sala de gálibos.**

Anterior a los años 1970, el alisado de líneas se realizaba solamente en una sala de gálibos. La sala de proyectos preparaba la *cartilla de trazado* y luego las enviaba a la sala de gálibos para proceder con la operación del alisado a escala natural. La sala de gálibos es un edificio especial con un piso de madera de grandes proporciones, suficientemente grande para acomodar el plano de forma y otros trazados del buque a escala natural. El piso se construye de pino, abeto, contra chapado ("plywood") o álamo blanco o amarillo pintado de color claro o de negro, para que resalte la tiza dura. Las líneas rectas se trazan con un cordón de algodón saturado de tiza, que se estira entre dos puntos que definen la línea. Para trazar las curvas se utilizaban junquillos de madera suave, capaces de adaptarse a los puntos de las curvas de manera natural. La escala longitudinal se reducía a ½ o a ¼ para reducir el espacio. La metodología empleada era la siguiente: la sala de proyectos preparaba una cartilla de trazados que luego el personal de la sala de gálibos trazaba y alisaban. Los problemas geométricos por resolver eran multitudinarios. Aunque ya no se utilizan las salas de gálibos, salvo las ocasiones en que han de fabricarse plantillas a escala natural, para alguna pieza especial o cuando se trate de desarrollar plantillas para las cuñas de las almohadas del pantoque de un buque.

### 1.14 Alisado por el sistema FORAN.

Con el avance de la tecnología de la computación dentro de los astilleros, el trabajo del alisado de líneas en la sala de gálibos, fue reemplazándose poco a poco por ordenadores. Por ejemplo la empresa española SENER, quienes desarrollaron el sistema FORAN, incorporan distintos módulos que se aplican a los distintas facetas de la producción del buque, tales como: los dibujos a escala 1/10, las cintas para el control numérico de las maquinas oxicortes y la información pertinente para la planificación y el control de la producción.[9] Por medio de módulos el sistema genera formas variadas y corregidas a partir de los datos básicos que suministran los datos geométricos, las características hidrostáticas y los parámetros de la formas del casco. El sistema utiliza varios módulos para el corregido y alisado y la definición de cubiertas y mamparos. Provee también automáticamente cartillas de trazado para las cuadernas de construcción, límites de costado, perfiles etc. Se han creado una multitud de aplicaciones capaces de producir un alisado de curvas uniformes y continuas, con un mínimo de ordenadas y con un significativo ahorro en tiempo, factores decisivos que determinaron la preferencia sobre los viejos métodos de alisado. De los primeros procedimientos con ordenadores que se destacan, se encuentran el alisado por métodos numéricos, el del método gráfico interactivo, el alisado a escala 1/10 y el viejo método de alisado en la sala de gálibos.

### 1.15 Métodos para el alisado de formas

El alisado por *métodos numéricos* se aplica con un ordenador programado numéricamente. En ella se obtienen formas definidas matemáticamente por ecuaciones. Los datos numéricos se exportan luego a las máquinas de corte y las demás aplicaciones. Prácticamente se ha descontinuado su uso por que requieren grandes superficies, equipo costoso y demasiada mano de obra. El alisado depende del criterio del trazador y los datos casi siempre terminan en errores. El *método gráfico interactivo* ha sustituido los métodos numéricos de corrección de líneas. En la actualidad, dos modelos básicos del método gráfico interactivo son utilizados: los modelos de alambre y los modelos de superficie. El primero despliega, como un entramado de líneas, la forma exterior del buque. El segundo ajusta una superficie como una nube de puntos. Otro método es el que se conoce como alisado *a escala 1/10*, parecido al método realizado a escala natural, pero restringida a la escala 1/10. Con esta escala, se reducen

---

[9] González López, Primitivo B. *Técnicas de Construcción Naval*. Universidad de Coruña, Servicio de Publicaciones. Marzo 2000. Páginas 108, 109, 110.

significativamente, el tiempo y el trabajo y se logra mayor precisión y comodidad.[10] La ciencia computacional, constantemente provee nuevos programas, que continúan modernizando los sistemas de producción de los astilleros, contribuyendo a la eficacia comercial y perfil técnico del astillero. Se han desarrollado variedades de aplicaciones para ordenadores, que han transformado los procesos de diseño logística y producción, en las construcciones nuevas como en las reparaciones y las modificaciones. Entre estos programas relativamente nuevos en el mercado marítimo podemos citar los siguientes: *Cad-Cam, Foran 70, Nupas Cadmatic, Paramarine, Maxsurf, ShipConstructor y General Hydrostatics, NAPA*, que utiliza elementos finitos para la creación de modelos, en un entramado de mallas de alambres. La generación *Autoship, Aero Hydro y Autodesk*, crean modelos en 3 dimensiones y conectan todas las fases del diseño mediante un proceso de simulación, permitiendo encontrar soluciones en la etapa de diseño, en áreas problemáticas, mucho antes de iniciar el proceso de construcción. Todos compiten por proveer mayores ventajas en rapidez y precisión para los diseñadores.[11]

**1.16 Cartillas de trazado.**

En el párrafo anterior mencionamos la generación de definiciones numéricas de la superficie del casco, en una cartilla de trazado para secciones. En la cartilla generada por Foran, se define parabólicamente una base para el restante de los cálculos, para luego definir la forma del buque. Una vez que se armonicen los puntos y que las proyecciones corresponden entre sí, se realizan las últimas modificaciones y se vuelven a verificar las coincidencias de las vistas entre sí, para la aprobación del proyectista. Luego se crea una tabla rectilínea tabulada con todas las intersecciones, de acuerdo con las estaciones, alturas sobre la línea de construcción, la roda y contorno de la popa, bao y trancaniles de las cubiertas. Anterior al advenimiento de la tecnología computacional, el alisado se realizaba en la sala de gálibos. El procedimiento consistía en enviar la primera cartilla a la sala de gálibos, trazar las líneas a escala natural o a escala 1/10 y luego de alisadas, crear una nueva cartilla corregida. Los planos en los astilleros modernos no recurren a las salas de gálibos para el alisado, como ya hemos mencionado, programas de computadoras corrigen y alisan las líneas y de las nuevas coordenadas e inmediatamente se preparan las cartillas finales del proyecto. También se preparan cartillas exclusivas para la varada del buque. En ellas vienen anotados las semimangas y las distancias longitudinales de las cuñas laterales y los picaderos de la quilla. Se incluye en esta cartilla, las tablas con las alturas y los puntos para el trazado de la curvatura de las cuñas. Las dimensiones se dan en milímetros y centímetros para el sistema métrico y en el sistema inglés vienen dados en 1/16 y 1/8 de pulgada. Aparte se preparan cartillas especiales en que se anotan las coordenadas para las aberturas en el casco e instrucciones especiales para la varada del buque.

**1.17 Resumen.**

La introducción del conjunto de dimensiones principales y las líneas de referencia que describen el buque, de acuerdo con las técnicas de la geometría descriptiva, será fundamental para los estudios del replanteo de las líneas y la edificación de las camas de picaderos, en todos los distintos tipos de diques que operan los astilleros. Se incluyeron en este capítulo el trazado de las líneas en los planos, el proceso de alisado de líneas en la sala de gálibos, explorando también la aplicación de los ordenadores al trazado

---

[10] Primitivo B. González López, *Técnicas De Construcción Naval (*Servicio de Publicaciones, Universidad de Coruña: Marzo 2000) Página120

[11] The Naval Architect. A publication of The Royal Institution of Naval Architecture July/August 2009. Pags. 38-49

y alisado de líneas. La presentación del tema del alisado de líneas es responsabilidad y del dominio del ingeniero naval sin embargo para el técnico es fundamental su conocimiento para realizar todo trazado, ya sea para la fabricación de las cuñas del pantoque o para el emplazamiento de la cama de picaderos. Las aplicaciones para realizar dibujos en varias dimensiones han sustituido en su gran mayoría el trazado en la sala de gálibos. No obstante, la preparación del técnico en todo lo relacionado a la estructura del buque debe incluir las experiencias en una sala de gálibos la cual, debe ser parte importante de su cognición. En el siguiente capítulo nos ocuparemos de los análisis del buque semisumergido en un líquido.

## 1.18 Preguntas de Repaso.

**Llene los espacios.**

1- Las dimensiones principales del buque son ____________, ________________, _______________

2- Las clases de puntal de un buque son las siguientes: ____________, __________, ____________

3- Las marcas de calado generalmente se pintan en la perpendicular de _____________ y la perpendicular de ________________

4- La superficie de agua que interseca el casco exterior del buque se llama: __________

5- El tamaño de los números es de__________ en la escala de calados del sistema métrico decimal.

6- Los tres planos donde se proyectan las formas del buque son: ____________, ____________ y ______________

7- La línea que resulta de la intersección del plano diametral con el plano base, se conoce como______________________

8- Algunos métodos utilizados para el alisado de formas son: ________________, ________________

9- Mencione tres líneas de referencia.

10- ¿Cuál es la escala utilizada para el trazado inicial de las líneas del buque?

11- Mencione algunos de los programas utilizados para el diseño de buques.

12- ¿Nombre del contorno de la cubierta?

**Bibliografía.**

1- Bonilla De La Corte, Antonio. *Teoría Del Buque*. Librería San José Carral, 19 –Vigo España 1972

2- Chapelle, Howard L. *Boatbuilding* W. W. Norton & Company, Inc. New York, N. Y., 1969.

3- Gillmer, Thomas Charles and Johnson, Bruce. *Introduction to Naval Architecture* United States Naval Institute Annapolis Maryland 1982.

4- Primitivo B. González López, *Técnicas De Construcción Naval* (Servicio de Publicaciones, Universidad de Coruña: Marzo 2000)

5- The Naval Architect. A publication of The Royal Institution of Naval Architecture July/August 200.

## CAPÍTULO 2
## FLOTABILIDAD Y DESPLAZAMIENTO

### 2.1 Introducción.

En el primer capítulo del manual se repasaron los elementos que definen la forma, las dimensiones y las líneas que describen el buque. Centramos nuestro estudio sobre las líneas y los planos de referencias, específicamente para reforzar nuestro conocimiento sobre el replanteo de líneas en la solera del dique para el emplazamiento de las almohadas y picaderos y cuando hemos de desarrollar formas del casco en la sala de gálibos. En este segundo capítulo colocaremos el buque, semi- sumergido en agua salada o dulce, para estudiar su flotabilidad y calcular su peso de acuerdo con su desplazamiento. La flotabilidad del buque y su desplazamiento son conceptos que deben ser del dominio del oficial responsable de la navegación del buque, como también del técnico de varadas, cuya responsabilidad es remover el buque del agua y colocarlo sobre una cama de picaderos en un dique seco. Esperamos que después de que el lector termine el estudio de este capítulo, logre enriquecer sus conocimientos sobre las teorías de flotabilidad y desplazamiento y su aplicación a las operaciones de varada estadía y desvarada y este repaso le otorgue una mayor amplitud para explicar y aplicar:

- El Principio de Arquímedes a la flotabilidad del buque.
- Aplicar los principios de flotabilidad.
- Explicar lo que es desplazamiento.
- Calcular desplazamientos.
- Determinar toneladas por centímetros o por pulgadas de inmersión.
- Estimar el centro de gravedad del buque.

### 2.2 Principio de Arquímedes.

Si un cuerpo se sumerge en un líquido, experimentará una fuerza hacia arriba, igual y opuesto al peso del líquido desplazado, ya sea que esté parcial o completamente sumergido. Por ejemplo, si se coloca un pedazo de madera en un líquido, la madera desplazará una cantidad de líquido igual en magnitud, que la fuerza de empuje ascendente. Cuanto mayor sea el volumen de agua desplazada, mayor será la fuerza de empuje ascendente.

En el siglo III AC, el filósofo, matemático y físico griego Arquímedes, descubrió la manera de calcular el empuje ascendente que actúa sobre un cuerpo sumergido en un líquido. Las conclusiones de Arquímedes se expresan en el siguiente enunciado:

*"Todo cuerpo sumergido total o parcialmente en un líquido, recibe un empuje vertical hacia arriba, igual al peso del líquido desplazado por el cuerpo"*[12].

---

[12] Bueche, Frederick. *Física General*. McGraw-Hill Interamericana de México, S.A. de C.V. 1991 págs. 126, 127

Supongamos que fuese posible extraer el buque totalmente del agua, y determinar el volumen de agua desplazada, según sugiere la Figura 2.1, comprobaríamos que dicho volumen de agua LABCF, sería igual al peso del buque.

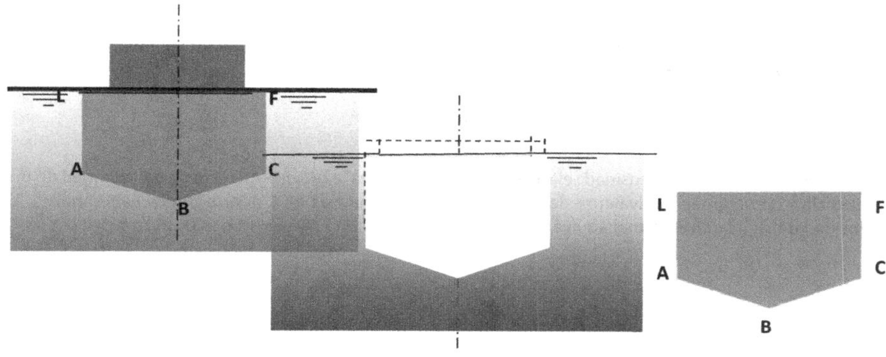


***Figura 2. 1.***
***Volumen de un líquido desplazado por un cuerpo.***

**2.3 Flotabilidad.**

La introducción del corolario que se deriva del principio de Arquímedes, conocido como *Ley de Flotación*, nos dice que una de las condiciones principales de flotación en un líquido es la siguiente: que el cuerpo inmerso tenga menos peso que el volumen del líquido desplazado. Este principio además nos define lo que conocemos como desplazamiento y que podemos también agregarle el efecto de la densidad del agua. Por ejemplo: el casco del buque descenderá o emergerá, según la densidad específica del agua. Un cuerpo homogéneo flotará en un líquido más denso que él y se hundirá en uno menos denso. Además, podemos agregar que el volumen de desplazamiento será menor en agua salada que en agua dulce, siempre y cuando, no haya sufrido ninguna alteración, el peso o masa de la llámese flotador o si se trata de una embarcación. Los diseñadores mantienen una relación entre el volumen de la obra muerta y el volumen de la obra viva. De esta relación se obtiene el *coeficiente de flotabilidad*. La obra muerta es la parte sumergida y su parte estanca, se conoce como reserva *de estabilidad*[13]. El cálculo de este volumen será importante para los cálculos posteriores, para determinar el calado del buque en el instante de inestabilidad después de asentada la quilla del buque sobre los picaderos. Cuando aplicamos el principio de Arquímedes nos percatamos de lo siguiente:

a) Si la fuerza de gravedad es mayor que la fuerza de empuje del agua: el cuerpo se hunde.

b) Si la fuerza de gravedad es igual que la fuerza de empuje del agua: el cuerpo quedará parcialmente hundido.

---

[13] Bonilla De La Corte, Antonio. *Teoría Del Buque*. Gráficas Bouzas, S.L. VIGO España 1979. Página 71, 72, 73.

c) Si la fuerza de gravedad es menor que la fuerza de empuje del agua: Se elevará fuera del agua.

**2.4 Densidad.**

Debemos repasar algunos de los conceptos básicos alusivos al desplazamiento del buque en aguas diversas. Al referirnos a las aguas en que se puede encontrar a flote el buque, debemos estudiar la densidad de estos líquidos. La razón entre la masa de una sustancia y su unidad de volumen es lo que conocemos como *densidad* de la sustancia:

$$\text{Densidad} = \frac{\text{Masa}}{\text{V}}$$

Gravedad específica o densidad relativa de una sustancia es la razón entre el peso del volumen de una sustancia y un volumen equivalente de agua a una temperatura de 4º C o 39.2 grados Fahrenheit[14]. La densidad del agua dulce normal equivale aproximadamente $1.00 \times 10^3$ kg/m$^3$ o 1000 kg/m$^3$.[15]

***Ejemplo 2.1***

Cuando Un objeto o cuerpo se sumerge en agua dulce, dará la impresión de haber perdido 1000 kg de su masa. Por ejemplo: si se suspende de un resorte una caja que mide 1 m$^3$ cuya masa es igual a 5000 kg. Si después la misma caja se sumerge en agua, la lectura en el balance de resorte será de 1000 kg menos.

[14] Nicol, George. *Ship Construction and Calculations*. Brown, Son and Ferguson, LTD, Glasgow. 1952 pagina 270.

[15] Serway, Raymond A. *Física.* McGraw-Hill Interamericana de México S.A. de C.V. 1993. Página 406

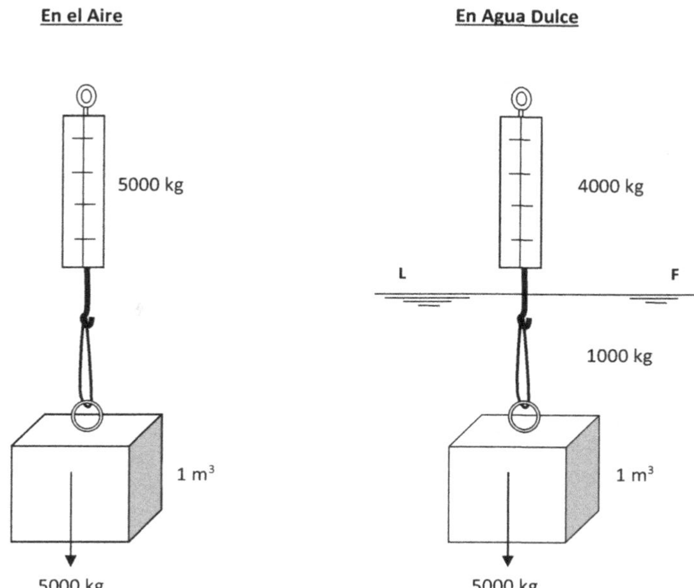


*Figura 2. 2.*
*Experimento que comprueba la acción de la fuerza de empuje del agua.*

**2.5 Fuerza de Empuje**

Lo que se ha comprobado con el experimento anterior del cubo suspendido, es que existe una fuerza que actúa hacia arriba. Esta fuerza se conoce como *fuerza de empuje* y actúa verticalmente hacia arriba por el centro de gravedad del volumen sumergido del cuerpo. Podemos volver a demostrar el concepto con otro experimento:

***Ejemplo 2.2***

Supongamos que se mantiene sujeta bajo el agua, una caja con una masa de 5000 kg y con un volumen de 10 $m^3$. Su desplazamiento aparente, sería de 10 $m^3$ de agua dulce, equivalentes a una masa de:

Masa = Volumen × Densidad (agua dulce)

Masa = 10 $m^3$ × 1000 $kg/m^3$

Masa = 10000 kg que es la fuerza de empuje aparente, que actuará empujando la caja hacia arriba.

Pero la caja posee una masa de 5000 kg y al soltarse seguirá subiendo hasta que la fuerza de empuje sea igual a la masa de 5000 kg, que es la masa de la caja equivalente al volumen sumergido de 5 $m^3$. Véase la Figura 2.4.

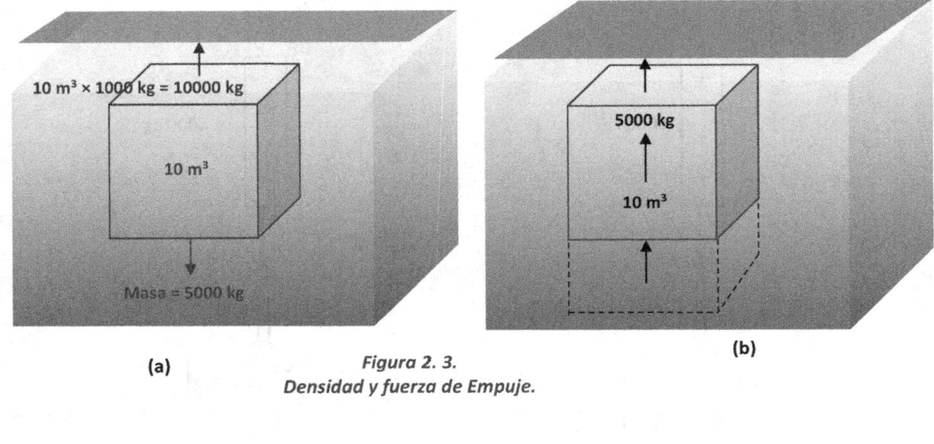


*Figura 2. 3.*
*Densidad y fuerza de Empuje.*

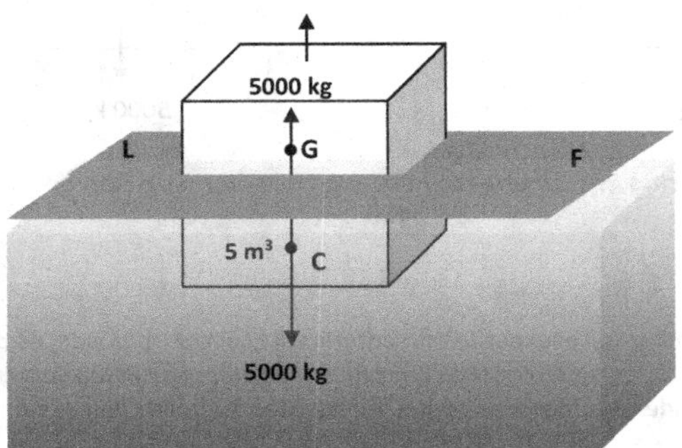


*Figura 2. 4.*
*Fuerza de Empuje sobre el cuerpo.*

Si el cuerpo se encuentra sumergido, emergerá hasta igualarse ambas fuerzas tal como se observa en la Figura 2.4. Similarmente si un cuerpo se coloca en un fluido, seguirá hundiéndose hasta que la masa y la fuerza de empuje sean iguales. Concluimos que para que un cuerpo se encuentre a flote en reposo, debe ser desplazada su propio peso en agua. Con el centro de gravedad del cuerpo encima o debajo del centro del volumen, donde actúa o se concentra el vector de la fuerza de empuje. Si al cuerpo que vemos en la Figura 2.5, le agregamos un peso de 1500 kg, aumentando la masa del cuerpo a 6500 kg, causará un hundimiento adicional de 1.5 metros.

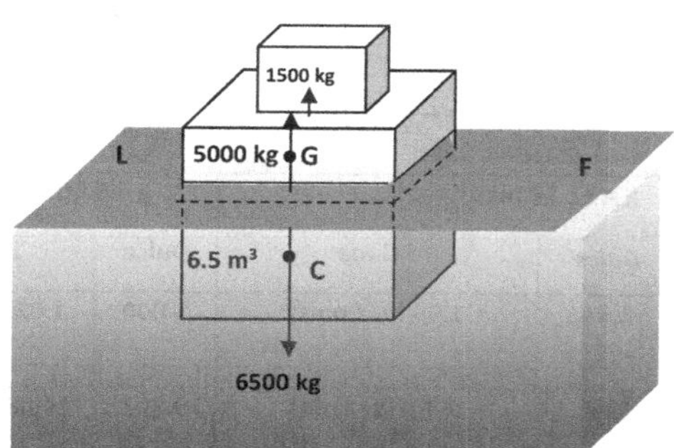


***Figura 2. 5.***
***Reacción del cuerpo que flota cuando se le añade un peso adicional.***

Generalmente los diques secos se construyen en la entrada de los ríos o cerca de sus estuarios o también en la orilla de la ensenada de un puerto, en aguas salobres. Los que se construyen cercanos al agua salobre, están expuestos a la fluctuación de las mareas cerca de las puertas del dique y en estas ubicaciones es donde más se experimentan cambios significativos de densidad, por lo cual, se recomienda tomar muestras del agua con un *hidrómetro* y así obtener la densidad correcta. Recordemos que, para el cálculo exacto del desplazamiento, es importante conocer la densidad correcta del agua. Cuando el buque navega en agua salada y por alguna razón, su ruta es alterada para navegar en agua dulce, sin que se haya alterado su peso, ocurre un cambio en el calado debido a las diferencias de densidad del agua. El volumen de desplazamiento es menor en agua salada, por consiguiente, el calado es menor. Vale la pena considerar este hecho, donde se hayan comprobado estas fluctuaciones en la densidad del agua cercanas al dique seco.

| TABLA DE DENSIDADES | | | | |
|---|---|---|---|---|
| Unidades Inglesas | | | Unidades SI | |
| MASA | | | | |
| g = 32.17 pies / seg$^2$ | | | g = 9.807 m / seg$^2$ | |
| | *Dulce* | Salada | Dulce | Salada |
| Densidad Masa | 1.94 | 1.99 lb. / pies$^3$ | 1.000 | 1.025 Kg. / m$^3$ |
| Densidad Peso | 62.4 | 64.0 lb. / pie$^3$ | 9.807 | 10.052 KN / m$^3$ |
| Densidad Recíproca | 35.9 | 35.0 pie $^3$/Lt | 0.1020 | 0.0995 m$^3$/KN |
| Densidad Específica | | | 1.000 | 1.025 |

*Tabla 2. 1. Densidades de agua salada y agua dulce.*
*Heger Dry dock Engineer.*

En el siguiente ejemplo, ideamos un problema típico de diferentes densidades del agua. Hemos exagerado las dimensiones, pero queremos recalcar la importancia de verificar la magnitud de los cambios en los calados, cuando el buque debe navegar de agua salada, hacia el agua dulce donde se encuentra el dique. Veamos el problema y su solución.

***Ejemplo 2.3***

Supongamos que un buque debe llegar al muelle cercano al dique seco y las condiciones en que se encuentra son las siguientes:

Eslora = 136.16 m, Manga = 22.95 m, Calado medio = 5.50 m

Densidad de agua salada = 1. 025.Tm / m$^3$, Densidad de agua dulce = 1.000 Tm/ m$^3$

Área del plano de agua cual flota el buque = 5352.3 m$^2$

Peso del buque = 15238 Tm.

Debemos investigar: el calado del buque al llegar al dique seco.

1- a) Encuentre el Volumen de Desplazamiento ($\nabla$) en (agua salada)

b) Encuentre el Volumen de Desplazamiento ($\nabla_1$) en (agua dulce)

2- Encuentre el calado del buque, al pasar del agua salada al agua dulce.

**Solución:**

15238 Tm

1) Calcule el Volumen de desplazamiento para agua salada.

$$\nabla = \frac{\Delta}{\text{Densidad del agua}} \qquad (2.1)$$

$$\nabla = \frac{15238 \ \text{Tm}}{1.025 \ \text{Tm}/\text{m}^3}$$

$\nabla$ = 14866.34 $m^3$

**3) Calcule el Volumen de desplazamiento para agua dulce.**

$$\nabla_1 = \frac{\Delta}{\text{Densidad del agua}}$$

$$\nabla_1 = \frac{15238 \ \text{Tm}}{1.000 \ \text{Tm}/m^3}$$

$\nabla_1$ = 15238 $m^3$

**4) Calcule la diferencia en el calado al pasar del agua salada al agua dulce:**

La diferencia en volumen será:

Diferencia = 15238 $m^3$ - 14866.34 $m^3$ = 371.66 $m^3$.

$$\text{Diferencia en el calado} = \frac{371.66 \ \text{m}^3}{5253.3 \ \text{m}^2} = 0.071 \ \text{m} = 6.1 \ \text{cm} \qquad (2.2)$$

**5) Calado total al arribar el buque a la entrada del dique:**

El incremento del calado medio en el agua dulce es de:

$$5.50 + 0.071 = 5.571\text{m}. \qquad (2.3)$$

El agua en la entrada del dique debe tener aproximadamente 0.457 metros mayor que el calado calculado para el buque, o sea 6.028 m de profundidad o más, para que el buque pase sin rozar el busco de la entrada del dique. La distancia vertical, que viene siendo el espesor de la capa de agua de 6.1 cm pulgadas, representa el hundimiento del buque al pasar del agua salada al agua dulce y se refleja como un incremento del calado, asumiendo que el plano de agua original no haya sufrido alteración en el trayecto. Esta solución es aceptable para buques con paredes verticales cerca del plano de agua de flotación. Nótese que, si el buque estuviese navegando en agua dulce, dirigiéndose a agua salada, simplemente invertiríamos el procedimiento para su determinación.

**2.6 Desplazamiento (Δ o Δm)**

Desplazamiento (**Δ**) es el peso del agua desplazada por la obra viva del buque. Se calcula multiplicando el volumen de agua desplazada ( $\nabla$ ), por la densidad del agua en que flota el buque. En las tablas hidrostáticas, la curva de desplazamientos trazadas para varios calados como ordenadas y en consecuencia, los desplazamientos correspondientes en toneladas como abscisas. A continuación, podemos apreciar una sección de la curva, tomada de una tabla hidrostática.

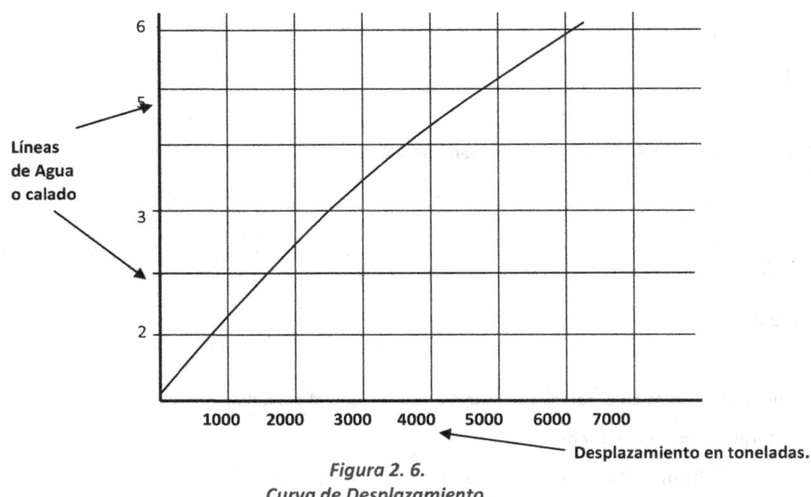


*Figura 2. 6.*
*Curva de Desplazamiento.*

En el sistema inglés el desplazamiento es relativo al peso del buque, y todo lo que contiene. En el sistema métrico decimal el desplazamiento se expresa en términos de masa. La definición final de desplazamiento se refiere a *"el volumen de desplazamiento del buque multiplicado por la densidad del agua en que flota."* [16] Su cálculo corresponde al volumen moldeado. El volumen de los apéndices se agrega al volumen moldeado. Dado en unidades inglesas, en toneladas largas, (Ton), para el desplazamiento y en unidades de pies$^3$ para el volumen. En el sistema métrico decimal, el desplazamiento

[16] Zubaly, R. B. *Applied naval architecture.* Cornell Maritime Press. Inc.1996. Pagina45

vendrá en toneladas métricas (Tms) y el volumen en metros ($m^3$) cúbicos. Puede encontrarse definidos en otros textos con el símbolo **(Δ)** para distinguir el desplazamiento (peso) del símbolo (**$\Delta_m$)** para desplazamiento (masa), pero comúnmente es el símbolo **"Δ"** el que se utiliza en la mayoría de los cálculos sin mayores distingos.

## 2.7 Tipos de Desplazamiento y baricentros.

Son tres los valores importantes, asociados con la carena, que deben ser determinados.

**1- *Volumen de desplazamiento*:**

Es el volumen sumergido del buque. Su valor medido es equivalente al líquido desplazado por el buque. Se pueden obtener de las tablas hidrostáticas o calcular su valor por el método Simpson o del método del trapecio.

**2- *Volumen moldeado:***

Se calcula, directamente de las tablas, dadas las coordenadas sumergidas de la forma moldeada o por el método Simpson o del trapecio.

**3- *Desplazamiento total:***

Es la suma del volumen moldeado y los volúmenes del forro o espesor del casco más los volúmenes de los apéndices tales como: el timón, hélices, quillas de balance etc. El desplazamiento total se determina para cada calado y las unidades están dadas en toneladas largas (Long Ton), o Toneladas métricas (Metric ton). Su valor se obtiene de las curvas hidrostáticas, por el método Simpson o por el método del trapecio.

**a) *Desplazamiento en Rosca***

Corresponde al desplazamiento del buque, con todos los líquidos en circulación en sus instalaciones (agua en las calderas, aceite de lubricación).

**b) *Desplazamiento en Lastre o en Servicio.***

Es el desplazamiento del buque en rosca, sin carga, pero con los pertrechos y efectos de consumo de la tripulación.[17]

**c) *Desplazamiento en Carga.***

---

[17] Bonilla De La Corte, Antonio. *Teoría Del Buque*. Gráficas Bouzas, S.L. VIGO España 1979. Páginas 72, 73.

Es el desplazamiento de la embarcación en lastre, aumentado a la máxima carga que la embarcación pueda transportar. Lo define el calado correspondiente al centro del disco de máxima carga. El ***Peso muerto*** es igual a la diferencia entre el Desplazamiento en carga y el desplazamiento en rosca.

**4 - El *centro de Gravedad* (G, CG).**

El peso del buque se encuentra concentrado en el centro de gravedad del buque, pasa por la misma línea vertical donde se encuentra el centro de carena, cuando el barco se encuentra en equilibrio, en reposo. Su posición se obtiene de los cuadernos de estabilidad. Su determinación se logra realizando una experiencia de estabilidad con el buque en rosca. Los operadores del buque dependerán de este dato, para su localización posterior, pues será esta posición del centro de gravedad, la que determine las condiciones de asiento o de escora.

**5- *Centro de carena longitudinal* ($P_{pp}C$, LCB, en la nomenclatura inglesa).**

Es la distancia longitudinal del centro de carena, referida a un plano transversal especificado o a la perpendicular de popa (Ppp) o a la perpendicular de proa. La posición del centro de carena se obtiene directamente de las curvas hidrostáticas o puede ser calculada mediante el método Simpson o del trapecio. ($P_{pr}$). [18] Es positiva cuando se encuentra a popa de la sección media (⊗), dado en metros o pies y se considera negativa cuando se encuentra a proa de la sección media, sus unidades pueden ser metros o pies.

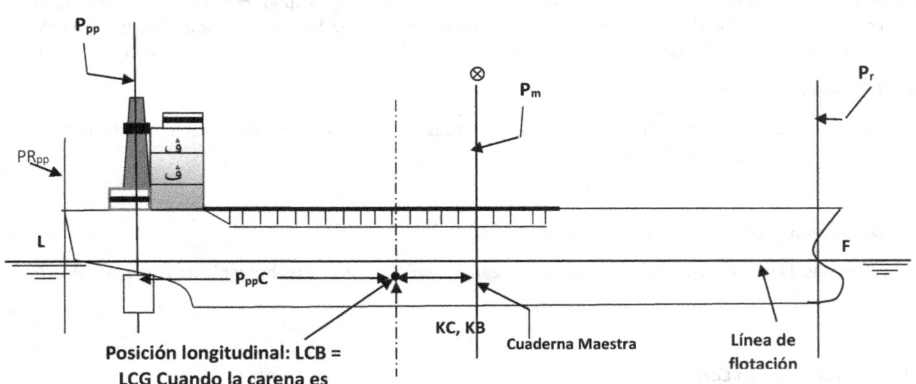


*Figura 2. 7.*
***Localización del Centro de Gravedad y Centro de Carena Longitudinal.***

[18] Bonilla De La Corte. *Teoría del Buque.* Graficas Bouzas, S.L. VIGO España 1979 Páginas 99, 100, 101.

***6- Centro de carena vertical.***

Es la altura del centro de carena encima de la quilla o línea base **KC** (en la nomenclatura inglesa se utiliza, **KB**). Las unidades son pies o metros.

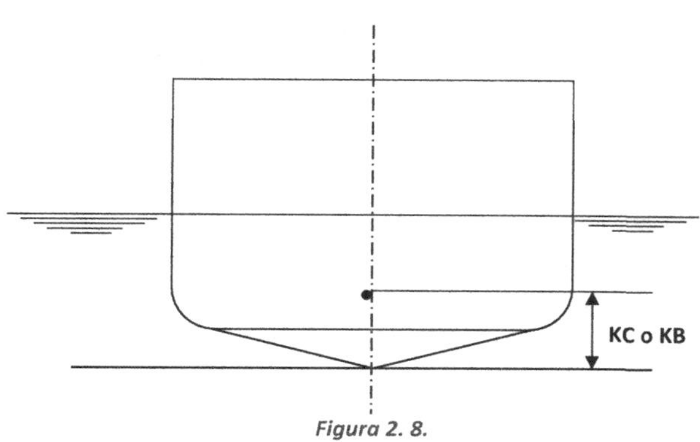


*Figura 2. 8.*
*Centro de Carena Vertical.*

**2.8 Toneladas por centímetro o pulgada de inmersión.**

Es importante considerar, qué cantidad de peso en toneladas puede agregársele o reducírsele a un buque, para que su calado aumente o disminuya, un centímetro o una pulgada.

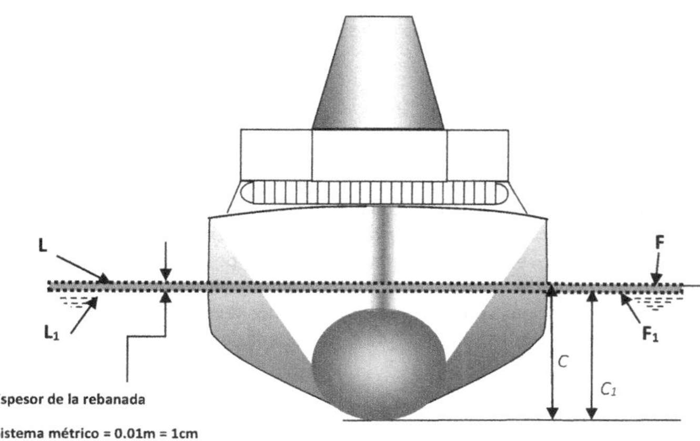


*Figura 2. 9.*
***Espesor de una rebanada de Agua de 1cm o 1 pulgada.***

Cuando al buque se le agregue o se remueva un peso, se produce una rebanada de agua, cuyo volumen se calcula multiplicando el área de la rebanada, por la diferencia entre los dos calados. Nos referimos al calado anterior a la adición o remoción de un peso y el posterior a la añadidura o remoción del peso (Vea el concepto ilustrado en la Figura 2.9). Entonces, si restamos el calado anterior del posterior, obtendremos el espesor de la rebanada de agua. Por consiguiente, habremos calculado el volumen de la rebanada y con este valor podremos calcular su peso. Peso y desplazamiento son valores similares, por consiguiente:

TPC o Tc = Toneladas por centímetro.

$\nabla_R$ = Volumen de la rebanada.

0.01m = Espesor de la rebanada.

$A_f$ = Área de la superficie de flotación

$$\nabla_R = A_f \times 0.01 \qquad (2.4)$$

$$T_c = A_f \times 0.01 \times 1.026$$

$$T_c = \nabla_r \times 1.026 \qquad (2.5)$$

También se expresa como:

$$\text{TPC o } T_c = \frac{A}{96.46} \qquad (2.6)$$

Toneladas por pulgada de inmersión. (Unidades Inglesas).

$$\text{TPI o } T_p = \frac{\nabla_r}{420} \qquad (2.7)$$

**2.9 Momento Unitario de asiento, por centímetro o pulgada.**

El momento unitario se obtiene en las curvas hidrostáticas, en función del calado y el desplazamiento y representa el momento que se le debe imprimir al buque, para alterarle el asiento. Es importante su uso para los cálculos de alteración del asiento. Se requiere el momento unitario correspondiente a los distintos calados, para evaluar los efectos de la carga y descarga de pesos y el traslado de esta en el buque. En la tabla siguiente mostramos las fórmulas para los momentos unitarios en dos unidades: la métrica y la inglesa. Se encontrarán variaciones en los símbolos en algunos textos dependiendo de la terminología utilizada para las ecuaciones. Por ejemplo, la "E" de eslora puede ser reemplazada por "L" de *lenght* que significa longitud.

Donde:

E = Eslora entre perpendiculares.

Δ= Desplazamiento correspondiente a la flotación.

$GM_L$ = Altura metacéntrica longitudinal en metros o pies. [19]

| Sistema Inglés | Sistema Métrico Decimal |
|---|---|
| **Momento para variar el asiento 1 pulgada** | **Momento para variar el asiento 1 cm** |
| **MT1** = $\frac{\Delta \times GM_L}{12 \times E}$ **(2.8)** | **MTc** = $\frac{\Delta \times GM_L}{100 \times E}$ **(2.9)** |
| | |
| | |

*Tabla 2. 2.*
*Momento para variar 1 cm y 1 pulgada.*

**2.10 Peso y Centro de Gravedad.**

El oficial, encargado de la operación de un buque, encuentra que el *centro de gravedad* (CG) es el elemento que debe controlar para mantener las condiciones óptimas de asiento, adrizamiento y estabilidad. Asimismo, el técnico encargado de realizar la varada del buque deberá conocer y controlar el centro de gravedad (CG) para evitar la inestabilidad antes de colocar el buque sobre los picaderos del dique y además evitar el aplastamiento de estos por la concentración del peso. Las coordenadas del centro de gravedad y el control de sus variaciones son importantes para la evaluación de las condiciones de asiento, adrizamiento y estabilidad. La ordenada vertical del centro de gravedad, que es donde se concentra todo el peso del buque, determina las condiciones de estabilidad para un desplazamiento específico; y su abscisa nos dirá el asiento que tenga el buque. La posición del centro de gravedad (G) depende de la distribución del peso en el buque. Cualquiera alteración de la distribución del peso en el buque causará una reacción del centro de gravedad (G). Siempre CG se moverá en dirección hacia la posición donde ocurre la carga de un peso. De la misma manera CG se alejará si se descarga un peso y cuando ocurre un traslado de peso, CG se desplazará hacia la misma dirección del traslado. En los astilleros de construcción de buques es obligatorio una *"experiencia de estabilidad"* o *prueba de Inclinación*, con el buque en rosca, a fin de establecer las coordenadas longitudinales y verticales del centro de gravedad[20].

[19] Puig, Joan Olivella. *Teoría Del Buque, Estabilidad, Varada e Inundación.* Universitat Politécnica de Catalunya, SL 1996. Pág. 31.

[20] Bonilla De La Corte, Antonio. *Teoría Del Buque*. Graficas Bouzas, S.L. VIGO España 1979. Página 91.

**2.11 Determinación del Centro de Gravedad Vertical y Longitudinal.**

Los datos de las coordenadas del centro de gravedad se obtienen de los cuadernos de estabilidad y asiento, en manos de los encargados del buque. Allí están anotadas las distancias de los centros de gravedad de los pesos que componen el buque, incluyendo todos los tanques llenos al máximo, su coordenada vertical contenida en plano diametral, medidos de la línea base de construcción. Las coordenadas longitudinales se ubican en referencia a la perpendicular de proa o la de popa también viene referenciada a la sección media. Se analiza el centro de gravedad para la condición del buque en lastre, partiendo de la condición del buque en rosca.

El oficial a cargo del buque, así como el técnico encargado de la varada, utilizarán todos los datos suministrados en el cuadernillo de estabilidad para el buque en rosca. Estos datos servirán para todos los cálculos de estabilidad y trimado. Para calcular la posición del centro de gravedad del buque, se toman los momentos estáticos de los pesos, es decir: el producto del peso por la distancia del centro de gravedad de este, respecto a un plano o eje conocido. Generalmente este centro se encuentra cercano a la línea de flotación y en la sección media del buque. La altura del centro de gravedad es un importante factor para los cálculos de altura metacéntrica inicial y los momentos de eslora, dados los ángulos, de allí la importancia de que el estimado del centro de gravedad se concluya en las primeras fases del diseño del buque.

El eje de referencia, para ubicar la posición transversal del centro de gravedad, es el plano de crujía o plano vertical central. El centro de gravedad longitudinal de la popa. El centro de gravedad de los artículos de peso muerto se refiere al casco, equipo, maquinaria y contenido de los tanques. Sus momentos se combinan con los momentos tomados del buque en rosca, para obtener el peso total y el centro de gravedad del buque en lastre. Es conveniente construir una tabla para evitar confusiones con las anotaciones y las operaciones aritméticas. La distancia del centro de gravedad, a la quilla, se va a obtener al dividir el total del momento resultante, entre la suma total de los pesos. De acuerdo con la distancia podremos analizar la estabilidad y el asiento del mismo. En el ejemplo 2.2, podemos apreciar un registro de pesos en la tabla 2.3 (tomado del manual de Norman Nudelman) con una lista parcial de designaciones, la cual utilizaremos para demostrar el procedimiento para el cálculo del centro de gravedad y de cómo obtener las coordenadas verticales y longitudinales, para una embarcación pequeña.[21]

***Ejemplo 2.4***

---

[21] Nudelman, Norman. *Hydrostatics I.* Westlawn Institute of Marine Technology, 733 Summer Street, Stamford Connecticut U.S.A. 0690. Página 42, 43, 44.

Calcule el centro vertical y longitudinal de gravedad según los datos de la tabla 2.3

| TABLA DE REGISTRO DE PESOS | | | | | | | |
|---|---|---|---|---|---|---|---|
| | Sobre la Línea de Construcción (Quilla) | | | De la Cuaderna Maestra hacia la Popa y la Proa | | | |
| Designación | Peso (Libras) | Brazo Vertical (Pies) | Momento Vertical (Pies) | Brazo hacia Popa (Pies) | Momento hacia Popa (Pies) | Brazo hacia Proa (Pies) | Momento hacia Proa (Pies) |
| Casco | 6100.00 | 6.75 | 47275.00 | 1.75 | 10675.00 | 0.00 | |
| Súper Estructura | 1175.00 | 12.50 | 14686.50 | 2.50 | 2936.50 | 0.00 | |
| Ebanistería | 1340.00 | 9.75 | 11725.00 | 1.25 | 1675.00 | 0.00 | |
| Maquinaria | 1112.00 | 6.80 | 8673.60 | 3.50 | 3892.00 | 0.00 | |
| Pintura | 245.00 | 9.75 | 2389.75 | 1.68 | 411.60 | 0.00 | |
| Equipo | 1182.00 | 10.85 | 12825.70 | 0.00 | 00.00 | 3.15 | 3724.30 |
| Electricidad | 445.00 | 9.0 | 4005.00 | 9.97 | 4436.65 | 0.00 | |
| Botavara | 600.00 | 22.50 | 12900.00 | 0.00 | 00.00 | 0.65 | |
| Aparejos | 822.00 | 6.72 | 5518.12 | 0.00 | 00.00 | 0.57 | 390.00 |
| Plomería | 315.00 | 9.20 | 2583.00 | 3.10 | 976.50 | 0.00 | 466.97 |
| Lastre | 5480.00 | 4.25 | 23290.00 | 2.05 | 11234.00 | 0.00 | |

*Tabla 2. 3. Registro de Pesos.*

Respecto a los dos ejes de referencia: la línea de construcción y la cuaderna maestra hacia la popa o la proa.

*A- Respecto a la línea de construcción (Quilla).*

**Procedimiento:**

Sea:

**1- Cálculo del centro vertical de gravedad.**

CVG = centro vertical de gravedad.

$M_V$ = momento vertical.

P = peso

$$CVG = \frac{M_V}{P} \qquad (2.10)$$

$$CVG = \frac{145869.67}{18815.00}$$

| CVG = 6.75 pies |
|---|

**2- Cálculo del centro de gravedad longitudinal.**

*B. De la cuaderna maestra hacia la proa o la popa.*

**Procedimiento**:

Sea:

$M_{Lpp}$ = Momento longitudinal hacia la popa.

$M_{Lpr}$ = Momento longitudinal hacia la proa.

CLG = Centro de gravedad longitudinal.

1. Reste el momento apopante del aproante:
2. $M_{Lpp} - M_{Lpr}$
3. Divida el excedente entre el peso.

$$CLG = \frac{M}{peso} \qquad (2.11)$$

De la tabla 6.5, obtenemos los siguientes datos:

$M_{Lpp}$ = momento apopante = 36239.25

$M_{Lpr}$ = momento aproante = 4581.27

P = peso total = 18815.00

$M_{Lpp} - M_{Lpr}$ = excedente de momentos.

36239.25 - 4581.27 = 31656.98

$$\text{CLG, (LCG)} = \frac{\text{Momento excedente}}{\text{peso}} \tag{2.12}$$

$$\text{CLG} = \frac{31656.98}{18815.00} \tag{2.13}$$

De la cuaderna maestra hacia la popa = CLG (LCG) = 1.68 pies.

**2.12 Resumen.**

El repaso realizado procura afianzar los conocimientos del técnico sobre los elementos básicos de la teoría del buque relacionado a los centros de carena, centros de gravedad, desplazamientos, toneladas por centímetros y los momentos para variar el asiento del buque, todos estos conceptos importantes para analizar la estabilidad del buque, realizar correcciones de asiento y escora, estudiando los embarques y descargas de pesos a bordo de la embarcación. Todos estos elementos, serán fundamentales cuando se evalúe la condición estática del buque antes de su entrada al dique seco. Volveremos a repasar los procedimientos para la ubicación del centro de gravedad del buque y demostraremos su importancia en la estimación de la estabilidad del buque próximo a ser varado. La estabilidad, como veremos en el cuarto capítulo, es una condición importante que experimenta todo buque, y será primordial su conocimiento, tanto para el oficial que opera el buque, como el responsable de la operación de varada y desvarada del buque.

**2.13 Problemas de repaso.**

1- Un buque se encuentra flotando con un calado de 3.91m en la proa y 4.47m en la popa. El volumen de la flotación = 18.76 $m^3$, su eslora (E) = 159.50 m y la manga (M) = 26.20 m.

Determine el calado medio.

2- Determine los momentos verticales de los componentes **A y B** del barco de la Figura 6.10. Los pesos de cada componente son los siguientes: A = 73.8 toneladas y B = 34.9 toneladas.

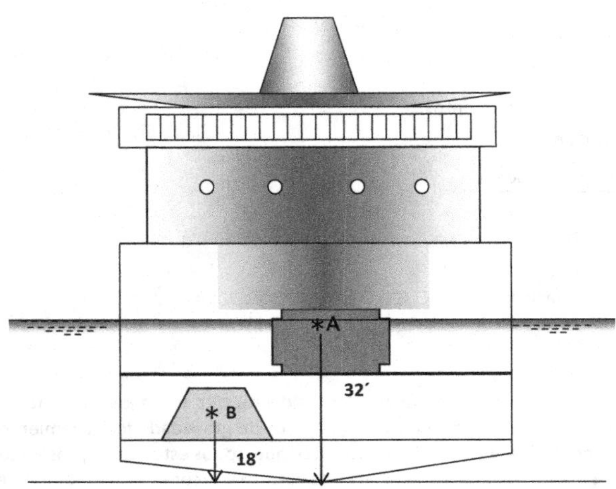


*Figura 2. 10.*
*Momentos Verticales de los componentes de un buque.*

3-Encuentre la ubicación el centro longitudinal de gravedad en una embarcación, con los datos registrados en la siguiente tabla (tabla 2.4).

| Nombre del objeto | Peso (Tm) | Brazo de palanca a popa(m) | Momentos a popa (Tm/m) | Brazo de palanca a proa (m) | Momento a proa (Tm/m) |
|---|---|---|---|---|---|
| A | 29.5 | 5.5 | | | |
| B | 65.2 | 3.0 | | | |
| C | 30.5 | 2.0 | | | |
| D | 74.6 | | | 3.5 | |
| E | 34.5 | | | 5.0 | |
| [illegible] | | | | | |

*Tabla 2. 4.*
*Tabla de Momentos.*

4- Calcule el momento para variar un centímetro del buque que se describe en el problema #1.

5- Mencione los distintos tipos de desplazamiento.

6- Encuentre las Toneladas (métricas) por pulgada de inmersión y el desplazamiento en agua salada en toneladas del buque ilustrado en el primer problema.

**7.** Supongamos un buque debe llegar al muelle cercano al dique seco. Se encuentra en las siguientes condiciones:

Eslora = 136.16 m, Manga = 22.95 m, Calado medio = 5.50 m

Densidad de agua salada = 1. 025.Tm / $m^3$, Densidad de agua dulce = 1.000 Tm/ $m^3$

Área del plano de agua cual flota el buque = 5352.3 $m^2$

Peso del buque = 15238 Tm.

a) Encuentre el Volumen de Desplazamiento ($\nabla$) en (agua salada)

b) Encuentre el Volumen de Desplazamiento ($\nabla_1$) en (agua dulce)

c) Encuentre la diferencia en el calado al pasar del agua salada al agua dulce.

d) Investigue el calado del buque cuando arribe a la entrada del dique seco.

**Bibliografía.**

1- Bonilla De La Corte, Antonio. *Teoría Del Buque*. Gráficas Bouzas, S.L. VIGO España 1979.

2- Bueche, Frederick. *Física General. McGraw-Hill Interamericana de México,* S.A. de C.V. 1991.

3- Nudelman, N.A., Norman. *Hydrostatics 1* Westlawn Institute of Marine Technology Inc. Stamford, CT, U.S.A. 1990.

4- Puig, Joan Olivella. *Teoría Del Buque, Estabilidad, Varada e Inundación.* Universitat Politécnica de Catalunya, SL 1996.

5- Rawson, K. J. , Tupper, E. C. *Basic Ship Theory*. Longman Group Limited N.Y. 1969.

6- Zubaly, Robert B. *Applied Naval Architecture* Cornell Maritime Press, Inc. Centreville, Maryland 1996.

7- Purcell, Edwin J. y Varberg, Dale. *Cálculo y Geometría Analítica* Prentice Hall Hispanoamericana S.A. México 1992.

8- Nicol, George. *Ship Construction and Calculations*. Brown, Son and Ferguson, LTD, Glasgow. 1952 pagina 270.

9- Serway, Raymond A. *Física.* McGraw-Hill Interamericana de México S.A. de C.V. 1993. Página 406

## CAPÍTULO 3
## PROPIEDADES HIDROSTÁTICAS Y COEFICIENTES DE AFINAMIENTO

### 3.1 Introducción.

Continuaremos analizando en este capítulo, las propiedades adicionales que completan la caracterización de la forma del buque. Estudiaremos los coeficientes de afinamiento y las propiedades hidrostáticas del buque. Presentaremos algunos ejemplos en donde se demuestran cómo se aplican los coeficientes de afinamiento y las curvas hidrostáticas de la tabla de atributos, para calcular valores importantes de la carena del buque, especialmente las que se relacionan a la estabilidad. Al concluir este estudio el lector podrá:

- Conocer el valor de los coeficientes de afinamiento.
- Comparar las tablas desarrolladas con distintas unidades.
- Confeccionar razones para el cálculo de coeficientes de afinamiento
- Interpretar las curvas y utilizar las escalas dadas, para obtener valores numéricos.
- Calcular con los valores obtenidos de las curvas las distintas propiedades.

### 3.2 Coeficientes de afinamiento.

Son las relaciones entre volúmenes o superficies reales de este y los cilindros paralelepípedos o rectángulos circunscritos a ellos. Los coeficientes de afinamiento nos dan una idea de la forma del buque. [22] Las siguientes son las que más interesan al técnico:

1- *Coeficiente de afinamiento de las líneas de agua.*

2- *Coeficiente cilíndrico.*

3- *Coeficiente de afinamiento de la cuaderna maestra.*

4- *Coeficiente de afinamiento de la carena o coeficiente bloque.*

Estudiaremos las ecuaciones de los coeficientes de afinamiento en ambas unidades, la inglesa y la métrica, considerando que en la labor del técnico de varada, y el del oficial encargado de navegar el buque en alta mar, encontrarán en sus labores, buques de orígenes variados que los obligará a la interpretación de sus planos con terminología variada. El coeficiente más importante para los cálculos de la varada y del interés del técnico, es el *coeficiente de afinamiento de la carena o de bloque*. Hemos incluido en la lista otros coeficientes, que muy pocas veces el técnico tendrá que recurrir a ellas, no obstante, es positivo

---

22

mencionarlos, como contribución al conocimiento general y para aclaración de nuestra discusión sobre los coeficientes.

### 3.3 Coeficiente "Bloque" o de afinamiento de carena

El *coeficiente de bloque* nos ilustra de manera general, el grosor del buque y nos expresa una idea de la capacidad de carga, comparado con otros buques con las mismas dimensiones principales. Se define como: *"la razón entre el volumen de la carena o parte sumergida del buque y el volumen de un bloque rectangular cuya longitud, ancho y altura, se compara a la eslora, manga y puntal del buque, limitado por la flotación deseada"*. El coeficiente de bloque permite calcular el desplazamiento, si se conocen los valores del calado promedio, la manga, la eslora y la densidad del agua en que flota el buque. La ecuación del coeficiente de bloque es la siguiente:

1) $$\boldsymbol{\delta = \frac{\nabla}{E_{pp} \times M \times C}} \qquad (3.1)$$

Donde:

**$K_b$, $C_b$ o** $\delta$ = Coeficiente de Afinamiento bloque o de la carena.

$\nabla$ = Volumen de la obra viva o carena

**$E_{pp}$** = Longitud de un bloque rectangular equivalente a la eslora entre perpendiculares del buque.

**M** = ancho de un bloque rectangular equivalente a la manga del buque.

**C** = Espesor de un bloque equivalente al calado medio del buque.

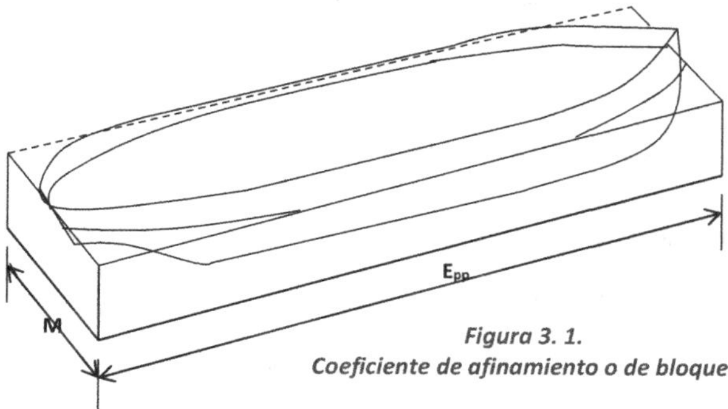


***Figura 3. 1.***
***Coeficiente de afinamiento o de bloque.***

Es importante poder reconocer la ecuación para el coeficiente bloque al tratar con planos de nomenclatura inglesa. La ecuación es la siguiente:

$$C_B = \frac{\nabla}{LBT} \qquad (3.2)$$

Donde:

$\nabla$ = Volumen de la obra viva o carena.

**$L_{bp}$** = Eslora entre perpendiculares

**B** = Manga del buque

**T** = Calado.

Recordemos que el coeficiente bloque es diferente para cada buque, puesto que depende de la forma sumergida del casco. Al relacionar el volumen de la carena, aproximándola a un rectángulo con las mismas dimensiones, tendremos distintos coeficientes como resultado, dependiendo de la forma de la carena del buque. Las embarcaciones de formas más afinadas son de menor volumen, y su forma se aleja más de la forma rectangular, por lo tanto, el valor del coeficiente es menor. Por ejemplo, una barcaza rectangular se aproxima más a la forma de un rectángulo y el valor del *coeficiente bloque* es de 0.90 a 0.95 mientras que, en una embarcación de líneas más afinadas, el valor puede llegar a 0.43. Para un bote salvavidas de madera, se le asigna un coeficiente de bloque de 0.6, considerado valor aceptable a menos que se especifique otro valor. Este coeficiente es importante para los cálculos de certificación de la ocupación máxima de personas permitidas dentro de ellas. El siguiente ejercicio nos aleja de nuestro enfoque, pero será un ejemplo que demuestre la utilidad de los coeficientes. Si queremos calcular la cantidad de personas que pueden ocupar un bote salvavidas. El procedimiento es el siguiente:

Sea:

**E** = Eslora, M = Manga, P = Puntal, $C_B$ = Coeficiente de bloque.

**V** = Volumen del bote salvavidas

**V** = $E \times M \times P \times C_B$ en metros cúbicos. (3.3)

**x** = 0.283: Constante que se utiliza para el volumen de una persona para una embarcación de 6.3 metros de eslora o más.

**x** = 0.396: Constante que se utiliza para el volumen de una persona para un bote de 4.9 metros de eslora.

Para obtener la cantidad de personas = $\frac{V}{x}$ (3.4)

Para botes con esloras intermedias el valor se puede obtener por interpolación.[23] Veamos un ejemplo:

[23] Derrett, D. R. Captain, Barrass, C.B. Dr. *Stability for Master and Mates.* Butterworth Heinemann, Oxford Auckland, Boston, Johannesburg, Melbourne, New Delhi. 2001. Página 63.

***Ejemplo 3.1***

Encuentre la cantidad de personas que puede llevar un bote salvavidas de 11.5 metros de eslora, 3.1 metros de manga, coeficiente de afinamiento ($C_B$) y 1.3 metros de puntal.

**Solución:**

$$\mathbf{V = EMP\ C_B}$$

$$V = 11.5 \times 3.1 \times 1.3 \times 0.6$$

$$V = 26.81\ m^3$$

Cantidad de personas que se pueden embarcar = $\dfrac{V}{x}$

$$= \frac{27.81}{0.283}$$

= 98 personas

La tabla 3.1 nos muestra algunos valores de coeficientes de afinamiento cúbico para distintos buques.

| **COEFICIENTES DE AFINAMIENTO CUBICO O DE BLOQUE $C_b$ (δ)** **BUQUES VARIADOS** (De Robert Heger, "Dockmaster's Manual" y Del manual de Crandall, 1978) | |
|---|---|
| Buques Tanques y Cargueros de los Grandes Lagos | 0.73 – 0.75 |
| Buques de Carga de gran tonelaje de altura | 0.56 – 0.65 |
| Buques Tanques de altura | 0.60 - 070 |
| Remolcadores de altura | 0.54 – 0.56 |
| *Buques cruceros* | *0.55 – 0.60* |
| Transbordadores | 0.42 – 0.44 |
| Remolcadores de puerto | 0.50 – 0.52 |
| Goletas para la pesca | 0.40 –0.45 |
| Destructores | 0.52 |
| Crucero de guerra | 0.57 |
| Buque Guarda costas | 0.51 |
| Buques VLCC y ULCC | 0.78 – 0.80 |
| Buques gaseros – LNG | 0.65 - 070 |

***Tabla 3. 1.***
***Lista de coeficientes de bloques par buques variados.***

El desplazamiento de un buque puede estimarse tomándose mediciones físicas de la eslora, manga, puntal (calado medio) del buque y el coeficiente de bloque. Multiplicando estos valores entre si se obtiene el volumen de la obra viva o sea el volumen sumergido. Dividiendo el volumen entre 35 para agua de mar y 36 para agua dulce, cifras que representan 35 pies$^3$ de agua salada y 36 pies$^3$ de agua dulce, ambas equivalentes a 1 tonelada larga, se obtiene el desplazamiento en toneladas largas para el sistema inglés.

| **SISTEMA INGLÉS** | **SISTEMA MÉTRICO DECIMAL.** |
|---|---|
| **Sea:**<br>**Δ = Desplazamiento**<br>**L = Eslora**<br>**B = Manga**<br>**D = Puntal**<br>**γ = Densidad del agua**<br>$\frac{1 \text{ long ton}}{35 \text{ pies}^3}$ **(Agua salada)**<br>$\frac{1 \text{ long ton}}{36 \text{ pies}^3}$ **(Agua Dulce)** | **Sea:**<br>**Δ = Desplazamiento**<br>**E = Eslora**<br>**M = Manga**<br>**P = Puntal**<br>**γ = Densidad del agua**<br>**γ = 1.026 (Agua Salada)**<br>**γ = 1.000 (Agua Dulce)** |
| Agua Salada | Agua Salada |
| $\text{Desplazamiento } (\Delta) = \frac{C_B \times L \times B \times D}{35}$ (3.5) | **Desplazamiento (Δ)** = $\nabla \times \gamma$<br>**Desplazamiento (Δ)** = $C_b \times E \times M \times P \times \gamma$<br>$= C_b \times E \times M \times P \times 1.025$ (3.6) |
| Agua Dulce | Agua Dulce |
| $\text{Desplazamiento } (\Delta) = \frac{C_B \times L \times B \times D}{36}$ (3.7) | **Desplazamiento (Δ)** = $\nabla \times \gamma$<br>**Desplazamiento (Δ)** $\Delta = C_b \times E \times M \times P \times \gamma$<br>$= C_b \times E \times M \times P \times 1.000$ (3.8) |
| | |

*Tabla 3. 2.*
***Calculo utilizando dos sistemas de unidades del Desplazamiento.***

Para el sistema métrico decimal, el volumen de la carena se multiplica por la densidad del agua salada que es equivalente a 1.026 Tms /$m^3$ y para el agua dulce por 1.000 Tms/$m^3$. En la tabla 3.2, se aprecian las fórmulas de las unidades inglesas y las del sistema métrico.

### 3.4 Coeficientes prismático o cilíndrico.

El coeficiente prismático es el que describe la fineza de los extremos sin contar con la forma de la sección media o cuaderna maestra. Es la relación entre el volumen de la carena y el de un prisma cilíndrico, que posea el ancho y la longitud, de la eslora y la cuaderna maestra del buque:

$$(C_P)\ \varphi = \frac{\nabla}{S_M \times E_{PP}} \qquad (3.9)$$

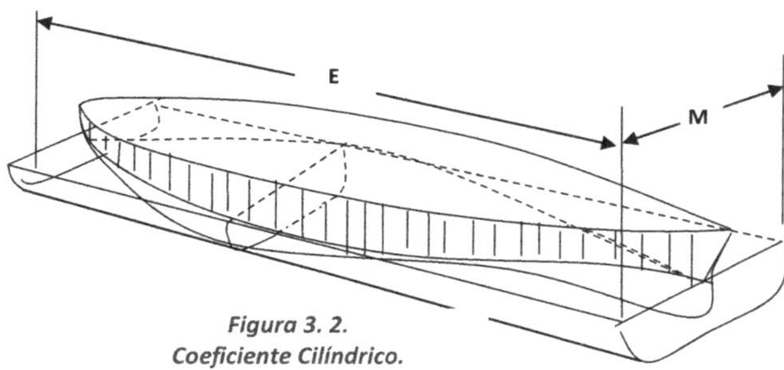


*Figura 3. 2.*
*Coeficiente Cilíndrico.*

La mayoría de los símbolos que se utilizarán en este estudio, pertenecen a la terminología naval española. Hemos incluido, entre paréntesis hasta donde nos sea posible, los de la nomenclatura inglesa, por lo numeroso de los buques activos que todavía poseen este sistema.

$\varphi$ **($C_p$)** = Coeficiente cilíndrico

$\nabla$ = Volumen de la carena.

**Sm ($A_M$)** = superficie de la cuaderna maestra bajo la línea de flotación.

**$E_{pp}$ ($L_{pp}$)** = eslora entre perpendiculares.

La ecuación Inglesa es: $C_p = \frac{\nabla}{A_M \times L}$ (3.10)

**3.5 Coeficiente de afinamiento de la cuaderna maestra.**

El coeficiente de afinamiento de la cuaderna maestra, es la razón entre el área de la sección sumergida de la cuaderna maestra o sección media bajo la flotación, circunscrita dentro de un rectángulo del alto y ancho del sector sumergido de la cuaderna. Véase la Figura 3.3. Su ecuación es la siguiente:

$$K_m \text{ o } \beta = \frac{S_m}{MC} \quad 3.11)$$

Donde:

**β** = coeficiente de afinamiento de la cuaderna maestra.

$S_m$ = superficie o área de la cuaderna maestra bajo el agua.

**M** = manga.

**C**= calado.

En la nomenclatura inglesa su ecuación sería:

Dado:

$C_M$ = coeficiente de afinamiento de la cuaderna maestra.

**B** = manga.

**T** = calado.

Y la ecuación es:

$$C_M = \frac{A_M}{BT} \quad (3.12)$$

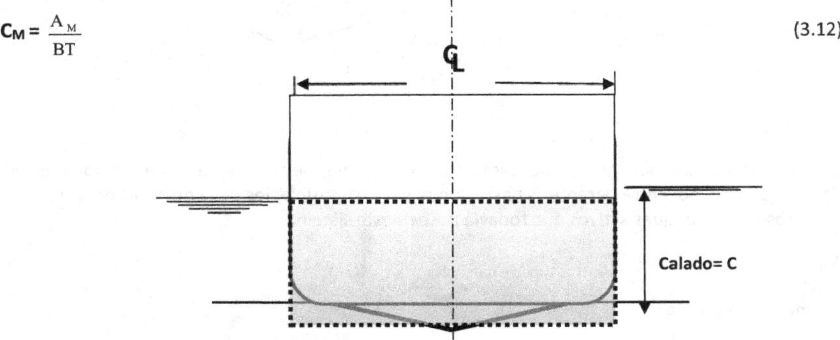


*Figura 3. 3.*
*Coeficiente de Afinamiento de la Cuaderna maestra.*

**3.6 Coeficiente de Afinamiento de las líneas de agua.**

La fineza o grosor de los planos de agua se puede cuantificar por medio del coeficiente de afinamiento de las líneas de agua. Se define como: "la razón entre el área de la superficie contenida por la línea de agua y la del rectángulo circunscrito a ella". Generalmente se escoge la línea de agua donde flota el buque en carga. La ecuación es la siguiente:

$$\alpha = \frac{A}{EM}. \qquad (3.13)$$

Con datos: α = coeficiente de Afinamiento de las líneas de agua.

**A** = área del plano de agua de máxima carga

**E** = eslora de la línea de agua.

La ecuación inglesa es: $\mathbf{C_W} = \frac{A_W}{L_W B}$ (3.14)

Con datos: $C_w$ = coeficiente de Afinamiento de las líneas de agua.

$\mathbf{A_W}$ = área del plano de agua.

$\mathbf{L_W}$ = eslora de la línea de agua.

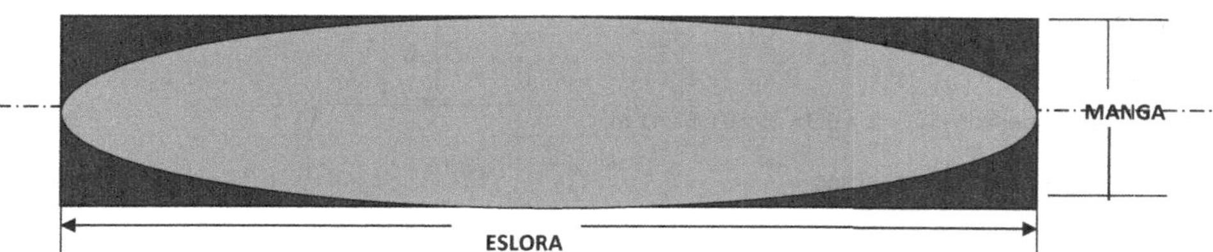


***Figura 3. 4.***
***Coeficiente de Afinamiento de las Lineas de Agua.***

***Ejemplo 3.2***

Calcule los coeficientes de afinamientos de las cuadernas maestras que se ilustran a continuación:

**A**

$$(C_M)\,\beta = \frac{S_m}{MC} \qquad (3.15)$$

Manga (M) = 2 × 6.00 = 12.00 m

Calado (C) = 6.00 m

Área de la superficie ($S_m$) = 12.00 × 6.00 = 72.00 m$^2$

$$(C_M)\,\beta = \frac{72.00}{12.00 \times 6.00} = 1.00$$

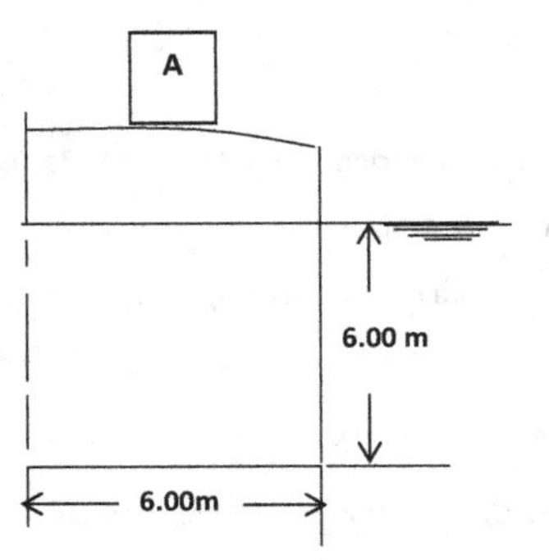


**B**

$$(C_M)\,\beta = \frac{S_m}{MC} \qquad (3.16)$$

Manga (M) = 2 × 6.9 = 15.80 m

Calado (C) = 6.9 m

Área de la superficie ($S_m$) = ½ × 6.9 × 15.80 = 62.41 m$^2$

$$(C_M)\,\beta = \frac{62.41}{7.9 \times 15.80} = 0.500$$

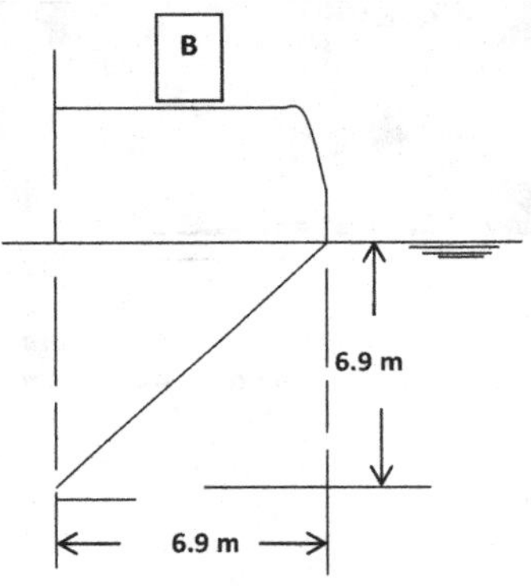

C

$$(C_M)\,\beta = \frac{S_m}{MC} \qquad (3.17)$$

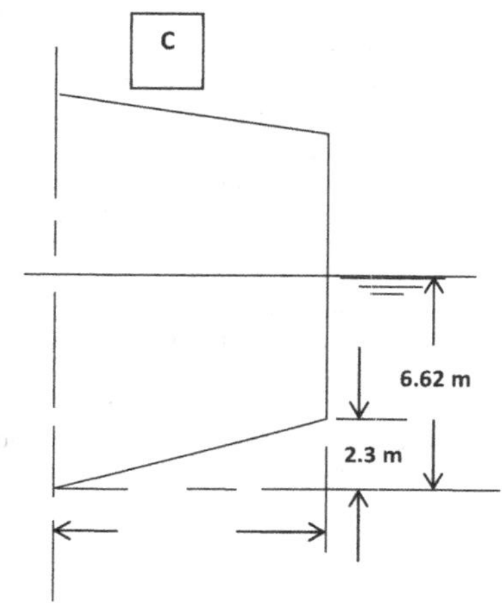


Manga (M) = 2 × 9.50 = 18.00 m

Calado (C) = 6.62 m

Área (1) de la superficie ($S_m$)

$(S_m) = 2 \times ½ \times 2.3 \times 9.5 = 20.55\ m^2$

Área (2) de la superficie ($S_m$)

$(S_m) = 2\times (6.62 - 2.3) \times 9.5 = 90.44\ m^2$

Área total = 20.55 + 90.44 = 109.99 $m^2$

$$(C_M)\,\beta = \frac{109.99}{7.62 \times 17.00} = 0.849$$

D

$$(C_M)\,\beta = \frac{S_m}{MC} \qquad (3.18)$$

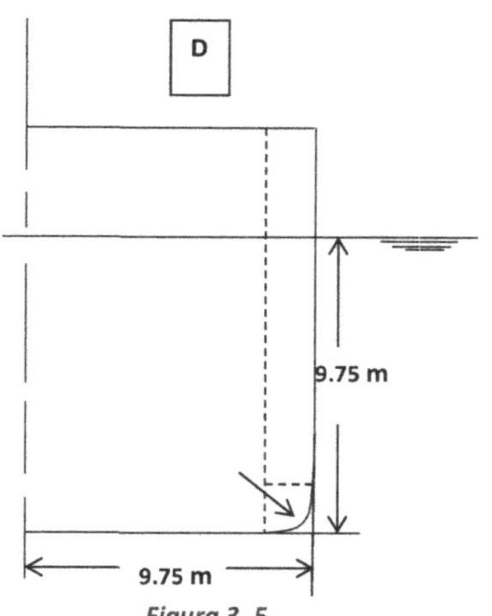


Manga (M) = 2 × 9.75 = 20.50 m

Calado (C) = 9.75 m

Área (1) de la superficie ($S_m$)

$$(S_m) = \frac{\pi}{4} \times (1.5)^2 = 0.785 \times 2.25 = 1.766\ m^2 \qquad (3.19)$$

Área (2) de la superficie ($S_m$)

$(S_m) = (9.75 - 1.5) \times 1.5 = 12.375\ m^2$

Área (3) de la superficie ($S_m$)

$(S_m) = 9.25 \times 9.75 = 80.438\ m^2$

Área total = 80.438 + 12.375 + 1.766 = 94.58 × 2 = 189.16 $m^2$

$$(C_M)\,\beta = \frac{189.16}{19.50 \times 9.75} = 0.995$$

*Figura 3. 5.*
*Media Cuaderna Maestra A, B, C y D.*

**3.7 Curvas Hidrostáticas o Atributos de la Carena.**

En esta sección nos limitaremos al estudio de dichas curvas y sus propiedades particulares. Estas propiedades son las que definen las características de la carena u obra viva del buque. En su forma gráfica se conocen como: *curvas hidrostáticas* o *curvas de forma o también son conocidos como Curvas de Atributos de la carena recta.*[24] Dependen de la forma de la obra viva y para flotaciones paralelas en función de los datos que se obtienen y en función del calado en que flota. Dicho calado limita la carena que para esta tabla será recta. Es decir, el buque flota con calados iguales, en popa y en la proa. A través de los calados trazamos una línea horizontal que, al intersecar las curvas, se obtiene un valor según la escala de la abscisa que luego se multiplicarán por la escala que identifica cada curva. Este producto será el valor buscado del elemento o propiedad de dicha carena recta. Los calados pueden estar medidos en metros o pies y el desplazamiento en toneladas largas o toneladas métricas.

En algunas tablas se anotan sobre cada curva, las escalas apropiadas, para su fácil interpretación y anotan en el de las abscisas, el desplazamiento en toneladas largas o métricas y las distancias en centímetros. En la siguiente ilustración (Figura 3.6) podemos apreciar un ejemplo de una tabla hidrostática con curvas confeccionados con fines didácticos. La tabla utiliza el sistema métrico en las evaluaciones. No fueron confeccionadas a ninguna escala en particular, su fin es enteramente didáctico, a manera de ilustración. Los problemas de extracción de datos se realizaron con valores ficticios.

[24] Mandelli, Antonio *Elementos De Arquitectura Naval.* Librería Editorial Alsina. Buenos Aires 1986. Página 14

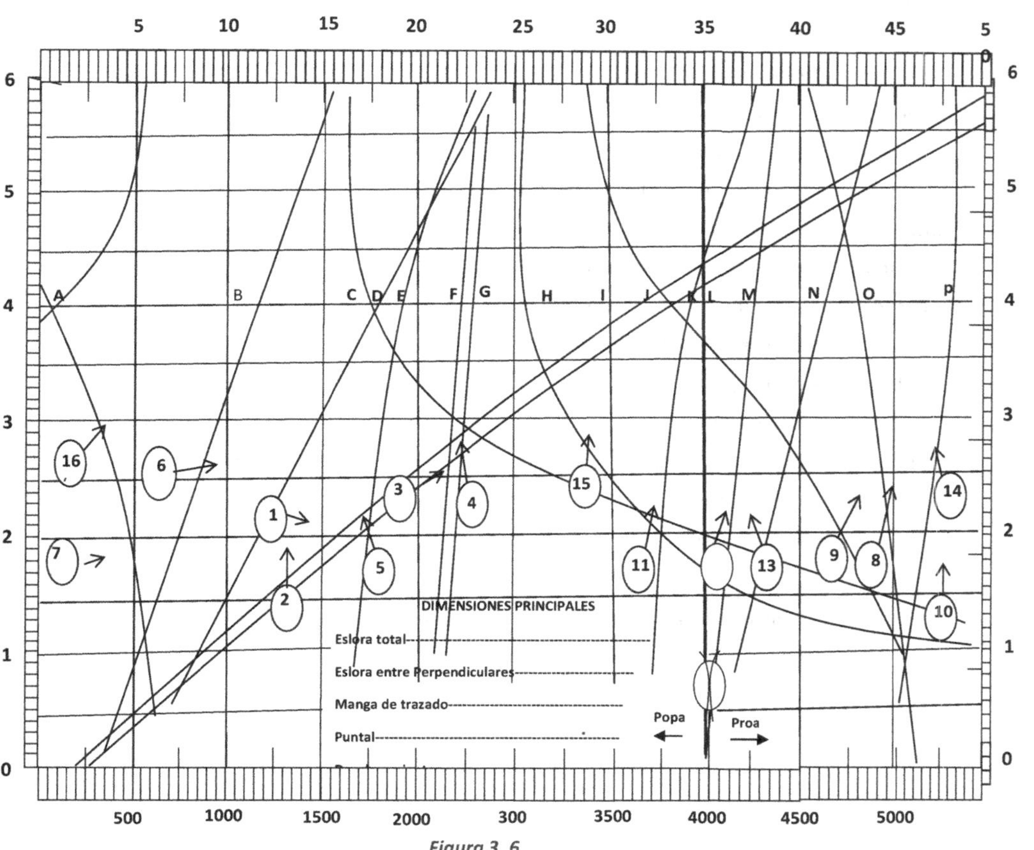


*Figura 3. 6.*
*Tabla hidrostática en unidades del sistema métrico*

En una tabla de este tipo, las escalas vendrían anotadas sobre las curvas. Hemos creado un buque ficticio a manera de ilustración, con un calado de 4.5 en popa y 3.5 en proa. Las curvas proyectadas están nombradas y enumeradas de acuerdo con la lista que vemos a continuación:

1 – Volumen de carena. Desplazamiento en agua dulce (I)

2 – Desplazamiento en agua salada. (J)

3 - Área de flotación. (F)

4 – Toneladas por cm de inmersión (G)

5- Momentos de asiento unitario. (E)

6 - Área sumergida sección maestra. (C)

7- Altura del centro de carena sobre la línea base (B)

8 – Distancia del centro de flotación a la sección media. (L)

9 – Distancia del centro de carena a la sección media (O)

10- Altura del metacentro transversal sobre la línea base. (H)

11- Coeficiente de afinamiento o de bloque. (K)

12 –Coeficiente prismático. (M)

13 –Coeficiente de flotación. (N)

14 coeficiente de sección maestra. (P)

15- Radio Metacéntrico longitudinal. (D)

16 –Corrección de Desplazamiento para 1cm de asiento. (A)

La siguiente tabla hidrostática enfoca las mismas curvas, pero para las medidas se utiliza el sistema de unidades inglesas de pies y pulgadas.

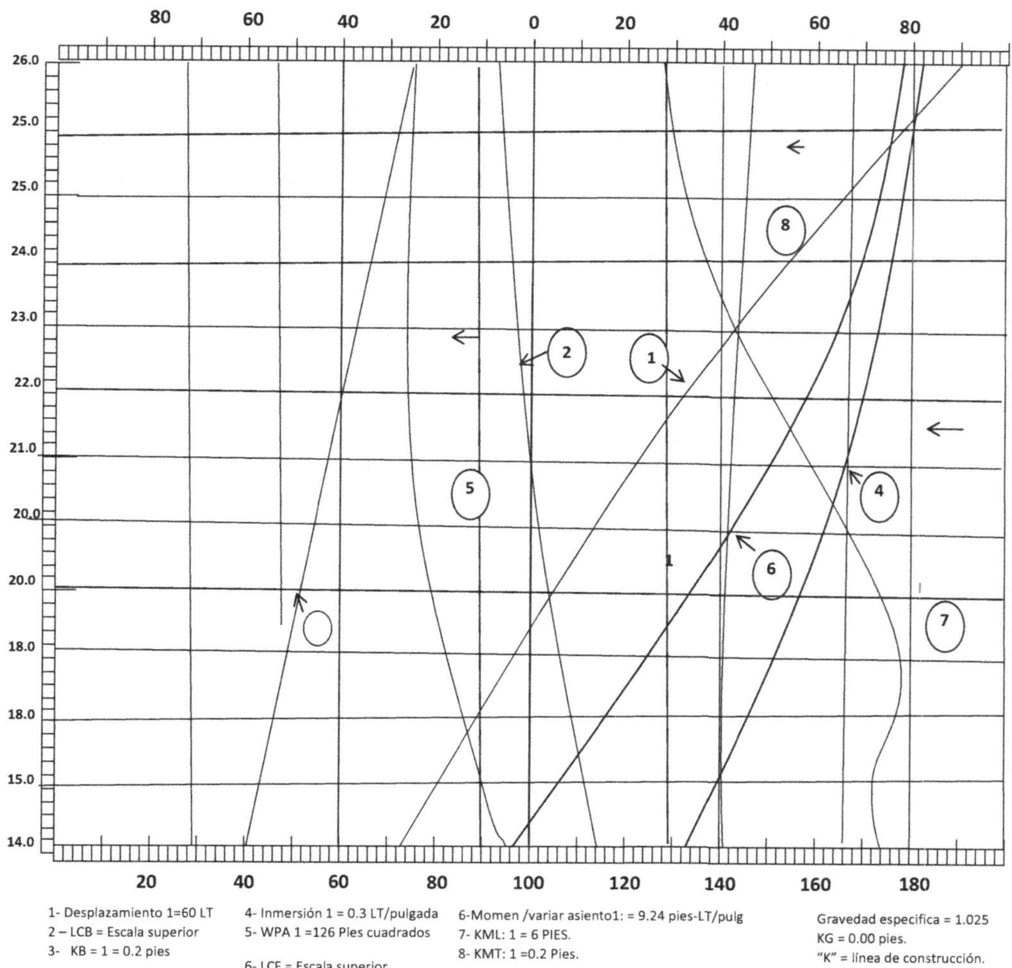


***Figura 3. 7.***
***Tabla hidrostática en unidades inglesas.***

### 3.8 Determinación de los valores de las curvas hidrostáticas.

Para realizar los cálculos con los valores extraídos de estas curvas, emplearemos datos de una tabla hidrostática de un buque ejemplo. El calado medio, se mide desde el fondo de la quilla o de la línea de construcción, incluyendo el espesor de la quilla. La abscisa se lee horizontalmente a partir del calado escogido, se lleva al punto de intersección con la curva. Luego entramos a la tabla con el calado medio correspondiente del buque, en este caso hemos elegido el calado de 4.5 metros en la popa y 3.5 en proa, que nos dará un calado medio de 4.0 metros, que será la ordenada de intersección para todas las curvas. Al encontrar la abscisa que interseca la curva, leemos verticalmente hacia la escala superior horizontal, cuyas unidades se dan en toneladas métricas o centímetros. Invertimos el procedimiento para obtener el calado, si tenemos su longitud. En los siguientes problemas, veremos los métodos ilustrados en el libro de Thomas C. Guillmer y Bruce Johnson" (*Introduction to Naval Architecture,* donde se demuestran las evaluaciones de los datos extraídos de la tabla hidrostática de un buque militar tipo destructor. Hemos confeccionado algunos ejemplos prácticos con valores ficticios para demostrar la forma de realizar el cálculo del coeficiente de bloque y el coeficiente de la cuaderna maestra, con la tenencia de los valores obtenidos de la tabla de curvas hidrostáticas.

.

***Ejemplo 3.3***

Calcule el coeficiente de bloque o de afinamiento (A) y el coeficiente de afinamiento de la cuaderna maestra (B) para un buque destructor del tipo DD692, con calado medio de 4.3 metros

**A- Coeficiente de bloque.**

La curva #9 define la forma externa actual del casco, en la sección de la cuaderna maestra y sus coordenadas concuerdan con el calado sin asiento del buque.

Supongamos que al entrar a la curva # 9 de la tabla hidrostática encontramos el valor de 2062.48 y la escala anotada para la curva es de 100 Tm = 1m. Entonces: Procedemos a multiplicar por dos veces el factor 100 Tm = 1 m

$2062.48 \times \frac{1}{100} \times 2 = 41.25$ m (sección de la cuaderna maestra)

Entonces:

Sea ($C_B$) $K_b$ = coeficiente cúbico o de bloque.

$\nabla$ = volumen de desplazamiento.

$\Delta$ = desplazamiento = 3383.3 Tm

Eslora (E) sobre la línea de flotación = 118.74 m

Manga (M) = 41.25 m

Calado medio = 4.3 m

Densidad - peso del agua salada = 1.025 $Tms/m^3$ de agua salada o sea densidad recíproca =

Por consiguiente, si:

Desplazamiento **(Δ) =** $\nabla$ **×γ**

Volumen **(** $\nabla$ **) =** $\frac{\Delta}{\gamma}$

Volumen ( $\nabla$ ) = $\frac{3383.3}{1.025}$ = 3300.8

$$K_b = \frac{\nabla}{E \times M \times C}$$

$$K_b\ (C_B) = \frac{3300.8}{116.74 \times 41.25 \times 4.3}$$

$$K_b\ (C_B) = \frac{3383.3}{20706.8} = \underline{0.159}$$

**B- Coeficiente de afinamiento de la cuaderna maestra ($C_M$) Km oβ.**

**$S_m$** = Área (A) de la cuaderna maestra sumergida.

**M** = Manga de la línea de agua considerada.

**C** = Calado.

De la curva hidrostática # 8 del buque DD692 para el coeficiente de afinamiento de la cuaderna maestra obtenemos el valor de 950:

Multiplicamos por la escala indicada: 950 × 50/100 = 475 $pies^2$

Y según la ecuación del coeficiente de afinamiento:

$$(C_M)\ \beta = \frac{S_m}{M \times C} \qquad (3.20)$$

$$(C_M)\ \beta = \frac{475 pies^2}{40.6 pies \times 14 pies}$$

$$(C_M)\ \beta = 0.84$$

Veamos ahora como se calcula el peso muerto de un buque con la ayuda de los datos del coeficiente de bloque en diferentes condiciones de carga.

***Ejemplo 3.4***

Calcule el peso muerto de un buque de 74 metros de eslora, manga de 18 metros y calado medio de 1.7 metros, cuando el buque se encuentra en rosca y un calado medio de 4.83 metros cuando se encuentra en carga. Su coeficiente de afinamiento de bloque es 0.6 cuando en rosca y 0.75 cuando se encuentra en carga.

Solución:

Sea:

V = Volumen

E = Eslora

M = Manga

$C_m$ = Calado medio

**($C_B$) $K_b$** = Coeficiente de afinamiento de bloque.

$$\mathbf{V = E \times M \times C_m \times K_b} \qquad (3.21)$$

V = 74×18×1.7×0.6

V = 1359.64 $m^3$

$V = E \times M \times C_m \times K_b$

V = 74×18×1.7×0.75

V = 4825.17

Peso Muerto = (Desplazamiento en carga – Desplazamiento en rosca) × Densidad

Peso Muerto = (4825.17 – 1359.64) × 1.025

Peso Muerto = 3466.53 × 1.025

Peso Muerto = 3553.19 Tm

### 3.8.1 Curva de desplazamiento.

En las tablas el desplazamiento en agua dulce y agua salada se trazan juntas. La separación entre las curvas de agua salada y agua dulce es proporcional a la razón $\frac{35}{36}$ para el sistema inglés o $\frac{1.026}{1.000}$ densidad de agua pura y agua salada estándar en el sistema métrico. Ambas curvas se trazan juntas y se distinguen por el numeral 1 y 2. El orden de la numeración puede variar según el proyectista. Veamos algunos cálculos ilustrativos.

***Ejemplo 3.5***

Al entrar a una tabla hidrostática con un calado en proa de 3.7 metros y en la popa 4.8 metros. Encontramos que la escala para la curva del desplazamiento *en agua salada* es de 1 cm = 50 Tm. Determine el desplazamiento.

. Solución:

Según nuestro buque ejemplo los calados son 4.5 metros en popa y 3.5 metros en proa. Para entrar a la tabla hidrostática debemos calcular primero el calado medio:

$$\text{Calado medio} = \frac{4.5 + 3.5}{2} = 4.00 \text{ m} \qquad (3.22)$$

Entramos a la tabla con el calado de 4.00 m, e intersecamos la curva para el desplazamiento en el punto "J" para agua salada y obtenemos la abscisa correspondiente: 29.3 cms.

Escala: 1 cm = 50 Tm

$$\text{Desplazamiento en agua salada} = 29.3 \text{ cms} \times \frac{50 \text{ Tm}}{1 \text{ cm}}$$

$$= 1415 \text{ Tm.}$$

El buque posee un asiento hacia popa por lo tanto debemos corregir el valor del desplazamiento que se obtuvo de la curva. La escala para la curva de corrección es 1 cm = 0.05 Tm. Al intersecar la curva en el punto "A" constatamos que la abscisa es igual a 3.25 cm.

Por consiguiente:

3.25 cm × 0.05 Tm/cm = 0.1625 Tm

Asiento = 4.8 – 3.7 = 1.10 m = 110 cm

Corrección = 110 × 0.1625 = 18.88 Tm

Desplazamiento corregido = 1400 + 18.88 = 1418.88 Tm (3.23)

El volumen inverso, usualmente aumenta cuando el asiento del buque es hacia popa, por lo tanto, la corrección que se obtiene con esta curva se suma al desplazamiento por cada pie de asiento. Si el asiento es hacia proa, se resta el valor obtenido.

### 3.8.2 Ordenada del centro de carena respecto a la línea de construcción y la cuaderna media.

Para obtener el centro de carena respecto a la línea base o de construcción (curva "y") utilizamos una escala de 1 cm = 0.10 metros. Para la posición longitudinal respecto a la cuaderna maestra (curva "x") utilizaremos una escala de 1 cm = 0.20 m. Encontremos ambos valores para el calado de 4.0 metros:

***Ejemplo 3.6***

Se requiere obtener de la tabla, KC respecto a la línea base.

Primero determinamos la abscisa hasta la intersección KC en la tabla hidrostática.

(KC = distancia de la quilla al centro de carena):

Escala: 1 cm = 0.10 m/cm

Luego para obtener KC vertical:

$$KC = 9.6 \text{ cm} \times 0.10 \text{ m/cm} = 0.86 \text{ m} \tag{3.24}$$

Para KC longitudinal encontramos la abscisa: 6.6 cm

$KC_L = 6.6 \times 0.20 = 1.52$ m hacia popa de la cuaderna maestra.

### 3.8.3 Curva de Área de la línea de agua.

De esta curva se obtiene el área, en metros o pies cuadrados. Entramos a la tabla con el calado medio hasta intersecar la curva que representa el área de la línea de agua y obtenemos así su abscisa. Luego leemos la escala superior del desplazamiento, se obtienen el valor en toneladas, para luego convertirlas en pies o metros cuadrados, con la escala, 1 cm = 50 $m^2$

***Ejemplo 3.7***

Supongamos que la abscisa sea: 14.75 cm

Entonces el área de la flotación será de:

$$A = 14.75 \text{ cm} \times \frac{50 \text{ m}^2}{1\text{cm}} = 736.5 \text{ m}^2 \tag{3.25}$$

### 3.8.4 Curva de Área sumergida de la cuaderna maestra.

Se trata del área de flotación de la sección de la cuaderna maestra determinada por el calado medio al cual flota el buque. La escala para esta curva es de: 1 cm = 5 $m^2$

Ahora si volvemos a entrar a la tabla con el calado medio anterior de 4.25 m encontraremos que la abscisa al punto de intersección es: 13.4 cm, por lo tanto:

*Ejemplo 3.8.*

Área de la cuaderna maestra sumergida = $13.4\ \text{cm} \times \frac{5\text{m}^2}{1\text{cm}} = 66.0\ \text{m}^2$ (3.26)

**3.9 Distancia longitudinal del centro de flotación respecto a la sección media.**

El centro de flotación se encuentra en el centro de crujía y es el centro de gravedad de la superficie de flotación. En las tablas hidrostáticas comúnmente viene trazada, una línea vertical representativa de la sección media del buque y es el punto donde se refieren las abscisas del centro de flotación desde el punto de intersección con la curva.

*Ejemplo 3.9*

Supongamos el mismo calado medio cuando se investigó el área sumergida de la cuaderna maestra. Obtenemos la abscisa de 4.3 cm a proa.

La escala utilizada es: 1 cm = 25 m

Por consiguiente: $4.3\ \text{cm} \times \frac{25\ \text{m}}{1\text{cm}} = 106.5\ \text{m}$ (3.27)

**3.10 Curva de las Toneladas por pulgadas o centímetros de inmersión.**

Para que el buque se sumerja o emerja o sea para que su calado disminuya o aumente se le añade peso o se le remueve pesos. Esta curva es la que indica la cantidad de peso en toneladas que debe agregársele o quitársele al buque para que se sumerja o emerja un centímetro. Luego de remover un peso o agregarle un peso cambiará el desplazamiento y se formará una rebanada de agua paralela a la flotación original, igual al peso cargado o descargado. También se desprende que el volumen desplazado por el buque al sumergirse una pulgada será el producto del área de flotación por el grosor de la rebanada, y su peso en toneladas es 1/35 del volumen.[25]

La fórmula para el sistema imperial es la siguiente:

$$\text{TPI} = \frac{\text{Área de la flotación}}{35\times12} = \frac{\text{Área}_f}{420} \qquad (3.28)$$

Y para el sistema métrico también multiplicamos el grueso de la rebanada por el área original. Se expresa de la siguiente manera:

---

[25] Zubaly, Robert B. *Applied Naval Architecture.* Cornell Maritime Press Centreville, Maryland 1996. Página 53, 54.

Volumen de la rebanada = $A_f (m^2) \times 0.01$ m

$$T_c = \text{Volumen de la rebanada} \times 1.026$$

$$T_c = A_f (m^2) \times 0.01 \text{ m} \times 1.026 \ \frac{\text{Tm}}{\text{m}^3} \quad (3.29)$$

Las toneladas por centímetros, también se expresa:

$$\text{TPC} = \frac{1.025 \times A_f}{100} = \frac{A_f}{96.56} \quad (3.30)$$

***Ejemplo 3.10***

Encuentre las toneladas de inmersión para un buque con un calado de 4 metros:

Para obtener el valor de la abscisa en la curva de las toneladas por centímetro en la tabla, aplicamos la escala de:

1 cm = 0.2 Tm.

La abscisa obtenida de la curva es: 15 cm

$$\text{Entonces: Tc} = 15 \text{ cm} \times \frac{0.2 \text{ Tm}}{1 \text{ cm}} = 3 \text{ Tm} \quad (3.31)$$

### 3.11 Curva de Metacentros

**a- Transversal respecto a la quilla (KM).**

Para todos los calados.

Escala acostumbrada en el sistema inglés: 100 toneladas = 2 pies

Sistema métrico: 1 cm = 0.25 metros.

**b- Radio metacéntrico longitudinal**

Escala acostumbrada en el sistema inglés: 100 toneladas = 200 pies

Sistema métrico: 1 cm = 6 metros.

### 3.12 Momento para cambiar el asiento, 1 cm o una pulgada.

Los valores se obtienen para todo calado. La escala acostumbrada en el sistema inglés: es 100 toneladas = 100 toneladas-pies / por pulgada.

Sistema métrico: 1 cm = 5 Tm/ m

### 3.13 Curva de Áreas de la superficie mojada y de las cuadernas.

El área de la superficie mojada es proporcional a la resistencia por fricción que el agua ejerce sobre la superficie de la carena del buque por lo tanto es importante su determinación. Su escala en la tabla es de: 1 cm = 50 $m^2$. El área de la cuaderna maestra o sección media va desde la quilla hasta la flotación, que es la parte sumergida de la cuaderna. La escala acostumbrada es: 1 cm = 5 $m^2$. Se puede resolver problemas relacionados a la altura metacéntrica, desplazamientos, calados y posición del centro de flotación entre otros, con información tomadas de las curvas de atributo. Escogimos del texto de arquitectura naval de Thomas C. Guillmer y Bruce Johnson, (*Introduction to Naval Architecture)* algunos problemas que clarifican más el tema. Veamos los siguientes ejemplos:

### *Ejemplo 3.11*

Supongamos que una fragata se encuentre flotando con un calado de popa de 3.81metros y en la proa tiene 4.12 metros ¿*Cuál sería el calado medio*?

**Solución:**

Calado medio ($C_m$) = $\frac{3.50 + 4.50}{2}$ (3.32)

$C_m$ = 4.00 metros.

### *Ejemplo 3.12*

Determine la ***altura metacéntrica (GM)***, si KG (KG = ordenada del centro de gravedad con respecto a la quilla) es igual 4.88 metros.

Sabemos que:

GM = KM – KG. Entonces debemos encontrar KM.

KM transversal viene de la quilla hasta el calado considerado. En este caso el calado medio es igual a 4.00 metros. Entramos a la curva y obtenemos la abscisa: 31.25 cm.

Entonces, según la curva calculamos: KM = $31.25 \times \frac{0.25}{1\text{cm}}$ = 6.81 metros (3.33)

Luego entonces:

GM = KM – KG (3.34)

GM = 6.81 – 4.88

GM = 2.93 metros.

### *Ejemplo 3.13*

Determinar ***el radio metacéntrico longitudinal***, limitado por el calado de 4.00 metros.

De la curva obtenemos la abscisa d 30.9 cm:

$$KM_L = 30.9 \times \frac{6\text{m}}{1\text{cm}} = 185.4 \text{ metros.} \tag{3.35}$$

***Ejemplo 3.14***

El siguiente problema, aunque no se relaciona directamente a la varada, demuestra cuán útil es conocer las toneladas por pulgada de inmersión y su relación con el desplazamiento. Veamos el problema:

Después de navegar un buque por un largo periodo, el calado medio de 13 pies decrece en 2 pulg, manteniendo el mismo asiento. ¿Qué cantidad de combustible y provisiones se ha consumido?

Las *toneladas por pulgadas de inmersión* (Tp) se buscan en la curva para un calado medio de 13 pies.

Sea:

$\mathbf{T_p}$ = Toneladas por pulgada de inmersión.

$\delta\Delta$ = Pequeño incremento o disminución del desplazamiento.

La escala utilizada para la tabla hidrostática de la fragata: 100 ton = 2 ton /pulgada

En la tabla hidrostática encontramos que la abscisa = 1400

$$\mathbf{T_p} = 1400 \times \frac{2}{100} = 28\frac{\text{tons}}{\text{pulgada}}. \tag{3.36}$$

$\delta\Delta$ = 2 pulg × Tp

$\delta\Delta = 2 \text{ pulgadas} \times 28\frac{\text{tons}}{\text{pulgada}}$

$\delta\Delta$ = 56 toneladas de combustible y provisiones consumidas.

**3.14 Propiedades del Centro de flotación.**

**1- *Área del plano de flotación*:** Es importante calcular el área del plano de flotación cuando se requiere determinar cambios en el calado promedio, debido a la carga o descarga de pesos menores.

**2- *Centro de flotación:*** Es el baricentro o centro de gravedad del plano de flotación. Se localiza en el plano diametral por la simetría del plano de agua. Su distancia longitudinal está referida a la perpendicular de proa, popa o media. Esta distancia se denomina *centro de flotación longitudinal* y se da en metros o pies. En la varada de un buque con asiento apopante, es importante la distancia entre el centro de flotación y el codaste, cuando se ha de calcular la reacción en dicho punto.

3- ***El momento de inercia longitudinal*** equivale al segundo momento de área, respecto a un eje transversal que pasa por el centro de flotación y se utiliza en los cálculos de estabilidad longitudinal.

***4- El momento de inercia transversal*** del plano de flotación es el segundo momento de área referente al centro de crujía y es importante para los cálculos de la estabilidad inicial.[26]

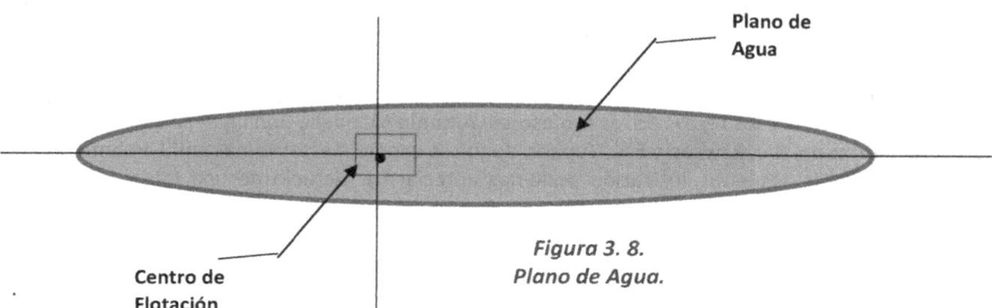


*Figura 3. 8.*
*Plano de Agua.*

Las unidades para el movimiento de inercia longitudinal y transversal están dadas en pies$^4$ o metros$^4$. El siguiente problema nos muestra el método con que se procede para obtener la abscisa respecto a la cuaderna maestra del centro de flotación, con datos de las curvas hidrostáticas.

***Ejemplo 3.15***

Determine la posición del centro de flotación (⊕F), respecto a la cuaderna maestra de una fragata. Supongamos una tabla del sistema inglés con una escala de: 100 ton = 2 pies

**Solución:**

De la curva obtenemos la abscisa que interseca la curva de la distancia del centro de flotación:

Abscisa = 1120 ton.

Centro de flotación (⊕F) = $1120 \times \dfrac{2 \text{ pies}}{100 \text{ tons}}$ (3.37)

⊕F = 23.40 pies de la cuaderna maestra en dirección hacia la popa.

**3.15 Datos tabulados de las características hidrostáticas de la carena de un buque.**

Hace escasos años, los cálculos para obtener las características que representan las funciones de la forma del casco de un buque, se realizaban con métodos manuales de integración numérica y con el uso de instrumentos mecánicos que integraban las líneas de los planos, para luego trazarlos y alisarlos cuidadosamente entre las líneas de agua. Gracias a la nueva tecnología cimentada en ordenadores y programas que realizan rápidos cálculos matemáticos, se pueden calcular los valores de los espacios más

[26] Zubaly, Robert B. *Applied Naval Architecture* Cornell Maritime Press, Inc.1996. Página, 32.

pequeños entre una línea de agua y la otra, con extraordinaria precisión. La nueva técnica permite la tabulación de las características en hojas de datos, que una vez organizadas en tablas de referencia, se pueden encontrar e interpolar valores entre espacios minúsculos de las líneas de agua. Aunque el alcance de este texto no contempla, ni pretende un estudio profundo de este tema, creemos importante exponer de manera general todas las nuevas formas en que pueden ser presentadas las características de una carena derecha, para beneficio de los técnicos que manejarán el buque y los que estarán a cargo de vararlos. Como ya hemos mencionado a lo largo de este texto, ambos necesitarán examinar las características hidrostáticas, cada vez que surja la necesidad de verificar o corregir la estabilidad del buque a su cargo. Recomendamos los textos de los profesores: Antonio Mandelli, Bonilla de la Corte, Thomas Guillmore, Bruce Johnson, K. J. Rawson y E. C. Tupper, donde se exponen estos temas ampliamente y con el adecuado rigor. En la siguiente ilustración podemos apreciar un ejemplo de una tabla con datos tabulados.

**DATOS TABULADOS PARA EL BUQUE DDG-51**

**LA CARENA ES RECTA EN FUNCIÓN DE LAS CURVAS DE FORMA.**

**CDFTS = CORRECCIÓN DEL DESPLAZAMIENTO POR PIE DE ASIENTO HACIA POPA. LWL = $L_{PP}$ = 466 PIES**

| 1 | 2 | 3 | 4 | 5 | 6 | 7 | 8 | 9 | 10 | 11 | 12 | 13 | 14 | 15 | 16 | 17 | 18 |
|---|---|---|---|---|---|---|---|---|---|---|---|---|---|---|---|---|---|
| **Calado** | **Despl.** | **C.D.F.TS** | **TPI** | **MT1"** | **LCF** | **LCB** | **KB** | **KM** | **$KM_L$** | **WS** | **Awp** | **KBT** | **KMT** | **CB** | **CIT** | **CWP** | **BT** |
| **Pies** | **LT** | **LT Agua salada.** | **LT"** | **Ton pies** | **pies** | **pies** | **pies** | **pies** | **pies** | **pies$^2$** | **pies$^2$** | | | | | | |
| **15** | **5.146** | **10.4** | **42.80** | **955** | **-9.4** | **11.1** | **9.6** | **29.5** | **1047** | **24889** | **17974** | **0.58** | **1.90** | **.454** | **.506** | **.680** | **3.78** |
| **15.25** | **5.275** | **11.4** | **43.25** | **978** | **-10.2** | **10.6** | **9.8** | **29.6** | **1045** | **25209** | **18166** | **0.58** | **1.87** | **.457** | **.513** | **.686** | **3.73** |
| **15.5** | **5.405** | **12.4** | **43.71** | **1001** | **-11.0** | **10.1** | **9.0** | **29.6** | **1044** | **25531** | **18360** | **0.58** | **1.85** | **.460** | **.519** | **.692** | **3.67** |
| **15.75** | **5.537** | **13.4** | **44.17** | **1024** | **-11.8** | **9.6** | **9.1** | **29.7** | **1043** | **25853** | **18551** | **0.58** | **1.82** | **.463** | **.525** | **.698** | **3.62** |
| **16** | **5.671** | **14.5** | **44.62** | **1048** | **-12.6** | **9.1** | **9.3** | **29.7** | **1044** | **26178** | **18740** | **0.58** | **1.79** | **.466** | **.531** | **.703** | **3.57** |
| **18.25** | **5.805** | **15.5** | **45.07** | **1072** | **-13.5** | **9.6** | **9.4** | **29.7** | **1045** | **26503** | **18928** | **0.58** | **1.77** | **.468** | **.536** | **.709** | **3.53** |

| | | | | | | | | | | | | | | | | | |
|---|---|---|---|---|---|---|---|---|---|---|---|---|---|---|---|---|---|
| 18.5 | 5.941 | 15.6 | 45.52 | 1097 | -14.3 | 9.0 | 9.6 | 29.8 | 1048 | 26831 | 19118 | 0.58 | 1.74 | .471 | .542 | .714 | 3.48 |
| 18.75 | 6.078 | 18.8 | 45.97 | 1123 | -15.2 | 6.5 | 9.8 | 29.8 | 1054 | 27162 | 19309 | 0.58 | 1.72 | .474 | .547 | .720 | 3.44 |
| 17 | 6.217 | 20.0 | 46.43 | 1149 | -18.1 | 6.0 | 9.9 | 29.8 | 1060 | 27494 | 19501 | 0.58 | 1.70 | .476 | .553 | .726 | 3.39 |
| 18.25 | 6.357 | 20.2 | 46.89 | 1177 | -18.0 | 6.5 | 10.1 | 29.9 | 1061 | 27831 | 19696 | 0.58 | 1.67 | .479 | .558 | .732 | 3.35 |
| 18.5 | 6.498 | 21.5 | 46.37 | 1206 | -20.0 | 6.0 | 10.2 | 29.9 | 1059 | 28174 | 19895 | 0.58 | 1.65 | .482 | .564 | .738 | 3.31 |
| 18.75 | 6.641 | 22.9 | 46.88 | 1239 | -20.1 | 5.4 | 10.4 | 29.9 | 1053 | 28536 | 20112 | 0.59 | 1.63 | .485 | .570 | .745 | 3.27 |
| 18 | 6.785 | 24.6 | 49.40 | 1273 | -21.3 | 4.9 | 10.5 | 29.0 | 1045 | 28900 | 20329 | 0.59 | 1.61 | .488 | .576 | .751 | 3.23 |
| 20.25 | 6.931 | 25.3 | 49.87 | 1302 | -22.2 | 4.4 | 10.7 | 29.01 | 1036 | 29244 | 20524 | 0.59 | 1.59 | .490 | .600 | .757 | 3.19 |
| 20.5 | 6.078 | 26.7 | 49.28 | 1327 | -22.8 | 3.8 | 10.9 | 29.04 | 1027 | 29563 | 20690 | 0.59 | 1.57 | .493 | .604 | .762 | 3.15 |
| 20.75 | 6.226 | 26.7 | 49.61 | 1347 | -23.3 | 2.8 | 11.0 | 29.07 | 1017 | 29965 | 20834 | 0.59 | 1.55 | .496 | .608 | .766 | 3.11 |
| 19 | 6.376 | 29.5 | 49.91 | 1364 | -23.6 | 2.3 | 11.2 | 29.08 | 1006 | 30154 | 20964 | 0.59 | 1.53 | .499 | .611 | .770 | 3.08 |
| 20.25 | 6.526 | 29.1 | 50.20 | 1380 | -23.9 | 1.8 | 11.3 | 29.09 | 996 | 30435 | 21084 | 0.59 | 1.51 | .502 | .615 | .773 | 3.04 |
| 20.5 | 6.677 | 29.6 | 50.47 | 1394 | -24.1 | 1.3 | 11.5 | 29.10 | 985 | 30711 | 21196 | 0.59 | 1.49 | .504 | .618 | .776 | 3.01 |
| 20.75 | 6.829 | 30.0 | 50.72 | 1407 | -24.1 | 0.8 | 11.7 | 29.11 | 975 | 30982 | 21302 | 0.59 | 1.47 | .507 | .622 | .778 | 2.97 |
| 20 | 6.981 | 30.3 | 50.96 | 1420 | -24.2 | 0.4 | 11.8 | 29.12 | 965 | 31250 | 21404 | 0.59 | 1.46 | .510 | .625 | .781 | 2.94 |
| 21.25 | 9.134 | 30.5 | 51.19 | 1431 | -24.3 | -0.1 | 12.0 | 29.1 | 955 | 31516 | 21501 | 0.59 | 1.44 | .512 | .628 | .783 | 2.91 |
| 21.5 | 9.288 | 30.7 | 51.42 | 1443 | -24.4 | -0.5 | 12.1 | 29.1 | 944 | 31780 | 21596 | 0.59 | 1.42 | .515 | .630 | .785 | 2.88 |
| 21.75 | 9.443 | 30.9 | 51.64 | 1454 | -24.4 | -0.9 | 12.3 | 29.1 | 934 | 32043 | 21688 | 0.59 | 1.40 | .517 | .633 | .788 | 2.85 |

| 21 | 9.598 | 31.1 | 51.85 | 1464 | -24.3 | -1.3 | 12.4 | 29.1 | 925 | 32305 | 21778 | 0.59 | 1.39 | .520 | .635 | .790 | 2.82 |
|---|---|---|---|---|---|---|---|---|---|---|---|---|---|---|---|---|---|
| 22.25 | 9.754 | 31.2 | 52.06 | 1475 | -24.3 | -1.7 | 12.6 | 29.2 | 915 | 32565 | 21865 | 0.59 | 1.37 | .522 | .638 | .792 | 2.79 |
| 22.5 | 9.910 | 31.3 | 52.26 | 1485 | -24.3 | -2.1 | 12.7 | 29.2 | 906 | 32825 | 21949 | 0.59 | 1.36 | .524 | .641 | .793 | 2.76 |
| 22.75 | 9.067 | 31.4 | 52.45 | 1494 | -24.3 | -2.4 | 12.9 | 29.2 | 897 | 33084 | 22031 | 0.59 | 1.34 | .527 | .643 | .795 | 2.73 |
| 22 | 9.225 | 31.5 | 52.65 | 1504 | -24.2 | -2.8 | 13.1 | 29.2 | 888 | 33342 | 22112 | 0.59 | 1.33 | .529 | .645 | .797 | 2.71 |
| | | | | | | *Tabla 3.3* | | | | | | | | | | | |

*Tabla 3. 3.*
***Datos hidrostáticos de un buque DDG-51 Cortesía del l arquitecto naval Bruce Johnson.***

Los cálculos en la tabla corresponden a carenas derechas que distan 0.25 pies (3 pulgadas) entre sí. Una tabla de esta naturaleza tiene como objetivo, el acercamiento de un número mayor de carenas. Con este acercamiento de carenas, el análisis de las características de las propiedades de la obra viva proveerá resultados más precisos. [27]

**3.16 Resumen.**

Los coeficientes de afinamiento como hemos visto en nuestro estudio son importantes para la estimación del desplazamiento y para obtener otros datos de la carena del buque. Aprendimos su uso en aquellos casos de emergencia donde no se dispone de planos que contengan los datos del buque y se deba recurrir al levantamiento físico de las dimensiones principales del buque y realizar un estimado del desplazamiento con la ayuda de los coeficientes. Hemos visto, además, en este compendio, ejemplos representativos de las tablas hidrostáticas que se obtienen de las propiedades hidrostáticas del buque. Presentamos, además, una tabla con un listado tabulado de las propiedades hidrostáticas en unidades inglesas, creados por el arquitecto naval Bruce Johnson. En capítulos posteriores, veremos la integración de estos valores en los cálculos primarios de las condiciones del buque a flote y en los cálculos de la estabilidad, para el instante en que la quilla toque los picaderos. Es oportuno recordar, que en algunos planos de varada vienen calculados y anotados los valores hidrostáticos, en la sección de la "tabla de desplazamientos y otras propiedades" para distintos calados del buque.

[27] Johnson, Bruce, Compton Rodgers, White Gregory. *Practical Naval Architecture, Volume I Hydromechanics.*

**3.17 Preguntas de repaso.**

1 – Explique el procedimiento para obtener el coeficiente de la sección maestra.

2- Explique la relación del coeficiente de afinamiento.

3- Exprese la fórmula del coeficiente prismático.

4- Haga un dibujo que represente la relación del coeficiente de block.

5- Un buque con una eslora = 118.74 m, Manga = 41.25 metros, calado medio = 4.3 metros, coeficiente de afinamiento = 0.159. Calcule su desplazamiento en Tms.

6- Encuentre el área del plano de agua que mide 53 m de eslora por 15 de manga con un coeficiente de afinamiento de 0.171.

7- Calcule el peso muerto de un buque de 85 metros de eslora, manga de 22 metros y calado medio de 3.5 metros, cuando el buque se encuentra en rosca y un calado medio de 4.8 metros cuando se encuentra en carga. Su coeficiente de afinamiento de bloque es 0.140 cuando en rosca y 0.182 cuando se encuentra en carga.

8- Encuentre el área del plano de agua que mide 38 m de eslora por 7m de manga con un coeficiente de afinamiento de 0.85.

9- Calcule el coeficiente de afinamiento de la cuaderna maestra de un buque con un calado de 10.0 metros, una manga de 21.0 metros y con una curvatura en el pantoque de 1.83 metros.

10- Determine la posición del centro de flotación (⊕F), respecto a la cuaderna maestra de una fragata.

**Bibliografía.**

1- Bonilla De La Corte, Antonio. *Teoría Del Buque*. Gráficas Bouzas, S.L. VIGO España 1979.

2- Nudelman, N.A., Norman. *Hydrostatics 1* Westlawn Institute of Marine Technology Inc. Stamford, CT, U.S.A. 1990.

3- Puig, Joan Olivella. *Teoría Del Buque, Estabilidad, Varada e Inundación.* Universitat Politécnica de Catalunya, SL 1996.

4- Rawson, K. J. , Tupper, E. C. *Basic Ship Theory*. Longman Group Limited N.Y. 1969.

5- Zubaly, Robert B. *Applied Naval Architecture* Cornell Maritime Press, Inc. Centreville, Maryland 1996.

6- Nicol, George. *Ship Construction and Calculations*. Brown, Son and Ferguson, LTD, Glasgow. 952 pagina 270.

7- Mandelli, Antonio. *Elementos de Arquitectura Naval*. Librería y Editorial Alsina Paraná, Buenos Aires 1986

8- Guillmer C., Thomas, Johnson, Bruce. *Introduction to Naval Architecture.* United States Naval Institute Annapolis, Maryland.1982

## CAPÍTULO 4
## FUNDAMENTOS DE EQUILIBRIO ESTÁTICO, ESTABILIDAD Y FRANCOBORDO.

### 4.1 Introducción.

La preservación de la estabilidad del buque es fundamental para el navegante responsable de la seguridad y navegabilidad de la nave. Paralelamente la estabilidad exige del técnico encargado de la varada de buques en un dique seco, la misma atención de rigor. El control de la la estabilidad para el técnico de varada es crucial en el instante del primer contacto de la quilla con los picaderos. Es un instante realmente crítico por el riesgo de inestabilidad que puede ocurrir en el instante en que disminuye la fuerza de empuje del agua para ser reemplazada por la reacción de los picaderos. Ambos oficiales deben estar capacitados para realizar los cálculos pertinentes para la estimación del calado de inestabilidad. El encargado de la varada deberá reconocer las condiciones de estabilidad del buque y saber si son óptimas para la varada o si deberá ser abortada dicha operación. Este capítulo introduce los principios básicos que regentan el equilibrio estático de los buques. Empezamos con un repaso general sobre el equilibrio estático de los cuerpos rígidos, las normas y formas de estabilidad e introducimos algunas notas generales sobre la importancia del francobordo del buque.[28] Los conceptos generales aprendidos sobre la estabilidad y francobordo del buque, permitirá al lector:

- Reconocer las condiciones de estabilidad en que se encuentre flotando un buque.
- Poder diferenciar los conceptos de equilibrio estático y dinámico.
- Conocer las fuerzas que intervienen en la escora de las embarcaciones.
- Evaluar la inestabilidad.
- Entender la importancia de la altura metacéntrica.
- Catalogar las marcas en el disco de máxima carga.
- Conocer la importancia de las líneas de máxima carga.

### 4.2 Nociones de equilibrio estático.

Antes de iniciar el estudio sobre el equilibrio estático y transversal de los buques, creemos conveniente un repaso de algunos de los principios sobre el equilibrio estático de los cuerpos rígidos. De acuerdo con la mecánica básica, sabemos que cuando un cuerpo entra en estado de reposo y permanece en él, se dice que se encuentra en equilibrio estático. De este hecho podemos inferir, que, si ocurre una pequeña deformación en el cuerpo y no se genera ningún movimiento adicional, es porque este se

---

[28] García Guerrero, Gerardo. *Construcción Naval y Teoría del Buque* Librería San José Carral VIGO España1968 Pagina 40, 41, y 43

encuentra en equilibrio[29]. Entonces podemos definir, de manera general el equilibrio como: "Un balance de fuerzas sin aceleración ni desaceleración" (Guillmer 1982). Las condiciones de equilibrio de un cuerpo pueden ser: *Estable, Inestable e Indiferente o neutral.* Se dice que el cuerpo se encuentra en *equilibrio estable,* cuando al aplicársele una fuerza exterior y después removerlo, el cuerpo retorna a su posición original.

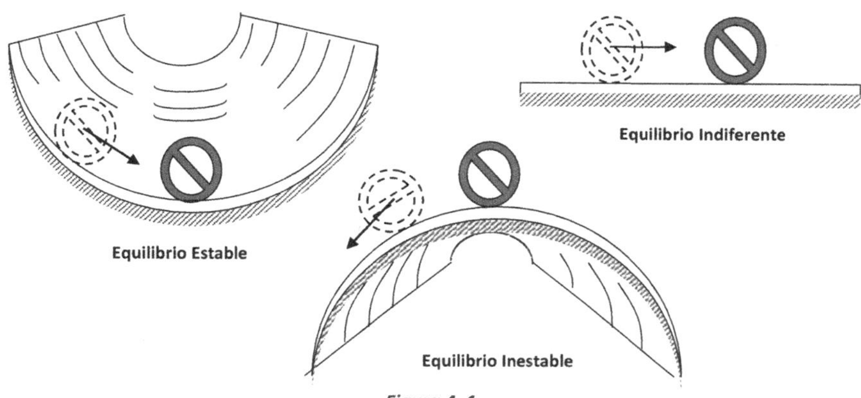


*Figura 4. 1.*
***Estados de equilibrio de un cuerpo.***

Si el cuerpo, después de haber sido afectado por la fuerza, permanece en equilibrio, en la posición donde lo desplace la fuerza, se dice que posee *equilibrio indiferente.* Cuando la fuerza aplicada es causante de un desequilibrio progresivo del cuerpo, la condición que existe entonces es de *equilibrio inestable*. El concepto se puede apreciar en las tres ilustraciones de la Figura 4.1

**4.3 Estabilidad.**

Estabilidad es la propiedad que posee un buque de regresar siempre a su posición anterior de equilibrio, después de inclinarse transversal o longitudinalmente, por la acción de una fuerza externa. En este repaso estudiaremos los conceptos fundamentales relacionados a la estabilidad transversal con el objetivo fundamental en mente de colocar un buque sobre picaderos de manera estable. En el siguiente diagrama podemos apreciar una ilustración de las distintas formas de estabilidad.

---

[29] Guillmer, Thomas C. and Johnson, Bruce. *Introduction to Naval Architecture.* United States Naval Institute. 1982. Página 111.

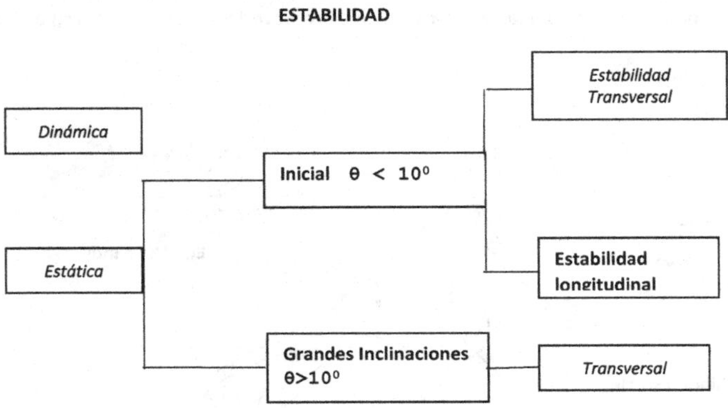


*Figura 4. 2.*
*Diagrama de Distintas condiciones de Estabilidad.*

La estabilidad estática estudia las condiciones de equilibrio del buque, basado en la acción de los pares de fuerzas que tienden a llevarlo a su posición inicial. Puede estudiarse la estabilidad de varias formas. La estabilidad puede ser neutral (el centro de carena y el centro de gravedad no se separan horizontalmente), o sus condiciones y características pueden variar por el peso y la forma del cuerpo[30]. Puede abarcar grandes y pequeños ángulos de inclinación. Nos interesa particularmente como técnicos dedicados a la varada, la estabilidad estática transversal inicial del buque.

### 4.3.1 Estabilidad transversal inicial.

La capacidad de todo buque de recobrar su posición de equilibrio, luego de inclinarse por causa de alguna fuerza externa, se denomina *estabilidad inicial.* La *estabilidad inicial,* comprende el estudio de la estabilidad para inclinaciones iguales o menores de $10^0$. El balance estático del buque a flote, se debe a la igualación de la fuerza de empuje del líquido hacia arriba y la fuerza ocasionada por el peso del buque hacia abajo, por lo tanto, los resultantes de las fuerzas y sus momentos deben ser iguales a cero. Sobre los buques actúan dos fuerzas principales, el desplazamiento y el empuje. El desplazamiento, aplicado verticalmente de arriba hacia abajo por el *centro de gravedad* y el de la fuerza de empuje de abajo hacia

[30] Nudelman, N.A., Norman. *Stability (Part 1) Westlawn* Institute of Marine Technology INC. Stamford, CT, U.S.A. 1990.Pagina 7

arriba, por el baricentro del volumen sumergido o *centro de carena*.[31] En la siguiente ilustración, podemos observar, que cuando el buque se encuentra en equilibrio, el centro de gravedad (G) actúa en dirección vertical hacia abajo, mientras que la fuerza de empuje actúa verticalmente hacia arriba, por el centro de carena (C), ambos en el plano de crujía.

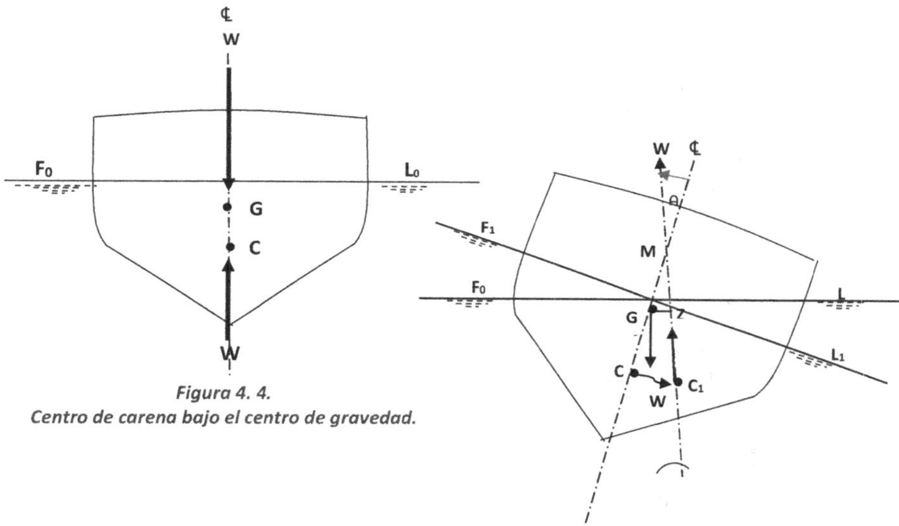


*Figura 4. 4.*
***Centro de carena bajo el centro de gravedad.***

*Figura 4. 4.*
***Centro de carena se desplaza cuando se inclina el buque.***

4.3.2 Condición que debe prevalecer para el equilibrio estático transversal

La primera condición básica para que un buque se mantenga en equilibrio, estando a flote y en reposo en aguas mansas, es la siguiente: la fuerza resultante de su peso, de arriba hacia abajo, actúa en el centro de gravedad (G) y la resultante de la fuerza de empuje actúa hacia arriba, por el centro de carena (C) y debe ser numéricamente igual y opuesta. La segunda condición es la siguiente: el centro de gravedad (G), y el centro de carena (C), deben estar en la misma línea vertical. Si el buque se inclina transversalmente por efecto de alguna fuerza exterior, viento, oleajes, peso etc., el centro de carena se mueve de su posición inicial y se alinea, perpendicularmente, a la nueva línea de flotación, intersecando el plano diametral de la embarcación en un punto constante e importante conocido como *metacentro*. El centro

[31] Mandelli, Antonio, *Elementos De Arquitectura Naval*. Librería y editorial Alsina. Buenos Aires Argentina 1986. Página, 12.

de gravedad, siempre se mantiene fijo sin alteración, mientras que el centro de carena es la que siempre adopta una nueva posición, debido a la inclinación del buque.

4.3.3 Importancia del metacentro en la estabilidad inicial.

Definimos el *metacentro* como el punto que se genera de la intersección del vector del empuje que actúa por el centro de carena, con la línea que pasa por el centro de gravedad. El metacentro también puede definirse como el centro o vértice de la curva que describe el movimiento inicial del centro de carena (C) y que se balancea aproximadamente 10º hacia cada banda. La curva originada por el desplazamiento del centro de carena (C), es en realidad un arco de circunferencia y se conoce como: *metacentro transversal.* Cuando nos referimos a *estabilidad inicial,* nos referimos también a la ubicación del metacentro. En los primeros ángulos de $8^0$ a $10^0$ de inclinación o de escora, todos los radios que se forman con las distancias del centro de carena al metacentro, interceptan en el mismo punto, es decir: el metacentro no cambia de posición. Cuando el ángulo de inclinación aumenta más de los 15 grados, el metacentro se mueve de su posición. Debido a esto se considera la escora de $15^0$, el límite de la *estabilidad inicial.*[32]

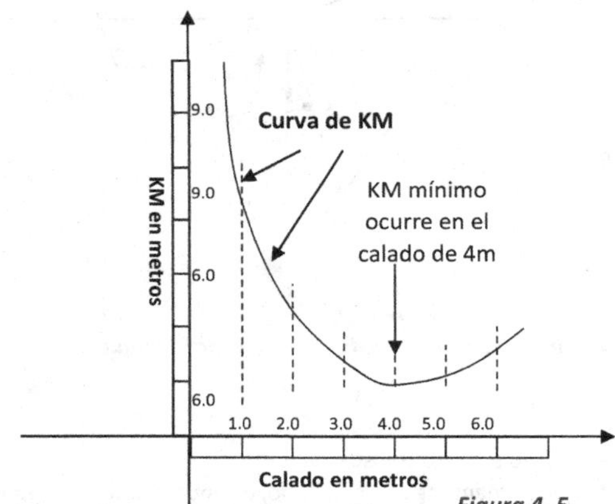


***Figura 4. 5.***
***Diagrama de radios metacéntricos de acuerdo con los calados del buque.***

En las grandes inclinaciones, la intersección de la línea que pasa por el centro de carena y la línea vertical del centro de gravedad pierde su significado, porque el punto de intersección ya no es fijo. La posición del centro de gravedad y el metacentro son importantes solamente para ángulos menores de $15^0$.

---

[32] Guerrero García, Gerardo, *Construcción naval y Teoría del buque* Librería San José, Carral, 19 Vigo España 1969. Páginas 119,121.

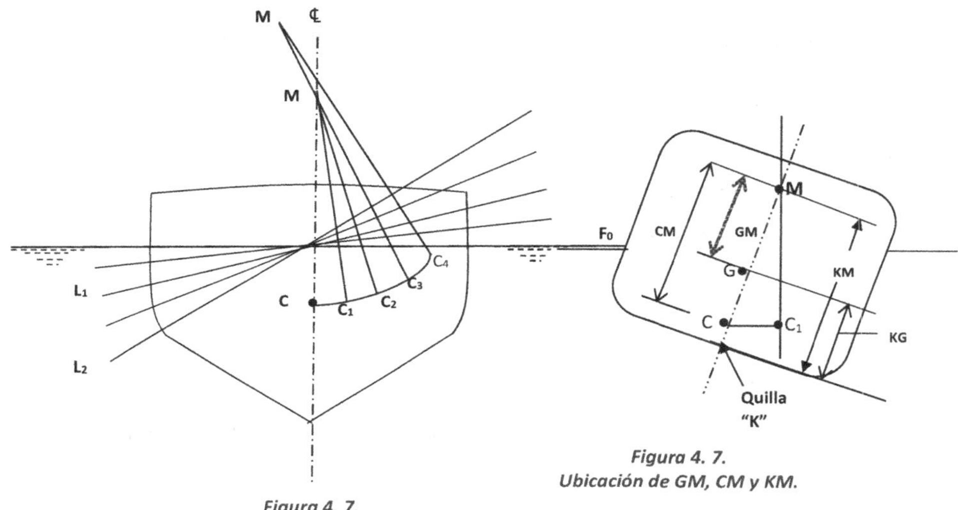


*Figura 4. 7.*
*Proyecciones del radio metacéntrico CM.*

*Figura 4. 7.*
*Ubicación de GM, CM y KM.*

En la Figura 4.5 se puede apreciar, la desviación del metacentro del plano diametral cuando aumenta la inclinación y es cuando la distancia GM, deja de ser la que defina la condición de estabilidad. El *radio metacéntrico* CM (la distancia entre el metacentro y el centro de carena) proyecta la curvatura cuando se traslada el centro de carena fuera del plano diametral y es este vector el que se desvía del metacentro, consecuencia de las grandes inclinaciones. Solamente será considerada en la estabilidad inicial, el radio de la curva "C" que se proyecta entre los $7^0$ a $10^0$ en su movimiento de balance entre la banda de estribor y babor, de acuerdo con la forma que tenga el buque. [33]

## 4.4 Altura metacéntrica (GM).

Dentro del alcance de la estabilidad inicial ($10^0$ a $15^0$), la posición del metacentro (M), respecto a la posición del centro de gravedad (G) y el traslado del centro de carena por la inclinación transversal del buque, determinan las tres posiciones de equilibrio del buque. La medida de la estabilidad transversal dependerá de la distancia entre el metacentro y el centro de gravedad conocida como *altura metacéntrica* (GM). Mientras más alejado se encuentre el metacentro del centro de gravedad, más rápido será el retorno del buque a su posición de equilibrio desde la posición de escora y mientras más cercano este G

---

5 Bonilla De La Corte, Antonio. *Teoría Del Buque*. Graficas Bouzas, S.L. VIGO España 1979

de M, o, dicho de otra forma, mientras menos sea la altura metacéntrica, más lentos serán los balanceos del buque. Los proyectistas de los buques se afanan en encontrar, entre los valores positivos, una altura que produzca un balanceo normal del buque. Cualquiera disminución en la distancia entre el metacentro y el centro de gravedad, puede ser considerada una pérdida de estabilidad, porque mientras mayor sea la altura metacéntrica, mayor será la estabilidad del buque. Para la determinación de la distancia GM, obtenemos de las curvas hidrostáticas la distancia entre el metacentro y la quilla, llamado "KM", y la distancia entre el centro de gravedad y la quilla (KG), que se obtiene del cuadernillo de estabilidad. Véase la Figura 4.6. Si tenemos GM y KG podemos calcular la altura metacéntrica KM. Veamos:

Sea:

KM = La distancia entre el metacentro y la quilla.

KG = La distancia entre el centro de gravedad y la quilla.

Sí: $KM = GM + KG$ (4.1)

Entonces: $GM = KM - KG$. (4.2)

4.4.1 Buque estable.

El buque se encuentra en condición estable cuando luego de haberse desplazado el centro de carena, que se mantenía bajo el centro de gravedad, genera el par de fuerzas o cupla, el cual lleva al buque a su posición original de equilibrio.

Esta condición lo podemos apreciar en la Figura 4.6.

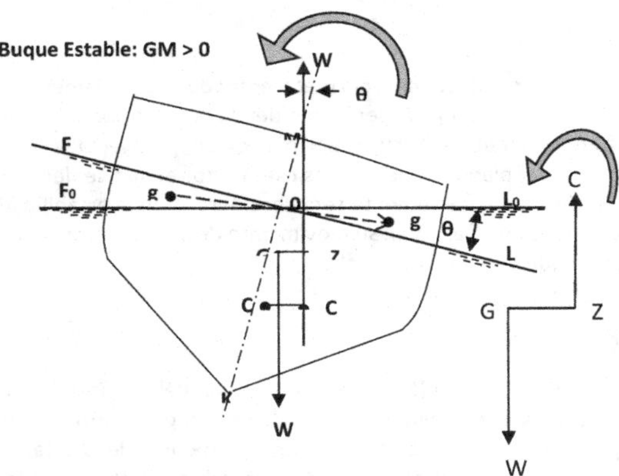


*Figura 4. 8.*
*Inclinación transversal estable.*

4.4.2 El buque indiferente.

Dentro del equilibrio no estable, también tenemos la condición *indiferente o neutral*. Para que exista esta condición debe haberse cumplido la siguiente condición: el centro de gravedad coincide con el metacentro transversal (Fig.4.8) al escorarse el buque, el peso que actúa por el centro de gravedad y la fuerza de empuje se encuentran en el mismo vertical, por lo tanto, no se genera un momento restaurador. En esta condición se dice que el buque se encuentra en estabilidad indiferente.

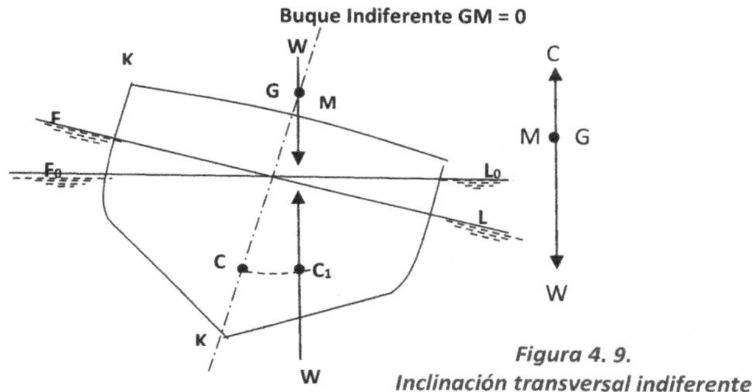


***Figura 4. 9.***
***Inclinación transversal indiferente***

4.4.3 El buque Inestable

La *condición de inestabilidad* ocurre cuando el centro de gravedad se encuentra por encima del metacentro (Fig. 4.9) y en la misma posición vertical. Al escorarse el buque, es porque ha surgido el par de fuerzas (W, C) que crea un *momento escorante,* que lleva al buque en sentido contrario a la posición de equilibrio.

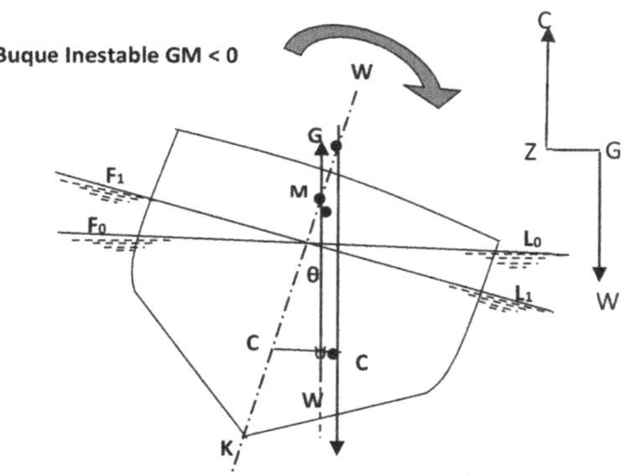


***Figura 4. 10***
***. inclinación transversal inestable.***

En la siguiente tabla 4.1 se puede apreciar las tres posiciones de equilibrio determinadas por la altura metacéntrica.

| **Buque Estable** | **GM > 0** | **KM > KG** | **GM = KM – KG > 0** |
|---|---|---|---|
| **Buque Inestable** | **GM < 0** | **KM < KG** | **GM = KM – KG < 0** |
| **Buque Indiferente** | **GM = 0** | **KM = KG** | **GM = KM – KG = 0** |
| | | | |

*Table 4. 1.*
*Variaciones de la Estabilidad.*

**4.5 Angulo de escora notable (lolling) en buques con GM negativo.**

Al inclinarse un buque a flote con un GM negativo, el brazo de adrizamiento también será negativo y esto causará un momento de zozobra que la hará voltearse. Este hecho lo podemos apreciar en la Figura 4.9. Cuando la inclinación es mayor, el traslado del centro de carena será mayor y seguirá moviéndose en dirección a la parte baja de la inclinación. En dicha situación el vector del empuje ya no actúa verticalmente por el metacentro inicial. Si continúa la escora y el centro de carena se sitúa bajo el centro de gravedad, el brazo de adrizamiento y el momento de Adrizamiento será igual a cero. Cuando se llega a este instante, Se dice que se ha llegado al *ángulo de escora notable (lolling)*.

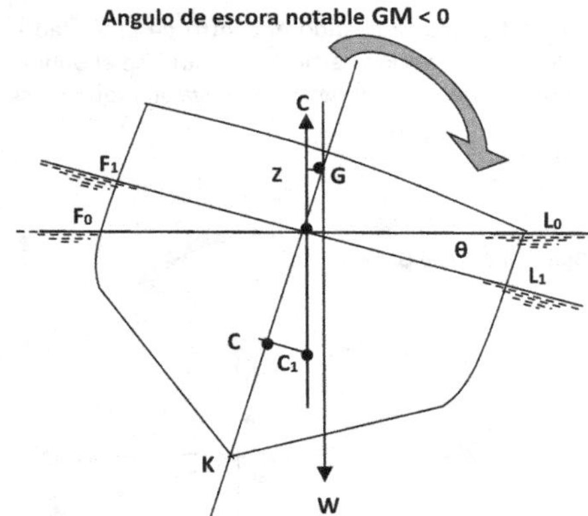


*Figura 4. 11.*
*Angulo de escora notable (Lolling).*

Con la altura metacéntrica inicial negativa, el buque permanecerá en reposo a flote en aguas tranquilas. Si la inclinación se acentúa más allá del ángulo de escora notable, la palanca o brazo

**Angulo de escora notable GM < 0**

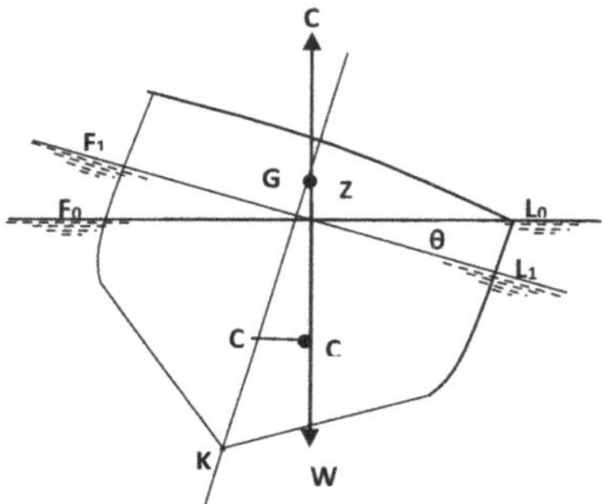


*Figura 4. 12.*
***Aumento del ángulo de escora.***

de adrizamiento será entonces positivo, creando un momento para que el buque retorne al ángulo de escora notable. Véase la Figura 4.11.[34] Cuando el ángulo de inclinación es mayor que el ángulo de la escora notable ocurre un aumento en la separación del centro de carena que crea una escora mayor.

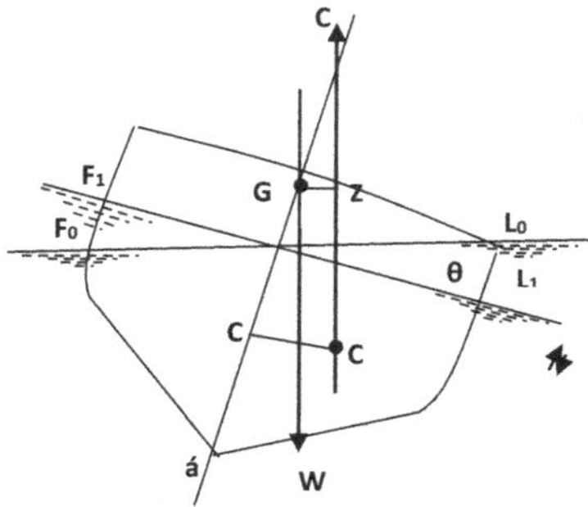


*Figura 4. 13.*
***Separación del centro de carena crea una escora mayor.***

[34] Derrett, D. R Captain revised by Barrass C.B. Dr. *Ship Stability for Masters and Mates.* Reed Educational and Professional Publishing Ltd. 1999 Página 227,228,229, 230.

En los buques con elevadas paredes laterales, el brazo de adrizamiento "GZ" del ángulo de escora notable (*lolling*) se puede calcular con la siguiente ecuación:

**GZ = seno θ (GM + ½ BM tan² θ)**

$$GZ = \text{seno}\ \theta\ (GM + \tfrac{1}{2} BM \tan^2\theta)$$

Ahora GZ = 0 en el instante del ángulo de escora notable,

Y seno θ = 0

Pero el ángulo de escora es distinto de cero, por consiguiente:

$$GM + \tfrac{1}{2} BM \tan^2\theta = 0 \qquad (4.3)$$

$$\tfrac{1}{2} BM \tan^2\theta = -GM$$

$$BM \tan^2\theta = -2GM$$

$$\tan^2\theta = \frac{-2\,GM}{CM} \qquad (4.4)$$

$$\tan\theta = \sqrt{\frac{-2\,GM}{CM}}$$

Y como el ángulo de escora es causado por la altura metacéntrica GM negativa, la ecuación toma la forma:

$$\tan\theta = \sqrt{\frac{-2(-GM)}{CM}} \text{ o sea: } \tan\theta = \sqrt{\frac{2\,GM}{CM}} \qquad (4.5)$$

Donde:

**θ** = el ángulo de escora notable

**GM** = altura metacéntrica inicial negativa.

**CM** = cuando el buque se encuentra adrizado.

**4.6 Variaciones de la escora notable (lolling) en buques cuyos cascos son afinados en sus extremos.**

Ya hemos visto que en el caso de GM (distancia entre el metacentro y el centro de gravedad) y GZ, distancia entre los vectores que pasan por G (centro de gravedad) y por C (centro de carena) la relación se hace nula en la medida en que los ángulos se hacen mayores que $10^0$. Pero ocurre que, en los buques con cascos con un perfil afinado en sus extremos, existe una variación inversamente proporcional, entre la magnitud de GM y la magnitud de GZ entre las condiciones de rosca y la de máxima carga, es decir con un calado ligero y uno profundo. La gráfica de la Figura 4.14 nos demuestra la variación.

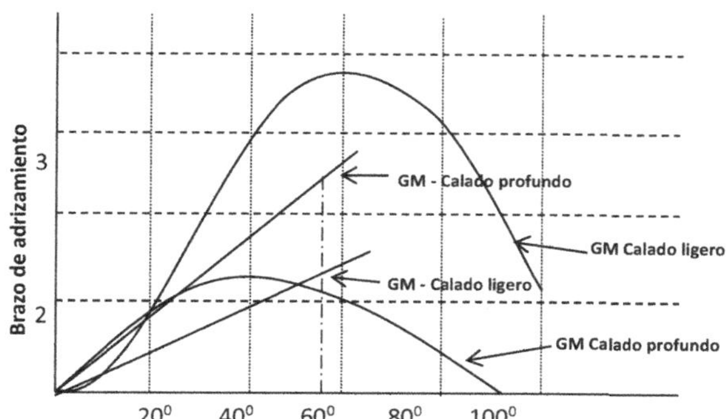


***Figura 4. 14. Grafica de las variaciones entre GM y GZ para buques entre condiciones de Rosca y Máxima carga.***

La curva empieza suavemente, indicando una altura metacéntrica bastante baja, pero con el incremento del ángulo, la pendiente aumenta drásticamente. Si este es el caso de un buque en que se haya corregido para una posición más elevada, GM puede reducirse y quedar negativo y el buque adopte la condición de una escora notable *(lolling).*

**4.7 Cargueros en rosca.**

En los cargueros en rosca, el centro de gravedad se eleva a un nivel en donde la curva del seno interseca la curva de estabilidad en un ángulo inferior de escora y es mucho mayor que la curva del brazo de adrizamiento en los ángulos menores. Sin embargo, la condición no es del todo crítica en los buques cargueros, porque son diseñados bajo criterios de estabilidad, que permiten un amplio margen para posiciones verticales variadas, del centro de gravedad y aunque GM sea negativo siempre habrá suficiente estabilidad positiva para mantener un alcance satisfactorio y un brazo de adrizamiento adecuado.[35] Esta condición se corrige fácilmente con el lastrado y la recarga del buque.

[35] Guillmer, Thomas C. and Johnson, Bruce *Introduction to Naval Architecture* Página 155, 156

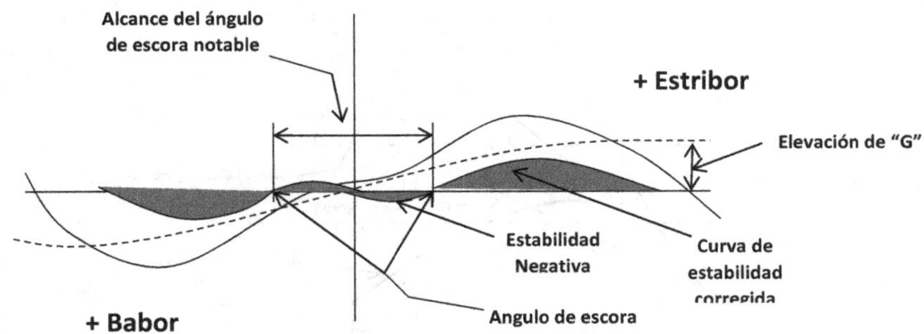


*Figura 4. 15.*
*Diagrama de la escora notable en buques cargueros en rosca.*

**4.8 Estabilidad por la distribución del peso en el flotador.**

Los efectos de la estabilidad de forma y la estabilidad de peso, se combinan para crear la estabilidad estática total de una embarcación. Para demostrar cómo el peso puede afectar la estabilidad estática, analicemos el caso de un cilindro flotando en un tanque de agua. Si se sumerge un cilindro vacío, longitudinalmente (Figura 4.15) en el agua y se le mantiene en reposo sin alteración, el cilindro permanecerá flotando sin moverse. Si se le hace rotar, continuará rotando en dirección de la fuerza hasta que la fuerza de fricción finalmente lo detenga. El centro de carena (C) se mantiene bajo el centro de gravedad (CG), sin moverse, mientras que gira el cilindro.

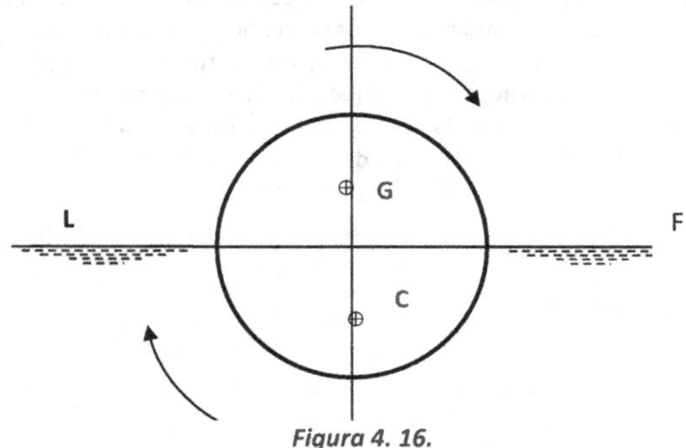


*Figura 4. 16.*
*Flotador cilíndrico.*

No pueden separarse las dos fuerzas que se oponen y no es posible formar un par que se oponga al movimiento, por lo tanto, la estabilidad del cilindro se encuentra en la condición de indiferente. Supongamos que al cilindro le agregamos concreto en el fondo, y luego lo sellamos y lo volvemos a colocar en el agua. Vea la Figura # 4.17.

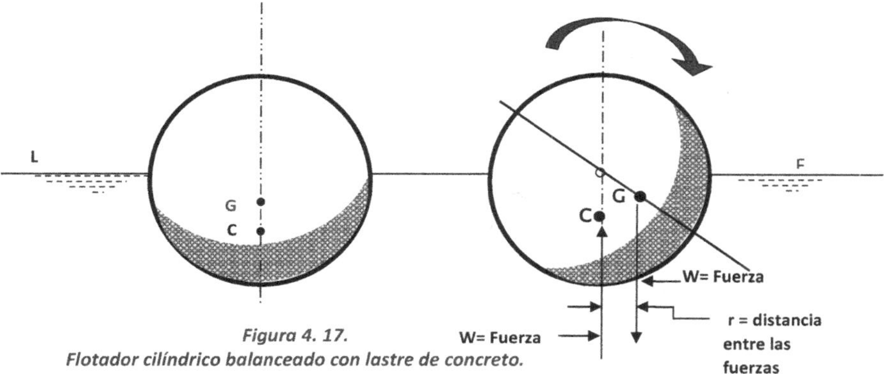


*Figura 4. 17.*
***Flotador cilíndrico balanceado con lastre de concreto.***

El concreto en el fondo, causa un desplazamiento del centro de gravedad de su centro de rotación, provocando a su vez, un desplazamiento a lo largo del eje de crujía, hacia abajo. El centro de carena o baricentro (C) permanece en el centro del volumen inmerso; cuando movemos el cilindro hacia un lado, el centro de gravedad se mueve en la dirección del movimiento, a una distancia "r" (véase la Figura 4.17), causando un momento de fuerza (W × r) que restaura el cilindro a su posición original.

## 4.9 Estabilidad por la forma del flotador.

En la siguiente Figura 4.18 apreciamos un flotador con sección transversal rectangular que se encuentra flotando en reposo. Su centro de gravedad (CG) se encuentra en el centro de su forma rectangular y su centro de carena en el centro geométrico de la parte sumergida.

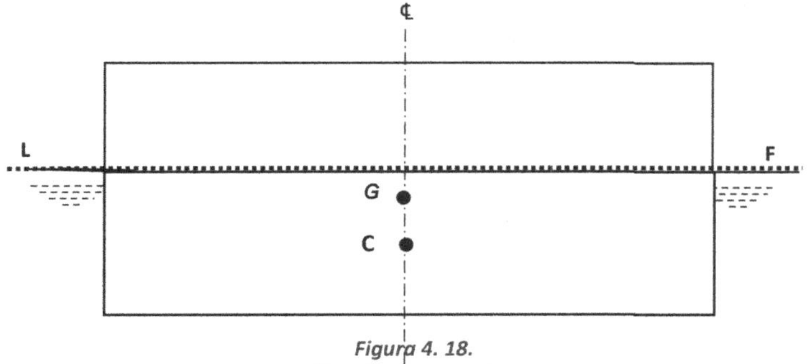


***Figura 4. 18.***
***Flotador rectangular.***

Ambos centros están alineados verticalmente. Si se aplica una fuerza (F) externa en una de las esquinas que lo haga rotar, la escora producida, incrementará el volumen de la carena hacia el lado de la aplicación de la fuerza (F), reduciéndose el lado opuesto. (Figura 4.19)[36]

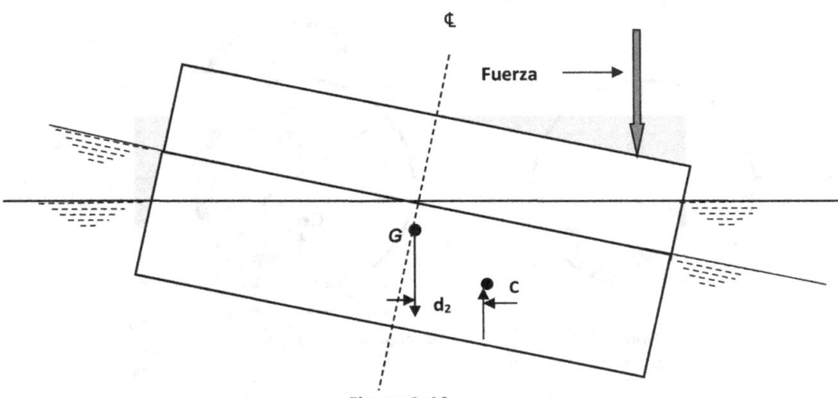


*Figura 4. 19.*
***Flotador rectangular inclinado por una fuerza externa.***

El centro de carena se desplaza hacia el baricentro del volumen inmerso, mientras que el centro de gravedad permanece en su posición original. Por consiguiente, el par de fuerzas opuestas produce un momento adrizante, que restaura rápidamente el equilibrio original, en cuanto se retire la fuerza causante de la inclinación. Cada vez que se elimine la fuerza (F) externa, el *momento adrizante* hará rotar el flotador a su posición original de equilibrio. Las embarcaciones más anchas en manga, tales como barcazas perforadoras, petroleras y otras con esas características, siempre exhibirán una mayor resistencia a una fuerza que quiera hacerlas rotar por tener un amplio plano de agua de flotación y debido a que el momento de inercia del plano de agua es elevado. La estabilidad por el peso y por la forma se combina para crear el total de la estabilidad estática de la embarcacion. Su discusión se aleja del objetivo y los propósitos de este texto. Puede el lector profundizar sobre el tema, en los libros de arquitectura naval avanzados.

[36] Nudelman, N.A., Norman. *Stability (Part 1) Westlawn* Institute of Marine Technology INC. Stamford, CT, U.S.A. 1990.Pagina 9

## 4.10 Par de estabilidad o par de adrizamiento.

Al inclinarse el buque se traslada el centro de carena y el nuevo vector de empuje estático, se aplica al nuevo centro geométrico de la carena. El centro de gravedad y el centro de carena todavía son fuerzas iguales en magnitud y opuestas, pero ya no se encuentran en el mismo vertical. Como consecuencia, se crea un *par o cupla adrizante* que también suele llamársele, **par *de estabilidad.***

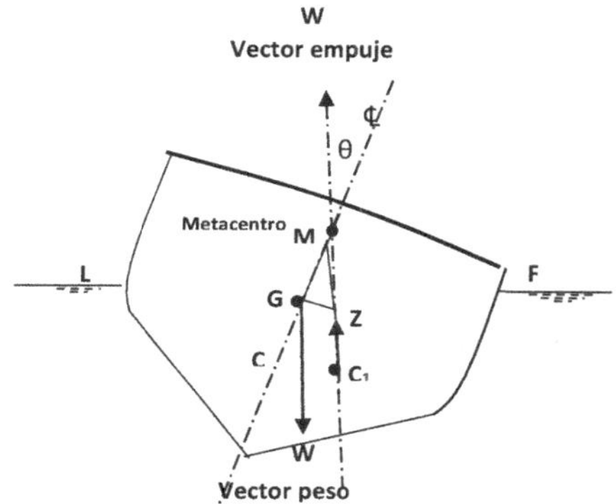


***Figura 4. 20.***
***Brazo y cupla adrizante.***

Al trazarse una perpendicular del vector peso al vector empuje del agua, se forma el brazo del par de estabilidad transversal, comúnmente llamado brazo adrizante, que separa a los dos vectores y se representan con las letras "GZ". El valor del brazo del par de estabilidad transversal GZ, se obtiene del triángulo GZM generado por la inclinación del buque. Por trigonometría, de la relación del seno del ángulo "θ", (Véase la Figura 4.19 b) y los lados del triángulo, calculamos valor de GZ.

$$\text{Sen } \theta = \frac{\text{Lado Opuesto}}{\text{hipotenusa}}$$

$$\text{Sen } \theta = \frac{GZ}{GM}$$

$GZ = \text{Sen } \theta \times GM$

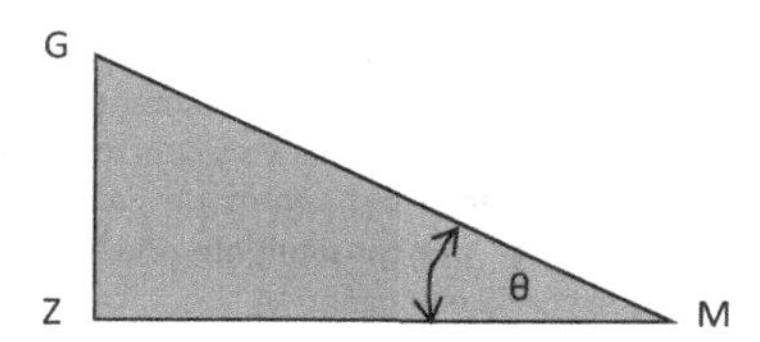

***Figura 4. 21.***
***Determinación del brazo GZ.***

Por consiguiente, el *brazo del par de estabilidad:* **GZ = GM × sen θ** (4.6)

El par de estabilidad tiende, como ya hemos estudiado, a llevar el buque a su posición original, al desarrollar un momento que se conoce como:

*Momento de estabilidad transversal*: **M = Δx GZ** (4.7)

**M = Δ GM sen** (4.8)

***Ejemplo 4.1***

Con la información del ejemplo anterior, calcular el valor del brazo adrizante (GZ) para 1 grado (1º)

GZ = GM sen θ

GZ = 0.45' × sen 1º

GZ = 0.45' × 0.0175

GZ = 0.0079 para un grado (1º) de escora.

Con esta información podemos calcular el valor del momento adrizante o momento de estabilidad para un (1º) grado de inclinación. Veamos la operación:

Supongamos que:

Δ= 18729.3867

GZ = 0.0079 (Para un grado (1º) de escora)

Entonces:

1- $M_a$ 1º = Δ x GZ a 1º (4.9)

$M_a$ 1º = 18729.3867 x 0.0079

$M_a$ 1º = 146.9622 pies - libras /grado.

**4.11 Cálculo del movimiento del centro de carena.**

Cuando el buque se inclina transversalmente, la cuña de emersión $FOF_1$ fuera del agua es igual a la cuña de inmersión $LOL_1$ bajo el agua y su centro de gravedad "g" se transfiere, de la cuña $FOF_1$ a la cuña $LOL_1$ ("$g_1$"). El movimiento del centro de carena "C" a la nueva posición, o sea "$C_1$"es paralela al movimiento de "g" a "$g_1$" por consiguiente podemos calcular el movimiento del centro de carena "$CC_1$" al inclinarse el buque con la ecuación:

$$\mathbf{CC_1} = \frac{v \times gg_1}{V} \qquad (4.10)$$

Donde:

C = Centro de carena

V o $\nabla$ = Volumen de desplazamiento

v = Volumen de la cuña de inmersión

$g_1$ = Centro de gravedad de la cuña de inmersión.

g = Centro de gravedad de la cuña de emersión.

La ecuación se obtiene de la relación entre el *momento adrizante* que ocurre como respuesta al *momento que se genera por el traslado del centro de carena.* La relación es la siguiente:

$$\nabla \times \mathbf{CC_1} = \mathbf{v} \times \mathbf{gg_1} \qquad (4.11)$$

Y la desviación del centro de carena viene siendo: $\mathbf{CC_1} = \frac{v \times \mathbf{gg_1}}{\nabla}$

**4.12 Estabilidad longitudinal.**

La estabilidad longitudinal ocurre cuando el buque recobra su posición primitiva en sentido longitudinal, después de haber sido afectado por una fuerza externa. Se puede considerar este tipo de estabilidad como una condición equivalente a la evaluación del asiento o trimado.[37]

El estudio de la estabilidad longitudinal es importante para el técnico de varada por varias razones: su estudio facilitará la obtención de herramientas para evaluar la magnitud y el control del asiento del buque, así como la colocación de la carga para obtener los calados necesarios para nivelar el buque. Para el Capitán del navío, será el asiento lo que otorgue navegabilidad y maniobrabilidad al buque, una vez se encuentre en alta mar.

De la estabilidad transversal inicial aprendimos que son dos, las fuerzas principales que actúan sobre el buque: El peso que se aplica por el punto "G", conocido como centro de gravedad y el punto "C" por donde actúa la fuerza de empuje del agua, ambas fuerzas en un mismo vertical, el centro "G" por encima del centro "C", en dirección opuesta y de igual magnitud. También estudiamos el movimiento de" C" a "$C_1$" cada vez, que una fuerza externa logra inclinar el buque transversalmente y como el nuevo vector aplicado en "$C_1$", perpendicular a la nueva flotación de la inclinación, corta la vertical donde yace el centro de gravedad en un punto conocido como "Metacentro". Se estudiaron, además, las relaciones entre las distancias generadas por las posiciones verticales geométricas de G y C, tales como, KG y KC, que son las distancias a la quilla.

Consideremos ahora todas estas fuerzas en acción, pero en vez de transversalmente, las veremos sobre un buque en sentido longitudinal, inclinado hacia proa o hacia popa. En el buque que se aprecia en la Figura 4.20, los centros geométricos de G y C, KC, KG son las mismas[38] que en la estabilidad transversal

[37] Derrett, D. R. Captain, revised by Barrass, C.B. Dr. *Ship Stability for master's and Mates.* Butterworth Heinemann Stanford Maritime Ltd. 2001. Páginas133,134

[38] Guerrero García, Gerardo*, Construcción Naval y Teoría Del Buque*. Librería San José, Carral, 19 Vigo España 1969. Página 37,39.

inicial. Tal como se concretó en el estudio de la estabilidad transversal, la altura metacéntrica (GM) determina el equilibrio del buque, sin embargo en el caso de la estabilidad longitudinal, para conocer las condiciones de estabilidad del buque, no es necesaria la evaluación de la altura metacéntrica longitudinal ($GM_L$) porque el metacentro ($M_L$) siempre se encontrará en una posición elevada, que no varía y además, siempre será positiva. Por este hecho, en la estabilidad longitudinal el interés máximo está centrado en los cambios del trimado. Cuando un buque se encuentra flotando en aguas tranquilas y con "aguas iguales o carena derecha" como se suele catalogar el buque, cuando está a nivel tal que:

$\mathbf{C_{pr} = C_{pp}}$ (calados iguales en popa y en proa tal como se observa en la Figura 4.22).

Sus centros de gravedad y de carena estarán situados en la misma línea vertical y el desplazamiento del volumen de agua es igual a su peso:

Siendo:

Peso W = fuerza de empuje que pasa por el centro de carena (C) y

$\otimes G = \otimes C$ . Distancias horizontales iguales desde ambas perpendiculares.

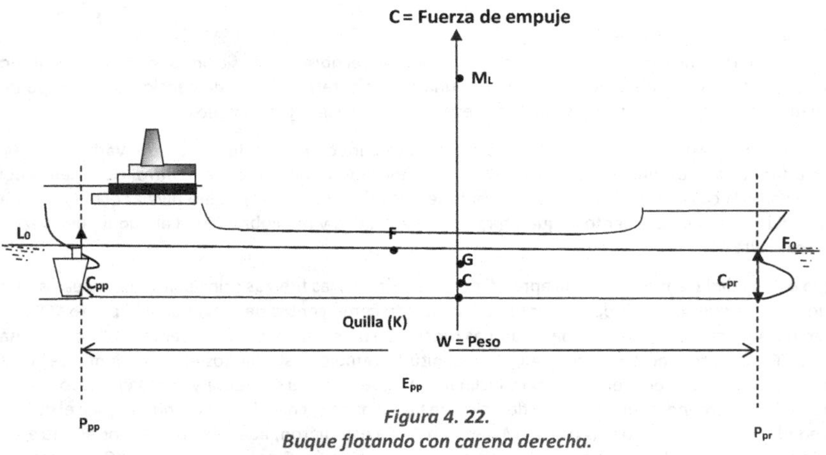


*Figura 4. 22.*
***Buque flotando con carena derecha.***

La distancia vertical entre el metacentro ($M_L$) y el centro de gravedad (G) se denomina: ***altura metacéntrica longitudinal ($GM_L$)***

La altura del metacentro ($M_L$) sobre el centro de carena (C) es: ***el radio metacéntrico longitudinal ($CM_L$).*** Véase la Figura 4.22.

Por ser la distancia entre **G y C** relativamente pequeña **$GM_L$** puede ser sustituida por **$CM_L$** cuando se deriva la fórmula de MCT 1cm (momento para que varíe el trimado 1 cm).

La ecuación del radio metacéntrico longitudinal es la siguiente:

Sea:

$I_L$ = Segundo momento de área o de inercia del plano de flotación respecto al eje transversal que pasa por el centro de flotación.

V= Volumen de la carena.

Entonces el radio metacéntrico longitudinal es:

$$CM_L = \frac{I_L}{V} \tag{4.12}$$

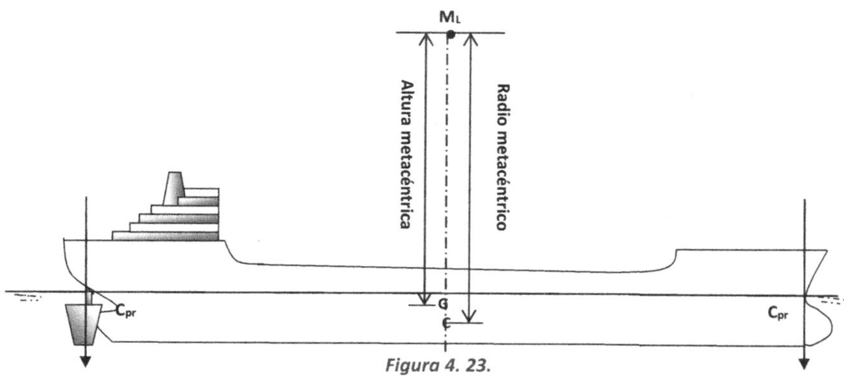


*Figura 4. 23.*
***Altura metacéntrica longitudinal y radio metacéntrico.***

Comúnmente los buques de forma normal son estables longitudinalmente, por lo tanto, la estabilidad longitudinal se reduce a la evaluación de los cambios de asiento y de calados, que experimenta el buque por el efecto de la carga, descarga y traslado de carga. Cuando ocurren estos movimientos de carga, la posición de los pesos a bordo desarrolla un exceso en las dimensiones de los calados de popa o de proa como pudimos observar en la Figura 4.23. Como lo indica el buque de la Figura, el punto de pivote al inclinarse el buque, cuando se traslada una carga de proa a popa, es el centro de flotación (F), lo cual indica que la diferencia entre la línea de flotación $L_0F_0$ y la línea de flotación $L_1F_1$ es el asiento. Además, se producen cuñas de emersión y de inmersión iguales.

Esa diferencia entre calados en aguas tranquilas se denomina: *asiento o trimado*. Su valor se obtiene de la resta del calado mayor del calado menor:

$$\textbf{Asiento} = C_{pp} - C_{pr}. \tag{4.13}$$

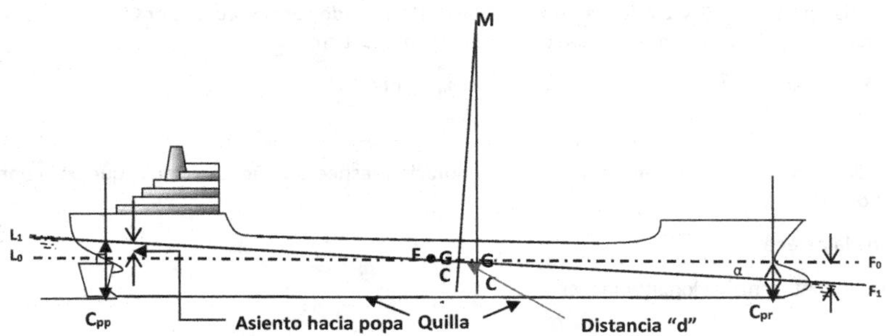


*Figura 4. 24.*
***Buque trimado hacia popa.***

4.12.1 Efecto de cargar o descargar un peso sobre centro de flotación

En la Figura 4.24 se ilustra el traslado de un peso sobre el centro de flotación, a una distancia "d" metros del centro de gravedad y el centro de carena. El buque sufrirá un hundimiento paralelo, desde la línea de flotación $L_0F_0$ a línea de flotación $L_1F_1$ causando una capa de agua de volumen "v", que se suma al volumen de la carena. El baricentro de la capa de agua está situado bajo el centro de flotación. Para calcular el desvío del centro de gravedad ($G_0G_1$) aplicamos la ecuación de la carga y la descarga de pesos:

Siendo:

d = Distancia del centro de gravedad al centro de flotación.

W = Peso del buque

w = Peso agregado

$G_0G_1$ = Desvío del centro de gravedad.

$$G_0G_1 = \frac{w \times d}{W + w} \qquad (4.14)$$

Para calcular el desvío del centro de carena:

Siendo:

**d** = Distancia del centro de carena al centro de flotación.

**V** = Volumen de la carena.

**v** = Volumen de la capa de agua

**$C_0C_1$** = Desvío del centro de carena. $\frac{v \times d}{V + v}$

Son iguales las distancias horizontales $\mathbf{C_0C_1}$ **y** $\mathbf{G_0G_1}$ que se desviaron por la adición del peso, o sea:

$\mathbf{C_0C_1 = G_0G_1}$

$$\frac{v \times d}{V + v} = \frac{w \times d}{W + w} \qquad (4.15)$$

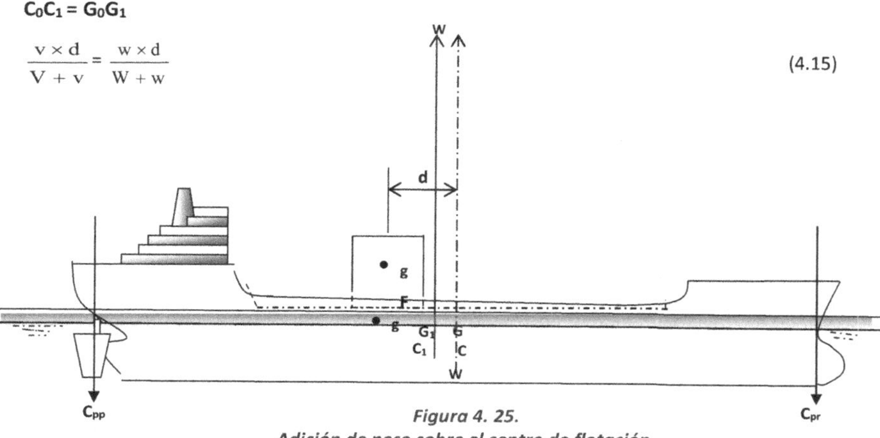


*Figura 4. 25.*
***Adición de peso sobre el centro de flotación.***

4.12.2 Cambio de trimado por causa del traslado de peso.

Supongamos que el peso del buque anterior, colocado sobre el centro de flotación se tenga que mover una distancia "d" hacia la popa. El centro de gravedad se moverá de $G_0$ hasta $G_1$ y el buque pivoteará en el centro de flotación "F" mientras que el centro de carena "C" se mueve hasta la posición "$C_1$" para volverse a alinearse verticalmente bajo $G_1$.

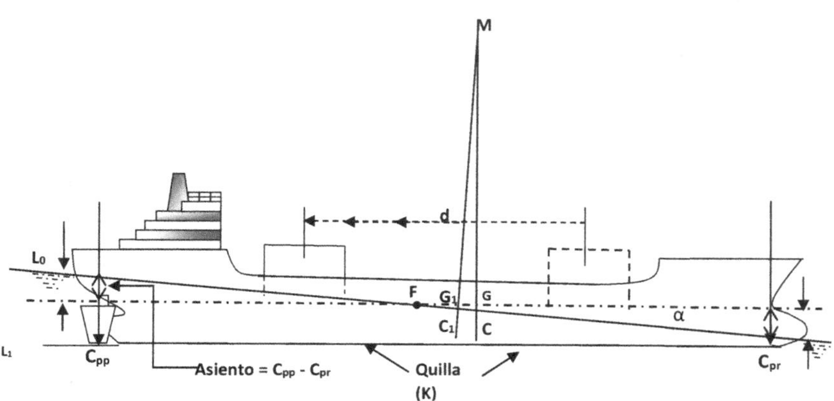


*Figura 4. 26.*
***Trimado hacia popa debido al traslado de peso hacia la popa.***

La distancia recorrida por G, respecto a su posición original de la condición en que es nulo el asiento, se obtiene igualando las tangentes de los ángulos "α" de los dos triángulos que se aprecian en la Figura 4.25, y luego resolviendo para $G_1C$.

Siendo: $\mathbf{G_1G = G_1C}$.

Igualando las tangentes:

$$\frac{G_1C}{GM_L} = \frac{\text{Asiento}}{E_{pp}} \qquad (4.16)$$

Ahora, sustituyendo en la ecuación del movimiento de peso (Se ha movido un peso en el buque que ha sido el causante del asiento actual):

Para obtener la distancia $G_1C$

Hacemos: $\mathbf{G_1C} = \frac{p \times d}{\Delta}$

Igualamos y sustituimos en la ecuación de la tangente para obtener el *momento de adrizamiento* necesario para enderezar el buque a su posición primitiva.

$$\frac{p \times d}{\Delta} = \frac{G_1C}{GM_L} \qquad (4.17)$$

$$p \times d = \frac{\Delta \times GM_L}{E_{pp}}$$

Siendo: $\frac{G_1C}{GM_L} = \frac{\text{Asiento}}{E_{pp}}$

Entonces: $\frac{p \times d}{\Delta GM_L} = \frac{\text{Asiento}}{E_{pp}}$

$$\mathbf{p \times d} = \frac{\Delta \times GM_L}{E_{pp}} \times \text{Asiento} \qquad (4.18)$$

Y (p × d) es distancia por peso lo cual es un momento de fuerza. Si le asignamos al asiento el valor de 1 pie o 1 metro, podemos obtener el momento unitario mínimo.

$$\textbf{Momento (p × d)} = \frac{\Delta \times GM_L}{E_{pp}} \times 1\text{metro} \qquad (4.19)$$

$$\textbf{Momento para variar 1 metro} = \frac{\Delta \times GM_L}{E_{pp}}$$

Conviene reducir el momento para variar el asiento un metro al momento para variar el asiento un centímetro, porque el asiento de un metro sería demasiado amplio y lo práctico sería una unidad más pequeña, por lo tanto, el metro lo convertimos en centímetros, multiplicando el valor de la eslora por 100.

$$\textbf{Momento unitario (Mto}_u\textbf{)} = \frac{\Delta \times GM_L}{E_{pp} \times 100} \qquad (4.20)$$

Por la amplitud de los radios metacéntricos en la estabilidad longitudinal, el valor del momento unitario ($Mto_u$) calculado en las tablas hidrostáticas es aceptable y aplicable. Estas ecuaciones serán importantes para ubicar la posición geométrica del centro de gravedad y el calado hidrostático del centro de flotación, en los cálculos que se realizan para evaluar la estabilidad del buque, antes de su entrada al dique seco. Si en una varada tuviésemos que añadir un peso para modificar el asiento, podríamos entonces calcular la magnitud del peso para lograr nuestro fin y también calcular la abscisa correspondiente. Las fórmulas que apreciamos a continuación se desprenden del momento unitario y pueden resultar útiles para calcular el asiento y añadir pesos y así poder controlar las inclinaciones:

$$\text{Para el Asiento: } \mathbf{A} = \frac{p \times d}{Mto_u \times 100} \qquad (4.21)$$

$$\text{Para el peso: } \mathbf{p} = \frac{A(Mto_u \times 100)}{d} \qquad (4.22)$$

$$\text{Para la distancia: } d = \frac{A(Mto_u \times 100)}{p} \qquad (4.23)$$

Debido a que el centro de gravedad se ha movido de su posición original, situado en la misma línea vertical del centro de carena, podremos calcular el asiento del buque de acuerdo con las nuevas posiciones de G y de C, respecto al centro de la eslora. Por este corrimiento se produce un momento de traslación igual a: $\Delta \times G_1G$ donde $G_1G$ es igual a las distancias al centro de eslora de G y C. [39]

El momento de traslación se expresa entonces como:

$\Delta(\otimes G - \otimes C)$

Donde:

$\Delta$ = Desplazamiento

$(\otimes G - \otimes C)$= Diferencia de las distancias referidas a las perpendiculares de popa y proa.

$(X_G - X_C)$ = Diferencia de las distancias referidas a la cuaderna maestra o sección media.

El cálculo del asiento sería: $\mathbf{A} = \frac{\Delta(\otimes G - \otimes C)}{Mto_u}$

(4.24)

Y también $\mathbf{A} = \frac{\Delta(X_G - X_C)}{Mto_u}$ (4.25

[39] Mandelli, Antonio, *Elementos De Arquitectura Naval.* Librería y Editorial Alsina Buenos Aires Argentina 1986. Pagina72.

4.12.3 Distribución del trimado

Cuando es alterado el trimado de un buque se produce una variación en los calados de proa y popa. El buque que se observa en la Figura 4.27, ha girado alrededor del centro de flotación.

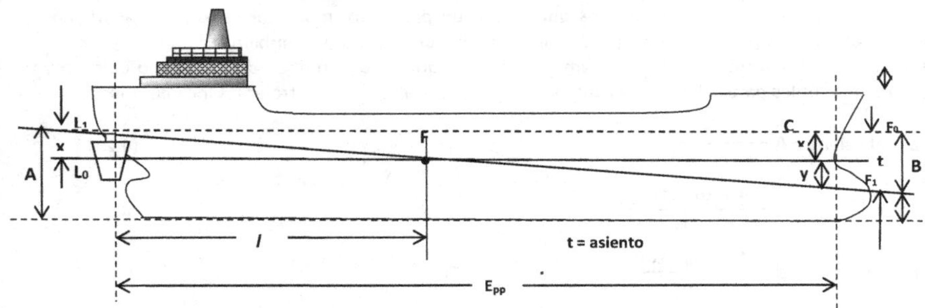


*Figura 4. 27.*

***Cálculo de la Variación del calado de un buque trimado hacia popa***

de flotación (F) y ahora flota con un asiento apopante. "A "representa el nuevo calado en la popa.

"B" sería el calado en la proa. La variación del trimado por consiguiente es: A –B.

Sea x el cambio del calado en la popa e "y "el cambio en la proa. Por ser similares los triángulos $L_1FL_0$ y $F_1FF_0$ aplicamos la propiedad de los triángulos similares: [40]

$$\frac{\text{X cm}}{\text{lm}} = \frac{\text{t cm}}{E_{pp}} \qquad (4.26)$$

$$\text{x cm} = \frac{\text{lm} \times \text{t cm}}{E_{pp}\text{m}} \qquad (4.27)$$

Por consiguiente: la fórmula para el cambio se calcula:

$$\text{Cambio del trimado en la popa} = \frac{l}{E_{pp}} \times t \qquad (4.28)$$

$$\text{Cambio del trimado en la proa} = \frac{E_{pp} - l}{E_{pp}} \times t \qquad (4.29)$$

El momento generado por el movimiento, o carga del peso es igual a la magnitud del peso por la distancia recorrida de su punto de referencia.

---

[40] Derrett, D. R. Captain, revised by Barrass, C.B. Dr. *Ship Stability for Masters and Mates.* Butterworth Heinemann Stanford Maritime Ltd. 2001. Páginas139.

Alteración del trimado (asiento) = $\dfrac{\text{Momento generado por el movimiento del peso}}{\text{MCT1cm}}$ (4.30)

Cualquiera adición de peso causará un hundimiento paralelo que deberá ser sumado al cambio a la alteración del trimado. Se calcula el hundimiento con la siguiente ecuación:

Hundimiento = $\dfrac{\text{peso adicional}}{\text{TPC}} = \dfrac{\text{w}}{\text{TPC}}$ (4.31)

***Ejemplo 4.2***

En la Figura 4.27 podemos apreciar un buque con una eslora entre perpendiculares de 230 ms, desplazamiento de 25000 Tms flota con un calado de proa de 9.5ms y en popa de 10.0ms. Su MTC1cm = 305 Tms, centro de flotación = 110 m hacia proa de la perpendicular de popa. Encuentre el nuevo calado si se le ha movido 1000Tnsm de lastre, de un tanque con centro de gravedad de 170 ms hacia proa de la perpendicular de popa, hacia otro tanque con su centro situado a 215m hacia proa de la perpendicular de popa.

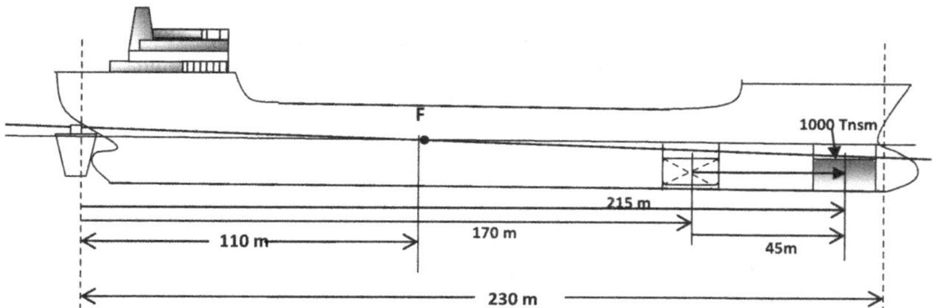


***Figura 4. 28. Traslado del lastre.***

**Solución:**

Distancia recorrida por el lastre entre tanques: 215 – 170 = 45 m

Alteración del trimado (asiento) = $\dfrac{\text{Momento generado por el movimiento de peso}}{\text{MCT1cm}}$ (4.32)

$= \dfrac{1000 \times 45}{305} = 146.54\text{cm}$

Cambio del trimado en la popa = $\dfrac{l}{\text{E}_{pp}} \times \text{t}$

$= \dfrac{110}{230} \times 147.54 = -70.56 \text{ cm} = 0.706 \text{ m}$ (4.33)

Cambio del trimado en la proa $= \dfrac{E_{pp} - l}{E_{pp}} \times t$

$= \dfrac{230 - 110}{230} \times 147.54$ = 0.522 cm = 0.00522 m (4.34)

Los nuevos calados son:

| En popa | En proa |
|---|---|
| 10.000m | 9.500m |
| - 0.00522m | +0.706m |
| 9.99478 m | 9.206 m |

## 4.13 Experiencia de Estabilidad.

La experiencia de estabilidad se realiza a bordo del buque, para determinar la altura metacéntrica (GM) y las coordenadas del centro de gravedad (CG) del buque en rosca, después de su puesta a flote. El Capitán de diques debe estar capacitado para realizar esta prueba, aunque sea este, una función del departamento de ingeniería quienes le compete realizar este análisis.

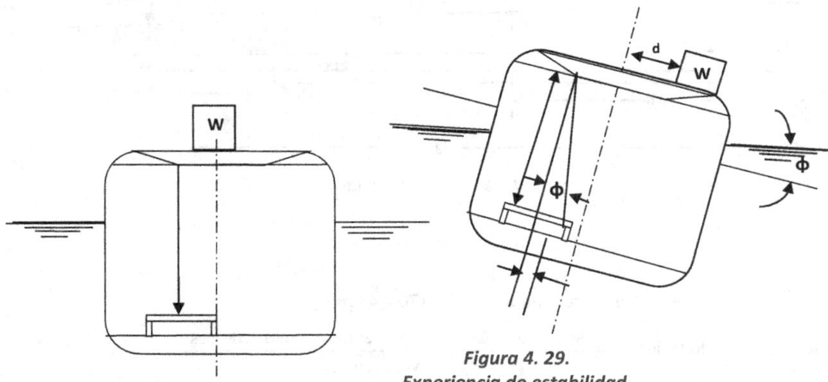


***Figura 4. 29.***
***Experiencia de estabilidad.***

En algunas ocasiones el Capitán de diques se verá forzado a determinar la posición de la altura metacéntrica (GM), y partiendo de su ubicación, planificar los puntos críticos de la estabilidad durante la evolución de la varada. Seguidamente presentamos una guía a groso modo, para la realización de una experiencia de estabilidad. Las generalidades son las siguientes:

1- Asegurar las amarras, teniéndolas ajustadas de manera que no afecten, en lo mínimo, la escora que debe tomar el buque durante la experiencia.

2- La embarcación debe estar en aguas apacibles, de ser posible, a flote en el dique del astillero.

3- Tener los pesos a bordo y conocer la magnitud de cada uno.

4- Evitar las superficies libres en los tanques e impedir el movimiento de la tripulación.

5- Preparar un reporte con la hora de inicio y terminación de la experiencia, anotando el lugar, las condiciones atmosféricas, calados del buque, hombres a bordo, longitud del péndulo y la magnitud de los pesos utilizados.

Para empezar, se erige un poste vertical y en él se suspende un péndulo o plomada amarrada a una cuerda. Progresivamente se van colocando pesos en la cubierta transversalmente alejados del centro de crujía, para provocarle una inclinación al buque. La inclinación del buque causará una desviación del péndulo, formando un ángulo con la línea vertical. El primer cálculo que se realiza es el de la altura metacéntrica (GM), y a partir de ella, se obtienen las abscisas y ordenadas del centro de gravedad. Dos fórmulas se utilizan para calcular GM, en la experiencia de estabilidad. La primera fórmula es la siguiente:[41]

$$\mathbf{GM} = \frac{\textbf{peso} \times \textbf{desviación} \times \textbf{longitud del péndulo}}{\textbf{deplazamiento} \times \textbf{desviación del péndulo}} \qquad (4.33)$$

Donde:

p = peso.

$d_t$ = distancia o desvío del péndulo.

L = Longitud del péndulo.

z = Desviación del péndulo.

$\triangle$= Desplazamiento

$$\text{GM} = \frac{p \times d_t \times L}{\Delta \times z} \qquad (4.34)$$

Otra fórmula para calcular la altura metacéntrica GM, utiliza la tangente del ángulo de inclinación causado por el movimiento del peso. La misma se obtiene dividiendo la desviación del péndulo, ($\frac{z}{L}$) entre su longitud. Veamos la ecuación:

$$\mathbf{GM} = \frac{\textbf{peso} \times \textbf{desviación} \times \textbf{longitud del péndulo}}{\textbf{desplazamiento} \times \textbf{tangente del ángulo}} \qquad (4.35)$$

$$\mathbf{GM} = \frac{p \times d_t}{\Delta \times \tan\theta} \qquad (4.36)$$

Y para la ordenada del centro de gravedad (KG), tenemos:

[41] Rossell, Henry E. Chapman, Lawrence B. *Principles of Naval Architecture*. The Society of Naval Architects and Marine Engineers 29 West 39 th Street, New York, NY 1942. Páginas 128-131

**KG = KM – GM**

Nota: KM se obtiene de las curvas hidrostáticas, de acuerdo con el desplazamiento utilizado para el cálculo de GM. La abscisa o distancia longitudinal respecto a la sección media, se calcula con la siguiente ecuación:

De la ecuación: $\mathbf{a} = \dfrac{\Delta \times CG}{Mto.}$ (4.37)

Se deriva la abscisa: $\mathbf{CG} = \dfrac{a \times Mto.}{\Delta}$ (4.38)

Donde:

CG = Centro de Gravedad.

a = asiento.

Mto = Momento para variar un centímetro o pulgada.

$\triangle$ = Desplazamiento.

Se suma o se resta la distancia del centro de carena del centro de gravedad, respecto a la sección media. Si el centro de carena se encuentra a proa de la sección media se restan las distancias. Si esta se encuentra a popa de la sección media, se suman las distancias. Para referenciar el centro de gravedad a la perpendicular de popa, le restamos la distancia entre el centro de gravedad y la perpendicular media de la distancia entre el centro de gravedad y la perpendicular de popa.

***Ejemplo 4.3***

Un buque de 142.21 mts. de eslora se le realiza una experiencia de estabilidad en el dique seco. La gravedad especifica del agua en el dique, es de 1.011. Se coloca un peso de 20.00 tms hacia la banda de estribor, a una distancia de 9.75 mts, y causa una deflexión de 6.00 cms, en el péndulo de 5.59 mts. de longitud. Según la tabla hidrostática, para este buque, KM = 9.80 m y el desplazamiento en agua salada es de 13207 tms. Calcule por la experiencia realizada, GM y KG.

**Solución:**

1- Primero determinamos el desplazamiento para la gravedad específica del agua del dique, multiplicando el desplazamiento por una razón entre la gravedad específica del agua del dique y la gravedad específica del agua salada.

$\Delta = 13207 \times \dfrac{1.011}{1.025} = 13026.61$ tms

2- Encontremos el ángulo de inclinación por medio de la deflexión y longitud del péndulo.

$$\text{Tan } \phi = \frac{z}{L} = \frac{6 \text{ cms}}{5.59 \times 100} = 0.01074$$

3- Encontramos los grados equivalentes a la tangente.

$\Phi = \text{Tan}^{-1} \times 0.01074 = 0.615$ grados

$0.615^0 < 1^0$ se considera dentro del rango aceptable para el cálculo de GM.

4 - Calculamos GM con el peso colgante de 20.00 Tms y el Δ corregido de 13026.61Tnsm..

$$GM = \frac{p \times d_t}{\Delta \times \tan\theta} = \frac{19.00\text{tnsm} \quad \times 9.75\text{m}}{13026.61\text{Tm} \quad s \times 0.01074} = 1.324 \text{ m}$$

5- Calculamos KG

KG = KM – GM

KG = 9.80 – 1.324 = 6.476 m

**4.14 Definición de francobordo y su efecto sobre la estabilidad.**

El francobordo de un buque es la sección comprendida entre la línea de cubierta, en el costado del buque, medida en milímetros, en el centro de la eslora o sección media, hasta el centro del disco de máxima carga o sea hasta el borde superior de la línea de carga de verano. En síntesis, es la distancia entre el agua y el costado de la cubierta de la sección media del buque. La cubierta de francobordo se extiende de proa a popa. El ángulo máximo del brazo adrizante ocurre cuando el borde lateral de la cubierta quede sumergido. El ángulo máximo al que pueda llegar a tener el brazo adrizante cuando se inclina un buque, depende de la altura del francobordo. Mientras mayor sea el francobordo mayor será el ángulo de inclinación. Cada ángulo de inclinación que lleve el valor del brazo adrizante a cero, decimos que se ha llegado al "alcance de la estabilidad". El alcance de la estabilidad depende entonces directamente de la altura del francobordo. Por esto las instituciones internacionales encargados de regular la seguridad del buque, se basan en el francobordo. [42]

**4.15 Cubierta de francobordo.**

Se le llama cubierta de francobordo porque desde ella parte la medida del francobordo. Es la de mayor elevación y todas sus aberturas están equipadas con cierres permanentes que protegen contra la intemperie.

**4.16 Línea de cubierta.**

La línea de cubierta mide 300 milímetros de longitud y con un ancho de 25 milímetros y está grabada permanentemente, con un cordón de soldadura o por otros medios y además pintada, para darle mayor visibilidad. Coincide con la prolongación de la superficie superior de la cubierta de francobordo y la superficie del exterior del costado del buque. En este borde, se colocan los puntales para el adrizamiento del buque apuntalándolo contra la pared del dique seco.

---

[42] Rossell, Henry. Chapman B., Lawrence. *Principles of Naval Architecture* Society of Naval Architects and Marine Engineers New York, 1942. Página 121,122, 123

**4.17 Disco de Máxima carga.**

En el siglo pasado los armadores no tuvieron reparo alguno en sobrecargar sus buques, avaricia aquella causante de muchos hundimientos y pérdida de vida humana. Estos buques recibieron el apodo de buques ataúdes, por la gran cantidad de buques que se hundían. Los cambios llegaron con la campaña que desató Samuel Plimsoll "el amigo de los marinos", contra estas nefastas prácticas de los armadores. La lucha fue ardua en el parlamento británico, pero finalmente se estableció la ley que obligaba a los armadores a señalar el calado hasta donde podría ser cargado un buque, desarrollándose luego, un disco en el costado del buque que coincidía con el calado de máxima carga. Dicho disco se llamó desde aquel entonces, "Disco Plimsoll" en honor a Samuel Plimsoll.[43] El disco Plimsoll o disco de francobordo posee un diámetro exterior que mide 300 milímetros. Atraviesa su centro, el borde superior de una línea horizontal, que mide 450 milímetros y que posee un ancho de 25 milímetros. El disco se dibuja en la sección media del buque verticalmente sobre el costado, debajo de la línea de la cubierta de francobordo. Todo buque debe obedecer las reglamentaciones del "Reglamento Internacional de francobordo, con la excepción de los buques militares que se rigen bajo otras consideraciones relacionadas al diseño. Además de la marca de verano que cruza por el centro y define el diámetro del disco,[44] otras marcas o líneas estacionales pueden aparecer en el disco de francobordo. Entre ellas podemos nombrar las siguientes:

TD = Carga tropical en agua dulce.

D = Carga para agua dulce en verano.

T = Línea de carga tropical.

V = Carga para verano (Se encuentra en el centro del disco

I = Carga para invierno

ANI = Carga para invierno en el atlántico norte.

---

[43] García Guerrero, Gerardo. *Construcción Naval y Teoría del Buque* Librería San José Carral VIGO España1968 Pagina 40.

[44] Mandelli, Antonio. *Elementos de Arquitectura Naval*. Librería y Editorial Alsina, Buenos Aires 1986.Pagina 4.

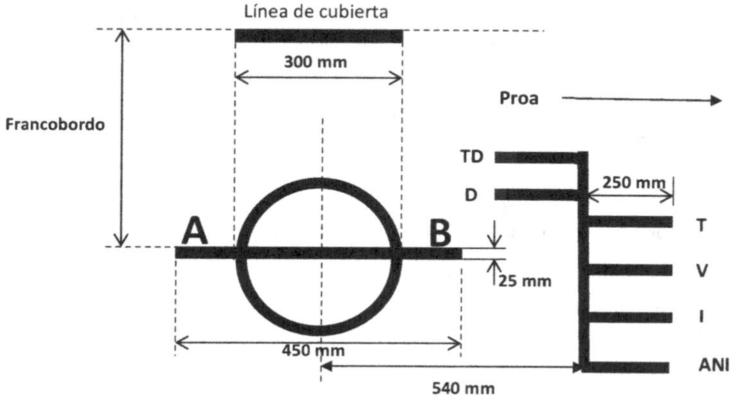


*Figura 4. 30.*
***Disco de Francobordo o de Plimsoll.***

Podemos apreciar en la figura 4.29 que además del disco de francobordo dividido en dos, por una línea horizontal, la línea vertical que se dibuja al costado del disco: con dos líneas perpendiculares a la vertical hacia popa y las demás perpendiculares hacia proa, partiendo de la misma linea vertical. En los extremos de la línea que divide al disco, se encuentran unas letras mayúsculas en ambos extremos de la línea. Estas varían según la entidad que fiscaliza el cumplimiento de los reglamentos de carga de cada nave. Por ejemplo, en la ilustración tenemos representada la AB del *American Bureau*. Otras serían, por ejemplo, RE del *Registro Español*, RA de *la autoridad competente de Argentina*, LR de *Lloyd Register*, GL de *Germanischer Lloyd*, etc. En algunos buques extranjeros las letras en los discos pueden aparecer cambiadas. Por ejemplo, las letras para el verano en los buques de nomenclatura inglesa serían: una "S", que significa summer," W" para invierno o Winter, "WNA" para Winter north atlantic, "T" para tropic (trópico) y "TF" para tropic fresh (Agua dulce en el trópico). El técnico puede ser llamado a trazar o a verificar un disco Plimsoll en un buque cuyo francobordo haya sido alterado por alguna reparación del francobordo dentro del dique. Por ello deberá tener conocimiento sobre la posición correcta del disco en el buque y los detalles de las medidas para su trazado preciso.

## 4.18 Resumen

Este capítulo estudiamos conceptos relativos a la estabilidad transversal y longitudinal y algunos de los métodos más comunes para el reconocimiento de las condiciones de llegada del buque al dique seco. Se practicaron algunos cálculos para determinar el grado de estabilidad a flote, y los que se realizan para predecir el comportamiento del buque, en la etapa en que se encuentre parcialmente apoyada, usualmente su codaste, y las condiciones del buque cuando la quilla esté totalmente asentada sobre la fila central de picaderos vaya perdiendo paulatinamente, la fuerza de empuje del agua. Constatamos que la estabilidad es una de las propiedades importantes y críticas tanto para la navegación del buque, como para su varada. En este apartado también analizamos la estabilidad longitudinal, hasta donde nos concierne profundizar. Por ejemplo: estudiamos la estabilidad longitudinal relacionada a las descargas y cargas y sus efectos sobre el asiento, análisis que le proveerá al técnico herramientas adicionales para corregir el asiento del buque antes de su entrada al dique. también en el apartado se incluyeron algunos detalles de cómo realizar una experiencia de estabilidad, dado a que, en casos extremos, el capitán de diques deberá realizarla para verificar posiciones de los baricentros importantes a la estabilidad del buque. El francobordo del buque esta aliada a la estabilidad del buque en gran parte, aunque no es crítico su conocimiento para las evaluaciones de la estabilidad del buque una vez asentada sobre los picaderos, pero no deja de ser importante conocer su relación con la estabilidad.

**4.19 Preguntas y problemas de repaso.**

1- Escriba la ecuación para determinar GM por medio de la experiencia de Estabilidad.

2- ¿Explique en qué instante GM es positivo?

3- Si GM = 0.60, y Δ = 8673 Tms, calcule GZ para un ángulo de $2^0$ grado de escora y el momento de escora correspondiente.

4- ¿Explique cuándo GM es negativo?

5- Calcule el momento adrizante del problema #3

6- ¿Dónde debe estar el Centro de Gravedad en un buque considerado estable?

7- ¿Cuál es el máximo grado de inclinación para la estabilidad Inicial?

8- Cuál es el factor crítico en el análisis de la estabilidad inicial?

9- Se realiza una experiencia de estabilidad a un buque de 136.00 m de eslora en el dique seco. La gravedad específica del agua en el dique es de 1.011. Un peso de 18.5 Tms se mueve del centro hacia la banda de estribor, a una distancia de 9.50 mts, causando una deflexión de 5.45 cms, en el péndulo que mide 4.65 m. Según la tabla hidrostática, para este buque, el desplazamiento en agua salada es de 26802 Tms y KM = 6.5 m. Calcule el valor de GM y KG.

10- ¿Cuál es el diámetro del disco Plimsoll?

11- ¿Para qué sirve la marca "Plimsoll"?

12- ¿Que significan las letras en los extremos de la línea que atraviesa el disco Plimsoll?

**Bibliografia**

1- Bonilla De La Corte, Antonio. Teoría Del Buque. Graficas Bouzas, S.L. VIGO España 1979

2- Nudelman, N.A., Norman. *Stability (Part 1) Westlawn* Institute of Marine Technology INC. Stamford, CT, U.S.A. 1990.

3- Puig, Joan Olivella. *Teoría Del Buque, Estabilidad, Varada e Inundación*. Universitat Politécnica de Catalunya, SL 1996. Página, 31.

4- Rawson, K. J., Tupper, E. C. *Basic Ship Theory*. Longman Group Limited N.Y. 1969.

5- Mandelli, Antonio, *Elementos De Arquitectura Naval.* Librería y Editorial Alsina Buenos Aires Argentina 1986.

6- Rossell, Henry E., Chapman, Lawrence B. *Principles of Naval Architecture* The Society of Naval Architects and Marine Engineers 29 West 39 th Street, New York, NY 1942.

7- Guerrero García, Gerardo, *Construcción Naval y Teoría Del Buque*. Librería San José, Carral, 19 Vigo España 1969.

8- Guillmer, Thomas C. and Johnson, Bruce. *Introduction to Naval Architecture.* United States Naval Institute. 1982.

9- Derrett, D. R. Captain, revised by Barrass, C.B. Dr. Butterworth Heinemann Stanford Maritime Ltd. 2001.

# CAPÍTULO 5
# MÉTODOS APROXIMADOS PARA LA EVALUACIÓN DE LA CARENA

## 5.1 Introducción

Aunque los cálculos del volumen de desplazamiento, las coordenadas del centro de carena, los momentos de inercia de las diferentes flotaciones, las áreas de las líneas de agua y las cuadernas de trazado, sean del dominio de los ingenieros y arquitectos navales, será importante para la labor del técnico poseer dicho conocimiento. Son cálculos evaluados con métodos matemáticos aproximados, que se derivan del cálculo infinitesimal. Entre aquellos que más se utilizan, podemos mencionar: ***el método de Simpson (regla I), método de Simpson (regla II), método de Simpson (regla III) y la regla de los trapecios.*** En los cálculos de esta naturaleza, los arquitectos navales aplican reglas adicionales de mayor complejidad, tales como la regla de *Tchebycheff, la regla de Newton- Cotes y la regla de Gauss,* cuando es importante obtener mayor precisión en los resultados. Hemos excluido de este texto, el análisis de estas reglas [45], porque no serán necesarias para las evaluaciones que realiza el técnico. La aplicación de las tres reglas de Simpson junto a las del trapecio, serán suficientes herramientas para que el técnico efectúe los cálculos regulares de áreas y volúmenes. Añadimos ***las curvas de Bonjean*** a este compendio de métodos aproximados, porque le serán útiles al técnico saberlas combinar con las reglas aproximadas en algunos casos especiales.

## 5.2 Curvas de Bonjean

En el siglo 19, el ingeniero naval francés Antoine Nicolás François Bonjean, crea sus famosas "Curvas de Bonjean" que presentan, en forma sencilla y práctica, áreas de las cuadernas teóricas, por debajo de la línea de flotación. Las curvas, fueron ideadas para obtener rápidamente, para cualquier calado, el área de todas las secciones transversales sumergidas, a lo largo de la eslora del buque. Al integrar las áreas de cada cuaderna, sin que importe la condición de asiento, en que se encuentre el buque, se puede obtener el ***valor del volumen del casco sumergido*** del buque para diferentes calados. Para el trazado de las curvas, debe calcularse el área de las secciones de cada cuaderna, de manera escalonada, partiendo de la línea base o quilla, hacia la siguiente línea de agua, hasta llegar a la línea de flotación. Cualquier método de integración conveniente, servirá para el cálculo de las áreas. Las curvas se trazan en un plano de perfil dividida la distancia entre la perpendicular de popa y de proa, con líneas verticales, equidistante que representan las cuadernas de trazado. Para medir el área se utiliza una escala conveniente en metros o pies. En este plano las cuadernas son líneas perpendiculares al plano base. Apoyado sobre cada línea de agua, colocamos hacia la derecha de la línea vertical de la cuaderna, el segmento equivalente al valor del área, según la escala. Después uniremos los puntos logrados por los segmentos, con una curva que inicia en la quilla y llega a la flotación. Vea la ilustración en la Figura 5.1, a y b.

Una de las condiciones principales para la evaluación que se exige, es que el buque se encuentre a flote en aguas mansas sin escora. Para la evaluación de las áreas, trácese una línea de flotación sobre el

---

[45] Rawson, K. J., Tupper, E. C. Basic Ship Theory. Longman Group Limited N.Y. 1969. Pags. 22-34

diagrama, de calados de proa al calado de popa. En las curvas que representan las áreas de cuadernas, se toman medidas a una escala conveniente en el punto de intersección entre la línea de flotación con la línea vertical de la cuaderna. Entonces midiendo desde la derecha de la línea vertical (cuaderna) se colocan las medidas de cada sección de área, tomadas de la quilla hasta cada línea de agua, hasta llegar al plano de flotación. Trazamos las curvas de área uniendo los puntos obtenidos de las medidas e integramos todas las áreas con una sola curva. Con la misma línea base de la vista de perfil, colocamos los segmentos horizontales (representativas de las áreas) como ordenadas en cada cuaderna y trazamos la *curva de área de las secciones*. (Figura 5.2). Luego elegimos uno de los métodos de integración aproximada, y podremos de esta manera, calcular la flotación del buque, el volumen de la carena y el centro de carena correspondiente.

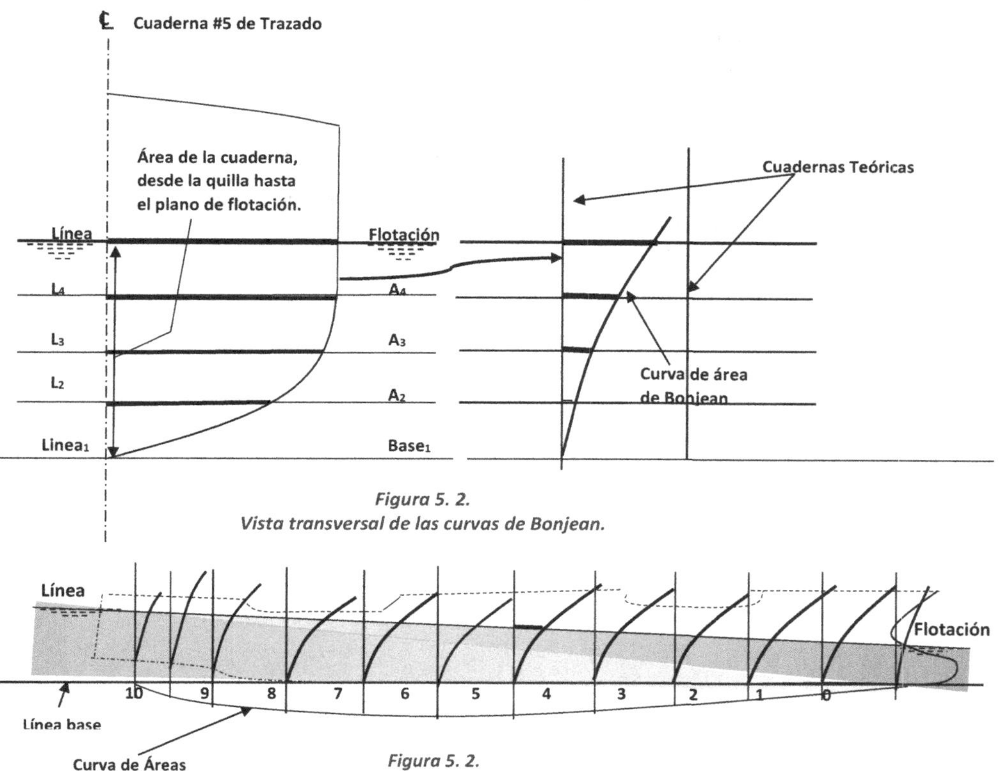


*Figura 5. 2.*
*Vista transversal de las curvas de Bonjean.*

*Figura 5. 2.*
*Vista de perfil de la Curvas de Bonjean.*

**5.3 Primera Regla de Simpson.**

La primera regla de Simpson se basa en la presunción, de que la curva que se evalúa es una parábola de segundo grado cuya ecuación toma la forma "$y = a_0x + a_1x + a_2x^2$". La aproximación del área bajo la curva se obtiene trazando segmentos u ordenadas parabólicas. La regla simplemente expresada es la siguiente: *"El área de una superficie bajo una curva es igual a la suma de las funciones multiplicadas por 1/3 de su intervalo común"*. Las funciones se obtienen multiplicando las semimangas por factores pares llamados *multiplicadores o factores de Simpson.* Luego se multiplicarán por un tercio del intervalo común. Cuando se aplica la primera regla de Simpson debemos erigir sobre una *línea base* bajo la curva que encierra el área en cuestión, una cantidad de ordenadas o semimangas, equidistantes, colocadas en orden ascendente de derecha a izquierda, asignándole el número cero a la primera ordenada. La regla nos obliga a tener un número impar de ordenadas para obtener un número par de espacios. Por ejemplo: Serán 7 ordenadas, si el semiplano se divide en 6 espacios. [46] Para 8 espacios se trazarían 9 ordenadas y para 12 espacios entonces, serían 13 ordenadas. La cantidad de ordenadas dependerá de la longitud del área o del grado de precisión requerido.

Los *factores o multiplicadores Simpson,* en la primera regla, deben estar colocados en orden. Va corresponderle a la primera ordenada, la cifra (1) como constante, seguido por otra constante que será el 4 y después el 2, luego se repite el 4 y el 2 hasta llegar a la última ordenada, al cual le corresponderá la constante uno (1). En la siguiente tabla 5.1, presentamos las posiciones de cada multiplicador y su correspondiente ordenada. La demostración de la derivación de la fórmula de Simpson, para el cálculo de áreas, lo hemos omitido a propósito, dejándole al lector el estudio de su demostración en cualquier texto de cálculo integral. Concierne solamente en este trabajo la correcta utilización de la regla para aproximar el valor de las áreas complejas que necesitemos determinar.

---

[46] Nudelman, Norman *Introduction to Yacht Design,* Westlawn Institute of Marine Technology 1989.

| PRIMERA REGLA DE SIMPSON | |
|---|---|
| **7 ordenadas equidistantes** | **6 5 4 3 2 1 0** |
| ***Multiplicadores Simpson*** | **1 4 2 4 2 4 1** |
| **9 ordenadas equidistantes** | **8 7 6 5 4 3 2 1 0** |
| ***Multiplicadores Simpson*** | **1 4 2 4 2 4 2 4 1** |
| **11 ordenadas equidistantes** | **10 9 8 7 6 5 4 3 2 1 0** |
| ***Multiplicadores Simpson*** | **1 4 2 4 2 4 2 4 2 4 1** |
| **13 ordenadas equidistantes** | **12 11 10 9 8 7 6 5 4 3 2 1 0** |
| ***Multiplicadores Simpson*** | **1 4 2 4 2 4 2 4 2 4 2 4 1** |

*Tabla 5. 1.*
*Multiplicadores y ordenadas para la primera regla de Simpson.*

La fórmula de la primera regla de Simpson es la siguiente:

$$\textbf{Semi-área} = \frac{IC}{3}(y_1 + 4\,y_2 + y_3) \qquad (5.1)$$

$$\textbf{Área total} = 2 \times \frac{IC}{3}(y_1 + 4\,y_2 + y_3) \qquad (5.2)$$

**También: Área total** $= 2 \times \frac{IC}{3} \times \sum f$

Los multiplicadores o factores como ya hemos visto son: **1-4-2-4-2-4-1.** Seguidamente trabajaremos un ejemplo para demostrar la aplicación de la regla.

***Ejemplo 5.1***

La eslora de la superficie de flotación de un buque es de 150 metros y está dividida en semimangas de la proa hacia la popa con las siguientes medidas: 0.00, 3.2, 5.4, 6.1, 6.0, 4.1, 0.1, metros respectivamente.

Encuentre:

A- El área de la superficie de flotación.

B- La tonelada por centímetro (TPC) correspondiente a esta flotación.

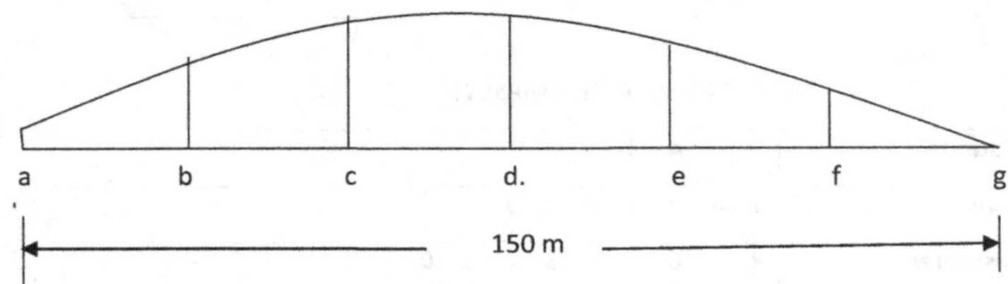


*Figura 5. 3.*
*Superficie de flotación.*

**Solución:**

A- Se puede utilizar la primera regla de Simpson porque se tiene una cantidad impar de semimangas y un número par de espacios. Primero calcularemos el intervalo común (h) y luego colocaremos en forma tabulada las semimangas y multiplicadores, para obtener la suma de las funciones.

$$IC = \frac{150}{6} = 25 \text{ metros}$$

| **ÁREA DE UNA LÍNEA DE AGUA**<br>**PRIMERA REGLA DE SIMPSON** | | | |
|---|---|---|---|
| **Número de ordenadas** | **Semimangas (m)** | **Multiplicador Simpson** | **Función** |
| **A** | **0.0** | **1** | **0.0** |
| **B** | **3.2** | **4** | **12.8** |
| **C** | **5.4** | **2** | **10.8** |
| **D** | **6.1** | **4** | **29.4** |
| **E** | **6.0** | **2** | **14.0** |
| **F** | **4.1** | **4** | **18.4** |
| **g** | **0.1** | **1** | **0.1** |
| | | | **∑f = 82.5 m** |

*Tabla 5. 2.*
*Área de una superficie de flotación.*

Aplicamos la ecuación final para el área de la superficie de flotación:

$$\text{Área total} = 2 \times \frac{h}{3} \times \sum f \qquad (5.3)$$

$$= 2 \times \frac{25}{3} \times 82.5$$

I- Respuesta: Área total = 1375.00 $m^2$.

B- Sea:

Área del plano de flotación = APF

Tonelada por centímetro de inmersión = TPC

Entonces:

$$\text{TPC} = \frac{\text{APF}}{97.56} = \frac{1375.00}{97.56} = 14.09 \text{ tonnes}$$

II- Respuesta: TPC = 14.09 tonnes.

### 5.4 Segunda Regla de Simpson.

La ***segunda regla de Simpson*** se desarrolla bajo la suposición, de que la curva es una parábola de tercer grado y que cuya ecuación, es de la forma *"$y = a_0x + a_1x + a_2x^2 + a_3x^3$."* Siendo $a_0$, $a_1$, $a_2$, $a_3$, constantes. Tal como explicamos en lo anterior, no ampliaremos la discusión con una demostración de la regla, puesto que queda fuera del propósito de esta obra.

$$\textbf{Semi-área} = \frac{3}{8}\,\textbf{IC}\,(y_1 + 3y_2 + 3y_3 + y_4) \qquad (5.4)$$

$$\textbf{Área total} = 2 \times \frac{3}{8}\,\textbf{IC}\,(y_1 + 3y_2 + 3y_3 + y_4) \qquad (5.5)$$

Para esta regla, los multiplicadores son: 1332331. Esta regla se utiliza cuando se tiene un número de espacios divisibles entre 3.

***Ejemplo 5.2***

Calcule el área de la superficie de flotación del problema anterior, pero esta vez con la segunda regla de Simpson. Recordemos que son 6 espacios, divisibles entre 2 y también entre 3 por lo tanto pueden aplicarse ambas reglas.

**Solución:**

$$\text{IC} = \frac{150}{6} = 25 \text{ metros.}$$

La ecuación del área: $\text{Semi-área} = \frac{3}{8}\,\text{IC} \times \sum$

| ÁREA DE UNA LÍNEA DE AGUA SEGUNDA REGLA DE SIMPSON | | | |
|---|---|---|---|
| **Número de ordenadas** | **Semimangas (metros)** | **Multiplicador Simpson** | **Función** |
| A | 0.0 | 1 | 0.0 |
| B | 3.2 | 3 | 9.6 |
| C | 5.4 | 3 | 18.2 |
| D | 6.1 | 2 | 14.2 |
| E | 6.0 | 3 | 22.0 |
| F | 4.1 | 3 | 12.3 |
| G | 0.1 | 1 | 0.1 |
| | | | ∑f = 73.4 |

*Tabla 5. 3.*
*Área de una superficie de flotación.*

Con el valor de la función 73.4 m², podemos determinar el área total del plano de flotación.

$$\textbf{Área total} = 2 \times \frac{3}{8}\, \text{IC} \times \sum f \qquad (5.6)$$

$$\text{Área total} = 2 \times \frac{3}{8} \times 25 \times 73.4$$

$$\text{Área total} = 2 \times \frac{3}{8} \times 25 \times 73.4$$

$$\text{Área total} = 1376.25 \text{ m}^2$$

La diferencia entre los resultados de las computaciones con las dos reglas, se consideran aceptables, puesto que sabemos que son valores que se aproximan, a los valores exactos del área.

## 5.5 Tercera regla de Simpson o regla de cinco octavos.

Esta regla se utiliza cuando es necesario encontrar el área entre dos ordenadas consecutivas, conociéndose tres ordenadas consecutivas. La regla expresa lo siguiente: el área entre dos ordenadas consecutivas es igual a cinco veces la primera ordenada, más ocho veces la ordenada del medio, menos, la última ordenada del extremo. La suma total será entonces, multiplicado por un doceavo ( $\frac{h}{12}$ ) del intervalo común.

$$\text{Área 1} = \frac{IC}{12}(5a + 8b - c) \quad (5.7)$$

$$\text{Área 2} = \frac{IC}{12}(5c + 8b - a) \quad (5.8)$$

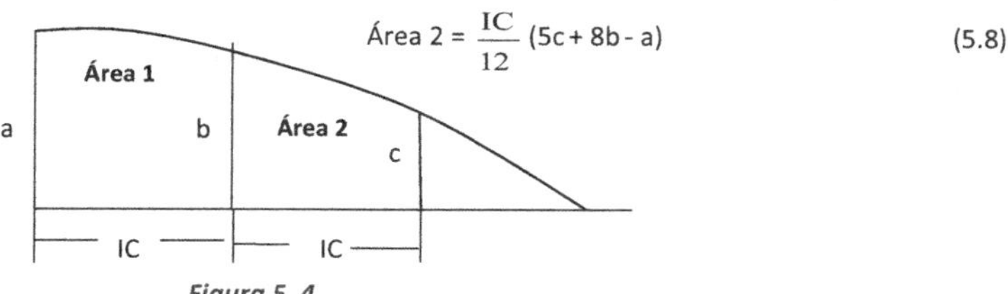


*Figura 5. 4.*
***Sección de un plano de flotación.***

***Ejemplo 5.3***

En la Figura 5.4 observamos tres ordenadas consecutivas de 15m, 20m y 21.5m respectivamente, en una superficie de una línea de agua de un buque, con un intervalo común entre ellas de 10 metros. Encuentre el área del sector sombreado entre las ordenadas, a = 15 m y b =20 m.

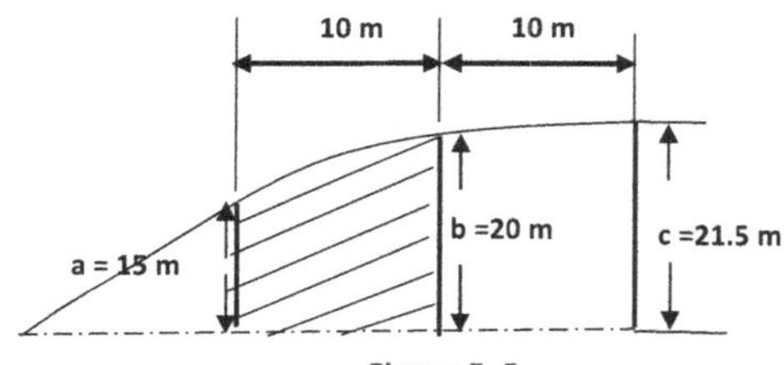


*Figura 5. 5.*
***Sección de un plano de flotación.***

**Solución:**

$$\text{Área sombreada} = \frac{IC}{12}(5a + 8b - c)$$

$$\text{Área sombreada} = \frac{10}{12}[(5\times15) + (8\times20) - 21.5]$$

$$\text{Área sombreada} = \frac{10}{12}(214.50)$$

Área sombreada = 179.75 $m^2$.

**5.6 Semimangas intermedias.**

Las reglas de Simpson basan la exactitud de los cálculos de áreas y volúmenes, en la suposición de que la curva está definida por algunas de las ecuaciones parabólicas conocidas. Tratándose de curvaturas que describen al buque, muy pocas veces pueden ser definidas por una de las leyes matemáticas ya conocidas. Las curvas invariablemente cambiarán abruptamente su forma y requerirá su evaluación, por una o dos de las reglas de integración aproximada. En este cambio abrupto de la curva o apéndice, es conveniente adicionarle más ordenadas entre las particiones, para aproximar el valor de su área con mayor precisión. Cada vez que se añaden más ordenadas, cambiarán los valores de los multiplicadores, los cuales, tendrán que dividirse, según la cantidad de las ordenadas añadidas. Veamos el procedimiento: El plano de agua de la Figura 5.6, posee espacios entre las ordenadas 0, 2 y 3 y las ordenadas 6, 7 y 8 subdivididos, por consiguiente, con ordenadas adicionales. Conviene entonces, dividir el plano en tres áreas separadas y aplicar la regla a cada una por separado y luego dividir cada intervalo común para obtener los multiplicadores. Demostraremos el procedimiento, determinando el área del plano de agua de la Figura 5.5, añadiéndole ordenadas para dividir los espacios a, c, y e en el extremo de la popa e i, k y m en la proa.

***Ejemplo 5.4***

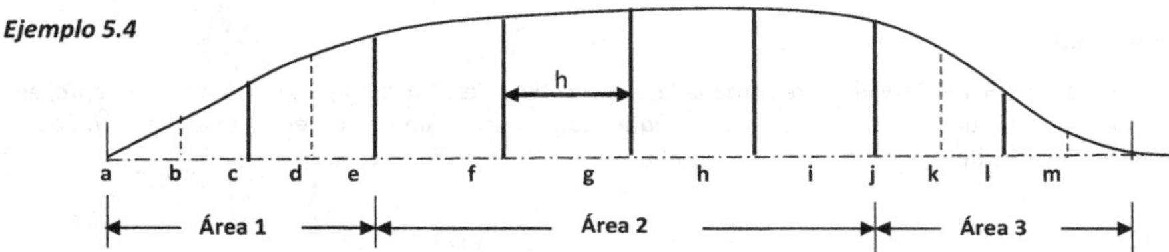


*Figura 5. 6.*
***Subdivisión en áreas de un semiplano de flotación.***

Intervalo común = $\frac{120}{8}$ =15 m.

$$\text{Área total} = \text{Área1} + \text{Área 2} + \text{Área 3}. \quad (5.9)$$

$$\text{Área1} = \frac{IC}{2} \times \frac{1}{3} (a + 4b + 2c + 4d + e) \quad (5.10)$$

$$\text{Área1} = \frac{IC}{3} (½a + 2b + c + 2d + ½e) \quad (5.11)$$

$$\text{Área2} = \frac{IC}{3} (e + 4f + 2g + 4h + i) \quad (5.12)$$

$$\text{Área3} = \frac{IC}{2} \times \frac{1}{3} (i + 4j + 2k + 4l + m) \quad (5.13)$$

$$\text{Área3} = \frac{IC}{3} (½i + 2j + k + 2l + ½m) \quad (5.14)$$

| CÁLCULO DEL ÁREA CORRESPONDIENTE A LA LÍNEA DE AGUA PRIMERA REGLA DE SIMPSON | | | |
|---|---|---|---|
| **Número de ordenadas** | **Semimangas (metros)** | **Multiplicador Simpson** | **Función** |
| a | 0.00 | ½ | 0.00 |
| b | 9.57 | 2 | 18.14 |
| c | 13.6 | 1 | 13.6 |
| d | 20.5 | 2 | 36.00 |
| e | 23.0 | 1½ | 33.00 |
| f | 25.5 | 4 | 102.00 |
| g | 31.4 | 2 | 62.8 |
| h | 30.2 | 4 | 121.8 |
| i | 26.5 | 1½ | 39.75 |
| j | 24.6 | 2 | 46.2 |
| k | 18.8 | 1 | 18.8 |
| l | 9.3 | 2 | 9.3 |
| m | 0.2 | ½ | 0.1 |
| | | | ∑f = 499.49 |

*Tabla 5. 4.*
*Cálculo del área de un plano de flotación correspondiente a una línea de agua.*

Sumamos los multiplicadores Simpson para ordenarlos en la tabla.

½ 2 1 2 ½

1 4 2 4 1

½ 2 1 2 ½ (5.15)

½ 2 1 2 1½ 4 2 4 1½ 2 1 2 ½

Área total = $2 \times \frac{IC}{3} \times \sum f$

Área total = $2 \times \frac{15}{3} \times 499.49$

Área total = 4984.90 $m^2$.

### 5.7 Centro de Flotación.

El centro de flotación es el centro de gravedad o baricentro de la superficie del plano de agua, en el cual se encuentra flotando el buque. Apoyado en este centro, se escora el buque o se asienta hacia proa o hacia popa. Se ubica siempre sobre la línea de crujía, la cual divide al buque en dos partes, babor y estribor. Puede encontrarse reclinada hacia proa o hacia popa, referente a la cuaderna maestra. Para un buque cisterna, generalmente se encuentra a 3% de distancia, hacia popa y para buques contenedores, un 3% hacia popa[47]. Vamos a realizar el cálculo del centro de flotación tomando del problema del ejemplo 5.9. El procedimiento será el siguiente: las ordenadas de la línea de agua del buque de 150 metros de eslora y los resultados para el cálculo del área de la línea de agua y agregaremos columnas a la tabla para la multiplicación de las funciones de dichas áreas por la numeración de las ordenadas, que serán los brazos de palanca para obtener los momentos de área. El total de momentos divididos entre el total de funciones de áreas determinará la posición longitudinal del centro de flotación. Veamos el siguiente ejemplo.

***Ejemplo 5.5***

| **CÁLCULO DEL CENTRO DE FLOTACIÓN DE LA LÍNEA DE AGUA<br>PRIMERA REGLA DE SIMPSON** | | | | | |
|---|---|---|---|---|---|
| **1<br>Ordenadas** | **2<br>Semimangas (metros)** | **3<br>Factor Simpson** | **4<br>Funciones (Área)** | **5<br>Brazo** | **6<br>Producto Momento.** |
| **Popa 0** | **0.0** | **1** | **0.0** | **0** | **0.0** |
| **1** | **3.2** | **4** | **12.8** | **1** | **12.8** |
| **2** | **5.4** | **2** | **10.8** | **2** | **22.6** |
| **3** | **6.1** | **4** | **29.4** | **3** | **85.2** |
| **4** | **6.0** | **2** | **14.0** | **4** | **56.0** |
| **5** | **4.1** | **4** | **18.4** | **5** | **82.0** |
| **Proa 6** | **0.1** | **1** | **0.1** | **6** | **0.6** |
| | | | **$\sum_1$82.5** | | **$\sum_2$259.20** |

*Tabla 5. 5.*
*Cálculo del Centro de flotación.*

Nota importante: Los brazos de palanca son las ordenadas enumeradas de popa a proa, utilizados en términos del intervalo común. Al final, el total de momentos se multiplica por el intervalo común.

[47] Derrett, D.R, and Barrass, C. B. *Ship Stability for Master Mates and Pilots* Elsevier Ltd. 2006 Página 85

Intervalo común (h) = $\frac{150}{6}$ = 25 m

Distancia del centro de flotación desde la popa = $\frac{\sum_2}{\sum_1} \times h$ (5.16)

$= \frac{258.20}{82.5} \times 25 = 79.24$ m

Entonces la distancia del centro de flotación a la cuaderna maestra del buque, en este caso la tercera ordenada, lo calculamos de la siguiente manera:

Distancia del centro de flotación a la cuaderna maestra = 25 × 3 = 75

= 79.24 – 75

Distancia del centro de flotación a la cuaderna maestra = 3.24 m. hacia popa.

## 5.8 Determinación del desplazamiento y el volumen de la carena.

Para realizar los cálculos del volumen de la carena, primero deben ser determinadas las semi-áreas de cada cuaderna de trazado. Se efectúan en función de las cuadernas de trazado o en función de las superficies de los planos de agua. Las áreas se obtienen generalmente utilizando la integración numérica (regla de Simpson o del trapecio). También se pueden determinar con un planímetro y por el método del papel cuadriculado cuando se trata de embarcaciones pequeñas. Para obtener el área con papel cuadriculado, preparamos un papel trazado en cuadros de *1 pulg. × 1 pulg.* y sobre él, colocamos el sector de área de la cuaderna o de las superficies de las líneas de agua, se cuentan los cuadros inscritos dentro del sector de área y luego multiplicamos el total de cuadros por 144 para convertirlos en pies$^2$.[48]. Si el papel fuese de cuadros milimétricos la conversión entonces sería de milímetros a metros.

### 5.8.1 Cálculo del desplazamiento y el volumen de la carena, en función de las superficies de las líneas de agua.

En los cálculos del desplazamiento y el volumen de carena en función de las áreas de las líneas de agua, las separaciones entre ordenadas son las líneas de flotación las cuales se dibujan con espacios verticales equidistantes entre ellas. [49]

[48] Rawson, K. J., Tupper, E. C. *Basic Ship Theory*. Longman Group Limited N.Y. 1968 Pags. 22, 24.

[49] Bonilla De La Corte. ***Teoría Del Buque***. Graficas Bouzas, S.L. VIGO España 1979. Página 62, 63.

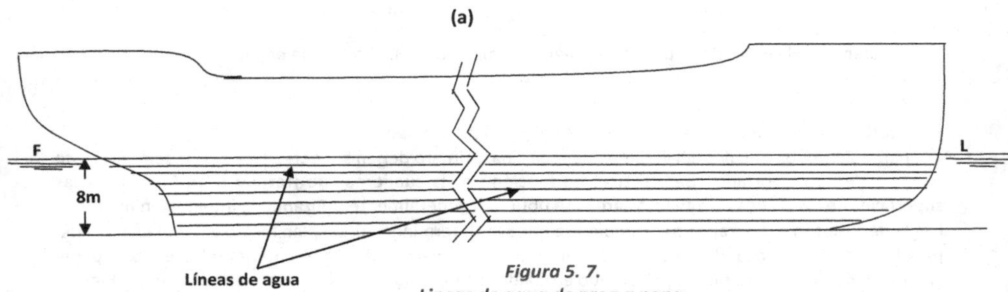


*Figura 5. 7.*
***Lineas de agua de proa a popa.***

En la Figura 5.6 y 5.7, ilustramos un conjunto de líneas de agua de un buque, de la quilla hasta el plano de flotación. En el ejemplo 5.6, veremos la aplicación de la regla Simpson para calcular el volumen y el desplazamiento en agua salada en función de las líneas de agua.

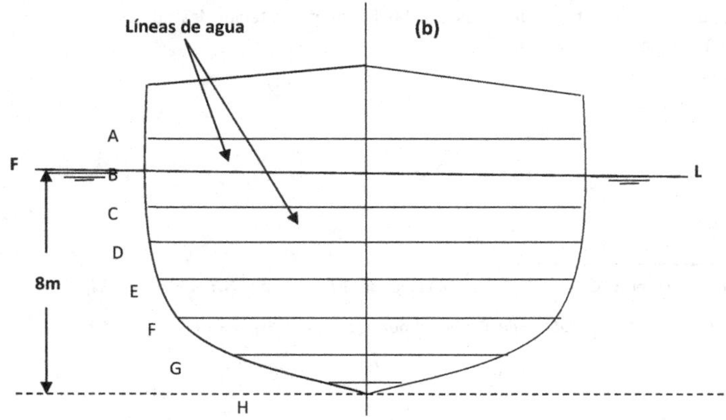


*Figura 5. 8.*
***Cálculo del desplazamiento y el volumen. de la carena.***

***Ejemplo 5.6***

Las áreas de las líneas de agua del buque en la Figura 5.7, son las siguientes:

| **Calado (m)** | **0** | **1** | **2** | **3** | **4** | **5** | **6** | **7** | **8** | |
|---|---|---|---|---|---|---|---|---|---|---|
| **Área de los planos de agua ($m^2$)** | **150** | **425** | **550** | **635** | **740** | **760** | **780** | **790** | **800** | |

*Tabla 5. 6.*
*Área de los planos de agua y sus respectivos calados*

Calcúlese el volumen de la carena y su desplazamiento, en agua salada si este se encuentra flotando con un calado de 8 metros. El intervalo común (IC) o separación entre las líneas de agua, es de un metro (1.0 m). Confeccionaremos una tabla e insertaremos los valores correspondientes para calcular el volumen con la regla #1 de Simpson:

| **CÁLCULO DEL VOLUMEN DE LA CARENA PRIMERA REGLA DE SIMPSON** | | | |
|---|---|---|---|
| **Líneas de agua** | **Áreas ($m^2$)** | **Multiplicador Simpson** | **Función** |
| A | 800 | 1 | 800 |
| B | 790 | 4 | 3160 |
| C | 780 | 2 | 1560 |
| D | 760 | 4 | 3040 |
| E | 740 | 2 | 1480 |
| F | 635 | 4 | 2540 |
| G | 550 | 2 | 1100 |
| H | 425 | 4 | 1700 |

| I | 000 | 1 | 000 |
|---|---|---|---|
| | | | $\sum_1$=15380 |

*Tabla 5. 7.*
***Cálculo del volumen de la carena.***

Para este cálculo se tomó el área total de la superficie de la línea de agua para determinar el volumen.

$$\text{Volumen de la carena} = \frac{1}{3} \times IC \times \textstyle\sum_1 \quad (5.17)$$

$$= \frac{1}{3} \times 1 \times 15380.00$$

$$= 5126.67 \text{ m}^3$$

Desplazamiento en agua salada = 5126.67 × 1.02 = 5254.83 tonnes

5.8.2 Cálculo del desplazamiento y el volumen de la carena, en función de las cuadernas de trazado.

En el párrafo anterior se calculó el volumen de la carena en función de las superficies de las líneas de agua. En esta ocasión lo haremos en función de las cuadernas de trazado y los intervalos comunes que las separan. Las ordenadas se tomarán en sentido longitudinal respecto a la cuaderna media. Sumaremos momentos en ambas direcciones, hacia la proa y hacia la popa, y la diferencia se dividirá entre la suma total de las funciones de área. En los ejemplos que veremos a continuación, demostraremos el cálculo del volumen de desplazamiento en agua dulce y salada.

***Ejemplo 5.7***

Calcule el volumen de la carena en función de las cuadernas de trazado. En la tabla 5.8 se encuentran tabulados los valores de 8 secciones de áreas de cuadernas sumergidas que son: 0.000, 0.917, 1.526, 3.262, 4.875, 6.125, 6.537, 4.236, 3.758 con los multiplicadores Simpson Calcule las funciones.

| **CÁLCULO DEL VOLUMEN DE LA CARENA DE UN BUQUE EN FUNCIÓN DE LAS CUADERNAS DE TRAZADO** | | | |
|---|---|---|---|
| **No. de Cuaderna** | **Áreas (m²)** | **Multiplicador Simpson** | **Función** |
| **0** | **0.000** | **1** | **0.000** |
| **1** | **0.917** | **4** | **3.668** |
| **2** | **1.526** | **2** | **3.052** |
| **3** | **3.262** | **4** | **13.048** |

| 4 | 4.875 | 2 | 9.750 |
|---|---|---|---|
| 5 | 6.125 | 4 | 25.500 |
| 6 | 6.537 | 2 | 13.074 |
| 7 | 4.236 | 4 | 18.944 |
| 8 | 3.758 | 1 | 3.758 |
| | | | 86.794 |

*Tabla 5 . 8.*
***Cálculo del desplazamiento y del volumen de la carena en función de las cuadernas de trazado.***

Volumen de desplazamiento ($\nabla$) = $2 \times \frac{1}{3} \times \sum f \times h$ (5.18)

$\nabla = 2 \times \frac{1}{3} \times 86.7940 \times \mathbf{5}$

$\nabla$ = 292.6467 pies$^3$

Y para obtener el desplazamiento en agua salada, tenemos que: el agua de mar pesa 64 libras por cada pie$^3$ por lo tanto:

$\Delta$ = 292.6467 pies$^3$ × 64 lbs. / pies$^3$ = 18729.3867 lb

La conversión de libras por pie cubico a toneladas por pie cúbico nos permite obtener el desplazamiento en toneladas. Veamos la conversión:

Pie cúbico por tonelada larga = $\frac{2240\,\text{lbs}}{1\,\text{ton}} \times \frac{1\,\text{pies}^3}{64\,\text{lbs}}$ = 35pies$^3$/ton (5.18)

Desplazamiento en agua salada, en toneladas = $\frac{292.647\,\text{pies}^3}{35\,\text{pies}^3/\text{ton}}$ = 9.3613 toneladas largas.

Desplazamiento en agua dulce, en toneladas = $\frac{292.647\,\text{pies}^3}{36\,\text{pies}^3/\text{ton}}$ = 9.1291 toneladas largas.

**5.9 Cálculo del centro vertical de carena.**

El centro de vertical de carena se calcula en función de las líneas de agua. En la misma tabla de datos para los cálculos del volumen de desplazamiento, del ejemplo anterior, agregamos dos columnas para los brazos de palanca y los productos de momentos. El total de las funciones de momentos, serán divididas entre las funciones de áreas, para obtener el centro vertical de carena. Para minimizar los cálculos, utilizamos como brazos de palanca, la numeración asignada a la posición de cada cuaderna y al final, multiplicamos el resultado de los productos por el intervalo común, para obtener las distancias reales. Veamos el procedimiento en el siguiente ejemplo:

***Ejemplo 5.8***

Las áreas de las líneas de agua de un buque son las siguientes:

| Calado (m) | 0 | 1 | 2 | 3 | 4 | 5 | 6 | 7 | 8 | |
|---|---|---|---|---|---|---|---|---|---|---|
| **Área de los planos de agua ($m^2$)** | **150** | **425** | **550** | **635** | **740** | **760** | **780** | **790** | **800** | |

*Tabla 5. 9.*
***Cálculos correspondientes a los planos de agua***

Se requiere el cálculo del centro vertical de carena en función de las líneas de agua.

**Solución:**

Creamos una tabla similar al que hicimos para calcular el desplazamiento, añadiendo las+ columnas adicionales para los brazos de palanca y las funciones de los momentos. El total de las funciones de áreas se dividirán entre las funciones de momentos para obtener el centro vertical de carena.

| **CÁLCULO DEL CENTRO DE LA CARENA DE UN BUQUE EN FUNCIÓN DE LAS LINEAS DE AGUA PRIMERA REGLA DE SIMPSON** | | | | | |
|---|---|---|---|---|---|
| **1 Líneas de agua (Calado).** | **2 Semi-áreas ($m^2$)** | **3 Factor Simpson** | **4 Funciones (Área)** | **5 Brazo** | **6 Producto Momento.** |
| **0** | **000** | **1** | **000** | **8** | **000** |
| **1** | **425** | **4** | **1700** | **7** | **11900** |
| **2** | **550** | **2** | **1100** | **6** | **6600** |
| **3** | **635** | **4** | **2540** | **5** | **12700** |
| **4** | **740** | **2** | **1480** | **4** | **5920** |
| **5** | **760** | **4** | **3040** | **3** | **9120** |
| **6** | **780** | **2** | **1560** | **2** | **3120** |
| **7** | **790** | **4** | **3160** | **1** | **3160** |
| **8** | **800** | **1** | **800** | **0** | **000** |
| | | | **$\sum_1$ =15380** | | **$\sum_2$ =52520** |

*Tabla 5. 10.*
*Cálculo del centro de Carena en función de las líneas de agua.*

Centro vertical de carena = $\frac{\sum_2}{\sum_1} \times IC.$ (5.19)

$= \frac{52520}{15380} \times 1.0$

Centro vertical de carena = 3.41m sobre la quilla.

**5.10 Determinación del centro de carena longitudinal.**

Para determinar el centro longitudinal de carena, multiplicamos las funciones de área de las cuadernas, por las posiciones de las ordenadas, las cuales, utilizaremos como brazos de palanca para obtener las funciones de momento. Demostraremos el procedimiento, con un buque de 160 metros de eslora.

***Ejemplo 5.9***

Las semi- áreas en metros cuadrados, de las cuadernas de un buque de 160 metros de eslora, son las siguientes:

| **Semi Áreas** | **2.48** | **10.5<br>0** | **23.5<br>0** | **30.2<br>4** | **41.9** | **59.6<br>7** | **43.6<br>6** | **36.0<br>1** | **12.8<br>0** | **5.57** | **0.00** |
|---|---|---|---|---|---|---|---|---|---|---|---|
| **Ordenadas** | **10** | **9** | **8** | **7** | **6** | **5** | **4** | **3** | **2** | **1** | **0** |

*Tabla 5. 11.*
*Semi-areas para el Cálculo del volumen de la carena.*

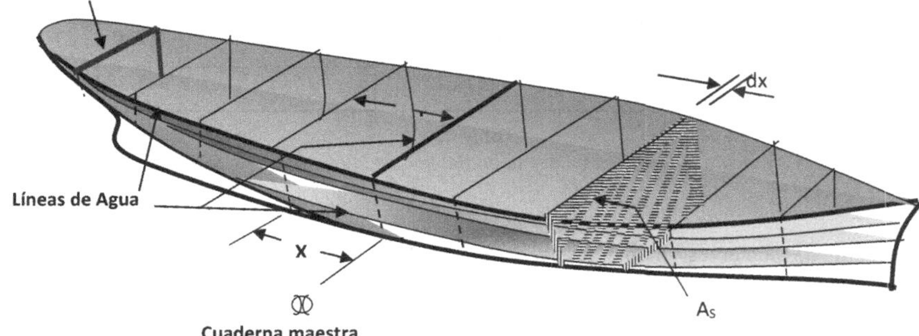


*Figura 5. 9.*
*Semi- áreas de las cuadernas de trazado.*

Separación constante o Intervalo común (IC) ---- $\frac{160}{10}$ = 16 metros.

| **PRIMERA REGLA DE SIMPSON<br>CÁLCULO DEL CENTRO DE LA CARENA DE UN BUQUE EN FUNCIÓN DE LAS CUADERNAS DE TRAZADO** | | | | | |
|---|---|---|---|---|---|
| **1**<br>**No. De Cuadernas** | **2**<br>**Semi-áreas (metros²)** | **3**<br>**Factor Simpson** | **4**<br>**Funciones (Área)** | **5**<br>**Brazos referentes a la cuaderna #5** | **6**<br>**Funciones (Momentos)** |
| **0** | **000** | **1** | **000** | **5** | **000** |
| **1** | **5.57** | **4** | **23.28** | **4** | **89.12** |
| **2** | **12.80** | **2** | **25.60** | **3** | **76.80** |
| **3** | **36.01** | **4** | **144.04** | **2** | **289.08** |
| **4** | **43.66** | **2** | **86.32** | **1** | **86.32** |
| **5** | **59.67** | **4** | **239.68** | **0** | **541.32 $M_{pr.}$** |
| **6** | **41.93** | **2** | **83.86** | **1** | **83.86** |
| **7** | **30.24** | **4** | **121.96** | **2** | **241.92** |
| **8** | **23.50** | **2** | **45.00** | **3** | **135.00** |
| **9** | **10.50** | **4** | **42.00** | **4** | **169.0** |
| **10** | **2.48** | **1** | **2.48** | **5** | **12.4** |
| | | | **812.22** | | **641.18 $M_{pp}$** |

*Tabla 5. 12.*
*Cálculo del centro de Carena en función de la cuaderna de trazado.*

Excedente de Momentos = momentos hacia popa ($M_{pp}$) – momentos hacia proa ($M_{pr}$)

Excedente de Momentos = 641.18 – 541.32 = 99.86

Centro longitudinal de carena = $\frac{\sum_2}{\sum_1} \times (IC) = \frac{99.86}{812.22}$ = 1.97 metros de distancia de la cuaderna maestra, hacia popa.

## 5.11 Determinación del segundo momento de área, de una línea de agua.

Estudiaremos en esta sección, el momento de inercia de la superficie del plano de flotación de un buque, aplicando la regla de Simpson. Analizaremos dos métodos importantes para calcular el momento de inercia. Primero veremos el momento de inercia respecto al eje diametral, importante a la estabilidad transversal y el momento de inercia respecto a un eje transversal que pasa por la popa o por el centro de flotación.

### 5.11.1 Momento de inercia respecto al eje diametral de la superficie de la línea de agua:

La estabilidad transversal y el momento de inercia respecto al eje diametral de una embarcación es importante a los cálculos que realiza el técnico antes de la varada. Sabemos que algunas embarcaciones se resisten al movimiento de rotación y otras rotan con facilidad. Por ejemplo, podemos observar, que una barcaza de manga ancha se resiste mucho a la rotación que una canoa angosta, por lo tanto concluimos, que es mayor el momento de inercia de la flotación de la barcaza.[50] En el primer ejemplo calcularemos el momento de inercia respecto al eje diametral. Repasemos el procedimiento:

Para empezar, preparamos una tabla para anotar las ordenadas, multiplicadores y productos para el plano de agua. Elevaremos las ordenadas al cubo y las multiplicaremos por los factores Simpson, después multiplicaremos la suma de los productos por $\frac{2}{3}$ y por el intervalo común. Finalmente dividiremos toda la expresión entre 3. Veamos el procedimiento, resolviendo el siguiente ejemplo.

***Ejemplo 5.10***

Las superficies, en metros cuadrados, de las cuadernas de un buque, de 160 metros de eslora, son las siguientes:

| **Numero de ordenadas** | **10** | **9** | **8** | **7** | **6** | **5** | **4** | **3** | **2** | **1** | **0** |
|---|---|---|---|---|---|---|---|---|---|---|---|
| **(Semimangas)$^3$** | **66.18** | **118.93** | **135.01** | **243.09** | **309.92** | **346.45** | **366.45** | **218.51** | **159.31** | **34.52** | **0.00** |

*Tabla 5. 13.*
***Cálculo del momento de inercia respecto al plano diametral.***

[50] 5- Nudelman, Norman ***Introduction to Yacht Design***, Westlawn Institute of Marine Technology 1989. Pagina 22

Separación constante o Intervalo común = $\frac{160}{10}$ = 16 metros. **0.00**

Momento de Inercia respecto al eje diametral (**$I_{diam}$**) = $\frac{2 \times \frac{1}{3} \times IC \times \sum f}{3} = \frac{2}{9} \times h \times \sum f$ (5.20)

| **REGLA DE SIMPSON<br>CÁLCULO DEL MOMENTO DE INERCIA RESPECTO AL PLANO DIAMETRAL** | | | | |
|---|---|---|---|---|
| **1**<br>**Numero Ordenadas** | **2**<br>**Semimangas (m)** | **3**<br>**Semimangas ($m^3$)** | **4**<br>**Factor Simpson** | **5**<br>**Producto Momento** |
| **0** | **0.000** | **0.000** | **1** | **0.000** |
| **1** | **3.256** | **34.52** | **4** | **139.08** |
| **2** | **5.421** | **159.31** | **2** | **320.62** |
| **3** | **6.014** | **218.51** | **4** | **870.04** |
| **4** | **6.156** | **366.45** | **2** | **732.90** |
| **5** | **6.025** | **346.69** | **4** | **1386.76** |
| **6** | **6.760** | **309.92** | **2** | **618.84** |
| **7** | **6.241** | **243.09** | **4** | **972.36** |
| **8** | **5.130** | **135.01** | **2** | **270.02** |
| **9** | **4.890** | **118.93** | **4** | **466.72** |
| **10** | **4.045** | **66.18** | **1** | **66.18** |
| | | | | **5840.52** |

***Tabla 5. 14.***
***Cálculo del Momento de Inercia respecto al plano diametral.***

$$I_{diam} = \frac{2 \times \frac{1}{3} \times IC \times \sum f}{3}$$

$$I_{diam} = \frac{\frac{2}{3} \times 16 \times 5840.52}{3}$$

$I_{diam}$ = 20766.29 m$^4$ respecto al eje diametral.

5.11.2 Momento de inercia respecto al eje transversal que pasa por la perpendicular de popa o del centro de flotación.

Para calcular el momento de inercia, la distancia entre las ordenadas o intervalo común (IC), se elevan al cubo y en vez de las ordenadas. Calculamos primero el momento de inercia respecto al primer eje (CD) en la proa paralelo al eje que pasa por el centro de flotación (OP) y después aplicaremos el teorema de los ejes paralelos para calcular el momento de inercia respecto al eje (OP), que pasa por el centro de flotación. Véase la Figura 5.10.

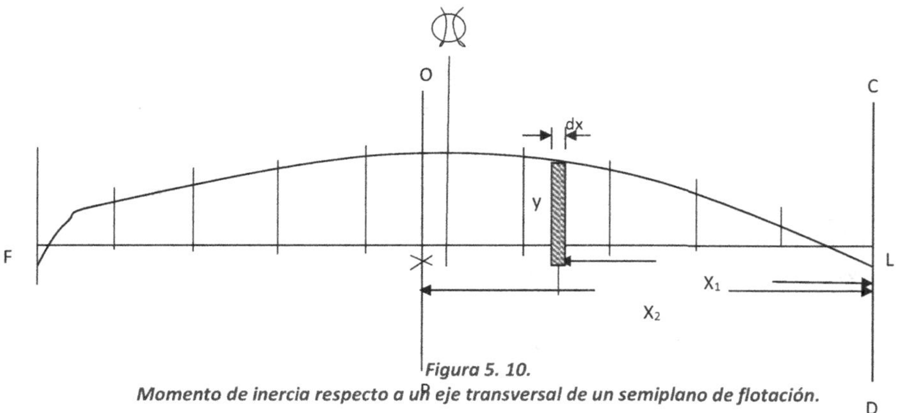


***Figura 5. 10.***
***Momento de inercia respecto a un eje transversal de un semiplano de flotación.***

***Ejemplo 5.11***

La superficie de la línea de flotación de un buque mide 30 m de longitud. Las semi mangas equidistantes entre sí, de proa a popa, son las siguientes:

0m, 1.5m, 1.62m, 1.7m, 1.82m, 1.9m, 1.93m. 1.79 m, 1.61m, 1.52m

Encuentre el momento de inercia respecto al eje transversal (OP) que pasa por el centro de flotación. Primero creamos una tabla con todos los datos, para realizar las sumas y las multiplicaciones.

| REGLA DE SIMPSON<br>CÁLCULO DEL MOMENTO DE INERCIA RESPECTO A UN EJE TRANSVERSA | | | | | | | |
|---|---|---|---|---|---|---|---|
| **No.** | **1**<br>**Semimangas**<br>**(metros)** | **2**<br>**Factor Simpson** | **3**<br>**Función de Área** | **4**<br>**Brazo de palanca** | **5**<br>**Función de momento** | **6**<br>**Brazo de palanca** | **7**<br>**Funciones del momento de Inercia** |
| 0 | 0.00 | 1 | 0.00 | 0 | 0.00 | 0 | 0.00 |
| 1 | 1.3 | 4 | 5.2 | 1 | 5.2 | 1 | 5.2 |
| 2 | 1.5 | 2 | 3.0 | 2 | 6.0 | 2 | 12.0 |
| 3 | 1.62 | 4 | 6.48 | 3 | 20.44 | 3 | 59.32 |
| 4 | 1.7 | 2 | 3.4 | 4 | 13.6 | 4 | 54.40 |
| 5 | 1.82 | 4 | 6.28 | 5 | 36.4 | 5 | 182.0 |
| 6 | 1.9 | 2 | 3.8 | 6 | 23.8 | 6 | 136.8 |
| 7 | 1.93 | 4 | 6.72 | 7 | 54.04 | 7 | 379.28 |
| 8 | 1.79 | 2 | 3.58 | 8 | 29.64 | 8 | 229.12 |
| 9 | 1.61 | 4 | 6.44 | 9 | 56.96 | 9 | 522.64 |
| 10 | 1.52 | 1 | 1.52 | 10 | 15.2 | 10 | 152.0 |
| | | | $\sum_1$ 49.42 | | $\sum_2$ 259.28 | | $\sum_3$ 1729.76 |

*Tabla 5. 15.*
***Cálculo del Momento de Inercia respecto a un eje transversal de un semiplano de flotación.***

Intervalo común (IC) = $\frac{30\text{ m}}{10}$ = 3.0 m

Área total de la línea de agua de flotación = $2 \times \frac{1}{3} \times \text{IC} \times \sum \text{f}$

$$= 2 \times \frac{1}{3} \times 3.0 \times 48.42$$

$$= 96.84\ m^2$$

$$\text{Distancia del centro de flotación} = \frac{\sum_2}{\sum_1} \times IC$$

$$\text{Distancia del centro de flotación desde el extremo de la proa} = \frac{259.28}{48.42} \times 3.0$$

$$= 18.06\ m$$

La distancia de la proa a la cuaderna maestra (estación #5), es el siguiente:

$$5 \times 3.0m = 15.00m$$

Y la distancia del centro de flotación hacia popa, de la cuaderna maestra será:

$$18.06 - 15.00 = 1.06\ m.$$

**Momento de Inercia ($I_{CD}$) del primer eje "CD"**

$$I_{CD} = 2 \times \frac{1}{3} \times (IC)^3 \times \textstyle\sum_3$$

$$I_{CD} = 2 \times \frac{1}{3} \times (3)^3 \times 1729.76$$

$$I_{CD} = 2 \times \frac{1}{3} \times 27 \times 1729.76$$

$$I_{CD} = 31135.68\ m^4$$

$$I_{OP} = I_{CD} - A(X_2)^2 \qquad (5.21)$$

$$I_{OP} = 31135.68 - [(96.84 \times (18.06)^2]$$

$$I_{OP} = 31135.68 - 24976.32$$

$$I_{OP} = 6159.36\ m^4$$

**5.12 La Regla del Trapecio**

Es un método menos exacto para el cálculo de áreas de curvaturas irregulares en comparación con el método Simpson. En este método se supone que el área se encuentra formada por trapezoides equidistantes entre sí, a una distancia que designaremos como "h". La regla expresa lo siguiente: para determinar el área de una figura irregular, multiplicamos el intervalo común por el promedio de la suma de la primera y la última ordenada y este producto multiplicado por la suma de las ordenadas restantes.

Esto equivale a multiplicar el intervalo común por el total de la suma de un medio de la primera ordenada más un medio de la última ordenada, más el restante de las ordenadas.

Por ejemplo, si identificamos las ordenadas como $y_1, y_2, y_3 ... y_{n-1}$, una forma de expresar la regla sería:

$$\text{Área} = h \times [\frac{y_1 + y_n}{2} (y_1 + y_2 + y_3 + ... y_{n-1})]$$

Pero es más común esta expresión:

$$\text{Área} = h \times (\tfrac{1}{2}y_1 + y_2 + y_3 + y_4 + y_5 + ... \tfrac{1}{2}y_n)$$

Obsérvese la posición de las ordenadas respecto a los factores multiplicadores, en la regla del trapecio.

| REGLA DEL TRAPECIO | |
|---|---|
| **Ordenadas equidistantes** | **7 6 5 4 3 2 1 0** |
| **Factores Multiplicadores del trapecio** | **½ 1 1 1 1 1 1 ½** |
| **Ordenadas equidistantes** | **10 9 8 7 6 5 4 3 2 1 0** |
| **Factores Multiplicadores del trapecio** | **½ 1 1 1 1 1 1 1 1 1 ½** |

*Tabla 5.*
***Ordenamiento de los multiplicadores y ordenadas para la regla del trapecio.***

Este problema contiene los mismos datos del ejemplo 5.9 y fue resuelto mediante la regla de Simpson. En esta ocasión aplicaremos la Regla del trapecio para comparar los resultados generados por ambos métodos.

**Ejemplo 5.12**

La eslora de la superficie de flotación de un buque de 150 metros está dividida en semimangas, con las siguientes medidas: 0.00, 3.2, 5.4, 6.1, 6.0, 4.1, 0.1, metros respectivamente, de la proa hacia la popa. A- Encuentre el área de la superficie de flotación por medio de la regla del trapecio.

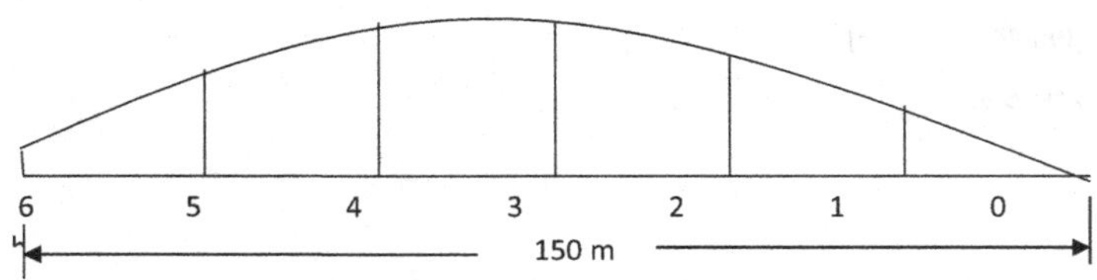


***Figura 5. 11.***
***Semiplano de flotación.***

Conviene que se tabulen los valores de las ordenadas con sus factores trapecios, en una tabla de datos como lo hemos practicado con la regla Simpson.

Primero calcularemos el intervalo común correspondiente:

Intervalo común (h) = $\frac{150}{6}$ = 25 m  Luego colocamos los datos en la tabla factores trapecio:

| LA REGLA DEL TRAPECIO<br>CÁLCULO DEL ÁREA DE UNA LÍNEA DE AGUA | | | |
|---|---|---|---|
| **1** | **2** | **3** | **4** |
| **Cuadernas** | **Semimangas (pies)** | **Factor Trapecio** | **Funciones** |
| **0** | **0.00** | **½** | **0.00** |
| **1** | **3.2** | **1** | **3.2** |
| **2** | **5.4** | **1** | **5.4** |
| **3** | **6.1** | **1** | **6.1** |
| **4** | **6.0** | **1** | **6.0** |
| **5** | **4.1** | **1** | **4.1** |
| **6** | **0.1** | **½** | **0.05** |
| | | | **∑f = 26.85 m** |

*Tabla 5. 16.*
***Cálculo del área de una línea de agua mediante la regla del trapecio.***

***Semi-área = ∑f × h*** *(5.22)*

= 26.85 × 25

= 671 .25 $m^2$.

Área total = 2 × 671.25

= 1342.50 $m^2$

La comparación de los resultados para el área total de la flotación:
Primera regla de Simpson = 1375.00 $m^2$.
Regla del trapecio = 1342.50 $m^2$

## 5.13 Integración mecánica.

Aparte de los métodos de integración aproximados, el arquitecto naval puede recurrir en algunas instancias a la integración mecánica, para evaluar áreas y volúmenes. Los instrumentos especiales que utiliza para la integración mecánica son los siguientes: el *Planímetro*, el *Intégrafo* y el *integrador*. Es significativo el ahorro en tiempo y trabajo, por el hecho de poder leer directamente los resultados de los cuadrantes del planímetro y del integrador y de las curvas creadas por el Intégrafo, y no tener que recurrir a la aplicación de cálculos matemáticos.

5.13.1 El Planímetro.

Con el planímetro se puede calcular el área de una variedad de Figuras. Mide el área dentro de un plano circundado. Se compone de dos barras, conectadas con una bisagra. La primera posee una aguja que penetra en el papel con una aguja que actúa como un pivote, permitiéndole a la otra barra, recorrer el perímetro de la curva que encierra el área. En este extremo se encuentra el disco o manómetro, que a medida que la aguja, se desliza sobre el papel, gira sobre el eje de la barra. Este disco está conectado a una escala de vernier

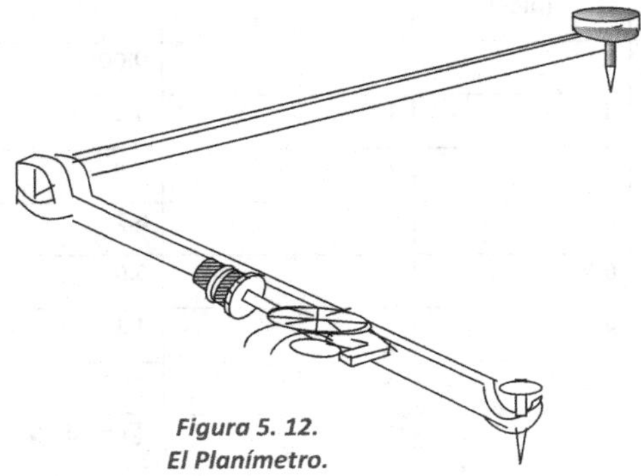

*Figura 5. 12.*
*El Planímetro.*

Es importante mantener la superficie del papel lo más liso y limpio posible y el disco en buen estado para un deslizamiento continuo y sin obstrucciones.

5.13.2 El Intégrafo

El Intégrafo posee l capacidad de crear curvas integradas de cualquiera Figura y de estas curvas calcular el área. Un ejemplo de curvas integradas, serían las curvas de Bonjean que se integran de una sección transversal de un buque. El instrumento posee un eje corredizo en ambos extremos que atraviesa dos rolos pesados, los cuales permiten el movimiento de la máquina en dirección paralela al eje de referencia. Los punteros se deslizan por los extremos de los brazos que se deslizan en el eje. Mientras un puntero recorre la curva que va a ser integrada, la otra traza la curva.

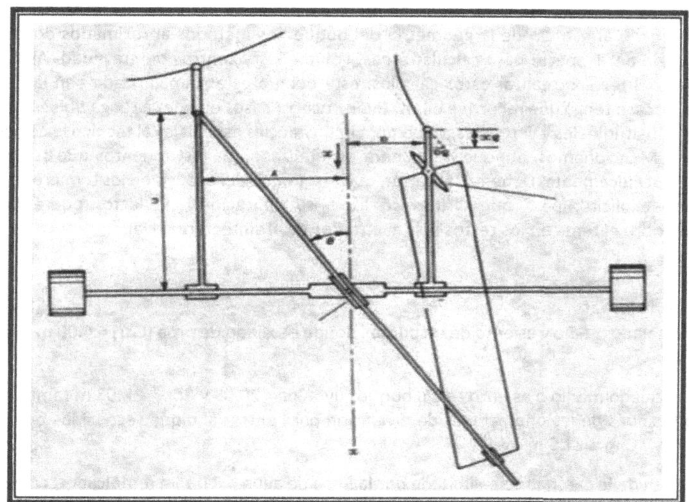

*Figura 5. 13.*
*El Intégrafo.*

5.13.3 Integrador

El integrador calcula momentos de área respecto a un eje determinado en una Figura plana. Calcula el primer momento de área, luego el segundo momento de área de la Figura.

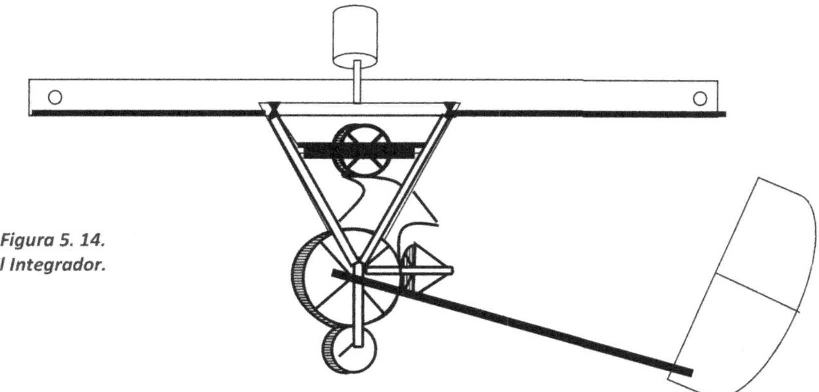

*Figura 5. 14.*
*El Integrador.*

## 5.14 Resumen.

Hemos agregado al estudio de la geometría del buque, los métodos aproximados de las reglas de Simpson y la regla del Trapecio para calcular áreas, volúmenes y centros de gravedad. Aunque no sea responsabilidad del técnico realizar estos cálculos, este deberá estar familiarizado con la metodología empleada por si acaso tenga que recurrir a ellas. Puede ocurrir casos en que se tenga que estimar centros de gravedades longitudinales y verticales, y que por circunstancias especiales al técnico le corresponda su determinación. Mencionamos, aunque de manera generalizada, los instrumentos que se utilizan para integrar áreas mecánicamente. Debemos recalcar, que el enfoque del análisis de los temas es básico, pero suficientemente explícito, para que el técnico logre su aplicación. El lector podrá ampliar sus conocimientos sobre el tema en los textos más avanzados de arquitectura naval.

## 5.15 Problemas de Repaso.

1. Calcular el calado medio y asiento de un buque, donde el calado de proa (Cpr) = 4.00 m y calado popa (Cpp) = 9.00 m.

2. Calcular el calado medio o asiento de un buque cuyo Cpr = 20.05 y Cpp = 22.03 m también calcule el calado medio después de las operaciones de nivelación para entrar al dique seco, si los nuevos calados son Cpr = 20.9 m y Cpp = 21.5 m.

3. Si el volumen de la carena recta, limitada por la línea de agua # 8 de un remolcador, calculada por el método del trapecio, tiene un valor de 895.2 metros cúbicos, determine el desplazamiento correspondiente en toneladas métricas en agua dulce.

4. Determine el desplazamiento en toneladas largas, en agua salada, si el volumen de la carena es 390.25 pies cúbicos.

5. Calcule, mediante el método del trapecio, el área de la línea de agua. Eslora 175 m.

| Nº de cuadernas de trazado |
|---|
| 0 1 2 3 4 5 6 7 8 9 10 |

Semi- mangas en pies

0.000, 1.540, 2.755, 3.365, 5.321, 6.035, 6.142, 5.154, 4.310, 3.215, 2.378

6- Con los mismos datos del problema anterior, calcule el área con el método de Simpson

**7- Complete el siguiente pareo:**

a) Centro de flotación.

b) Momento de inercia longitudinal.

c) Momento de inercia transversa.

d) Centro longitudinal y vertical de carena.

e) Volumen de desplazamiento.

f) Desplazamiento total.

____C de G del volumen sumergido

____Suma del vol. Moldeado, el forro y los apéndices del buque.

____Momento de área respecto a un eje transversal que pasa por el centro de flotación

____Centro de gravedad del plano de flotación.

____Suma del volumen moldeado, el forro y los apéndices del buque.

____ Momento de área del plano de agua respecto a la línea de crujía.

____ Volumen sumergido del buque.

____Centro de gravedad del volumen sumergido.

Bibliografía.

1- Bonilla De La Corte. *Teoría Del Buque*. Graficas Bouzas, S.L. VIGO España 1979

2- Crandall, Paul S. and Tobiasson, Bruce O. *An Introduction to Dry docking Principles and Techniques*. Crandall Dry Dock Engineers, Inc. Cambridge Massachusetts June 1970.

3- Guillmer, Thomas C., Johnson, Bruce. *Introduction to Naval Architecture*

United States Naval Institute Annapolis, Maryland. 1982.

4- Klinkert, J., White, G. W. *Nautical Calculations Explained.* Cornell Maritime Press, Inc. Cambridge, Maryland 1969.

5- Nudelman, Norman *Introduction to Yacht Design*, Westlawn Institute of Marine Technology 1989.

6- Puig Olivella, Joan. *Teoría Del Buque*, Estabilidad, Varada e Inundación. Universitat Politécnica de Catalunya, SL 1996.

7- Rawson, K. J., Tupper, E. C. *Basic Ship Theory.* Longman Group Limited N.Y. 1968

8- Zubaly, Robert B. *Applied Naval Architecture* Cornell Maritime Press, Inc.1996.

9- Mandelli, Antonio, *Elementos de Arquitectura Naval* Librería y Editorial Alsina, Buenos Aires 1986.

10-Derrett, Captain D.R., Barrass, Dr. C. B. *Ship Stability for Masters &Mates* Copyright Elsevier, Edition 2006.

CAPITULO 6
DIQUES SECOS DE CARENA

***Figura 6. 1.***
***Dique Seco de Carena. Astillero de Balboa del Canal de Panamá***
***Cortesía del Astillero de Monte Esperanza, Cristóbal, Rep. de Panamá.***

**6.1 Introducción.**

Se construyen generalmente cercanas a las dársenas o a los puertos pluviales. Son las estructuras principales de todo astillero para la puesta en seco de todo tipo de embarcaciones. Dependiendo si es un astillero estrictamente dedicada a las construcciones de nuevas embarcaciones, los diques de carena funcionarían para la botadura de cascos recién armados después de los ensambles de las subestructuras de los buques. Los demás se dedican exclusivamente a las labores periódicas de mantenimiento y de emergencias. Estudiaremos en este apartado las estructuras de los diques de carena y la organización de los departamentos que la operan. El análisis de las técnicas empleadas en las operaciones de los diques secos de carena, lo fundamentaremos en el desarrollo de las actividades ejecutadas bajo la responsabilidad de un departamento de movimientos dentro de un organigrama funcional, con un capitán de diques como gerente de operaciones de los diques secos. Existen otros modelos de organigramas, que funcionalmente pueden o no, ser más efectivos y posiblemente su confección, pueda atribuirse a la existencia de otros factores sobresalientes, que determinarían el tipo de modelo que más se adecue a las necesidades y objetivos del astillero. Dichas alternativas podrán ser investigadas, pero no concierne a esta obra su discusión. En los capítulos precedentes repasamos elementos de la teoría del buque, que describen la forma y la flotabilidad del buque y otras particularidades hidrostáticas que servirán de base para realizar todas las estimaciones requeridas sobre la embarcación por ser parte indispensable de los preparativos previos a la operación de varada. En los capítulos subsecuentes, examinaremos el funcionamiento de los diversos tipos de diques, clasificándolas de acuerdo con su estructura y su funcionamiento de acuerdo con la naturaleza de la fuerza que utilizan cuando han de realizar los descenso y ascenso, cargando con el peso de una embarcación asentada sobre una cama de picaderos. La intención de este análisis es el fortalecimiento de los conocimientos del técnico que labora en los diques de carena y para permitirle:

- Describir la estructura del dique de carena.
- Comparar y describir los tipos de compuertas de diques secos.
- Clasificar los tipos de diques de carena según su estructura.
- Criticar ventajas y desventajas operacionales de este tipo de dique.
- Reconocer si la organización en que opera está basada en un organigrama funcional.
- Comparar ventajas y desventajas del dique de carena con la de otros diques.

### 6.2 Organización y administración de las operaciones en los diques secos de los astilleros de reparaciones.

Tomaremos unos de los modelos entre astilleros dedicados principalmente a las reparaciones de buques para realizar un análisis de su organigrama. Estudiaremos principalmente el departamento de movimientos y su relación con los diques secos dentro del organigrama. La complejidad de los organigramas en los astilleros está relacionada directamente con la cantidad de departamentos y otros factores fuera del alcance de esta obra. En síntesis, el mejor organigrama será el que logre el cumplimiento de las metas programadas, de la coordinación de los procesos de producción y la fluidez del trabajo.[51] Un organigrama para la varada y desvarada estaría organizada por funciones en términos del desempeño del trabajo que debe realizarse. En este caso el tipo semi auto gestionado se ajusta a este tipo de operaciones dada la variedad de sus actividades. En la siguiente ilustración (Figura 6.1), podemos apreciar un ejemplo de un organigrama de este modelo funcional.

---

[51] González López, Primitivo B. ***Técnicas De Construcción Naval*** Universidade da Coruña Servicio de Publicaciones 2000. Págs. 38-38

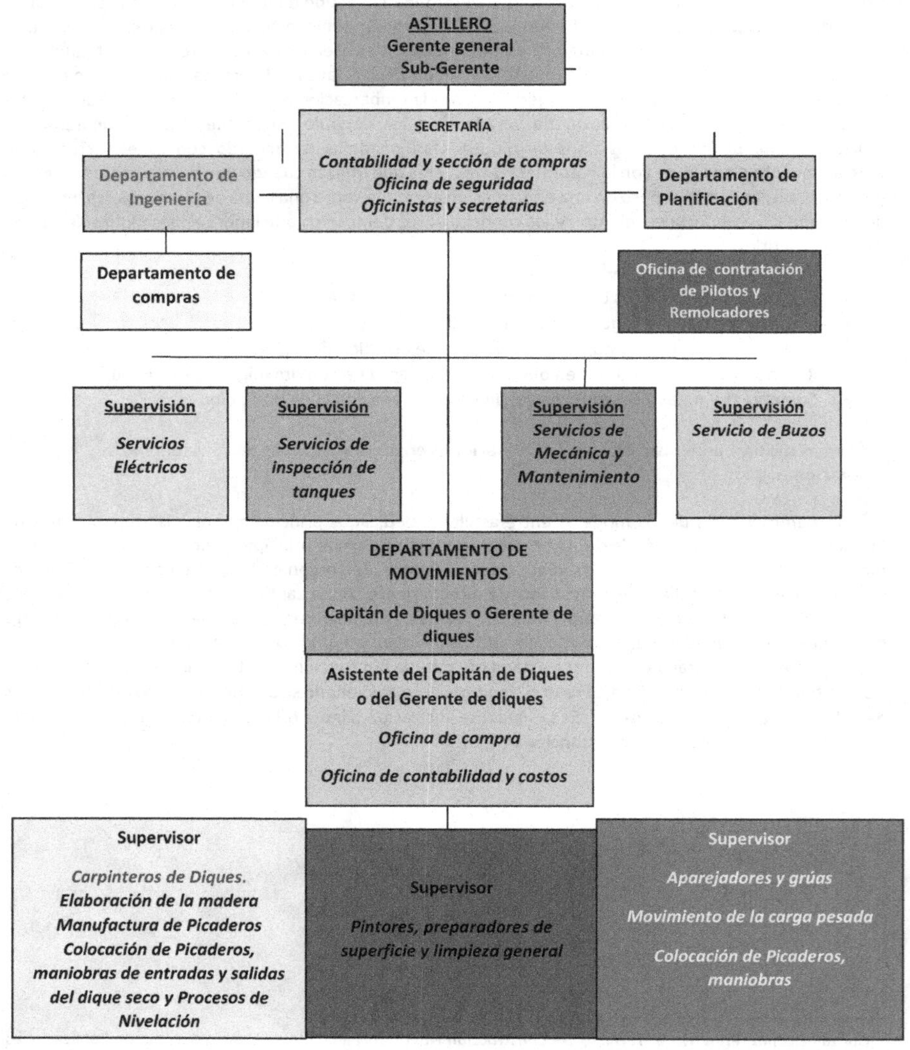


*Figura 6. 2.*
***Organigrama Funcional de un departamento de movimientos.***

El departamento más importante dentro del organigrama semi auto gestionado, es el *departamento de movimientos*. Es el responsable de todos los enganches y desenganches, de la movilización de materiales dentro y fuera del dique, de la construcción de todos los andamios y de gestionar las maniobras de entradas y salidas de los buques y otros equipos flotantes del dique. Los niveles de autoridad, en este departamento, varían de astillero en astillero. Comúnmente en los astilleros que ostentan una voluminosa actividad, asignan la gerencia y la responsabilidad del departamento al capitán de diques secos, con autoridad semiautónoma. En este modelo de organigrama, el capitán de diques es el gerente de operaciones de los diques secos y generalmente se le asigna además la supervisión de las funciones de los talleres allegados a las operaciones de los diques secos como lo son, los de la carpintería de ribera, el de pintura y limpieza y la de los aparejadores y grúas. Aparte de dichas funciones, será también el ente responsable de la coordinación y el entrenamiento del personal bajo su mando.

## 6.3 Descripción y Breve historia de los diques de Carena.

No se han encontrado indicios, en la antigua historia, que demuestren la existencia de diques secos, similares a los de nuestra época. Aunque los puertos y la construcción de embarcaciones han existido desde épocas remotas, no se han encontrado pruebas contundentes de que existieran estructuras similares a los diques secos de carena de hoy.

Se concluye que las embarcaciones eran pequeñas, y su reparación no ofrecía mayor reto. Sin embargo, en Grecia, durante el período comprendido entre los años 268 a 205 ACÁ, en que se construyeron embarcaciones de gran tamaño, como el Ptolemaicos Philopater, llamado el Fortier, el Lukian con un desplazamiento de 3000 toneladas y el Syrakosia con el mismo desplazamiento que el Lukian se supone, que haya existido algún tipo de estructura para acomodar estas gigantescas naves, y proveerle el mantenimiento y las reparaciones, cuando fuesen necesarias. En las investigaciones realizadas sobre el tema aparece la figura del sofista Ataneo Naucrotis, que describe el arreglo de una cuna de madera para el lanzamiento del "Philopater". Se les atribuye a los fenicios (204 a.C.) la excavación profunda cercana a la orilla del puerto, hecha de acuerdo con las dimensiones de la embarcación. En dicha excavación se creaba un fondo de piedras con troncos de madera colocados transversalmente. Desde la excavación partía un túnel hacia el mar para la inundación de la fosa.

Los antiguos griegos aprovechaban las mareas para carenar sus buques, excavando cerca de las playas, grandes zanjas en que se colocaba la nave al subir la marea, y luego que bajara la marea, el buque quedaba varado. Este método fue utilizado aun en épocas anteriores al siglo 15 para la varada de embarcaciones. Todavía en nuestros tiempos, se observan en las orillas del río Támesis, la varada de pequeñas embarcaciones utilizando el antiguo método de las mareas.

Estos documentos históricos aseguran, que el primer dique de carena fue construido por el rey Enrique VII en 1495 en Portsmouth Inglaterra y que fue diseñada por el arquitecto Sir Reginald Bray.[52] Se describe su estructura como un dique revestido de madera, con paredes en la entrada, construida de grava y piedras. Las compuertas estaban provistas de un doble forro de madera y rellenado su interior con barro. En el Museo Británico se encuentran documentos que atestan sobre varios diques que se construyeron en aquella época, entre ellos se encuentra el de Woolwich, que data de los años de 1653 a 1697. Los franceses, construyeron en el año 1669, el primer dique seco de mampostería. Este dique se conoció como "el Vielle–Forme". Posteriormente El Rey Ingles, Carlos II crea la marina real y dio órdenes, para que se construyese el primer dique de carena hecho de granito. En el año 1799 en plena revolución

---

[52] Hepburn, Richard D. History of American Naval Dry Docks. Noesis, Inc. 2003 Página 1.

industrial, se achica por primera vez un dique de carena con una bomba de vapor. Asimismo, se le atribuye a Sir Samuel Bentham, la creación del primer barco puerta para sellar la entrada del dique. Los diques construidos de piedras predominaron hasta finales del siglo XIX. Paralelamente a las construcciones en Europa de diques secos, en Suramérica ocurren construcciones de diques de carena instauradas principalmente por las armadas de varios países como Chile y Argentina. Los diques aumentaron en tamaño como ocurre hoy en día, proporcionales al incremento del tamaño de los buques. A menudo se suscitaban problemas ingenieriles en la construcción de los diques y a menudo se excedían los límites estructurales de los materiales empleados, como consecuencia de dichos aumentos. Con la introducción del concreto, como material de construcción, la ingeniería relativa a los diques pudo desarrollarse, convirtiéndose en las grandes estructuras que observamos en la actualidad. El concreto se utilizó con mucho éxito por primera vez en Boston, Estados Unidos donde se construyó un dique de 227.6 mts. Al principio del siglo XX se dieron los primeros diques de paredes impermeables, construidas con la capacidad de resistir toda la presión hidrostática del subsuelo.

El tamaño de los diques secos de carena se relaciona directamente con la construcción de buques. El crecimiento y desarrollo de la construcción de diques está ligada a dos factores específicos: la tecnología de la construcción de buques que requiere el uso de grandes grúas de una elevada capacidad de levantamiento para los enormes módulos que deben ensamblarse. Por ejemplo: los sistemas sofisticados de propulsión nuclear en los buques de superficie y submarinos lograron considerables cambios estructurales en la construcción los diques secos. Los misiles dirigidos, los sistemas de guía, detección de sonidos y radares, son elementos que modificaron extensamente los diques secos. Podemos citar algunos diques especialmente construidos para naves que requieren grandes recesos en la solera donde se acomodan apéndices que sobresalen extremadamente de la línea de la quilla. [53]

**6.4 Cronología.**

Año 3200 AC: Grabados encontrados en la tumba de un dignatario egipcio, llamado UNI, describen operaciones de diques secos. Se le considera el padre de los Capitanes de diques secos.

Año 221 – 205 AC. Los Fenicios realizan excavaciones alrededor de sus embarcaciones, en la orilla de los puertos y rellenan el fondo con piedras y encima de estas, colocan gruesos maderos a lo ancho de la fosa.

Año 204 AC – 200. Los fenicios deslizan sus embarcaciones sobre cunas de madera, jalándolas con otras embarcaciones desde la bahía.

Siglos IX – XII: Inglaterra construye diques similares al sistema utilizado por los Fenicios. Introducen el método de mareas para las entradas y salidas de los buques.

Siglo XV: Se construye el dique llamado "Gridiron". Se emplea un enrejado de madera sobre pilotes hincados en el fondo, encima del cuál, se colocaban los picaderos que sostendrían al buque. Se procuraba mantener el calado de los buques a una medida equivalente a la diferencia entre la máxima marea y el nivel más bajo. Aparecieron, en esta época nuevas innovaciones en las compuertas de entrada.

Siglo XV Enrique II de Inglaterra, ordena construir un dique de carena.

Siglos XVI – XVIII: Construcción del dique Woolwich en Inglaterra.

[53] Mazurkiewics, B. K. Design and Construction of Dry-docks. Gulf Publishing Company Houston, Texas, U. S. A. 1981 Pags. 23 - 25

Siglo XIX: En Vizagapotain, India, se hacían excavaciones cercanas a la orilla del mar para permitir la entrada de la embarcación y luego, construir una pared de tierra en dicha entrada. El agua se sacaba de la excavación para dejar el buque sobre el fondo.

Siglo XVII. Los ingleses, bajo el mandato del rey Carlos II de Inglaterra, construyen el primer dique de granito, en Portsmouth.

Siglo XVII. Los franceses construyen el primer dique de mampostería en Rochefort, llamado el "Vielle-Forte".

Año 1822. El comodoro John Rodgers, diseñó el primer dique ferroviario para el astillero en Washington, DC, de la Marina de los Estados Unidos. [54]

Año 1826: Construcción en Nueva York, de un dique de piedras con resistencia a la presión hidrostática.

Año 1851: Se construye un dique de dos cámaras con un sistema de esclusas de dos niveles. Este dique fue diseñado por Caldwell. El ingenioso sistema utilizaba un gigantesco tanque de agua conectado a la cámara superior mediante una tubería, por donde fluía el agua para llenar la cámara superior y elevar la inferior al mismo nivel. Las compuertas se abrían y el buque, ya dentro de la primera cámara, pasaba a la cámara superior. El funcionamiento del sistema de diques de esclusas o hidro-levadizos en Setúbal, Portugal de la actualidad, es muy similar al del dique Caldwell.

Año 1887: Dique de piedras construido en Virginia, Estados Unidos.

Año 1886. Se construye, en Nueva York, dique permeable de madera, capaz de reducir la presión hidrostática.

Año 1896 Dique de Carena construido en Chile.

Año 1899: Dique de concreto revestido con granito.

Año 1901: Dique de piedras construido en Hunters Point, California, Estados Unidos.

Años 1913 – 1916: Se construyeron en Balboa, República de Panamá, 3 diques secos con paredes construidas para resistir el empuje total del nivel freático y soleras con un sistema de alivio a la presión

hidrostática del subsuelo.

Años 1939 - 1945: Se construyeron diques con paredes forrados de metal, de rápido ensamblaje, debido a los acontecimientos bélicos, en que se encontraban los países en aquel tiempo (Segunda Guerra Mundial). La introducción de la máquina de combustión interna y a la propulsión por turbinas a partir del siglo XX, contribuye al incremento del número y tamaño de los diques. Esta nueva generación de diques vendría equipada con las más modernas instalaciones, capaces de varar un buque en un tiempo mínimo, en comparación con los diques de los siglos XV y XVI.

[54] [54] Hepburn, Richard D. History of American Naval Dry Docks. Noesis, Inc. 2003 Pagina 1

*Figura 6. 3.*
***Dique Seco de Carena. Astillero de Monte Esperanza Cristóbal, Canal de Panamá. Cortesía de Eyvard Castillo***

**6.5. Estructura y funcionamiento.**

Pueden describirse los diques secos de carena como: "dársenas excavadas bajo el nivel del suelo, con la solera, las paredes y la cabecera, forradas de concreto armado y separado de las aguas adyacentes del puerto, mediante una compuerta". En lo que respecta a la construcción de soleras en el subsuelo, se ha demostrado algunas variaciones en las obras civiles en años recientes, puesto que ya es una realidad la construcción de diques con la solera dispuesta por encima del nivel del mar, con el cual se logra una reducción, tanto en las presiones freáticas, como en el coste de la construcción de la solera. Para este tipo de diseño, la entrada al dique se realiza por una dársena en las orillas del rio. La dársena es una esclusa que eleva el agua con el buque, al nivel del dique. Abiertas las compuertas del dique, el buque es remolcada dentro del recinto del dique para su varada sobre los picaderos. El procedimiento se revierte para la desvarada del buque. Veremos este sistema poco común más adelante, cuando estudiemos el sistema de diques llamados, "hidro-elevadores". Pero como hemos definido al principio de este apartado: los diques de carena son grandes excavaciones rectangulares revestidas de hormigón y acero con dos paredes laterales verticales, uno frontal o cabecera, un piso o solera, donde están colocados los picaderos centrales y laterales o picaderos de pantoque y una entrada que capaz de cerrar y abrir para la entrada y la salida de los buques. En la parte inferior de la entrada se encuentra el umbral o busco, que contiene la superficie en donde se asienta el sello inferior de las compuertas. En las paredes verticales de la entrada, están las superficies, en ambas bandas, y en ellas embonan los sellos verticales de la compuerta, que impiden la entrada del agua. A lo largo de la albardilla del dique se encuentran espaciados, postes de muelle, bitas de amarre, cabrestantes y otros aparejos necesarios para el control del buque en su entrada y salida. Algunos diques modernos, poseen carruajes que corren sobre vigas "T" colocados longitudinalmente, en las paredes del dique. Poseen cables de acero que se extienden hasta las bitas en ambas bandas del buque. Mantienen centrado el buque dentro del dique y permiten controlar la marcha en la maniobra de entrada o de salida, especialmente para los buques de gran calado.

La inundación del dique se controla por alcantarillas distribuidas en la solera o piso del dique. El desagüe lo realizan las bombas de achique, localizadas en la sala de bombas, conectadas al dique por alcantarillas bajo la solera, para dicho fin. Las compuertas solamente pueden abrirse con el agua nivelada dentro y fuera del dique. Al abrirse las compuertas, la embarcación es remolcada hacia dentro en la varada o hacia fuera en la desvarada. Las maquinas propulsoras del buque, deberán ser desactivadas para evitar que la turbulencia de las hélices cause el desalojamiento de los picaderos. La embarcación dentro del dique es alineada según las marcas de posición proyectadas desde la solera. Estas marcas se trazan en ambos lados de la albardilla del dique. Las marcas de posición indican la ubicación de la cama de picaderos bajo el agua. Al cerrarse las compuertas, el agua es bombeada hacia fuera y el buque se asienta gradualmente sobre sus soportes. En la desvarada, el orden de la operación se invierte. Las alcantarillas son abiertas para inundar el dique, hasta hacer flotar la embarcación, luego se abren las compuertas para el remolque hacia fuera otro factor que ha influenciado la fabricación de diques.

***Figura 6. 3.***
***Diques Secos de Carena***
***Astillero Lisnave, Mitrena Portugal. Cortesía de H. Bandeira.***

La utilización de la propulsión nuclear en submarinos y buques de superficie, así como, la introducción de los misiles balísticos, sistemas electrónicos de navegación y de radar, son elementos que han influenciado el diseño de los diques modernos y de las modificaciones especiales a otros diques. Por ejemplo: los diques se construyen más profundos, por las extensiones de apéndices que sobresalen del casco, y en muchos casos, se tienen que construir con depresiones en el centro de la solera, para el ensamble o desmantelamiento de los dispositivos electrónicos, que sobresalen de la quilla del buque. Las inspecciones y reconocimientos que requiere toda embarcación causan de la detención obligatoria dentro del dique son funciones de un astillero de reparaciones muy distintos a los astilleros que se dedican exclusivamente a la construcción de buques. Podemos observar en la siguiente figura 6.4, un dique de reparación para embarcaciones pequeñas, en se mayoría remolcadores y barcazas de trabajo

Los diques de construcción están equipados para el montaje y ensamble de los bloques de los buques durante el proceso de fabricación, eliminándose los altos costes de los lanzamientos en una grada porque en comparación, es menos complicada la puesta a flote en un dique[55]. Por esto se han reclasificada como: diques para la construcción de buques y diques exclusivamente para reparaciones. En años anteriores los diques se utilizaban solamente para reparaciones y los astilleros dedicados a las nuevas construcciones, las efectuaban sobre gradas de botadura, con toda la gama de dispositivos necesarios para la puesta a flote del buque. Los grandes diques de esta eran han permitido el desarrollo de nuevas técnicas de construcción de buques ayudados por las grúas de gran capacidad, capaces de movilizar grandes secciones pre- fabricadas. Algunos diques tienen, además, la capacidad de ser divididos en dos secciones, de tal manera que pueden reparar buques en una sección, y las nuevas construcciones en la otra. En la actualidad existen diques con capacidad para varar buques que exceden las 200,000 toneladas. Por ejemplo, el dique seco de carena de la compañía Marine & Heavy Engineering SDN BHD en Jurong, Malasia, posee una capacidad de 450000 dwt, con 385 m de longitud por 80 m de ancho y con una profundidad de 14 m.

### 6.6. Clasificación de los diques secos de Carena.

Los diques pueden clasificarse de varias formas: Podemos clasificarlos según la fuerza empleada para lograr el objetivo de poner en seco las embarcaciones:

1-Por la ***fuerza del empuje*** del agua (Diques Secos de Carena, Diques Flotantes y los Buques Semi-sumergibles).

2- Por la ***fuerza mecánica*** (Varaderos sobre Rieles, Elevador Vertical de Buques y los Izadores o Grúas Pórtico sobre ruedas).

3- Atendiendo a la disposición *del piso o solera*: Puede ser de solera simple, de dársena intermedia, de una sola puerta y de tres puertas.[56]

4- Por el ***tipo de puerta***: De dos hojas con eje de giro vertical, de una hoja articulada en la parte inferior abriendo hacia el foso, con barco puerta que es hundido para cerrar y achicado sus tanques para ponerlo a flote y abrir el dique. Los diques modernos poseen compuertas de una hoja, que se desliza hacia una cámara o recinto lateral para abrir y cerrar.

---

[55] González López, Primitivo B. Técnicas De Construcción Naval Universidade da Coruña Servicio de Publicacions 2000. Páginas. 312-313.

[56] González López, Primitivo B. Técnicas De Construcción Naval Universidade da Coruña Servicio de Publicacions 2000. Págs. 371-375

5-Clasificación *de acuerdo con la estructura*: Las estructuras de los diques secos reciben el efecto de fuerzas ocasionadas por la acumulación de las aguas freáticas del subsuelo. La siguiente clasificación de los diques, se fundamenta en el diseño del tipo de anclaje que utiliza cada dique. Las estructuras de los diques de carena son afectadas principalmente, por las condiciones hidrogeológicas. Su construcción, ya sea, rodeada de tierra o de agua, estará sujeta al empuje hidrostático, a menos que descanse sobre roca sólida o sobre un subsuelo con excelentes características cohesivas. Los materiales utilizados en la construcción de los diques secos años atrás, eran piedra, concreto y acero. Se construían de piedra para resistir toda la presión hidrostática. Por su peso lograba evitar la tendencia a flotar cuando se encontraba vacía por la flotabilidad externa. En algunos casos la estructura de piedra se colocaba sobre pilastras de madera si se trataba de un subsuelo debilitado. Estos diques se construyeron en el siglo 17, 18 hasta el siglo 18. Muchos de ellos se construían con la misma forma de la carena de los buques de la época. Debido al incremento en los tamaños de los buques, finalizando el siglo 19, fue necesario el aumento de la anchura y longitud de los diques secos. Estos aumentos excedían los limites estructurales de la piedra y la madera. De allí se iniciaron las primeras construcciones de concreto combinado con piedra. Al inicio del siglo 20 se construyó el primer dique excavado totalmente en piedra y revestido con una losa delgada de concreto. En 1913 se construyó en el puerto de Balboa en la república de Panamá, un dique de concreto con paredes totalmente resistentes a la presión hidrostática. Durante la segunda guerra mundial se construyeron diques secos con paredes paralelas estancas de metal, cuyo mayor objetivo era la construcción de un dique con la mayor rapidez posible. Siguió aumentando los tamaños de los buques durante el siglo 20 y para los años de 1977 se habían construido más de 900 diques secos. Entre todas estas construcciones se han establecido las siguientes clasificaciones según el tipo de construcción que se necesite para contrarrestar el empuje hidrostático. Las siguientes construcciones son las más conocidas:

***1- Diques de gravedad – masa.***

Es completamente hidrostático. El empuje del agua es contrarrestado por el peso del dique, diseñado con un peso mayor que el empuje hidrostático máximo. Estos diques a la vez se subdividen en tres categorías según su construcción:

a) Construidos con paredes separadas del piso que interactúan en conjunto, transfiriendo la fuerza de empuje.
b) El piso consta de una losa pesada que balancea la fuerza de empuje del agua, con su propio peso. Las paredes y el piso forman una estructura monolítica.

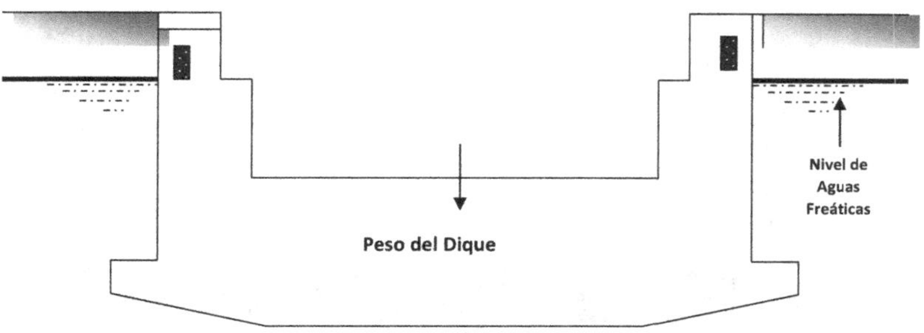


***Figura 6. 4.***
***Dique gravedad -masa.***

***2-Diques de gravedad con anclajes.***

La máxima fuerza de empuje hidrostático se balancea totalmente con el peso de la estructura y el sistema de anclajes en el subsuelo. Son diferentes según el tipo de anclaje. Pueden ser:

a) Anclados con pilotes.
b) Anclados con planchas de acero.
c) Anclados al subsuelo con anclas y cables.

***3- Diques con drenajes.***

Cuando el empuje hidrostático se reduce por medio de un sistema de drenaje, (como el dique de la figura 6. 1) por debajo del piso del dique, se pueden subdividir en tres clases:

a) Diques completamente drenados.
b) Diques parcialmente drenados
c) Diques construidos sobre un subsuelo impermeable.

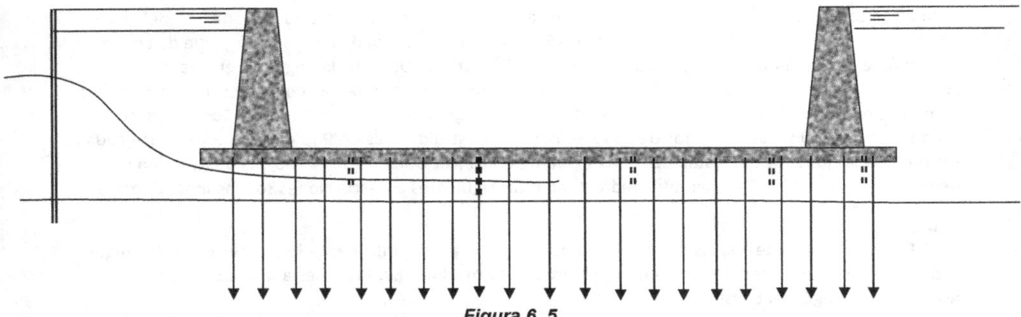

***Figura 6. 5.***
***Diques con anclajes.***

***a) Dique Completamente Drenado.***

Este es un dique con un sistema de drenaje completo alrededor de toda la estructura, con la finalidad de evitar el incremento de la presión hidrostática.

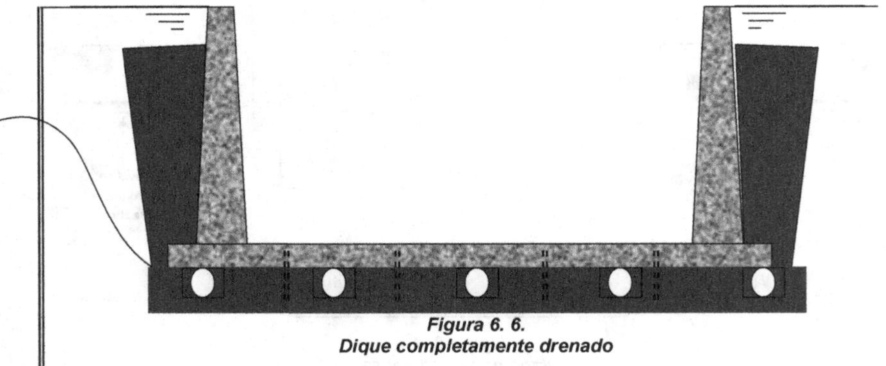

***Figura 6. 6.***
***Dique completamente drenado***

***b) Dique Parcialmente Drenado.***

Este tipo de dique utiliza un sistema de drenaje construido bajo la loza del piso. Las paredes están diseñadas para resistir toda la carga ocasionada por la presión máxima del agua.

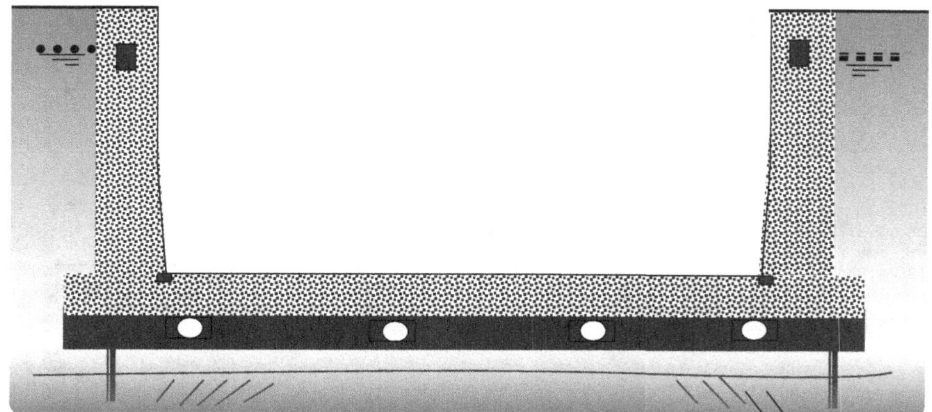

***Figura 6. 7.***
***Dique parcialmente drenado.***

***c) Dique sobre un Subsuelo Impermeable.***

Cuando se construye la solera del dique sobre un subsuelo impermeable, el flujo freático es controlado, quedando prácticamente interrumpido su paso. Cuando la capa de subsuelo impermeable se encuentra a una profundidad menor que la losa de la solera del dique, es posible omitir la construcción de un muro de guardia para las paredes. No obstante, en algunos casos el muro se incluye como un elemento estructural de la pared. Sin embargo, es importante señalar, que estas subdivisiones no cubren todas las alternativas de construcción y ocurren variaciones en los diseños, dependiendo de las condiciones del entorno, las consideraciones de tipo económico y el equipo con que cuenta el constructor.

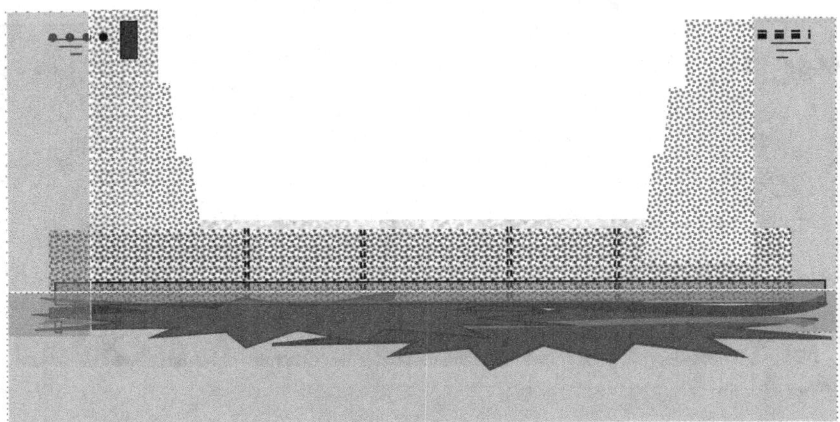

***Figura 6. 8.***
***Dique sobre un subsuelo impermeable.***

Las condiciones hidrogeológicas se constituyen en un factor importante, y será lo que determine, qué tipo de estructura será utilizada para la construcción del dique o si será lo más conveniente, la combinación de varios sistemas.

## 6.7 Dimensiones Principales de un Dique de Carena.

Las dimensiones principales son: Eslora, ancho y profundidad sobre el busco de la entrada y la profundidad sobre los picaderos que varía, según la altura de los picaderos.

*a-Eslora o Longitud*

1. Longitud Total.
2. Longitud Efectiva: 3 a 4 m sumado a la eslora total del buque.

*b- Ancho total.*

Se mide el ancho del dique en la parte superior, al nivel de la albardilla, y se mide el ancho al nivel del piso. Con estas medidas, se encuentra el ancho promedio entre las paredes. Veamos el cálculo.

Sea:

$S_t$ = Medida tomada en el nivel superior

$S_b$ = Medida tomada en el nivel del piso.

$S_k$ = Ancho promedio.

Entonces:

$S_k = 0.5\ (S_t + S_b)$ o también $\frac{St + Sb}{2}$.

*c- Ancho Efectivo.*

Se obtiene, midiendo el ancho de la manga máxima del buque, y a esta medida se le año un espacio de 3 a 6 m a ambos lados.

El ancho efectivo en el busco (la entrada) del dique, debe ser de 1.5 m a 2.0 m más ancho que la manga del buque más grande, que se planee varar.

***d- Profundidad.***

La profundidad de la entrada, profundidad del busco, está relacionada con las fluctuaciones de la marea del área donde se construye el dique. En áreas de poca variación de mareas, se toman en consideración los promedios de baja marea, después de analizarse todos los datos sobre los niveles de agua. En ocasiones especiales, cuando el periodo de espera entre la entrada de un buque y otro es relativamente corto, se diseña la profundidad al más bajo nivel. Esto representa un costo de construcción adicional, por lo tanto, los diseñadores hacen un estimado comparativo entre el tiempo de espera del buque y el costo de construcción, para determinar el nivel apropiado de agua. Con excepción de los diques dedicados al servicio de buques de guerra, donde han de procurarse, profundidades al más bajo nivel. En áreas de mareas muy altas y bajas, se diseña en base al nivel alto y, generalmente, los buques son varados en ocasión de marea alta. La profundidad, finalmente, se determina sobre la base del calado del buque en máxima carga, con la siguiente expresión:

Sea:

$h_w$ = profundidad en la entrada

$T_c$ = Calado del buque en máxima carga.

r = espacio o claro entre el busco y la quilla del buque usualmente se utiliza 0.5 m

Entonces:

$h_w = T_c + r$

La profundidad en la cabecera del dique puede ser igual a la de la entrada o puede variar, dependiendo de si se diseña con una inclinación hacia el busco o no. Cuando éste sea el caso, la siguiente ecuación se utiliza como criterio de diseño

Sea:

$h_{kw}$ = profundidad en la entrada del dique.

$h_{kt}$ = profundidad en la cabecera del dique.

$L_u$ = largo efectivo

S = inclinación longitudinal del piso, Entonces:

$h_{kw} = h_{kt} + L_uS$

En general, la profundidad se calcula con la siguiente expresión:[57]

$h_k = r(h_{kw} + h_{kt}$ $h_k$

$= 0.5\ (h_{kw} + h_{kt})$ o también $\frac{h_{kw} + h_{kt}}{2}$. Dejando aproximadamente 0.5 m libre del borde de la albardilla al nivel máxima del agua.

La fórmula que se utiliza para calcular el volumen de agua que debe ser bombeado fuera, de un dique de carena de forma rectangular y dejarlo seco completamente es la siguiente:

Sea:

$h_k$ = profundidad en el busco.

$L_u$ = longitud efectiva del dique.

$S_k$ = ancho promedio entre las paredes laterales

La fórmula es:

$$V = L_u \times h_k \times S_k$$

El *factor capacidad* del dique, es la razón entre el desplazamiento del buque más grande que cabe dentro del dique y el volumen interno del dique. Con frecuencia se observan valores entre los rangos de 0.4 a 0.6, pero pueden ser menos para los diques con mangas más amplios.[58] Para calcular el factor asignamos:

$W_p$ = factor capacidad del dique.
W = Desplazamiento del buque de mayor calado que pueda vararse en el dique.
V = Volumen del dique.
La razón es: $Wp = \frac{W}{V}$

**6.8 Tipos de Compuertas en la entrada de los diques de carena.**

La compuerta es la parte situada en la entrada del dique, que impide la entrada del agua. Las compuertas se clasifican como:

1- Flotantes.

2- Deslizantes de una hoja.

3. De Inglete

4. De Bisagra.

---

[57] Mazurkiewics, B. K... Design and Construction Of Dry docks. Gulf Publishing Company Houston, Texas, U. S. A. 1981 pags. 18 - 21

[58] Ibidem

5. De Chapaleta o Charnela.

*1- Compuertas Flotantes o Barco -Puertas:*

Se construyen de acero o de concreto pretensado. Son independientes de la estructura del dique y para su remoción, son flotados y remolcados al amarradero de la dársena exterior, permitiendo así, la entrada del buque. Cuando el buque se encuentre dentro del recinto, el barco se coloca puerta en el busco, se achican sus tanques y esta se asienta sobre la entrada del dique. Inmediatamente se procede al achique del dique. Cuando inicia el achique del agua en la cámara del dique, el volumen superior de agua en el exterior aprisionará progresivamente la superficie de los sellos del barco-puerta contra la superficie del marco de la entrada del dique, en la medida en que descienda el agua en el interior.

***Desventajas:***

Tiene la desventaja de que la operación de asentarla en el busco o hacerla flotar para dejar abierto el dique, es lenta. Debe moverse con cabos y guinches lo cual ocupa por lo menos a tres hombres en los cabos, dos en los guinches o cabrestantes, el capitán de diques, su asistente y un electricista para la conexión de las bombas de achique.

***Ventajas:***

Entre las ventajas de este tipo de compuerta podemos mencionar: la facilidad con que se mantiene y la ausencia de mecanismos sofisticados para la operación de abrir y cerrar. Las siguientes Figuras muestran algunos de los diseños de compuertas flotantes.

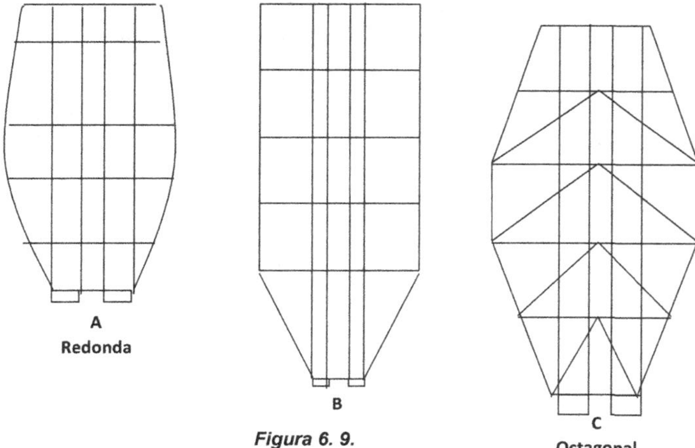


**Figura 6. 9.**
**Compuertas Flotantes.**

*2- Compuerta Deslizante de una hoja.*

Se construyen en forma de cajas rectangulares con una superficie deslizante o superficie con rolos en su parte inferior. La compuerta se desliza dentro de una cámara construida en una de las paredes del dique.

***Ventajas:***

Abre y se cierra con rapidez.

***Desventajas:***

Las principales son
1- la construcción de una cámara especial en unas de las paredes laterales del dique, para que al deslizarse la compuerta, encaje dentro de ella.
2- El costo del mantenimiento de rolos y de los mecanismos que mueven la compuerta, es elevado.

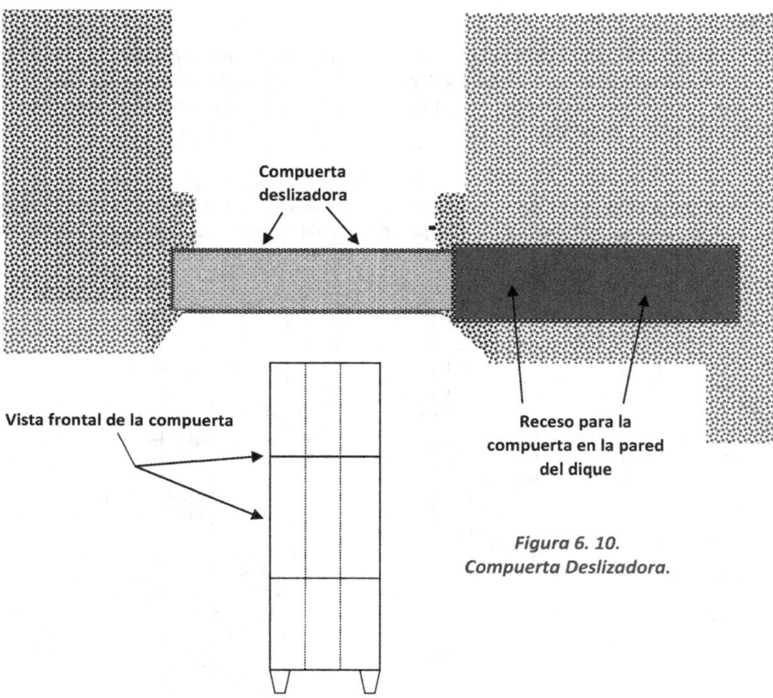


*Figura 6. 10. Compuerta Deslizadora.*

3- Es necesaria la extracción de la compuerta, fuera de la cámara, para tener acceso al mecanismo de deslizamiento dentro de ella. Esta operación es compleja y requiere de una planificación rigurosa y a largo plazo.

*3- Compuerta de Inglete.*

Consta de dos secciones que rotan sobre un eje vertical, apoyadas sobre un cojinete esférico en su esquina inferior y una bisagra en la parte superior, pegadas a la curvatura de las paredes laterales. Las paredes en contacto con el agua en el exterior están diseñadas con una curvatura y las de adentro, son planas. Se abren horizontalmente hacia fuera; y al cerrarse, forman un sello impermeable que impide el paso del agua de afuera. Los sellos pueden ser de madera dura o de planchas de acero maquinadas. Una prueba de la efectividad y rendimiento de este tipo de compuerta puede observarse en las esclusas del Canal de Panamá, y en el dique seco No. 1 de Balboa. En estructura, son similares a las compuertas flotantes porque están construidas como pontones flotantes. La flotabilidad que posee esta compuerta permite su traslado a las áreas de reparación. Para removerlas, deberá contarse con la ayuda de grúas de grandes capacidades de levantamiento para sacarlas de sus asientos, hacerlas girar horizontalmente y ponerlas a flote. En esta posición, las compuertas podrán ser remolcadas a un dique seco para su reparación.

***Ventajas:***

Es de operación rápida.

***Desventajas:***

1- La magnitud de la carga ejercida sobre las paredes es elevada
2- El mantenimiento del mecanismo de operación de las compuertas es costosa
3- Debe removerse totalmente de lugar, para su mantenimiento periódico.
4-Obra civil: Construcción de un receso especial, en las dos paredes cerca del busco, donde reposan las compuertas al abrirse.

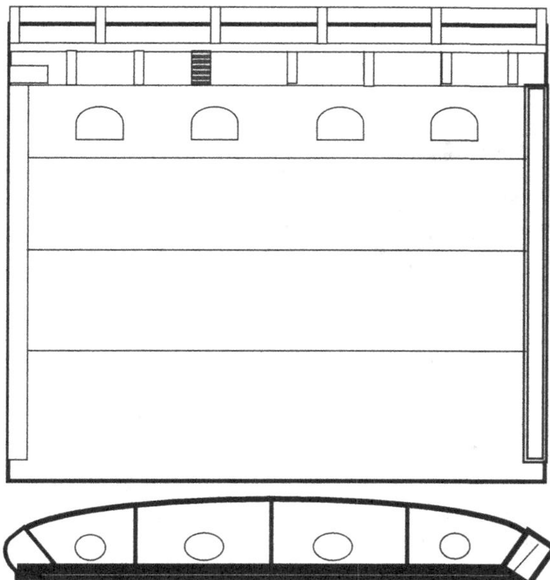

*Figura 6. 11.*
*Compuerta de Inglete (1 Hoja).*

*4- Compuertas de Chapaleta.*

Son de construcción rígida, en forma de caja, se conectan al fondo del busco de forma horizontal y se mueven hacia afuera y hacia abajo, rápidamente, con la ayuda de un cabrestante eléctrico, instalado a los lados del dique.

***Ventajas:***

1- No requieren construcción de recesos en las paredes.

2- Se aprovecha un área mayor en las paredes y se obtienen hasta 12 m. adicionales, en la longitud del dique. Los costos de construcción son menores.

***Desventajas:***

La deflexión, causada por la presión del agua, afecta a las esquinas inferiores de la compuerta, reduciendo la presión sobre el marco del dique. El empuje, por consiguiente, es hacia el centro superior, con una carga mayor concentrada en la parte superior y de menor concentración en la parte más baja y en las esquinas laterales. Este efecto permite escapes de agua, especialmente, en aquellas compuertas de construcciones ligeras.

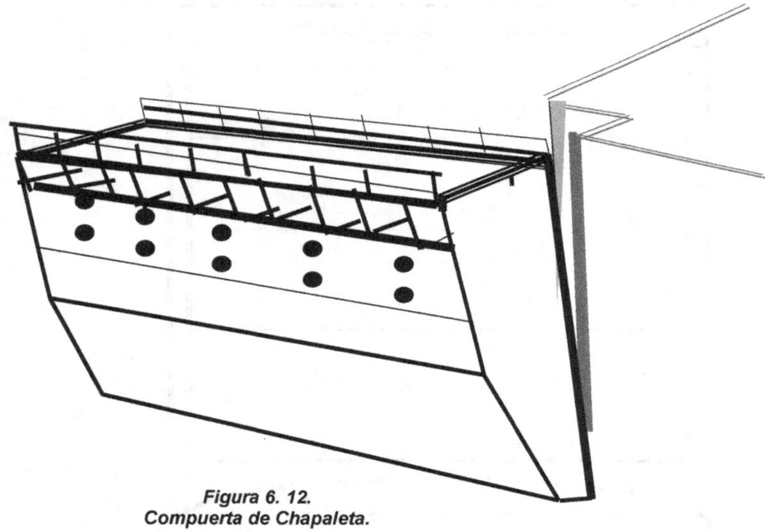

**Figura 6. 12.**
**Compuerta de Chapaleta.**

*5- Compuerta Intermedia.*

De acuerdo con los métodos modernos de fabricación de buques, los diseños de los diques secos son rectangulares. Algunos permiten la fabricación completa de un buque y el bloque de la popa del siguiente. En estos diques, es posible estar construyendo un buque nuevo, mientras se repara otro a la vez. Estas operaciones son posibles gracias a una compuerta interna, que divide al dique en dos secciones. Las compuertas intermedias pueden ser de tres clases:

Flotantes como el que se muestra en la Figura (A). Con rejillas y armadura forradas con planchas de acero como se observa en la Figura (B). Como una estructura armada como en la Figura

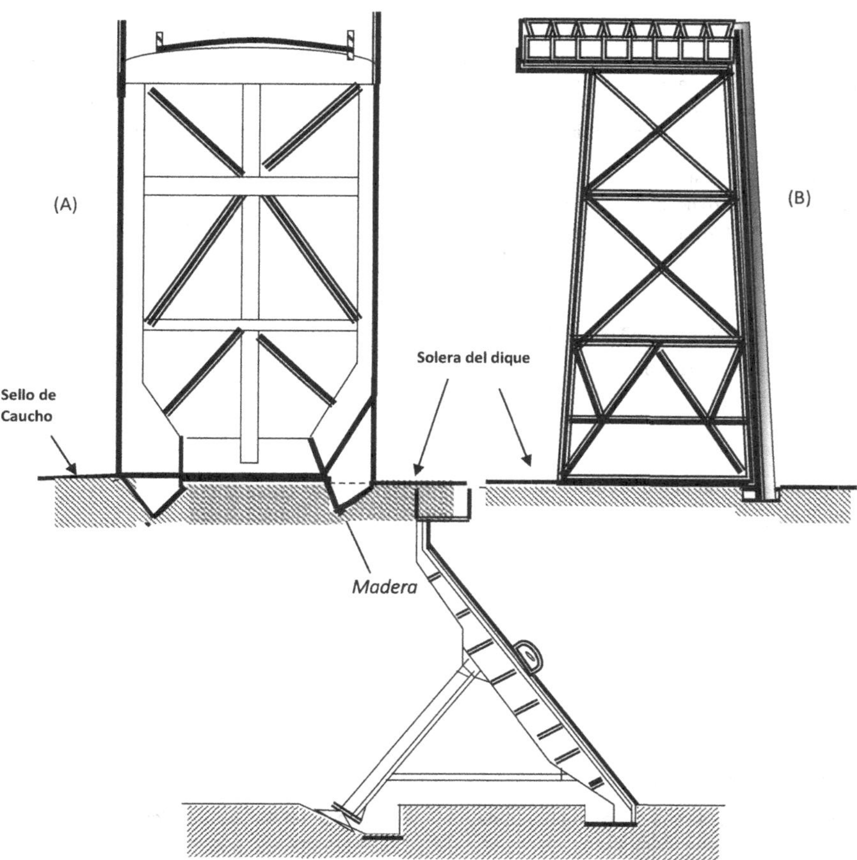


*Figura 6. 13.*
***Compuertas Intermedias A, B y C.***

La construcción dependerá del tráfico, que pasará encima de la compuerta. Otros factores contemplados son: el método utilizado para mantener estanca la compuerta, la estabilidad de todas sus partes y el peso de las componentes de la compuerta. Este debe mantenerse, bajo la capacidad de levantamiento de la grúa que le dará servicio al dique.

**6.9 Inundación y secado del dique.**

El dique permanece seco durante la reparación o la construcción de un nuevo buque, si se trabaja en la reparación de su estructura o se está en el proceso de fabricación de los apoyos para la varada de algún buque. La inundación siempre será controlada y debido a una operación de desvarada o a una varada. De una forma u otra, la entrada y salida de agua del dique no deberá ser nunca fuera de control del encargado. No debe haber turbulencias ni oleajes, cuando se permita la entrada de agua. Deben tomarse en consideración, los apoyos anclados en la solera. Resulta extremadamente importante que estas no se muevan, ni floten, durante la inundación, ni tampoco deben darse oleajes que golpeen al buque y tiendan a descontrolarlo dentro del dique. El tiempo de inundación resulta muy importante, especialmente en los casos de detenciones obligatorios de un buque accidentado, que requieren de una entrada rápida al dique para estar asentados sobre los apoyos, en un lapso mínimo.

**El sistema de Inundación consta de las siguientes secciones:**

1- Alcantarilla de entrada de agua.

2- Válvula de inundación.

3- Canal para inundación.

**El sistema para secar el dique consta de las siguientes secciones:**

1- Cámara de succión.

2- Tubería de succión.

3- Bombas

4- Turbinas de desagüe.

1- Alcantarilla de desagüe.

**6.10 Responsabilidades del operador de la sala de bombas.**

**A- Comunicaciones e Inspecciones.**

1- En ciertos diques, dada la sobrecarga causada por la operación de las bombas del dique seco sobre el sistema de distribución eléctrica, es menester notificar al despachador de energía de la compañía eléctrica del día y tiempo aproximado de la hora en que se efectuará la varada o la desvarada.

2- Inspeccionar y realizar tareas de lubricación de las compuertas y válvulas.

3- Realizar una prueba de funcionamiento de las bombas principales, probando cada ciclo supervisado por un electricista.

4- Inspección de cabrestantes.

**B- Inundación.**

Antes de inundar el dique, los mamparos deben ser levantados a la posición elevada (abiertas) y antes de accionar el acumulador, las válvulas de control de inundación deben estar en la posición cerrada, las válvulas de suministro de agua local abiertas y las válvulas principales del suministro de agua del acumulador también deben estar abiertas.

**C- Activación de Bombas.**

1- Antes de activar las bombas, deberá realizarse el siguiente procedimiento:

2- Verificar el nivel de agua del tanque de reserva.

3- Abrir las válvulas de entrada de agua en las bombas que se utilizarán.

4- Abrir las válvulas de descarga en las válvulas que se utilizarán.

5- Dejar media abierta la válvula de suministro de agua que llega al tanque de la ciudad.

6- Vigilar el nivel del agua en el tanque.

7- Activar el interruptor en el panel de controles.

Con el acumulador en la posición elevada, arrancar la bomba. El interruptor limitador automáticamente desactivará la bomba cuando la presión alcance 300 a 360 libras. Abrir las válvulas principales de succión de las bombas activadas y dejar abiertas las válvulas de inundación.

**D- Desagüe del Dique.**

1- Cerrar las válvulas de desagüe y las válvulas de suministro de agua.

2- Notificar al despachador de energía que se iniciarán las operaciones de desagüe.

3- Abrir las válvulas de desagüe de las bombas. Y activar las bombas principales según las instrucciones del Capitán de Diques.

4- Cuando el agua este bajo la solera, activar la bomba de drenaje.

5- Debe iniciarse el cierre de las válvulas de entrada de agua cuando el agua se encuentre a un pie, encima de la solera del dique. Dejar una bomba funcionando, para seguir achicando las alcantarillas.

6- Cerrar las bombas principales cuando esté totalmente descargada, cerrar las válvulas de descarga de la bomba principal, notificar al despachador de corriente, cerrar la bomba del acumulador, cerrar todas las válvulas de agua, cerrar las válvulas principales de suministro de agua.

7- Asegurar la bomba de drenaje cuando el nivel del agua llegue a 9.5 pies bajo el nivel del suelo.

8-Instalar los mamparos de seguridad para cada válvula de inundación.

***Figura 6.14.***
***Diques Secos de Carena. Astillero Lisnave Mitrena Portugal***
***Cortesía de H. Bandeira.***

Además de las bombas principales, también están las auxiliares para el achique del agua acumulada por lluvias o por filtraciones y las bombas proveedoras de agua para el sistema contra incendio. Los diques con sistema de drenaje en el subsuelo tienen instalado un sistema especial para descargar la acumulación de la presión freática. Se puede apreciar un ejemplo del mecanismo de control de entrada de agua de un dique de carena en la Figura 6.15.

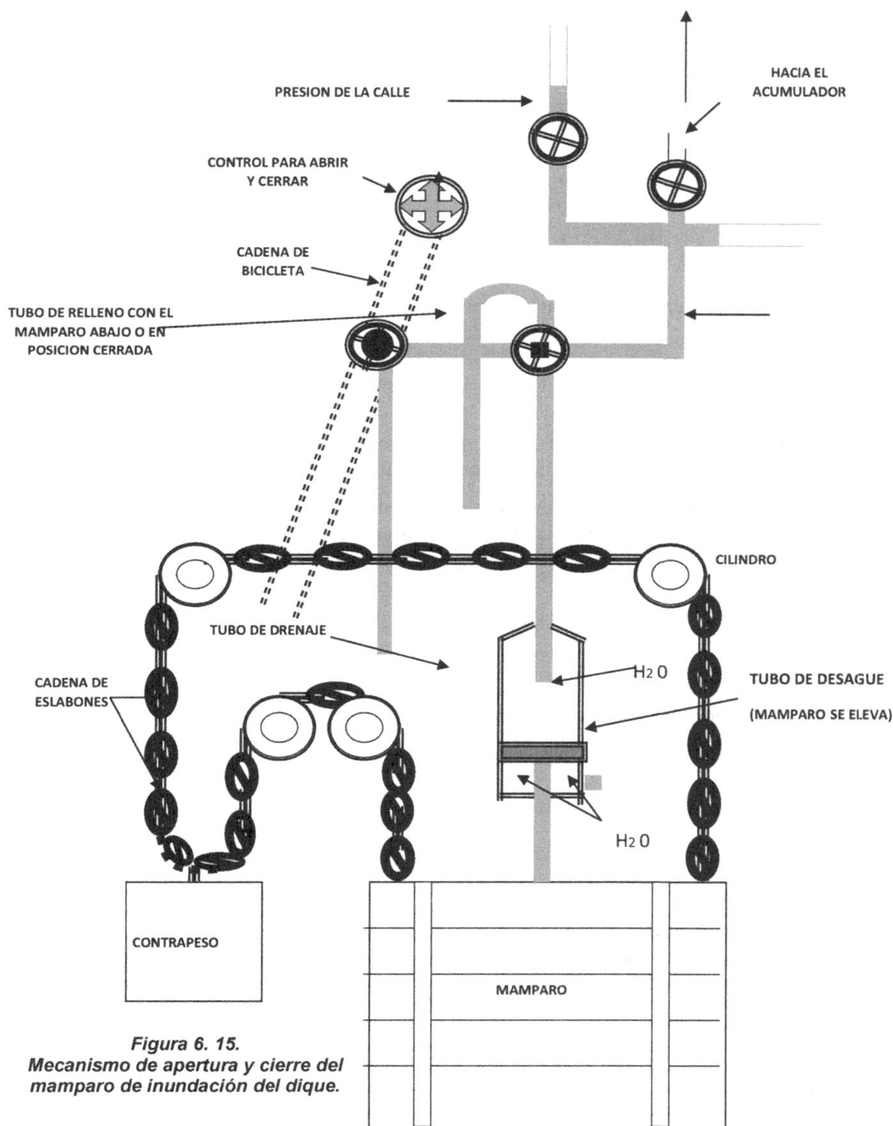


*Figura 6. 15.*
*Mecanismo de apertura y cierre del mamparo de inundación del dique.*

### 6.11 Principales ventajas y desventajas de los Diques de Carena.

Tal como lo mencionamos al principio, este tipo de dique posee una estructura adaptable a la construcción y a la reparación de grandes buques. Disponen de grúas pórticos de gran capacidad de izamiento, respaldados por grúas cigüeñas para las maniobras en las operaciones de montajes de los distintos módulos durante el ensamble del buque.[59] En los diques dedicados únicamente a las reparaciones, son los únicos capaces de varar los gigantescos buques modernos para sus reconocimientos de rigor.

**Ventajas:**

1- La estructura principal requiere poco mantenimiento.

2- Son duraderos.

3- No existen limitaciones en cuanto a tamaño. Sus dimensiones dependen directamente de las necesidades de la industria naviera.

4- Reducción del problema de estabilidad, al considerarse solamente la estabilidad del buque y no se requieren planes de bombeo como en el caso de los diques flotantes.

5- Los grandes diques pueden ser equipados con paredes intermedias movibles, que permiten varias operaciones a la vez, tales como la construcción de un buque en una sección mientras que se repara otro buque en la otra.

**Desventajas:**

1- Los costos iniciales son elevados.

2- La estructura no es movible, dificultando la venta o financiamiento.

3- Es difícil el transporte de materiales y mano de obra dentro y fuera del dique.

4- Ventilación e iluminación pobre.

5- Su operación es lenta.

### 6.12 Diques Hidro-Levadizos.

Son diques secos construidos con las soleras por encima del nivel del mar, con una dársena intermedia entre las aguas del exterior y los diques. Los buques hacen su entrada a la dársena para luego ser trasladados al dique y después que la elevación del nivel de agua en la dársena empareje la del dique.

---

[59] González López, Primitivo B. Técnicas de Construcción Naval Universidade da Coruña Servicio de Publicacions 2000. Página 200, 201.

**6.12.1 Reseña histórica.**

En 1826, el constructor de diques Caldwell, diseñó un dique con esclusas, la cual fue una idea genial y brillante para ese periodo. Este diseño de dique antecede a los diques Hidro- levadizo de hoy.

El dique Caldwell consistía en dos dársenas separadas por sendas compuertas, en dos niveles y cuya longitud combinada, era equivalente a la dimensión total del dique. La dársena del nivel inferior estaba separada del agua del exterior por una compuerta. En la cabeza de la dársena superior estaba colocada un tanque con un volumen capaz de llenar ambas dársenas, que le suministraba agua a las dársenas por medio de una tubería. (Vea la Figura 6.17)

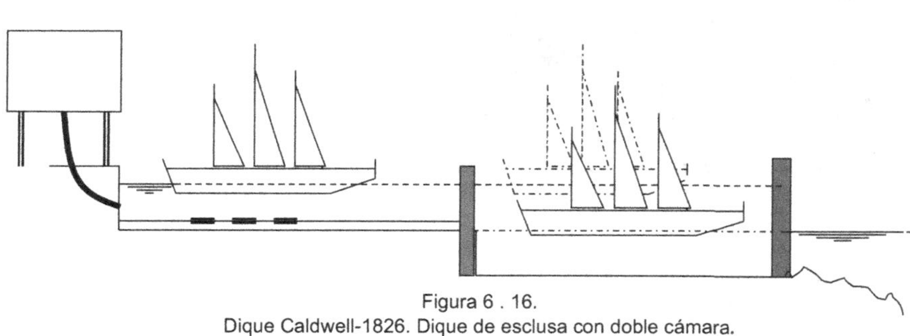

Figura 6 . 16.
Dique Caldwell-1826. Dique de esclusa con doble cámara.

Las compuertas de la dársena inferior se abrían y se permitía la entrada del buque a la dársena y luego se cerraba la compuerta externa. Colocado convenientemente el buque en la dársena inferior, empezaba la inundación de ambas dársenas con el agua proveniente del tanque. Después se esperaba la nivelación del agua en ambas dársenas, se abrían las compuertas de la dársena superior, se remolca el buque hacia el recinto, colocada en posición sobre sus picaderos, se achica la dársena, hasta quedar varado sobre ellas.[60]

6.12.2 Operación de un Dique Hidro-Levadizo Moderno.

En enero de 1999, la compañía Listnave de Portugal, inició en el astillero de Mitrena, la construcción de tres diques tamaño Panamax con sus soleras construidas a nivel de suelo, con una mínima inclinación.

[60] Mazurkiewics, B. K. Design and Construction Of Dry-docks. Gulf Publishing Company Houston, Texas, U. S. A. 1981 Pags. 27 - 28

***Figura 6. 17.***
***Vista aérea de los Diques Hidro-Levadizos Lisnave Astillero Mitrena Portugal.***

La leve inclinación, permite el rápido desagüe del dique, después de la desvarada del buque, canalizando el flujo de toda el agua contaminada, hacia una planta especializada para el tratamiento de contaminantes localizada a corta distancia del dique.

El acceso a los tres diques se hace a través de una dársena localizada frente a las puertas de entrada de los diques. Los tres diques y la dársena constituyen el sistema hidro-levadizo. Los diques se encuentran junto al río Sado, en Setúbal, 50 Km. al Sur de Lisboa. El buque navega por el rio hasta llegar a la entrada de la dársena y una vez dentro de ella, es remolcada hacia la entrada del dique en que será varada. Al abrirse la compuerta externa de la dársena que lo separa del rio, el buque es remolcado dentro de la dársena, mediante cables accionados por chigres hidráulicos instaladas en las paredes laterales, dispuestas estratégicamente para controlar el movimiento del buque. Se eleva el nivel del agua dentro de la dársena y dentro del dique. La inundación continúa hasta alcanzar el nivel que permita la entrada del buque. La elevación del nivel de agua en la dársena y en el dique, se realiza con cuatro bombas Alston de 50000m3/h. Estas elevan el nivel del agua a una altura de 5m, aproximadamente, el nivel adecuado para la apertura de las compuertas del dique. Seguidamente, se remolca el buque al dique, jalados por cables accionados por cabrestantes, hasta alinearla sobre los picaderos.

Después de cerradas las compuertas, la dársena y el dique se achican por gravedad hasta quedar asentada la quilla y el pantoque, sobre los picaderos, continuándose el achique del dique hasta quedar completamente seco el recinto. El tiempo de desagüe de uno de los diques, y la dársena exterior es de aproximadamente, 2 horas y 30 minutos. Demora aproximadamente 8 minutos levantar o bajar la compuerta de la esclusa en el exterior y las compuertas de cada dique aproximadamente 6 minutos. Los chigres demoran 3 horas y 30 minutos para completar el ciclo de la operación de varada. Los diques se encuentran dispuestos en forma paralela, uno junto al otro, con la ventaja de que pueden ser operados individualmente, sin interrumpir las actividades que se efectúan dentro de los otros. Torres de servicio especialmente diseñadas, proveen gases, agua potable, electricidad, aire comprimido y otros servicios necesarios que incluyen, el acceso de hombres y materiales a los buques.

***Figura 6. 18.***
***Remolcador tipo tractor en el Dique seco de Monte Esperanza.***

**Ventajas:**

Una significativa ventaja en este tipo de diques: es la minimización de los costos por las excavaciones, requeridas para la construcción de soleras y paredes bajo el nivel del agua y la reducción de las presiones freáticas. Los tres diques de Lisnave, tienen sus soleras construidas por encima del nivel del agua, lo cual coloca los apoyos del buque sobre la superficie del suelo.

**Desventajas:**

Los costos iniciales son elevados, por la complejidad de la ingeniería de las instalaciones, aunado a las instalaciones de múltiples bombas y alcantarillas y el sistema novedoso de cables y cabrestantes para el remolque y traslado de los buques de la dársena a los diques y viceversa.

**6.13 Gradas - Diques de Carena.**

Como lo muestra la Figura, la grada está construida paralela y horizontalmente a un dique de carena. El dique posee un buque puerta y en la grada, en un plano superior al dique, otro buque puerta que mantiene cerrado todo el recinto que contiene la grada y el dique.

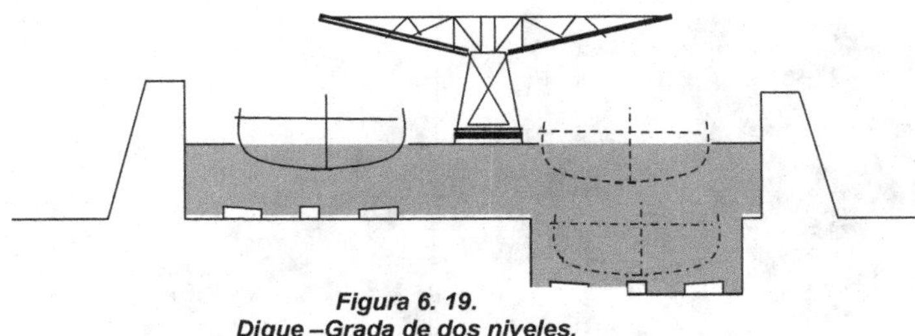

***Figura 6. 19.***
***Dique –Grada de dos niveles.***

Al terminar de construirse un casco en las gradas, se inunda toda la cámara y se traslada el casco sobre la vertical del dique, se abre la compuerta superior y luego se achica el recinto hasta que el nivel de agua permita abrir la puerta inferior para retirar el buque del dique.

**6.14 Dique de Carena modificado para funcionar con Barcaza y Carros Transportadores.**

Son estructuras existentes modificadas para permitirle el acceso de carros transportadores especiales que transportan los ensambles estancos de submarinos hacia una barcaza que es varada y dejada bajo el agua mientras desvara el submarino. Modificación muy exitosa realizada por el astillero "Electric Boat" en Groton Connecticut, Estados Unidos para la construcción de submarinos atómicos. Consiste en cinco secciones:

1- Dique de carena de dos compuertas. Posee una compuerta interna permite llenar el dique por medio de bombas especiales, por encima del nivel normal del agua en el exterior.

2- Barcazas modificadas para varar sobre la cubierta, los submarinos que vienen de la planta de ensamble para luego ser desvaradas del dique.

3- Sistema de carros, para la transferencia lateral de módulos y de submarinos ensamblados. Cada carro pesa 5.25 toneladas y puede levantar como máximo, 250 toneladas. Se mueven por control remoto por un solo operador, a una velocidad de 2 pies por minuto. Pueden ser trasladadas como una sola unidad o cada carro, en secuencia, individualmente. Los carros poseen la capacidad de moverse: axial, vertical y horizontalmente. También pueden rolar, guiñar y cabecear.

4- Largueros o trancas reforzadas transversales (Conocidas en el idioma inglés como "strongbacks") que se colocan sobre los carros de transferencia lateral. Sobre ellas, se construyen las camas donde descansará el submarino.

El ensamble de los módulos de los submarinos se realiza bajo techo en la planta de ensamble. Cuando el submarino sale de la planta, es trasladado a la barcaza para su botadura en el dique de carena. El dique de carena tiene capacidad para varar dos submarinos, uno al lado del otro. Sus dimensiones son: 617 pies de longitud, 90 pies de ancho y la profundidad sobre el busco es de 36 pies con 7 pulgadas. Para apoyar los soportes especiales de la barcaza, se instalaron pilastras verticales en fila, a lo largo de las paredes laterales del dique seco espaciadas cada 5 pies. El dique posee una compuerta adicional en la entrada, con dos bombas instaladas dentro de la compuerta para inundar el dique por encima del nivel normal.

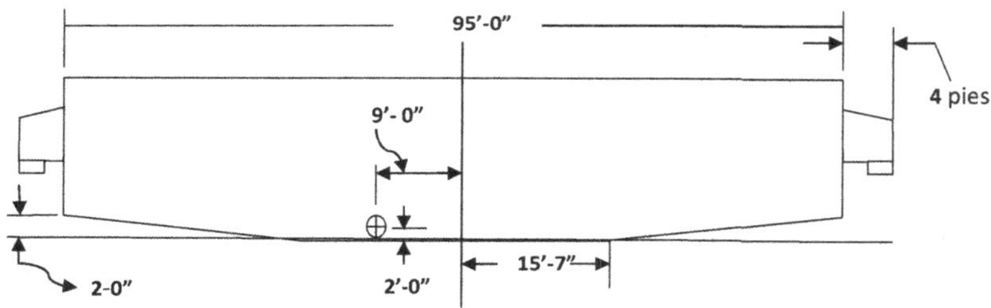


***Figura 6 . 20.***
***Vista transversal de la barcaza transportadora.***

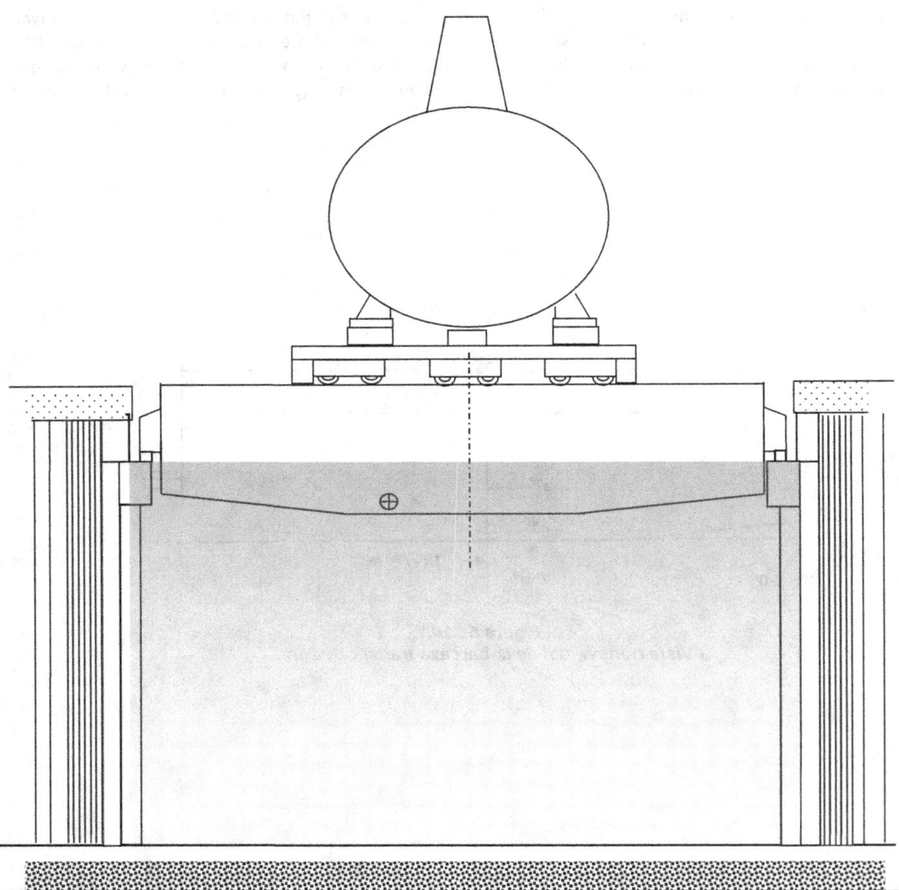

***Figura 6.21.***
***Submarino sobre la barcaza suspendida en las pilastras del dique.***

Con la inundación del dique, la barcaza se eleva y se colocan soportes laterales, sobre las pilastras. La elevación adicional se obtiene, con activación de unas bombas especiales. Las bombas proveen el agua adicional necesaria para llegar a la altura adecuada que permita la colocación de los soportes de la barcaza sobre las pilastras laterales del dique. Una vez se encuentre la barcaza en posición, se achica el dique brevemente otro tanto, para afianzar los soportes sobre las pilastras. El paso siguiente es el traslado del submarino a la barcaza. Las bombas vuelven a activarse para suministrar más agua a la cámara, esta vez para levantar la barcaza junto al submarino y librarlas de los soportes. Al quedar libre de las pilastras, la barcaza se coloca en una posición donde pueda descender libremente hasta quedar asentada sobre los picaderos en la solera del dique.

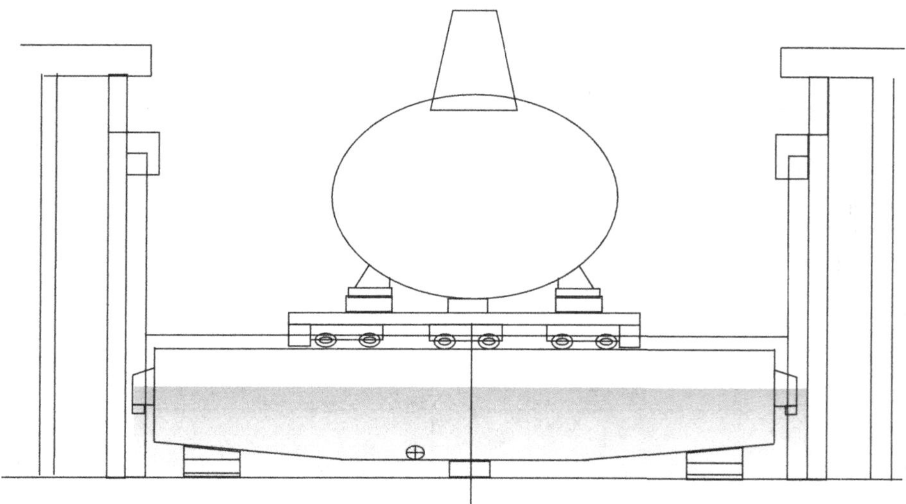

***Figura 6. 22.***
***Barcaza varada sobre la cama en el dique.***

Seguidamente se abren las escotillas de los tanques de lastre de la barcaza para inundarlas. Con los tanques llenos, la barcaza se mantiene inmóvil bajo el agua sobre los picaderos mientras el submarino despega de su cama quedando a flote en el dique. Posteriormente se abren las compuertas de la entrada del dique y el submarino se remolca hasta los muelles de construcción.[61]

6. Ibid

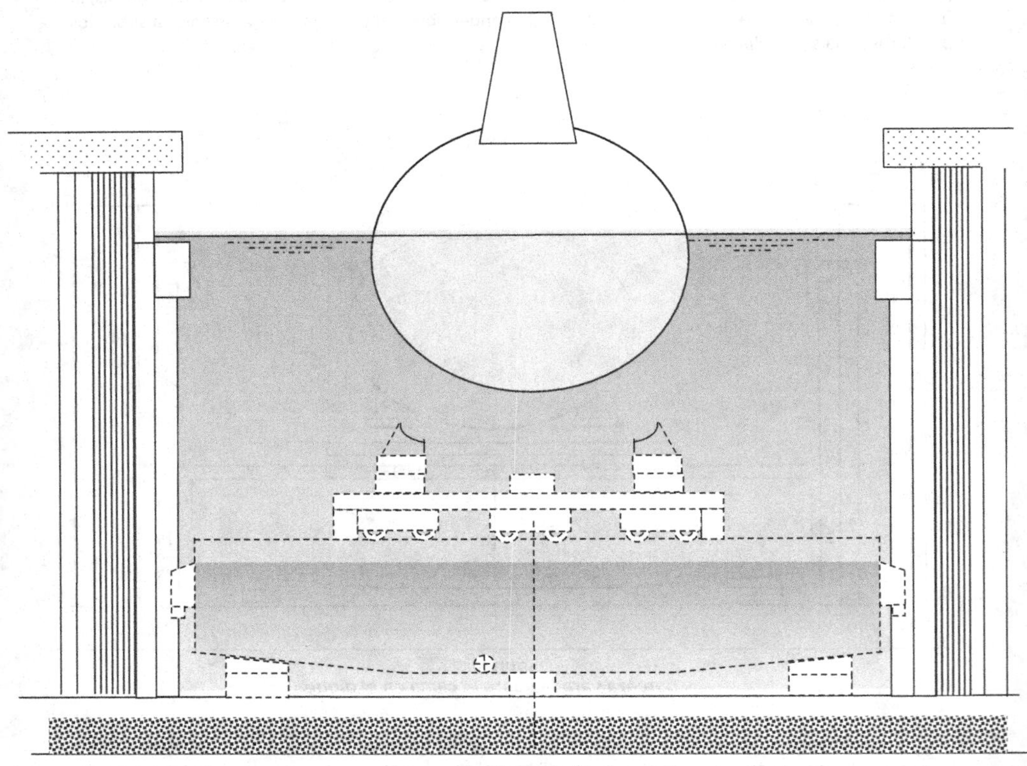

***Figura 6. 23.***
***La barcaza permanece en el fondo.***

## 6.15 Resumen

Hemos concluido nuestro estudio de los principales diques que aprovechan la fuerza del empuje del agua para poner al buque en seco. Estos diques dársenas, presentan márgenes económicos ventajosos y mensurables, que, relacionados con su estructura, superan en comparación a otros tipos de diques. Los costos iniciales de construcción son elevados, pero recuperables a largo plazo, por la durabilidad de la estructura y el mantenimiento, que se reduce a la limpieza de las alcantarillas y el mantenimiento periódico de las bombas y compuertas. Una ventaja adicional que podemos mencionar es la relativa comodidad del personal, para realizar las labores durante la maniobra de entrada y salida del buque, debido al amplio espacio geométrico en derredor de estos diques. Un notable y significativo paliativo, que logra aminorar los tropiezos propios de la operación, son los diques que poseen instalaciones de troles que corren longitudinalmente por sus paredes, y que cuya función, es llevar los cabos que mantienen centrado la embarcación dentro del dique. Proveen un mayor control de la embarcación y reducen el esfuerzo físico del personal en la maniobra, eliminando riesgos significativos en el manejo de los cabos.

Contribuye a una reducción significativa del número de personas y del tiempo operacional. Creímos prudente hacer una presentación de los diques hidro-levadizos en este capítulo por ser este un dique dársena muy especial por sus soleras construidas sobre la superficie del terreno y además, poder comparar las ventajas y desventajas de operar este novedoso tipo de dique. Hemos mencionado ahorros en el mantenimiento y la reducción del problema de las aguas freáticas, que constantemente ejercen presiones contra las estructuras del dique. Esta reducción se ha logrado en este tipo de dique, como ya mencionamos, por la construcción de la solera por encima del suelo. Sin embargo, el control de la nave en su recorrido de la dársena hasta el dique es más complejo, por tratarse de un recorrido mayor y en un espacio más amplio. Se impone la necesidad de equipos especiales y de adiestramientos especiales para el personal para la operación de este tipo de dique.

## 6.16 Preguntas de Repaso.

1-Describa el sistema hidro-levadizo.

2- Mencione dos ventajas importantes de este sistema.

3- Calcule el volumen de agua que se tendrá que bombear de un dique cuyas características son: Eslora efectiva = 285 metros, ancho promedio = 28.00 metros, profundidad en el busco = 14.9 metros.

4- Mencione los tipos de compuertas utilizados en los diques de carena.

5- Clasifique los diques de carena según su estructura.

6- Compare la construcción de las soleras entre el dique hidro-elevadizo y el dique de carena con la solera excavada.

7- ¿Cuáles son las partes principales del sistema de botadura de submarinos nucleares ideado por Electric Boat?

9- ¿Cuál es la fórmula para calcular el factor de capacidad para un dique de carena?

**Bibliografía**

1- Dockmaster Training Seminar Lecture Notes. Heger Dry Dock Inc. 2004.

2- González López, Primitivo B. Técnicas de Construcción Naval Universidade da Coruña Servicio de Publicacions 2000.

3- Mazurkiewics, B. K. Design and Construction of Dry Docks. Gulf Publishing Company Houston, Texas, U. S. A. 1981.

4- Dm Consulting, Basic Dry Dock Training San Diego CA 2004.

5- The Society of Naval Architects and Marine Engineers, Journal of Ship Productions Volume Number 3 (ISBN 8756 – 1417) August 1986.

6- Sean Davies, "Electric Boat Land Level Submarine Construction Facility". Disertación Presentada en la Conferencia de Diques Secos de 2007.

## CAPITULO 7
## DIQUES FLOTANTES

*Figura 7. 1*
***Varada en un Dique Flotante. Astillero Bay Ship & Yacht. Alameda, CA.***

### 7.1 Introducción.

El dique flotante ocupa el segundo lugar dentro de la clasificación de diques, que aprovechan la fuerza de empuje del agua para varar y desvarar embarcaciones en sus recintos. En el capítulo anterior estudiamos la estructura y funcionamiento de los diques de carena, los cambios acaecidos en la industria naviera de la construcción de buques y su relación con el engrandecimiento de estos diques, capaces de albergar buques de grandes calados y permitir, además, su construcción dentro de su recinto. En este séptimo capítulo analizaremos la estructura y funcionamiento de los diques flotantes. El dique flotante es también, el único dique que puede ser trasladado a cualquier océano para cualquier buque que necesite ser varado. La única condición que se impone es que el agua en que navegue posea la profundidad suficiente para obtener el francobordo designado para la varada del buque y que posea la capacidad de levantamiento para dicho buque. En este capítulo haremos un estudio de este tipo de dique, de sus características generales y de sus restricciones importantes, principalmente las que limitan su capacidad para varar con seguridad una embarcación. Intentaremos comparar sus ventajas y desventajas frente a otros tipos de diques, y evaluar las diferencias fundamentales que sobresalgan especialmente, las que se relacionan a su estructura y los elementos mecánicos que controlan su funcionamiento. Confiamos en que después de leer este capítulo, el lector estará mejor instruido sobre este tipo de dique y con estos nuevos conocimientos podrá:

- Comprender como funciona un dique flotante.
- Comparar la estructura del dique flotante con otros tipos de diques secos.
- Definir las etapas críticas de la varada en este tipo de dique.
- Tener una idea general de los límites generales de este tipo de diques.
- Entender el porqué de los peligros por tener superficies libres en los tanques de lastre del dique.
- Saber analizar las cargas y momentos que afectan la estructura del dique.

**7.2 Una Breve Historia.**

Se cree que el primer dique flotante fue puesto en operación en 1700, en Rusia, durante el reinado del Zar, Pedro el Grande. Según cuentan los historiadores, uno de los buques anclado en la costa del mar Báltico necesitó de una urgente reparación y que su capitán decidió comprar una vieja barcaza, removió su interior y le acomodó una compuerta en un extremo y dejando abierta la compuerta llenó de agua la barcaza. Luego, introdujo el buque dentro de la barcaza, cerró la compuerta y achicó el agua del interior de la barcaza para poder realizar la reparación. Otro evento parecido lo realizó Christopher Watson en 1785, inventor, que obtuvo una patente para operar una estructura parecida a un dique flotante. En Estados Unidos se construyó el primer dique flotante en Portsmouth, New Hampshire en 1852. Fue construido con madera, sus dimensiones principales fueron: 350 pies de eslora y de manga 105 pies, 4 pulgadas y con paredes laterales de 36 pies de alto. Otro dique flotante, tipo seccional se construyó en Philadelphia en 1851. En aquel tiempo, las máquinas de vapor para accionar las bombas ya se usaban para el achique del dique. En la costa oeste de los Estados Unidos se ensambló el primer dique flotante y fue puesto en operación en 1854[62]. Durante la segunda guerra mundial, estos diques demostraron su versatilidad, por tener la capacidad de ser remolcados al lugar donde se encontrase el buque averiado. En ocasiones debido a la premura de la situación, la reparación se llevaba a cabo en pleno océano.

Muchos eran construidos en secciones, transportadas al lugar de operación y luego ensamblados para acomodar los buques más grandes que tuviese la flota. Datos publicados en el libro de Norman Polmar "The Naval Institute Guide to the Ships and Aircraft of the US Fleet, 18th Edition", sobre los buques construidos por la marina de los EEUU durante la segunda guerra mundial, asegura que a partir de los años 1940, se construyeron diques tipo ABSD, que también fueron llamados los AFDB. Eran de 10 secciones con capacidades de 90,000 toneladas y también, diques tipo AFDM de tres piezas de 14,000 a más de 18,000 toneladas. Algunos de estos diques todavía prestan servicio alrededor del mundo en distintos astilleros. En la Figura 6.1 podemos apreciar un dique flotante HMB-1, fabricado por la marina estadounidense con techo retractable, el cual permite mejor control en la aplicación de pinturas, para la protección que brinda el techado contra las variaciones del clima y a la vez minimiza la contaminación del medio ambiente. Recientemente fue inaugurado en el Astillero Vigor Industrial, en Portland, Oregon EUA, un dique flotante para buques de gran calado, bautizado con el nombre "The Vigorous". Posee una capacidad de levante de 80,000 toneladas largas, eslora de 293 metros y manga de 57 metros. Demora

[62] Hepburn, Richard D. History of American Dry docks. Noesis, Inc.4100 Fairfax Drive Suite 800 Arlington Virginia 2203-1663. Página 39

2.5 horas en dejar en seco su plataforma de varada. Se cree que es el dique flotante más grande de Norte América.[63]

**7.3 Partes principales de un dique flotante.**

Sus estructuras constan de dos partes principales:

1- Pontones

2- Muros laterales.

7.3.1 Pontones.

Proveen la capacidad de levante al dique, desplazando el peso del buque y el peso del dique en su totalidad. Los pontones distribuyen la carga concentrada del buque, a lo largo del centro del dique por el efecto del empuje uniforme de la presión hidrostática. Poseen grandes tanques de lastre que permiten el hundimiento del dique, para que entre el buque y se sitúe sobre la plataforma de varada, y luego se bombea el lastre de manera centrada, para sacar fuera del agua la embarcación hasta dejar en seco la plataforma. Para levantar al buque, sin imponer esfuerzos excesivos sobre el dique o causar una escora o adrizado, la fuerza de empuje que se produce al remover el lastre, ocasiona una fuerza igual y opuesta a la distribución del peso del barco y su centro de gravedad. La magnitud de la fuerza de empuje que pasa por el centro de carena debe ser igual a la magnitud de la fuerza distribuida sobre los picaderos, que pasa por el centro de gravedad de la embarcación

**7.3.2 Muros Laterales.**

Los muros laterales forman la estructura longitudinal que provee la estabilidad cuando se sumergen los pontones. Además, contribuye grandemente a la resistencia longitudinal necesaria para la distribución del peso irregular del buque, en oposición a la fuerza uniforme de empuje que la soporta.

---

[63] De la Revista "Marine Log", February 2015 Página 21.

*Figura 7. 2*
*Dique flotante Astillero Bay Ship & Yacht. Alameda CA.*

## 7.4 Tipos de Diques Flotantes.

Pueden agruparse por su diseño en tres clases principales.

1- Diques de Pontones o "Rennie"

2- Diques de Cajón o de una sola pieza.

3- Diques Seccionados.

### 7.4.1 Diques de Pontones o "Rennie"

Sus paredes laterales son estructuras continuas no seccionadas mientras que los pontones son secciones independientes y removibles, que permiten varar cada sección de pontón a la vez, para su mantenimiento, separándolos uno de otro. Estos diques dependen de sus paredes rígidas para controlar la flexión de la estructura.

**DIQUE CON PONTONES TIPO "RENNIE"**

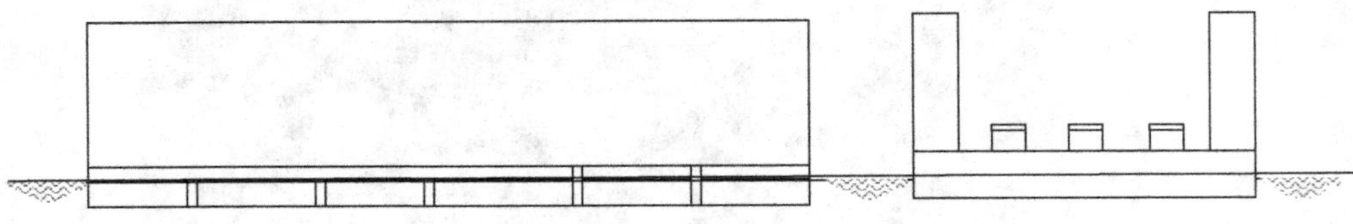

***Figura 7. 3.***
***Dique tipo Rennie.***

### 7.4.2 Diques cajón

Están construidos como una sola pieza, con portones y paredes continuas. Son más livianos que los otros y más resistentes a la flexión longitudinal. No puede ser auto varado, como el tipo Rennie.

**DIQUE TIPO "CAJÓN"**

***Figura 7. 4.***
***Dique tipo Cajón.***

### 7.4.3 Diques seccionados.

Se construyen en secciones. Sus pontones y paredes están unidos por planchas en la parte superior e inferior de las paredes. Su funcionamiento es similar al dique de cajón con la excepción de que sus secciones pueden ser auto varadas.

**DIQUE FLOTANTE UNIDOS EN SECCIONES**

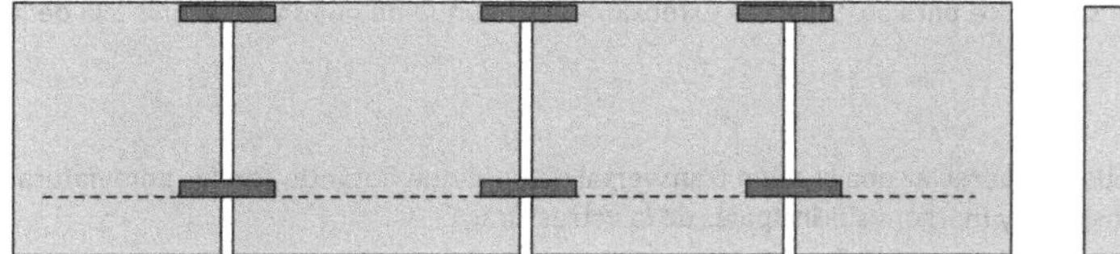

*Figura 7. 5*
*Dique Seccionado.*

## 7.5 Materiales de Construcción.

Entre los primeros diques que se construyeron, fueron hechos con madera. Gradualmente, el acero fue reemplazando a la madera, como material preferido para la construcción de diques. También se han hecho algunos de concreto; aunque la inconveniencia de este diseño ha sido el peso de la estructura; su construcción tiene que ser masiva, para obtener una adecuada fuerza de empuje.

## 7.6 Limitaciones.

Existen varias limitaciones importantes que son las que deciden si una embarcación puede ser varada o no, en un determinado dique flotante.

**A. Las principales son las cuatro limitaciones básicas de diseño[64]:**

1- Limitaciones por las características físicas del buque que será varado

2- Limitaciones por la fuerza de la misma estructura del dique

3- Limitaciones por la fuerza de empuje que pueda desarrollar el dique.

4- Limitación operacional basada en la altura metacéntrica del dique, durante la varada de un buque en la fase crítica de mínima estabilidad

**B- Las otras se deben a factores pertinentes al mismo dique tales como:**

1- Longitud de la línea de picaderos o picaderos de quilla

2- Peso del dique.

3- Márgenes adecuados entre las paredes del barco y las paredes del dique (un mínimo de 2 pies entre las paredes laterales y el buque $B_C$, $B_i$). Véase la Figura 7.5.

---

[64] Wasalasky, Robert G. *Safety Of Floating Dry docks In Accordance With Mil-Std-1625a* Naval Engineers Journal, October 1982

4- Profundidad de agua adecuada sobre los picaderos, al sumergirse el dique al francobordo permitido. Debe mantenerse un espacio de 2 pies como mínimo entre la quilla y la superficie de los picaderos. Véase la Figura 6.5.

5- Resistencia estructural suficiente para sostener las extensiones del buque de popa y proa más allá de la línea de picadero.

En la Figura 7.5 podemos apreciar una sección transversal de un dique flotante, con las abreviaturas que designan las dimensiones y márgenes principales de la estructura.

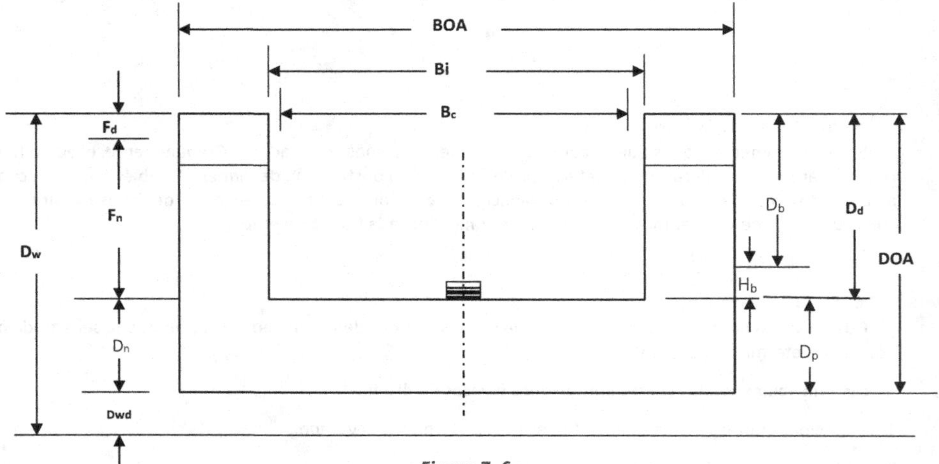


*Figura 7. 6.*
*Dimensiones principales de un Dique Flotante.*

**Definiciones y abreviaturas para las dimensiones principales del dique flotante:**

LOA, ET = eslora total.

LBP, EP = eslora entre perpendiculares

$H_b$ = Altura del picadero de la quilla

$L_k$, $L_q$ = longitud de la línea de picaderos de quilla.

BOA, $M_t$ = manga total.

$B_i$ = manga entre paredes.

$B_c$ = manga entre paredes (con holgura)

DOA = Profundidad total del dique.

$D_p$ = profundidad de los pontones

$D_d$ = Profundidad de la solera a la cubierta de la pared lateral

$D_b$ = Profundidad del francobordo hasta la superficie de los picaderos de quilla.

$D_n$ = Máximo calado permitido al francobordo.

$D_l$ = Calado del dique en rosca.

$D_w$ = Profundidad limítrofe del agua circundante.

$D_{wd}$ = Profundidad del agua circundante al fondo del dique

$F_d$ = francobordo de la cubierta de la pared lateral del dique sumergido a máxima profundidad.

$F_n$ = francobordo de la cubierta de los pontones a la capacidad de levantamiento.

Los diques de acero pesan alrededor de 35 % de su capacidad de levantamiento. Un dique de 10,000 toneladas de capacidad pesará 3,500 toneladas. Los diques de concreto pesan tres veces su capacidad de empuje. Un dique de 10,000 toneladas de capacidad pesa 30,000 toneladas. Un dique de madera pesa 70 % de su capacidad de levantamiento. Un dique de madera de 10,000 toneladas, pesa 7,000 toneladas. La **curva de los límites de flotabilidad** que apreciamos en la Figura 9.6, nos muestra los límites de capacidad de izamiento, donde se comparan los centros de carena de la embarcación con los de carena de los tanques de lastre.

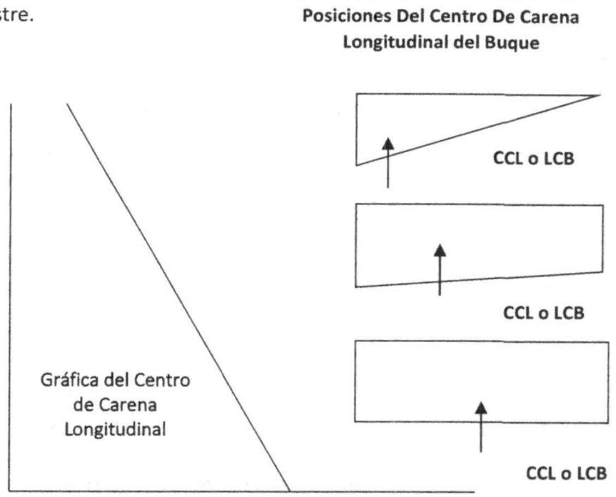

*Figura 7. 7.*
*Capacidad de Izamiento.*

### 7.6.1 Límites de resistencia local.

Son limitaciones estructurales del dique flotante, ocasionadas por la distribución de la carga longitudinal del barco sobre la línea de picaderos y por las cargas diferenciales, causadas por los volúmenes de agua contra los mamparos estancos, que separan los tanques de lastre y dividen las secciones entre pontones. El diseño de la estructura del dique seco está limitado a la condición de cero esfuerzos, asumiendo que la técnica utilizada para el movimiento del lastre sea la apropiada. De esta manera la capacidad de levantamiento lindará los límites de resistencia localizada con los límites de la resistencia longitudinal actuando esta como factor de seguridad, durante la evolución de una varada.

Esta resistencia local es importante y debe soportar las fuertes condiciones de carga causadas por la presión hidrostática sobre el casco y los mamparos internos que son las paredes que dividen a los pontones en compartimientos, las cargas sobre la cubierta de los pontones, causadas por el movimiento de vehículos, las cargas sobre la cubierta superior de las paredes, ocasionadas por las ruedas de las grúas y las cargas por el movimiento de las amarras y por el hielo en el invierno, si se opera en este tipo de clima.

### 7.6.2 Límites de resistencia longitudinal.

Se expresan por el módulo de resistencia seccional de la estructura y por sus límites de flexión. La resistencia longitudinal, no sería un requerimiento si se pudiera deslastrar y lograr un empuje exactamente opuesto a la carga ocasionada por el buque. En el escenario real, el peso del buque nunca es uniforme, ni la línea de picaderos tampoco guarda una relación exacta, con las distancias entre los mamparos del dique, causando una fuerza de empuje, que pocas veces iguala el peso que lleva directamente encima, ocasionando que se aplique la fuerza, fuera de la fila de picaderos de la quilla.

El resultado es una generación de esfuerzos de flexión que el dique debe resistir longitudinalmente. En la Figura 6.7 se describe gráficamente la aplicación de los reglamentos de La sociedad clasificadora, Lloyd, para la resistencia longitudinal de diques flotantes. Las reglas expresan lo siguiente: la resistencia longitudinal se debe calcular para responder a las condiciones relativas a un buque de longitud (Ls) apoyada sobre picaderos de quilla, con la media longitud del barco sobre la media longitud del dique y que el nivel del lastre sea constante en toda la longitud (Ld) del dique.

La eslora entre perpendiculares del buque más corto (Ls), define un desplazamiento igual a la capacidad de levantamiento del dique. Se asume que la longitud (Ls) sea 0.8 de la longitud (Ld) del dique para capacidades menores de 40,000 toneladas de levantamiento. Un método práctico para mantener una resistencia adecuada a las flexiones es el de limitar el empuje de cada compartimiento a la magnitud de la carga directamente sobre él y nunca vaciar totalmente los compartimientos. Es peligroso vaciar totalmente compartimientos que estén parcial o totalmente llenos.

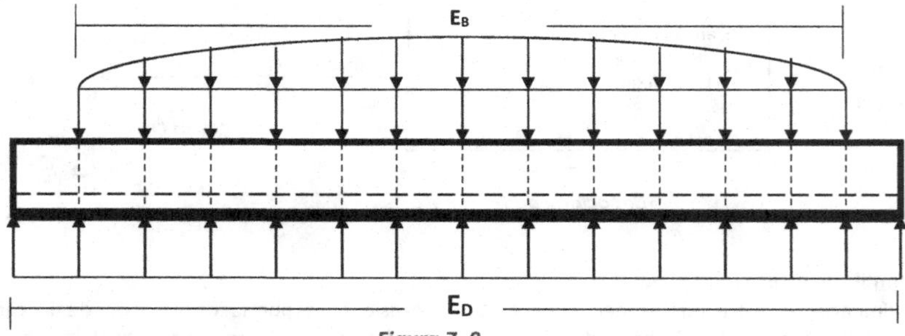


***Figura 7. 8.***
***Diagrama De Flexión Longitudinal.***

Según el reglamento Lloyd, los cálculos deben realizarse bajo las siguientes condiciones:

1- Con la presunción de que el buque está apoyado en los soportes y que su sección media coincide con la sección media del dique.
2- El agua, dentro de los tanques, debe mantenerse a un nivel constante en la longitud total del dique.

El diagrama toma la forma de un rectángulo bajo una parábola donde el área bajo la parábola es igual a un medio ( ½ ) del área del rectángulo. La longitud del diagrama es igual a la eslora entre perpendiculares, del buque más corto que pueda vararse, tal que su desplazamiento sea igual a la capacidad de levantamiento del dique. Las planchas de acero que recubren la cubierta del dique estarán en compresión por efecto de la flexión longitudinal y los esfuerzos permisibles asignados a éstas, deben estudiarse para el análisis final.[65]

Se deben instalar sistemas de monitoreo capaces de evaluar la deflexión longitudinal. Por lo general, se colocan teodolitos con varios blancos alineados a lo largo de la cubierta de los muros laterales. Con los nuevos instrumentos provistos de láser y tecnología GPS, se ha acelerado el proceso de evaluar la deflexión, realizándose con mayor precisión. La deflexión longitudinal a lo largo del muro es una indicación del estrés que se va generando en los muros. Si se limita la deflexión del dique se logra el control del estrés.

**7.7 Resistencia transversal a la flexión.**

Los mamparos transversales y las armaduras dentro de los pontones proveen la resistencia transversal. La estructura de los pontones, mediante la resistencia transversal, debe ser capaz de distribuir la carga concentrada del buque a lo largo de la línea de crujía del dique, hacia el soporte proporcionado por el empuje del agua. Las cuatro condiciones importantes que deben ser investigadas, cuando se analiza la resistencia transversal, son las siguientes:

- Momento de flexión máxima positiva,
- carga dividida en 50% quilla y 50% cama de pantoque,
- carga parcial y carga máxima hidrostática,
- flexión invertida.

7.7.1 Máxima Flexión. 100% del peso del buque sobre los picaderos.

Ocurre en el punto cuando el agua en el exterior del dique está a nivel de la superficie de los picaderos de la quilla. En este instante, se asume que el 100% del peso del buque descansa sobre el dique y la fuerza de empuje viene de los pontones y la parte sumergida de los muros laterales. Es la parte sumergida de los muros laterales, alejada del centro del dique la que causa momentos flexionantes adicionales por la fuerza de empuje hacia arriba, en oposición del 100% del peso del buque que se apoya sobre el centro del dique.

[65] Mazurkiewics, B. K. ***Design and Construction of Dry docks***. Gulf Publishing Company Houston, Texas, U. S. A. 1981

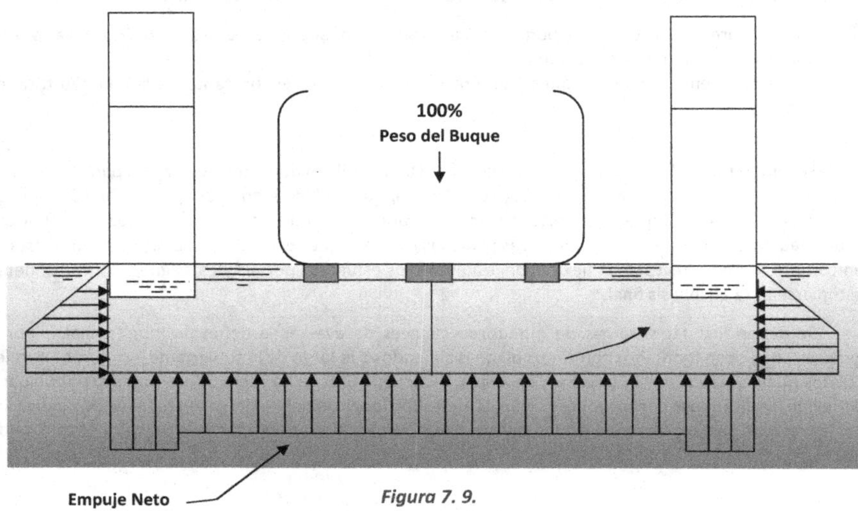


*Figura 7. 9.*
*Flexión transversal máxima.*

7.7.2 Carga distribuida: 50% sobre la quilla y 50% sobre la cama de pantoque.

En este caso el 50% del peso del buque se encuentra sobre los picaderos de la quilla y en cada banda, el 25 % sobre los picaderos del pantoque. También deben investigarse cualquier otro tipo de combinaciones relacionadas a la carga sobre los picaderos de la quilla y la del pantoque porque en algunas ocasiones puede presentarse un buque que imponga cargas de magnitudes inusuales sobre los picaderos del pantoque. En este caso la flexión transversal en la línea de crujía puede ser mucho menor que en el caso anterior, los momentos generados en el perímetro del mamparo pueden ser mayores.

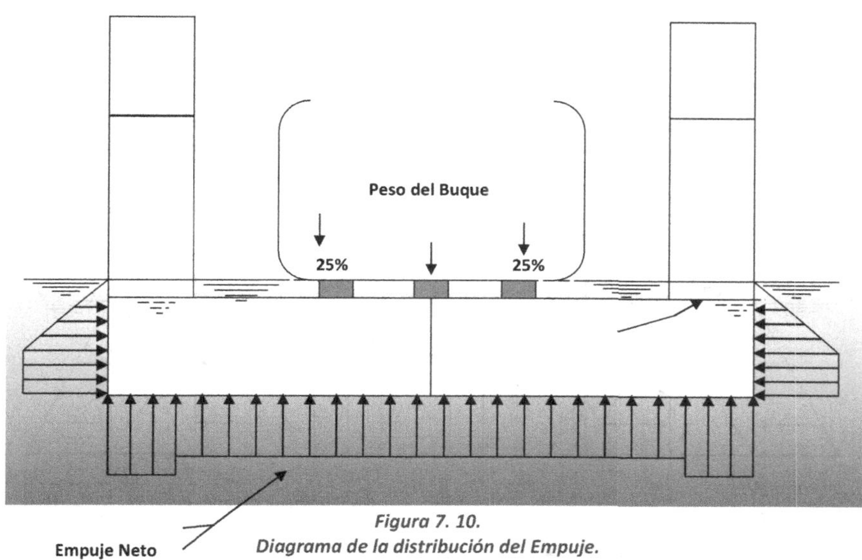


*Figura 7. 10.*
*Diagrama de la distribución del Empuje.*

**7.8 Análisis de la carga hidrostática máxima.**

En esta condición, el punto donde se localiza la máxima carga hidrostática en el casco del dique ocurre cuando los niveles internos del agua llegan a la base de los muros laterales. La magnitud de la carga hidrostática, que se desarrolla en este punto, es una función del calado y la manga del buque en el dique. Mientras mayor sea la manga del buque y el calado del dique, asimismo irá en aumento la carga hidrostática.

El volumen de agua (V1) que permanece en los tanques después de asentarse el buque sobre los picaderos, es igual en magnitud al volumen (V2), de la rebanada de agua producida al emerger el buque y los muros laterales. El volumen de la rebanada se obtiene, estableciendo el calado inicial antes de la emersión y el calado final al tocar el buque. Su volumen será igual a la eslora por la manga del buque, más el largo por el ancho de los muros y con esta operación puede ser determinada la distancia vertical recorrida durante su ascenso del agua.

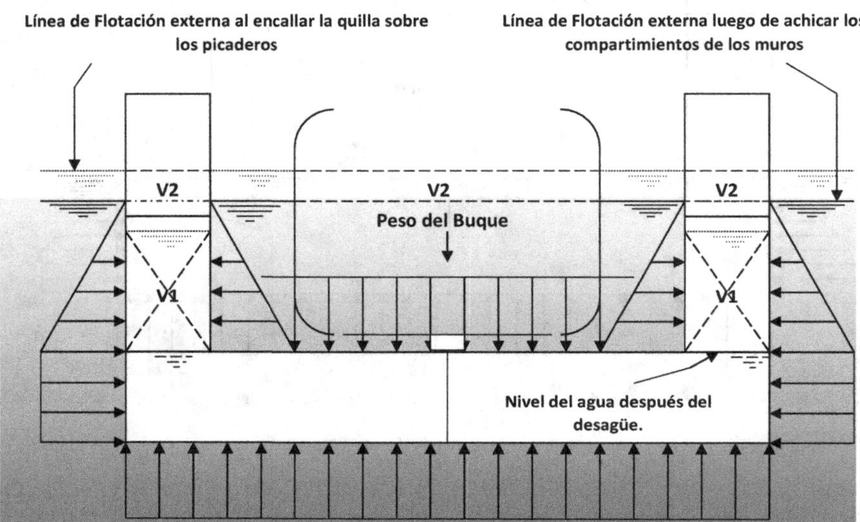


*Figura 7. 11.*
***Carga hidrostática máxima.***

La profundidad del agua restante, que permanece sobre la cubierta de los pontones, representa la carga máxima hidrostática que actúa sobre el dique. La magnitud del peso del buque sobre los picaderos en este instante es igual al peso de la rebanada de agua que se genera al ascender el buque.

## 7.9 Flexión inversa del dique.

Cuando se desagua un compartimiento, donde no existe carga que se oponga a la fuerza de empuje del agua, parte de la sección mantiene la presión hacia abajo por la acción de las paredes laterales, la otra sección, desprovista de paredes, trata de doblarse hacia arriba por la fuerza de empuje. Esta acción recibe el nombre de flexión inversa. Generalmente para detectar deflexiones en la estructura del dique, se colocan instrumentos ópticos sobre la cubierta de los muros laterales del dique, enfocados longitudinalmente hacia una baliza fija, situada en el extremo opuesto. La línea recta y paralela a la cubierta, proyectada por el instrumento, permite observar cualquier deflexión inducida al dique al ser cargada.

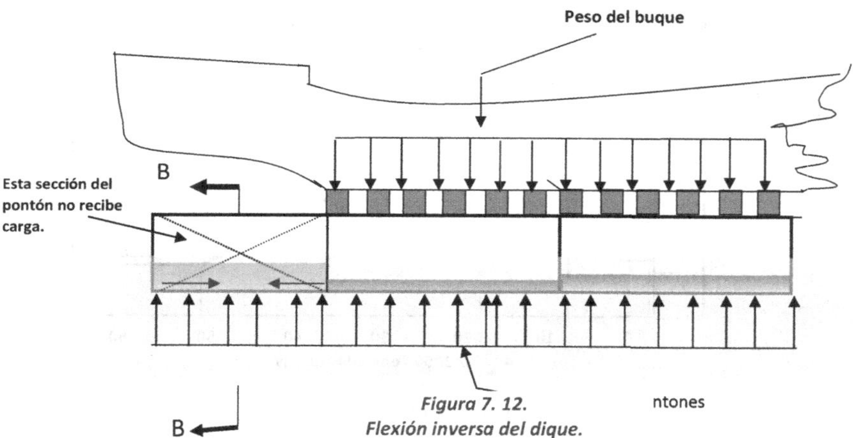


*Figura 7. 12.*
*Flexión inversa del dique.*

Las planchas del fondo de los compartimientos deben ser inspeccionadas con regularidad, porque se encuentran en flexión inversa y tienden a pandearse por estar en compresión.

### 7.10 Estabilidad de los diques flotantes.

Además de las condiciones estructurales que deben cumplirse, estos han de poseer la capacidad de mantener la estabilidad requerida, durante todo el desarrollo de la operación de varada y desvarada. Esta condición se obtiene, manteniendo una altura metacéntrica (GM) mínima tanto para el buque, como el dique. La altura metacéntrica varía según el tamaño del dique. La tabla confeccionada por la sociedad clasificadora ABS y los estándares basados en el programa de certificación de la Marina Americana MIL – STD – 1625C, se encuentran establecidas, las alturas metacéntricas (GM) mínimas, por capacidad de alzamiento del dique, dados en toneladas largas. Se pueden apreciar las relaciones en la siguiente gráfica.

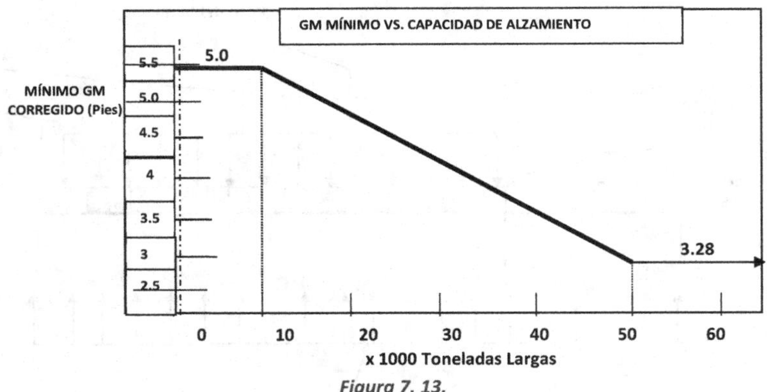


*Figura 7. 13.*
*Capacidad de Alzamiento.*

Bajo condiciones normales, la estabilidad inicial de un cuerpo o flotador, está definida por su altura metacéntrica (GM) y por la curva del momento que produce la escora. Las limitaciones de estabilidad por otra parte se basan en otros aspectos importantes tales, como la configuración del dique y los métodos de operación. Al evolucionar el proceso de varada y desvarada en el dique, la superficie de flotación estará cambiando constantemente y esta fluctuación causará cambios en la altura metacéntrica.

7.10.1 Límites de Estabilidad.

Los límites de estabilidad para un dique flotante se establecen dependiendo de la carga máxima que este pueda levantar a la altura máxima del centro de gravedad (KG) del buque, especificado para dicho dique. El proceso de evaluación de la estabilidad intacta del sistema combinado del buque con el dique estudia cinco fases del movimiento de emersión, desde el hundimiento del dique, el contacto con el buque, y posteriormente las fases que contemplan el izamiento del buque.[66] Se consideran las fases tercera y cuarta las más importantes. En la tercera fase, el agua está al nivel de la altura de los soportes de la quilla; y en la cuarta fase, el agua se encuentra al nivel de la cubierta de los pontones. Uno de los factores importantes que hacen de estas fases las más críticas de todo el proceso, es la pequeña magnitud

[66] Heger Dry Dock Inc. ***Dockmaster's Training Seminar*** Lecture Notes. 2004

que toma la altura metacéntrica. Es esta la fase donde emerge el dique con la embarcación y el plano de agua de flotación se va reduciendo e interseca al sistema combinado, a la altura de los picaderos.

**7.10.2 La Estabilidad del sistema se reduce debida a las Carenas Liquidas o superficies libres en los tanques.**

Las superficies libres (carenas líquidas) dentro de los pontones, bajo la cubierta, causan una reducción de la estabilidad. La superficie del agua dentro se mueve de un lado para otro (Véase la Figura 6.13) y por encontrarse en las partes más anchas, causan la elevación de KG y por lo tanto la inestabilidad del sistema. El KG del dique se suma al KG del agua en los pontones y también el KG del buque, después que este se encuentre totalmente asentada sobre los picaderos.

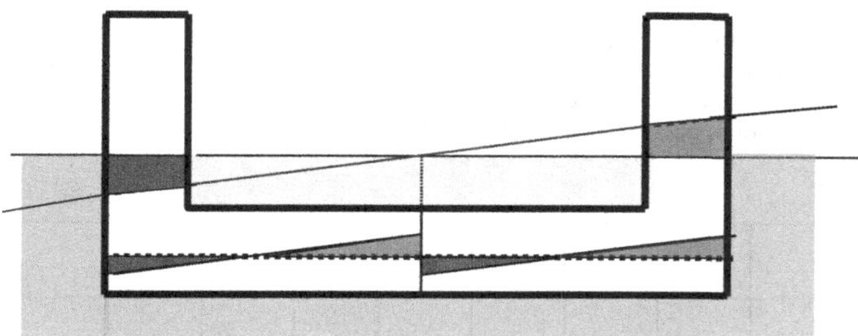

***Figura 7. 14.***
***Estabilidad del dique.***

7.10.3 Evaluación matemática del sistema combinado para las fases 3 y 4.

La estabilidad en estas dos fases críticas puede ser evaluada a partir de las siguientes ecuaciones:

Sea:

$KG_{d/b}$ = Centro de gravedad vertical del sistema combinado (d/b = Dique / buque), tomado su distancia desde la quilla o forro exterior del dique.

$\Delta_{d/b}$ = Desplazamiento del sistema combinado (Dique / buque) en toneladas largas (Long Ton).

$KG_d$ = Centro de gravedad vertical del dique desde la quilla.

W = Peso del dique.

$KG_b$ = Centro de gravedad vertical del buque.

$\blacktriangle_{b1}$ = Peso del buque en su flotación inicial.

$\blacktriangle_{b2}$ = Peso del buque en la nueva flotación.

$KG_{act}$ = Centro vertical de gravedad del agua contenida en los tanques del dique.

$W_{act}$ = Peso del agua contenida en los tanques del dique.

P = Carga sobre los picaderos.

H = Altura de los picaderos de la quilla, a partir de la solera del dique. Por consiguiente:

Para la Fase 3: $KG_{d/b} \times \Delta_{d/b}$ = $KG_{ac}W_{ac} + KG_d \blacktriangle_{b1} + PH$

Para la Fase 4: $KG_{d/b} \times \Delta_{d/b}$ = $KG_{ac}W_{ac} + KG_d \blacktriangle_{b2} + KG_b\Delta$.

7.10.4 Método gráfico para determinar la estabilidad mínima del buque que se pueda varar.

Se puede evaluar rápidamente la estabilidad mínima "KG / Desplazamiento" para las limitaciones del buque que se pueda varar, utilizando las gráficas de las curvas del peso y el KG (véase un ejemplo de la curva en la Figura 7.14) Estas gráficas vienen adjuntas a los reportes con las certificaciones del dique. Las curvas indican las limitaciones para desplazamientos de buques, que pueden ser varados en el dique.

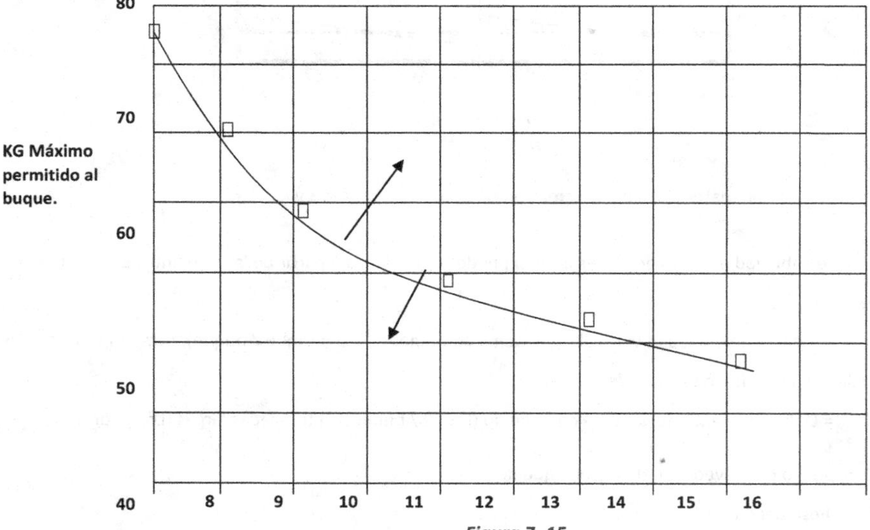


*Figura 7. 15.*
***Diagrama para determinar la capacidad de carga del dique.***

7.10.5 Análisis de las etapas de estabilidad del sistema combinado, Buque / Dique.

Los diques flotantes poseen todas las características de estabilidad, como las tiene todas las embarcaciones, pero al combinarse con el buque, se crean condiciones de estabilidad muy distintas a los demás sistemas. Esto implica un control cuidadoso que debe imperar en la inundación y el desagüe de los tanques, realizando cálculos, que deben haberse predeterminado antes de la operación, y serán estos los que determinarán qué tanques serán inundados y hasta qué nivel. Por esto, es obligatorio que se confeccione un programa para la inundación y el desagüe de los tanques, a la vez que se analice la estabilidad del sistema. El programa estará sujeto a ajustes, por cualquier cambio en las condiciones que se suscite durante la operación. Dicho programa deberá estar específicamente diseñado para:

1- Evitar escoras del dique.
2- No exceder el calado programado para el lastre.
3- No exceder las limitaciones estructurales del dique.
4- No perder control del dique en el caso de un malfuncionamiento de una válvula o bomba.

Debe estar posteada en los lugares de tránsito visibles del dique, la orden de mantener todas las válvulas herméticamente cerradas durante la operación desvarada hasta que el buque despegue de la cama y se encuentre a flote. [67] Los eventos que pueden producir cambios en la estabilidad del sistema, mientras evolucione la varada y la desvarada deben publicarse para el conocimiento de todo el personal asignado a la operación del dique. Se ha dividido el proceso entero en cinco fases, para analizar el comportamiento del sistema. A continuación, describimos los detalles de los eventos que componen cada fase.

7.10.5.1 Fase I. Calado- Dique sumergido al Máximo.

En esta fase el dique se encuentra sumergido a una profundidad de acuerdo con los calados del buque con la holgura que se requiere entre la quilla y los picaderos del dique. La altura metacéntrica (GM) se encuentra en un punto elevado y se considera estable la estabilidad del dique.

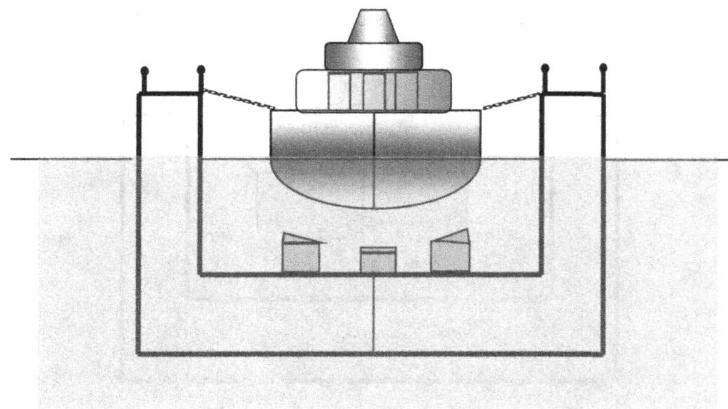

***Figura 7. 16.***
***Máxima sumersión del dique.***

[67] Dm Consulting ***Basic Dry-Dock Training*** Instructions Manual, 2004.

7.10.5.2 Segunda fase. Calado –Primer contacto de la quilla con los picaderos.

El dique comienza un levantamiento parcial del buque. La altura metacéntrica (GM) debe mantenerse positiva mientras se asienta el buque sobre los picaderos.

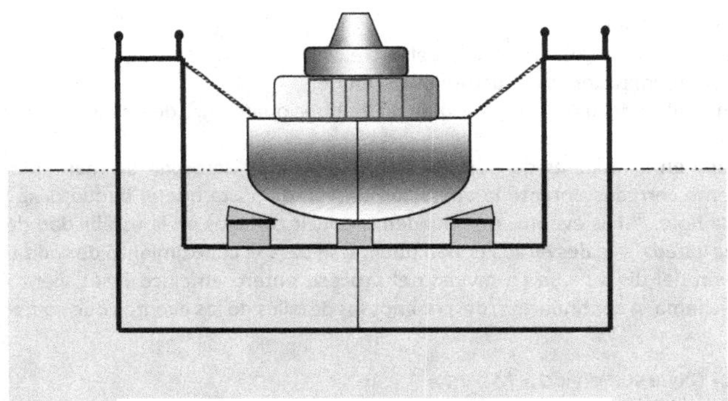

***Figura 7. 17.***
***Primer contacto con los picaderos.***

**7.10.5.3 Tercera fase. El Dique emerge y el nivel de Agua marca la mitad del calado del buque.**

El dique en esta etapa soporta su propio peso, y la mitad del peso de la embarcación. Se asume que el dique recibe El 50 % del peso del buque en esta fase, por lo tanto, KG se acerca a su máximo valor.

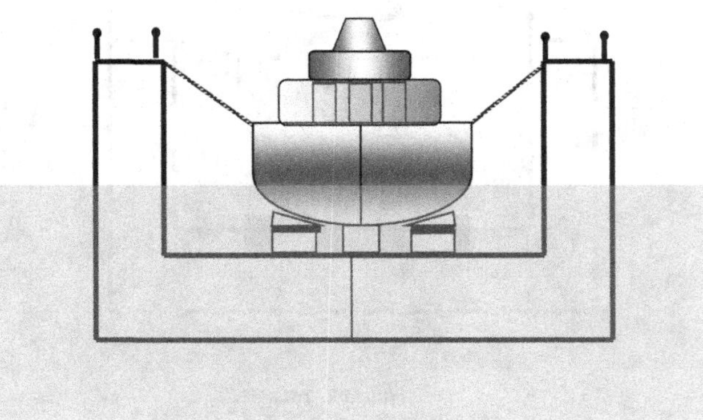

***Figura 7. 18.***
***Emersión del dique a la mitad del calado del buque.***

7.10.5.4 Fase IV. El agua llega al nivel de la superficie de los picaderos.

La línea de flotación externa se encuentra a un nivel cercano a la cubierta de pontones.

Fase de mínima estabilidad. Es el más crítico de los niveles de agua debido a la reducción del plano de agua de la flotación. Al achicarse el plano de agua, se reduce la estabilidad del sistema combinado dique -buque. Los cálculos anteriores se repiten ajustándose los valores a la nueva condición del sistema.

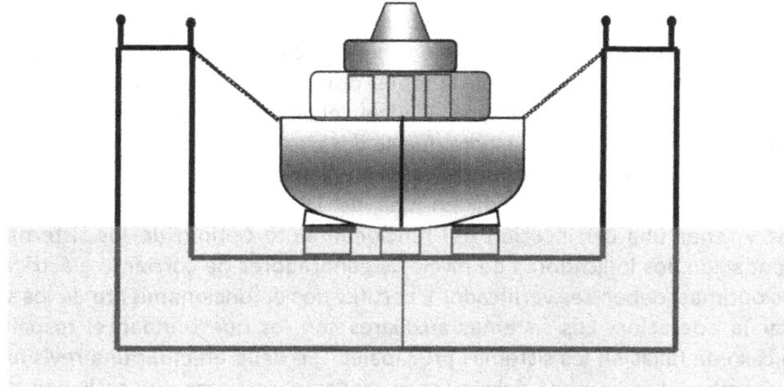

*Figura 7. 19.*

***El agua en el dique llega al nivel de la superficie de los picaderos.***

**7.10.5.5 Fase V. Calado: francobordo de operación.**

Calado normal de operación. La plataforma de varada del dique con la embarcación sobre los picaderos, emerge del agua hasta llegar al francobordo de operación normal del dique. Los pontones ahora se encuentran parcialmente fuera del agua, aumenta el plano de agua y aumenta la altura metacéntrica (GM).

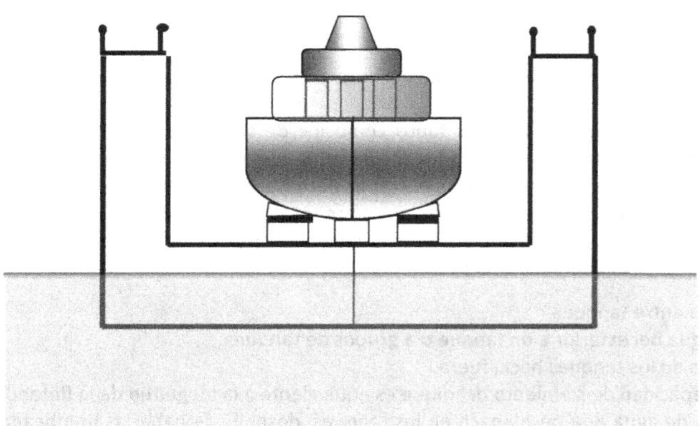

*Figura 7. 20.*

***Dique a flote con su francobordo operacional con el buque varado sobre su plataforma.***

Los calados del dique y la altura del agua en cada tanque se establecerán de acuerdo a un plan de achique rigurosamente preparado de antemano, de acuerdo al peso y el asiento del buque, para las cinco fases en que se verifica la estabilidad.

**7.11 Mecanismos de Control del Dique flotante.**

El dique funciona sobre la base del Principio de Arquímedes, desplaza el volumen de agua igual en peso a la suma del peso de la embarcación, más el peso del dique con toda el agua contenida en sus tanques de lastre. Para inundar los compartimientos internos (tanques), es necesario abrir las válvulas de inundación para que entre el agua a los tanques por gravedad. La plataforma de varada quedará sumergida bajo el agua al llenarse los tanques. El nivel del dique debe ser controlado en la inmersión y en la emersión, para controlar cualquiera escora que se desarrolle o limitar el asiento del dique, variando la rapidez con que se inundan los compartimientos. La inundación y el achique del dique se controlan desde la caseta o estación de control, situada en una de las paredes laterales del dique. Deben ser inspeccionados y tener una certificación del funcionamiento óptimo de los sistemas de achique, las válvulas de inundación, los indicadores de niveles y generadores de corriente eléctrica deben funcionar en condiciones óptimas, deben ser verificados y certificados el funcionamiento de los sistemas auxiliares antes de iniciar la operación. Los sistemas auxiliares son los que brindan el respaldo a los sistemas principales en caso de fallas en los sistemas principales. Se debe efectuar una revisión de los límites de succión de las bombas. Las bombas deben ser purgadas para evitar que se llenen de aire y dejen de succionar correctamente. Algunos diques poseen un sistema imprimador de vacío adjunto a la bomba de lastre principal, cuya función es la de eliminar el aire atrapado en las tuberías. Cualquiera falla de los sistemas puede reducir la seguridad de toda la operación del dique. El capitán de diques debe estar preparado para asumir el control y tomar medidas correctivas en caso de una situación de emergencia durante la evolución de la varada. El mantenimiento continuo, la vigilancia y la inspección constante del sistema es la mejor forma de prevenir fallas en el sistema. El sistema principal de bombas está diseñado para que el capitán de diques tenga la facilidad de llenar o vaciar los tanques o grupo de tanques que sean necesarios para hacer descender o subir el dique para mantener lo siguiente:

1- Control del asiento del dique
2- Control de la escora
3- Control del agua dentro del dique
4- Control de la distribución de la carga del buque y del dique.

Los diques con tres secciones de tanques tanto como los de secciones múltiples, normalmente poseen en cada tanque un sistema completo de inundación y desagüe, para controlar el lastre dentro del tanque. Los controles eléctricos en la estación central le permiten al Capitán de diques manejar las bombas y válvulas de cada sección y a la vez controlar el lastre total del dique. Los diques se diseñan con la suficiente flexibilidad posible, para que puedan realizarse los ajustes necesarios del lastre en los tanques. Para realizar los ajustes se debe poder:

a. Transferir agua entre tanques
b. Inundar con agua del exterior a un tanque o a grupos de tanques.
c. Transferir agua de los tanques hacia fuera.

La medida de la capacidad de izamiento del dique es equivalente a la magnitud de la flotabilidad que se obtiene del residuo de agua que permanece en los tanques, después de haberlas bombeado para el levantamiento del buque. Todas las luces indicadoras de las posiciones de las bombas y las válvulas y sus respectivos controles, la consola con los indicadores de los niveles de agua y los ángulos de escora y asiento, están instaladas en la estación del operador del dique.

### 7.12 Dique flotante con capacidad de traslado.

Es un sistema que integra la grada donde se construye el casco del buque con un dique flotante. El procedimiento de traslado se realiza arrastrando el casco sobre una cama horizontal hasta el dique, donde una vez apoyado el buque sobre el dique, éste se remolca hacia una distancia predeterminada, se inunda el dique y se hace flotar el casco para luego trasladarlo a un muelle de amarre, donde se continúa lo que resta de la construcción.

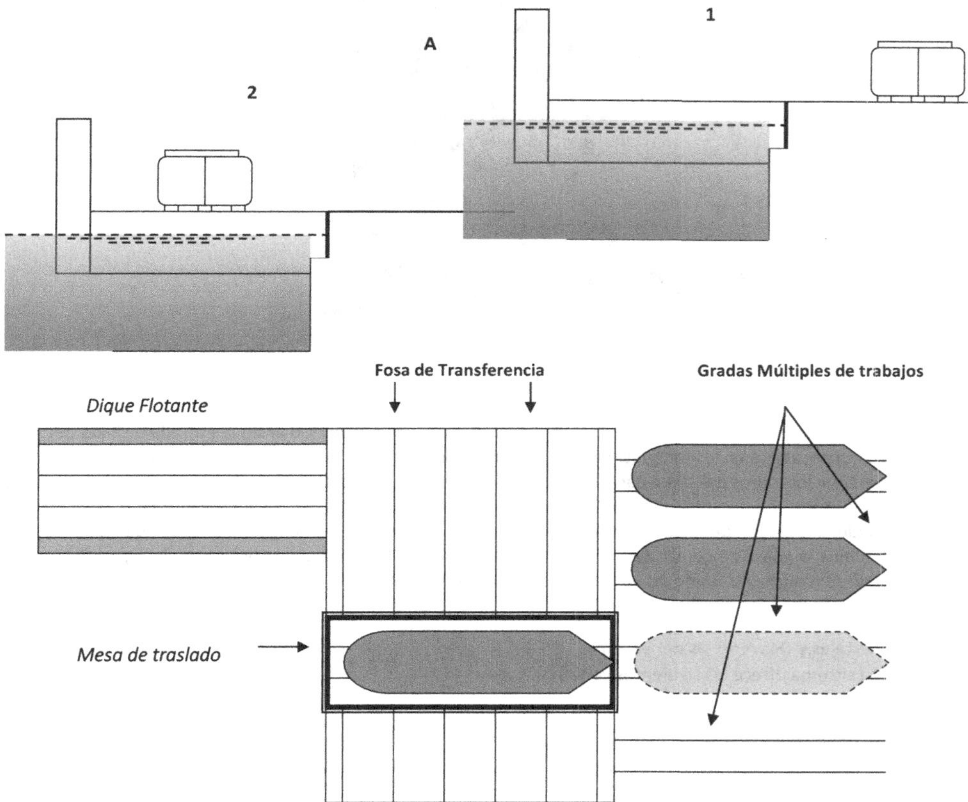


*Figura 7. 21.*
***Sistema combinado dique flotante con gradas de trabajos y mesa de traslado.***

En la Figura 7.21 se aprecia un sistema que combina aparcamiento o grada con un dique flotante. El lastre en cada compartimiento del dique debe ser cuidadosamente balanceado para soportar el peso de la embarcación y mantener la plataforma de varada al mismo nivel de la grada para facilitar el cruce del buque.

*Figura 7. 22.*
***Traslado en progreso de un Buque de la grada al Dique Flotante.***

La velocidad del traslado del buque no debe ser mayor que la velocidad de la entrada o salida del lastre compensatorio en los tanques. Se utilizan teodolitos u otros instrumentos ópticos colocados sobre la cubierta de los muros del dique para enfocar las balizas que se encuentran posicionadas en los extremos de ambos muros, en donde se vigilará y se verificará, si ocurre alguna deformación longitudinal, cuando se traslade la totalidad del peso del buque. El astillero Bardex posee uno de estos sistemas de traslados, que combina la grada de construcción con un dique flotante el cual se puede apreciar en la Figura 7.22, en donde se realiza el traslado de un buque hacia el dique flotante.

### 7.13 Ventajas y Desventajas del Sistema.

Este sistema ofrece las siguientes ventajas:

- No ocupa terreno.
- Es un activo que se vende con facilidad en el mercado internacional.
- Puede ajustarse al asiento y escora de los buques reduciendo los problemas de estabilidad al varar el buque sobre los picaderos.
- Facilita los trabajos de dragado por ser fácil su relocalización.
- Puede moverse hacia aguas más profundas, cuando así lo requiera la operación de varada.
- Buques más largos pueden vararse sobresaliendo sus extremos.

Las desventajas predominantes del sistema son:

- Alto costo por el mantenimiento de válvulas bombas y estructura.
- Restricciones en el movimiento de hombres y materiales.
- Las fluctuaciones de la marea pueden complicar el anclaje del dique y la instalación de portalones.

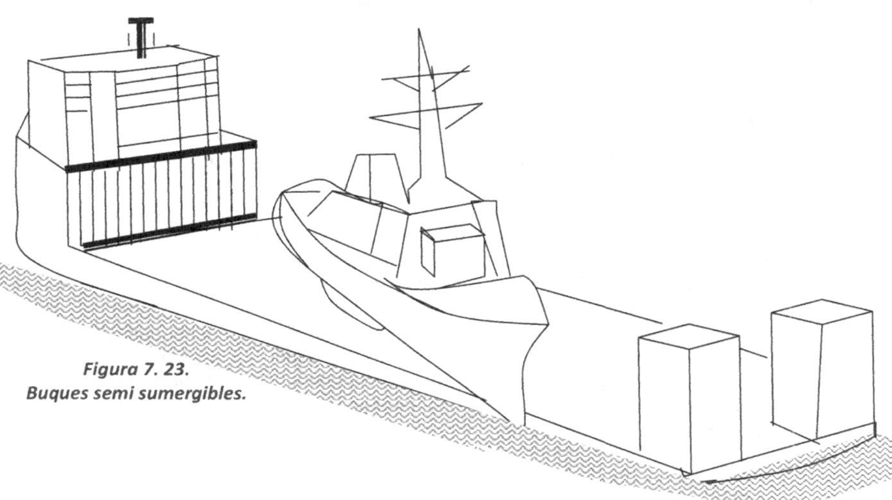

*Figura 7. 23.*
*Buques semi sumergibles.*

**7.14 Buques transportadores Semi-sumergibles de gran capacidad.**

Los buques semi- sumergibles combinan las funciones de un transportador y la de un dique flotante. Levantan, transportan, y ponen a flote naves de gran tamaño. Requieren de cálculos complejos para su estabilidad, una vez tengan la carga sobre la cubierta. Los movimientos, la fuerza del buque y su estabilidad se analizan y controlan, por programas de computadoras cuando se realizan estas operaciones. Existen aplicaciones o programas para computadores, capaces de calcular el asiento y escora, que el transportador debe adoptar para evitar las reacciones en el codaste y los momentos escorantes innecesarios. La versatilidad de los buques semi sumergibles, se demuestra por el auge de contratos para servicios que presta a buques de la fuerza naval de muchos países, la industria petrolera, y en el trasporte de yates. Transportan barcazas perforadoras de petróleo, a las distintas posiciones en el océano, para las perforaciones. El invierno aumenta el uso de estos buques – diques porque los dueños de los yates de lujo prefieren trasladarlas por este medio, evitándose los embates de la larga travesía.

### 7.15 Resumen.

Durante la segunda guerra mundial se comprobó la gran utilidad de los diques flotantes, principalmente por la ventaja de poder ser trasladados a lugares remotos para la reparación de los buques. Hoy, siguen siendo parte principal de la estructura operacional de muchos astilleros, dedicados a la construcción y a la reparación de embarcaciones. Sigue siendo una ventaja principal, el hecho de poder ser remolcado a lugares remotos, puesto que dicha particularidad, le otorga gran valor comercial y estratégico, tanto para los astilleros militares como para el comercio naval privado. Muchos han sido modificados estructuralmente, adecuándolas a las actividades particulares de cada organización. Otros han sido acondicionados como ya hemos visto, exclusivamente para el traslado y botadura de nuevos buques.

Cuando se planifique una varada y desvarada en un dique flotante, deben ser analizadas todas las restricciones relacionadas a los límites estructurales del dique. Algunas consideraciones pueden con el tiempo desestimarse, al extremo de convertirse en prácticas inseguras. Se pueden citar las actividades como la colocación de aparejos y el movimiento de grúas que ocurren en el limitado espacio geométrico en las pasarelas, por ejemplo, como lugares propensos a que ocurran accidentes. Aunque la entrada y salida de este tipo de dique, es rápida y aparenta algún grado de sencillez, los riesgos y actos inseguros siempre se encuentran presentes, por lo que deben anticiparse con una cuidadosa planeación. Hemos añadido información adicional, sobre semi-sumergibles, por sus estructuras afines con los diques flotantes. Poseen la capacidad de hundirse como un dique flotante y levantar sobre su cubierta, una o varias embarcaciones, siempre y cuando la profundidad sea adecuada. La principal diferencia, es que son en realidad, buques con sistema propulsor propio, que luego de la operación realizada, les permite navegar en cualquier océano. Hemos compilado y presentado, los aspectos considerados más importantes sobre la versatilidad de los diques flotantes. Debido a la complejidad de su funcionamiento y su estructura, creemos beneficioso, que debe realizarse una investigación más profunda sobre este tipo de dique y presentada en un texto aparte.

### 7.16 Preguntas y problemas.

1. Mencione algunos tipos de diques flotantes.
2. Diga una de la ventaja de un dique seccionado.
3. Hable de los materiales de construcción empleados para la construcción de un dique flotante.
4. ¿Qué es flexión inversa del dique?
5. ¿Cuáles de las 5 etapas de la varada de un buque, en un dique flotante, se considera crítica?
6. Describa las cinco etapas importantes.
7. Mencione dos ventajas del dique flotante.
8. ¿Cuáles son sus desventajas?

### Bibliografia

1- Dm Consulting Basic Dry Dock Training Instruction Manual, 2004.

2- Heger Dry Dock Inc. Dockmaster Training Seminar Lecture Notes. 2004

3- González López, Primitivo B. Técnicas De Construcción Naval Universidade da Coruña Servicio de Publicaciones 2000.

4- Mazurkiewics, B. K. Design and Construction of Dry docks. Gulf Publishing Company Houston, Texas, U. S. A. 1981

5- M[c]gruer, John W. Operation of a Dry dock Conference paper presented to: The Naval Facilities Conference November 1 through 4, 1983 San Diego California U.S.A.

6- Wasalasky, Robert G. Safety of Floating Dry docks in Accordance with MIL - STD -1625A.

**7-** Hepburn, Richard D. History of American Dry docks. Noesis, Inc.4100 Fairfax Drive Suite 800 Arlington Virginia 2203-1663.

UNIDAD 2

# CAPÍTULO 8
# VÍA DE CARENA FERROVIARIA
# (VARADERO SOBRE RIELES)

*Figura 8. 1.*
*Embarcación sobre la plataforma de varada del varadero sobre rieles.*

## 8.1 Introducción.

Podemos definir al varadero sobre rieles como una plataforma bordeada en ambos lados por una estructura lateral elevada, construida longitudinalmente con pasarelas en su parte superior y es accionada por motores eléctricos conectadas a cadenas insertas en garruchas indentadas la cual se encarga de hacer subir o bajar la plataforma, que se desliza sobre una pendiente, provista de rieles. En la cubierta de la pasarela están distribuidos varias cornamusas espaciados en el borde externo de la cubierta y es aquí donde transita el personal encargado de la maniobra de subir o bajar la embarcacion. En las cornamusas se aseguran los cabos atados al buque para el control del buque dentro del recinto. La plataforma baja y sube sobre los rieles, arrastrada por motores eléctricos conectados a un juego de cadenas entrelazadas en unas garruchas indentadas. Hemos clasificado este dique en los capítulos anteriores como parte de los diques que utilizan la fuerza mecánica para varar y desvarar las embarcaciones. Por otra parte, a pesar de las similitudes entre el varadero sobre rieles y el elevador de buques, debido a que ambos utilizan la fuerza mecánica, subsiste la diferencia en el hecho de que la estructura del primero permanece sobre el suelo, mientras que el elevador desciende y sube con la ayuda de guinches con cables o cadenas que la sostienen en el aire. Después de leer este capítulo el lector será capaz de:

- Conocer las diferencias principales entre el varadero sobre rieles y otro tipo de dique accionado por fuerza mecánica.
- Reconocer, cuáles son las partes principales del varadero.
- Distinguir qué áreas requieren mayor atención en el mantenimiento del sistema.
- Analizar las ventajas y desventajas del sistema.

## 8.2 Breve Reseña Histórica.

Su origen se remonta a los antiguos cartagineses, que, de forma parecida, carenaban sus buques. Hacemos referencia también a la obra, el banquete de los Sofistas, de Ateneo un escritor griego, en donde obtenemos una descripción del lanzamiento de un buque llamado "Fortier" que fue construido dentro de una estructura de madera y jalado al agua por una multitud de personas en medio de gritos y al sonido de trompetas.[68] Dicha operación aparenta un sistema de varadero sobre rieles. Los varaderos sobre rieles poseen una vasta historia. Para citar algunas de las más antiguas construcciones de varaderos en América del norte, podemos mencionar, el que se construyó en 1840 en Ontario, Canadá y operado por la compañía St. Thomas Marine Repairs. En 1859 los hermanos Tarr, operan dos varaderos que funcionan con máquinas a vapor. Según el ensayo "An Introduction to Railway Drydocks and Transfer Systems" de la compañía Crandall Drydock Engineers, desde 1854 hasta 1935, más de 180 varaderos sobre rieles fueron construidos por la compañía W. H. Crandall e Hijos, pioneros en la construcción de este tipo de diques, en América y en el extranjero. Se construyeron varaderos, al este

---

[68] Mazurkiewics, B. K.. Design and Construction of Drydocks. Gulf Publishing Company Houston, Texas, U. S. A. 1981 pags. 23

de la ciudad de Boston en Estados Unidos, entre ellos uno con la capacidad de levantamiento de 1000 toneladas. Dicho varadero fue uno de los primeros con una fundación de pilotes y primigenio en la utilización del vapor como fuente de poder, reemplazando la fuerza de caballos y hombres como fuente de energía. En los años de 1890, la compañía adquirió contratos para la construcción de varaderos, con capacidades de 2000 a 3000 toneladas de levantamiento. Construyeron varaderos, en toda la costa este de los Estados Unidos y en América del Sur en Argentina, Uruguay, Chile, Colombia y Perú. Además de los varaderos también se construyeron algunos diques flotantes.[69]

## 8.3 Componentes principales del sistema.

Los Varaderos sobre rieles inclinados, consisten en cuatro componentes principales:

- Plataforma con paredes laterales
- Fila de picaderos centrales y laterales

***Figura 8. 2.***
***Varada de una embarcación sobre una cama especial en la plataforma del varadero sobre rieles.***

- Rieles inclinados construidos sobre una fundación de concreto.
- Cadenas.
- Máquina de arrastre.

La plataforma con la cuna de picaderos sube y baja sobre rolas de acero, que se deslizan sobre una plancha del mismo material, montada sobre unas estructuras de concreto que sirven de base a los trenes

[69]An Introduction to Railway Drydocks and Transfers Systems. Crandall Drydock Engineers.

de rolas. Algunos varaderos emplean ruedas de acero sobre rieles de ferrocarril. Usualmente son varaderos de menor capacidad que se utilizan para varar embarcaciones pequeñas. Los rieles van montados sobre vigas colocadas sobre el terreno en pendiente y se extiende del suelo, hasta el agua, a una distancia prudente, de acuerdo con una profundidad predeterminada. Los límites de profundidad a que se le permite al varadero llegar, se define por la suma del calado del buque más grande que se planee varar, más la holgura entre los picaderos del varadero y el fondo del buque.

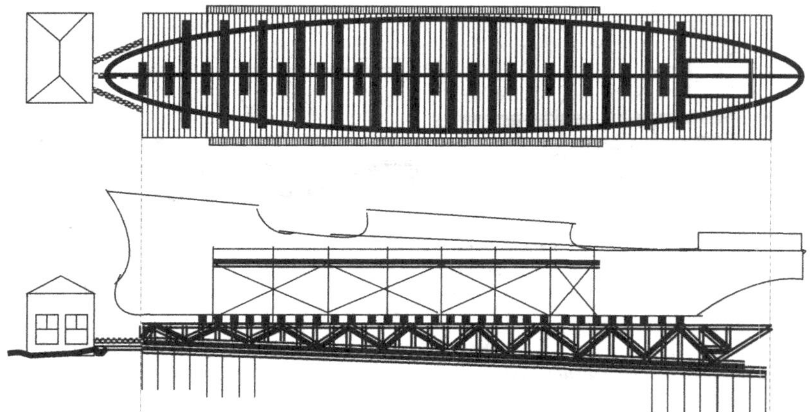

*Figura 8. 3.*
*Vista de perfil y de planta de un varadero sobre rieles.*

### 8.4 Instalación de rieles.

Los rieles se fijan sobre las vigas longitudinales de la fundación. La longitud es todo el recorrido diseñado para la plataforma, desde el inicio de la pendiente, que nace en tierra, hasta un punto bajo el agua, que permite obtener la altura o el calado deseado sobre los picaderos.

Los rieles, generalmente, son de dos clases:

1. Rieles de Grúas para ruedas.
2. Planchas angostas de acero para rodillos.

El declive preferido, es el que más se asemeja a la pendiente natural del terreno, porque minimiza los trabajos civiles de dragado, y a la vez proporciona la suficiente profundidad de agua sobre los picaderos. La magnitud del declive se define por la longitud del terreno. Por ejemplo: Mientras menos empinado el terreno, mayor será la longitud de la estructura dentro del agua, y se podrá acomodar mejor, la construcción a la topografía, pero se necesitarían, entonces, rieles más largos, mayor cantidad de pilotes y cadenas mucho más largas para lograr el declive necesario. En los terrenos de declives empinados, los rieles son más cortos, pero la cuna, en su parte posterior, será entonces más alta; requiriendo de columnas de mayor grosor y longitud. El tendido de rieles puede ser en línea recta o en forma de arco. Cuando los rieles se tienden en forma de arco, se logra colocar la plataforma con mayor facilidad en una posición horizontal para el alineamiento con el patio de transferencias.

8.4.1 Métodos para el tendido de rieles.

**1- Si la pendiente es menor, la profundidad del agua sobre los picaderos del carruaje será menor.**

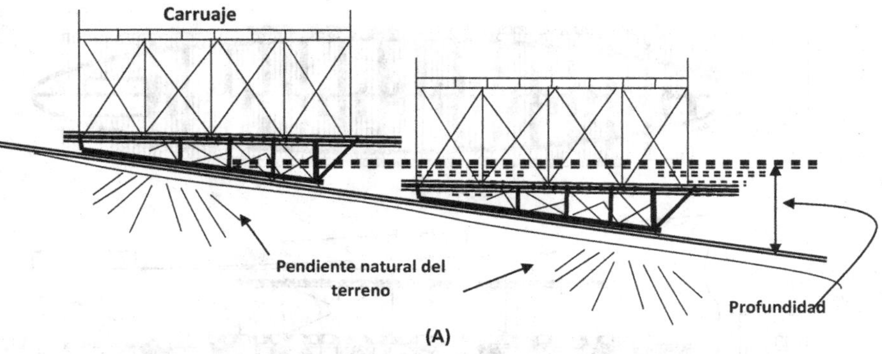


**(A)**

*Figura 8. 4.*

***Vista de perfil de una Pendiente natural reducido de un varadero.***

**2- Cuando la pendiente es mayor, la profundidad del agua, sobre los picaderos del carruaje del varadero también será mayor**Carruaje

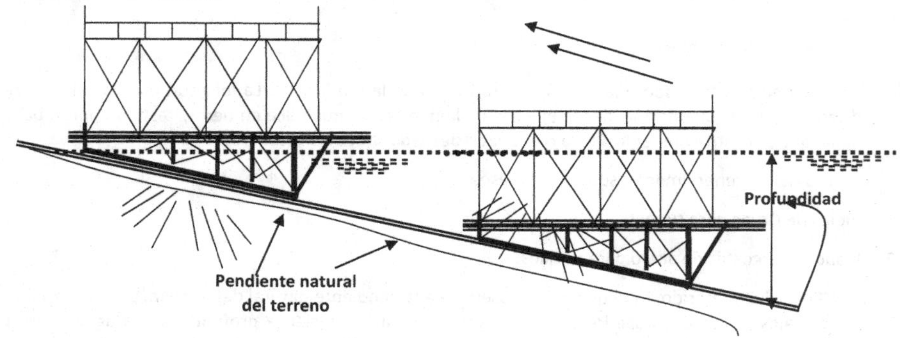


*Figura 8. 5.*

***Vista de perfil de una Pendiente natural pronunciado de un varadero.***

Los rieles colocados en forma de arco sobre el terreno, detenta la ventaja de reducir algunos de los problemas de la estabilidad del buque, porque de inmediato al posicionar la plataforma bajo el buque y al rotar la parte trasera, en su recorrido por los rieles, se obtendrá una mayor inclinación de la superficie de los picaderos, cercana a la pendiente que ostenta el asiento del buque. Este, por lo general, tendrá un asiento hacia popa. De esta manera se logra que un mayor número de picaderos haga contacto con la quilla, reduciéndose la presión en el codaste y evitándose problemas de estabilidad, al varar la embarcación. Por otra parte la profundidad requerida se adquiere con un recorrido mínimo de la plataforma para la varada del buque, utilizándose menos fuerza para arrastrar la embarcación junto con la plataforma.[70]

**3- Pendiente en forma de arco de los rieles.**

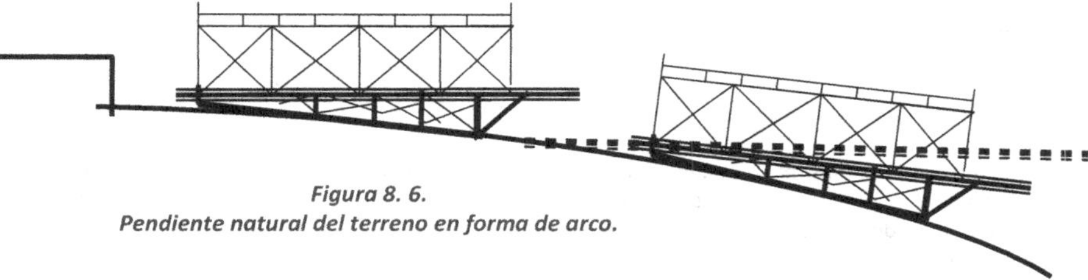

*Figura 8. 6.*
*Pendiente natural del terreno en forma de arco.*

## 8.5 Tipos de fundación

La fundación de las vías de carena, varía según la magnitud de la carga estimada, que supuestamente llevará. Para varaderos que llevarán cargas ligeras, se utilizan durmientes comunes de ferrocarril y fundaciones livianas de concreto, las de cargas moderadas exigen la instalación de pilotes de madera; y las que se estiman para cargas pesadas, tendrán pilotes de acero o de concreto. Estas cargas varían con respecto a la longitud de los rieles, es decir, la sección al final de la vía, sólo recibirá la carga, que ejerce la plataforma sumergida. Luego que este avance, creará un espacio de transición, donde empieza a intensificarse la carga, a medida que se va asentando la plataforma con el buque y se acerca a tierra. Las vigas que sostienen los rieles se fabrican de acero, madera, concreto o alguna combinación de estos materiales. Para la instalación de las vigas se utilizan dos métodos principales: Instalación con grúas e instalación con ayuda de flotadores.

[70] Heger Dry Dock Inc., Dockmaster Training Manual. Heger Dry Dock Engineers, Holliston Massachusetts 2004. Página 1-17

### 8.6 Rodillos

Los rodillos o rolas, van espaciados según la capacidad de carga por pie o metros, que contemple el diseño. Es de uso preferido, porque genera un 2%, menos de fricción que las ruedas y tiende a una distribución más equitativa de la carga, sobre la viga, debido a que el espacio entre vigas es de corta distancia. Su coeficiente de fricción es de 1 a 2%, con un ancho mínimo de 6 pulgadas y un máximo de 14, su espaciado es de 12 a 18 pulgadas.

### 8.7 Ruedas.

Las ruedas se utilizan en las vías de carena de menor capacidad. La fricción generada llega al 5% lo cual resulta muy elevado. Se requieren vigas y fundaciones de mayor capacidad, factor que eleva el costo total de la estructura. En el diseño debe incluirse un sistema de amortiguamiento para la distribución de cargas concentradas que puedan afectar a los rodillos, las ruedas, pilotes y columnas. Usualmente, se colocan almohadillas de caucho entre los pilotes y las vigas de acero. Cuando las vigas son de madera, la misma madera hace la función de amortiguador. También se pueden encontrar en algunos varaderos, amortiguadores de caucho, entre las planchas de acero y las fundaciones de concreto.

### 8.8 Fuerzas de Fricción Axial en las Vigas.

Cuando se remolca la plataforma y la cuna con el buque, se desarrolla en los rodillos una fuerza de fricción a lo largo del eje de las vigas, que es aproximadamente el 2% del peso de la cuna más el peso del buque, y 5% en el caso de que, en vez de rodillos, el varadero posea ruedas. Para lograr equilibrar esta fuerza, las vigas son colocadas directamente sobre la fundación de la maquinaria de arrastre. Además del equilibrio de la fuerza de fricción axial, se elimina con esta medida, la tendencia de la viga a separarse de los pilotes, al aplicarse la fuerza de tensión.

### 8.9 Plataforma.

Generalmente, la plataforma pueden ser de tres tipos: madera, combinación de madera y acero y totalmente de acero. En las estructuras construidas totalmente de acero, solamente la cubierta de la plataforma y los picaderos son de madera. La plataforma deberá ser diseñada con la suficiente fuerza y estabilidad, pero con la suficiente flexibilidad para resistir los esfuerzos longitudinales de flexión y torsión. El forro de madera gruesa en este tipo de plataformas viene atornilladas a una parrilla de vigas articuladas de acero. Sobre ella están anclados los picaderos y las almohadas laterales. Los picaderos para las quillas son de madera o de una combinación de acero y las almohadas laterales son combinaciones de madera dura en la base y madera suave en su parte superior, colocados sobre vigas de acero y aseguradas con platinas que enganchan la viga de acero e impiden la flotación de la madera pero que a la vez permiten el desplazamiento sobre la viga.

Las vigas están situadas perpendicularmente respecto a la viga del centro, donde van colocadas los picaderos del centro. Las vigas están espaciadas transversalmente, de popa a proa, a una distancia de 8'-0" en algunos sistemas y 12´-0" de centro a centro, en otros. La plataforma debe ser diseñada con la estabilidad y fuerza suficiente para soportar la embarcación y con la suficiente flexibilidad para disipar los momentos flexionantes y de torsión, causados por las irregularidades de los rieles. La corredera debajo de la plataforma debe tener la adecuada estabilidad para impedir volcamientos por causa del viento, las corrientes o por terremotos.

La regla general establecida para obtener la estabilidad deseada es colocar las correderas distanciadas para que cubran más o menos un tercio del ancho total de la plataforma. Otra regla que se utiliza para proveer la estabilidad de la plataforma es mantener las correderas bajo la plataforma a una distancia que sea el equivalente a la mitad de la manga del buque más grande que quepa sobre la plataforma, es decir, si la manga del buque más grande que se pueda varar sobre la plataforma es igual a 30 mts, entonces las correderas deben ser espaciadas a 15mts. Las vigas transversales del varadero se diseñan para resistir el 100 % de la carga por pie/metros. Está a la vez debe ser multiplicada por la distancia existente entre las vigas. Toda la carga debe ser concentrada en el centro de la viga y esta debe tener la capacidad de resistir los momentos flexionantes en las dos secciones laterales en voladizo, adyacentes a la línea de los picaderos del centro de la plataforma. Los momentos son causados por la acción de las almohadas del pantoque y los impactos sobre las defensas, instaladas en las columnas que sostienen las pasarelas elevadas de operación, más la acción de los aparejos y sogas en el manejo del barco, al entrar o salir. Las columnas de la estructura inferior de la plataforma conectadas a la corredera que le dan apoyo a las vigas acarrean la mitad de la carga total.

### 8.10 Máquina de arrastre.

Consiste en un motor eléctrico con un reductor de velocidad, que mueve un tren de engranaje. Los engranajes hacen girar las garruchas, que, a la vez, mueven las cadenas que suben y bajan la plataforma. Están provistos de un freno automático, que se activa al interrumpirse la corriente eléctrica. La suma del peso del barco, de la cuna y demás estructuras, inclusive la pendiente de los rieles y la fuerza de fricción imponen la carga total sobre la maquinaria.

*Figura 8. 7.*
*Cadenas de la Maquinaria de arrastre.*

Para la carga total sobre la maquinaria se puede utilizar la siguiente ecuación:

Carga de la cadena = W * Pendiente + (W + Cf)

Donde:

W = peso de la cuna más el barco y las cadenas.

Cf = coeficiente de fricción su valor es:

0.02 = para rolos o rodillos

0.05 = para ruedas.

Debe sumarse a este cálculo, un **10 %** por el esfuerzo local que se genera por la distorsión de los eslabones en las garruchas. La velocidad de arrastre de la cadena, indica los requerimientos de caballos de fuerza que debe tener el motor. La plataforma con la cuna tiende a lascar (aflojar), lo cual se controla, manteniendo una velocidad de 1 pie por minuto para que al emerger la cuna, se reduzca la tendencia de la cuna de elevarse y despegarse de los rieles. [71]

**8.11 Cadenas.**

Las cadenas deben tener eslabones uniformes, en forma y tamaño. Debe ser una estructura que embone correctamente con la garrucha dentada y que forme un lazo, sin fin, para que en el retroceso, la cadena se deslice sin dificultades. Con un arreglo de garruchas se distribuye el lazo, en forma cerrada para permitirle a la plataforma moverse en ambas direcciones. Cuando se utilizan más de una cadena debe procurarse equilibrio de la carga, para no sobre estresar una cadena más que otra. Parte de la cadena será la que arrastra, mientras que la otra sección hará retroceder la plataforma con la cuna. Las cadenas con un historial de mejor rendimiento son las fabricadas con acero aleado.

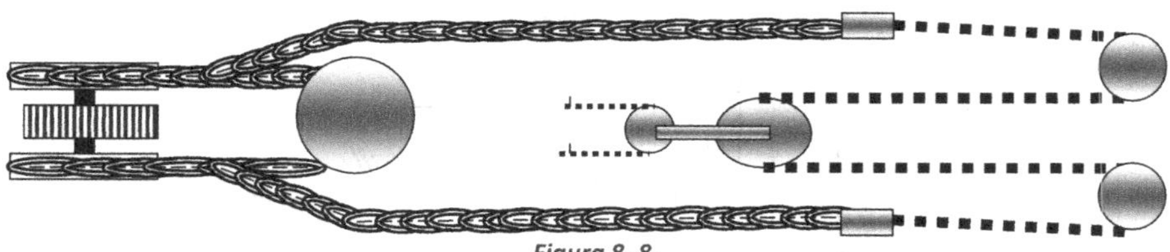

*Figura 8. 8.*
*Conjunto de Cadenas que Suben y Bajan la Plataforma del Varadero.*

**8.12 Precauciones para la Preservación de las Cadenas.**

Las dimensiones de las cadenas deben ser iguales en longitud y diámetro y cualquier seno de las mismas ha de compensarse, para evitar que unas se sobrecarguen. Deben lavarse antes de llegar a la garrucha dentada, en su recorrido, para remover toda la arena o arenisca retenida.

La arenisca, acelera el desgaste de la garrucha y las cadenas. Deben aceitarse los eslabones en el punto inmediatamente antes de entrar a la garrucha; y para prevenir su roce con las vigas transversales, se deben colocar sobre correderas especiales.

**8.13 Varaderos de Arrastre Lateral**

Se construyen cerca de ríos cuyas aguas mantienen periodos de bajos niveles de agua por mucho tiempo. Generalmente los clientes de este tipo de varadero son embarcaciones de poco calado, que deben vararse constantemente en cualquier periodo que atraviese el rio. Debido a esto este tipo de varadero debe construirse en una pendiente escarpada para que de esta forma se logre un movimiento vertical adecuado que permita la varada en cualquier periodo por el cual atraviese el rio. El sistema sin embargo presenta varias dificultades técnicas por que deben ser utilizadas múltiples plataformas con una o dos

---

[71] [71] Heger Dry Dock Inc., Dockmaster Training Manual. Heger Dry Dock Engineers, Holliston Massachusetts 2004. Pagina 1-18

cadenas lo que imposibilita determinar la magnitud de la carga. Para remediar esta situación se opta por utilizar sobre tamaños en cadenas o cables por si ocurriesen sobrecargas.

### 8.14 Varaderos con Sistema de Traslado.

Varias son las justificaciones que se analizan por la popularidad de los sistemas de traslado. Una de las aceptadas, son las líneas de montaje que se establecen en la prefabricación de buques. Otra de las razones dadas por la popularidad de los sistemas de traslado, es la posibilidad de trabajar varias embarcaciones a la vez, aparte de la modalidad de almacenar las embarcaciones durante el invierno.

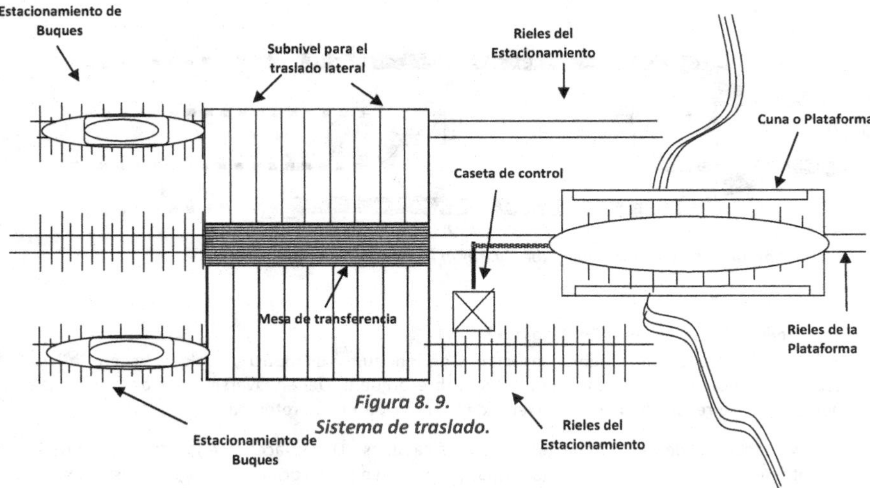


*Figura 8. 9.*
*Sistema de traslado.*

El sistema de traslado consiste en una o varias gradas de trabajo construidas sobre el suelo, en ocasiones según el tipo de suelo se hincan pilotes para resistir el peso de los carros varaderos con el de las embarcaciones. El mecanismo sobre el cual se mueven los carros varaderos puede ser por ruedas o un sistema de rodillos libre, si es necesario mantener al mínimo, el coeficiente de fricción. Los sistemas con ruedas sobre rieles son adecuados para buques de menor calado. Para buques que sobrepasan las 400 toneladas requiere el sistema de rodillos para el desplazamiento de la carga. El sistema de traslado longitudinal con monorriel es el más económico para el traslado de embarcaciones pequeñas. No es posible el traslado longitudinal en áreas donde existen menos variaciones de la marea donde se requiere extensión de los rieles y en los varaderos de gran tamaño con múltiples cadenas de arrastre.

### 8.15 Ventajas y Desventajas del Sistema

**Ventajas:**

__Los costos iniciales de construcción son bajos.

__Es relativamente rápida la varada y desvarada.

__Si se pueden acomodar los rieles al declive natural del terreno, se elimina los trabajos de dragado.

__Puede acoplarse, fácilmente, a un sistema de traslado de buques.

__Buques con esloras mayores que la plataforma del varadero, pueden ser varados extendiendo la popa y la proa, sobre los extremos de la plataforma, siempre y cuando no se excedan las limitaciones de carga por metro o por pie del varadero.

**Desventajas:**

__Parte de su estructura requiere mantenimiento bajo el agua.

__Las piezas deben ser reemplazadas periódicamente.

__Es una estructura fija que no puede ser trasladada.

__Los rieles pueden recibir golpes de las embarcaciones.

__ La estrechez del espacio geométrico, en la pasarela elevada sobre las paredes laterales donde se trabajan los cabos y aparejos para el centrado de la embarcacion.

__ Una vez varado el buque, la plataforma es de difícil acceso.

__ Limitaciones en cuanto el tamaño de buques que pueden ser varados.

### 8.16 Resumen.

Concluimos que el varadero sobre rieles aventaja en rapidez a los diques de carena y al dique flotante en la varada y la desvarada de un buque. Superado en rapidez para varar y desvarar un buque solamente por el elevador de buques. Sus desventajas como vimos en nuestro estudio, lo constituyen las limitaciones en cuanto el tamaño de buques que se permite varar y el espacio geométrico reducido que limita el movimiento de los trabajadores y que se complica en los varaderos cuyo sistema de arrastre genera movimientos irregulares durante la subida y bajada lo cual causa dificultades con el centrado del buque. Volvemos a recalcar lo crítico de mantenerse dentro de los límites establecidos de carga máxima. Los factores de seguridad aplicada a la secuencia de actividades son fundamentalmente las mismas que se deben cumplir para todo tipo de diques.

### 8.17 Preguntas de Repaso.

1- ¿Cuáles son las partes principales de un varadero ferroviario?

2- Mencione dos métodos con que se tienden los rieles.

3- Qué tipo de fundación utiliza este sistema para sostener los rieles.

4- Cuáles son los factores fundamentales para la planificación de la varada en este sistema?

5- Diga qué precauciones deben observarse para la preservación de las cadenas.

6- Explique cuáles son las ventajas y desventajas de este sistema.

7- ¿Cuál es la fórmula para calcular la carga total sobre la maquinaria?

8- Describa la plataforma de levantamiento.

9- Explique algunas ventajas y desventajas importantes del sistema.

**Bibliografía.**

1- The Crandall Drydock Story, 1840-1890. www.crandalldrydock.com/historyhtml.

2- Heger Dry Dock Inc., Dockmaster Training Manual. Heger Dry Dock Engineers, Holliston Massachusetts 2004.

3- Mazurkiewics, B. K. Design and Construction of Dry docks. Gulf Publishing Company Houston, Texas, U. S. A. 1981

## CAPÍTULO 9
## ELEVADOR VERTICAL DE BUQUES E IZADOR PÓRTICO MÓVIL

*Figura 9. 1*
*Traslado de un Remolcador a la plataforma del elevador vertical.*

### 9.1 Introducción.

El elevador de buque es una estructura integrada por una plataforma estructurada con vigas de acero revestida de madera. Sobre ella están tendidas varias hileras de rieles por donde corren los carros varaderos, con los picaderos amoldadas a la forma del casco del buque. La plataforma está suspendida por motores sincronizados anclados sobre dos muelles de hormigón en ambos lados de ella. Su más destacada característica es la celeridad con que se realiza la operación de varada y desvarada. El peso del buque, los carros varaderos y la plataforma descienden al agua y se elevan fuera de ella por la acción de los guinches hidráulicos o eléctricos conectados a la fuerza motriz sincronizada. Elegimos para este estudio dos tipos de elevadores con diferentes sistemas: son estos, el sistema synchrolift y el sistema Bardex. Haremos comparaciones y descripciones en este apartado del synchrolift del astillero de Mt. Esperanza de la Autoridad del Canal (ACP) en la República de Panamá y al elevador de buques de la compañía Bardex de Goleta Point en Ventura CA, USA. El elevador vertical de buques es un sistema electromecánico cuya función, tal como lo describe su nombre, es elevar buques fuera del agua. Por su construcción la plataforma puede ser articulada (sistema Synchrolift) o también puede ser rígida (sistema

Bardex). Las vigas de acero bajo la plataforma articulada esta sostenida por cables de acero enrollados a chigres que están conectadas a motores sincronizados espaciados longitudinalmente en ambos lados de la plataforma. El elevador de buques fabricada por la corporación Bardex, posee una plataforma rígida conectada a cadenas de eslabones dobles, movidas por gatos hidráulicos especiales. En los siguientes párrafos, haremos comparaciones de ambos sistemas que describan sus mecanismos y su funcionamiento. Al final del capítulo, hemos organizado una presentación somera de otros sistemas de elevadores verticales de buques, que, aunque son menos conocidos, creemos que sus diseños han aportado innovaciones importantes a este método de extraer y reintroducir embarcaciones dentro y fuera del agua. Seguros de que el lector después de estudiar este capítulo podrá:

- Reconocer las diferencias principales entre los sistemas de Elevadores verticales.
- Poder realizar una inspección visual y general del sistema.
- Comparar este sistema con otros ya estudiados.
- Manejar con mayor seguridad las limitaciones del izador pórtico sobre ruedas
- Balancear la carga en el Izador pórtico ruedas.

### 9.2 Sistema Synchrolift.

Los elevadores verticales de buques, conocidos como "Synchrolift" por sus motores de izamiento sincronizados, fue una creación del Arquitecto Naval, Raymond Pearlson. El primer prototipo fue fabricado en Miami, Florida, en 1957 y se utilizó para la construcción y reparación de los yates Bertram. El levantamiento de la plataforma se efectúa por medio de un sistema de chigres sincronizados, conectados a las vigas de la plataforma, por medio de cables de acero. El sistema se encuentra en operación en varios países, con capacidades variadas, de 100 hasta las 10000 toneladas de peso muerto. Entre los más grandes hasta ahora, se encuentra el de las Palmas en las Islas Canarias con una plataforma de levantamiento de 172 metros de longitud y 30 metros de ancho, operado con 64 motores sincronizados y un sistema de transferencia de buques, con un área de carena capaz de acomodar, 15 embarcaciones a la vez. Otro de gran tamaño se encuentra en Johore Bahru, Malaysia. Perteneció al astillero Todd Pacific Shipyard de California. Las dimensiones de la plataforma son, 188 metros por 33.8 metros y una profundidad 8 m, es izada por un total de 110 chigres con sus motores eléctricos. Actualmente está en remodelación para incrementar su capacidad, para varar cargueros de granel, Panamax de 80000 peso muerto (dwt). El elevador de buques de este sistema de mayor capacidad en sur américa, hasta ahora, pertenece al astillero Tandanor S.A en Argentina. Sus dimensiones son: 236.74 metros de longitud por 32 metros de ancho, y su plataforma es izada por 82 chigres eléctricos sincronizados.

### 9.3 Descripción del sistema.

El sistema synchrolift es el más antiguo y el más conocido de todos. Lo integran 5 partes principales, que son las siguientes:

1- Mecanismo de Levantamiento.

2- Motores Eléctricos Sincronizados

3- Sistema de Control Atlas

4- Muelles de Soporte

5- Plataforma De Izamiento construido sobre una parrilla de vigas articuladas de acero.

6- Sistema de Traslado.

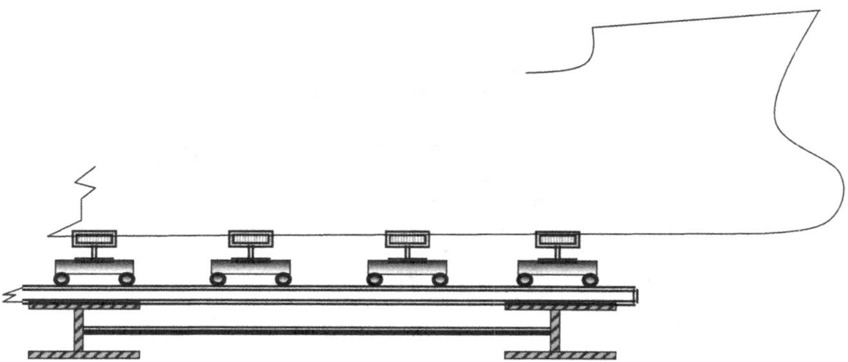

*Figura 9. 2.*
***Sección longitudinal entre vigas de soporte de la plataforma de un elevador vertical.***

**9.4 Mecanismo de levantamiento.**

El mecanismo de alzamiento consiste en varios motores sincrónicos eléctricos conectados a un panel de control. El número de motores depende del tamaño del sistema. Los motores hacen girar un tambor donde van enrollados los cables de acero que levantan a las vigas principales. Están distribuidos a lo largo de los dos muelles de soporte. Las partes del mecanismo de levantamiento son:

9.4.1 Motores eléctricos sincronizados.

Se compone de:

1- Frenos automáticos: frenos de discos, se activan cuando cesa el flujo de corriente eléctrica y se liberan al reanudarse la corriente.

2- Engranajes: funcionan en combinación con los criques.

*Figura 9. 3*
*Motores de Izamiento del elevador vertical de buques y rieles de traslado.*

3- Cables de Acero: van conectados a las garruchas de las vigas principales y enrolladas a los tambores de izar o chigres.

4- tambor de izar o chigres: Están conectados a los motores eléctricos y su función es izar la plataforma por medio de los cables de acero.

5- Freno de linguete y crique: Actúa como freno para prevenir que se suelte el tambor con los cables.

6- Garruchas: Están conectadas a las vigas principales de la plataforma. Los cables pasan por ellas y se enroscan a los tambores de los motores de levantamiento.

7- Elementos o celdas de carga: Su función consiste en monitorear la carga sobre la mes

9.4.2 Sistema de control ATLAS

El sistema de control ATLAS es una innovación al mecanismo de control. Está basado fundamentalmente, en un ordenador que colecciona y analiza datos obtenidos de los sensores instalados en las vigas principales que sostienen la plataforma, conectados por cables a los chigres. Desde la estación de control el operador puede observar, reaccionar y corregir cualquier anomalía o discrepancia que ocurra, durante la operación. El sistema se compone de: transductores y acondicionadores de señales, instalados en cada chigre, controlador lógico programable (PLC), una estación de trabajo, donde se encuentra la computadora, con un monitor a colores, teclado y una alarma audible con interruptor de emergencia. Los acondicionadores de señales procesan la señal que envían los transductores, conectados a los extremos de los cables. El controlador lógico, mide los valores y los envía a la estación de trabajo, donde son desplegados en el monitor de colores de la computadora. También se provee un sistema de alarma audible, con un interruptor de emergencia. Convenientemente, pueden imprimirse los datos pertinentes a la distribución de cargas, en distintas condiciones y su efecto sobre la plataforma, de todos los buques varados en el pasado.

9.4.3 Muelles de soporte.

Son muelles de concreto, situados en ambos lados de la plataforma, son los soportes de los motores y parte del área de trabajo. Sobre esta superficie se colocan los aparejos y es por donde transita el personal que participa en la maniobra.

*Figura 9. 4.*
*Muelle de soporte del Elevador Vertical.*

**9.5 Plataforma de izamiento.**

Los requerimientos y restricciones en toda varada son: las embarcaciones deben tener una manga máxima tal que: se mantengan espacios laterales, de 3 pies (91.44 cm) a 4 pies (122.92 cm) entre el buque y el muelle de soporte. La plataforma debe poseer suficiente fuerza transversal para el izamiento de la carga del barco en su centro, ya que la fuerza de levante ocurre a lo largo de los dos bordes longitudinales y es por ello una de las restricciones en el diseño es mantener un ancho estructural mínimo. La fuerza transversal de la viga será mayor, mientras más angostas sea su longitud. La plataforma está constituida por un emparrillado de vigas longitudinales y transversales de acero. Las vigas mayores poseen en ambos extremos, garruchas que se conectan a los cables de izamiento enrollados a los chigres que se accionan por motores eléctricos. La estructura de vigas de la plataforma está cubierta por un forro de madera. Entre la cubierta de madera, se montan rieles en la dirección longitudinal, y se distribuyen de acuerdo al sistema de carros de trasbordo, y al modo de traslado. El espesor de la cubierta de madera varía entre espesores de 4 pulgadas (8.16 cm) a 8 pulgadas (21.32 cm), aproximada y generalmente son fabricados de pino o abeto Douglas. Son pocas las plataformas, que poseen la capacidad de inclinar longitudinalmente sus plataformas, para ajustarlas al asiento del buque. Si existiese dicha posibilidad, se lograría una mejor distribución de la carga sobre los picaderos, lo cual agilizaría la operación de varada, por la eliminación del proceso de nivelar la embarcación para minimizar o eliminar el asiento.

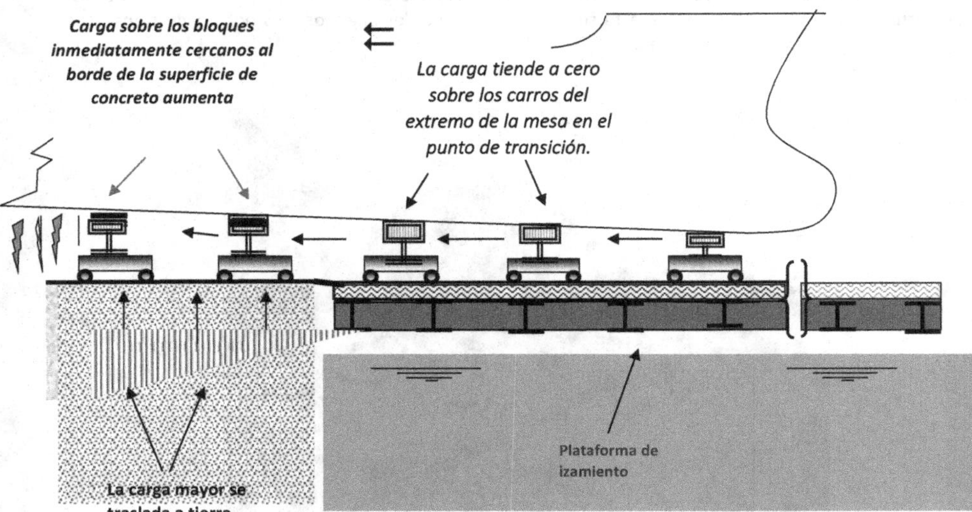


*Figura 9. 5.*
***Traslado de un buque del aparcamiento a la plataforma del elevador.***

Secciones de rieles cortas, unen los extremos de los rieles de la plataforma con los rieles del patio de aparcamiento. El extremo de la conexión de los rieles cortos con la plataforma es particularmente vigilado por medio de sensores electrónicos, que miden el hundimiento de los rieles de la plataforma, causado por el peso del buque al pasar durante la maniobra de arrastre (Véase la Figura 8.3). Por ser una estructura articulada, de vigas transversales y una cubierta de madera suspendida por cables, es menos rígida que el patio de carena en tierra firme, donde los rieles están apoyados sobre una fundación de hormigón. Al realizarse el traslado de la plataforma al patio de estacionamiento, las fluctuaciones de los niveles al pasar sobre los rieles se vigilan desde la caseta de control. Desde ella se realizan los ajustes continuamente de dichas variaciones, según avancen los carros de la plataforma con el buque a tierra firme. Se procura no exceder los límites elásticos del material sobre los carros, para evitar el aplastamiento de los componentes de madera. Si esto ocurriese se correría entonces, el riesgo de que se inicie una sobrecarga total del resto del sistema de apoyo.

9.6.1 Sistema de traslado Synchrolift de doble nivel.

El synchrolift de Mt. Esperanza utiliza el sistema de doble nivel para el traslado de las embarcaciones de la plataforma de izamiento a las gradas de trabajo. Este sistema requiere un área mayor para su instalación. Los rieles están tendidos en un foso en la misma dirección transversal de la excavación, a una distancia que abarca la anchura de la grada de trabajo y a una distancia prudente y no muy alejada de la plataforma de izamiento.

9.6.2 Área de aparcamiento de los buques.

El área de aparcamiento puede estar revestida de hormigón y en ocasiones son áreas con rellenos de arena y piedra entre vigas de hormigón por donde se tienden los rieles también pueden ser planchas de acero en donde se utilizan carros especiales o trenes de rodillos especiales sobre los cuales se trasladan las embarcaciones. En cualquiera de los casos, vienen colocadas un mecanismo de transición entre el aparcamiento y la mesa o plataforma de izamiento. Este mecanismo puede ser una una simple sección de riel que sirva de puente entre las dos áreas para que permita el paso de los carros de varada. Recientes visitas a múltiples astilleros confirman la nueva modalidad de instalar grandes techos portátiles para la protección de los trabajos y para contrarrestar la contaminación del medio ambiente. Sobre los rieles del fondo de la fosa, se hace deslizar la plataforma con ruedas, llamado también carruaje de trasbordo, con sus respectivos rieles instalados en su parte superior, espaciados y alineados a la misma altura y en la misma dirección de los rieles de la plataforma de izamiento. Después de mover el buque hasta el carruaje de trasbordo, éste es arrastrado transversalmente hasta que coincidan los rieles con los de la sección seleccionada. El movimiento transversal del carruaje es accionado por cables jalados por chigres. Los costos iniciales de este sistema son más elevados que otros sistemas, sin embargo, son aceptables por el ahorro alcanzado en cuanto a mano de obra para su operación y la rapidez de entrada y salida de las embarcaciones.

9.6.3 Medidas de prevención durante el traslado.

Las medidas preventivas, se ajustan al tipo de elevador que se opera, pero fundamentalmente, estas son iguales y básicas para todo sistema. A continuación, mencionamos las que son esenciales.

1- Inspeccionar los rieles y las ruedas de los carros, lavar con chorros de agua a presión, si es necesario.

2- El material de contacto sobre los carros, deben tener la suficiente elasticidad que permita la distribución de la carga, una vez que los carros estén en movimiento y se generen cualquier anormalidad en la carga, debido a las irregularidades en los rieles. El material sobre los carros es generalmente, combinaciones de madera suave y dura. Si la carga del buque es de tal magnitud, que se crean dudas de poder lograr la elasticidad deseada, se debe incluir entre la madera dura, madera suave o materiales como cauchos o polímeros, cortados en forma de tiras o en planchas, con un grosor que les permita comprimirse y amortiguar las variaciones en la carga durante la marcha.

Algunos astilleros incluyen entre los componentes de los picaderos, cajas especiales de acero llenas de arena, para los casos en que se tenga que extraer alguna de las capas de madera, después de una varada (Véase la Figura 8.7). Son cajas con uno o dos de sus lados desmontables, de tal manera que se puedan desarmar para sacar la arena y aflojar la madera, dejando libre el espacio, después de liberar el picadero bajo la carga. Luego de la reparación o pintura del área, se reemplaza la arena de la caja, con un relleno de madera colocadas con cuñas que se utilizan para apretar la madera contra el casco. Aun teniendo el componente de arena en el sistema de apoyo, se recomienda la inclusión de piezas de hule sintético o madera blanda o la combinación de ambos, procurando mantener una cama elástica para absorber la carga irregular durante el traslado.

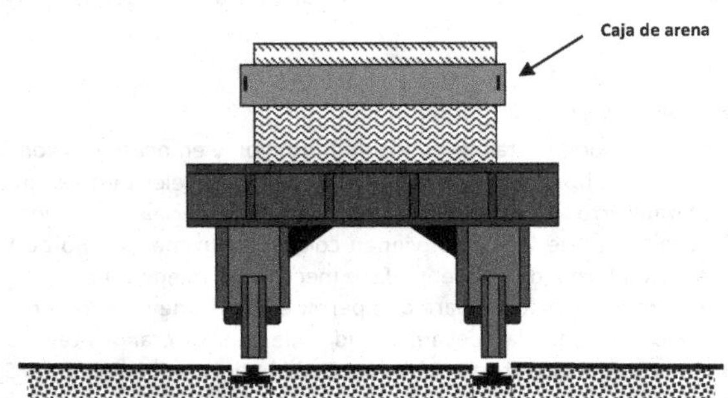


***Figura 9. 6.***
***Carro Varadero armado con caja de arena sobre la madera.***

Las innovaciones creadas por la compañía Synchrolift han contribuido a reducir los tiempos de varada. Atravez de nuevos sistemas de transferencia que logran incrementar la cantidad de buques que se puedan varar acelerado la producción en los astilleros que utilizan el sistema. Los sistemas de rieles automáticos que sostienen el peso del buque sobre un lecho líquido capaz de acomodar y distribuir la carga de forma flexible y eficiente, Sistemas de carros Flex los cuales poseen llantas y luego de recibir la embarcacion se trasladan automáticamente con su propio sistema propulsor y los de ruedas múltiples que también son automatizadas. Estos sistemas de carros con auto propulsión permiten mayor flexibilidad al momento de estacionar el buque. Además de estas innovaciones también otros que han agilizados los tiempos de varada y desvarada en el sistema elevadores otros también han se trabajan con nuevos mecanismos de brazos automáticos que le dan el soporte lateral a la astilla muerta, sistemas de posicionamiento para la entrada al dique, nuevos bloques de material sintético que reemplaza los de madera dura y nuevos sistemas estabilizadores laterales capaces de permitir la varada solamente sobre picaderos centrales.

**9.7 Sistema de elevador vertical de buques BARDEX.**

Es un sistema fundamental distinto por el método de elevación que utiliza. El sistema utiliza gatos hidráulicos de cadena.[72]

---

[72] Bardex Corporation. *Shiplift and Transfer Systems* 6338 Lindmar Drive, P. O. Box 1068 Goleta California 93116, U.S.A.

*Figura 9. 7.*
*Gato Hidráulico para cadenas. Cortesía de Elevador Bardex En Goleta CA.*

9.8 Gatos de cadena.

El gato de cadena es un dispositivo de doble acción, consta de un cilindro hidráulico especial para el izamiento de las cadenas de fondeo, con pestillos que engranan y desengranan alternadamente, en el instante en que se mueve cada uno de los eslabones de la cadena.

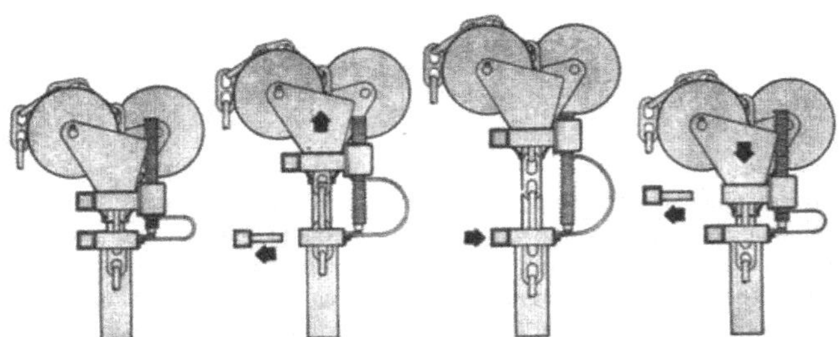

*Figura 9. 8.*
*Secuencia operacional de los Gatos hidráulicos.*

La elevación de la plataforma es gradual, de eslabón en eslabón. Los mismos están articulados y equidistantes, con suma precisión y giran alrededor de una rueda dentada Los pestillos se engranan hidráulicamente, de tal forma que un pestillo no puede zafarse sin que antes se engrane el otro. El gato de cadena opera en línea recta, bajo tensión, en un ciclo intermitente donde el operador, después de completar un ciclo, inicia otro, hasta terminar el ascenso o descenso Todos los gatos de cadena se sincronizan para una posición, indiferentes a la carga, proveen un levantamiento uniforme de la plataforma. Cualquiera discrepancia, aunque mínima, se elimina al final del recorrido del cilindro. La velocidad de izamiento del sistema es de aproximadamente de 1 a 2 pies por minuto. La cadena de fondeo está fabricada con aleaciones de acero forjado. Se garantiza una duración de 25 años.

*Figura 9. 9.*
*Caseta de Control.*

**9.9 Plataforma de izamiento Bardex.**

Esta plataforma es de forma rectangular, con una cubierta de madera sobre una estructura de vigas de acero. Dependiendo del método de trasbordo preferido, la plataforma tendrá rieles ferroviarios en su superficie o deslizadores longitudinales de acero, en la cubierta. En el sistema de rieles corren carros varaderos y en los deslizadores de acero, se desliza una estructura de vigas, con la cuna de bloques que soportan al buque, montados sobre ellas. En el sistema que lleva deslizadores se introducen en ocasiones, trenes de rodillos especiales, entre los deslizadores y la estructura de viga con los apoyos de la embarcación. La plataforma levantada por cadenas no requiere de ajustes durante la transición de la

*Figura 9. 10.*
***Plataforma del elevador de buques***
***Cortesía de Bardex Corporation, Goleta California.***

embarcación, debido a que la deflexión producida es mínima, en comparación con las plataformas suspendidas por cables.

**9.10 Sistema de traslado Bardex con carros hidráulicos.**

La corporación Bardex ha utilizado este sistema por muchos años. Las gradas de estacionamiento para las embarcaciones, que por lo general están revestidas de hormigón, llevan sobre ellas el tendido de rieles de acero espaciados de acuerdo con las dimensiones de los carros de varada. El traslado es generalmente en dirección transversal. Facilita de esta manera, la distribución de embarcaciones a las distintas partes del estacionamiento, dependiendo del área disponible. En los sistemas de traslado sobre el nivel o superficie del terreno, el reticulado de rieles deberá ser perpendicular a la dirección de los que están instaladas en la plataforma de izamiento y, además, necesitaran de un tren de carros especiales que contengan espaciadas convenientemente entre su estructura, gatos hidráulicos capaz de levantar el peso del buque mientras se giran a $90^0$ las ruedas de los carros para hacerlas coincidir con los rieles transversales. El traslado en el astillero Bardex se realiza por medio de un sistema de carros hidráulicos. Consiste en un tren de carros, unidos longitudinalmente por dos vigas de acero, arriostrados entre sí, que corren sobre rieles ferroviarios estándares, conectadas a durmientes de hormigón sobre piedra triturada que permite la distribución de la carga. Dos o más, de estas estructuras se deslizan bajo el buque, izado en la plataforma, para elevar la estructura con gatos hidráulicos con el buque montado sobre sus apoyos, y de esta manera se realiza el traslado. Cada carro posee un gato hidráulico en su centro. Pegadas a las vigas principales se encuentran unas columnas de acero, en ambos lados de cada carro. Su función es sostener la estructura, cada vez que el gato la eleva para cambiar de dirección. Vea la Figura 9.11.

*Figura 9. 11.*
***Estructura para el traslado y los Cambios de dirección en el elevador Bardex.***

Cuando se desactiva el gato hidráulico que soporta el peso, toda la estructura permanece apoyada sobre las columnas, y las ruedas quedaran libres para ser giradas hacia la dirección deseada. Aparte de poder ser transportado la cama de carros completa por un mecanismo externo, se ha incorporado en cada ensamble de carros, un mecanismo propulsor, integrado a la misma estructura. El sistema facilita la ejecución de proyectos de remodelación de embarcaciones, donde se realizan cortes que separan y vuelven a unir la estructura. Los gatos contribuyen grandemente al permitir la elevación y el descenso de las secciones de la estructura, según las necesidades de alineación y acoplo, sin necesidad de recurrir a fuerzas externas.

*Figura 9. 12.*
*Sistema de Deslizamiento sobre trenes de rodillos*
*Cortesía de BARDEX Corporation.*

**9.11 Sistema de Deslizamiento sobre vigas de acero.**

En este tipo de traslado la embarcación va montada sobre apoyos de madera y éstas sobre una estructura hecha de vigas que se hacen deslizar sobre otras de acero enterradas bajo la superficie, pero con su parte superior al descubierto y al nivel del terreno. Están distribuidas alrededor de toda el área del complejo de carena, en ángulos rectos entre sí, partiendo desde la plataforma del elevador. La estructura es propulsada por gatos hidráulicos de gran potencia, conectados a unos brazos que se agarran y sueltan los rieles en un ciclo con que se logra deslizar la estructura junto a la embarcación hacia adelante. Los agarraderos se alargan y se contraen moviendo hacia delante, toda la estructura, sujetándose a las vigas afianzadas al piso. Los gatos son activados por unidades hidráulicas, impulsados eléctricamente o por medio de motores diesel. Este sistema de traslado no requiere de excavaciones, la operación se realiza al nivel del suelo.

**9.12 Sistema de Traslado sobre Rodillos.**

Con este sistema de traslado, los gatos hidráulicos utilizan menos fuerza al empujar la carga. El deslizamiento se realiza de la misma forma y con el mismo equipo que en el sistema de viga sobre viga. Difiere por la introducción de los trenes de rodillos. La viga de acero bajo la estructura, en que va apoyado el buque, se desliza sobre un tren de rodillos. Según avanza la estructura con el buque, las secciones que se quedan atrás, se van reponiendo al frente, hasta llegar al área designada.

## 9.13 Sistema De Elevadores Verticales Rexroth Hydraudyne

En la década de los 70, la compañía holandesa Rexroth Hydraudyne fabricó su primer elevador vertical marino de buques. En sus primeros elevadores, se utilizaron cilindros hidráulicos para subir y bajar las plataformas y años más tarde, fueron agregados chigres especiales a la operación. En la década de los noventa, fueron añadidos los sistemas de propulsión eléctrica. En 1997 Rexroth construye un elevador vertical marino, para el astillero Volkswerft en Stralsund, Alemania, de 233.0 × 34.5 metros y con una capacidad neta de 27000 toneladas. Actualmente es considerado uno de los más grandes de este sistema, de los que se hayan construido hasta el presente. En el resto de su estructura es muy similar a los otros sistemas de elevadores. Las diferencias significativas, en comparación con otros sistemas, se observan en la fundación bajo los chigres, el diseño de los carruajes, donde van montados los picaderos y en el sistema eléctrico. Las garruchas acanaladas superiores y el extremo del cable van montadas sobre una viga colocada al frente de los chigres.[73]

### 9.13.1 Sistema de Izamiento

El izamiento es accionado por cilindros hidráulicos, chigres a propulsión hidráulica o por chigres accionados por motores eléctricos. Los chigres son compactos con sus engranajes encerrados. Por esto, pueden funcionar al descubierto, sin necesidad de ser tapadas. La garrucha superior está montada en la viga base de la fundación, que se encuentra directamente frente al chigre. En la viga, también se conecta el extremo final del cable como parte del ensamble de la plataforma. Los chigres poseen la particular característica de un arranque controlado y suave, garantizándose mayor durabilidad a los engranajes y a los cables.

### 9.13.2 Control de Potencia.

Los chigres levantan la carga máxima sin fluctuaciones en la velocidad del recorrido vertical de la plataforma. Sin embargo, la velocidad del recorrido puede incrementarse, si se tratase de cargas más livianas. Se combina la capacidad de iniciar el movimiento y detenerlo suavemente, con la capacidad de imprimirle al sistema, múltiples velocidades.

### 9.13.3 Plataforma de izamiento.

La precisión del sistema de control permite manejar tanto a las plataformas de construcción rígida, como las de construcción articulada. La plataforma puede inclinarse, longitudinalmente para igualar o minimizar el ángulo entre el asiento del buque e inclinarse, transversalmente para acomodar una embarcación con escora. Esta función es significativa en la operación de varada de buques con asientos o con escoras que no se puedan eliminar o corregir. La inclinación de la plataforma, dentro de las limitaciones operacionales de seguridad del elevador, reduce el riesgo de vara con asiento arriba mencionados.

### 9.13.4 Sistema de traslado longitudinal y transversal.

El traslado se realiza sobre rieles ferroviarios estándares y sobre vigas de acero tendidos longitudinal y transversalmente. En algunos sistemas también se incluyen los sistemas convencionales de transferencia de dos niveles, cuando los requerimientos de traslado consisten en lograr la mayor velocidad

---

[73] Rexroth Bosch Group ***Rexroth Hydraudyne Shiplift*** Rexroth Hydraudyne B. V. Systems & Engineering Kruisbroeksestraat 1 5281 RV Boxtel P. O Box 32, 5280 AA Boxtel, The Netherlands

posible en la maniobra de traslado del buque. El tipo convencional de dos niveles como se describió anteriormente consiste en un área de excavación rectangular, donde corren rieles transversales para traslados laterales, dirigidos a la pronta repartición de los buques las áreas de reparación y construcción. Luego de ser izado, los dos carruajes son arrastrados, hasta quedar alineadas las ruedas del carruaje de arriba, con los rieles transversales del área de trabajo. Hydraudyne fabrica además, sistemas de traslado de doble nivel, del tipo convencional, con carruajes de trasbordo que se deslizan dentro de un foso sobre rieles transversales. El carruaje con el buque se remolca hasta montarlo encima del carruaje de trasbordo y luego el conjunto se arrastra hacia una de las ubicaciones designadas. El sistema de trasbordo al nivel de la superficie no requiere de fosas para realizar el cambio de dirección. El cambio de dirección se realiza al nivel de los rieles de la plataforma. Los rieles transversales están colocados perpendicularmente a los longitudinales, ambos sobre el nivel del suelo. El movimiento transversal hacia las ubicaciones o gradas de reparación se efectúa por medio de un tren de carros interconectados con vigas de acero, con gatos hidráulicos especiales, integrados a cada carro y con unas columnas de acero al lado, que actúan como puntales, cada vez que se accionan los gatos. El cambio de dirección se realiza elevando la carga con los gatos hidráulicos y transfiriéndolas a las columnas, para girar las ruedas 90 grados para conectarse a los rieles transversales. Después de la alineación de los rieles, se desactivan los gatos para bajar las ruedas sobre los rieles transversales. En los carruajes de traslado, vienen integrados en cada grupo de carros, un motor propulsor que elimina la necesidad de equipos externos para el arrastre, con el propósito de minimizar el tiempo de traslado de la embarcación. Su sistema de traslado permite el acolchonamiento de la carga entre las ruedas de los carros varaderos y el buque, por medio de gatos hidráulicos. Este sistema se denomina “cama hidráulica o de soporte por fluido”. El sistema hidráulico de soporte de los carros compensa la carga adicional causada por la irregularidad de la superficie de los rieles por donde corren los carruajes con el buque y la necesidad de materiales elásticos en la cama de picaderos. Los gatos hidráulicos entre la rueda y la carga mantienen un balance entre las cargas, distribuyéndola equitativamente sobre los soportes, independientemente de las diferencias de alturas en los rieles, durante el arrastre. En algunos elevadores verticales se han incorporado puntales hidráulicos laterales, que actúan como brazos estabilizadores (Recientemente Synchrolift ha incorporado a sus sistemas este tipo de aparato estabilizador). Algunos de estos aparatos vienen conectados a las vigas transversales del conjunto de carros. Los brazos estabilizan la embarcación, aplicando presión sobre los costados de la embarcación, una vez que la quilla toque los carros del centro. Otros elevadores para embarcaciones pequeñas, de este género, poseen escuadras hidráulicas colocadas sobre columnas laterales, con la habilidad de deslizarse vertical y horizontalmente, en ambas bandas del conjunto de carros. Tan pronto la quilla se apoye sobre los picaderos del centro, las escuadras laterales se ajustan a los costados de la embarcación para estabilizarla del mismo modo que lo realiza el sistema de puntales laterales detallado al inicio del párrafo. Los soportes laterales, eliminan la necesidad de picaderos bajo el pantoque.

**Ventajas.**

a- Es rápida su operación.

b- Facilita el traslado de la embarcación al área de aparcamiento.

**Desventajas**

Entre las más importantes podemos mencionar las siguientes:

a- Costo inicial elevado.
b- Mantenimiento costoso.
c- Maquinaria de alta tecnología expuesto a un ambiente corrosivo.
d- El área bajo la plataforma es de difícil acceso para el dragado y la limpieza.

La maquinaria de alta tecnología y los cables de acero para el izamiento de la plataforma están expuestos al agua de mar, hostilmente corrosivo. Esto representa el factor de mayor atención, en materia de mantenimiento del sistema. De acuerdo con los reportes sobre los elevadores, de algunas compañías, estas cumplen con una vida promedio activa de casi 20 años. Aun así, los cables de acero se han constituido en un punto de controversia, por el temor generado por el ambiente de salinidad, a que están expuestos y a las dificultades de inspección y mantenimiento de estas. Aunque la apariencia del cable no refleje considerable deterioro, pueden existir focos de corrosión en su núcleo que no se detecta a simple vista. Se corre el riesgo de fallas en las hebras exteriores al doblarse en su trayecto por la garrucha. Los fabricantes de cables, ante este problema han tratado de mejorar su producto cubriendo el núcleo del cable, con plástico líquido de alta densidad, a fin de eliminar la necesidad de lubricar constantemente el cable en su interior y solamente lubricar las hebras externas.

### 9.14 Grúa Pórtico Marino sobre Neumáticos (Travel-Lift)

Una grúa pórtico sobre ruedas, es una maquinaria que se desplaza sobre neumáticos, con motor propio, capaz de levantar una embarcación y trasladarla de un lugar a otro. En vez de una plataforma, utilizan eslingas anchas de nylon para levantar la embarcación del agua.

***Figura 9. 13.***
***Grúa Pórtico Marino***
***Cortesía de Eyvard Castillo.***

Como el elevador de buques, requiere de dos muelles de soporte, con una distancia entre los muelles del ancho equivalente al ancho transversal entre ruedas de la grúa, especialmente para que pueda posicionarse, justamente sobre la embarcación que en ese momento flota entre los muelles, guiar las correas a su alrededor, y colocarlas en las partes resistentes de la embarcación, de tal forma de que se evite deformar el casco. En ocasiones se construyen camas con picaderos, en lugares estratégicos temporales, dentro del área de trabajo para que la grúa pórtico coloque sobre dichas camas las embarcaciones que han de repararse. Sus partes principales son:

1. Maquinaria elevadora con eslingas de acero.

2. Estructura sobre ruedas.
3. Correas de nylon ajustables.
4. Muelle de soporte.

Una vez suspendida la embarcación por las eslingas, el Izador o grúa pórtico móvil puede dirigirse por propulsión propia a cualquiera de las áreas transitadas designadas, para colocar la embarcación.

9.14.1 Márgenes permisibles entre la estructura de la grúa pórtico y la embarcación.

La manga de la embarcación debe ser menor que la distancia entre los muelles de soporte de la estructura de la grúa. Debe haber suficiente espacio entre el mástil y la superestructura de la embarcación y las vigas transversales de la grúa, para la entrada de la embarcación sin tropiezos para su izamiento. Es importante verificar las dimensiones actuales de la embarcación antes de intentar el izamiento.

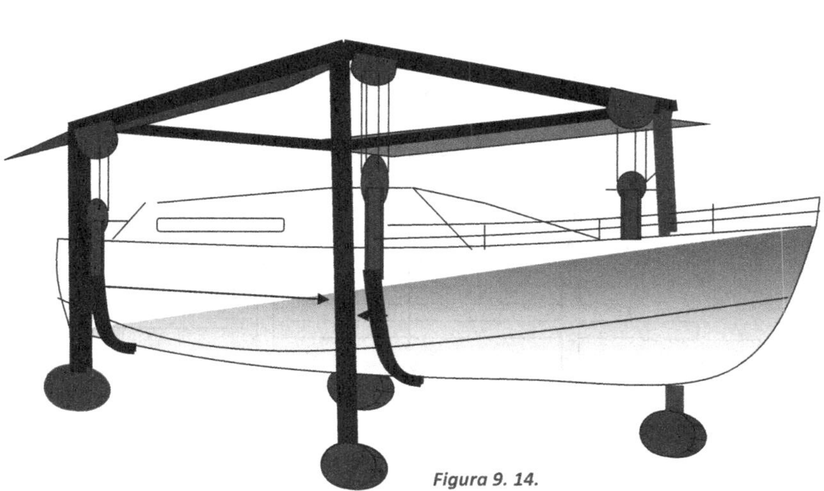

*Figura 9. 14.*
*Izador pórtico liviano sobre ruedas.*

9.14.2 Carga máxima por Eslingas.

La carga en cada eslinga debe estar repartida igualmente (dentro de un 25% más o menos). Por ejemplo, si se realiza un izamiento con dos eslingas, cada una certificada a una máxima carga de 80 toneladas, y la embarcación pesa 100 toneladas, sería conveniente que se repartiera las 100 toneladas entre cada eslinga. Una recibiría una carga de 50 toneladas en cada una, en vez de una distribución de 70 y 30 toneladas. Es importante saber que mientras más se aleja la eslinga del centro longitudinal de gravedad, menor es la carga que recibe y si se acerca la eslinga recibirá una carga mayor. De esta manera sabemos que para igualar la carga que recibirá cada eslinga, bastará con que las distancias para cada eslinga, del centro de gravedad longitudinal sean iguales. La carga en cada eslinga se obtiene de la siguiente manera: Supongamos que la mejor posición para una eslinga sea a 25' del LCG hacia la proa y para la eslinga a popa, esté a 30' del LCG. Véase la Figura 9.1

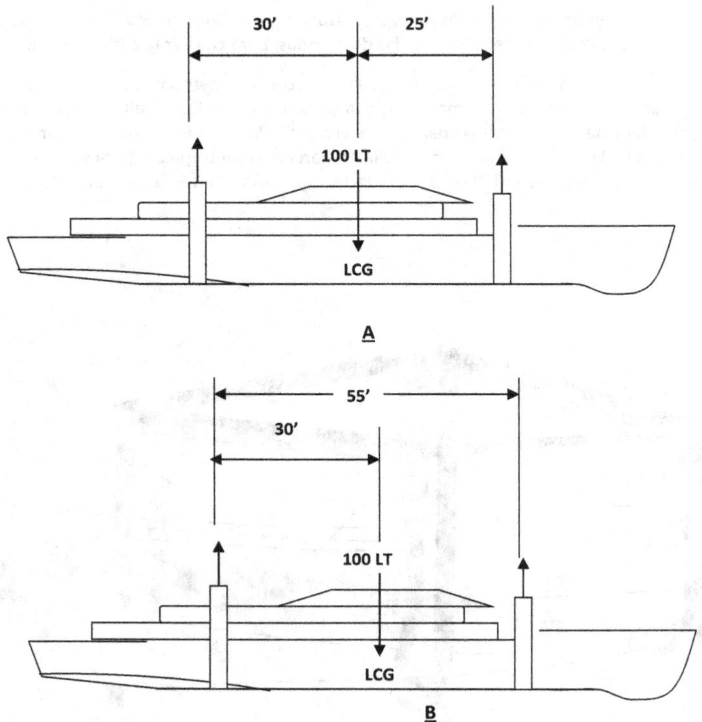


***Figura 9. 15.***
***Cálculo de la Carga en las eslingas A y B.***

A- Primero calculamos la carga en la eslinga a proa:

Momento hacia abajo = 30 pies × 100 tl = 3000 tl-pies

Momento hacia arriba = 55 pies × carga hacia proa

$$\text{Carga hacia proa} ----- = \frac{3000\text{tl-pies}}{55\text{ pies}} = 54.5\text{ tl} \qquad (9.1)$$

B- Para calcular la carga en la eslinga a popa procedemos a calcular los momentos alrededor de un punto en la eslinga de proa:

Momento hacia abajo = 25 pies × 100 tl = 2500 tl-pies (9.2)

Momento hacia arriba = Momento hacia abajo, por tanto:

2500 tl = 55 pies × carga hacia popa

$$\text{Carga hacia popa} = \frac{2500\text{tl-pies}}{55\text{ pies}} = 45.5\text{ tl} \quad (9.3)$$

Verificamos la operación sumando las cargas, deben ser iguales al peso del buque:

54.5 + 45.5 = 100 tl. Es correcta la respuesta.

Veamos ahora, como se calcula la carga por eslingas para un izador pórtico sobre neumáticos con tres eslingas: Supongamos que la embarcación que se planea levantar es de 240 toneladas y las dimensiones de popa y proa del LCG sean según se observa en la Figura 8.16 C y 8.16 D

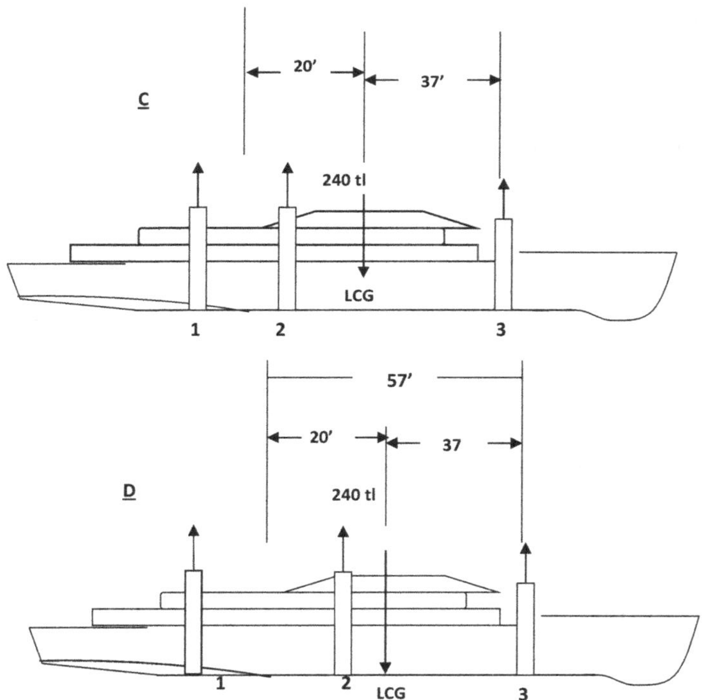


*Figura 9. 16.*
***Cálculo de la Carga en las eslingas C y D.***

Para Calcular la carga de la eslinga en proa sumamos los momentos respecto al centro de las dos eslingas en popa.

Momento hacia abajo = 20 pies × 240 tl (9.4)

= 4800 tl -pies

Momento hacia arriba 57 pies × la carga hacia proa.

Ya que la carga hacia arriba = la carga hacia abajo

Entonces:

4800 tl = 57 pies × Carga a proa (9.5)

Por consiguiente:

$$\text{Carga a proa} = \frac{4800\text{tl}}{57\text{ pies}} = 84.20\text{ tl-pies} \quad (9.6)$$

Sumamos los momentos respecto a un punto en la eslinga a proa.

Momento hacia abajo = 37 pies × 240 tl = 8880 tl-pies (9.7)

Momento hacia arriba = 57 pies × carga a proa

Momento hacia arriba = Momento hacia abajo

Por tanto: 8880 tl-pies = 57 pies × Carga a popa

$$\text{Carga a popa} = \frac{8880\text{tl}-\text{pies}}{57\text{pies}} = 155.8\text{ tl} \quad (9.8)$$

Para obtener la carga entre las dos eslingas a popa dividimos la carga en la popa en dos. Veamos:

$$\frac{155.8\text{tl}}{2} = 76.9\text{ tl} \quad (9.9)$$

Verificamos los cálculos realizados sumando las cargas:

84.2 + 76.9 + 76.9 = 240 tl. Se comprueba que se ha equilibrado la carga entre las eslingas.

### 9.15 Resumen

Después de analizar el funcionamiento y las estructuras de los distintos diques, podemos afirmar que los elevadores verticales son más eficientes por la rapidez con que se extrae el buque del agua y por su capacidad de colocar un grupo numeroso de buques en seco, sin que se obstaculice la secuencia en la varada y desvarada debido a demoras que puedan ocurrir entre los trabajos que se realizan en los demás buques. La desventaja predominante del sistema se observa en el costo del mantenimiento preventivo, lo cual se debe a la complejidad del sistema, por ser de alta tecnología, expuesto a la salinidad del mar. Las compañías que construyen elevadores de buques señalan en sus estrategias de mantenimiento, que los sistemas electrónicos, las cadenas y los cables que sostienen la plataforma, son los puntos considerados vulnerables. Debido a las nuevas técnicas de mantenimiento y el desarrollo de nuevas técnicas de fabricación y de nuevos materiales, con mejores características estructurales, han mejorado los niveles de seguridad del sistema. El tiempo y la metodología preventiva, empleada por la ingeniería, serán los factores que determinará la durabilidad de este innovador y eficiente sistema.

En el final del capítulo la dedicamos a resaltar la versatilidad de uno de los sistemas que hemos clasificado junto a los varaderos y elevadores por su utilización de la fuerza motriz. Es en realidad una grúa pórtico que se moviliza sobre neumáticos, y como ya hemos visto, en el apartado dedicado a su investigación, encaja dentro de las operaciones de los astilleros que se dedican a la reparación de embarcaciones pequeñas, debido a su capacidad de sacar una embarcación rápidamente del agua. Posee la habilidad de almacenar sobre camas, fijas y temporales, varias embarcaciones en un solo día. Son de gran utilidad para los cambios y reparaciones rápidas o en los casos en que solamente es necesario remover la embarcación brevemente del agua, para realizar inspecciones rápidas del casco o para un reemplazo de timón o de hélices. Con este capítulo finalizamos la investigación de los sistemas que realizan el trabajo de extraer embarcaciones del agua para dejarlas en seco sobre picaderos. Los nuevos diseños de elevadores de buques han llegado a los márgenes de sofisticación avanzados, gracias a la computación y a nuevos diseños de controles electrónicos. Pueden observarse en los medios cibernéticos, grandes avances de nuevos diseños especialmente los relacionados a los nuevos sistemas de traslados. Se le recomienda al lector consultar la bibliografía al final de los capítulos.

### 9.16 Preguntas de Repaso

1. Describa la diferencia entre los distintos sistemas de elevadores verticales.
2. Cómo debe colocarse una eslinga en la embarcación para su izamiento.
3. Cuáles son las ventajas del elevador vertical de buques.
4. ¿Cómo se evitan cargas concentradas sobre los picaderos durante el traslado?
5. Mencione las partes principales del sistema Synchrolift.
6. Describa la plataforma de izamiento.
7. Mencione las partes principales de una grúa pórtico sobre neumáticos.

### Bibliografia

3- The Crandall Drydock Story, 1840-1890. www.crandalldrydock.com/historyhtml.

4- Heger Dry Dock Inc., Dockmaster Training Manual. Heger Dry Dock Engineers, Holliston Massachusetts 2004.

Mazurkiewics, B. K. Design and Construction of Dry docks. Gulf Publishing Company Houston, Texas, U. S. A.

## CAPITULO 10
## COMPILACIÓN DE LA INFORMACIÓN PERTINENTE

### 10.1 Introducción.

En este apartado iniciamos el análisis de la información pertinente sobre la estructura del dique y aquellas que describen la forma y provee información sobre la estabilidad del buque. La fecha para el inicio de las actividades preparatorias dependerá de la celeridad con que se reúna toda la información sobre el buque al cual se prepara su varada. En este estudio empezaremos con el análisis del plano de varada. Los preparativos para la entrada del buque al dique invariablemente empiezan con los planos que contienen los datos para el replanteo de líneas, el emplazamiento de picaderos y almohadas. Hemos incluido en este análisis, algunas alternativas para los casos de emergencias y los casos en donde arriba un buque sin sus respectivos planos de varada. Al terminar este capítulo el lector podrá:

- Interpretar los datos en un plano de varada.
- Reconocer las partes principales. del plano.
- Saber cómo extraer datos y dimensiones importantes para la varada.
- Preparar una hoja de datos.

### 10.2 Compilación de la información primaria.

Con la llegada de los planos de varada, los documentos que autorizan la entrada al dique junto con las órdenes de trabajo, se da el inicio oficial de la programación de la varada. La información más importante son las que están directamente relacionadas a las condiciones del buque a flote, su estructura, el peso y las dimensiones principales. Veamos a continuación una lista de los documentos primarios:

a) Planos de varada con las cartas que contiene los detalles hidrostáticos del buque.

b) Planos de expansión del casco.

c) Información sobre la estabilidad inicial de la embarcación.

c) Iinformación sobre la estabilidad general del buque.

d) El libro de control de daños del buque.

e) Reglamentos para la Operación del Dique Seco.

El contenido de los planos actualizados será la que prescriba la planeación de las actividades que conforman el proyecto. La actividad que preside los planes del proyecto de varada, serán los cálculos para evaluar la flotabilidad del buque y las de la estabilidad que presenta.

La tabla de desplazamiento y otras propiedades, enmarcada en una sección de los planos de varada, contiene los valores numéricos de las propiedades de la carena del buque, tomados de las "Curvas Hidrostáticas o Curvas de Forma". Las siguientes propiedades deben aparecer en la tabla:

A- Desplazamiento en agua salada
B- Desplazamiento en agua dulce
C- Posición vertical del centro de carena.
D- Localización del centro longitudinal de carena a proa o hacia popa de la cuaderna maestra o sección media.
E- Toneladas por pulgada de inmersión (TPI)
F- Posición del centro longitudinal de flotación
G- Altura del metacentro transversal (KM)
H- Momento para cambiar el asiento una pulgada o un centímetro.

**10.3 Planos de Varada.**

Debe estar incluida cualquiera modificación del casco del buque, realizado durante las varadas anteriores, dentro de los planos de varada. Como medida de seguridad deben realizarse consultas con los oficiales del buque, sobre cambios implementados en las varadas anteriores, para verificar si están incorporados las correcciones en los planos. Siempre y cuando surjan dudas sobre la veracidad de los planos, debiere elevarse la consulta a las oficinas de planificación o llevar la averiguación al astillero donde se dio la varada anterior. Los planos de varada pueden tener cuantiosas ilustraciones e instrucciones, o puede ser exigua la información y solo contener lo básico y necesario para ser desarrollada según lo que imponga la estructura del dique. Podemos agregar que todo dependerá del tipo y tamaño del buque.

Por ejemplo, los planos para buques militares se caracterizan por la abundante información y detalles que contienen. Estos planos constan de minuciosos detalles que sirven de guía para cada fase de la evolución de la operación e incluyen tablas de desplazamiento con la información hidrostática completa, para efectuar los cálculos reglamentarios. Pormenoriza las alturas y posiciones para la fabricación y colocación de picaderos laterales, para tres varadas sucesivas. Vienen señaladas las coordenadas de las quillas de balance, las hélices de empuje de proa, eje principal, timones y apéndices electrónicos sobresalientes y se indican aquellos espacios donde se omiten picaderos, para evitar contactos con estos elementos. En la sección en que se encuentran las instrucciones generales, están especificados los espacios entre picaderos, las alturas, los procedimientos para la armar picaderos de concretos combinados con madera y los combinados con hierro y madera. Incluye una sección con tablas de los límites estructurales y esfuerzos difundido por el buque sobre los picaderos. Las tablas de desplazamiento contienen toda la información necesaria, para los cálculos de estabilidad del buque y la fabricación de picaderos laterales para distintas posiciones y espaciamientos. Los planos proveen indicaciones para los espacios libres, entre las almohadas del pantoque y la quilla de balance, las hélices de empuje de proa, el eje principal, los timones y los apéndices electrónicos, en la quilla. Los espacios entre picaderos se obtienen de las instrucciones generales, para varadas en diques que utilizan picaderos de concreto y madera, y para las combinaciones de hierro y madera. Además, se pueden encontrar, tablas con límites estructurales y esfuerzos causados por el buque para cada picadero. Además, se dibujan en estos planos tres puntos de referencias para la colocación de la cama en tres posiciones distintas dentro del dique, que permiten pintar las huellas dejadas por los picaderos en tres varadas consecutivas. La posición #1 coloca la fila de picaderos de la cama con el centro de la quilla. En la segunda posición la cama se encuentra alineada hacia la proa extrema y la tercera posición la sitúa hacia el extremo de la proa. Las dimensiones longitudinales y alturas para la posición de los picaderos se miden de la marca de referencia de la popa ($PR_{pp}$) a la arista hacia *popa* del picadero. El ancho del picadero incluye el bisel estipulado en los planos, para cada picadero.

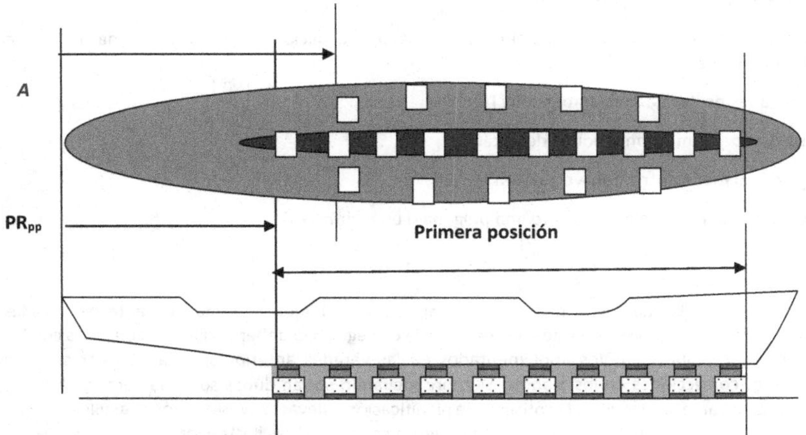


***Figura 10. 1.A***
***Primera posición del primer picadero del codaste.***

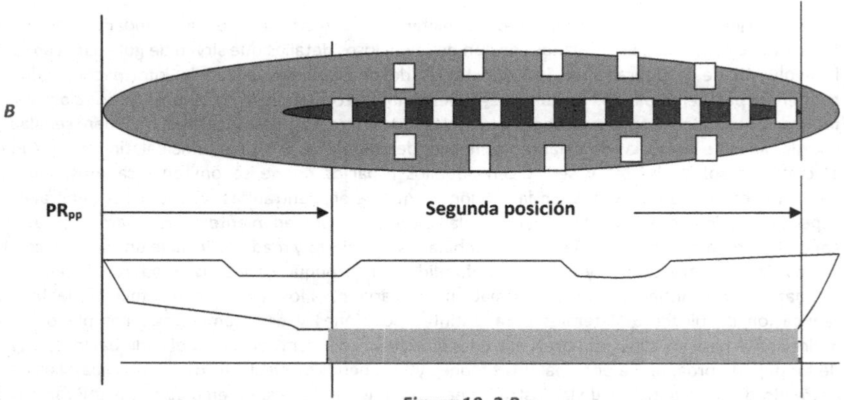


***Figura 10. 2.B***
***Primera posición del primer picadero del codaste.***

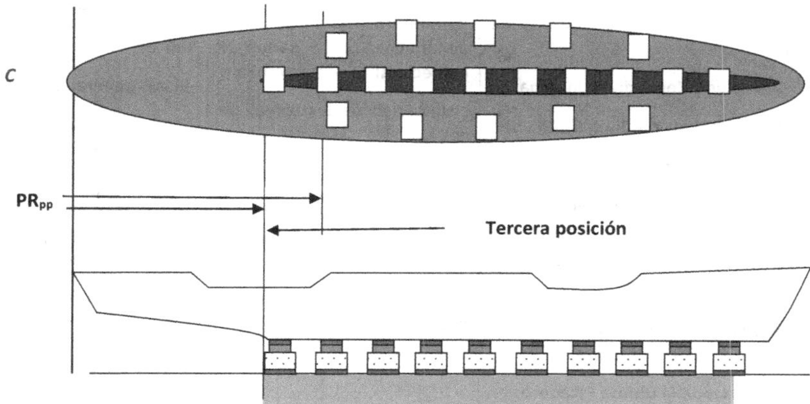


*Figura 10. 3.C*
*Primera posición del primer picadero del codaste.*

Las alturas se especifican para estos tres puntos en cada bloque lateral, partiendo de la línea de la quilla o plano base y las distancias transversales se miden desde centro del buque. También se obtienen en la misma tabla, el bisel de cada una de las capas superiores de madera blanda y las dimensiones de la quilla de balance, para evitar el contacto con los picaderos en el área.

10.3.1 Descripción de los planos.

Antes de iniciar el estudio de los planos, veamos cómo se distribuye la información en el plano. El plano está dispuesto generalmente de tres vistas que son: la vista diametral o longitudinal, la horizontal y la vista transversal. La distribución de los datos en la tabla es la siguiente:

| Plano diametral o longitudinal | Plano Horizontal | Plano transversal |
|---|---|---|
| **-Curvas de las almohadas de Pantoque.**<br>**-Punto de referencia de la popa.**<br>**-Extremo de la patilla o aleta.**<br>**-Distancia entre cuadernas.**<br>**-Espacio para remover ejes y hélices.**<br>**-Disposición de los perpendiculares $P_{pp}$ y $P_{pr}$.**<br>**-Posición longitudinal de las almohadas del Pantoque.**<br>**- Ubicación del último Picadero.**<br>**-Disposición longitudinal de tomas de agua, tapones de desagües.**<br>**- Emplazamiento longitudinal de domos para sonares en la quilla** | **-Emplazamiento de las almohadas del pantoque respecto al centro de crujía.**<br>**- Ubicación de las tomas de agua.**<br>**-Posición de la quilla de balance.**<br>**-Lista de aberturas bajo la línea de flotación.**<br>**-Sitio de las proyecciones y protuberancias.** | **-Vistas transversales de las hélices.**<br>**-Vistas generales transversales.**<br>**-Vista transversal de las aletas estabilizadoras.**<br>**-Cartilla de trazado para ordenadas y abscisas para todos los picaderos del pantoque.**<br>**-Puntos principales para el trazado de curvas en las cuñas:**<br>Punto A<br>**centro del picadero**<br>**Punto B**<br>**Interior**<br>**Punto C**<br>**Exterior.**<br>**-Curvas de mamparos y cuadernas principales.**<br>**-Curva de la quilla de balance.** |
| | | |

*Tabla 10. 1.*
*Distribución de la información en los planos.*

1- *Títulos:*

En este recuadro se encuentran el nombre de la embarcación, las correcciones tipo etc.

2- ***Notas Generales.***

Es la información general sobre aspectos importantes relacionado a previas varadas de la embarcación, presentado en un recuadro del plano. Debe ser leída con detenimiento.

3- ***Dimensiones principales***

Es una tabla aparte con las dimensiones críticas de la embarcación.

| **MS JOSEPH GRIFFITT** | |
|---|---|
| **DIMENSIONES PRINCIPALES** | |
| **Eslora entre Perpendiculares** | **370.65'** |
| **Eslora total** | **382.75'** |
| **Eslora entre calado** | **379'** |
| **Manga máxima** | **37. 8'** |
| **Espacio entre cuadernas** | **21"** |
| **Distancia del Primer Picadero del pantoque respecto al PRpp**<br>**($PR_{pp}$ = Punto extremo de la popa del buque)** | |
| | |
| **Posicion1** | **115' - 0"** |
| **Posición 2** | **112' - 0"** |
| **Posición 3** | **114' - 0"** |
| **Δ (Desplazamiento)** | **2700.73 LT** |
| | |

*Tabla 10. 2.*
*Tabla de dimensiones principales del buque ejemplo MS Joseph Griffitt.*

4- ***Referencias y Revisiones.***

En este apartado se encuentra información adicional sobre la embarcación y las revisiones realizadas.

5- ***Tabla de Desplazamiento y Otras Propiedades.***

Esta tabla contiene los datos requeridos para cálculos de cargas sobre los picaderos, para las reacciones en el codaste y para evaluaciones de la estabilidad del buque en las distintas fases de la varada y la desvarada. Por lo general se encuentra en la parte inferior derecha del plano, junto a la lista de las dimensiones principales del buque. Si los planos no facilitan toda esta información, deberán obtenerse copias de las hojas con las curvas hidrostáticas, o solicitar el cuadernillo de estabilidad a los oficiales del buque.

| TABLA DE DEPLAZAMIENTO Y OTRAS PROPIEDADES | | | | | | |
|---|---|---|---|---|---|---|
| | | | | | Centro Longitudinal De Flotación | |
| Calado Medio (PIES) | Desplazamiento (Toneladas) | Momento Unitario Para Variar 1 Pulgada | Centro De Carena Con Respecto Al $PR_{pp}$ (Pies) | Toneladas Por Pulgadas De Inmersión | Centro De Flotación Con Respecto A La Cuaderna Maestra | Centro De Flotación Respecto A La PRpp |
| 9.00 | 1740.00 | 460.00 | 195.40 | 25.20 | 11.40 | 182.60 |
| 9.00 | 2030.00 | 530.00 | 193.9 | 25.70 | 13.60 | 177.40 |
| 11.00 | 2350.00 | 580.00 | 190.70 | 27.90 | 2.90 | 173.9 |
| 12.00 | 2675.00 | 610.00 | 189.40 | 27.60 | 23.30 | 171.70 |
| 13.00 | 309.00 | 630.00 | 187.60 | 29.00 | 23.50 | 171.50 |
| 10.00 | 3350.00 | 640.00 | 185.9 | 29.36 | 23.40 | 171.60 |
| 10.00 | 3790.00 | 650.00 | 183.80 | 29.72 | 23.30 | 171.70 |
| 13.00 | 4045.00 | 665.00 | 182.40 | 29.86 | 23.50 | 171.50 |
| | | | | | | |

*Tabla 10. 3.*
***Tabla de las dimensiones principales desplazamiento y otras propiedades.***

**6- *Lista de Aberturas del Casco.***

Muestra las ordenadas y abscisas para las posiciones de las aberturas y apéndices en el casco. Es importante porque asegura la no-interferencia con las posiciones de los picaderos. Debe estar incluida en la cartilla de trazado. Además, reúne, describe y establece, todas las coordenadas para localizar: tomas de agua, hidrófonos, sonares (enclaustradas en domos bajo la quilla), aberturas para desagües, cajas de tomas de agua, fadómetros etc. Las coordenadas siempre se dan para la localización, desde el centro de crujía, en el pantoque, hacia babor y estribor y desde la popa, hacia la proa.

**7- *La Cartilla de Trazado***

En algunos textos la identifican como ***tabla de puntos.*** En ella se anotan en columnas, las coordenadas para la curvatura de las cuñas laterales, las alturas y requerimientos de distancias para cada almohada lateral. Se enumeran los picaderos y se especifican las cantidades de picaderos en estribor y babor. Se encuentran anotados y especificados para cada lado de la embarcación, la numeración y las medidas de las distancias del punto de referencia del extremo de la popa, a la arista hacia popa de cada picadero y las dimensiones y coordenadas de la quilla de balance. Las unidades pueden ser métricas e inglesas. Las inglesas utilizan números denominados de tres dígitos, pies pulgadas y octavos o dieciseisavos. En el sistema métrico, las unidades están en metros, centímetros y milímetros. Definen las dimensiones verticales y horizontales. Además, se anotan en la cartilla, los biseles longitudinales para las cuñas de madera blanda de los picaderos laterales.

**8- *Desarrollo de los picaderos laterales***

Se miden tres puntos para obtener las alturas de los picaderos laterales, que se reconocen como los puntos "A", que se establece como el centro del picadero. En el punto "B" se toma la altura en el extremo del picadero más cerca del centro de crujía del buque y en el punto "C" se mide la altura en el extremo opuesto del picadero, tal como lo apreciamos en la Figura 10.1. Su localización en el sentido longitudinal se obtiene midiendo del extremo de la popa, en dirección a la proa del buque, siendo el primero marcado como el #1, salvo algunas excepciones donde se revierte el orden de la numeración, es decir, empezando la numeración desde la proa. Todas las dimensiones longitudinales generalmente, se refieren al extremo de la popa, aunque existen situaciones en donde viene referenciado a la perpendicular de popa.

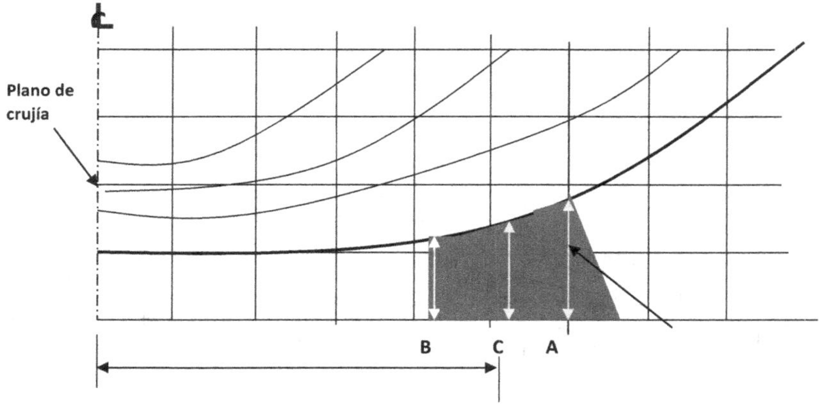


*Figura 10. 4.*
***Semimangas y alturas para almohadas del pantoque.***

Las dimensiones transversales o semimangas (Figura 10.1), se miden siempre del plano de crujía o centro del buque al centro del picadero, y se hace de la misma forma tratándose de situar la posición de una abertura o un apéndice.

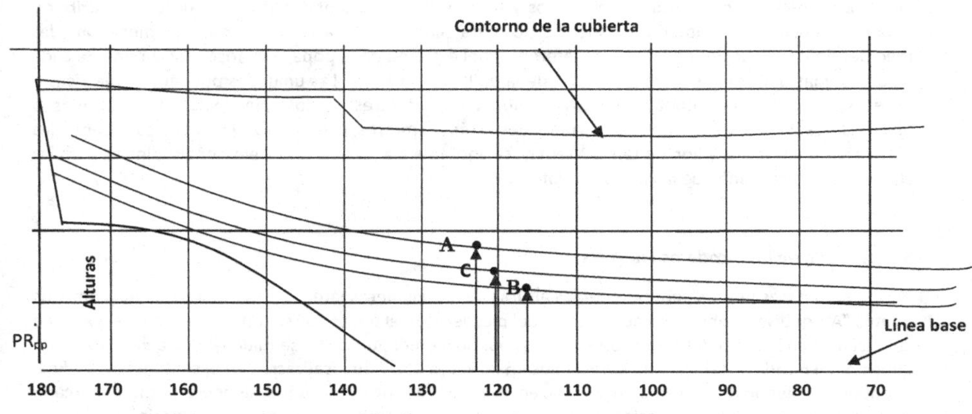


*Figura 10. 5.*
***Alturas sobre la Línea base para una almohada del pantoque.***

En la Figura 10.2 apreciamos una vista de perfil de los puntos A, C y B que intersecan con tres líneas que representan los planos longitudinales que dividen el buque.

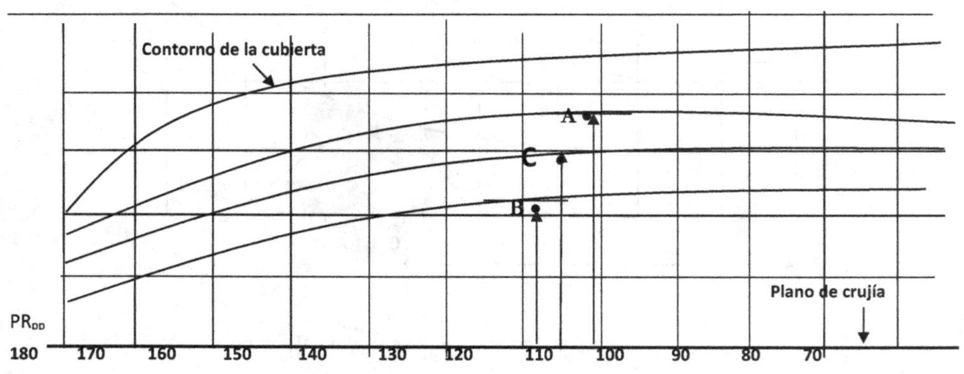


*Figura 10. 6.*
***Dimensiones laterales del centro de crujía para posicionar la almohada del pantoque.***

La Figura 10.3 ilustra una vista de planta con los puntos A, C y B que intersecan con las líneas de agua.

**9- *Picaderos de la quilla***

Las coordenadas que se obtienen de los planos para la colocación de los picaderos de la quilla son las siguientes:

a) Distancia del punto de referencia de la popa (**$P_{pp}$**) primer picadero de la quilla (#1).
b) Distancias del punto de referencia de la popa al centro de la abertura de la toma de agua y del centro de los drenajes. Las planchas dobles en el forro, si obstaculizan el movimiento de los apoyos, los domos electrónicos, propulsores o hélices laterales de empuje, etc. se miden del mismo modo para poderlas situar.
c) Distancia entre el punto de referencia de la popa y el sitio donde inicia y termina la sección de picaderos arriostrados.

Es importante el esfuerzo por lograr la precisión en las medidas, al emplazar los picaderos exactamente en sus posiciones, de acuerdo con las medidas del plano. Del plano se obtendrán, además, indicaciones de la altura base de todos los picaderos, es decir, la altura que distanciará la solera y el fondo del casco del buque. Dicha altura dependerá de los siguientes factores:

1- Profundidad de agua sobre los picaderos al llenarse completamente el dique.

2- Condiciones de la quilla, es decir, si existen protuberancias en la misma que requieran picaderos elevados.

3- El espacio requerido para sacar ejes y timones particularmente, tratándose de buques con ejes y hélices que, de la maquinaria propulsora dentro del buque, salen del casco en un ángulo muy por debajo de la línea base. Generalmente, los planos proveen un diagrama en la parte inferior del plano, con una vista que describe el perfil de la quilla. Para brindarle un soporte completo a la quilla de un buque de gran peso, es importante que se amolde toda la superficie de la capa superior de madera de los picaderos de la quilla, a las irregularidades, en sentido longitudinal, que se encuentren bajo la quilla.

Cuando existen irregularidades en la quilla de un buque, se hace un levantamiento de dichas irregularidades para ser incluirlas en un apartado en el plano con una vista de perfil, que contenga las medidas que describen la curvatura de la superficie. El cuadro con el diagrama de las irregularidades de la quilla, generalmente se localiza en la parte inferior de la hoja del plano de varada. La grafica describe valores positivos y negativos, de las desviaciones entre la línea real de diseño y la quilla actual. Las desviaciones en las gráficas se exageran para mayor claridad y no están dibujadas a la misma escala, que ostenta el resto del plano. En el dibujo del perfil de la quilla, se obtienen solamente las alturas para las aristas hacia popa del picadero. En algunos planos aparece solo la altura en una arista del picadero, cuando sea este el caso, se pueden obtener estas medidas por interpolación. Demostramos el procedimiento con una interpolación basada en los datos de la Figura 10.5.

**Arista hacia proa =** $X = \left[ (68 - 62.5) \times \left( \frac{42}{72} \right) \right] + 62{,}5 = 65.7$

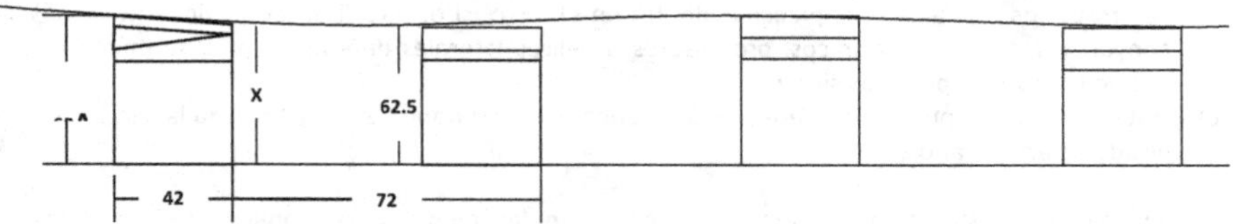


***Figura 10. 7.***
***Perfil de una quilla irregular.***

**10- *Vista de Elevación del Plano.***

En esta vista se puede apreciar las perpendiculares de proa y de popa, las marcas de calados, la ubicación del codaste, los espacios entre cuadernas, el espacio requerido para la remoción de los ejes de las hélices. En esta vista se aprecian con claridad las dimensiones referenciadas al punto de referencia de la popa (PRpp).

**11- *Plano Horizontal o Base.***

En esta vista se encuentran representadas las siguientes ubicaciones:

Ubicación de los picaderos laterales

Ubicación de los picaderos de la quilla.

Aberturas en el casco.

**12- *Vistas Suplementarias.***

Las vistas suplementarias poseen dibujos detallados de los sectores que ameritan mayor ampliación de forma y dimensión. Los planos deben mantenerse actualizados para cada buque. Estos planos muestran todas las posiciones y dimensiones críticas en detalles de tal forma que se pueda tener una imagen clara de la forma completa del casco del buque. Para evitar errores debido a demoras en obtener los planos corregidos y actualizados, el último astillero responsable de realizar trabajos que hayan modificado la estructura del buque debe hacer las anotaciones de los cambios realizados en los planos del buque. Es importante por estas razones, la consulta con el oficial de emergencia abordo y administración del astillero sobre las últimas modificaciones realizados, cerciorarse que los calados correctos se hayan utilizados para los datos hidrostáticos y cualquier otra información importante relacionado a la cama de picaderos.

La línea de construcción se refiere al plano de referencia paralela a la solera del dique y pasa justamente entre la línea base del buque y la superficie de los picaderos de la quilla. La línea base o línea de construcción, se considera el plano de referencia "cero alturas" de donde parten todas las alturas de los picaderos y las almohadas de la cama. Tanto las almohadas laterales como los de la quilla van enumeradas de popa a proa, por lo tanto, el primer picadero de la cama a proa del punto de referencia de la popa se enumera como el # 1 (picadero de la quilla y la almohada lateral). Salvo algunas ocasiones especiales en que se estipule lo contrario. La cartilla de trazado en los planos describe tres posiciones para la cama de soporte que permiten la completa preservación y pintura del casco. Se trata de cubrir todas las áreas que no se han pintado como es el caso de las huellas dejadas por los picaderos de la cama. En el plano se detallan las dimensiones para tres posiciones distintas requiriendo tres varadas en una secuencia ordenada, donde la posición #1 coloca la cama de picaderos cerca del centro del buque, la posición # 2 coloca la cama hacia el extremo de la popa del buque y la posición # 3 la sitúa hacia el extremo de la proa. Las dimensiones longitudinales y alturas, para la ubicación de los picaderos, se dan del punto de referencia de la popa, al borde *hacia popa* del picadero. El borde *hacia proa* se calcula incorporando el bisel dado para cada picadero.

### 10.4 Planos de varada para elevadores de buques.

Los elevadores de buques son sistemas con mecanismos de izamiento muy distintos a los diques secos convencionales tales como, los flotantes, los de carena y los varaderos que corren sobre rieles. Los planos de varada para los elevadores deben modificarse para que correspondan al modo de operación del elevador. La cama, por ejemplo, se construye sobre carros y dependiendo de la localización de centro de gravedad de la embarcación, puede ser necesario que entre la nave con la popa por delante o quizás sea necesario entrar enfilando la proa por delante. Todo dependerá de las condiciones hidrostáticas y las de estabilidad y el método que se utilice para varar el buque. El buque puede ser varado directamente en la plataforma. Es decir, la cama de picaderos en este caso se construye directamente sobre la plataforma, haciéndola coincidir con los miembros estructurales de la plataforma. No es común esta práctica y solo se recurre a él en casos de emergencias inevitables. Una vez que se tenga el buque sobre la plataforma, queda esta inhabilitada, hasta tanto no se terminen los trabajos programados en el buque, constituyéndose este hecho en una de las mayores desventajas de varar directamente sobre la plataforma. Normalmente la varada se realiza sobre el tren de carros, permitiendo el traslado del buque y la desocupación inmediata de la plataforma de izamiento para proyectos subsiguientes.

Actualmente se han construido elevadores de buques con soportes anclados sobre la plataforma. El traslado del buque se realiza mediante un tren de carros independientes que se colocan en ambos lados de la cama de picaderos. El tren de carros se mueve con un tractor cuya altura esta especialmente diseñado para deslizarse bajo el buque. Cada carro está provisto de gatos hidráulicos, uno en la parte superior del carro y otro en la parte inferior. Una vez varado el buque se eleva los soportes, y los carros se deslizan bajo el, se accionan los gatos hidráulicos superiores para elevar el buque con sus soportes. El peso total del buque más la cama original se transfiere al tren de carros y por medio del tractor especial se arrastra el buque junto su cama al área escogida. Para el traslado lateral, los gatos inferiores se accionan apoyándose en el piso de hormigón para levantar toda la estructura, los trabajadores manualmente giran las ruedas hacia la dirección deseada se desactivan los gatos y el tractor procede al arrastre hacia el área de trabajo para mover la estructura transversalmente. Si el sistema es con rieles de ferrocarril una vez elevada el buque se hacen coincidir las ruedas con los rieles transversales y se hace descender sobre ellos para entonces mover el buque transversalmente.

Los planos para varar en elevadores proveen especificaciones adicionales, tales como:

- Información sobre la estructura del elevador, y los requerimientos para armar los carros varaderos.
- Tamaños y cantidad de conectores para los carros e instrucciones para ubicar el conjunto que forma la cama sobre la plataforma de varada.
- La distancia entre la cama y el borde de la plataforma próxima a tierra.
- Instrucciones estructurales específicas sobre la plataforma, para varadas fuera del centro.
- Ubicación del centro de gravedad del conjunto buque-cama, respecto al borde de la plataforma. Las tablas de desplazamiento (deben estar incluidas en los planos) permiten realizar cálculos de estabilidad y verificar el comportamiento de la carga sobre los carros varaderos, y la suma del peso total que levantará el elevador. Las instrucciones con las precauciones que deben tomarse para trasladar el buque a su estacionamiento en la plataforma de hormigón. Las variaciones significativas comprobadas por las lecturas tomadas de los sensores, registradas en cada motor de levantamiento, se deben incluir con las notas correspondientes a la lista de correcciones para la actualización del plano.

**10.5 Información sobre la flotabilidad y estabilidad general del buque.**

Incluyen todas las gráficas que se construyen para los buques que puedan obtenerse después de realizarse la experiencia de estabilidad. En las gráficas se obtienen, el recorrido o extensión de la estabilidad, el brazo de adrizamiento máximo, ángulo máximo del brazo de adrizamiento y la estabilidad dinámica total. En el cuadernillo de estabilidad se encuentran las coordenadas del centro de gravedad del buque (KG) en rosca. KG será el baricentro importante para futuros cálculos de las condiciones de trimado y estabilidad. Usualmente es el departamento de ingeniería quienes asignan un arquitecto naval quien se responsabiliza por los cálculos de estabilidad que sean necesarios, pero esto no exime al capitán o maestre de diques, que debe estar capacitado para realizar una experiencia de estabilidad, en casos de emergencias. Para efectuarlo deberá tener a mano información detallada de la localización de los pesos a bordo y una lista de las cargas variables, necesarias para la operación de la embarcación, tales como amuniciones, combustibles, lastrado, provisiones, etc...

**10.6 Libro de control de daños del buque.**

Dentro del libro se encuentran apuntadas, los diagramas de carga líquida las cuales ayudan al maestro de diques, en sus cálculos de escora y asientos. Estos diagramas muestran la capacidad de cada uno de los tanques de la embarcación y los cambios en la escora y trimado que resultan al llenar estos tanques, además, están anotados los momentos de inercia de las superficies libres. Son inestimables estos valores, cuando se calculan posibles elevaciones de KG o se planifican ajustes al calado, adrizado o escora, en la etapa preparatoria de la varada.

**10.7 Reglamentos para la Operación del Dique Seco.**

Es un manual que se prepara según la clase de buque y que se mantiene actualizado según los cambios que ocurran para cada embarcación El manual provee la información y los procedimientos de utilidad al personal encargado de la operación del dique. Previniendo y controlando problemas imprevistos. La información obtenida, contribuye de manera sistemática al desarrollo de las habilidades necesarias para la operación eficiente del dique. Además, proveen asignaciones y responsabilidades específicas para la organización de la vigilancia que se requiere para afrontar varias funciones y condiciones variados de la operación del dique. En los diques flotantes militares es obligatorio el Manual de Reglamentos y Organización Estándar para Diques Flotantes se conoce como por sus siglas en Ingles, SORM. Aunque sean estos procedimientos relevantes a los diques flotantes, estos conceptos se aplican a las operaciones realizadas en otros tipos de diques. Las autoridades administrativas de los astilleros comerciales deben establecer normas similares para elevar el nivel de la seguridad general en la operación de varada.

**10.8 Hoja de Datos.**

La hoja de datos de varada, es un documento informal preparado por el capitán de diques, en donde se resume la información obtenida del plano de varada. Contiene, además, las instrucciones y recomendaciones especiales, para las actividades que han de efectuarse, previo a la entrada del buque al dique seco. Los datos que se introducen en la hoja son las siguientes:

- Las dimensiones principales del buque.
- Las interferencias, instrucciones especiales para remover timones, ejes, hélices y otros apéndices.
- Abscisas y ordenadas de las almohadas del pantoque, alturas y composición de los picaderos centrales, número de puntales requeridos, sus dimensiones e instrucciones para su colocación.
- Instrucciones sobre aparejos y amarres requeridos.
- La distribución del personal para la maniobra de entrada al dique, y el método de comunicación que se utilizará durante la maniobra.

Después de completar los cálculos y de haberse concretado todos los elementos de la planificación de la varada, el capitán o jefe de diques traspone la información y las instrucciones resumidas en una hoja aparte, que además será transmitida a los teléfonos de los colaboradores principales participantes del proyecto. La operación requiere la participación de un nutrido grupo de trabajadores, con una variedad de profesiones. Las actividades se reparten entre los grupos que actuaran en las diferentes estaciones. Entre las actividades por completarse se encuentra el replanteo de líneas, el emplazamiento de picaderos para la fabricación de la cama y la fabricación de puntales y cuñas para las almohadas laterales. Por otra parte, será necesaria la preparación de los cabos y aparejos y la verificación del asiento de la embarcación. Mientras más grande sea el buque, mayor será la cantidad del personal que se destine a la ejecución de las actividades. La coordinación de todos los eventos de la actividad de varada, como todas las operaciones de esa magnitud, depende de la eficiente diseminación de la información entre los grupos de trabajo, tanto en la preparación como en el conjunto de eventos que culminan con el traslado del buque al dique. Con la hoja de datos se facilita la comunicación directa, entre el capitán de diques, los supervisores y sus subalternos que se encargan de los preparativos.

La hoja de datos contiene, además, instrucciones adicionales personalizadas, que no provienen del plano y en la mayoría de las veces, son recomendaciones e instrucciones especiales, basadas en la experiencia del jefe de diques. Por el acceso a los nuevos programas de dibujos y bases de datos de la tecnología computacional, la hoja de datos se presenta ahora con ilustraciones reducidas con el texto, tablas de mareas, lista de materiales, dibujos de puntales e ilustraciones con el orden de ensambles de carros. El avance tecnológico permite ahora la transmisión rápida de estos datos, con instrucciones más toda la información a las terminales de todas las oficinas y con los nuevos teléfonos celulares conectadas a la red, es más rápida la diseminación de la información. La hoja resulta una herramienta práctica para el trabajo de los técnicos, particularmente, para aquellos encargados de reunir y de armar los distintos componentes para la varada. Podemos apreciar en la siguiente lista, las ventajas de trabajar con una hoja de datos:

1- Evita el desgaste de los planos principales.

2- Facilita el trazado en el dique.

3- Minimiza los errores debido a interpretaciones equivocadas de los planos.

4- No requiere habilidades especiales de interpretación de planos.

5- Se distribuyen con mayor facilidad por ser páginas regulares.

En conclusión, la hoja de datos es una herramienta útil, para la distribución de la información, la cual mantiene, la acción coordinada de todas las actividades, que componen la operación y contribuye al desarrollo de la eficiencia del proyecto,

**10.9 interpolación grafica para construir un picadero intermedio.**

Se depende de esta técnica cuando se necesite intercalar almohadas adicionales entre las indicadas por el plano de varada. Se trata de copiar el contorno de una sección del casco, donde se necesite tener un picadero y no se disponen de las coordenadas del sector, para la elaboración de las líneas de su curvatura. Para obtener las coordenadas, primero debemos trazar la línea que represente la curvatura del sector del casco conocido, con los datos de la cartilla de trazado, y luego interpolar entre dicha curvatura, para localizar el sector justamente donde debe funcionar la nueva almohada. Creando una plantilla del área bajo la curva, copiamos exactamente el contorno del sector de la curva. Estas servirán para darle forma a la cuña, que irá en la parte superior de la almohada. Este método también se utiliza, cuando las especificaciones no concuerdan con la estructura actual del dique, y se requiere entonces reubicar los picaderos para el pantoque.

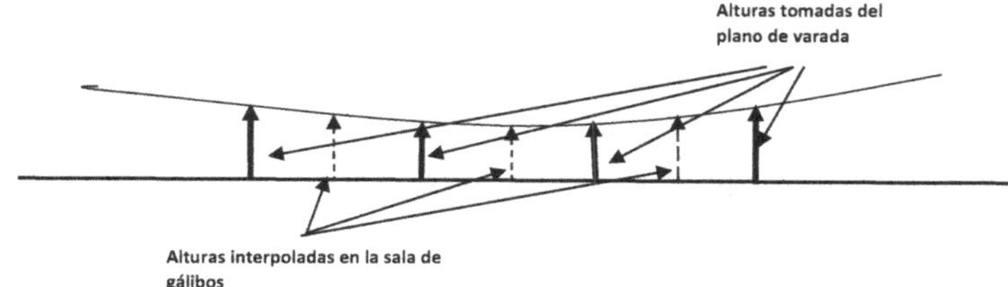


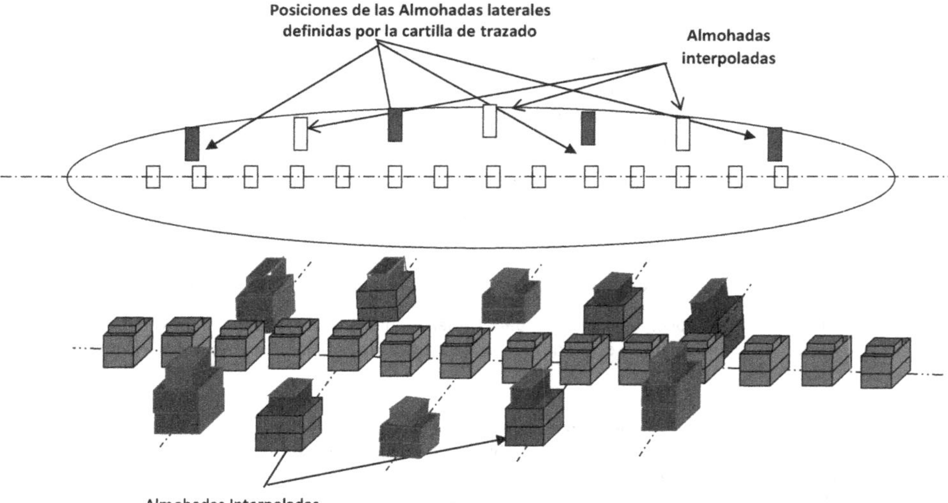


*Figura 10. 8.*
*Interpolación grafica para insertar almohadas adicionales.*

## 10.10 Corrección del plano de varada.

La inspección de la cama bajo el buque debe efectuarse inmediatamente después del achique del dique. Se debe inspeccionar la concordancia de la cama de picaderos con el casco especialmente las almohadas laterales y verificar si existen o no daños en los componentes de la cama, ni en el buque. Cualquiera discrepancia deberá ser anotada para su corrección posterior. Los elementos que deben ser revisados en la inspección son los siguientes:

1- La concordancia entre la eslora, la manga y la forma de la quilla.

2- Si existen daños en los picaderos (aplastamientos de las capas superiores o subsiguientes, capas corridas, rajaduras).

3- Si existen picaderos que hayan sido movidos, fuera de posición.

4- La concordancia de las cuñas de los picaderos de pantoque, con el contorno del casco.

5- La posición de los picaderos de pantoque, con respecto a los miembros estructurales del buque, señalados en el plano.

6- Verificación de la posición del primer picadero de la quilla, respecto al codaste.

7- Verificación del espacio libre, entre los aparatos electrónicos, para la remoción de hélices y de ejes, tomas de agua, rejillas y quillas de balance.

**10.11 Obtención de datos para la fabricación de los picaderos para una varada sin planos.**

La varada de buque en situaciones de emergencia, como en aquellas en que no se dispone de dato alguno, debe ser autorizada por el departamento de ingeniería, antes de intentar efectuar la operación. A continuación, presentamos una lista de los pasos que deben seguirse en estas situaciones:

- Debe ser consultados los reportes y planos de buques similares que se hayan varado.
- Deben ser realizadas Consultas con otros astilleros, donde el barco haya sido varado previamente.
- Deberán ser consultados, hasta donde sea posible, los armadores constructores del barco.
- Realizar inspecciones bajo el agua, para tomar las medidas esenciales y dentro del buque para localizar los mamparos y cuadernas en el área estimada para las almohadas dentro del buque.

Si las condiciones en el buque permiten estirar una cuerda o un hilo de alambre, pegada al mamparo o en uno de las cuadernas o cualquier miembro de fuerza, donde se pueda conveniente colocar los picaderos laterales en el pantoque, esta serviría como línea base de referencia, donde se podría tomar alturas. El procedimiento sería, dividirla a nuestra conveniencia y luego, erigir ordenadas (Figura 10.7) espaciadas uniformemente para entonces tomar medidas en sentido vertical de la cuerda, al fondo del buque, que serían las alturas para las cuñas del pantoque. Estos valores luego se transpondrían al piso de la sala de gálibos, para entonces desarrollar las curvas para las cuñas de los soportes de pantoque. (Véase la Figura 10.7 y 10.9.).

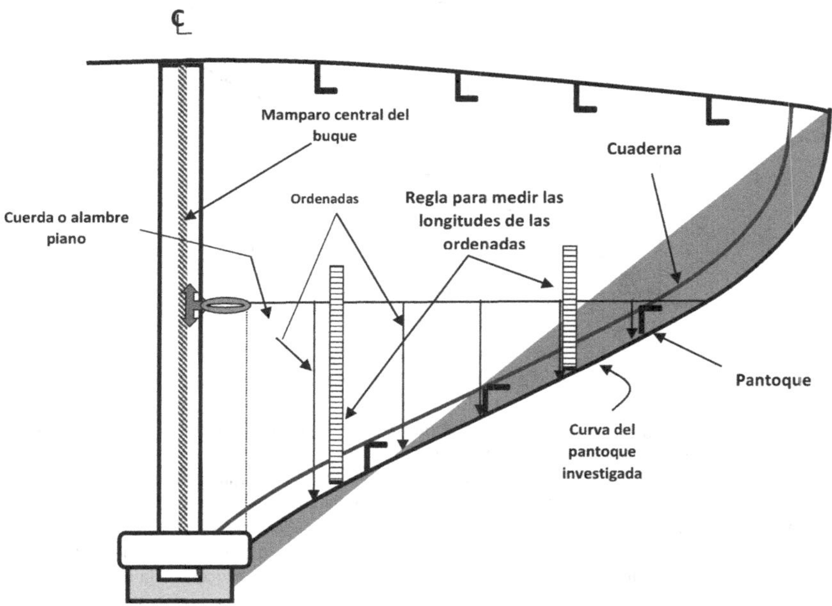


*Figura 10. 9*
*Levantamiento de ordenadas en el interior del buque para obtener la curvatura del pantoque.*

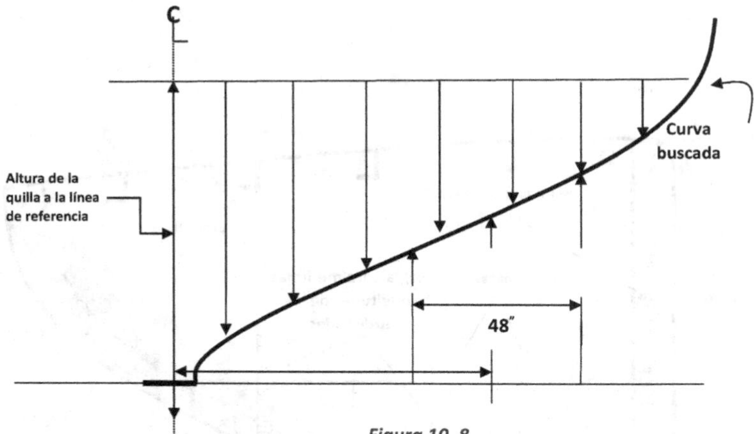


*Figura 10. 8.*
***Trazado de la curva del pantoque a escala natural en la sala de gálibos.***

Como lo ilustra la Figura 10.8, se ha trazado una línea de referencia como base. Esta será la línea de construcción de donde se tomarán las alturas para la fabricación de la cuña de la almohada. La distancia "D" es la semimangas o brazo de momento. Se mide desde el centro de crujía del buque, preferiblemente, hasta el centro de una vagra longitudinal que interseque con la cuaderna o en algún punto conveniente del mamparo. Con las plantillas tomadas de las curvas planteadas se fabrican las cuñas para las almohadas del pantoque. Ya que no fueron obtenidos los datos principales del buque, se toman las dimensiones principales directamente del buque, se anotan los calados anotados, se procede a la determinación del peso de la embarcación.

6- Se verifica el nivel de agua en los tanques.

7- Se mantiene el ascenso a una mínima velocidad.

8- Se realiza una experiencia de estabilidad para obtener KG. También podemos comparar con otro buque de características similares, donde los valores de KG y KM sean conocidos y se pueda obtener un aproximado del GM.

9- Se deben jalar las almohadas del pantoque en un mínimo tiempo razonable, después de que la quilla contacte los picaderos. (Realizar los cálculos para GM al contacto y para GM ascendiendo no más de 6" para jalar las almohadas).

9- Si es posible, obtenga algunas dimensiones con la ayuda de buzos en el exterior del casco (Cuando es adecuada la visibilidad bajo el agua).

11- Cuando se trate de buques de menor porte, puede llevarse el buque a su posición dentro del dique, dejarla asentar su quilla sobre los picaderos y luego detener el achique del dique en el instante prudente, cuidando de no llevar el buque al punto en que la altura metacéntrica (GM) bordee el calado donde el buque se vuelva inestable. Procedemos entonces a realizar el levantamiento de datos, con la ayuda de las reglas marcadas y colocadas lateralmente en la base del picadero ya en su posición bajo el pantoque, sin la cuña. Las reglas se mantienen elevadas a cierta distancia y sujetadas de lado para que puedan deslizarse con facilidad sin flotar. Con la ayuda de un buzo subimos las reglas para que toquen el casco, marcamos y medimos la distancia recorrida por la regla luego transmitimos la información para que se proceda a la construcción de la cuña. Las cuñas se cortan conforme a la curvatura del pantoque o se corta a la medida de la pendiente, si es el caso de un buque con astilla muerta. Estúdiese la Figura (10.8) siguiente para mayor claridad.

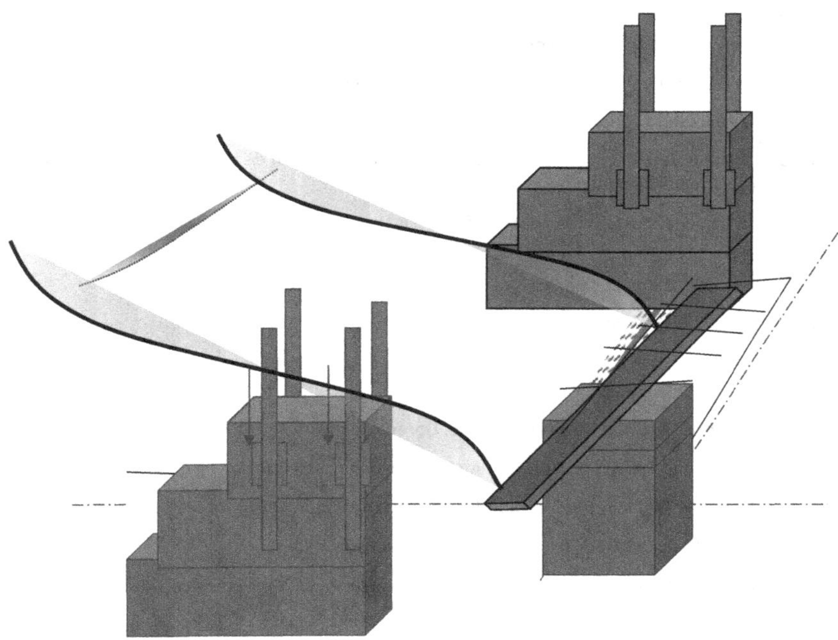

*Figura 10.11.*
***Alturas tomadas bajo el buque en el dique para fabricar la almohada del pantoque.***

## 10.12 Resumen.

Siguiendo la secuencia de actividades preliminares que se realizan antes de la entrada al dique seco, estudiando el proceso de recopilación de datos y con ello, analizamos todos los componentes de esta actividad. Investigamos los detalles atinentes a los planos de varada del buque, más ciertas técnicas prácticas útiles cuando se requieren coordenadas de líneas que por algún motivo no es posible obtener los planos o en casos de que sea necesario la adición de almohadas o de picaderos. Aprendimos en este recorrido lo importante de la hoja de datos para el planeamiento general de la operación como un método informal, pero que a la vez resulta eficiente. La información más importante los encontramos en los planos de varada. De ellos tomamos toda la información necesaria para la fabricación de los picaderos y su emplazamiento. Traen consigo la cartilla de trazado con las alturas y curvaturas para las almohadas del pantoque, los datos y puntos para el replanteo de líneas y todas las recomendaciones de seguridad pertinentes al buque. Son los documentos más importantes para la ejecución de la operación y deben extenuarse todo esfuerzo por recabarla.

### 10.13 Preguntas de Repaso.

1- Donde se toman las alturas para confeccionar las cuñas del pantoque.

2- Nombre de tres propiedades que se obtienen de la tabla de desplazamiento.

3- ¿Por qué es necesario contacto total entre el casco y los picaderos de la quilla?

4- Explique la naturaleza del problema que surge cuando la posición de los picaderos no concuerda con los miembros estructurales del dique. Dé algunas soluciones.

5– ¿Cómo se obtienen las alturas para confeccionar una cuña para el pantoque para una varada sin planos?

6- ¿Para qué se utiliza la hoja de datos?

7-Confeccione una hoja de datos.

### Bibliografía

1-Bonilla de la Corte, Antonio. Teoría Del Buque, Librería San José. Carral, 19 – VIGO (España) 1972.

2-Crandall, Paul S. and Tobiasson, Bruce O. An Introduction to Dry Docking Principles and Techniques.

3-Crandall Dry Dock Engineers, Inc. Cambridge Massachusetts June 1970.

4- Dm Consulting Basic Dry Dock Training Instruction Manual, 2004.

5- González López, Primitivo B. Técnicas De Construcción Naval Universidade da Coruña Servicio de Publicaciones 2000.

6- Mazurkiewics, B. K. Design and Construction of Dry docks. Gulf Publishing Company Houston, Texas, U. S. A. 1981

7- Nudelman, Norman Introduction to Yacht Design, Westlawn Institute of Marine Technology 1989

8- Rawson, K. J., Tupper, E. C. Basic Ship Theory. Longman Group Limited N.Y. 1969.

# CAPITULO 11
# MATERIALES PARA LA FABRICACIÓN DE PICADEROS CENTRALES Y LATERALES

## 11.1 Introducción.

En este capítulo repasaremos algunos de los elementos de la mecánica básica de los materiales, especialmente aquellas que se relacionan directamente con la confección de las camas en el dique. Veremos los elementos básicos que conocemos como lo son, su grado de plasticidad y de rigidez y sabemos que, al recibir una carga, sufren deformaciones y que, además, se producen esfuerzos dentro del mismo material del miembro o de la estructura. Es tarea del ingeniero estructural o del ingeniero de materiales, realizar las evaluaciones respectivas a la resistencia de los materiales. No obstante, sigue siendo la responsabilidad del encargado de las operaciones del dique, ostentar los conocimientos que lo capaciten para reconocer los límites operacionales establecidos y de emplear los materiales que tengan la debida resistencia. En los textos de resistencia de materiales pueden verificarse con mayor amplitud las propiedades de cada material. En esta sección nos limitaremos al estudio de las definiciones y de las propiedades de los materiales que nos interesan y que son de uso común en los diques secos. Cuando el lector termine este capítulo, deberá ser capaz de:

- Seleccionar los materiales basándose en sus límites de resistencia.
- Conocer los tipos de esfuerzos que afectan a los materiales.
- Saber por qué se deforman.
- Conocer los distintos tipos de materiales y sus características.
- Seleccionar entre los distintos tipos de madera, las más aptas para picaderos de soporte.

## 11.2 Esfuerzo y deformación.

Los esfuerzos son fuer zas internas que resisten las cargas. La resistencia interna por unidad de área, debido a la aplicación de una fuerza externa, se denomina *Esfuerzo Unitario*. Simbólicamente, el esfuerzo se expresa así: [74]

$$\sigma = \frac{P}{A} \qquad (11.1)$$

Donde:

[74] Zubaly, R. B. Applied Naval Architecture. Cornell Maritime Press Centreville, Maryland 1997. Páginas: 206, 207

σ = Esfuerzo.

P = Carga sobre el miembro sufriendo el esfuerzo.

A = Área afectada por la carga.

Las fuerzas internas pueden ser de tres tipos importantes:

*Esfuerzo de Tensión*: Tienden a estirar o a alargar las componentes de la fuerza.

*Esfuerzo de Compresión*: Tienden acortar, comprimir o aplastar las componentes o un miembro estructural.

*Esfuerzo Cortante*: Dos fuerzas de igual magnitud, paralelas y en sentido contrario, causan que unas partes tiendan a resbalar o deslizarse entre sí.

*Deformación* es el cambio de forma y tamaño que ocurre en un cuerpo por la acción de una fuerza en cualquier dirección. La deformación que resulta del esfuerzo se denomina *deformación unitaria.* Cuando un miembro es flexionado, como en el caso de una viga, flexionado por las cargas, la deformación recibe el nombre de *flecha.* Al excederse los límites de proporcionalidad se obtiene un esfuerzo ficticio que se denomina *módulo de ruptura*. Este módulo determina el esfuerzo de flexión en una viga, a la cual se le aplica una carga en una máquina de ensayos, hasta su ruptura.

11.2.1 Esfuerzos limitantes.

Cuando en la aplicación de varias cargas, se producen esfuerzos unitarios que, a la vez, producen deformaciones proporcionales al esfuerzo, hasta llegar a un límite, en que las deformaciones aumentan fuera de proporción, se dice que se ha llegado al *límite de proporcionalidad o de elasticidad.* La relación entre el esfuerzo y la deformación unitarios se conoce como *Módulo de Elasticidad* y es la medida de la rigidez del material.

El *esfuerzo último o límite de resistencia*, es la máxima ordenada de la curva esfuerzo deformación. Para obtener el *esfuerzo de ruptura*, se divide la carga entre el área inicial de la sección de la barra, tomándose en cuenta el fenómeno llamado *estricción.* El fenómeno de estricción es el punto donde el material se alarga rápidamente y al mismo tiempo se estrecha. El esfuerzo *de trabajo* es el esfuerzo que soporta el material bajo la acción de las cargas y no debe sobrepasar el esfuerzo admisible que es el máximo al que puede ser sometido el material. [75]

---

[75] Parker M. C., Harry *Diseño Simplificado de Estructuras de Madera* Editorial Limusa, S.A. de C.V. 1990. Páginas, 33, 34, 35

### *11.3 Pruebas y Ensayos.*

Los departamentos que se especializan en realizar ensayos de los materiales examinan mediante pruebas especiales los materiales para determinar propiedades como *dureza, tenacidad,* y ductilidad, para después comparar los resultados con patrones ya establecidos. Veamos las definiciones de las pruebas más importantes: *Pruebas de tensión*: son las que se llevan a cabo en un aparato con un dispositivo mordaza, para sujetar la muestra y otro para aplicar la carga, con una sección superior en forma de cruz, dividida hidráulicamente y un extensómetro para medir las deformaciones. *Prueba de dureza:* Es la que mide la resistencia a la penetración del material, bajo una carga específica. Se utiliza para la prueba, un instrumento con punta en forma de bola, pirámide o cono, hecho de una sustancia más dura que los materiales sometidos a prueba. Podemos mencionar también, la *prueba de impacto*, que se aplica a los materiales para la fabricación de buques. La prueba de impacto mide la energía de una carga de impulso, que se requiere para fracturar una barra de entalladura (barra con muescas) estándar. La *prueba de fatiga*, donde se somete al material, a un número infinito de cargas cíclicas, hasta hacerla fallar por fatiga.[76]

### 11.4 Materiales más utilizados en las operaciones de diques secos.

Los buques de madera dominaron la construcción naval por muchos siglos. Brevemente se construyeron buques de hierro, desde 1830 hasta 1890 hasta el auge de la nueva tecnología que propició la producción de acero. El hierro, como material para fabricar buques, se puede decir que casi ha desaparecido por las dificultades de fabricación y la bronquedad del material. La madera, el aluminio, el concreto reforzado y el plástico reforzado con fibra de vidrio siguen utilizándose hoy en día, este último en yates de lujo y en algunos buques militares, por sus especiales características antimagnéticas o por otras consideraciones dictadas, ya sea por costos, por aplicaciones especiales, reducción de peso en búsqueda de mayor velocidad y la resistencia a la corrosión. Pero el acero ha sido y es el material dominante en la construcción naval, por su elevada resistencia y facilidad de fabricación. Por otra parte, se puede argumentar con grados de certeza que, en las construcciones de diques de carena, el concreto y el granito han sido los materiales preferidos. El dique flotante, en cuanto a material de construcción, ha evolucionado casi a la par de los materiales para buques. Se hicieron en sus inicios de madera, seguido de algunas construcciones de hierro, y luego reemplazado por el concreto y finalmente el acero.

#### 11.4.1 El acero

El acero ha dominado la industria naviera, como el material predilecto, desde que fueron introducidas ciertas técnicas de fabricación, tales como la Bessener y los procesos Siemens Martin o proceso "hogar abierto "de manufactura (Guillmer and Johnson). Es un material homogéneo, con excelentes características, puede ser moldeado o fundido, forjado y llamado en frío o en caliente. Además, puede ser fabricado en estructuras complejas, utilizando varios procesos de soldadura con excelentes resultados en forma y calidad. La principal desventaja consiste en la poca resistencia a la corrosión ante la presencia del agua del mar. Para contrarrestar esto, se utilizan complicados sistemas de pintura, protecciones catódicas y programas de mantenimiento computarizados, que regulan el

---

[76] Gillmer, Thomas Charles and Johnson, Bruce. *Introduction to Naval Architecture* United States Naval Institute Annapolis Maryland 1982 Pags. 69.70.

mantenimiento de manera rigurosa.[77] Los aceros más utilizados en la construcción de buques, son los siguientes:

- **Acero con bajo % de carbono (0.16 a 0.23 % de carbono)**

Material muy utilizado en construcción de buques de bajo costo. Punto de deformación de 34,000 ***psi*** y su resistencia en tensión entre 58,000 y 71,000 ***psi***.

- **Acero de alta tensión.**

Muy utilizado en áreas del barco donde se requieren miembros estructurales que resistan esfuerzos unitarios arriba de lo normal. Utilizado en el primer submarino atómico de USS Nautilus.

- **Acero templado.**

Con resistencias de 80,000 a 130,000 psi. Desarrollado por la marina, para la fabricación de cascos de submarinos y para sumergibles, capaces de navegar en grandes profundidades.

- **Acero resistente a corrosión**.

Conocido por las siglas **CRS** y comúnmente llamado acero inoxidable, se fabrica para situaciones donde la corrosión debe ser evitada a toda costa. Barcos portadores de líquidos corrosivos, agua potable o vino. Este acero contiene cromo y níquel y es bajo su contenido de carbono. Los costos de fabricación y de instalación son elevados.

### 11.4.2 Metales no ferrosos

Entre los metales no ferrosos utilizados en la industria naval, podemos citar al aluminio y el titanio.

- **Aluminio**

Existe una gama de aleaciones de aluminio, todas con excelentes características y se adoptan con mayor facilidad que el acero, para aplicaciones estructurales especiales. Por ser liviano y resistente a los esfuerzos de flexión, es superior a muchos metales, además de ser más dúctil, resistente a la deformación y a las cargas de impacto. Posee cualidades no magnéticas a prueba de chispas. Ciertas aleaciones son altamente resistentes a la corrosión. Su desventaja radica en los elevados costos y dificultades de su aplicación. Recientemente, han mejorado las técnicas de soldadura empleadas, pero persisten algunas dificultades en comparación con el acero ordinario.

- **Titanio**

De costo elevado, pero su alta resistencia (150,000 *psi*), con una gravedad específica por debajo de límites normales (4.5), lo hace ideal para las aplicaciones donde se requiere un material liviano, pero de alta resistencia a la presión y la corrosión. Ha dado buenos resultados en la fabricación de sumergibles, hélices y válvulas, donde es difícil llevar un control de corrosión.

---

[77] Gillmer, Thomas Charles and Johnson, Bruce. *Introduction to Naval Architecture* United States Naval Institute Annapolis Maryland 1982 Pags. 70,71,72.73,75.

11.4.3 Materiales compuestos

La fibra de vidrio y los plásticos reforzados son resistentes a la corrosión y la razón entre su peso y resistencia es excepcional. El mantenimiento es menos costoso y poseen la ventaja de poder moldearse en láminas y en formas variadas de cascos y son buenos aislantes térmicos. Sin embargo, se considera inadecuado su uso para buques de gran tamaño por su costo inicial elevado y porque su módulo de elasticidad es muy bajo, en comparación con el acero y se deforman demasiado cuando reciben alguna carga. Otras desventajas que ostentan, es la de ser altamente combustibles, lo que dificulta el cumplimiento de las regulaciones establecidas contra incendio, además, sus propiedades mecánicas se reducen, cuando se exponen a luz ultravioleta y a altas temperaturas.

11.4.4 Ferrocemento y concreto

Muy utilizados en la fabricación de barcazas, pequeñas embarcaciones y estructuras dentro del mar. Poseen buena resistencia en compresión (Aproximadamente 7,000 psi) pero su resistencia es baja en tensión. Esta deficiencia es compensada por una armadura de malla de alambres (de allí el nombre ferrocemento) que se constituye en el esqueleto que refuerza el cemento y eleva la resistencia a la tensión a un nivel aceptable. En el caso específico del concreto, es el material que se utiliza en la construcción de las paredes y la solera de los diques de carena. Se encuentra también en la base que sostiene a los rieles de las vías ferroviarias marinas. El concreto es el material de las losas de los muelles de los elevadores verticales de buques y de los muelles de atraco. En años pasados se construyeron algunos diques flotantes de concreto y muchos todavía están activos. Entre los activos podemos mencionar el del astillero "Bay Ship & Yacht, en Alameda CA.

11.4.5 La madera.

Es el material de más antigüedad que haya sido utilizado para la fabricación de buques. Por su escasez, su utilidad es limitada. En la actualidad se ha dado un resurgimiento del uso de este material, en la fabricación de buques militares especiales y yates de lujo. Las embarcaciones de madera superan en comodidad a los buques de acero por sus propiedades aislantes, térmicas y cualidades acústicas. La madera es un material de construcción, orgánico, que impide la asignación de esfuerzos unitarios, con la precisión con que se trabaja el acero o concreto. Su resistencia se ve afectada por su contenido de humedad, densidad y los defectos naturales, tales como, rajaduras, pudrición, nudos y bolsas de resina

**11.4.5.1 Curado de madera.**

El proceso de eliminación del agua, que contiene la madera verde, se llama *curado*. Este material mejora su utilidad con este proceso y resulta más fuerte y durable. El proceso de *curado* se efectúa exponiendo la madera al aire o calentándola en horno, para que se constriña al perder agua. El curado varía según el tamaño de la madera.

**11.4.5.2 Clasificación de la madera.**

Los árboles crean madera en la superficie exterior, debajo de la corteza. Pueden observarse, en los cortes transversales de la madera, anillos anuales claros y oscuros que representan el leño que se forma en el verano y en la primavera. Los anillos en el exterior del tranco reciben el nombre de "albura" y son de color claro. La parte interior del árbol es de color más oscuro y recibe el nombre de "Duramen". Las características principales, que se consideran al escoger madera para la construcción de una embarcación, son: fuerza, resistencia a la pudrición, descantillado (ausencia de corteza en la arista en una pieza aserrada y bolsas de resina. También son importantes las rajaduras, que sea laborable (facilidad de trabajar la madera) y el grado de impermeabilidad. En años pasados, cuando sólo se construían buques de madera, el primer requisito logístico, era la disponibilidad del material en cantidades adecuadas. La siguiente tabla describe parte del sistema de clasificación americana de maderas blandas.

| **1- Madera comercial** | **Menos de 5 plgs de grueso o espesor.**<br>**a) Tablas para 2 plgs.**<br>**b) Viguetas 4 plgs.**<br>**c) Postes, pares.** |
|---|---|
| | |
| **2- Madera estructural** | **a. Madera gruesa 5 plgs. en adelante.**<br>**b. Vigas, largueros 8 pulg.**<br>**c. Viguetas y tablones 4 o más plgs. de ancho** |
| **3- Madera por elaborar** | **Para puertas y marcos y para la ebanistería.** |

*Tabla 11. 1*
***Clasificacion y descripción física de la madera blanda.***

### *11.*4.5.3 Propiedades Generales de la Madera.

La elección de la madera adecuada, para los trabajos variados de un astillero, requiere un conocimiento básico de sus propiedades estructurales. Si se desconocen estas propiedades, no podrán realizarse las estimaciones necesarias, procesarlas, ni conocer si se exceden sus limitaciones, cuando han de diseñarse y construir una estructura[78]. Las propiedades de la madera, de mayor importancia, para los trabajos que se realizan en los diques secos, son la resistencia a la flexión, la resistencia al corte, la rigidez, su resistencia a la compresión perpendicular a la veta, cuando se someta a la carga y su módulo de elasticidad o límite proporcional.

[78] Bureau of Ships Navy Department. "Wood: A Manual for Its Use In Wooden Vessels" July 1948 Pags 7,8

U.S. Department of Agriculture "Comercial Timber of The Caribbean" Forest Service March 1962 Pags. 140-147

| ESPECIES DE MADERA | TIPOS | HUMEDAD | | MODULO DE ELASTICIDAD $10^3$ Kg / cm$^2$ | MODULO DE ELASTICIDAD Lbs / plgds.$^2$ |
|---|---|---|---|---|---|
| | | VERDE | SECO Al AIRE | | |
| Amarillo Pepita | Madera Dura | 39.4 | 20.3 | 71 - 100 | 1009.9 – 1423.4 |
| Amarillo (Nargusta) | Madera Dura | 67.3 | 12 | 74.52 – 87.47 | 1060 - 1230 |
| Guayacán | Madera Dura | ------ | ------- | ---------------- | ------------------ |
| María | Madera Dura | 62.0 | 12 | .44.99 – 85.07 | 640.0 – 1210.0 |
| Roble Rojo (Encino) | Madera Dura | 80 | 12 | 57.24 – 127.25 | 800.0 – 1810.0 |
| Roble Blanco (Encino) | Madera Dura | 70 | 12 | 59.76 – 99.13 | 850.0 – 1410.0 |
| Roble (Caribe y América Central) | Madera Dura | 69.2 | 13.5 | 55.54 – 67.08 | 790.0 – 940.0 |
| Azobe | Madera Dura | | | 49.21 | 700.0 |
| Abeto Douglas | Madera Blanda | 36 | 12 | 35.85 – 63.97 | 510.0 – 910.0 |
| Abeto Rojo | Madera Blanda | 42 | 12 | 24.91 – 49.91 | 340.0 – 710.0 |
| Pino Blanco del Este | Madera Blanda | 68 | 12 | 21.39 – 39.67 | 290.0 – 550.0 |
| Pino Blanco del Oeste | Madera Blanda | 54 | 12 | 21.39 – 37.96 | 290.0 – 540.0 |
| Pino Amarillo del Sur | Madera Blanda | 81 | 12 | 30.93 – 70.30 | 440.0 –1000.0 |
| Laurel | Madera Dura | ---- | ------ | ------------------ | -------------------- |
| Machilus Thunbergii | Madera Dura | ---- | ------ | ------------------ | -------------------- |
| **Maderas comúnmente usadas en la construcción de buques en los astilleros españoles** | | | | | |
| Encina (Refuerzos y cuadernas) | Madera Dura | | | | |
| Castaño (Cuadernas, sobre estructuras) | Madera Blanda | | | | |
| Eucalipto (Palmejares, baos, durmientes) | Madera Blanda | | | | |
| Roble (Rodas, codastes, cuadernas) | Madera Dura | | | | |
| Teca (Cubiertas quillas, tapas, mobiliario) | Madera Dura | | | | |
| | | | | | |

*Tabla 11. 2.*
*Tipos y Propiedades de la madera.*

Cuando un peso ejerce presión sobre la capa de madera de un picadero y esta se comprime y se deforma. Si la carga es removida y la capa de madera vuelve a recuperar su forma original, se dice que la madera se encuentra en su límite *de elasticidad*. En caso de que se exceda este límite, la madera seguirá comprimiéndose, hasta que las células queden aplastadas. Si después de remover la carga, la madera no retorna a su espesor original y su deformación resulta permanente, quiere decir que ha llegado a su *límite de compresión.*

11.4.6 Capas de Hule Sintético Reforzado para picaderos.

La escasez progresiva de la madera ha forzado la búsqueda de nuevos materiales para los sistemas de soportes en los diques secos. Algún éxito se ha logrado con la utilización del hule reforzado como reemplazo de la madera acostumbrada. Durante la década de los ochenta, el astillero Gibraltar Shiprepair Ltd. utilizó en varias varadas, repetidamente capas superiores de contacto de hule sintético. Estas capas de hule fueron fabricadas con una cavidad longitudinal rellenas con arena, para permitir ser removidas, aun estando aprisionadas por el peso del buque. La cavidad de arena no altero las propiedades del hule, ni impidió que se amoldara al contorno y a las irregularidades del casco. Se efectuaron múltiples varadas para buques con cascos geométricamente similares, sin tener que achicar el dique para el reacondicionamiento de la cama para el siguiente buque. Algunos picaderos tuvieron que removerse por discrepancias con el plano de varada del buque entrante. Se movieron después de que el equipo de buzos lavara la arena de las cavidades de la capa de hule superior e inferior de los picaderos. Después de remover la arena se pudo obtener la holgura deseada entre el picadero y el casco y ser arrastrados hacia las paredes laterales del dique, y ser removidas del dique con grúas.[79]

En la conferencia anual de operaciones de diques secos, en Seattle, Estados Unidos, en el año 2004, los ingenieros Japoneses, Chitoshi Kawakami de "Shibata Industrial Co., Ltd." y Akira Kamikawa del astillero naval americano "Ship Repair Facility", en sus exposiciones sobre el tema de la utilización de capas de hule sintético en las camas de varada, compartieron sus conclusiones sobre sus investigaciones sobre las propiedades del hule sintético reforzado con acero, luego de que estas fueran utilizadas como capas superiores sobre picaderos en una operación de varada de un barco puerta en un dique seco. Los porcentajes de deformación medidos se compararon entre las capas tradicionales de madera, como el *roble,* el *pino* y el *machilus Thunbergii* (madera que abunda en Japón y China, de la familia Lauraceae) y el hule sintético reforzado. En una gráfica, se demostraron las curvas de esfuerzo / deformación de la capa de hule reforzado, en donde se observó una deformación inicial baja, proporcional al esfuerzo, de igual comportamiento a la curva de una pieza de roble y una de pino sujetos al mismo esfuerzo. Podemos estudiar el diagrama en la Figura 11.1.

79. DRYDOCK periodical "New Dock Blocking Systems" November / December 1987. Pags. 18,20.

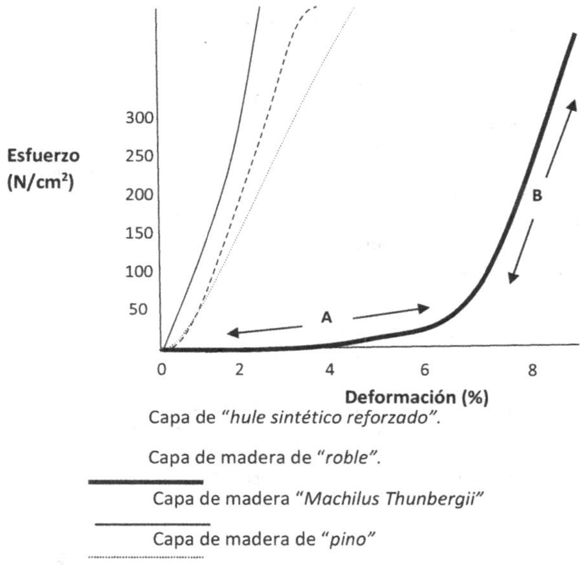


*Figura 11. 1.*
*Gráfica Deformación-Esfuerzo.*

Concluyeron que el hule reforzado resiste el peso del buque sin causarle daños al casco, y que presenta una deformación inicial menor que la madera cuando recibe la carga del buque, y además, el grosor se mantuvo intacto bajo la carga, durante la permanencia del buque en el dique, lo cual permitió que se volviera a utilizar en múltiples varadas.

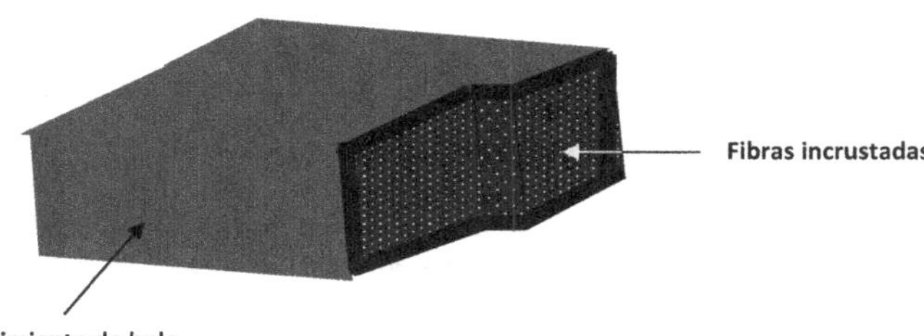


*Figura 11. 2.*
*Sección de hule sintético producido por la corporación Shibata.*

El incremento en el costo de la madera ha causado creciente interés por la utilización del hule sintético reforzado como reemplazo de la madera. En los escritos presentados por Vincent C. Watson, un físico teórico y oficial de ingeniería de la marina de los Estados Unidos, se investigaron las posibilidades de la utilización de hule sintético compuesto en las capas superiores de los picaderos en vez de madera. La presentación detalla las comparaciones entre ambos materiales realizando un análisis del costo por varada y las ventajas estructurales de usar hule sintético en vez de la tradicional madera. Todos los estimados se basaron en el programa de mantenimiento para los años 2006 hasta el 2026, de los buques DDG de la marina de los Estados Unidos, del área de la Florida. [80] Los cálculos demostraron un ahorro del 67.6 %. Fueron convincentes las ventajas que ofrecen las capas de hule. No necesitan ser talladas a la forma del casco, como ocurre con la madera. Posee la capacidad de ajustarse al contorno del casco, al recibir la presión de la carga. También posee la resistencia adecuada a la deformación y retiene su integridad física, lo cual, permite su utilización en repetidas varadas.

**11. 5 Materiales para la manufactura de sogas y cabos.**

En el astillero, por lo general, se utiliza una gran cantidad de material de amarre en forma de sogas o cabos construidas con material variado cuyo principal uso, es el de mantener las embarcaciones seguras junto al muelle y controlarlas, durante su entrada y salida del dique. Se recomienda conocer siempre el límite de ruptura del cabo y mantener una carga de 10 a 20% menor que el valor de su resistencia a la ruptura, cuando se trabaje con ella. Las más comunes se componen de los siguientes materiales: manila, nilón, polyester, polypropyl y kevlar. A continuación, presentamos una tabla con los tipos de cabos con su peso y su resistencia.[81]

| TIPO | PESO/100Pies (Lbs.) | RESISTENCIA (Lbs.) |
|---|---|---|
| Manila | 60.0 | 18500 |
| Nilón | 55.5 | 46000 |
| Polyester | 63.0 | 39000 |
| Polypropyl | 44.0 | 26000 |
| Kevlar | 54.0 | 100000 |
| | | |

*Tabla 11. 3.*
***Tipos y Propiedades de las sogas.***

Los técnicos deberán tener algún entrenamiento en el manejo de los cabos. Deben aprender a embutir o dar entrada al cabo a otro cabo más delgado, atar nudos, a adujar correctamente y abarbetar

[80] Watson, Vincent C. *Engineering and Economic Feasibility of using Soft Caps for Drydocking Naval Vessels.* 2006 Drydocking conference proceedings.

[81] Heger Dry dock Inc. ***Dockmaster's Training Seminar Lecture Notes*** Página 9-2

cuando sea necesario. Un cabo bajo tensión es sumamente peligroso, y ocurre a menudo, durante la maniobra el encargado del cabo durante el movimiento del buque, en su entrada o salida, debe ser diestro en el manejo del cabo e impedir que se tensione la soga sin control.

## 11.6 Resumen.

Los avances de la tecnología del siglo 21, ha impactado significativamente las operaciones de los diques secos. Se pueden encontrar diques provistos de complejos sensores, controles automáticos, manejados por sofisticados programas de computadores, capaces de manejar automáticamente, todo el sistema de lastre y de bombeo de los diques. Y respecto a la forma de comunicarse otro tanto se ha logrado con la llegada de los "tablet" y teléfonos inteligentes. Sin embargo, no se han dado cambios importantes en los materiales que se utilizan para confeccionar los diques, ni los picaderos que proveen el soporte de los buques.

La madera, el acero y el concreto, son los materiales preferidos por excelencia, para la fabricación de las capas superiores que se colocan sobre los picaderos, los cuales hacen el primer contacto con el casco del buque y por ende, los que primero reaccionarán al impacto de la carga. La elaboración de la madera, por ejemplo, requiere de trabajos especiales para lograr la curvatura que iguale la forma del casco y para qué distribuya de manera eficiente, la carga que ha de recibir. Es la madera, la que se ha utilizado por más de cuatrocientos años en la industria de los diques secos. En años recientes, las restricciones ecológicas, para la protección del ambiente han sido necesarias, para evitar la tala indiscriminada. Como consecuencia, se ha producido el encarecimiento del material, además de que ha habido, una notoria escases. Por esto, en los últimos diez años la industria marítima en general, así como las marinas de los países dueños de buques de guerra, han demostrado marcado interés, en las investigaciones de hules sintéticos compuestos como posible reemplazo de la madera, para las capas intermedias que se colocan sobre los picaderos.

La construcción naval en un marco general, en que se reúnen buques y algunos diques, enfrenta otros retos, debido a que los materiales más empleados, son los metales ferrosos y no-ferrosos, y son los que están expuestos al ambiente corrosivo del agua, forzando la selección más estricta de sistemas de protección más eficientes. Mucho se ha logrado, por ejemplo, grandes cambios se han dado, en los sistemas de pintura anticorrosivos para la protección de los materiales ferrosos y los no ferrosos. Por otra parte, las políticas de protección del medio ambiente ven en la minería, un elemento devastador de los sistemas ecológicos, augurándose un panorama poco alentador para la producción masiva de metales. A pesar de las desavenencias que se confrontan, los fabricantes se empeñan en desarrollar nuevos materiales de alto rendimiento, más livianos y con mayor resistencia. Los buques son más livianos con cascos fabricados de materiales más delgados, lo que implica que nuevas consideraciones han de tomarse para la protección del casco, y nuevos conceptos deben desarrollarse para proveer la elasticidad adecuada de los picaderos.

## 11.7 Preguntas de repaso.

1- Llene los espacios:

a) ______________________ es cuando se producen esfuerzos por la aplicación de cargas variadas produciéndose deformaciones hasta llegar a un límite fuera de proporción

b) ____________________ es la relación entre el esfuerzo y la deformación unitarios.

2- ______________________es la carga dividida entre en el área inicial de la sección de la barra.

3. Entre los aceros más importantes en la construcción de buques se encuentran los:

1___________2 _________ 3________ 4_________

4- ______________________es lo que soporta el material bajo la carga sin sobrepasarse el esfuerzo máximo admisible.

5- Cuatro materiales utilizados en la fabricación de buques son: 1_______________ 5- 2________________3__________________, 4___________________________

6- __________________es la carga dividida entre en el área inicial de la sección de la barra.

d)___________________es lo que soporta el material bajo la carga sin sobrepasarse el esfuerzo máximo admisible.

7- El ________________es un metal no ferroso.

8- La madera se clasifica como ______________ y _________________

**9- Resuelva el pareo**

a) Prueba de tensión _____ Material sometido a cargas cíclicas invertidas alternantes y al máximo esfuerzo.

b) Prueba de dureza _____ Se realizan con un extensómetro y un dispositivo mordaza

c) Prueba de impacto _____ Se realiza con un instrumento de penetración que puede ser en forma de bola o de pirámide.

d) Prueba de fatiga _____ Pruebas de tensión y dureza con cargas aplicadas rápidamente a bajas temperaturas.

**Bibliografía**

1- Bureau of Ships Navy Department. *"Wood: A Manual for Its Use in Wooden Vessels"* July 1949.

2- Dry dock periodical "*New Dock Blocking Systems*" November / December 1987.

3- Gillmer, Thomas Charles and Johnson, Bruce. *Introduction to Naval Architecture* United States Naval Institute Annapolis Maryland 1982.

4- Parker M. C., Harry *Diseño Simplificado de Estructuras de Madera* Editorial Limusa, S.A. de C.V. 1990.

5- U.S. Department of Agriculture "*Comercial Timber of the Caribbean*" Forest Service March 1962.

6- Singer, Ferdinand L. / Pytel, Andrew. *Resistencia De Materiales*, Harla, S. A. De C. V. México 1982.

# CAPITULO 12
# EMPLAZAMIENTO DE PICADEROS

## 12.1 Introducción.

La primera actividad que se realizó dentro del programa que se establece en los procedimientos de varad en un dique seco, fue la recopilación de datos. El diseño y construcción de la cama de picaderos fue el segundo y el siguiente evento por realizarse, será el estudio de los procedimientos para la movilización y emplazamiento de los picaderos. Una vez asignadas el personal y el equipo de grúas, se iniciará la operación. Aunque hemos detallado parte de la secuencia de las actividades, volveremos a examinar de cerca todo el proceso desde su inicio, finalizando con los sistemas para centrar el buque sobre la cama de picaderos una vez que se haya inundado el dique. Esperamos que después de este estudio el lector habrá adquirido los conocimientos y la suficiente habilidad para:

- Replantear las líneas para la cama de picaderos en el dique.
- Emplazar picaderos dentro del dique.
- Conocer los distintos métodos para nivelar los picaderos.
- Relacionar los métodos para centrar el buque en el dique.
- Escoger el método más conveniente para centrar el buque en el dique.

## 12.2 Delineamiento de los puntos principales del buque sobre la solera para el emplazamiento de los picaderos en un dique de carena.

El primer paso para efectuar el emplazamiento de la cama de almohadas y picaderos es la limpieza de la solera y la remoción de todos los obstáculos en el área de construcción de la cama. El emplazamiento va a depender del replanteo de las líneas que indicarán las posiciones de los picaderos de la cama. El punto que determina la posición exacta del buque en el dique es el que delimita el extremo de la popa del buque y será el punto de referencia del cual partirán todas las dimensiones para la ubicación y alineación de los picaderos. Una vez que se decida la ubicación del extremo de la popa del buque, se medirán los espacios desde dicho punto, hasta llegar a marcar la eslora total del buque, y esta será la marca que indique el extremo de la proa. De esta manera tendremos la posición longitudinal del buque relativo al dique. Debemos advertir, que esta posición debe estar acorde con los trabajos programados en el buque. Deberá ser una posición que permita el acceso de las grúas y la colocación adecuada de los portalones de acceso, la cual facilite el movimiento de los materiales y la de los trabajadores. Convenida la posición exacta de la popa del buque, marcamos el punto que representa la popa en la solera. La ubicación del buque dentro del dique dictada por las marcas de las líneas replanteadas en el dique depende de lo siguiente:

Será de acuerdo con los trabajos programados en el buque. Debe conocerse con antelación el plan de trabajo. Por ejemplo: dependiente de la clase de reparaciones, qué posición es la que más favorece el flujo de materiales y mano de obra. (Sean: Diques de carena, dique flotante, Elevadores verticales y varaderos sobre rieles). Los puntos de apoyos bajo el buque deberán concordar con los miembros estructurales del buque designados en los planos. (Sean: Diques de carena, dique flotante, Elevadores verticales y varaderos sobre rieles).

También dependerá de la cantidad de buques dentro del dique (Sean: Diques de carena, dique flotante, Elevadores verticales y varaderos sobre rieles) y de la fecha de terminación de las actividades del buque que actualmente ocupa el dique. Las líneas podrán ser trazadas en una sección del dique que permita la desvarada o varada de otro buque sin tener que sacar fuera del dique al que este varado. (Sean: Diques de carena, dique flotante, Elevadores verticales y varaderos sobre rieles). En un dique flotante, por ejemplo, se eligen las áreas sobre la plataforma, directamente sobre los mamparos divisorios bajo ella para colocar los picaderos. Los tanques bajo la plataforma de los diques flotantes están divididos por un mamparo central, de popa a proa. Sobre este mamparo, se coloca la fila de picaderos centrales, que proveen soporte a la quilla del buque. Son complicadas las varadas fuera del centro, por las medidas que deben ser tomadas para compensar la falta de apoyo del mamparo longitudinal del centro. Las posiciones para colocar picaderos en diques de carenas no están sujetas a estas restricciones. La labor de replantear las líneas sobre la plataforma se reduce a la determinación de la posición del buque dentro del dique y se tendrá entonces que establecer los puntos que delimitan el extremo de la popa y la proa y la de los picaderos, marcados en la plataforma y luego proyectadas hacia arriba de las paredes laterales y marcarlas en la cubierta superior.

### 12.2.1 Delineamiento de los puntos principales del buque en un dique con rieles transversales

Las soleras de muchos de los antiguos diques de carena están diseñadas con rieles transversales por donde se deslizan, los picaderos del pantoque. Los rieles están espaciados en distancias de 8 pies y otros de 12 pies entre riel y riel. Los rieles facilitan el replanteo de líneas por ser excelentes puntos de referencias. Sus centros se proyectan hacia arriba en los bordes de ambas albardillas del dique. Esto permite la fácil localización de cada riel con sus respectivos picaderos, durante la inundación del dique. Podemos imaginarnos la solera del dique como un gran plano cartesiano, donde el centro de la solera es el eje de las ordenadas y los rieles transversales perpendiculares al eje de la ordenada, son las abscisas.

El punto que determina la posición longitudinal del buque dentro del dique será el primero que se ubique. Este punto representa el extremo de la popa. La medida del extremo de la popa al primer picadero se encuentra en los planos de varada Uno de los rieles servirá como referencia que servirá para encontrar la ubicación deseada del buque dentro del dique. Con la dimensión tomada del centro del riel, se traza la línea que representa el extremo de la popa. Girando la cinta de medir, colocamos el cero de la cinta en dicha marca, para obtener todas las medidas correspondientes a las distintas posiciones de los picaderos de la cama y de las posiciones de las protuberancias y entradas en el casco, que deberán quedar libres de obstáculos.

### 12.2.2 Trazado de puntos para ubicar los apéndices y otras protuberancias.

Las posiciones de las salidas y entrada de agua, las estructuras que contienen equipos electrónicos, quillas laterales y otros apéndices, para verificar y evitar tropiezos con los picaderos, se establecen las posiciones de los suspendidos de popa y de proa. A la fila de picaderos de la quilla, debe permitírsele espacios libres, que permitan el paso de un lado a otro, de los materiales y los trabajadores bajo el buque. Cada detalle importante del casco que debe quedar, libre y sin obstrucciones, debe ser dibujado sobre la solera del dique. Debemos observar el replanteo de estas líneas, como la representación de una imagen exactamente invertida del casco. Regularmente en un dique con mucha actividad, las filas de los picaderos de la quilla, requerirá muy pocas modificaciones para adecuarla a las especificaciones de la nueva cama. Con la ayuda de las grúas, en ambos lados del dique y si es posible que transite una o dos montacargas dentro del dique, los picaderos se podrán colocar en sus posiciones en pocas horas. Posteriormente el equipo de nivelación procederá a la nivelación de todos los picaderos a una altura acordada a priori según las necesidades del proyecto. Usualmente fluctúa entre los 1.22 metros y 1.83 metros.

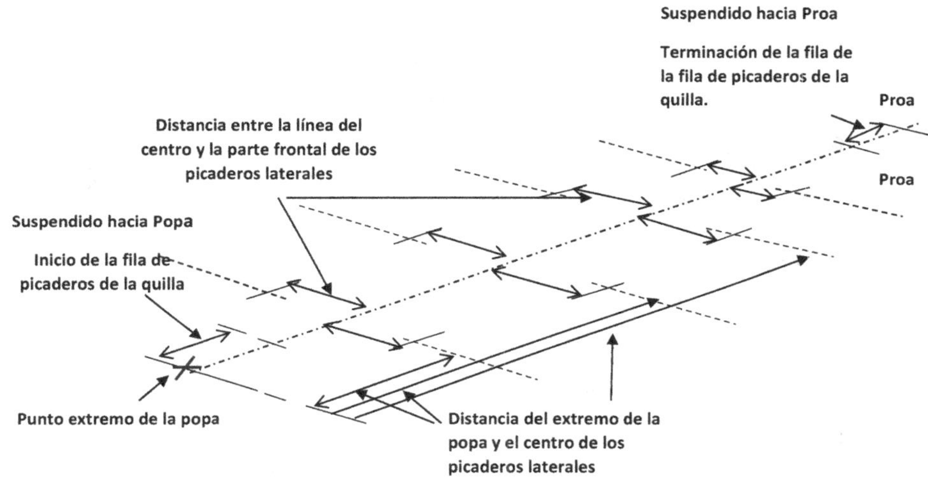


*Figura 12. 1.*
***Trazado de las acotaciones principales del buque para el emplazamiento de los picaderos.***

12.2.3 Proyección de los puntos al borde de la albardilla.

. Los puntos principales, indican los extremos del buque y las almohadas laterales y deben ser proyectadas a la albardilla del dique. En estas marcas serán colocados los dispositivos e instrumentos de centrado, servirán de referencia para la colocación de puntales y para poder localizar los picaderos laterales, cuando sean del tipo movible, en el instante del enganche para ser jaladas. Las marcas más importantes son: las del extremo de popa y proa, el primer picadero de la quilla, la primera almohada del pantoque, las posiciones de los puntales y cualquier soporte especial adicional. De último se marcarán las posiciones del suspendido de popa y de proa. Las marcas de los extremos del buque en la albardilla son las que servirán de guías, cuando navegue el buque dentro del dique y situarán el buque sobre la cama. Se debe procurar marcas resistentes a la humedad, que no puedan ser borradas fácilmente.

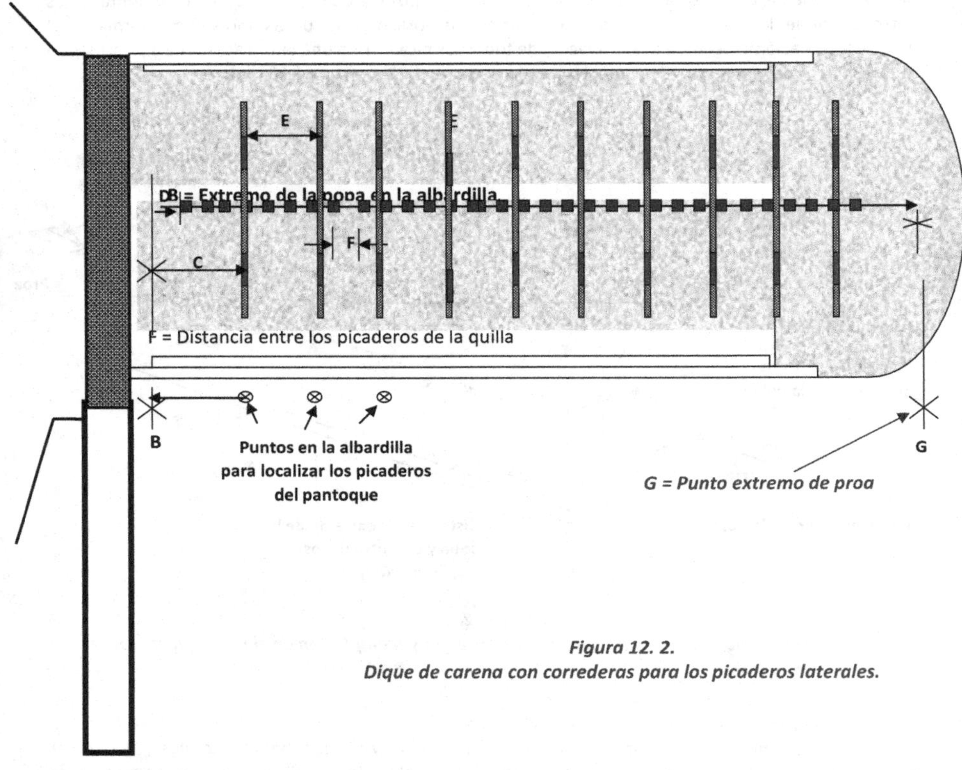


*Figura 12. 2.*
*Dique de carena con correderas para los picaderos laterales.*

**12.3 Delineamiento de puntos de referencia en los bordes de la plataforma de los elevadores de buques.**

El procedimiento para el trazado de los puntos de referencias en los elevadores de buques es semejante a los del dique de carena. Las marcas de los puntos que delimitan la longitud del buque son los mismos, la excepción son las restricciones relativas a la posición del centro de gravedad del buque, que generalmente se procura mantener, hacia el polo cercano a las gradas de trabajo o sea al lugar de aparcamiento de los buques. Las marcas reflejarán la dirección en que el buque entre al elevador, enfilando de popa de proa. Antes del trazado de las líneas para la ubicación de los bogíes o carros varaderos Se debe marcar la cantidad del desvío longitudinal de la plataforma, que ocurre en algunos elevadores verticales tipo Synchrolifts, cuando se desenrollan los cables del guinche y a su posición original cuando se vuelven a enrollar. Al realizar los trazados para posicionar la embarcación en la plataforma, debe calcularse la distancia que se desvía la plataforma e incluirla en el trazado de las líneas de referencia. Véase la Figura 12.3. La fórmula para la ubicación exacta de la embarcación cuando ocurre el desvío de la plataforma es la siguiente:

Sea:

**e** = El movimiento total de la plataforma

H = Distancia vertical entre la plataforma sumergida y el nivel del área del estacionamiento de buques (área en tierra de hormigón).

Movimiento horizontal del cable = razón entre el recorrido longitudinal (e) y el recorrido vertical (H)

Movimiento horizontal del cable = $\frac{e}{H}$

El valor de esta razón se encuentra anotado en los planos de estructura y fundación.

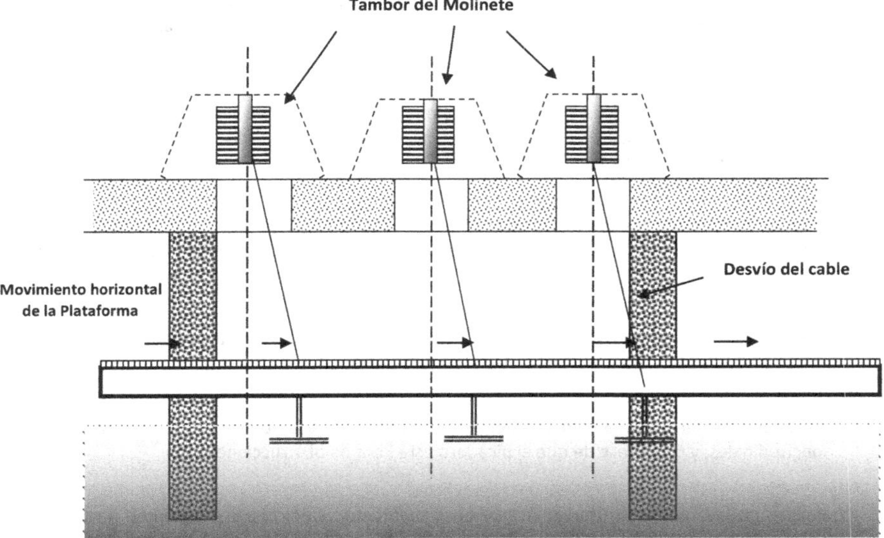


*Figura 12. 3.*
*Desviación de la plataforma en el descenso.*

Es recomendable situar los carros con las almohadas del pantoque, sobre las vigas de acero transversales bajo la estructura de madera de la plataforma. Se marcan en los muelles que bordean ambos lados de la plataforma, los puntos del extremo de la popa y la proa, las almohadas del pantoque y cualquier otro punto que queramos ubicar una vez quede sumergida la plataforma con el tren de carros bajo el agua.

**12.4 Precauciones y prevenciones antes de iniciar el emplazamiento de los picaderos.**

El movimiento de picaderos y otros materiales que se manejan en la fabricación de la cama de picaderos, deben ser estudiadas para eliminar todo riesgo para el personal asignado a la faena. Aunque la labor sea rutinaria en la mayoría de los casos, vale la pena un recuento de los elementos que se deben atender antes de darse el inicio de la operación. Por parte de la operación de las grúas que se emplearán, los operadores y el personal de enganche ser técnicos conocedores de las maniobras de movimiento de pesos. Deberán tener a mano las herramientas necesarias, tales como eslingas de diámetro con la capacidad correspondiente a los pesos que habrán de lidiarse y grúas en condiciones óptimas. Por otra parte, cabe mencionar otras recomendaciones que se deben tomar en cuenta antes de iniciar la operación de emplazamiento. Esta son las siguientes:

- ✓ Es importante verificar la concordancia de las dimensiones al nivel de las superficies de contacto de los picaderos.

- ✓ También se justifica realizar otra verificación de los espacios libre entre la hélice y la solera del dique y asegurarse de que todas las protuberancias en el casco, no interfieran con la cama de picaderos.

- ✓ Las marcas en la solera deben ser brillantes y reconocibles. El uso de crayones indelebles y para algunas marcas consideradas cruciales para el desenvolvimiento de la operación, se deben marcar con pintura brillante.

- ✓ Localice en el plano los mamparos transversales. Verifique si coinciden con los miembros de mayor resistencia del dique. En diques flotantes y elevadores marítimos verticales, pueden encontrarse dificultades para que coincidan las estructuras transversales de la solera.

- ✓ Localice los mamparos longitudinales. En estos miembros se tendrá mayor libertad de mover y colocar los picaderos, de acuerdo con la estructura del dique.

- ✓ Verifique las dimensiones tomadas del centro de crujía de la embarcación hacia los mamparos longitudinales, y cerciórese de que el picadero esté libre de obstrucciones.

- ✓ Realice un levantamiento de las inclinaciones o curvaturas del casco y replantee hasta lograr copiar, cada sector donde se colocarán los picaderos.

- ✓ Identifique las dimensiones correctas del área de las bodegas, donde se encuentran concentradas, cualquier carga adicional, para que se pueda determinar la cantidad y una mejor distribución de los picaderos transversales.

- ✓ Divida el área total de soporte entre el espacio designado entre picaderos (usualmente puede variar entre los 4 pies (1.22 m), de 6 pies (1.83 m) y de 12 pies (3.66 m), para calcular la cantidad mínima.

## 12.5 Instalación y Distribución de los picaderos de la cama.

El movimiento de grúas para el emplazamiento de los picaderos comienza inmediatamente después del replanteo de líneas. Se disponen cuadrillas en ambos lados del dique para colocar los picaderos en sus posiciones. En ocasiones el arreglo del dique permite el uso de montacargas o también de las pequeñas grúas, que pueden transitar libremente sobre la solera del dique para colocar los picaderos y las almohadas. La altura después de la nivelación de los picaderos, usualmente no varían, se mantienen constantes para todas las varadas y en caso de que se requieran variaciones en las alturas de los picaderos, lo decidirá la oficina técnica, basado en los trabajos programados en el buque y a otros factores especiales pertinentes a la forma del buque, por ejemplo: la varada de un catamarán, o un buque hidrófilo, requieren picaderos con alturas disparejas para efectivamente apoyar sus cascos. Otro factor influyente y decisivo en la altura de los picaderos, es la altura que brinde la holgura suficiente para evitar el contacto de las hélices, con la solera del dique además para facilitar la extracción del eje de cola con la hélice. Otros criterios de importancia que deben considerarse en aras de facilitar el desempeño de ciertos trabajos en el buque serían las precauciones y medidas que se deben tomar para no obstaculizar el libre tránsito y movilización de los trabajadores, de materiales y de las máquinas bajo el buque.

Los espacios entre los picaderos de la quilla en algunos diques secos son de: 1.22 metros (4.0 pies) de centro a centro, para los de hierro y generalmente de 1.83 metros (7.0 pies) de centro a centro, para picaderos con bases de concreto, dependiendo de la antigüedad del dique. Los diques de mayor antigüedad detentan picaderos de hierro colado. Se pueden encontrar una variedad de combinaciones de picaderos entre los diques modernos, son en su mayoría de concreto combinado con madera y recientemente, algunas se pueden encontrar algunos con picaderos combinados de concreto con hule sintético. El espacio entre picadero depende de las condiciones de la varada, del tipo de dique y de la embarcación.

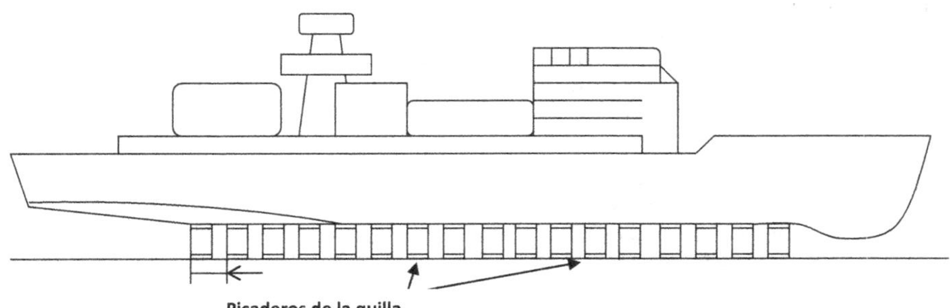


*Figura 12. 4.*
*Arreglo de picaderos de concreto con madera.*

En los extremos de la fila de picaderos de la quilla, se arriostran secciones de 9.14 metros (30'- 0") o más, para dotar los picaderos de mayor estabilidad y para evitar derrumbamientos ya sea por el contacto con buques de asientos muy pronunciados o roces por movimientos del buque cuando sea mínima la holgura entre la quilla del buque y la superficie de los picaderos

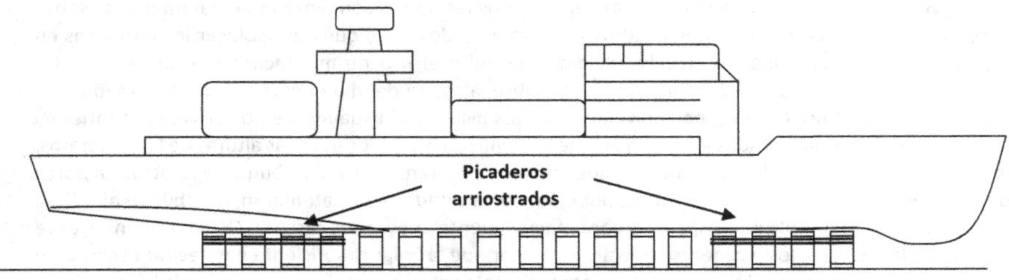


*Figura 12. 5.*
***Picaderos arriostrados en los extremos de la fila de la quilla.***

## 12.6 Precauciones adicionales antes de armar la cama de picaderos.

Se pueden alinear los soportes de la quilla en el centro o hacia los lados de los diques de carena con poco riesgo de sobrecargar la solera del dique. Sin embargo, una carga que exceda la capacidad de la solera de hormigón puede ceder al recibir la carga del peso de la embarcación. También debe considerarse las presiones elevadas contra el casco del buque, lo cual puede ocurrir si son muy rígidos los picaderos. Las áreas de apoyo de la estructura del buque están especificadas en un sector del plano, que contiene dibujos de la curvatura del casco de las diferentes secciones del área de apoyo del pantoque. Las cuadernas y mamparos primarios y sus ubicaciones vienen definidas por coordenadas en la cartilla de trazado. Si las distancias longitudinales dadas en los planos como áreas de apoyo difieren con los miembros estructurales del piso, entonces se deben escoger otros sectores de apoyo del casco para las almohadas del pantoque y alterar o fabricar nuevas cuñas. Estos sectores se determinan con el cuidado, de no violar las restricciones designadas para la estructura del dique, ni las especificaciones establecidas para los miembros estructurales del buque.

## 12.7 Nivelación de los picaderos.

Los levantamientos pueden ser topográficos o geodésicos. El que aplicamos a la nivelación, es el topográfico, específicamente nos referimos al *levantamiento plano.* Para la nivelación de los picaderos de la cama se requiere situar un mínimo de puntos, por lo tanto, el levantamiento de alturas será de rápida ejecución, una vez que se establezca la línea de control o de referencia.

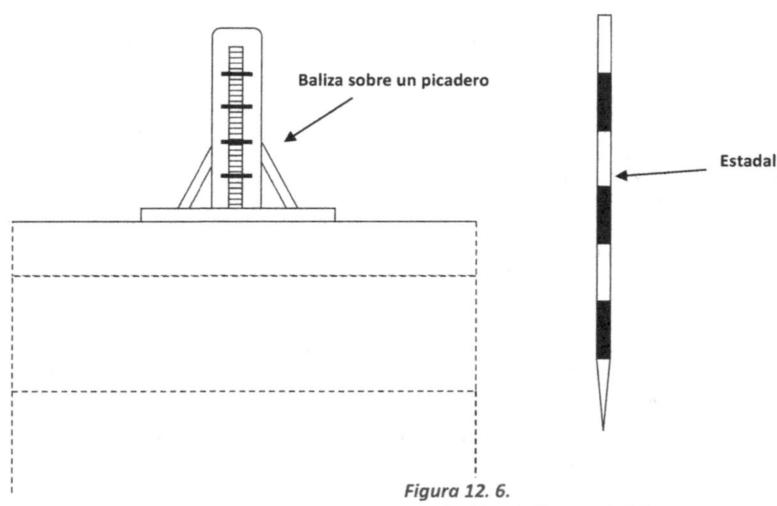


*Figura 12. 6.*
***Instrumentos de nivelación. Baliza y estadal.***

Presentamos para beneficio de los técnicos, algunas de las definiciones más importantes de la terminología topográfica para la labor de nivelación. Las más comunes son: *línea horizontal* que es una línea recta perpendicular a una vertical, el *plano horizontal* que es el plano perpendicular a la plomada, los *bancos de nivel* [82]que son puntos fijos de referencia y control que se construyen en lugares predeterminados y convenientes y la *línea de referencia*, al cual se refieren las elevaciones o alturas. La línea *de nivel* que es una línea sobre una superficie a nivel, las *balizas o estadales* que son marcadores u objetivos en este caso, para establecer las alturas que, en la operación de nivelación y el *Trípode*, que es el soporte del instrumento óptico. Como ya hemos acordado, la nivelación de los picaderos es esencial para establecer una superficie plana o plano base sobre el cual se erigirá el resto la estructura de la cama que debe encajar con la curvatura del casco. Son varios los métodos empleados para la nivelación de los picaderos. Los más comunes son:

- El que se realiza con un instrumento óptico (teodolito o tránsito),
- El método de nivelación con manguera transparente con agua

[82] Montes de Oca, Miguel. *Topografía,* Grupo editor Alfaomega, S.A México DF Cuarta edición revisada 110109. Páginas 710,102, 103

- El más común, es el que hace uso de la solera, supuestamente nivelada, como plano base, y partir de ella se toman ordenadas con una vara o estadal y se construye a partir de una altura acordada que mantiene un plano paralelo a la solera que estará representada por la superficie de los picaderos.

Este último método es el más adecuado y de mayor rapidez, especialmente cuando se edifican camas para embarcaciones como las barcazas y los buques de fondos planos, cuyo arreglo no amerita rigurosa precisión.

Algunos picaderos están compuestos por una base de concreto otros de acero. Sobre ellas se colocan uno o dos bloques de madera dura y una capa de madera blanda con un grosor que varía entre 3.81 cm a 14.24 cm (1.5 a 6 pulgadas). En algunos diques se coloca una caja de acero llena de arena, de un tamaño que se ajuste sobre la madera. Según lo que indiquen las alturas, se van agregando o removiendo capas delgadas de maderas o de madera laminada (plywood) de distintos grosores, debajo de la capa superior de madera blanda hasta lograr la altura buscada. La superficie nivelada, representa el plano base de construcción del buque. Encima de ellas, van colocadas las almohadas del pantoque que deben encajar, exactamente con la curvatura del casco. No se recomienda nivelar una cama de picaderos sobre la plataforma de un elevador vertical de buques porque las plataformas de los elevadores son estructuras con vigas suspendidas por cables y a veces por cadenas, lo cual las hace flexibles y dicha flexibilidad tiene una afectación directa al tratar de nivelar la plataforma. Luego de seleccionar una posición donde se obtenga buena visibilidad sin obstrucciones y se pueda enfocar todos los picaderos en el dique, se procede a la nivelación de los picaderos.

Marcando un punto indeleble en la solera del dique, se coloca la plomada del instrumento sobre el punto o se enfoca, si es un instrumento moderno con la plomada óptica. Vale la pena un acercamiento del instrumento a una nivelación preliminar, ajustando las patas del trípode para obtener una posición horizontal y terminar con el trípode aproximadamente a la altura de pecho. Luego con los tornillos niveladores de la base, se puede completar lentamente la nivelación del instrumento. Todo aparato trae consigo sus instrucciones variadas para la nivelación. Un procedimiento simple para nivelar las alturas de los picaderos es la siguiente: Posterior a la nivelación del instrumento se escoge entre los picaderos, el más alto y el de menor altura y se calcula la diferencia entre las alturas, para obtener un estimado aproximado de la cantidad de material o calzas que se necesitarán para el relleno. El picadero de mayor altura se establece como la línea base, y a los demás se les continúa agregando empaques o rellenos de madera, lo necesario para traerlas al nivel establecido. Es importante utilizar calzas del largo y ancho de la base, para obtener una compresión uniforme de la capa superior de madera cuando reciba la carga. Con la ayuda del teodolito o el tránsito, se van marcando los puntos de control sobre el picadero y para obtener las variaciones entre las alturas se procede a registrar las lecturas para cada picadero. Se anotan en cada picadero, la variación observada, en un lugar conveniente, de tal manera que el resto del equipo pueda insertar el material necesario para el punto de nivelación. Algunos técnicos crean sus propias *balizas* con fracciones de pies o metros abarcando el espacio entre el picadero de menor altura y el de mayor altura. Véase la Figura 12.6 y 12.7. Luego de efectuar todos los rellenos se realiza una última revisión con el instrumento sobre todos los picaderos para verificar el nivel de las superficies. La siguiente Figura 12.7 ilustra el procedimiento.

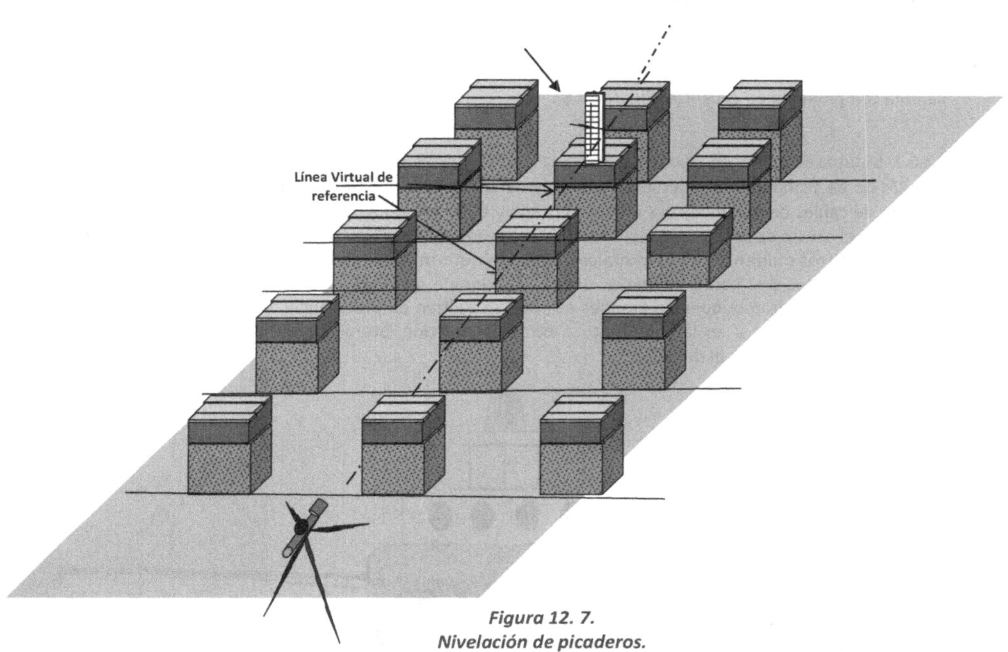


*Figura 12. 7.*
*Nivelación de picaderos.*

Existe en el mercado una variedad de teodolitos electrónicos de precisión, más compactos y ligeros, algunos de tipo repetidor y otros de modelos direccionales. Entre ellos tenemos las que se conocen como estaciones totales, con pantallas digitales. Son aparatos de alta tecnología, que han reemplazado al teodolito y el transito tradicional de telescopio largo. Entre los que actualmente se encuentran en el mercado, se distinguen los teodolitos laser, los ópticos mecánicos, los digitales, los teodolitos taquímetros ópticos, los electrónicos con doble pantalla digital, con plomada laser, con plomada óptico, en fin, una gama inmensa de aparatos de tecnología avanzada, que le permite al ingeniero en el campo, realizar las más complicadas mediciones, replanteos o levantamientos.

**12.8 Sistemas para centrar el buque sobre la cama de picaderos.**

Decidimos incluir la alineación del centro del buque con el centro de la cama en la solera o plataforma del dique, como parte del replanteo de líneas y la nivelación de picaderos, por la similitud y coordinación que debe existir entre dichas actividades. Hemos analizado lo que es el replanteo de líneas, para el emplazamiento de los picaderos y almohadas laterales de la cama y también pudimos repasar algunas de las técnicas del proceso de nivelación. Esta vez, estudiaremos los sistemas de alineación que conocemos y que son comúnmente utilizados en las operaciones de varada en los diques secos. Al llegar al instante en que se inunda el dique (dique de carena) o la inmersión de la plataforma de varada (para los varaderos ferroviarias, elevadores verticales o diques flotantes) y la abertura de las compuertas, el siguiente paso será remolcar el buque dentro de la cámara del dique. Una vez adentro, el buque debe estar alineado sobre la cama que se encuentra sumergido bajo el agua. Son varios los sistemas que se utilizan para la alineación del buque. La herramienta de alineación de uso general es el que consta de dos cables con una cadena con plomada en el centro (Figura 12.8).

12.8.1. Sistema de cables con plomada, puntales laterales y boyas sumergidas.

El tipo de sistema de alineamiento depende de la amplitud del dique. En diques más pequeños, el sistema de cables con plomadas es el más utilizado y también se ha observado el uso de boyas flotante que indica el centro de la cama, conectado a pastecas sumergidas alineadas con el centro de la plataforma de varada. Otros utilizan puntales laterales cortados a determinada medida, que al desplegarlas entre el costado del buque y la pared del dique, obligan al buque a mantenerse en el centro del dique. En los diques donde se varan buques de grandes calados, se utilizan de preferencia, los instrumentos ópticos apostados en la popa y en la proa junto a otros en posición lateral, donde se controla la posición longitudinal del buque en el dique.

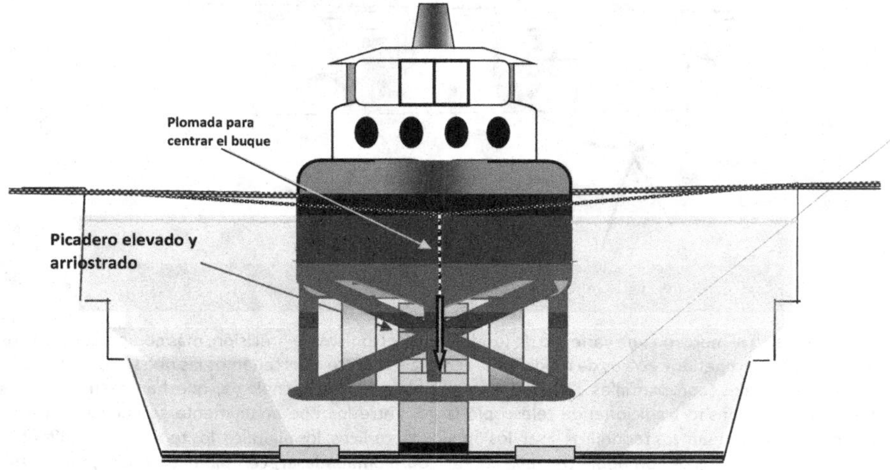


*Figura 12. 8.*
***Sistema de cables con plomada para el centrado del buque.***

12.8.2 Sistema de centrado que utiliza la pala del timón del buque dentro de una tijera de madera.

La tijera es un artefacto barato y relativamente fácil de construir y es un sistema efectivo para centrar el buque en el dique. Ideado por el capitán de diques David Anderson del astillero Todd Shipyard en Seattle, Washington. Las partes que la componen se observan en la Figura 20.12, 20.13, 20.14 y 20.14. Colocada exactamente en el centro de la fila de picaderos, con una altura menor al de la altura de los picaderos de la quilla, bajo la mecha del timón. Al descender el buque con el achique del dique, la tijera de madera flotará y se pegará lateralmente contra el timón. Una vez que se mantenga el buque entre las tijeras, quedara centrado con la cama de picaderos. El timón debe mantenerse en cero grados para lograr el centrado efectivo del buque.

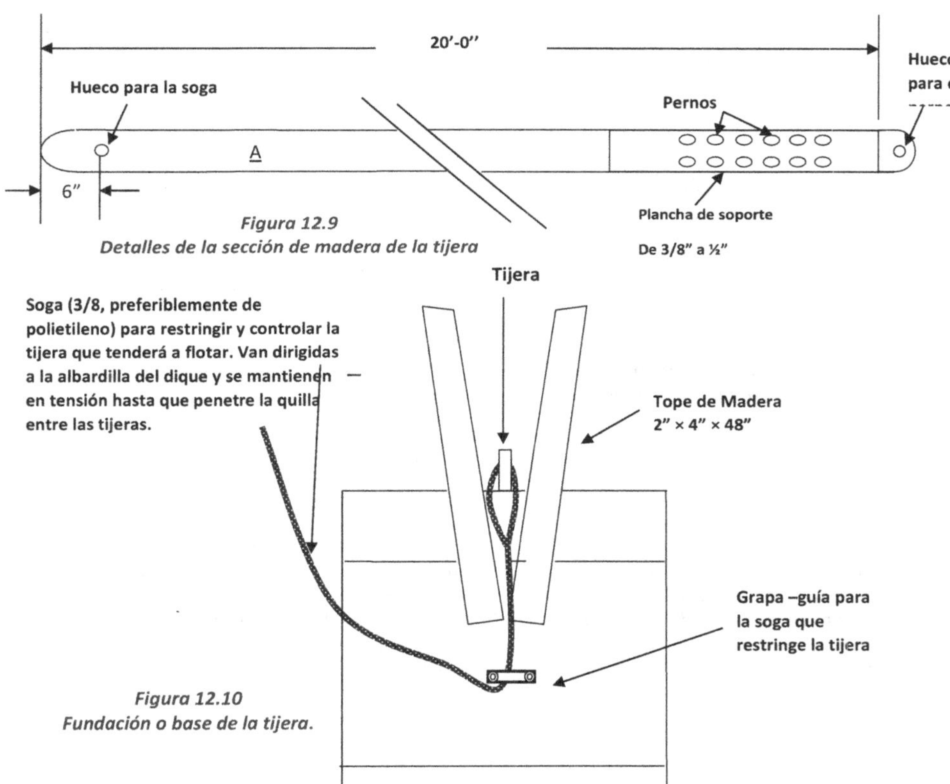


*Figura 12.9*
*Detalles de la sección de madera de la tijera*

*Figura 12.10*
*Fundación o base de la tijera.*

Se requiere la medida del ancho del timón, para ajustar correctamente la bisagra al ancho y mantener los palos de la tijera a la misma distancia entre sí. Si los palos están muy abiertos respecto al ancho del timón, no será preciso el centrado. Si se encuentran muy cerrados puede perderse al contacto con el timón. Cuando seque el dique o se eleve la plataforma fuera del agua, los palos de la tijera deben jalarse con la soga que corre por las guías del picadero de concreto donde descansan los palos, (vea la Figura 20.12) a su posición original para su protección contra el flujo del agua durante el achique.

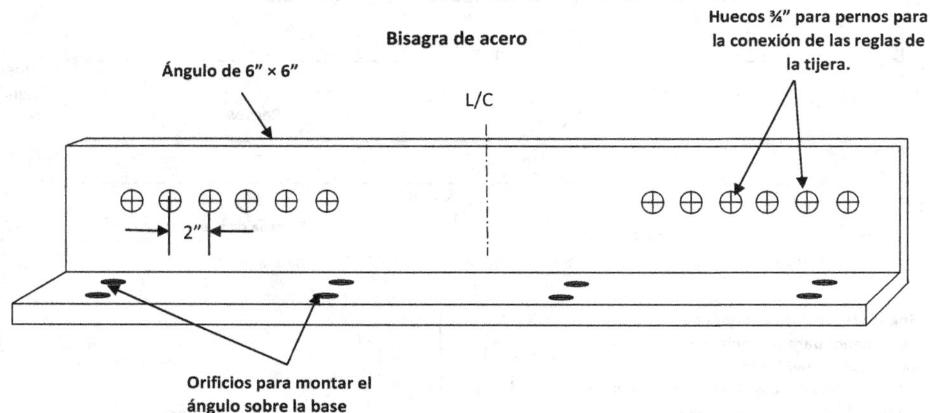


*Figura 12.11*
*Bisagra de acero para las tijeras.*

Cuando asiente el buque sobre los picaderos, el palo deberá estar casi parejo con la parte superior del timón. Se debe tener el cuidado de que los palos no sean muy largos porque podrían tocar prematuramente el casco. Tampoco pueden ser demasiado cortos, porque entonces no podrán ser observados desde la albardilla del dique. La longitud ideal para el palo es la que lo permita sobresalir 24 pulgadas de la superficie del agua. Por otra parte, los palos muy largos nulifican la flotabilidad del palo que es lo que ayuda a que el palo se mantenga en posición vertical.

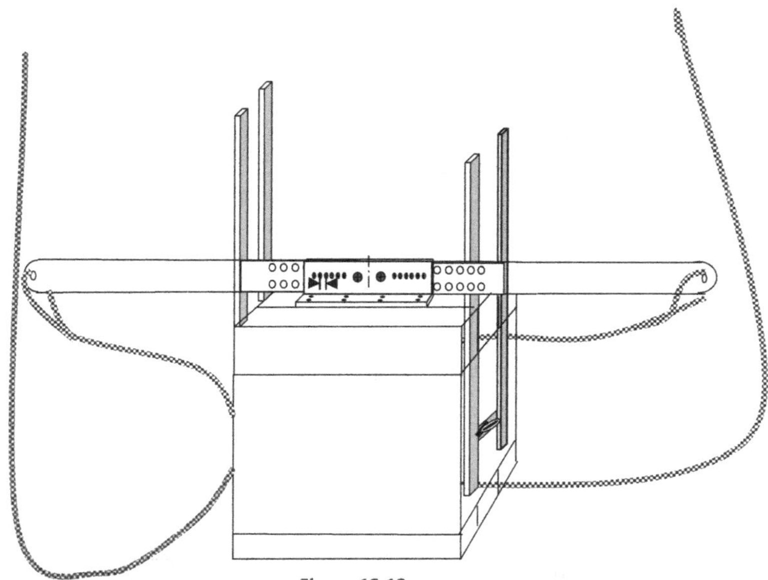

*Figura 12.12.*
***Tijera alineadora fijada a su base con sus cabos de control.***

La Figura 12.12 muestra la tijera para centrar el buque afianzada a un picadero de concreto, con madera dura con sus palos de guía y sogas para controlar los palos una vez estén a flote, cuando se inunde el dique. Los cabos se van liberando al acercase el timón a los dos palos de la tijera. Debe haberse marcado la albardilla con la posición exacta de la tijera y el buque también debe tener localizado el timón, con una marca en el francobordo. El buque remolcado dentro del dique quedará en posición cuando coincidan ambas marcas.

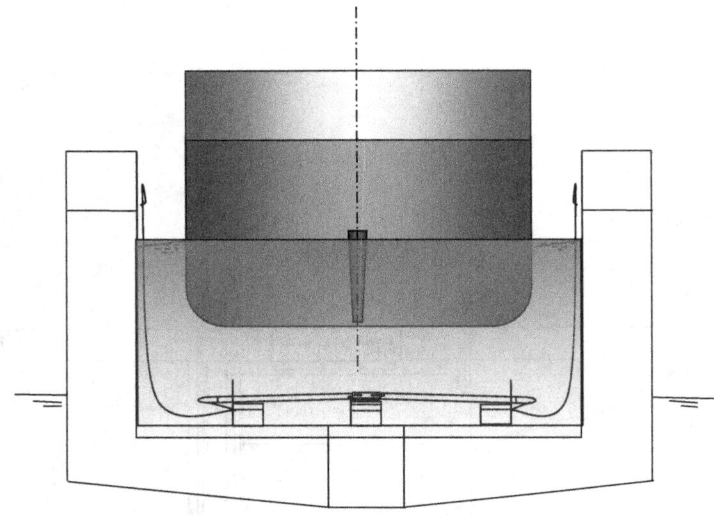

*Figura 12.13.*
*Timón del buque acercándose a la tijera alineadora.*

Podemos observar en la Figura 12.13 el alineamiento del timón del buque entre los palos de la tijera. En la siguiente Figura 12.14 el buque reposa finalmente entre las tijeras, en el centro de la fila de picaderos de la quilla.

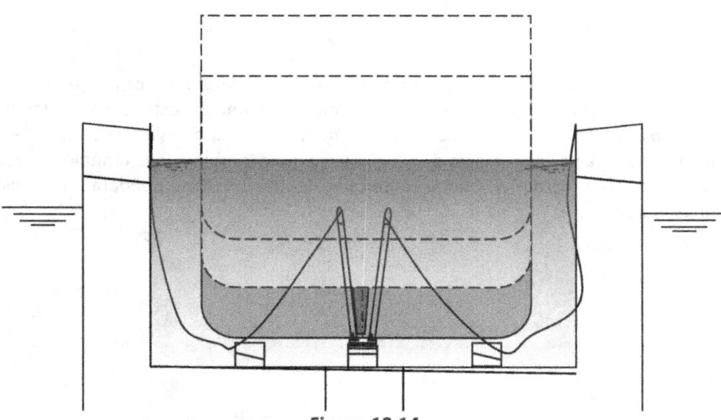

*Figura 12.14*
***Acercamiento del buque al objetivo. Alineamiento final sobre el centro de los picaderos con tijeras.***

## 12.9 Resumen

Hemos podido apreciar los detalles más importantes del emplazamiento de picaderos en este capítulo, partiendo de la recopilación de la documentación que describen las características del buque. Hemos visto los métodos que se emplean en el proceso de replanteo de líneas del buque, el emplazamiento de los picaderos para la cama, la nivelación de los picaderos de la cama y los métodos empleados en la alineación del centro del buque, con el centro de la cama sumergida. Con estos procedimientos se cumple la siguiente fase de las actividades preparatorias para la operación de varada. Estamos anuentes a los nuevos programas de dibujo computarizados, que están desplazando las mesas de dibujo, pero es importante las prácticas en las salas de galibo, porque favorecen el aprendizaje del replanteo, la confección de gálibos y por ende el emplazamiento de los picaderos en el dique.

## 12.10 Preguntas de repaso.

1- Mencione algunos de los sistemas más comunes para centrar los buques en el dique.

2- Diga 3 precauciones que deben tomarse antes de colocar los picaderos.

3- Escriba la fórmula para calcular el desvío de la plataforma en un sincro-elevador de buques.

4- De que elementos depende la posición del buque dentro del dique.

5- ¿Cuál el primer punto que debe ser localizado y marcado en la solera del dique?

6- Nombre tres puntos de referencia importantes para el trazado de localización del buque en el dique.

7- ¿Para qué se utiliza la hoja de datos?

## Bibliografia.


1- Crandall, Paul S. and Tobiasson, Bruce O. *An Introduction to Dry-docking Principles and Techniques.* Crandall Dry Dock Engineers, Inc. Cambridge Massachusetts June 1970.

2- Dm Consulting *Basic Dry-Dock Training* Instruction Manual, 2004.

3- Heger Dry Dock Inc. *Dockmaster Training Seminar* Lecture Notes. 2004

4- González López, Primitivo B. *Técnicas de Construcción Naval* Universidade da Coruña Servicio de Publicaciones 2000.

5- Mazurkiewics, B. K. *Design and Construction of Dry docks*. Gulf Publishing Company Houston, Texas, U. S. A. 1981

# CAPÍTULO 13
# FABRICACIÓN DE LA CAMA DE PICADEROS.

*Figura 13. 1 Cama de picaderos. Dique de Carena de Monte Esperanza ACP.*

## 13.1 Introducción.

El objetivo primordial de los picaderos y las almohadas de una cama de soportes es el de cargar el peso del buque y mantenerlo perpendicularmente erecto, derecho y estable. El sistema de picaderos, además de estar capacitado para sostener el peso del navío, debe ser geométricamente estable para no ser fácilmente derribada, por algún roce accidental con el fondo del buque. Debe, además, tener una fundación suficientemente elástica, con la capacidad de distribuir la carga a la cual será sometida, cada vez que reciba el peso del buque y evitar la sobre fatiga del casco e impedir daños a la estructura del dique. El conjunto de la cama de picaderos está conformado por una variedad de materiales y accesorios. Son distintas en forma y estructura, diseñadas según el tipo particular de dique y según la función que tendrán que ejercer. En este capítulo lo dedicaremos al estudio de la fabricación de estos soportes, de su diseño y de las propiedades de los materiales empleados en su fabricación. Después de esta lección, el lector deberá tener mayor competencia para:

- Distinguir las diferencias entre los distintos tipos de picaderos.
- Distinguir entre las cuñas y conocer sus aplicaciones.
- Aplicar los criterios para la construcción de torres para quillas elevadas.

- Conocer las condiciones en que se hace necesario arriostrar los picaderos.
- Saber porque a veces se incluyen cajas de arena en la cama de picaderos.
- Entender la importancia de copiar con exactitud la curvatura del segmento del casco que se haya escogido para la colocación de la cuña de contacto sobre el picadero o almohada lateral.

**13.2 Planificación y Diseño del Sistema de Apoyo.**

Los elementos principales de la planificación de un sistema de apoyo son las siguientes:

- ❖ Peso de la embarcación.
- ❖ Tipo de Picaderos.
- ❖ Tamaño de los Picaderos.
- ❖ Cantidad de picaderos.
- ❖ Altura.
- ❖ Posición dentro del dique.

Pueden encontrarse una variedad de picaderos, dependiendo de la magnitud de los buques, así será el diseño de los picaderos. Los picaderos centrales, que soportan la quilla del buque, pueden tener una base de concreto armado, con madera en la superficie o también pueden ser del tipo hecho de cuñas súper impuestas de hierro fundido como base y con madera en su parte superior. Los espacios difieren de dique en dique. Los hay entre los 4 pies (1.22 m) a 6 pies (1.83 m) de centro a centro y los laterales pueden fluctuar entre 8 pies (2.44 m), 12 pies (3.66 m) y los 16 pies (4.88 m), de centro a centro, en dirección longitudinal. Las restricciones impuestas para distancias o espacios entre picaderos son más estrictas para los diques flotantes, elevadores de buques y diques ferroviarios, porque deben estar exactamente situadas sobre miembros estructurales resistentes.

Las instrucciones en los planos de varada especificarán las alturas, las dimensiones tomadas del centro de crujía y la localización y formas especiales de las cuñas de las almohadas del pantoque. El capitán o supervisor designado del dique, planifica, controla y supervisa la construcción del sistema de soporte, desde su inicio hasta la terminación. Después que quede asentada la embarcación sobre la cama de picaderos, debe ser inspeccionada por cualquier irregularidad y de encontrarse alguna, realizar los correctivos según sean necesarios. La responsabilidad final de las modificaciones y verificaciones compete al departamento de Ingeniería, que además para situaciones especiales, donde ocurran eventos técnicos muy críticos, decidirán si seguir con la varada u optar por posponer o rechazar definitivamente la operación.

**13.3 Fabricación del Sistema de Soporte.**

Un buen sistema de apoyo es el aquel que posee la capacidad de soportar las cargas verticales, impuestas por una embarcación, durante la varada, sin que ocurra un aplastamiento excesivo de la madera sobre los picaderos y sin que ocurra deformación alguna del casco. Deben ser lo suficientemente estables, para evitar el volcamiento por golpes o movimientos de pesos, por vientos huracanados o por movimientos sísmicos. Deben, además, poseer la suficientemente elasticidad, para la distribución de las concentraciones de cargas, causadas ya sea por las distorsiones irregulares del casco, por errores en las alturas, picaderos mal colocados, o por curvaturas en las cuñas que no concuerdan con la curvatura del casco. Las camas construidas sobre carros varaderos deben tener la elasticidad para resistir los movimientos bruscos cuando se desplazan sobre las irregularidades de los rieles, y deben poseer la fuerza y estabilidad para resistir las vibraciones generadas durante el traslado del buque.

### 13.4 Propiedades de los picaderos de la quilla.

**Picaderos Compuestos**:

Su base es de concreto, la mayoría mide 42" × 48" ×.50", con una combinación de madera blanda de: 4" ×.14" ×.48" en la capa superior, apoyada sobre una de madera dura más gruesa de: 9" ×.14" ×.48" o en tamaños de 12" × 12" ×48".

**Picaderos con cuñas desmontables**:

Poseen una base de concreto, de tres secciones en forma de cuñas, unidas por una varilla de acero. Sobre su base va colocado un picadero compuesto por madera dura.

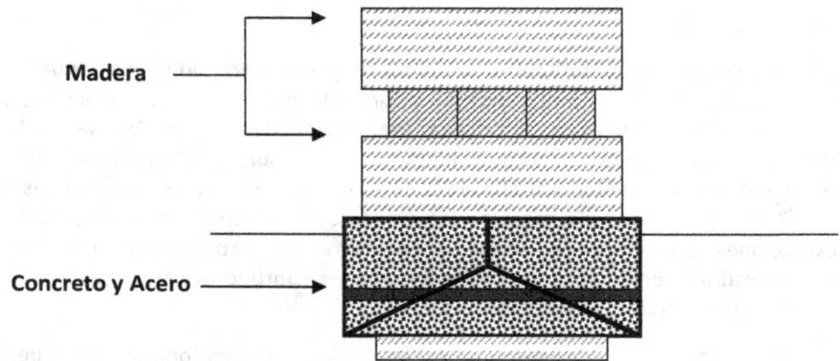


***Figura 13. 2***
***Picadero compuesto de concreto y madera.***

**Picadero de Alta Compresión de Madera:**

Todos sus componentes están fabricados de madera dura, con piezas intercaladas de madera suave, lo cual facilita la compresión bajo la carga.

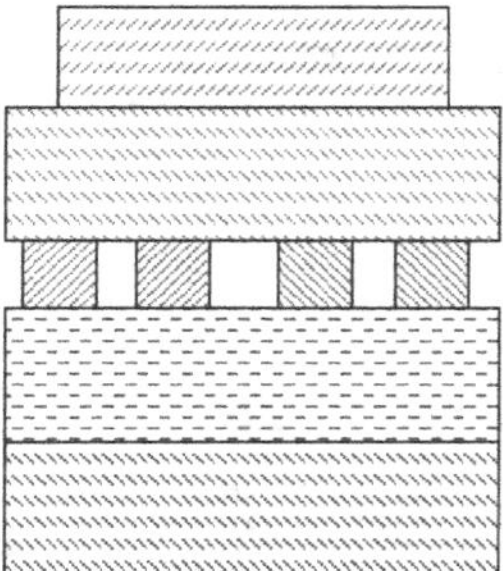

***Figura 13. 3. Picadero de madera.***

**13.5 Capas de hule sintético reforzado.**

En el capítulo11, pudimos analizar uno de los estudios realizados sobre las propiedades estructurales del hule sintético y su utilidad como pieza de contacto en reemplazo de las capas de madera. Posee algunas ventajas sobre la madera, como material de contacto, porque ser más duradero y no se destruye fácilmente al sufrir aplastamientos excesivos, como ocurre con la madera y es más suave y flexible al casco. Remover un picadero bajo carga es un trabajo de gran dificultad, para todo astillero. Las cajas con arena resolvieron a medias el problema, porque volver instalar el picadero bajo la carga, resulta una tarea difícil. Las capas de hule sintético pueden ser la solución al problema por ser un material, con excelentes propiedades de compresión. Se han introducido también, una capa de hule, que viene perforado a lo largo, con tapones en los extremos, para ser llenadas de arena. Se usan en los casos de picaderos bajo cargas de alta intensidad, en donde se requiere compresibilidad adicional, para poderlas remover. El sistema de hule funciona colocando la capa de hule entre el casco y un picadero de concreto, que descansa sobre una madera dura más angosta que el concreto, y suficientemente gruesa para que permita la entrada de un gato en los cantos[83]. Vea la Figura 13.4

Para extraer el picadero bajo la carga dos gatos hidráulicos se colocan bajo el picadero de concreto en el espacio entre el borde inferior del picadero y la almohada de madera, tal como lo indica la flecha en la Figura 13.4. Al aplicar la presión de los gatos, entre la solera y el picadero de concreto, se comprime la capa de hule en la parte superior del picadero. Esta acción aflojará la almohada de madera bajo el picadero de concreto y permitirá su remoción. Para liberar el gato se coloca un relleno en el espacio, que permita la descarga y remoción de los gatos.

[83] Irving, K. D. *New Dock Blocking Systems* DRYDOCK Technical publications, November / December 1987.

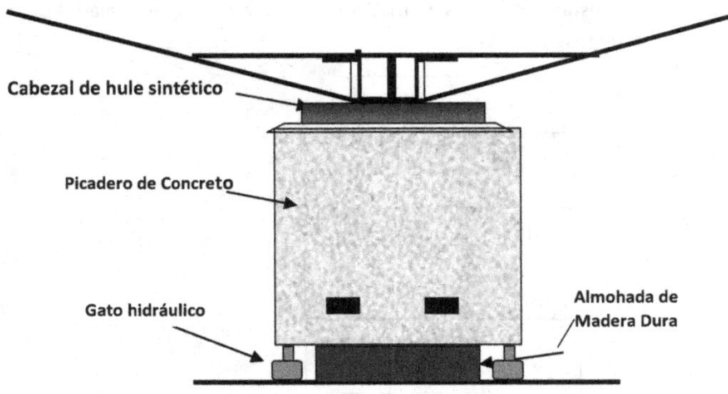


*Figura 13. 4.*
***Picadero de quilla de concreto sobre una almohada de madera dura con cabezal de hule sintético para la compresión con gatos hidráulicos.***

**13.6 Elevación de la quilla con picaderos de concreto.**

Los picaderos con alturas mayores de 6 pies presentan dificultades por su altura que requieren que se tomen medidas para asegurar su estabilidad durante su construcción y durante la varada. Cuando se varan buques con complejos aparatos electrónicos, que sobresalen del casco, se requieren picaderos de gran altura, que permitan el espacio necesario entre las protuberancias y el piso del dique. Para obtener el espacio necesario, se construyen sistemas de soportes elevados. Una forma de lograrlo es apilar picaderos de concreto, una encima de otra, hasta tener la altura deseada. El peso de los picaderos de concreto es una de las principales desventajas en este tipo de arreglo. (Figura 13.5).

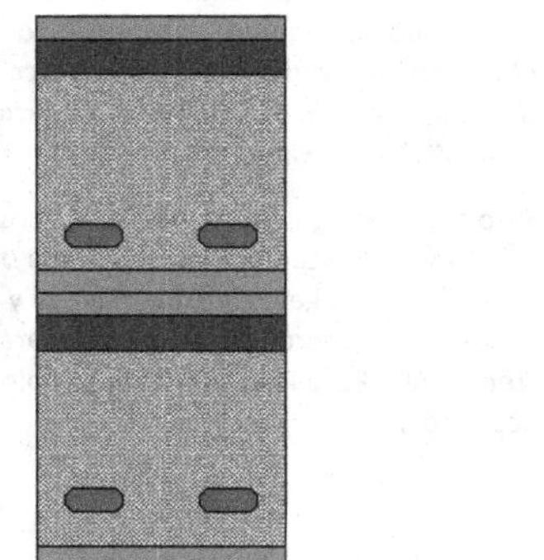

*Figura 13. 5.*
***Picaderos de concreto apilados para obtener mayor elevación.***

Las precauciones establecidas para apilar picaderos de este tipo, uno sobre el otro, son las siguientes:

- ♦ Colocar siempre sobre el total de área de sostén.
- ♦ Intercalar madera entre los picaderos de concreto.
- ♦ La carga debe transmitirse de picadero a picadero sin crear alguna deflexión entre estos.

**13.7 Torres de acero para elevar la quilla.**

Otros astilleros han optado por la utilización de torres de acero, en módulos que llegan a medir 24 pies, fáciles de manejar y de rápida colocación. Estos módulos pueden ser fabricados de acero estructural mientras otros diseños utilizan tubería de servicio pesado. Ambos han dado buenos resultados y han mejorado el tiempo de instalación de la cama en el dique, por la facilidad con que se arman. Véase la Figura 13.6.

***Figura 13. 6.***
***Picadero elevado de acero y madera.***

**13.8 Almohadas laterales para el apoyo del pantoque.**

La carga límite para las almohadas laterales se determina de la siguiente manera: Presión límite de la pieza de madera suave por el área de la capa de madera en contacto con el casco. La cantidad de almohada en cada lado debe ser suficiente para resistir toda fuerza huracanada y sísmica. Toda la estructura de la almohada completa debe ser capaz de resistir la carga en el caso de que falle el cabezal de madera suave al contacto con la quilla. Las almohadas laterales deben tener un módulo de elasticidad menor o igual que los picaderos de la quilla. Deben poderse comprimir con una carga menor que la carga que comprima los picaderos de la quilla. Es importante que la que la base principal que se escoja para la construcción de los picaderos del centro (hierro, acero, madera o concreto), sea la misma para las almohadas del pantoque.

**13.9 Propiedades de las almohadas de pantoque.**

Las almohadas del pantoque, para buques con la astilla muerta elevada, son más altos que los picaderos de la quilla. Su fabricación requiere un mayor número de bloques de madera, que las del centro. Por este hecho, el picadero del pantoque es mucho más elástico, en comparación, con los de la quilla, lo cual, siempre debe ser la intención, al construir la cama. Deberemos procurar mayor rigidez en los del centro porque es donde se concentra la mayor parte del peso del buque, digamos que el 50%, mientras el resto se divide entre ambos lados del pantoque, 25% de un lado y 25% del otro. Como regla, el módulo de elasticidad de las almohadas del pantoque debe ser de una magnitud menor que el del centro. En el onceavo capítulo se hizo un análisis del grado de rigidez y compresibilidad de los picaderos centrales y los laterales. La capacidad de trabajo de la almohada del pantoque se determina obteniendo el producto del esfuerzo de compresión permisible de la capa superior de madera blanda, por el total de metros o pies cuadrados de área de contacto con el casco.

***Regla I***: Lo primordial y más importante es mantener la estabilidad de la almohada. Para ello se ha comprobado como guía para mantener la estabilidad de la almohada es de procurar su colocación contra el casco, de tal manera que, al trazar un vector, perpendicular o normal al casco, este pase por el centro del cabezal de madera blanda y atraviese la base, por el tercio medio. Véase la Figura 13.7.

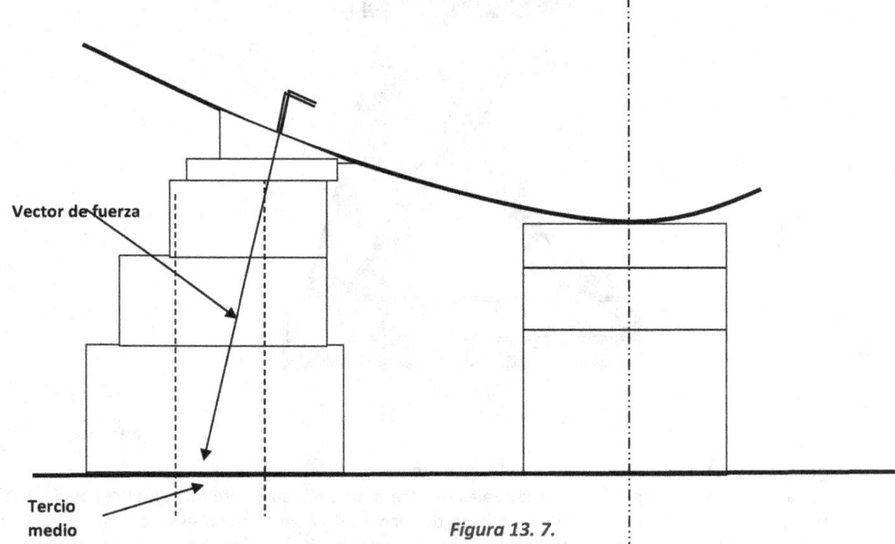


*Figura 13. 7.*
***Vector de fuerza que atraviesa el tercio medio de la estructura de la almohada lateral.***

Si el vector se proyecta fuera del tercio medio, cuando reciba la carga, la base puede levantarse en el extremo opuesto al vector de la fuerza. Se debe mantenerse el eje de la compresión normal a la superficie de contacto o sea a 90º, y que las variaciones se mantengan dentro de un rango de 5 grados con respecto a esa línea.

***Regla II***: para evitar que la base del picadero resbale, con la carga, al diseñarse el picadero con la almohada, debe mantenerse el picadero en un ángulo de 15 a 20 grados, con la línea vertical. Si esto no es viable, entonces se debe instalar algún sistema que impida el deslizamiento de la base del picadero. En teoría, el coeficiente de fricción entre madera y acero es de aproximadamente 0.35 a 0.40 es lo que indica que el resbalamiento del picadero se inicia cuando las fuerzas horizontales lleguen a 35 a 40 % de la fuerza vertical. Es recomendable que los picaderos de 6 pies en adelante se arriostren, con ángulos de acero, varillas o arriostrado con tablones, colocados longitudinalmente entre cada capa transversal. El objetivo es que al unirlas se hagan más estables y que funcionen como una sola unidad.

### 13.10 Tipos de cuñas.

La parte superior de las almohadas de pantoque, que entra en contacto con el casco, son cuñas con una variedad de formas y tamaños. Se escogen según la forma del pantoque y el tamaño de la embarcación, Son hechos, en su mayoría, de madera, y generalmente son menos rígidas que los de la quilla. Existe una variedad de cuñas, entre las más utilizadas podemos mencionar: la cuña estándar o tangencial y el bloque cortado a la forma y curvatura del casco. Otros diques han experimentado con cuñas mecánicas, como el tipo alemán ajustable, que se controla con un mecanismo dentro de la sala del operador del dique. (En la Figura 13.13 se puede observar una muestra de este tipo de cuña.) Las dimensiones de las cuñas estándares son: 3" en la punta angosta y 6" a 7" en la parte gruesa, una longitud de 48" o pueden variar según los requerimientos de la embarcación.

Si es un buque con el casco plano o si posee una astilla muerta no muy empinada, entonces los bloques de pantoque se hacen fijas, es decir no necesitan ser jaladas, sino que, se les coloca en su posición final y de esta manera harán contacto con el casco, al instante de hacer contacto la quilla. Las cuñas para este tipo de casco deben llevar exactamente la misma pendiente del casco. Se procura construir estos picaderos en este caso, más elásticas que los de la quilla, porque el pantoque del buque no posee la misma resistencia que la quilla, que es la que debe llevar la mayor parte del peso. Aparte de esto, la elasticidad puede contribuir a moldarse a cualquier falla pequeña en el picadero. Para incrementar su elasticidad puede intercalársele entre capas de madera dura, trozos de madera blanda para que ceda el conjunto del pantoque, al recibir la carga y la quilla sea la que reciba mayor carga. Por estas razones ser exacto con las medidas es sumamente crítico e indispensable. Un picadero fuera de su posición puede causarle serios daños al casco y al dique. Es mucho más fácil acomodar las almohadas del pantoque bajo un casco de apreciable curvatura, si pueden ser jaladas a su posición después de asentarse la quilla, pero esto dependerá de que el dique esté dotado de un sistema de correderas para hacer deslizar los picaderos.

#### 13.10.1 Cuña tangente.

Son cuñas que poseen una superficie recta, cortadas generalmente con una inclinación de 4 a 5 pulgadas en una pieza de madera blanda de 12 pulgadas de grueso con una longitud de 48 pulgadas y hace contacto con la curvatura del casco, en su punto de tangencia. En este punto, tiene su inicio la compresión de la cuña en el instante de recibir el peso de la embarcación.

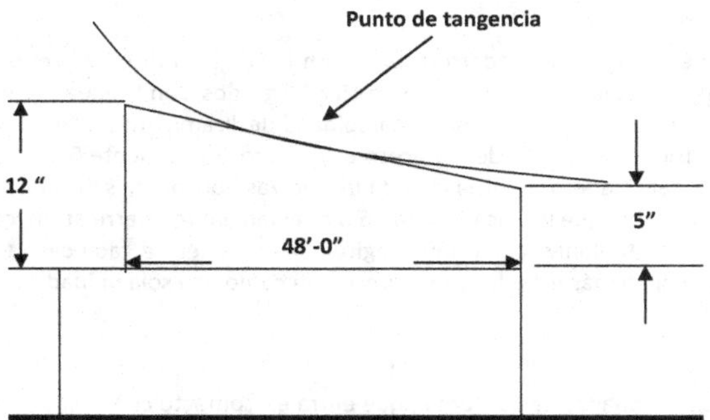


*Figura 13. 8.*
***Cuñas tangentes para el soporte del pantoque.***

La madera es cortada según la curva del contorno del pantoque que se obtienen de las ordenadas y las abscisas obtenidas del plano. El bloque o prisma rectangular de madera se divide longitudinalmente en tres secciones, a, b y c, que representan los tres puntos que describen la curvatura. Las ordenadas serán las alturas que parten del plano base de construcción. Generalmente coincide la línea de construcción con el punto más bajo de la quilla. En los casos en donde en los planos aparecen las dimensiones tomadas de la línea base y exista una quilla que se extiende más allá de la línea base, deben entonces tomarse en cuenta las diferencias y realizar los ajustes para que de todas formas las alturas se tomen del punto más bajo de la quilla. Las dimensiones tomadas del centro de crujía se miden al centro del picadero para su ubicación. Cuando haya la necesidad de trazar las líneas de la curva para el corte de la pieza de madera, entonces procuramos medir del centro de crujía a cada punto es decir los puntos a, b y c. De los planos se obtienen los ángulos longitudinales que se le debe imprimir a la sierra al cortar la curva en la pieza. Por lo general estas líneas se trazan en el piso de la sala de gálibos y una vez trazadas se confeccionan gálibos de las curvas que facilitan el dibujo de las curvas sobre la pieza que será cortada.

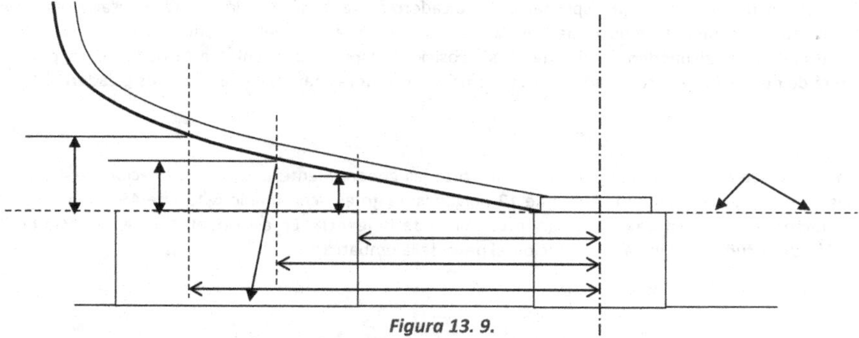

*Figura 13. 9.*
***Líneas de fabricación para el contorno de una almohada del pantoque.***

13.10.3 Cuñas universales

Se cortan en forma semicircular, a ningún radio en particular. Su punto de apoyo es un punto de tangencia, en donde hace contacto con el pantoque. La curvatura de la superficie facilita la entrada de la cuña bajo el casco, al ser jalada. Solo se recomiendan para cargas livianas.

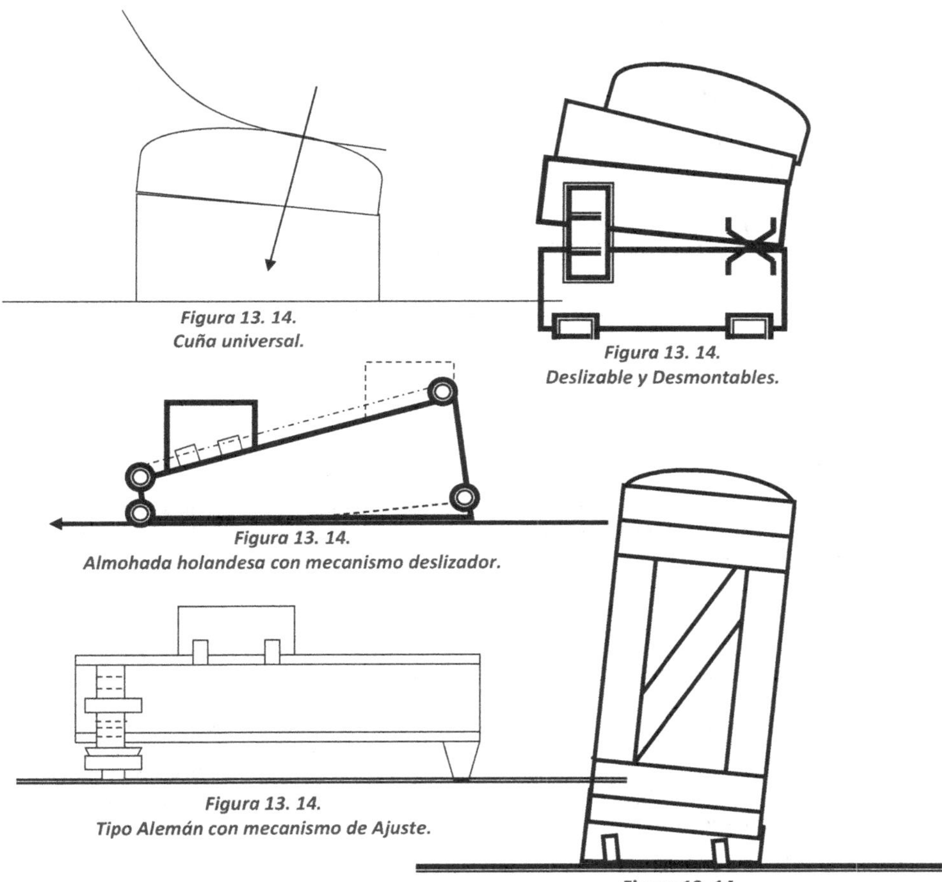

***Figura 13. 14.***
***Cuña universal.***

***Figura 13. 14.***
***Deslizable y Desmontables.***

***Figura 13. 14.***
***Almohada holandesa con mecanismo deslizador.***

***Figura 13. 14.***
***Tipo Alemán con mecanismo de Ajuste.***

***Figura 13. 14.***
***Almohada Elevada Deslizable "Crandall".***

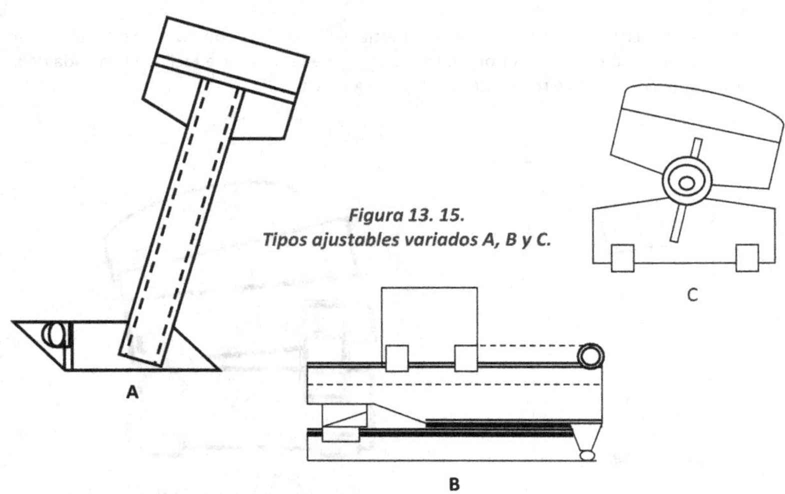


*Figura 13. 15.*
*Tipos ajustables variados A, B y C.*

### 13.11 Materiales para la fabricación de picaderos.

Los materiales principales son: madera, hule sintético, concreto, hierro fundido y acero. En el capítulo 3, presentamos los estudios de Watson, sobre las ventajas y desventajas del hule sintético, como reemplazo de la madera.

#### 13.11.1 Maderas

La madera dura que se utiliza en combinación con las bases de concreto y con las bases de hierro fundido, vienen en tamaños de 12" x 12" x 48", 12" x 14" x 48" y 4" x 14" x 48". Para facilitar la compresión y mejor distribución de la carga sobre el picadero y para acomodar posibles deformaciones del casco se colocan capas de madera blanda entre 2" x 12" x 48" a 6" x 12" x 48" sobre la madera dura. Estos son los tamaños estándares que más se utilizan, pero pueden existir variaciones, dependiendo del dique y según las circunstancias y el peso de la embarcación. La madera se comprime bajo presión y si no se exceden sus límites de elasticidad, recobra su forma original. Cuando los límites se sobrepasan, debido a una sobrecarga, la deformación es permanente.

##### 13.11.1.1 Madera laminada.

Para algunas partes dentro de las funciones del astillero puede ser un sustituto aceptable siempre que el diseño este en concordancia con las especificaciones de la "Asociación Nacional de Productos Forestales (NFPA) para construcciones de madera". Sirven de material de relleno entre las capas de madera de la parte superior de los picaderos, durante el proceso de la nivelación.

13.11.2 Concreto reforzado y sus Propiedades.

Los diseños de picaderos de concreto, como base para los picaderos de quilla están regidos por los estándares 318 de la ACI según los códigos de construcción de concreto reforzado. Los que rigen la construcción de picaderos son los siguientes:

- 4000 psi mínimo para la resistencia del concreto.
- Debe mantenerse una razón de agua / cemento bajo.
- Acero de refuerzo galvanizado con una cobertura de concreto de 3 pulg mínimo.

Los tipos de madera más utilizados y sus límites de compresión están representados en la siguiente tabla:

| MADERAS DE USO COMÚN EN LOS DIQUES SECOS | | | |
|---|---|---|---|
| Especies | Clasificación | **Compresión perpendicular a la veta. Esfuerzo unitario permisible (pie$^2$)** | **Libra por Pie Cúbico (pie$^3$)** |
| **Azobe** | **Dura** | **700** | ------- |
| **Amarillo** | **Dura** | **230** | **55.5** |
| **Abeto del este** | **Blanda** | **445** | **35** |
| **Abeto Douglas** | **Blanda** | **440** | **34** |
| **Guayacán** | **Dura** | **1200** | **77.6** |
| **Green Heart** | **Dura** | **2040** | **62.5** |
| **Laurel** | **Dura** | **2010** | **60.5** |
| **Maria** | **Dura** | **640** | **42-45** |
| **Roble Blanco** | **Dura** | **600** | **60** |
| **Roble** | **Dura** | **1000** | **35** |
| **Pino-Sur** | **Blanda** | **590** | **55** |
| **Pino – Este** | **Blanda** | **150** | **43** |
| **Pino – caribeño** | **Blanda** | **590** | **51** |
| **Laurel** | **Dura** | ----- | ----- |
| **Machilus Thunbergii** | **Dura** | ----- | ------ |

*Tabla 13. 1*

***Características estructurales de las maderas utilizadas para la fabricación de picaderos***

13.11.3 Propiedades estructurales del acero importantes para la fabricación de picaderos.

El manual de construcciones de acero, publicado por los estándares de la AISC, son las instrucciones observadas para la construcción de picaderos con base de acero.

Con estos estándares como guía, se sugiere lo siguiente.

- Utilícese acero al carbón ASTMA –37.
- Un espesor mínimo de 3/8 pulgadas.
- Evítese crear depresiones o esquinas donde se pueda colectar agua, lodo y otros desperdicios.

**13.12 Afianzadores y ganchos**

Todos los sujetadores deben estar confeccionados con acero resistente a la corrosión o acero galvanizado con un diámetro mínimo de ½ pulgada. Las platinas utilizadas para sujetar los picaderos deben extenderse más de 2 pulgadas de la superficie y no menos de 3/8 pulgadas de espesor. Los cubrejuntas y cachetes de metal, con huecos alargados un mínimo de ¾ pulgadas, para que el picadero pueda moverse cuando se comprimen por el peso del buque.

**13.13 Fabricación de picaderos para el apoyo de la quilla del buque.**

La capacidad permisible del picadero de quilla es igual a la presión permisible sobre el cabezal de madera blanda por el área de contacto del casco. El total **restante del picadero**, debajo del cabezal de madera blanda, debe ser de madera dura y debe poder resistir una carga mucho mayor, en caso de que se sobrecargue la madera blanda al contacto con la quilla. Los picaderos, en el extremo hacia la popa, deben estudiarse por la reacción que ocurre en el codaste, cuando se trata de una varada con asiento apopante. La compresión debe ser igual para todos los picaderos, es decir: sus componentes deben ser del mismo material y con las mismas limitaciones elásticas. Las tolerancias aceptables, en la construcción de picaderos para la quilla, son las siguientes:

- Alturas = + 0 – ¼"
- Posición longitudinal = + 0 – 1"
- Posición transversal = + 0 – ½"

Es recomendable, a pesar de contar con tolerancias, trabajar con la mayor precisión posible. La meta debe encaminarse a la reducción del margen de tolerancia como forma de eliminación de errores en la construcción. Los reglamentos de tolerancias para buques militares son más astringentes. Los británicos exigen para las camas de sus buques tolerancias de ± 5mm y los Estadunidenses entre ⅛ a ¼ de pulgada.

13.13.1 Relación entre el ancho y el alto para picaderos de la quilla.

Los picaderos de la quilla no sólo deben tener la adecuada resistencia, también deben ser lo suficientemente estables para no tambalearse. Un picadero estable debe cumplir con los siguientes requisitos: La razón entre el ancho y el alto, para cada picadero individual, no debe exceder el valor 2.0. Estas relaciones se expresan, según las siguientes relaciones obtenidas de la Figura 13.14. [84]

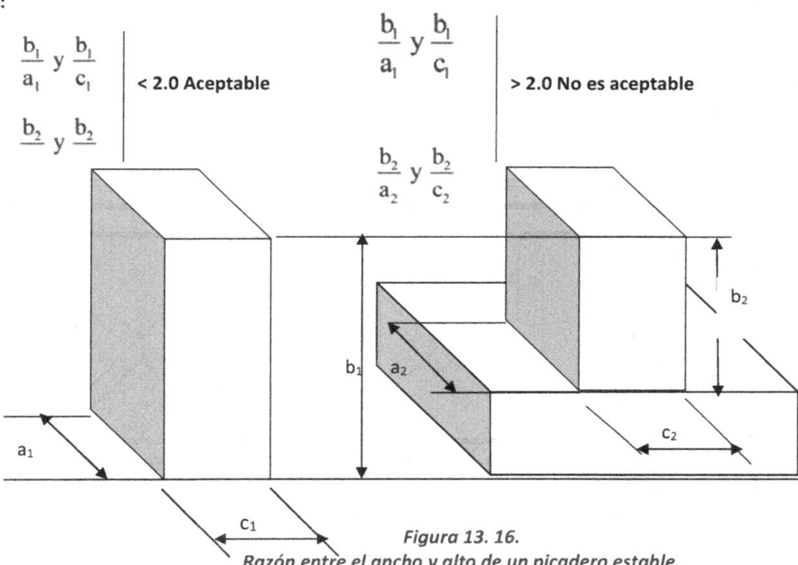


*Figura 13. 16.*
***Razón entre el ancho y alto de un picadero estable.***

13.13.2 Especificaciones para picaderos elevados.

Las torres para quillas elevadas mantienen una relación de ancho y alto y se toman en consideración, además, el espacio entre cada picadero para poder calcular el ancho del picadero individual. En la Figura 20.15 se pueden apreciar las relaciones entre el ancho y la altura que se deben mantener.

[84] Heger Dry Dock Inc. *Dockmaster Training Seminar* Lecture Notes. . 2004 Pags. 7-6

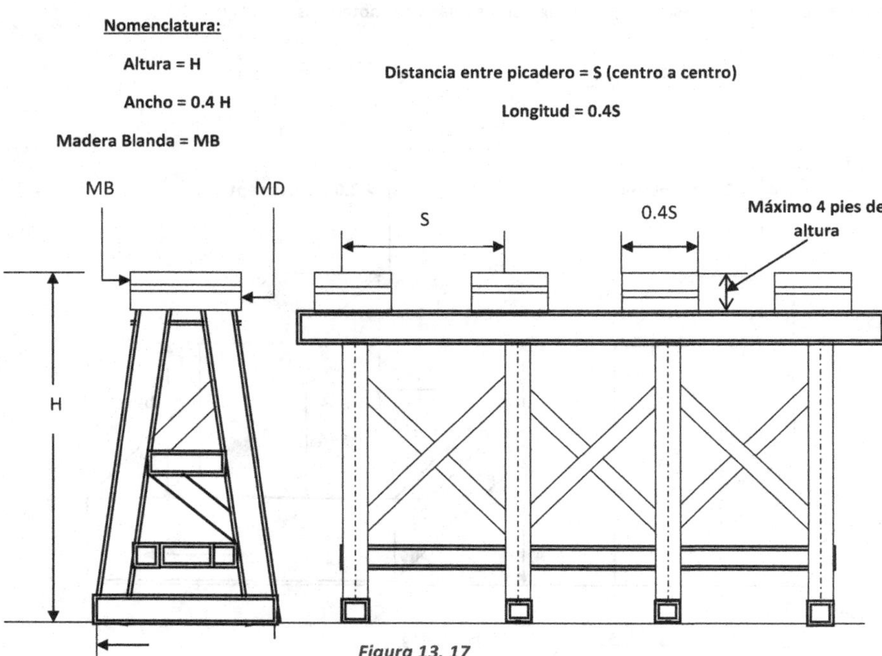


***Figura 13. 17***
***Relación ancho y altura para picaderos de acero y madera.***

Representan un ahorro considerable por su peso y por su rápida colocación. Se construyen en unidades de 24'–0" (7.32 m) de longitud[85]. Pueden ser colocados sobre los picaderos regulares del dique o pueden funcionar desde el piso del dique. Son útiles para varar embarcaciones cuyas hélices se proyectan por debajo de la línea de quilla, o aquellas con domos y aparatos de sonares que se extienden fuera de la quilla. Las quillas de estas embarcaciones deben mantenerse elevadas a más de 8'-0" de altura, para que queden libres todas las extensiones. Se han establecidos reglas, a fin de mejorar la estabilidad del sistema. El arrostrado de varios picaderos, como una sola unidad, ha dado buenos resultados, en especial con las quillas elevadas y en embarcaciones de excesivo asiento. Basándose en el aspecto de la proporción de ancho por alto, se establece que: Si los picaderos se elevan menos de 8'-6" se construye el encribado para los picaderos que forman el tercio de la longitud hacia popa y el tercio hacia proa. Si los picaderos deben elevarse a más de 8'- 6", se debe encofrar desde la base de los picaderos, hasta las capas de madera en la parte superior, es decir: todo el sistema quedará amarrado como una sola unidad. Si es necesario se construye el picadero en forma de pirámide, esto es si se observa inestabilidad en su

[85] Crandall, Paul S. *Drydock Blocking System for Modern Ships* Journal of Ship Production, Vol. 3, No. 1, Feb. 1987, pags. 49 - 60

dirección transversal. No deberá escatimarse esfuerzo por procurar toda la estabilidad y el anclaje necesario para los picaderos y si así lo decidiese el capitán de dique, según su criterio, las alturas aquí mencionadas no limitarán en ninguna forma su decisión de construir un encribado a alturas menores que 8'-6", si así lo viese conveniente. Siempre deberá tenerse en mente la seguridad del buque en todo momento. Los accidentes en los diques secos no son frecuentes, pero los pocos han sido catastróficos.

13.13.3 Encribado de los picaderos.

Se construyen colocando maderas de 4" a 12" de espesor por 12" a 14" de ancho intercaladas entre los bloques de madera dura o con plintos de concreto. Se hacen con picaderos unidos de dos en dos o en secciones con cuatro picaderos unidos. El material de los plintos varía según el peso del buque y el tipo de picadero. Pueden ser de vigas de acero, madera gruesa de 12" × 12" o de concreto. Generalmente, picaderos cuyas bases son del tipo de concreto de gran peso requerirán de plintos de acero o de concreto si han de ser elevadas considerablemente.

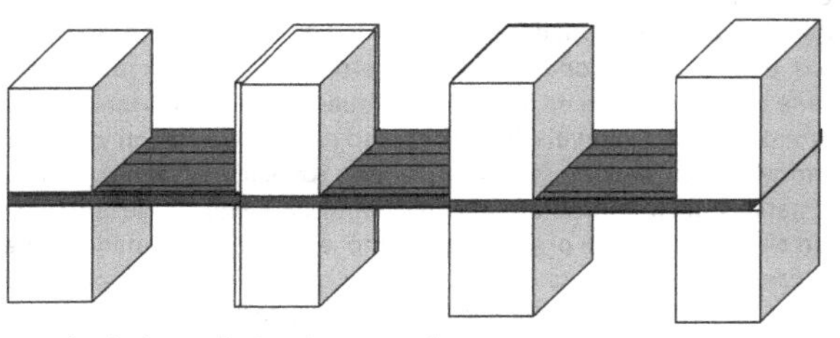

*A - Arriostrado Continuo en columnas de cuatro con plintos de madera*

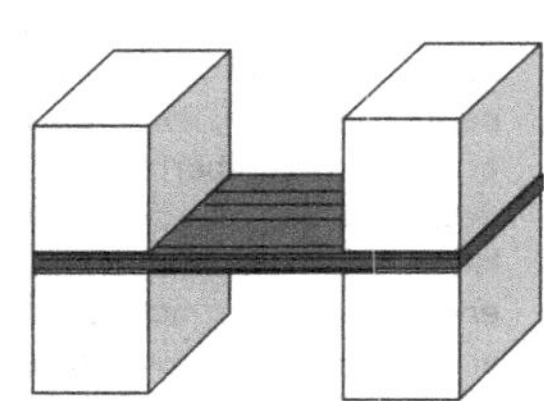

*B - Arriostrado en Columnas de dos con plintos de madera.*

***Figura 13. 18.***
***Formas de arriostrados A y B.***

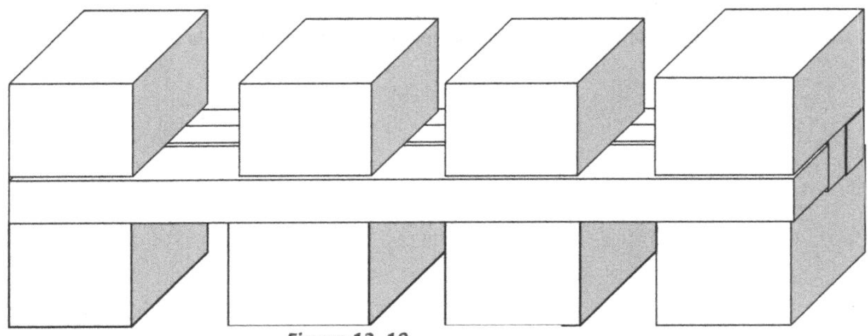

***Figura 13. 19.***
***Arriostrado con vigas de concreto (Plintos).***

Cuando la cama contiene encribado continuos dentro de la fila, estos pueden tener más de dos columnas de picaderos y deben ser arriostradas. La madera del Arriostramiento debe tener la longitud equivalente a un múltiplo del espaciado entre los picaderos y sus empates, deben coincidir siempre en el centro de los picaderos con la debida alternación de los empates. Los picaderos hechos únicamente de madera, mayores de 3'–0" de altura, deben ser encribados longitudinalmente, con amarres de maderas de 12" de espesor, fijadas en su parte superior y en la de abajo, al resto de los picaderos. Un encribado continuo es lo más práctico para este sistema.

13.13.4 Picaderos con cajas de arena.

Se están empleando cajas de acero desmontables, llenas de arena, colocadas sobre la madera dura, con éxito, en algunos astilleros. Se insertan estas cajas con arena, en el conjunto del enmaderado y se utilizan como el mecanismo, para aflojar la torre de madera aprisionado bajo la carga, permitiendo su remoción, cuando estas obstaculizan el o las áreas donde se planifique realizar alguna remodelación o reparación en el casco. Una vez que se desarme la caja de acero y se remueva la arena, los maderos caen dentro de la caja, liberando la madera del contacto con el casco y del peso de la embarcación y quedando el picadero en libertad, para ser removido y trasladado según convenga. Son cajas de acero, con lados desmontables que permiten desarmarla rápidamente. Para eliminar la arena luego de desarmada sus lados, bastará una manguera con un chorro de agua a presión para remover la arena. La madera que se encuentra en contacto con la quilla cae dentro de la caja obteniéndose el espacio necesario para mover el picadero. Al remover picaderos para despejar un área bajo la embarcación, los restantes, cercanas al área despejada, pueden quedar sobrecargadas. Puede ser necesario acodalar con puntales en las cercanías de la sección hasta poder volver a colocar los picaderos en otro sector conveniente, donde pueda soportar el peso. Para la restituir el picadero a su posición, colocamos las capas de madera con el suficiente espacio entre sí, tal que permita adicionar un empaque de cuñas de madera, las cuales reemplazarán el volumen de la arena removida. Las cuñas se colocan bajo la madera que va contra el casco, clavándolas hasta el rebote. Es preferible que las cuñas sean gruesas y largas, para que cuando se apuntalen, no se astillen. El picadero restituido volverá a cargarse, cuando la embarcación continúe asentándose y sigan comprimiéndose el resto de los picaderos por el peso de la embarcación.

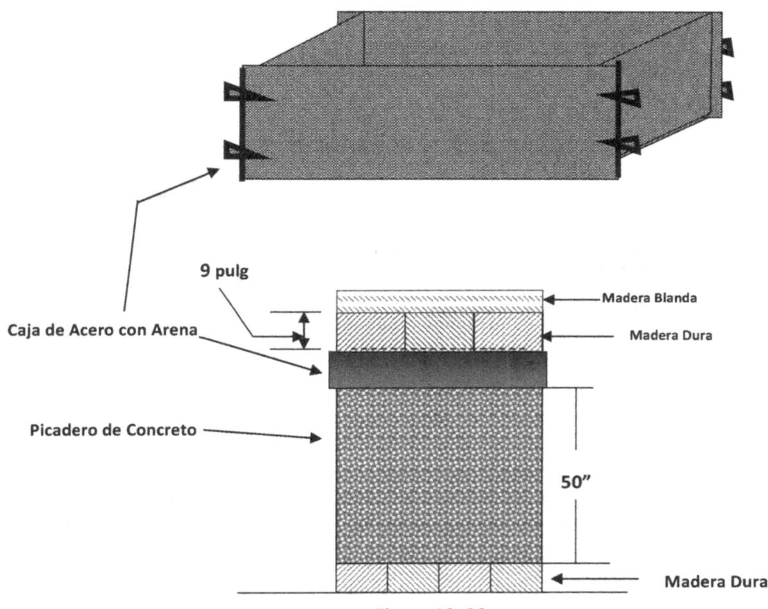


*Figura 13. 20.*
***Picadero de concreto armado con caja de arena sobre la madera.***

Se ha comprobado los resultados positivos del vaciado de arena bajo el peso de una embarcación, en los procedimientos del *"**movimiento de picaderos para la pintura**"* de las compuertas de inglete del *Canal de Panamá*. Cada compuerta pesa entre las 750 a 800 tons. Son compuertas que funcionan verticalmente cuando están activas en cada exclusa del canal. Trabajarlas verticalmente, limita y dificulta el proceso de mantenimiento, por eso se ideó sacarlas en el agua y hacerlas girar hasta tenerlas completamente horizontales flotando como una barcaza. De esta forma, se llevan a un dique seco para su varada sobre picaderos. Después de su reparación son pintadas, y luego deben ser reubicadas sus soportes para pintar las huellas que resultan de la cama original. Con el procedimiento antiguo eran reflotadas en el dique, movidas a una distancia prudente, luego se volvían a varar sobre los picaderos en la nueva posición. De esta manera quedaban libre las huellas para darle el tratamiento de limpieza a chorro de arena y sus respectivas capas de pintura. El nuevo procedimiento es más eficiente, por su rapidez y el personal empleado para esta faena es aproximadamente 80% menor que el empleado en el procedimiento anterior. El procedimiento que se sigue es el siguiente: se desarman las cajas de arena en los picaderos y se hace un lavado de la arena para dejar libres los picaderos de la carga del peso de la compuerta. Al descargarse los picaderos, con el lavado de la arena, son movidas hacia afuera en pares, trabajando, una hilera a la vez, comenzando en popa o en proa, con dos equipos de hombres trabajando a la vez. Los picaderos se mueven a una nueva ubicación e inmediatamente se apuntalan con cuñas de madera. Al concluir toda la reubicación de picaderos, el descenso de la altura original de la compuerta será exactamente, igual a la altura de la capa de arena removida bajo la compuerta. El ahorro en costos es significativo, puesto que se evita el reflote y la re-varada de las cuatro compuertas.

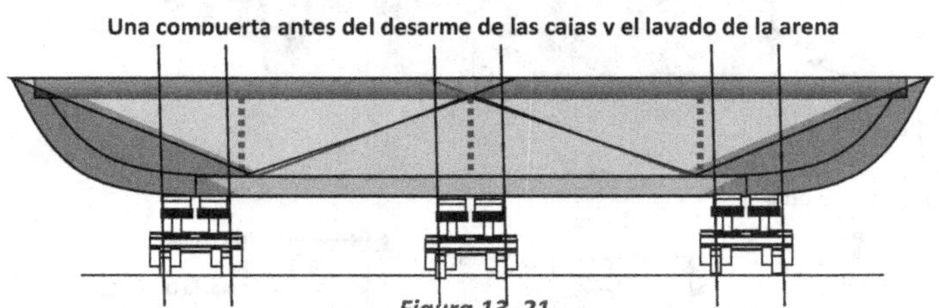


***Figura 13. 21.***
***Compuerta de Inglete varado sobre carros varaderos.***

En la Figura 13.21 podemos apreciar una compuerta varado recién sobre los carros varaderos y después en la Figura 13.22, el desarme de las cajas de arena, el lavado de la arena y la relocalización hacia afuera de los picaderos, para dejar al descubierto las huellas para la terminación de la operación de pintura.

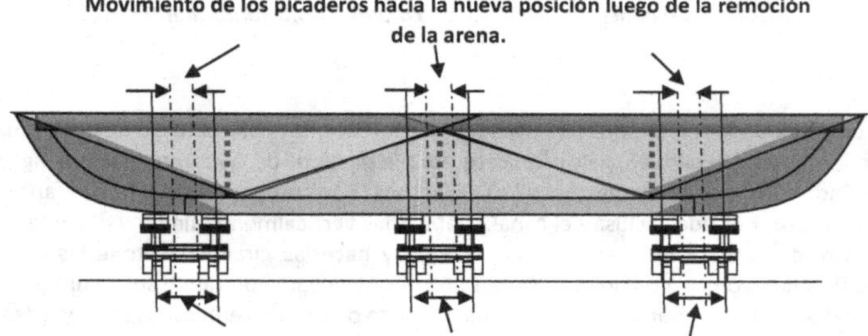


***Figura 13. 22.***
***Re- localización de los picaderos bajo la compuerta.***

**VISTA HORIZONTAL**

**Compuerta después de lavada la arena, reubicada los picaderos y apuntalada la madera con cuñas contra el casco.**

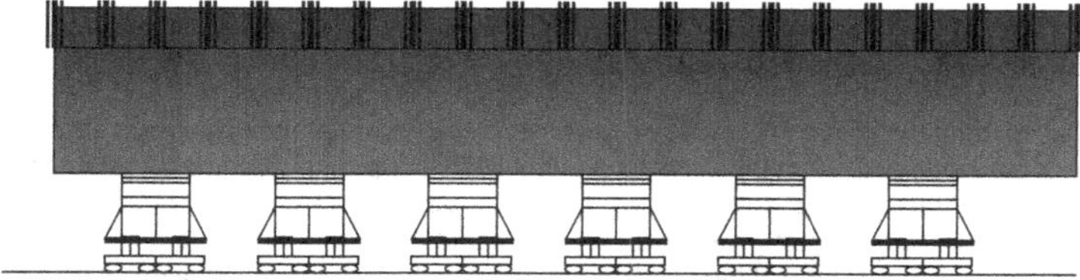

*Figura 13. 23.*
***Vista horizontal de la compuerta de inglete varado sobre carros varaderos.***

13.13.5 Cabezales de madera blanda.

Todos los picaderos de quilla deberán tener como pieza de contacto contra la quilla, un cabezal de madera blanda, de 2" a 6" de espesor. Estas piezas de madera ayudan a distribuir el peso del buque. Su esfuerzo unitario de compresión es menor que el de la base del picadero. Esto le permite una mejor distribución de la carga sobre el picadero y sirve como almohada que acomoda las pequeñas irregularidades del casco. Se debe proteger contra el aplastamiento, por las altas cargas concentradas, que se generan en el codaste, cuando se vara la embarcación con asiento apopante.

El espesor de los cabezales se debe mantenerse uniforme para mejor distribución de la carga. El área de contacto con el casco debe estar dentro de los valores permisibles de compresión, perpendiculares a la veta de la madera. El esfuerzo que recibe la madera debe ser menor de los 600 psi. Se acostumbra a colocar el cabezal de madera encima del conjunto de madera dura, pero puede variarse su posición, como en los casos, cuando la embarcación es de quilla angosta y compacta, cuando son colocados entre la madera dura, para evitar su aplastamiento. Si se considera que la carga es de una magnitud capaz de destruir la madera dura, entonces, se colocan planchas de acero con suficiente espesor y área para que no se doble bajo la carga ni se incruste en el picadero.

Las maderas más utilizadas para cabezales son las siguientes:

- Abeto Douglas.
- Pino Blanco.
- Pino del Sur.

Se utiliza madera dura como el roble blanco, el azobe y el corazón verde, sobre la base de concreto o acero del picadero. En los años de 1943, se realizaron experimentos en los Diques de Balboa, Panamá, República de Panamá; para determinar las características físicas de la madera ***maría o santa maría***, comparándolas con el ***roble blanco***. Notaron que las fibras de la madera maría, eran más tupidas y resistían más la carga, además de que eran más resistentes al ataque de hongos y que una vez puestas a secar en la intemperie, se mantenían sin sufrir excesivas rajaduras. Superando al roble blanco por esta característica. Tal como lo mencionamos en el párrafo 20.5, se realizan pruebas comparativas con el hule sintético reforzado con acero como capas de contacto sobre las bases de concreto, combinándolos con cajas metálicas llenas de arena. Otras medidas son las de simplemente restringir la cantidad de madera dura en un picadero compuesto. Muchos astilleros han optado por utilizar más acero en sus picaderos, con un mínimo de madera para enfrentar la escasez del material.

### 13.14 Resumen.

La fabricación de picaderos como lo demuestran los estudios que hemos realizado, esta basada en la accesibilidad de los materiales con características especiales adecuadas para camas resistentes y estables sin perder compresibilidad. Pudimos comparar los distintos tipos de materiales utilizados y todo lo relacionado a las características estructurales, que debe poseer una cama de picaderos, para que se distribuya el peso del buque equitativamente, sobre la cama y la solera del dique. Las variaciones en los sistemas de apoyo ocurren de astillero en astillero, y se deben a múltiples factores, entre las cuales podemos mencionar algunos como: los recursos del astillero, el tipo de astillero, el tamaño del dique seco y el tamaño de los buques clientes, que utilizan los servicios del astillero. Basándonos en estos factores, hemos tratado de exponer en este capítulo la información disponible sobre la variedad de sistemas de soporte, actualmente en uso y de los cuales sabemos, que han estado evolucionando de acuerdo a la evolución de los diseños de las embarcaciones. Podemos citar a este respecto, a los nuevos sistemas de traslado de los elevadores de buques, que resultan verdaderas innovaciones tecnológicas.

Se vislumbran cambios significativos en el material utilizado para la fabricación de picaderos, particularmente, en las capas superiores de los picaderos que son los primeros en entrar en contacto con la quilla del buque. El reemplazo de la madera en los sistemas de soportes, son temas de investigación actualmente. Es una realidad, la exterminación irresponsable de los grandes bosques que proveen la madera, un hecho que ha creado la escasez de este material, que, por sus excelentes propiedades elásticas, es el que más se ha utilizado para esta labor. En algunos astilleros se han estado utilizando materiales tales como hules sintéticos y poliestirenos, para las capas superiores de los picaderos, aunque todavía no es de uso general.

### 13.15 Preguntas de repaso.

1- Mencione los tipos de cuñas más utilizados para los picaderos de pantoque.

2- ¿Cuáles son los elementos principales de la planificación de un sistema de soportes?

3- Describa un picadero compuesto.

4- Explique una regla principal para la estabilidad del picadero de pantoque.

5- Mencione los nombres de las maderas blandas utilizadas para picaderos de quilla y de pantoque.

6- Explique las proporciones establecidas para el diseño de torres para la elevación de quillas.

7- ¿Qué precauciones deben tomarse, al remover picaderos de arena?

8- ¿Cuándo se utilizan las cajas de arena?

9- ¿Por qué se utilizan cabezales de madera blanda?

**Bibliografía**

1- Bonilla de la Corte, Antonio. *Teoría Del Buque, Librería* San José. Carral, 19 – VIGO (España) 1972.

2- Crandall, Paul San Tobiasson, Bruce O. *An Introduction to Dry-docking Principles and Techniques*. Crandall Dry Dock Engineers, Inc. Cambridge Massachusetts June 1970.

3- Crandall, Paul S. *Drydock Blocking System for Modern Ships* Journal of Ship Production, Vol. 3, No. 1, Feb. 1987, Pags 49 - 60

4- Dm consulting *Basic Dry dock Training* Instruction Manual, 2004.

5- Heger Dry Dock Inc. *Dockmaster Training Seminar* Lecture Notes. 2004

6- Irving, K. D. *New Dock Blocking Systems* Dry Dock Technical publications, November / December 1987.

7- González López, Primitivo B. *Técnicas De Construcción Naval* Universidade da Coruña Servicio de Publicaciones 2000.

8- Mazurkiewics, B. K. *Design and Construction of Dry-docks*. Gulf Publishing Company Houston, Texas, U. S. A. 1981

9- Nudelman, Norman *Introduction to Yacht Design*, Westlawn Institute of Marine Technology 1989.

10- Rawson, K. J., Tupper, E. C. *Basic Ship Theory*. Longman Group Limited N.Y. 1969.

# CAPITULO 14
# CÁLCULOS MÚLTIPLES I

## 14.1 Introducción.

Todo buque que arriba al astillero para ser varado en un dique seco, requiere ser evaluado mediante cálculos hidrostáticos según los datos compilados de los planos de varada. Entre estas evaluaciones se incluyen los cálculos de desplazamientos, la localización de los centros de gravedad y de carena, la determinación de las reacciones de los primeros picaderos bajo el codaste y los cálculos iniciales de estabilidad. Analizaremos el asiento y el efecto de su magnitud y las medidas que se recomiendan para minimizarla, de acuerdo con la magnitud de la reacción y los esfuerzos en la capa de madera sobre los picaderos sometida al peso del buque. Cuando el lector concluya el estudio de este capítulo, estará capacitado para:

- Calcular desplazamiento
- Extraer datos de la tabla hidrostática
- Realizar cálculos hidrostáticos con los datos de la tabla
- Verificar el asiento y conocer sus consecuencias
- Predecir el momento en que toque la quilla los picaderos
- Calcular la carga sobre los picaderos con los métodos matemáticos establecidos

## 14.2 Tabla de Desplazamiento y Otras Propiedades.

La "Tabla de Desplazamiento y Otras Propiedades "es un compendio de la tabla hidrostática del buque, que vienen incluidos en los planos de varada. En ella se anotan solo las propiedades importantes donde se proveen datos para la evaluación de la carena del buque. Las más importantes son las siguientes:

1. *Desplazamiento.*
2. *Centro longitudinal de carena.*
3. *Centro longitudinal de flotación.*
4. *Momento unitario para variar una pulgada o un centímetro.*
5. *Toneladas por centímetro de inmersión.*
6. *Altura del centro de carena sobre la quilla.*
7. *Altura metacéntrica transversal sobre la quilla.*

La tabla está confeccionada para distintas flotaciones, que pasan por el punto exacto del centro de flotación para un buque sin asiento o de carena derecha, es decir, se encuentra nivelada su línea de flotación, con calados iguales en proa y en popa. Los movimientos de peso, si es que ocurren o descansan sobre el centro de flotación, no alteran la diferencia entre los calados. Si se moviese un peso hacia popa, incrementará el calado a popa y el calado se reducirá en la proa, pero el calado en el centro de flotación permanecerá igual, puesto que es el punto pivote de la embarcación. Vea la Figura 16.1 de un buque sin asiento:

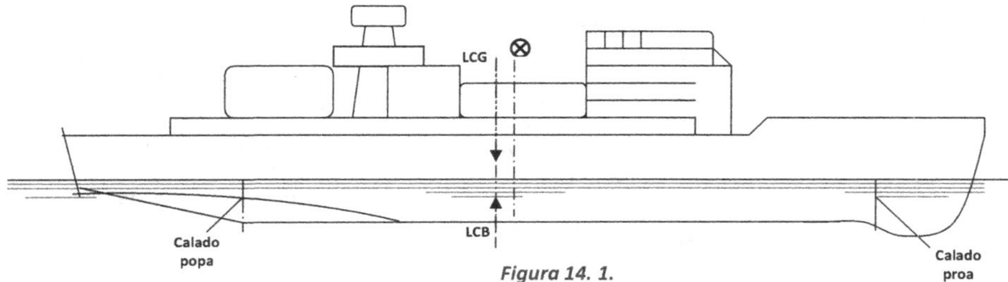


*Figura 14. 1.*
***Centro de gravedad alineado verticalmente sobre el centro de Carena.***

Los datos en la tabla están basados en el centro de flotación. Entrando directamente a la tabla con el calado medio se puede leer el desplazamiento de la embarcación si el buque se encuentra sin asiento.

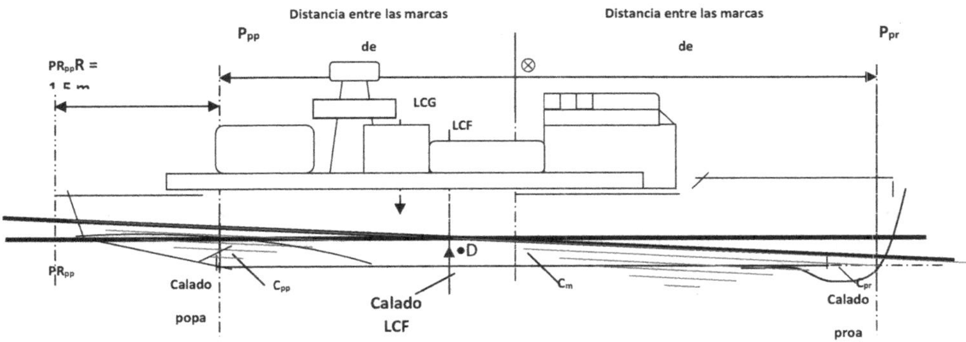


*Figura 14. 2.*
***Centro de gravedad se desvía hacia a popa.***

Si la embarcación flota con asiento, como se aprecia en la Figura 14.2, ya sea, apopante o aproante, entonces el primer paso será localizar la posición del calado del centro de flotación, y así poder entrar a la tabla con dicho calado para obtener el valor del desplazamiento y las demás propiedades. Se aprecia en la tabla 14.1, una tabla de desplazamiento y otras propiedades de un buque destructor. Es notable la falta de la columna con los valores de KM. Km se encuentra dado en el cuaderno de daños o en el cuadernillo de estabilidad. En las tablas de buques más recientes se incluyen los valores en la tabla.

| **TABLA DE DESPLAZAMIENTO Y OTRAS PROPIEDADES** | | | | | | |
|---|---|---|---|---|---|---|
| **Calado Medio (m)** | **SIN CORRECCIONES PARA EL ASIENTO** | | | | | |
| | **Desplazamiento (Agua salada) (Tm)** | **Momento/ variar 1 cm (Tm-m)** | **Centro de Carena Desde popa (m)** | **Ton/cm de inmersión (Tm)** | **Centro de flotación (Long.)** | |
| | | | | | **A popa de la sección media (m)** | **A proa del extremo de la popa (m)** |
| **3.35** | **2936** | **84.60** | **67.45** | **32.62** | **3.35** | **61.27** |
| **3.66** | **3333** | **92.28** | **65.90** | **34.05** | **4.51** | **60.20** |
| **3.96** | **3750** | **99.72** | **65.20** | **35.16** | **5.46** | **59.25** |
| **4.27** | **4187** | **104.96** | **64.59** | **35.98** | **7.10** | **59.61** |
| **4.57** | **4614** | **109.62** | **64.01** | **37.59** | **7.43** | **59.28** |
| **4.88** | **5061** | **114.30** | **63.52** | **37.99** | **7.55** | **59.16** |
| **5.18** | **5508** | **116.37** | **63.09** | **37.3** | **7.58** | **59.13** |
| **5.49** | **5965** | **115.20** | **62.70** | **37.6** | **7.55** | **59.16** |

*Tabla 14. 1.*
*Desplazamientos y otras propiedades.*

Una de las condiciones principales de flotación en un líquido es el siguiente: que el cuerpo inmerso tenga menos peso que el volumen del líquido desplazado. También se puede afirmar que un cuerpo homogéneo flotará en un líquido más denso que él y se hundirá en uno menos denso. Para un cuerpo que no es homogéneo como lo es un buque, sólo podemos determinar la profundidad de su inmersión, conociendo el volumen de la carena (parte sumergida del casco del buque) el peso del buque y la densidad del agua.

La expresión en símbolos de estos conceptos son los siguientes:

$\gamma$ = Densidad del agua en que flota el buque.

P. M. = Peso muerto del buque

$\Delta_r$ = Desplazamiento del buque en rosca.

$\Delta_r$ **+ P. M** = Desplazamiento del buque en máxima carga. = . (14.1)

$\nabla$ = Volumen de la obra viva o carena.

Para obtener desplazamiento es: $\Delta = \nabla \times \gamma$ ( 14.2)

Se utilizan unidades del sistema inglés o del sistema métrico para los cálculos, dependiendo de las unidades de construcción del buque. Las ecuaciones para calcular el desplazamiento en ambas unidades son las siguientes:

**a- Sistema Métrico Decimal:**

*Por la densidad del agua salada:*

$\Delta = \nabla \times \gamma$ = **m³ × 1.025** = Toneladas métricas (Tnsm) (14.3)

*Por la densidad del agua dulce:*

$\Delta = \nabla \times$ □ = **m³ × 1.000** = Toneladas métricas (Tnsm) (14.4)

**b- Sistema Inglés:**

*Por la densidad del agua Salada:*

$\Delta = \nabla \cdot \frac{1}{\gamma} = \frac{\nabla}{35} = \frac{\text{[illegible]}}{35} = \text{[illegible]}$ **(Ltn)** (14.5)

*Por la densidad del agua Dulce:*

$\Delta = \nabla \cdot \frac{1}{\gamma} = \frac{\nabla}{36} = \frac{\text{[illegible]}}{36} = \text{[illegible]}$ (14.6)

### 14.3.1 Método aproximado para calcular el desplazamiento

Cuando la información no se puede obtener o es escasa, puede efectuarse un cálculo aproximado para estimar el desplazamiento. Sabemos que *el peso de un buque es igual al volumen de la carena desplazada multiplicada por la unidad de peso del fluido en que flota.* Para calcular un aproximado del volumen de la embarcación multiplicamos el volumen del rectángulo por el coeficiente *de afinamiento de la carena o coeficiente bloque* ($C_b$). El coeficiente bloque es diferente para cada buque, dependiendo de la forma sumergida del casco.

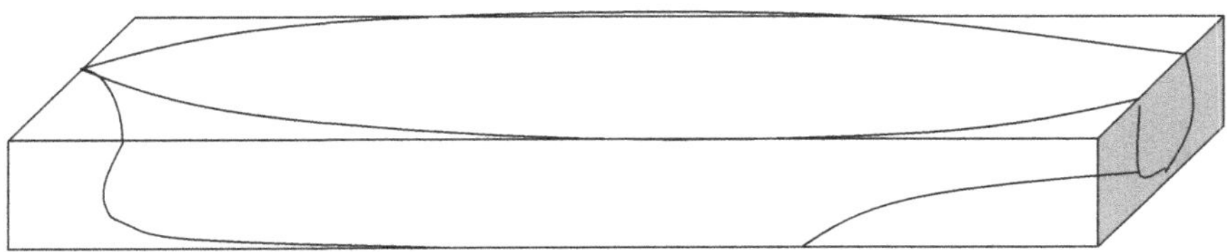

***Figura 14. 3.***
***Coeficiente de bloque.***

**b- Sistema Ingles:**

**Agua salada**

$$[illegible] = \frac{C_b\,[illegible]}{35} \quad (14.7)$$

**Agua dulce:**

$$[illegible] = \frac{C_b\,[illegible]}{36} \quad (14.8)$$

**Sistema Métrico Decimal:**

Agua salada: $\Delta = C_b \times L \times B \times D \times \gamma$

$$\Delta = C_b \times L \times B \times D \times 1.025 \quad (14.9)$$

Agua Dulce: $\Delta = C_b \times L \times B \times D \times \gamma$

$$\Delta = Cb \times L \times B \times D \times 1.000 \quad (14.10)$$

A continuación presentamos una lista de los coeficientes de bloque de los buques más comunes. Tomados del manual de la Heger Drydock Co. Inc.

| COEFICIENTE CÚBICO O DE BLOQUE ($C_b$, δ) | |
|---|---|
| **Buques Tanques y Cargueros de los Grandes Lagos** | **0.73 – 0.75** |
| **Buques de Carga de gran tonelaje de altura** | **0.56 – 0.65** |
| **Buques Tanques de Altura** | **0.60 - 070** |
| **Remolcadores de Altura** | **0.54 – 0.56** |
| **Buques Crucero** | **0.55 – 0.60** |
| **Transbordadores** | **0.42 – 0.44** |
| **Remolcadores de Puerto** | **0.50 – 0.52** |
| **Goletas para la pesca** | **0.40 –0.45** |
| **Destructores** | **0.52** |
| **Crucero de Guerra** | **0.57** |
| **Buque Guarda Costas** | **0.51** |
| **Buques VLCC y ULCC** | **0.78 – 0.80** |
| **Buques gaseros – LNG** | **0.65 - 070** |
| **Buques graneleros** | **0.71 – 0.77** |

*Tabla 14. 2.*
*Coeficiente de bloques.*

***Ejemplo 14.1***

El volumen de la carena de un buque limitada por la línea de flotación tiene un valor de 6998 $m^3$. Determine el desplazamiento correspondiente.

Solución:

$$\Delta = \nabla \times \gamma$$

$$\Delta = 6998\ m^3 \times 1.025\ \frac{Tm}{m^3} = 7172.95\ Tm \qquad (16.11)$$

Ahora, supongamos que el buque llegue con unidades inglesas, con el volumen de la carena de: 359.25 $pies^3$ El desplazamiento sería entonces:

$$\Delta = \frac{\nabla}{35}$$

$$\Delta = \frac{358.25\ pies^3}{35\ \frac{pies^3}{Tons}} = 359.25\ pies^3 \times \frac{1\,Tons}{35\ pies^3} = 14.236 \qquad (16.12)$$

$\Delta$ = 14.236 tons

## 14.4 Localización del centro longitudinal de carena (LCB o C).

Para calcular la carga que ejercerá el buque sobre los picaderos, primero se debe localizar su centro de carena longitudinal. La distancia del centro de carena puede estar referido a la cuaderna maestra o sección media del buque o puede estar referido a la perpendicular de popa ($P_{pp}$). Raras veces será referida a la perpendicular de proa ($P_{pr}$).[86] Es positiva cuando se encuentra a popa de la sección media, dada en metros o pies y se considera negativa cuando se encuentra a proa de la sección media.

Para la mayoría de los buques con carena derecha, el centro de carena siempre estará justamente debajo del centro de gravedad. Cuando el buque se encuentra flotando con asiento quiere decir que se ha desviado el centro de carena y por ende no corresponderá exactamente con el centro de la fila de picaderos destinada al soporte de la quilla. Estará ubicado hacia popa del centro de la fila de picaderos o hacia proa. Mientras más se aleja el centro longitudinal de carena del centro medio de la fila de picaderos centrales, decrece la magnitud de la carga por pie e irá creciendo en la medida en que se aproxima a las zonas cercanas a él.

Podemos apreciar el movimiento del centro longitudinal de carena en la Figura 14.4. Para determinar la distancia recorrida debido al desvío, aplicamos la siguiente ecuación:

**Distancia recorrida por el LCB =** $\dfrac{\text{MTcm} \times \text{a}}{\Delta}$ (14.13)

Otra ecuación de uso común para evaluar la cantidad del desvío del centro de carena longitudinal, debido a la adición o carga de pesos, movimiento de pesos o desembarco o extracción de pesos.

La ecuación es la siguiente:

**Desvío del centro longitudinal de gravedad = d ×** $\dfrac{W}{W + w}$ (14.14)

Donde:

**d** = Distancia entre el LCG (centro longitudinal de gravedad)

**w** = Peso añadido, removido o movido.

**W** = Peso del buque.

86 Bonilla De La Corte. Teoría Del Buque. Graficas Bouzas, S.L. VIGO España 1979

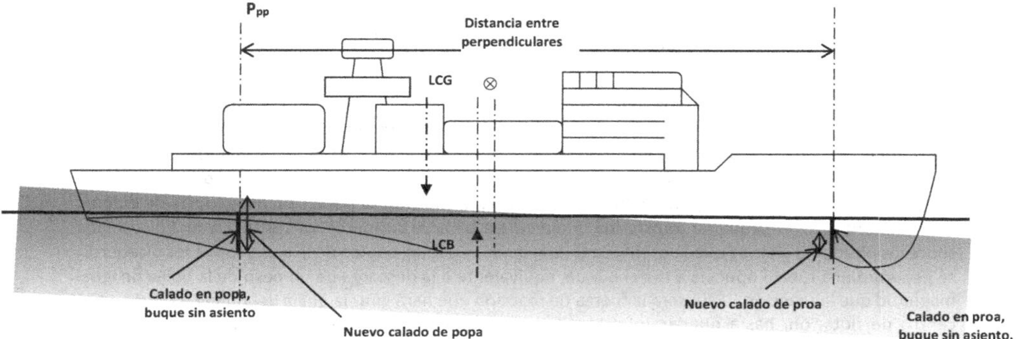


*Figura 14. 4.*
***Movimiento hacia popa del Centro de gravedad longitudinal.***

Debido a que la carga sobre los picaderos está en función del movimiento del centro de gravedad, el desvío del centro de carena del centro de la fila de picaderos se produce una forma de carga excéntrica sobre ellos. Su diagrama de carga posee forma trapezoidal, tal como se muestra en la Figura 16.5 y asimismo, la compresión de las capas de madera blanda demostrarán un mayor aplastamiento cerca del centro de carena asemejando una pendiente a lo largo de la zona de contacto de la quilla.

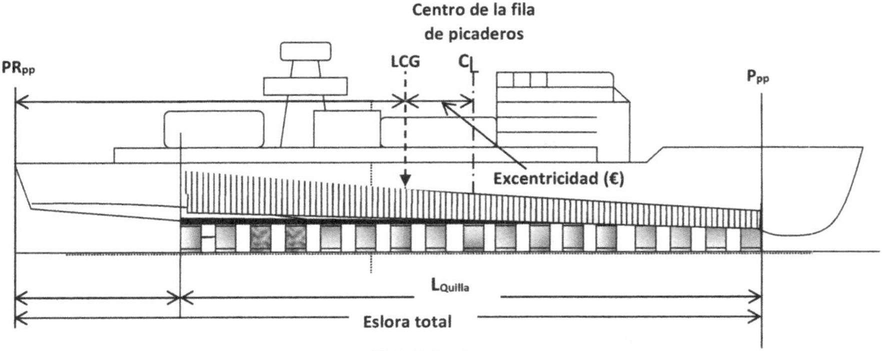


*Figura 14. 5.*
***Carga trapezoidal sobre los picaderos por el desvío del centro de gravedad longitudinal.***

**14.5 Fuerza de reacción que ejercen los picaderos del codaste en el instante del contacto con el talón de la quilla.**

Cuando inicia el achique o bombeo de un dique de carena o asciende la plataforma en un elevador de buques, dique flotante o varadero sobre rieles, inmediatamente empieza una reducción de la fuerza de empuje del agua bajo el buque. En el instante del contacto del talón de la quilla con los picaderos se desarrolla una reacción *en los picaderos* opuesta al peso que desciende sobre ella que es igual en magnitud al peso que reciben primero los picaderos bajo el codaste. La reducción de la fuerza de empuje del agua continúa, hasta quedar transferida totalmente a la fila de picaderos. La fuerza quedará distribuida sobre los picaderos una vez quede asentada toda la quilla. Cuando el talón de la quilla toque los picaderos, se generará una fuerza opuesta a la del buque, equivalente a la descarga de un peso de la quilla de igual magnitud que la reacción. Esta será la fuerza de reacción que hará girar la quilla del buque a través de su centro de flotación, hasta quedar totalmente apoyada sobre los picaderos. Si el peso se removiese directamente por debajo del centro de flotación, no habría tendencia a un cambio en el asiento. Por otra parte, si la remoción del peso fuese hacia popa del centro de flotación, se generaría, un momento adrizante hacia la proa. La reacción en el codaste causará una reducción en el asiento, inversamente proporcional al MCT1". Además, en la medida en que continúa el achique de la cámara, el buque va perdiendo su capacidad de flotar y se reduce su estabilidad y en este instante crítico deben colocarse lo picaderos o los puntales laterales para estabilizar el buque. La reducción del calado en el dique incrementa la magnitud de la reacción en el codaste, de tal manera que, en cualquier instante del achique, la magnitud de la fuerza de reacción más la fuerza del empuje será igual al desplazamiento original del buque a flote. Véase las siguientes ecuaciones:

Donde:

$\Delta$ = Desplazamiento en toneladas.

$R_{cd}$ = Reacción en el codaste

d = Distancia del ⊗ F (centro longitudinal de flotación) al punto donde ocurre la reacción.

La ecuación donde se iguala el empuje más la reacción al desplazamiento original son las siguientes:

$$d \times R_{cd} = b\,(\Delta - R_{cd}) \qquad (14.15)$$

$$\Delta = R_{cd} + (\Delta - R_{cd}) \qquad (14.16)$$

La ecuación para calcular la reacción es la siguiente:

Siendo:

$(\Delta - R_{cd})$ = Flotabilidad residual

$\Delta$ = Desplazamiento en toneladas

$R_{cd}$ = Reacción en el codaste. En otros textos la reacción es representada por una "P'

d = Distancia del ⊗ F (centro longitudinal de flotación) al punto donde ocurre la reacción.

"a" o "t" = Asiento del buque.

MTcm = Momento causante de que varíe un centímetro el asiento.

b = Distancia entre el LCG y el LCB (centro longitudinal de carena) en cualquier instante de la operación de achique.

k = Constante de 0.94 para buques con una gran extensión después del codaste y 0.97 para extensiones menores. Compensa el hecho de que la reacción se mueve hacia la proa, delante del codaste progresivamente, mientras se asienta el buque sobre los picaderos.

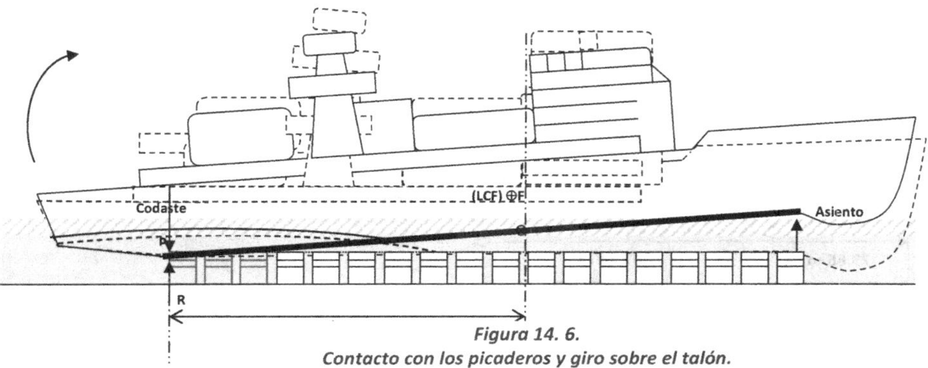


***Figura 14. 6.***
***Contacto con los picaderos y giro sobre el talón.***

Como se puede apreciar en la Figura 14.6, la distancia del centro de flotación al punto donde tiene inicio la fuerza de reacción y el momento para variar el asiento una pulgada, o centímetro, se calcula la reacción en el codaste. Igualando los momentos adrizantes que se generan, derivamos la fórmula para la reacción:

Para las unidades imperiales o inglesas:

$$12 \times MT1'' \times Asiento = d_{pcd} \times R_{cd} \quad (14.17)$$

Despejamos $R_{cd}$ para obtener la ecuación de la reacción:

$$R_{cd} = \frac{12 \times MT1'' \times Asiento}{d_{pcd}} \quad (14.18)$$

Para unidades del sistema métrico:

$$R_{cd} = \frac{MTC \times 100 \times a}{k \times d_{pcd}} \quad (14.19)$$

En el siguiente ejemplo haremos el cálculo de la reacción en el codaste con el sistema métrico para el buque ejemplo *Alfredo Jemmott* cuando ocurre el primer contacto con los picaderos:

*Ejemplo 14.2*

Supongamos que el buque ejemplo *Alfredo Jemmott* entra al dique con un asiento de 0.838 m y el codaste está a punto de tocar los primeros picaderos en la popa. Calcule la reacción en el codaste correspondiente a dicho asiento. Se pueden apreciar los datos del buque en la Figura 16.7:

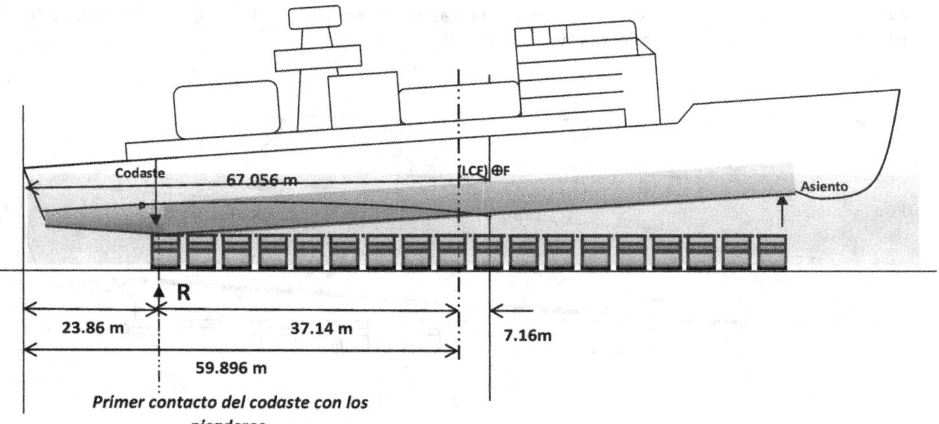


*Figura 14. 7.*
***Cálculo de la reacción en los picaderos del codaste.***

Centro de flotación (CFL, LCF) respecto a la sección media = 7.16 m (interpolado de la tabla de desplazamientos)

Momento para variar el asiento 1 cm = 87.66 Tm-m

Asiento = 0.838 m × 100 = 83.80 cm

$PR_{pp}$ al codaste = 23.86 m

$PR_{pp}$ respecto a la sección media = 67.056 m

Distancia entre el $PR_{pp}$ y la sección media 67.056 – 7.16 = 59.896 m.

Distancia entre el primer picadero y la sección media: 59.896 – 23.86 = 37.036 m

Distancia entre el primer picadero y el CFL: 37.14 + 7.16 = 44.3 m

**Solución:**

$$R = \frac{MTC \times 100 \times a}{k \times d_{pcd}} \qquad (14.20)$$

$$R = \frac{87.66 \times 100 \times 0.838}{0.97 \times 44.30} = \frac{7345.908}{42.97} = 170.95 \text{ Tm} \quad (14.21)$$

La reacción para el asiento de 0.838 es 170.95.Tm. Reducimos el asiento y volvemos a calcular la reacción:

$$R = \frac{MTC \times 100 \times a}{k \times d_{pcd}}$$

$$R = \frac{87.66 \times 100 \times 0.53}{0.97 \times 44.30} \quad (14.22)$$

$$R = \frac{4645.98}{42.97}$$

$$R = 109.12 \text{ Tm}$$

Se comprueba que mientras más se acerca el asiento a 0, menor es la reacción.

La reacción hacia arriba que se genera en los picaderos de la quilla, después de asentada toda la quilla, se obtiene conociendo el descenso del calado del dique o la capa de agua formado producto del achique del dique y conociendo las toneladas por centímetros de inmersión ($T_{cm}$) Supongamos que el agua desciende 60.96 centímetros, entonces la ecuación para la reacción sería:

$$R_{pic.} = 60.96 \times T_{cm} \quad (14.23)$$

**14.6 Asiento Permisible**

Cuando se trata de buques con grandes asientos, con una altura metacéntrica (GM) inicial baja, el valor de GM virtual ($G_vM$) puede también ser muy bajo y se puede llegar a la inestabilidad, en el instante en que la quilla haga contacto con los picaderos. Al avanzar la varada, la quilla tocará los primeros picaderos en el codaste, la presión sobre estos picaderos irá en aumento, comprimiendo el picadero entero. La capa superior de madera quedará afectada por la compresión si se exceden los límites de compresión. La carga, sobre los picaderos del codaste, debe ser siempre menor que la carga máxima permitida para el picadero. Esto se vuelve extremadamente crítico en el caso de los elevadores verticales de buques y por dicha razón, los diseñadores de elevadores verticales proveen Diagramas *de Carga* para la plataforma y los carros de varada. Es importante no tener un trimado que cause una reacción en el codaste, mayor que el límite de carga asignada a los carros varaderos. Si existe un problema de estabilidad, por el trimado o asiento excesivo del buque, se puede atacar el problema de tres formas:

**Primero**:

Deben removerse los pesos más altos en el buque, en el área de mayor peso, adicionar pesos en la parte del calado menor y eliminar las superficies libres vaciando o llenando los tanques.

**Segundo:**

Tratar de reducir el trimado, sin comprometer la estabilidad de la embarcación, moviendo líquidos de los tanques en los extremos u otros tanques de gran capacidad cercanos a la proa y popa. Para buques pequeños, como ya habíamos mencionado en el caso de la escora del buque, con agregar pesos en la cubierta, puede corregirse el problema, aunque se deberá tener cuidado de que el centro de gravedad, no se eleve y comprometa la estabilidad.

**Tercero:**

Otra opción que se puede utilizar para reducir la reacción es la construcción en pendiente de los picaderos de la quilla que sea paralela o similar a la inclinación de la quilla. El asiento máximo que pueda tener una embarcación, dependerá del límite máximo del esfuerzo de compresión calculada para la madera blanda del bloque, porque es allí donde se concentrará la carga del codaste. Por ser la reacción proporcional al asiento, podemos determinar el asiento permisible y ajustarla para reducir la misma. El asiento del buque, respecto a la línea de picaderos, debe ser no mayor de 1 pie de asiento en 100 pies de longitud, 0.305 metros en 30.48 metros. Veremos en el próximo ejemplo, el cálculo del asiento permisible para la varada de un buque en un elevador vertical. Los cálculos de la reacción en el codaste, y el asiento permisible nos permitirán conocer si los picaderos en esta área tienen la resistencia y elasticidad necesaria para soportar el esfuerzo sin derrumbarse o sufrir aplastamientos irreparables. Podemos concluir que la reacción en el codaste es directamente proporcional al asiento y si controlamos el asiento del buque controlaremos la reacción en los picaderos. De la ecuación anterior de la reacción en el codaste, despejamos el asiento:

Unidades inglesas: "t" = $\dfrac{d_{pcd} \times R}{12 \times MT1''}$

Sistema Métrico: "t" = $\dfrac{R \times k \times d_{pcd}}{MTC \times 100}$ (14.24)

***Ejemplo 14.3***

Tomando los datos del ejemplo 16.3 calculamos el asiento

$$t = \frac{R \times k \times d_{pcd}}{MTC \times 100}$$

$$t = \frac{108.12 \times 0.97 \times 44.30}{87.66 \times 100}$$

t = 0.530 m

Desde el punto de vista geométrico, el triángulo formado por la línea del asiento y la línea que representa la superficie de los picaderos en el instante en que el esfuerzo máximo ocurre, coincide con el instante en que el asiento llega a medir la mitad del asiento máximo permitido.

De este principio se ha desarrollado otra ecuación para el asiento permisible que es la siguiente:

$$t = C\sqrt{\frac{d_{cd}}{MT1}} \qquad (14.25)$$

La "C" es una constante especial que se obtiene de la siguiente ecuación:

Sea:

S= Esfuerzo máximo permitido en la capa de madera del picadero en el codaste.

$C_{cd}$ = Compresión de la capa de madera sobre el picadero bajo el codaste del buque.

$E_{pp}$ = Eslora entre perpendiculares

$d_{cd}$ = Distancia entre el primer picadero de la quilla y el centro de flotación

$S_q$ = Pendiente de la línea de la quilla.

$T_{re}$ = Trimado restante.

La ecuación para la constante es:

$$C = \sqrt{\frac{S \times C_{cd} \times E_{pp}}{280}} \qquad (14.26)$$

$$t = C\sqrt{\frac{d_{cd}}{MT1}} \qquad (14.27)$$

***Ejemplo 14.4***

Supongamos que una fragata tenga estos datos:

$$S = 325\ \frac{lbs}{pulg^2}$$

$C_{cd}$ = 0.25 pulg.

$E_{pp}$ = 425 pies

$d_{cd}$ = 135 pies

MT1 = 735 ton-pies

Encontremos C.

$$C = \sqrt{\frac{S \times C_{cd} \times E_{pp}}{280}}$$

$$C = \sqrt{\frac{325 \times 0.25 \times 425}{280}}$$

$$C = \sqrt{123.33} = 14.11$$

Calculamos el asiento permisible:

$$t = C\sqrt{\frac{d_{cd}}{MT1}} \qquad (14.28)$$

$$t = 14.11 \times \sqrt{\frac{135}{736}}$$

$$t = 4.75 \text{ pies}$$

El valor del asiento o trimado restante es igual a un medio del asiento permisible. Para saber cuántos picaderos recibirán la carga en el codaste, debemos determinar la pendiente de la línea de la quilla respecto a la línea de la fila de picaderos.

Trimado restante:

$$T_{re} = \frac{4.75}{2} = 2.37 \text{ pies}$$

Pendiente de la quilla: $$S_q = \frac{E_{pp}}{12 \times T_{re}} \qquad (14.29)$$

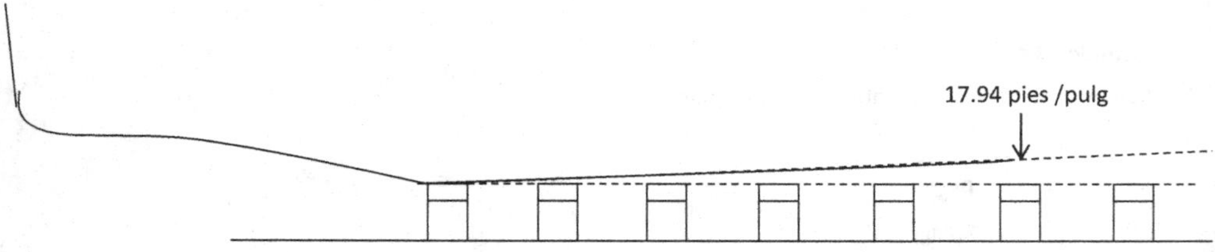


***Figura 14. 8.***
***Cálculo del número de picaderos afectados por el peso de acuerdo con el ángulo del asiento.***

$$S_q = \frac{425}{12 \times 2.37} = 17.94 \text{ pies/pulg}$$

Multiplicando la pendiente ($S_q$) por la compresión ($C_{cd}$), se obtiene la cantidad de picaderos bajo la carga en el codaste.

Longitud de los picaderos en contacto con la quilla ($L_q$) = $S_q \times C_{cd}$

$$S_q = 17.94 \times 12 = 179.28 \text{ pulgadas} \qquad (14.30)$$

$L_q = S_{q\times} C_{cd}$

$L_q = 179.28 \times 0.25 = 44.82$ pulgadas

Un picadero estándar de concreto mide 42 pulgadas de longitud, entonces:

Cantidad de picaderos en contacto, según la longitud de un picadero serían: $\frac{44.82}{42}$

=1.07. Aproximadamente un picadero.

## 14.7 Cálculo de la reducción de la altura metacéntrica GM, para cualquier instante del proceso de varada.

En los párrafos anteriores analizamos la reacción en los picaderos, consecuencia del asiento del buque. Veremos ahora como afecta la cantidad de asiento que tenga la embarcacion, los efectos del primer contacto con los picaderos y la cantidad de picaderos que harán el primer contacto. También analizaremos lo que ocurre con la altura metacéntrica, cuando ocurre el primer toque de la quilla con los picaderos. Al descender el agua en el dique de carena, o supongamos que sea, en un elevador vertical de buques y se eleva la plataforma, el codaste tocará los picaderos y se generará una reacción cuya magnitud aumentará progresivamente al descender el agua mientras la quilla realiza paulatinamente su giro, hasta quedar totalmente asentada sobre los picaderos.

El centro vertical de gravedad eventualmente se elevará a una posición conocida como centro de gravedad virtual ($KG_v$) o una disminución del metacentro, conocido como metacentro virtual ($M_1$) correspondiente a la nueva línea de flotación $L_1F_1$ (véase la Figura 16.9) hasta que el momento adrizante para pequeños ángulos llegue a cero. Este es el *período crítico* de la operación de varada por lo tanto, es importante mantener una altura metacéntrica positiva durante este período y conocer el calado cuando la quilla toca los picaderos y el calado en el instante en que el buque se vuelva inestable. A continuación, presentamos dos métodos para el cálculo de la altura metacéntrica (GM) para cualquier instante en la evolución del proceso de la varada. El momento de adrizamiento de un buque se expresa como: $W \times GZ$. En términos de la altura metacéntrica, GM se expresa como: $W\times GM \times \text{Sen}\ \theta$ para pequeños ángulos de escora o sea que ($\theta$) no mayor de 10 grados. En el inicio de la varada sobre los picaderos, la reacción generada en los picaderos se puede considerar de dos formas:

1) Se ha descargado un peso de la línea de la quilla. Vea esta consideración demostrada en la Figura 14.9 e implica la elevación del centro de gravedad.

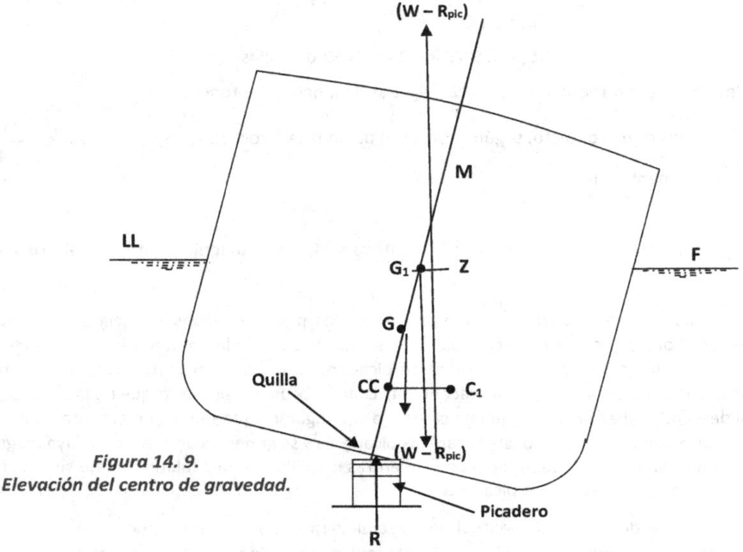


*Figura 14. 9.*
***Elevación del centro de gravedad.***

2) El traslado de un peso de la línea de la quilla por el metacentro.

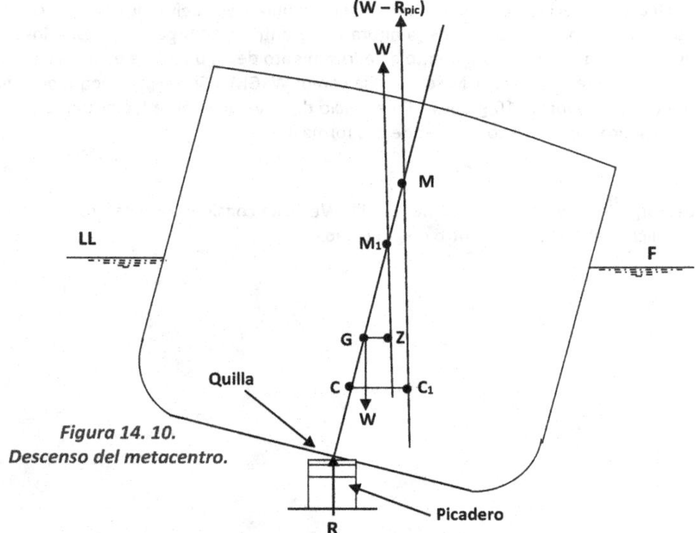


*Figura 14. 10.*
***Descenso del metacentro.***

En ambas opciones lo que ocurre es una reducción virtual de la altura metacéntrica, la cual se puede calcular con las dos ecuaciones siguientes:

Llamemos:

$GG_1$ = La distancia que recorre el centro de gravedad hacia su nueva posición.

$MM_1$ = La distancia que desciende el metacentro de su posición original.

W = Peso del buque

$R_{pic}$ = Fuerza de reacción generada en los picaderos.

KG = Distancia entre la quilla y el centro de gravedad.

KM = Distancia entre la quilla y el metacentro original

Primera Ecuación

Elevación del centro de gravedad:

$$GG_1 = \frac{R_{pic} \times KG}{(W - R_{pic})} \quad \text{(Para el caso que demuestra la Figura 14.9)} \qquad (14.31)$$

El momento de adrizamiento de acuerdo con el grado de escora y a la nueva posición del centro de gravedad ($G_1$):

$$\text{Momento} = (W - R_{cd}) \times G_1M \times \text{sen } \theta$$

Segunda Ecuación:

$$MM_1 = \frac{R_{pic} \times KM}{W} \quad \text{(Para el caso que demuestra la Figura 16.10)} \qquad (14.32)$$

El momento de adrizamiento de acuerdo con el grado de escora y a la nueva posición del metacentro ($M_1$):

$$\text{Momento} = W \times GM_1 \times \text{sen } \theta$$

*Ejemplo 14.5*

Un buque entra al dique seco con un desplazamiento de 7000 Tms con un KG = 7.0 m, GM = 2.15 m y $T_{cm}$ = 60 con una carena derecha. Después de un descenso del agua en el dique, de 0.61 m, el buque se asienta sobre la fila de picaderos bajo la quilla. Calcule la altura metacéntrica y el momento de adrizamiento para este instante.

Solución:

1) El primer cálculo será para determinar la reacción que ejercen los picaderos.

$R_{pic.}$ = Descenso del calado × $T_{cm}$

$R_{pic}$ = 0.61 m × 60 Tms-m = 37.60 Tm.

2) Determinamos KM

KM = GM + KG

KM = 2.15 + 7.0 = 9.15 m.

3) Calculamos la reducción de la altura metacéntrica aplicando las dos ecuaciones.

a) $GG_1 = \frac{R_{pic} \times KG}{(W - R_{pic})}$ (14.33)

$$GG_1 = \frac{36.60 \times 7.0}{(7000 - 36.60)}$$

$GG_1$ = 0.037 m

b) $MM_1 = \frac{R_{pic} \times KM}{W}$ (14.34)

$$MM_1 = \frac{36.60 \times 9.15}{7000}$$

$MM_1$ = 0.048 m

4) Calcule el nuevo GM.

c) $G_1M$ = GM original – $GG_1$ (14.35)

$G_1M$ = 2.15 – 0.037 = 2.113 m.

d) $GM_1$ = GM original – $MM_1$ (14.36)

$GM_1$ = 2.15 – 0.048 = 2.102

5) Determinación del momento de adrizamiento con las dos ecuaciones para las nuevas posiciones del centro de gravedad y del metacentro y para el ángulo unitario de escora.

e) Para la primera ecuación (c)

Momento = (W - $R_{cd}$) × $G_1M$× sen $1^0$ (14.37)

Momento = (7000 – 37.60) × 2.113× 0.017

Momento = <u>250.132 Tm-m</u>

f) Para la segunda ecuación (d)

Momento = W × $GM_1$× sen $1^0$ (14.38)

Momento = 7000 × 2.102× 0.017

Momento = <u>250.138 Tm-m</u>

***Ejemplo 14.6***

Un buque con un desplazamiento de 2032 Tms, KM 4.57 ms., KG 3.66 ms., y $T_c$ 15.24 Tms/cm, se encuentra a flote en el dique seco con carena derecha. Después de asentado el buque sobre los picaderos, ¿Qué cantidad de agua se debe achicar del dique, para que el momento de adrizamiento sea igual a cero?

**Solución:**

Para que el momento de adrizamiento sea igual a cero, la altura metacéntrica debe ser igual a la altura original, $GM_1 = GM$. Para encontrar esta disminución de GM utilizamos las dos ecuaciones. Debemos encontrar dos variables adicionales para poder calcular el calado crítico del dique.

**1) Calculamos KM:**

$$KM = GM + KG \qquad (14.39)$$

$$GM = KM - KG \qquad (14.40)$$

$$GM = 4.57 - 3.66 = 0.91 \text{ m}$$

**2) Calculamos la reacción ($R_{pic}$) igualando las fórmulas de la reducción a GM original:**

$$GM = \frac{R_{pic} \times KG}{(W - R_{pic})} \qquad (14.41)$$

$$GM = \frac{R_{pic} \times KM}{W} \qquad (14.42)$$

$$R_{pic} = \frac{GM \times (W - R_{pic})}{KG} \qquad (14.43)$$

$$R_{pic} = \frac{0.91 \times (2032 - R_{pic})}{3.66}$$

$$3.66\, R_{pic} = 0.91 \times (2032 - R_{pic})$$

$$3.66\, R_{pic} = 1849.12 - 0.91\, R_{pic}$$

$$4.57\, R_{pic} = 1849.12$$

$$R_{pic} = \frac{1849.12}{4.57}$$

$$R_{pic} = 404.621 \text{ tms}$$

$$R_{pic} = \frac{0.91 \times 2032}{4.57} \qquad (14.44)$$

$$R_{pic} = 404.621 \text{ Tm}$$

**3) Reducción del agua donde GM es igual a cero:**

$$\text{Descenso del calado} = \frac{R_{pic}}{T_c} \qquad (14.45)$$

$$= \frac{404.621 \text{Tms}}{15.24 \text{ Tms/cm}}$$

$$= 27.55 \text{ cm}$$

4- GM **llegará a cero cuando la flotación descienda 27.55 cm.**

**14.8 Métodos aproximados para calcular GM**

Toda la documentación relativa a las experiencias de estabilidad realizadas y los diagramas de carga pertinentes, pueden obtenerse del libro de control de daños. En ocasiones cuando debe vararse el buque sin la debida información se puede estimar los valores de GM y KG por el método de bamboleo del buque. Se inicia la experiencia de estabilidad induciéndole al buque un movimiento de banda a banda por medio de un peso izado con una grúa. Haciendo descender e inmediatamente levantando el peso, se genera el movimiento mecedor. GM entonces se puede calcular con la siguiente fórmula:

Sea:

KG = Centro de gravedad.

KM = Altura del metacentro sobre la quilla

GM = Altura metacéntrica

T = Ciclo completo del período de bamboleo del buque.

M = Manga del buque.

C= Una constante especialmente calculada para los distintos tipos de buques.

$$GM = \frac{C_c^2 \times M^2}{T^2} \qquad (14.46)$$

Y la ecuación para obtener KG: KG = KM – GM

La tabla para las constantes "C" para distintos buques.

| TIPOS DE BUQUES | $C_c$ |
|---|---|
| **Remolcadores** | **0.40** |
| **Buques variados** | **0.36** |
| **Submarinos** | **0.41** |
| **Portaviones** | **0.58** |
| **Destructores** | **0.44** |
| **Patrulleras** | **0.47** |
| **Buques de desembarco** | **0.46** |

*Tabla 14. 3.*
*Constante especial para el cálculo de GM.*

### 14.9 Métodos para calcular el calado correspondiente al instante en que la quilla se asienta sobre los picaderos.

Son varios los métodos para determinar el calado del preciso instante en que la quilla quedará asentada sobre los picaderos. Los métodos que analizaremos son los siguientes: Método gráfico, método aproximado y el método empírico. Veamos los procedimientos empleados en los tres métodos.

**1- Método gráfico.**

Los puntos para trazar la curva en la gráfica se obtienen multiplicando la reserva de flotabilidad por la distancia del LCB desde la arista a popa del bloque del codaste, para cada calado. El punto donde intersecan la curva con la línea vertical que representa el momento del peso de la embarcación, es el calado correspondiente al contacto de la quilla con los picaderos. El siguiente cuadro nos muestra el cálculo realizado con los datos de un buque ficticio.

| 1 | 2 | 3 | 4 | 5 | 6 |
|---|---|---|---|---|---|
| **Calado. (m)** | **Sección media a la arista del primer picadero en la popa. (m)** | **LCB a la sección media** | **LCB al extremo del primer picadero (2) +(3)** | **Reserva de Flotabilidad ( ? - $R_{cd}$ ) (Tm)** | **Momento Reserva de flotabilidad (4) × (5) Tm-m** |
| **3.353** | **44.196** | **-4.48** | **39.72** | **2423.39** | **962117.33---- 0.962×$10^5$** |
| **3.658** | **44.196** | **- 3.41** | **40.786** | **2764.29** | **112744,33---1.13× $10^5$** |
| **3.962** | **44.196** | **-2.32** | **41.86** | **3105.29** | **130037.12---1.30×$10^5$** |
| **4.267** | **44.196** | **- 1.31** | **42.886** | **3469.01** | **148771.96---1.48×$10^5$** |
| **4.572** | **44.196** | **- 0.396** | **43.80** | **3852.49** | **168739.06---1.69×$10^5$** |
| **4.877** | **44.196** | **0.396** | **43.80** | **4275.10** | **187249.38---1.87×$10^5$** |
| **5.182** | **44.196** | ***1.07*** | ***43.13*** | ***4687.54*** | ***202154.85---2.02×$10^5$*** |

*Tabla 14. 4.*

***Datos para la curva de reserva de flotabilidad y el momento del peso. del buque.***

Momento del Peso de la embarcación = Desplazamiento × LCG al Bloque del codaste.

Momento del Peso de la embarcación = 3497.46 × 43.876 = 153414.68

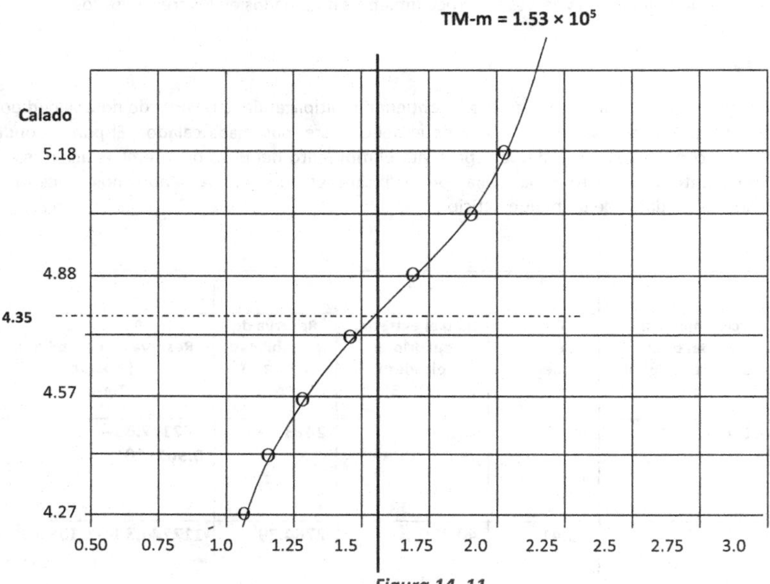


*Figura 14. 11.*
***Intersección de la curva de reserva de flotabilidad y el momento del peso del buque.***

**2- Método aproximado**

Con la siguiente ecuación podremos aproximar el calado en el instante en que se asiente la quilla sobre los picaderos.

Sea:

$H_1$= Calado medio al tocar los picaderos

$H_m$ = Calado medio del buque a flote.

$R_{cd}$ = Reacción en el codaste.

TP1 = Toneladas por pulgadas de inmersión

TPC = Toneladas por centímetro de inmersión.

Sistema inglés:

$$H_1 = H_m - \frac{R_{cd}}{12 \times TPI} \tag{14.47}$$

Sistema métrico:

$$H_1 = H_m - \frac{R_{cd}}{100 \times TPC} \tag{14.48}$$

**3- Método Empírico**

Método empírico para calcular el calado del instante cuando toca la quilla los picaderos:

Sea:

$H_D$ = Calado de mayor profundidad

$H_F$ = Calado en proa.

$H_A$ = Calado en popa

La ecuación es la siguiente:

$$H_1 = H_D - \frac{2(H_A - H_F)}{3} \tag{14.49}$$

**14.10 Calado al momento de Inestabilidad. (Método Synchrolift y método NAVSEA)**

En el párrafo anterior en que se estudió la estabilidad transversal, pudimos observar que el asiento del buque y la consecuente reacción en los picaderos en el codaste del buque, crean una elevación del centro de gravedad. Esta vez volveremos al análisis del buque cuando hace su entrada al dique con un asiento apopante y la quilla toca primero los picaderos con el codaste. Cuando ocurre este contacto, se produce la elevación del centro de gravedad vertical (KG) a un punto denominado *KG virtual* ($KG_v$). La distancia KG aumentará acercándose al metacentro (M), proporcionalmente al descenso del agua dentro del dique y acortándose la distancia entre "G" y "M". Este acercamiento de G a M reducirá la estabilidad del buque progresivamente. Cuando GM llegue finalmente a cero, este será el instante de la inestabilidad. Los cálculos para determinar el calado correspondiente a la inestabilidad o sea cuando GM = 0, son imprescindibles. Las almohadas movibles se jalarán bajo el buque antes de llegar a dicho calado. Seguidamente anotamos una lista de los pasos para determinar el calado de la inestabilidad:

1- Determine el desplazamiento, centro de gravedad longitudinal y el centro de carena del buque a flote.

2- Calcule u obtenga de las curvas hidrostáticas el centro de carena longitudinal y el empuje residual en flotaciones por debajo de calados paralelos a la inclinación del dique flotante.

3- Calcule momentos para el empuje residual y el peso respecto al extremo saliente del picadero del codaste para distintas líneas de flotación.

4- Haga una gráfica en papel cuadriculado con calados para distintas flotaciones como ordenadas y momentos de empuje residual como abscisas.

5- Vemos que los momentos de los pesos no varían, por lo tanto, su curva será una línea vertical recta. La gráfica de los momentos de empuje residual tendrá una curvatura poco pronunciada.

6- La intersección de las dos líneas dará el calado del instante en que se apoya toda la quilla sobre los picaderos.

Existe otra razón importante de conocer cuando el valor de GM llegue a cero. Si el trimado es pronunciado, la embarcación corre el peligro de llegar al momento de inestabilidad, antes de que llegue a posarse totalmente sobre los picaderos. Durante el desagüe del dique, el buque sigue girando sobre el codaste hasta quedar toda la quilla completamente apoyada. En este instante, el momento de la flotabilidad residual es igual al momento impartido por el producto del peso del buque por el brazo que dista del centro de gravedad al centro de la fuerza concentrada en el codaste. Cuando la varada se realiza en un dique con un sistema de picaderos laterales movibles, la quilla debe asentarse sobre la totalidad de los picaderos de la quilla. Se trata de que se concentre la carga del buque sobre los soportes de la quilla. Se acostumbra a continuar el desagüe del dique hasta llegar a 0.5 pies (0.152 m) a 1 pie (0.305 m) del calado anotado y registrado en el instante que tocó la quilla los picaderos, para proceder a jalar los picaderos laterales para el soporte del pantoque. Una embarcación se considera estable una vez que el calado en el *momento de inestabilidad* sea menor que el calado que resulte después de asentarse toda la quilla sobre los picaderos. Considérese la estabilidad segura para varar si:

1- La embarcación posee estabilidad aceptable

2- Se podrá asentar toda la quilla y luego proceder a jalar los picaderos de pantoque.

3- Menos de un pie, pero mayor que o igual a 6 pulgadas o 0.152 m. En este caso es preferible tener picaderos laterales fijos, Reposicionados para una seguridad aceptable.

Si los cálculos indican que se cuenta con menos de 6 pulgadas o menos de 0.152 m. El buque no posee la estabilidad adecuada para ser varado.

### 14.14.1 Método Synchrolift

Según descienda el agua en el dique o se eleva la plataforma del elevador de buques o del dique flotante, el centro vertical de gravedad del buque se elevará hasta que la altura metacéntrica y el brazo de adrizamiento sean nulos o cero. Si se llegase al calado correspondiente a GM =0, antes de que se asiente totalmente la quilla sobre los picaderos, el buque permanecerá en condición inestable durante el resto de la operación de varada. El calado de inestabilidad deberá permanecer mucho más bajo que el calado que corresponde al instante del primer contacto de la quilla con los picaderos. Por ejemplo: un buque estable sería aquel cuyo calado de inestabilidad se haya calculado como 4.00 m y el calado al instante del contacto con los picaderos fuese 4.89 m. Veamos los ejemplos numéricos y gráficos para el cálculo del calado de inestabilidad o límite de estabilidad, desarrollado en el manual Synchrolift.

Según la tabla de desplazamientos del plano de varada del buque ejemplo, tenemos el buque a flote con el calado medio de 3.73 mts:

KG = 5.80

KM = 7.09

$\Delta$ = 2653.75 Tm.

Creamos una tabla con los datos para construir una gráfica con las alturas metacéntricas, correspondientes a los distintos calados como abscisas y los calados respectivos, serán las ordenadas. El instante en que GM = 0 marcará el punto de inestabilidad.

| TABLA DE DATOS PARA LA GRÁFICA DEL INSTANTE DE INESTABILIDAD | | | | | |
|---|---|---|---|---|---|
| **Calados** | $\Delta_{buque}$ | $KM_{buque}$ | $KG_{buque}$ | $KG_v$ | $G_vM$ |
| **3.760** | **2653.75** | **7.090** | **5.80** | **5.80** | **1.29** |
| **3.658** | **2581.77** | **7.132** | **5.80** | **5.96** | **1.17** |
| **3.505** | **2367.44** | **7.400** | **5.80** | **7.50** | **0.90** |
| **3.353** | **2264.77** | **7.148** | **5.80** | **7.80** | **0.35** |
| **3.200** | **2054.50** | **7.171** | **5.80** | **7.49** | **-0.32** |
| **3.048** | **1957.91** | **7.193** | **5.80** | **7.87** | **-0.68** |

*Tabla 14. 5.*
***Datos para la curva del instante de inestabilidad.***

En la siguiente grafica proyectamos el punto donde la curva interseca la ordenada cero en la escala vertical de calados. Este punto es el que marca el calado donde el buque se volverá inestable.

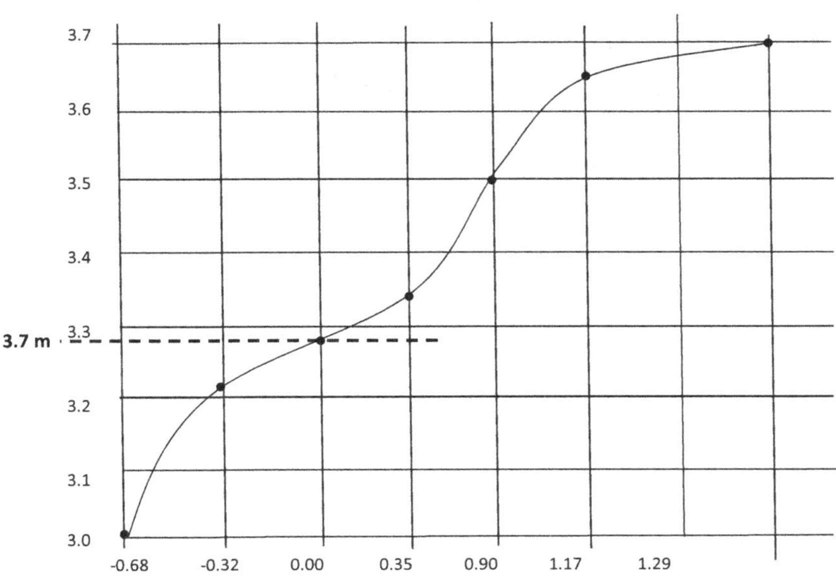


***Tabla 14. 6.***
***Curva del instante de inestabilidad.***

14.14.2 Método NAVSEA (Naval Sea Command)

En este procedimiento se construyen dos gráficas que se intersecarán, para darnos el calado buscado. Las abscisas en esta gráfica serán los valores del empuje residual que hemos de calcular y tabular en una tabla junto al valor del momento de adrizamiento. Las ordenadas serán los calados. Veamos las tablas con los datos y cálculos para la reacción en el codaste, el empuje residual y el momento de adrizamiento.

| DATOS HIDROSTÁTICOS | | | | | |
|---|---|---|---|---|---|
| $E_{pp.}$ = 114.47 m<br>$Susp._{pp.}$ = 117.65 m<br>$PR_{pp}$ a la $P_{pp.}$ = 0.724 m<br>Asiento = 0.457 m<br>Δ buque = 2653.75 Tms<br>KG buque. = 5.80 m | **Calado** | **CFL a la $P_m$** | **$Mto_u$** | **Δ** | **KM** |
| | **4.11** | **7.84** | **70.51** | **3020.17** | **7.96** |
| | **3.96** | **7.86** | **69.78** | **2907.91** | **7.99** |
| | **3.81** | **7.83** | **69.93** | **2689.05** | **7.06** |
| | **3.66** | **7.80** | **69.08** | **2581.77** | **7.13** |
| | **3.51** | **7.60** | **67.98** | **2367.44** | **7.14** |
| | **3.35** | **7.40** | **65.03** | **2264.77** | **7.15** |
| | **3.20** | **5.76** | **61.31** | **2054.50** | **7.17** |
| | **3.05** | **5.12** | **59.40** | **1957.91** | **7.19** |

*Tabla 14. 7.*
*Datos Hidrostáticos.*

| **DETERMINE $B_{CD}$: DISTANCIA ENTRE PM Y LA ARISTA A POPA DEL PRIMER PICADERO** | | | |
|---|---|---|---|
| | | | |
| $\frac{E_{pp}}{2}$ + | **$Susp._{pp.}$ +** | **$PR_{pp}$ a la $P_{pp.}$** | **TOTAL= 74.61 m** |
| **57.23** | **117.65** | **0.724** | |

*Tabla 14. 8.*
*Cálculo de la distancia Bcd.*

| **DETERMINE $X_{CD}$: DISTANCIA ENTRE LA ARISTA DEL PRIMER PICADERO Y EL CFL** | | | | | |
|---|---|---|---|---|---|
| **Calado** | **$B_{cd}$** | - | **$P_{media}$ al CFL** | = | **$X_{cd}$** |
| **4.11** | **74.61** | - | **7.84** | = | **66.77** |
| **3.96** | **74.61** | - | **7.86** | = | **66.75** |
| **3.81** | **74.61** | - | **7.83** | = | **66.80** |
| **3.66** | **74.61** | - | **7.80** | = | **66.81** |
| **3.51** | **74.61** | - | **7.60** | = | **69.01** |
| **3.35** | **74.61** | - | **7.40** | = | **69.21** |
| **3.20** | **74.61** | - | **5.76** | = | **69.85** |
| **3.05** | **74.61** | - | **5.12** | = | **69.49** |

*Tabla 14. 9.*
*Cálculo de la distancia Xcd.*

| DETERMINE $R_{CD}$: LA REACCIÓN EN EL CODASTE. | | |
|---|---|---|
| **Calado** | **(Asiento ×$Mto_u$×100) / (k × $X_{cd}$) =** | **$R_{cd}$** |
| **4.11** | **(0.457) ×(70.51)×100 / 0.94× 67.77** | **50.59** |
| **3.96** | **(0.457) ×69.78) ×100 / 0.94× 67.75** | **50.57** |
| **3.81** | **(0.457) ×(69.93) ×100 / 0.94× 67.80** | **49.43** |
| **3.66** | **(0.457) ×(69.08) ×100 / 0.94× 67.81** | **49.42** |
| **3.51** | **(0.457) ×(67.98) ×100 / 0.94× 69.01** | **49.59** |
| **3.35** | **(0.457) ×(65.03) ×100 / 0.94× 69.21** | **47.35** |
| **3.20** | **(0.457) ×(61.31) ×100 / 0.94×69.85** | **43.29** |
| **3.05** | **(0.457) ×(59.40) ×100 / 0.94× 69.49** | **40.86** |

*Tabla 14. 1*
*Reacción en el codaste*

Nuestro propósito es demostrar los procedimientos de ambos métodos, a los cuales podrá referirse el técnico, en sus estudios sobre esta etapa crítica, de la estabilidad del buque. Durante la varada. Este punto debe conocerse mucho antes de determinarse el calado, en el cual, se debe jalar los picaderos o almohadas laterales a su posición bajo el pantoque.

| DETERMINE EL MOMENTO DE EMPUJE RESIDUAL. (Δ - $R_{CD}$) × KM | | | | | | |
|---|---|---|---|---|---|---|
| **Calado** | **(Δ - $R_{cd}$)** | × | KM | = | **Empuje Residual** | **Empuje residual en notación científica** |
| **4.11** | **2969.58** | | **7.96** | | **20661.32** | **2.0 × $10^4$** |
| **3.96** | **2857.34** | | **7.99** | | **19965.82** | **1.9 × $10^4$** |
| **3.81** | **2639.82** | | **7.06** | | **18637.13** | **1.8 × $10^4$** |
| **3.66** | **2532.35** | | **7.13** | | **18055.66** | **1.8 × $10^4$** |
| **3.51** | **2320.85** | | **7.14** | | **16557.59** | **1.6 × $10^4$** |
| **3.35** | **2220.42** | | **7.15** | | **15861.70** | **1.5 × $10^4$** |
| **3.20** | **2014.21** | | **7.17** | | **14421.38** | **1.4 × $10^4$** |
| **3.05** | **19117.05** | | **7.19** | | **13777.40** | **1.3 × $10^4$** |

*Tabla 14. 2*
*Cálculo del empuje residual.*

**Momento de Adrizamiento** = $\Delta_{picadero} \times KG_{picadero}$

$$2653.75 \times 5.80 = 15391.75 \text{ Tms-mts} \qquad (14.50)$$

$$= 1.5 \times 1$$

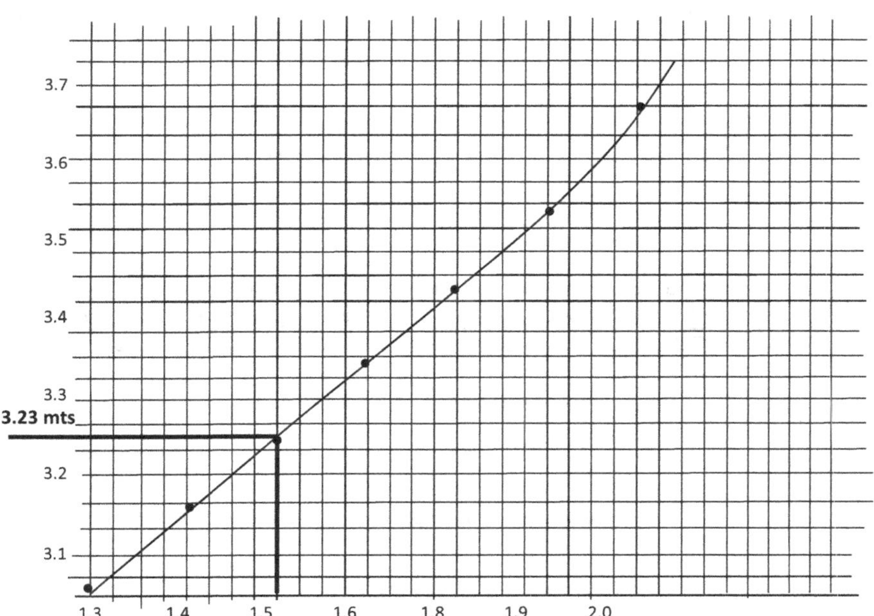


*Figura 14. 12.*
*Curva del instante de inestabilidad.*

Entre los dos métodos demostrados, el segundo aparenta mayor exactitud. Los valores aquí obtenidos, utilizando los datos de nuestro buque ficticio, en ambos métodos, no difieren por mucho. El primer método, empero, requiere de menos manejo aritmético que el segundo. No podemos decidir realmente, hasta no verificar que los datos sean reales y las gráficas construidas con escalas más precisas.

### 14.15. Compresión de la capa de madera y sus efectos.

Para que el picadero resista la carga ejercida por el peso del buque, la cama de picaderos debe tener la misma curvatura del casco incluyendo irregularidades por arrufo o por quebrantos, apoyando las secciones de la estructura del buque, señaladas específicamente para tal fin. Cuando los soportes son construidos, y no se mantiene la uniformidad entre las alturas o se cometen errores al medir las semi mangas y longitudes, esto acarrea variaciones en la geometría de la cama y pueden sobresalir picaderos fuera de la línea planteada, causando la sobrecarga de los mismos y por ende daños al casco o al dique. Los picaderos que resulten más altos que la línea de nivelación, reciben una mayor carga, y la compresión total es muchas veces mayor que los más bajos. El efecto se observa en las siguientes Figuras.

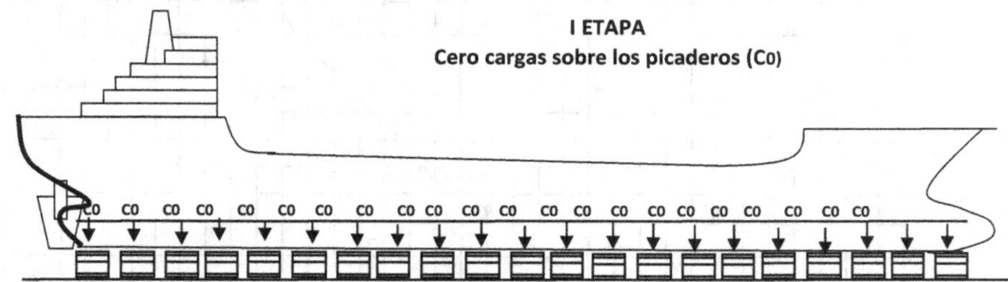


*Figura 14. 13.*
*Instante del primer contacto con los picaderos.*

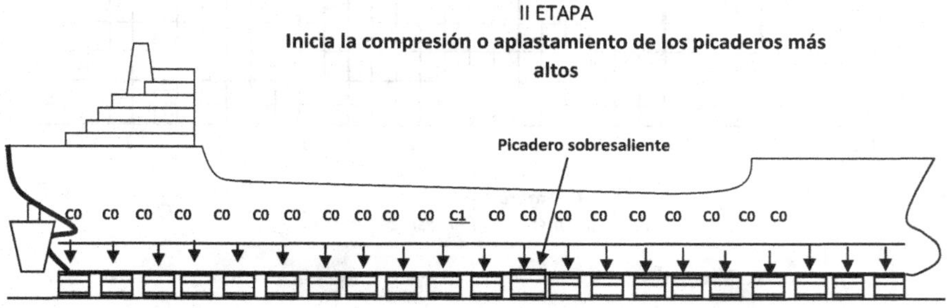


*Figura 14. 14.*
*Etapa inicial de la compresión de la capa superior de los picaderos.*

Cuando los más altos se sobrecargan, las capas superiores de madera se aplastan más allá de su límite de compresión. Esta compresión severa es responsable de daños al casco de la embarcación, y su severidad dependerá de la magnitud del aplastamiento de las capas de madera y del peso de la embarcación. Cuando la magnitud de la compresión es igual en varios soportes, la presión también será igual, asumiendo que estén construidos del mismo material. Los picaderos que tengan un área de soporte menor recibirán menos carga, pero se comprimirán más que uno con mayor área de contacto, puesto que la presión aumenta y se concentra cuando el área de soporte es menor. Los picaderos de la quilla recibirán una carga mayor cuando la quilla es ancha, pero su compresión será menor que aquellos, bajo una quilla angosta y maciza. La carga será menor en este caso, pero la presión será mucho mayor. Las embarcaciones de quillas angostas tienden a cortar como una navaja la capa superior de madera.

Deben obedecerse estrictamente las relaciones entre las alturas de los picaderos de la quilla y la de los picaderos laterales, dictadas por el plano de varada. Cualquier discrepancia con las medidas, deberán ser rectificadas y volver al trazado en la sala de gálibos, de ser posible, hasta quedar satisfecho con lo planteado. De no ser así, se deben realizar nuevas investigaciones con las autoridades administrativas o los dueños, antes de intentar la varada. Debe evitarse, a toda costa, que la quilla penetre más de lo debido en la madera, para no sobrecargar los picaderos laterales, especialmente, si se tratase de quillas angostas, como ya hemos mencionado. Vale la pena recalcar la importancia de que los constructores de los soportes mantengan una estricta adherencia a las tolerancias indicadas en los planos. Los astilleros comerciales trabajan con rangos de tolerancias, de más (+) o menos (-) ¼ de pulgada, para las alturas de las cunas. Generalmente existen márgenes de tolerancia mucho más estrictas para los buques militares. Estos exigen márgenes de $\pm$ 1/8 de pulgadas, para la construcción de las camas.

La rigidez de los componentes de los soportes es uno de los factores que determinan la cantidad de carga que pueda resistir el picadero. Un picadero con base de concreto y madera en la parte superior, resiste una mayor carga antes de ceder a la fuerza de compresión. Un picadero fabricado únicamente de madera se comprimirá con una carga relativamente menor. Nunca debe construirse un sistema de

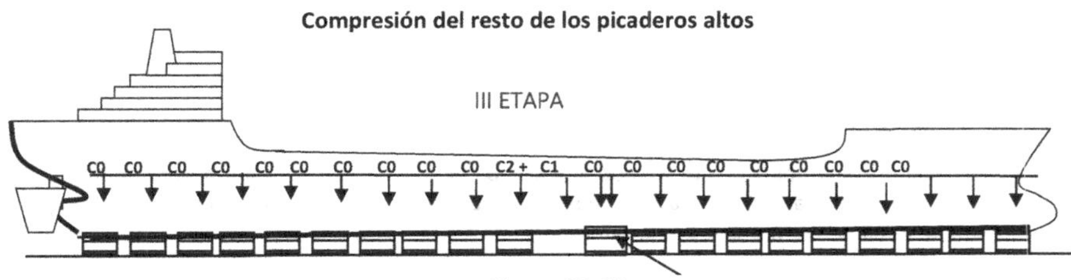


***Figura 14. 15.***
***Compresión total de la capa superior de los picaderos.***

apoyo con componentes desiguales. Los apoyos de pantoque deben ser menos rígidos que los picaderos de la quilla. Los picaderos en el pantoque deben tener suficiente elasticidad para distribuir el peso del casco sin que ocurra una sobrecarga, que bien podría causarle daños al casco. Las camas fijas poseen cuñas fijas para el pantoque colocadas en posición predeterminada, es decir no son jaladas a su posición. Se diseñan para buques con astilla muerta poco pronunciada con poca curvatura. Estas camas requieren mucha precisión en el emplazamiento. Sus alturas están calculadas para una posición fija y no puede haber errores de posición.

### 14.15.1 Análisis de los Esfuerzos sobre la capa superior de madera blanda en el Codaste.

Logramos realizar la comparación de la magnitud de la reacción en el codaste en los picaderos uno y dos, con el límite de resistencia a la carga, asignado a los picaderos del dique. Ahora veremos cómo la carga afecta a la capa de madera blanda de los picaderos e inclusive causarle excesivo aplastamiento al resto de los componentes del picadero. Primero debemos evitar el aplastamiento excesivo, de la capa superior de madera blanda de los picaderos, que se encuentran en el área del codaste, particularmente, cuando la quilla del buque es del tipo macizo y angosto. La quilla hará el pivote sobre los picaderos, donde ocurre el contacto con el codaste, hasta terminar de asentarse, el resto de la quilla del buque. Estos, por ende, deberán poseer una resistencia adecuada para resistir la concentración del peso, que tendrá lugar en el instante del contacto con el codaste, o tener dicha área cubierta con un material de mayor resistencia.

La presión causará compresión de la capa superior de los picaderos, que es proporcional, a la magnitud de la presión impartida por la carga. La magnitud de la compresión sobre el picadero dependerá de la presión y el módulo de elasticidad de la madera. Por lo tanto, podremos concluir en que la magnitud de la compresión la determinará su rigidez. Por esto es importante que el esfuerzo unitario no sobrepase los límites de elasticidad del material y que los componentes del sistema de soportes sean del mismo material para que la compresión sea uniforme y la carga se distribuya. Los factores que afectan la distribución de la carga y la compresión de los picaderos son los siguientes:

- La posición del picadero debajo de la embarcación,
- El tipo de material del picadero,
- Peso de la embarcación,
- Área total de contacto con el buque,
- Uniformidad en la altura de los picaderos,
- La temperatura ambiental.

Con los siguientes ejemplos practicaremos los cálculos de los esfuerzos, sobre la capa de madera blanda del picadero, y compararlos con la carga por el peso del buque. El valor del esfuerzo para la capa superior de madera blanda se obtiene con la ecuación:

$$P = \frac{R_{CD}}{K \times b} \tag{14.51}$$

Donde:

$R_{CD}$ = Reacción en el codaste.

b = longitud del picadero.

K = ancho de la quilla

P = Esfuerzo de compresión de la capa blanda de madera.

***Ejemplo 16. 7***

Supongamos que la madera utilizada para los picaderos en la varada de un buque es de Abeto Douglas, con un límite de esfuerzo de compresión perpendicular a la veta permisible de 510 psi[87], y la carga máxima calculada en la popa de la corbeta es de 5.02 Tl /pies. Encuentre el esfuerzo sobre el picadero.

Solución:

Encontramos la carga total sobre el picadero multiplicando por el espacio de 4 pies entre picaderos.

$$5.02 \times 4 = 21.08 \text{ tl} \qquad (14.52)$$

El tamaño de la capa de madera es de 14" × 48" pero solo se tomará en cuenta como ancho lo que mide la quilla. En este caso es una quilla angosta de 12", por lo tanto el área de contacto del picadero será de 12" × 14".

$$\text{El esfuerzo sobre el picadero} = \frac{20.08\text{Tl}}{12" \times 14"} \qquad (14.53)$$

$$= \frac{20.08\text{T} \times 2240}{168^{\,2}}$$

$$= 267 \text{ psi}$$

Comparando los resultados del esfuerzo causado por la carga sobre la madera con los límites de compresión tenemos: 267 psi < 350 psi

El primer contacto de la quilla con los picaderos será con los primeros picaderos de la fila alineados usualmente con la perpendicular de la popa. La presión sobre estos picaderos irá en aumento, comprimiendo el picadero entero hasta llegar a su límite elástico. Cuando esto ocurre, la capa superior de madera puede quedar afectada por la carga, si se exceden los límites de compresión de la madera. Se asume que la capa superior del primer picadero sufrirá aplastamiento de acuerdo a la carga recibida y se transmitirá la compresión al picadero siguiente, por el giro de la quilla, para asentarse totalmente sobre los picaderos. La capa superior de madera del picadero se deformará según se distribuya el esfuerzo longitudinalmente sobre dicho picadero. El límite máximo del esfuerzo de compresión, para la madera blanda del picadero, es un elemento de control adicional, que puede ser determinado por el asiento máximo, que debe tener una embarcación antes de ser varada. Se pueden crear tablas, con una lista con variados asientos y sus correspondientes reacciones. Basado en estas tablas, podrán compararse los asientos y las reacciones correspondientes con la del buque y comprobar si se excederá o no el esfuerzo máximo que pueda resistir la madera del picadero y la estructura del dique. Esto es especialmente importante en los elevadores verticales por la estructura de vigas articuladas en la plataforma de

[87]Bureau of ships *Wood: A manual for its use in wooden vessels.* July 1945. Página 58, 59.

izamiento, la cual puede fallar al ser sometida a las cargas concentradas. Veamos el siguiente ejemplo en que se analiza la carga sobre la plataforma de un elevador vertical

***Ejemplo 16.8***

Supongamos que la carga sobre la plataforma del elevador vertical de buques por pie o metro, está limitada a 59.94 tms / m con picaderos espaciados a 1.829 m ~ 1.83 m, cada picadero deberá resistir una carga de:

$59.94 \ {}^{Tm}\!/_{m} \times 1.83 \text{ m} = 109.69 \text{ tms}$

Convertimos tms a kg porque la carga sobre la capa de madera blanda se dará en kg por cm$^2$:

Carga que deberá resistir cada picadero en kilogramos:

$$109.69 \text{ tnsm} \times \frac{1000\text{kg}}{1\text{tnsm}} = 109690.00 \text{ kg} \qquad (14.54)$$

Suponiendo que la carga del buque en popa es: ---------- = 59.48 tms / m

Convertimos las tms a kg:

Carga generada por el peso del buque en kilogramos:

$$59.48 \times 1.83 = 107.0184 \text{ tms} \times \frac{1000 \text{ kg}}{1 \text{ tnsm}} = 1070184 \text{ kg} \qquad (14.55)$$

Analicemos ahora la capa de madera blanda sobre el picadero.

La capa de madera mide: 30.48 cm. × 122.9 cm.

Tomaremos en cuenta solamente el área que abarca el ancho de la quilla por la longitud en contacto con la capa de madera. El tamaño efectivo será entonces en este caso:

El ancho de la quilla es de 30.48 cm. y la longitud en contacto es solamente 30.48 cm.

Por lo tanto, el tamaño efectivo de la madera será = 30.48 cm. × 30.48 (14.56)

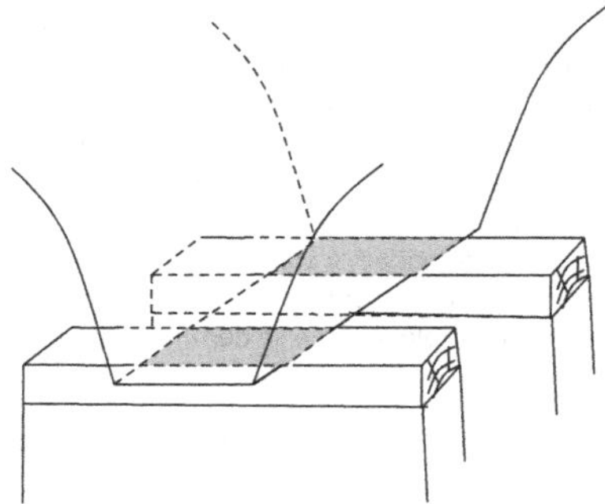

*Figura 14. 16.*
*Contacto de la quilla con la madera blanda.*

El área en contacto será = largo × ancho (14.57)

Área = 30.48 × 30.48 cm.

Área = 929.03 $cm^2$

Debemos obtener la carga en kg /$cm^2$ que debe resistir la capa de madera, dividiendo el valor de la carga máxima permitida para cada picadero, entre el área efectiva de contacto:

Sea:

P. max. = Carga máxima permitida al dique.

P = Carga en kg/$cm^2$ generada sobre el picadero por el peso del buque.

Entonces:

$$P.max\ (Dique) = \frac{109690.00 kg}{929.03\ cm^2} = 1117.07 \frac{kg}{cm^2} \quad (14.58)$$

$$P\ (Buque) = \frac{107018\ .4 kg}{929\ .03\ cm^2} = 115.19\ kg./cm^2 \quad (14.59)$$

Comparando ambas cargas tenemos que: 120.07 kg/$cm^2$ > 115.19 kg/$cm^2$.

Es aceptable la carga sobre el picadero, pues el límite permitido para el dique debe ser mayor o sea: $P_{max} > P$. No obstante, se deberá proteger la madera blanda colocando planchas de acero sobre la superficie de la madera, para impedir el aplastamiento. Otra opción aceptable es la de sustituir la madera blanda por madera dura. Puede considerarse lo último cuando el buque posee una quilla ancha. Cuando la quilla es angosta, las planchas de acero ofrecen mejor protección.

14.15.2 Precauciones para evitar daños a las capas de madera sobre los picaderos.

Una forma de evitar la destrucción de la madera sobre los picaderos consiste en colocar ***planchas de acero*** sobre la capa superior de madera, colocándola en línea recta, a lo largo de la línea de crujía del buque. Otro método de protección consiste en colocar madera dura encima de la madera suave para distribuir la carga sobre un área mayor y reducir así la presión sobre el picadero. Entre estas dos alternativas, es preferible la colocación de planchas de acero porque ofrecen mayor protección a la madera cuando se trata de una varada de un buque con quilla angosta. La madera dura puede fallar cuando se exceden sus límites de elasticidad, y cuando se trate de buques de mayor peso o en el caso de embarcaciones con quillas cortas, que concentran gran parte del peso en el extremo de la popa. Al final de este capítulo presentamos un ejemplo, en que se demuestran cálculos para estimar estas condiciones.

**14.12 Efectos negativos en la varada por el asiento excesivo del buque.**

Cuando se planifica varar un buque, este debe llegar con un asiento mínimo. Si la estructura del dique no posibilita el ajuste de su solera conforme al asiento del buque, es decir, que pueda asumir distintas inclinaciones longitudinales, el buque con asiento tocará los primeros picaderos ejerciendo sobre ellos una carga concentrada en el área del codaste, y esta será la fuerza que haga girar el buque para que se asiente el resto de la quilla. Cuando se trata de buques con grandes asientos, y con una altura metacéntrica (GM) inicial baja, el valor de GM virtual ($G_vM$) puede también ser bajo y posiblemente quedar negativo en el instante en que descanse la quilla sobre los picaderos. El buque puede llegar a la inestabilidad si el codaste toca los picaderos y antes de que toda la quilla se asiente, disminuya la fuerza de empuje del agua, mucho antes de poder estabilizarlo con las almohadas laterales y las escoras o puntales.

La reacción en el codaste es una función de la magnitud del asiento, por esto conviene que el asiento se mantenga al mínimo. Es importante vigilar el calado correspondiente a ese instante, porque se encuentra cercana al instante para la colocación de los picaderos laterales y debemos cerciorarnos de no llegar al calado de inestabilidad antes de realizar dicha operación. Además, con un asiento muy pronunciado, puede ser excedida la carga permitida a los picaderos del codaste, resultando un aplastamiento de estas, causando, una falla total de toda la cama de soporte. Por esto es imprescindible restringir la magnitud del asiento del buque, antes de su entrada al dique. Debemos tratar de mantener un asiento, no mayor de *1 pie de asiento en 100 pies de longitud*, o si el plano tuviese hecho con unidades del sistema métrico, sería entonces: *0.305 metros de asiento en 30.48 metros de longitud.* El asiento excesivo como ya hemos dicho puede aumentar los problemas de estabilidad. Existen varios métodos para corregir el problema. Podemos mencionar algunos:

- Movilización de pesos a bordo
- Ajustar el lastre en los tanques.
- Construir la línea de picaderos con una pendiente.
- Ajustar la plataforma de levantamiento según el asiento del buque.

**14.13 Resumen**

Los cálculos realizados son los indispensables para la etapa de verificación preliminar de las condiciones del buque y de su estabilidad al varar sobre los picaderos. Estudiamos la mecánica del giro del buque, al contactar los primeros picaderos y las reacciones que se generan en los picaderos bajo el codaste. Se analizaron los efectos de la compresión de las capas superiores de los picaderos. También pudimos analizar el asiento del buque y la importancia de mantener un asiento adecuado para reducir daños. Adelantamos el estudio de los cálculos posibles para conocer los calados del toque de los picaderos y del instante de inestabilidad. Se pudo abarcar también, procedimientos para determinar los desvíos del centro de gravedad y los esfuerzos que afectan la madera blanda en la capa superior de los picaderos, especialmente efecto que resulta de las cargas sobre los picaderos bajo el codaste.

Escudriñamos algunas de las medidas de protección que se deben tomar, en el caso de un buque con máximo asiento. Veremos en el siguiente capítulo, otras variaciones de la forma en que el peso del buque puede afectar los picaderos y los cálculos y métodos para el control de las reacciones.

**14.14 Preguntas y problemas.**

1. Supongamos que la carga máxima calculada en la popa de una Corbeta es de 9.02 Tm /m y 1.22 m es el espacio entre picaderos. Encuentre el esfuerzo que tendrá que soportar el picadero, si el tamaño de la capa de madera blanda es de 30.48 cm × 122.9 cm, y la quilla 30.48 cm de ancho.

2- Si el asiento del buque es de 80.0 cm, la distancia del centro de flotación al codaste = 35.0 pies y el momento unitario es 95 Tm-m, encuentre la reacción en el codaste.

3. Supongamos que la capacidad, por pie lineal, del picadero es de 7.14 Tl y el espacio entre picaderos es 5'-0". El tamaño de la capa de madera es de 14" × 48" y solamente se considera el área que abarca el ancho de la quilla. En este caso la corbeta posee una quilla angosta de 12", por lo tanto, el área de contacto para el picadero será de 12" × 14". Cuantas toneladas debe poder soportar cada picadero.

4. Se programa la varada de una embarcación en un elevador de buques. Tenemos que calcular la carga sobre el codaste, pero antes debemos investigar si el asiento es adecuado. Cuál es el asiento permisible, si el momento unitario es de 82.0 Tm-m, Reacción máxima admisible ($R_{qmax}$) según el diagrama de carga del dique es 57.0 TM-m y la distancia $d_{cd}$ = 32.0 m.

5. Supongamos que la carga máxima calculada en la popa de una Corbeta es 9.02 Tm/m, el espacio entre picaderos es de: 1.22 m y el tamaño de la capa de madera es de 35.56 cm × 122.9 cm Calcule el esfuerzo sobre los picaderos.

6- Con la ecuación $H_1 = H_m - \frac{R_{cd}}{100 \times TPC}$ estime el calado al tocar la quilla los picaderos, si $R_{cd}$ = 165 Tm, calado, $H_m$ = 4.27 m y TPC = 35.98 Tm

7- Supongamos que el buque ejemplo tenga las siguientes características:

MTcm = 204.96 Tm-cm, asiento = 0.75 m y Δ = 2120 Tm. Calcule el recorrido del centro de carena.

**Bibliografía**

1- Bonilla de la Corte, Antonio. *Teoría Del Buque, Librería San José*. Carral 19-VIGO (España) 1994.

2- Crandall, Paul S. and Tobiasson, Bruce O. *An Introduction to Dry-docking Principles and Techniques.* Crandall Dry Dock Engineers, Inc. Cambridge Massachusetts June 1970.

3- Dm Consulting *Basic Dry-dock Training* Instruction Manual, 2004.

4- Heger Dry Dock Inc. *Dockmaster Training Seminar* Lecture Notes. . 2004

5- González López, Primitivo B. *Técnicas De Construcción Naval* Universidade da Coruña Servicio de Publicaciones 2000.

6- Mazurkiewics, B. K. *Design and Construction of* ***Dry-docks***. Gulf Publishing Company Houston, Texas, U. S. A. 1981

# CAPÍTULO 15
# CÁLCULOS MÚLTIPLES II

## 15.1 Introducción.

En el apartado anterior, iniciamos las evaluaciones que se efectúan para la varada del buque. Se estudiaron fórmulas para evaluar el asiento y métodos empleados para estimar el calado en que el buque pierde la estabilidad por la reducción de la fuerza de empuje del agua como consecuencia del achique del dique (dique de carena) o por la elevación de la plataforma (diques flotantes, varaderos y elevadores de buques). También analizamos las reacciones que se generan en el codaste y los efectos de la carga sobre la madera blanda, particularmente los que se encuentran directamente bajo el codaste del buque y lo que ocurre en aquellos picaderos, que por algún error en la nivelación o debido a irregularidades en la quilla del buque, la madera blanda resulte excesivamente alta. En este capítulo continuaremos con el estudio de las reacciones en los picaderos por el peso del codaste, analizaremos las ecuaciones para calcular la distribución de la carga y veremos también las técnicas de adición de lastre para reducir el asiento y controlar la magnitud de la reacción aparte de los cálculos que deben efectuarse para edificar una cama de picadores que resista movimientos sísmicos y vientos huracanados. Creemos que después de estudiar estos conceptos, el lector estará preparado para:

- Aplicar los resultados obtenidos de los cálculos preliminares, a la construcción del sistema de soportes.
- Adaptar las técnicas de reducción de cargas de acuerdo con las causas de la sobrecarga.
- Dominar los cálculos de la ecuación trapezoidal para analizar la carga en popa y en proa.
- Calcular la cantidad de picaderos necesarios para crear una cama de picaderos que prevenga los efectos negativos de los movimientos sísmicos y los vientos huracanados.

## 15.2 Distribución de la carga sobre los picaderos.

La carga total sobre un picadero depende de la magnitud de su presión por el área de contacto. La presión del picadero se mide según su compresión y por el tipo de material que la compone. De lo anterior concluimos que en la fabricación de un sistema de soportes, debe existir uniformidad en los componentes del picadero. Se debe tener picaderos construidos más rígidos en el área que soportará la quilla y menos rígidos los picaderos bajo el pantoque. La quilla está supuesta a recibir el 50% del peso de la embarcación y los picaderos de pantoque el 25% del peso a cada lado. La rigidez del buque y la quilla, en línea recta, no permite deflexiones en las distancias habidas entre picaderos. Si se agrupan picaderos en pares, se notará que la compresión será de igual magnitud para ambos, y esto es así por el buque, cuya estructura asemeja una viga rígida. En un diagrama de distribución del peso del buque, dicha distribución indica una línea quebrantada, sus compartimientos poseen pesos diferentes, como por ejemplo, los cuartos de máquina y otros compartimientos con maquinarias varias, indican mayor peso que en las bodegas vacías y otros espacios libres, como se aprecia en el diagrama de la Figura 15.1.

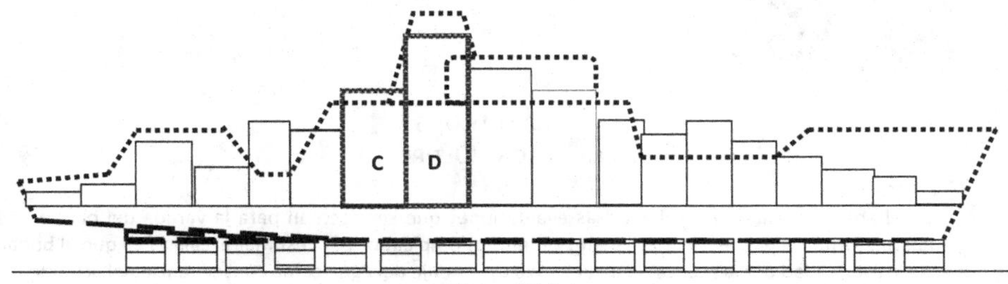


***Figura 15. 1.***
***Diagrama de la distribución actual del peso del buque.***

La gráfica indica que los puntos elevados C y D sufrirán igual deflexión, aunque la carga sea mayor en D que en C, y esto ocurre por la rigidez del buque. Un picadero contiguo a otro será comprimido en cantidades iguales por la quilla y en línea recta, porque la rigidez de los buques permite una distribución lineal de la carga. Esto lo pudimos apreciar en el análisis que se realizó en el capítulo 14, de los picaderos con alturas por encima del nivel establecido para la fila.[88] No puede construirse un sistema de apoyo, para una quilla que se ajuste a una gráfica que refleja las concentraciones reales de peso del buque, como se ilustra en la Figura 15.1. No obstante, sabemos que los picaderos sometidos al peso del buque se comprimen y reciben una carga proporcionalmente pareja. Por este razonamiento, al construirse una línea de picaderos para el soporte de un buque, estos se mantienen a una sola altura, salvo los apoyos laterales, que deberán construirse al contorno del pantoque o a la astilla muerta.

### 15.3 Distribución del peso del buque en 20 estaciones.

Para iniciar el desarrollo de los planos de varada de un buque, primero se hace una distribución del peso del buque en 20 estaciones, para determinar exactamente las áreas en la estructura del casco, donde se podrán colocar apoyos con la debida resistencia, sin estresar ni deformar el casco y a la vez se determina también, las cantidades necesarias de picaderos que serán parte de la cama de apoyo. Pero no se construirá la cama siguiendo el perfil, que genera esta distribución del peso, porque, aunque resulta una forma eficiente de soportar el peso del buque, dificulta extremadamente el ajuste de los soportes a las variaciones del peso. Sin embargo, será útil su aplicación en los casos inusuales tales como: las varadas que implican trabajos de remodelación del buque, donde han de realizarse cortes en algunas secciones del casco, los cuales, reducen considerablemente la rigidez y la resistencia del casco. Otro caso similar, son aquellos en donde los apoyos deben fabricarse siguiendo un perfil bastante irregular. Estos se pueden observar en las varadas de barcazas petroleras perforadoras, que aparte de las irregularidades en su casco, la cama de soporte debe construirse según las áreas variadas, principalmente, donde existen

[88] Heger Dry Dock Inc. Dockmaster Training Seminar Lecture Notes. 2009.

concentraciones de peso. En la Figura 15.2 presentamos, el ejemplo de una gráfica, donde se ilustra la distribución del peso en 20 estaciones de un submarino.

**GRÁFICA DE DISTRIBUCIÓN DEL PESO DE UN SUBMARINO EN 20 ESTACIONES.**

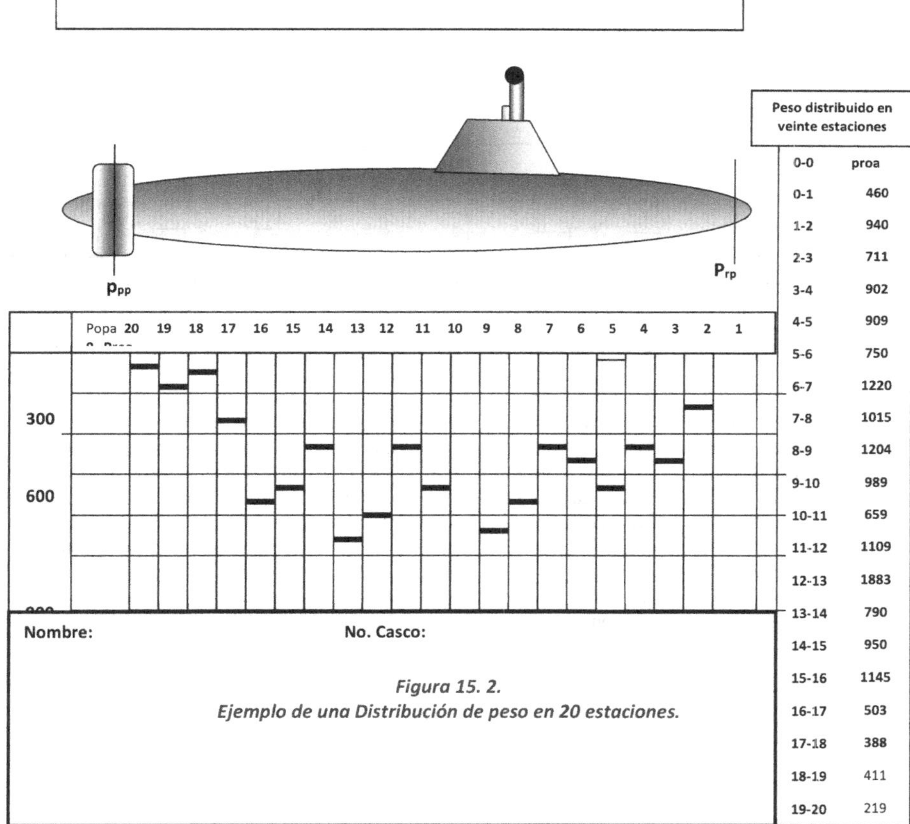


| Peso distribuido en veinte estaciones | |
|---|---|
| 0-0 | proa |
| 0-1 | 460 |
| 1-2 | 940 |
| 2-3 | 711 |
| 3-4 | 902 |
| 4-5 | 909 |
| 5-6 | 750 |
| 6-7 | 1220 |
| 7-8 | 1015 |
| 8-9 | 1204 |
| 9-10 | 989 |
| 10-11 | 659 |
| 11-12 | 1109 |
| 12-13 | 1883 |
| 13-14 | 790 |
| 14-15 | 950 |
| 15-16 | 1145 |
| 16-17 | 503 |
| 17-18 | 388 |
| 18-19 | 411 |
| 19-20 | 219 |

*Figura 15. 2.*
*Ejemplo de una Distribución de peso en 20 estaciones.*

**15.4 Distribución Rectangular de la carga.**

Si el centro longitudinal de gravedad coincide con el centro o media eslora de la línea de picaderos, la carga por pie lineal será constante y todos los picaderos recibirán la misma magnitud de carga, sufrirán la misma cantidad de compresión. El diagrama de carga distribuida sería de forma rectangular, como se observa en la Figura. 15.3

En este caso la carga constante por pie lineal se determina de la siguiente forma:

w ----------------------------------------------- = El peso del barco

Eq ----------------------------------------------- = longitud de la superficie de soporte

Carga por pie lineal ------------------------ = $\frac{W}{E_q}$ (15.1)



*Figura 15. 3.*
***El centro de gravedad coincide con el centro de los picaderos.***

**15.5 Carga trapezoidal por la desviación del centro de gravedad del centro de la fila de picaderos.**

Para la mayoría de los casos, el centro de gravedad no corresponde exactamente al centro de la fila de picaderos de quilla. Estará ubicado hacia popa desde el centro de la línea de picaderos o hacia proa desde el centro. La carga en este caso no es uniforme y se concentra en un extremo más que en otro, por consiguiente, la quilla, siendo una estructura rígida, genera una compresión en forma de pendiente. Sobre la superficie de los picaderos de la quilla, gradualmente incrementa la carga hacia uno de los extremos o bien disminuye de igual forma. Mientras se aleja el centro de gravedad del centro medio del conjunto de picaderos de los soportes, mayor o menor es la carga, por pie, en cada extremo de la línea de picaderos. Mayor es la carga en la parte donde se concentra y menor es en la parte opuesta. Véase la Figura 15.4.

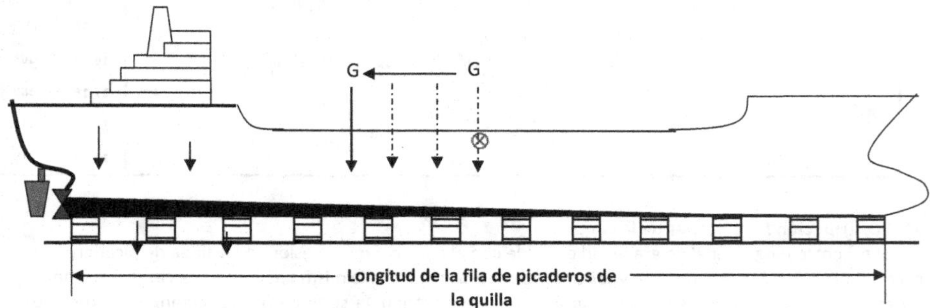


*Figura 15. 4.*
***Desvío del centro de gravedad.***

Ya que la carga sobre los picaderos está en función del grado de compresión, el resultado es una pendiente generada por el peso desviado del centro longitudinal de la fila de picaderos. Su diagrama de carga tiene forma trapezoidal, tal como se puede apreciar en la Figura 15.4 y 15.5. Para la determinación de la carga sobre los picaderos utilizaremos la ecuación del trapecio propuesta por el ingeniero Paul Crandall.[89] Los ingenieros navales emplean métodos alternos para predecir el efecto de dichas cargas.[90] Entre ellos podemos mencionar: *La teoría de vigas de Euler- Bernoulli, la teoría de vigas de Timoshenko, el método del Momento de Área de Robert Heger*, y *el método Trapezoidal de Crandall.* Los métodos de Timoshenko y Euler-Bernoulli requieren una mayor cantidad de información sobre el buque para poderlas ejecutar y los cálculos matemáticos son mucho más complejos. Se aplican dichos métodos, cuando se hacen indispensables predicciones más exactas de las fuerzas y las reacciones entre el buque y los picaderos del dique. Estas técnicas son del dominio de los ingenieros estructurales y arquitectos navales, por ende, no cabe su discusión en este texto. Su mención obedece a la intención de informar y guiar al lector a la investigación más profunda del tema.

En este capítulo estudiaremos el método Crandall y será la que se aplique en la mayoría de nuestros cálculos. Este método requiere menor cantidad de datos y es menos complicado el cálculo matemático. En el capítulo 15 veremos la aplicación del método del *momento de área* (presentado por el ingeniero Robert Heger en la conferencia de Diques Secos en Norfolk Virginia, 2008) para los casos especiales del análisis de las reacciones y la distribución de la carga sobre las camas de soporte para cascos de diseños irregulares.

### 15.6 Derivación de la Ecuación Trapezoidal.

La magnitud de la carga por pie lineal, sobre los picaderos, se obtiene a partir de la ecuación trapezoidal que se deriva de la fórmula para calcular una columna cargada excéntricamente. Su expresión es la siguiente:

**Carga excéntrica** = $\frac{P}{A} + \frac{M_c}{I}$ (15.2)

En la ecuación de la columna con carga excéntrica, establecemos que la línea de soporte es un rectángulo continuo con una longitud (L) y ancho (b =1) y el centro del rectángulo será, el centro longitudinal de la fila de picaderos.

Reemplazaremos los siguientes valores del buque en la ecuación de la carga excéntrica:

**P = W** ---------------- Peso del buque

[89] Crandall, Paul S. *Dockmaster's Manual.* Crandall Dry Dock Engineers Cable Cradock Dedham, Mass. USA Página 12

[90] Accuracy Assessment of Methods for Predicting Dry Dock Block Reactions by Brandon M. Taravella, P.E.

**I** = $\frac{bL^3}{12}$ ------------- Momento de inercia de un rectángulo (15.3)

**C** = $\frac{L}{2}$ = **e**--------- Distancia de un extremo al centro del área del rectángulo. (15.4)

Si momento igual a: M = (P × c) entonces también M = (W × e) (producto de la carga y la excentricidad)

Y también el área del rectángulo: A = L × b y según lo propuesto para el rectángulo que representa la fila de picaderos: b = 1.

Carga excéntrica = $\frac{P}{A} + \frac{M_c}{I}$ (15.5)

Carga excéntrica = $\frac{W}{bL} \pm \frac{We\frac{L}{2}}{\frac{1}{12}bL^3}$ (15.6)

Hacemos b = 1

Carga excéntrica = $\frac{W}{1L} \pm \frac{12\,We\frac{L}{2}}{\frac{1}{12}1L^3}$ (15.7)

Simplificando la expresión:

$$= \frac{W}{L} \pm \frac{12\,We\frac{L}{2}}{L^3}$$ (15.8)

Resultado de la simplificación es:

**La ecuación trapezoidal** = $\frac{W}{L} \pm \frac{6We}{L^2}$ (15.9)

Ya que b = 1, el resultado es en toneladas por pie lineal en vez de toneladas por pies$^2$ entonces:

$\frac{W}{L}$ **es la carga promedio sobre los picaderos.**[91]

[91] Heger Dry Dock Inc. Dockmaster Training Seminar Lecture Notes. 2009. Página 4-6

La ubicación de la excentricidad se encuentra restando la distancia del centro longitudinal de gravedad al punto de referencia en el buque (puede ser la perpendicular de popa o el extremo de la popa) de la distancia del extremo de la popa al centro de la fila de picaderos se calcula con la siguiente expresión:

$$\mathbf{e = L_{CG} - L_K} \qquad (15.10)$$

Donde:

**$L_{CG}$ = Distancia del $PR_{PP}$ al LCG.**

$\frac{L_K}{2}$ **= Distancia del $PR_{PP}$ al centro de la fila de picaderos.**

**$L_{pic}$#1 = Distancia del $PR_{PP}$ al primer picadero de la quilla.**

La ecuación se conoce también como ecuación Crandall por el ingeniero Paul Crandall (q.e.p.d.). Con esta ecuación se determina la carga, suponiendo una distribución trapezoidal de la misma sobre los picaderos, que soporta una quilla continua. La carga mayor se encuentra en el extremo, en dirección a la desviación del centro de gravedad longitudinal (comúnmente en la popa). Son estas:

Para la carga máxima en la popa = $\frac{W}{L} + \frac{6We}{L^2}$ (15.11)

Para la carga mínima en la proa = $\frac{W}{L} - \frac{6We}{L^2}$. (15.12)

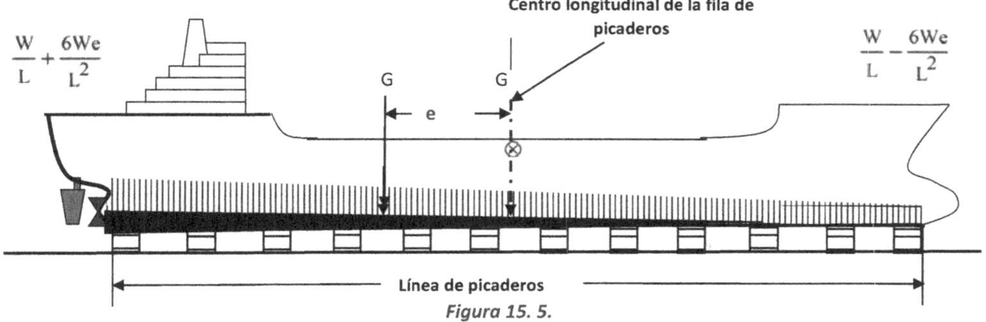


*Figura 15. 5.*

***La desviación del centro de gravedad del centro de la fila de picaderos, creá una carga excéntrica.***

## 15.7 Determinación de la carga distribuida en forma de trapecio utilizando la ecuación de Crandall.

Veremos en el ejemplo siguiente la determinación de la carga sobre los picaderos, con los datos del buque ejemplo Joseph Griffitt, en la Figura 15.6 con medidas en unidades del sistema imperial.

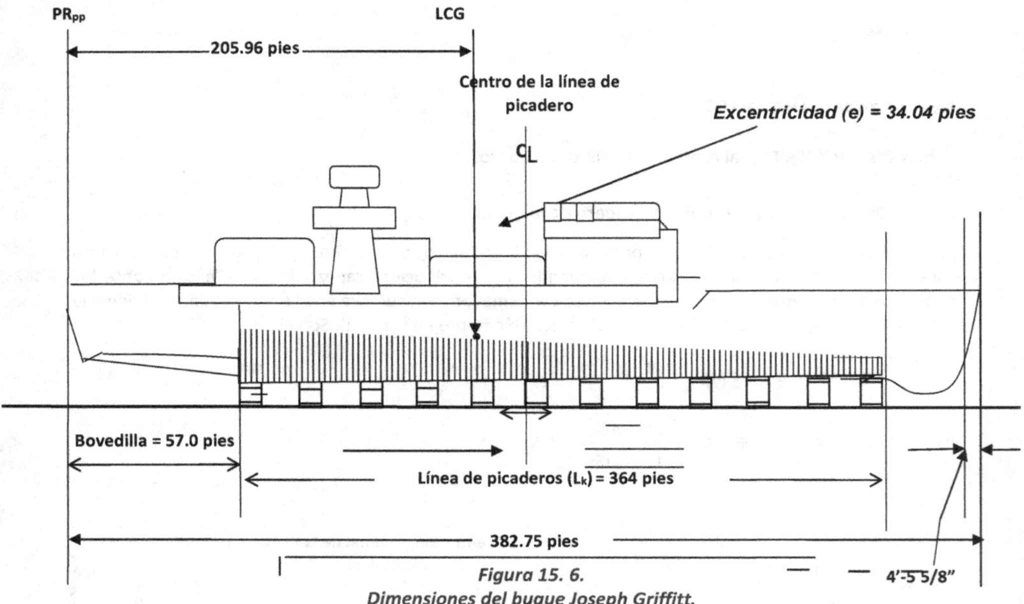


*Figura 15. 6.*
*Dimensiones del buque Joseph Griffitt.*

***Ejemplo 15.1***

En los planos de varada, del buque ejemplo MS Joseph Griffitt, se obtienen las siguientes dimensiones:

Eslora entre perpendiculares -------------------- = 370.65 pies

Eslora Total--------------------------------------------- = 382.75 pies

El primer picadero de la fila de la quilla se encuentra a:

Posición #1 -------------------------------------------- = 115.0 pies

Posición #2 -------------------------------------------- = 115.0 pies.

Posición #3 -------------------------------------------- = 117.0 pies.

La arista hacia popa del codaste ------------------- = 57.0 pies

Posición del último picadero de quilla------------ = 9.0 pies del extremo vertical de la proa.

Calado en popa ---------------------------------------- =17.5 pies

Calado en proa ---------------------------------------- = 15.0 pies

Calado medio ------------------------------------------ = 15.25 pies

Longitud de la fila de picaderos ($L_k$) = 364.0

Centro medio de la línea de picaderos----- $\frac{L_k}{2}$ = 182.0 pies

Distancia del centro de gravedad al $PR_{pp}$ ----- =205.96 pies

Desplazamiento (W) --------------------------------2700.73 ton largas

Excentridad--------------- (182 + 59.0) – 177.80 =.34.04

La magnitud de la carga en la popa quedará determinada por:

Carga en popa = $\frac{W}{L} + \frac{6We}{L^2}$

$$= \frac{2700.73}{364.0} + \frac{6 \times 2700.73 \times 34.04}{132496.00} \tag{15.13}$$

= 7.42 + 4.16

= 15.58 ton/pies

La magnitud de la carga en la proa quedará determinada por:

$$\text{Carga en proa} = \frac{2700.73}{364.0} - \frac{6 \times 2700.73 \times 34.04}{132496.00} \tag{15.14}$$

= 7.42 – 4.16

= 3. 26 ton/pies

En el siguiente ejemplo demostramos los cálculos con las dimensiones y el peso en el sistema métrico. Tomaremos como ejemplo el buque MS Alfred Jemmott, cuya estabilidad la estudiamos en el capítulo anterior.

***Ejemplo 15.2***

Según los planos de varada del buque ejemplo MS Alfred Jemmott:

W-------------------------------------------- = 3385.94 Tm peso del buque en toneladas métricas.

$L_k$-------------------------------------------- = 91.44 m Longitud de la línea de picaderos.

PRpp al centro de la línea de picaderos = 69.58 m

De la sección media, hacia popa: LCG = 0.237552 m

PRpp al LCG = 67.736 m

PRpp al LCG = 67.97– 0.237552 = 67.74 m (15.15

Excentricidad (e) = 69.58- 67.74 = 1.84 m, distancia en metros, de la desviación del centro longitudinal de gravedad (CLG) de su posición original y el centro de la fila de picaderos.

Determinar la distribución de la carga trapezoidal sobre la línea de la quilla:

Carga distribuida = $\frac{W}{L} \pm \frac{6 \times W \times e}{L_k^{\ 2}}$

Carga en la popa = $\frac{3385.94\text{Tm}}{91.44\text{m}} + \frac{6 \times 3385.94 \quad \times 1.84}{8361.274 \quad m^2}$

Carga en la popa = 41.5 Tm/m

Carga en la proa = $\frac{3385.94\text{Tm}}{91.44\text{m}} - \frac{6 \times 3385.94 \quad \times 1.84}{8361.274 \quad m^2}$

Carga en la proa = 32.56 Tm/m

### 15.8 Ecuación Alterna para las cargas distribuidas en forma de Trapecio.

La ecuación trapezoidal también se puede expresar relacionando el centro de gravedad del buque, con la sexta parte de la fila de picaderos. Ambos métodos producen los mismos resultados. Presentamos en la Figura 17.8, los puntos de referencia, que componen la ecuación del método.

Los valores las representamos con los siguientes símbolos:

LCG = Peso de la embarcación en toneladas largas o toneladas métricas que pasa por el centro longitudinal de gravedad.

$L_q$ = longitud de la línea de picaderos de la quilla.

A = Distancia del centro de la línea de picaderos al centro de gravedad del buque en pies o metros.

B = Distancia del medio de la línea de soporte a un punto que representa un sexto de la longitud de la línea de picaderos de quilla ( $\frac{L_k}{6}$ )

Las dimensiones de A y B son las que determinan como se distribuye la carga sobre los picaderos.

Cuando A < B la carga se distribuye en forma de trapecio sobre los picaderos, y su ecuación son las siguientes:

La carga promediada distribuida = $\frac{W}{L_k}$

La carga máxima distribuida en la popa $= \frac{W}{L_k}\left(1 + \frac{A}{B}\right)$ (15.16)

La carga máxima distribuida en la proa $= \frac{W}{L_k}\left(1 - \frac{A}{B}\right)$ (15.17)

En el siguiente ejemplo, se realizan cálculos para la distribución de la carga sobre los picaderos de la cama del buque MS Alfred Jemmott, utilizando la ecuación trapezoidal alterna. En esta fórmula, la fila de picaderos se divide en seis secciones, para determinar la carga.

***Ejemplo 15.3***

Según los datos que se aprecian en la Figura 15.8 tenemos que:

Lk = 91.44 m, A = 1.84 m, B = $\frac{L_q}{6}$= 15.24 m.

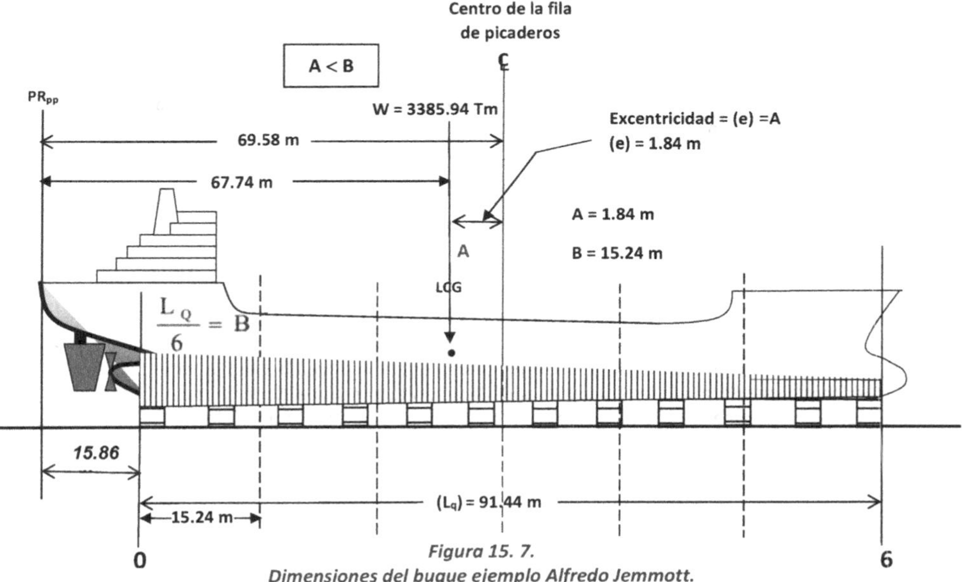


*Figura 15. 7.*
***Dimensiones del buque ejemplo Alfredo Jemmott.***

**Carga en la popa** $= \frac{W}{L_k}\left(1 + \frac{A}{B}\right)$ (15.18)

Carga en la popa = $\frac{3385.94\text{Tm}}{91.44\text{m}}\left(1 + \frac{1.84}{15.24}\right)$

Carga en la popa = 37.03 (1 + 0.120735)

Carga en la popa = 41.5 Tm/m

Carga en la proa = $\frac{W}{L_k}\left(1 - \frac{A}{B}\right)$ (15.19)

Carga en la proa = $\frac{3385.94Tm}{91.44m}\left(1 - \frac{1.84}{15.24}\right)$

Carga en la proa = 37.03 (1 – 0.120735)

Carga en la proa = 32.56 Tm/m

Son iguales los resultados, por lo tanto, queda demostrado, que ambos métodos pueden ser utilizados para los cálculos de la carga sobre los picaderos.

**15.9 Carga Promedio distribuida y carga máxima distribuida en forma Triangular.**

Primero debemos verificar si la carga ha adoptado una forma triangular o sea si A > B. De la Figura 15.9 y 15.10 vemos a simple vista que en efecto A>B, por consiguiente, la distribución de la carga sobre los picaderos, será en forma triangular. Para esta condición podemos calcular la carga promedio y la carga máxima con las siguientes ecuaciones:

Para la carga promedio distribuida = $\frac{2\,W}{3L_q\text{-}2A} = \frac{W}{1.5\,L_q\text{ - }A}$ (15.20)

Y para la carga máxima distribuida = $\frac{4\,W}{3\,(L_q - 2A)}$ (15.21)

En las dos formas en que se distribuye la carga sobre los picaderos, en la triangular y en la trapezoidal, será la carga máxima más alta, generalmente la apopante, la que se considera para compararla con la carga máxima distribuida permisible para el dique en donde pretendemos varar el buque, particularmente, cuando la varada se planifica para llevarse a cabo en un elevador vertical. Deberán ser consultadas, los diagramas de carga aceptables para ciertas áreas de la plataforma y los carros de varada. [92] Veamos unos ejemplos resueltos en que se analiza esta distribución de la carga

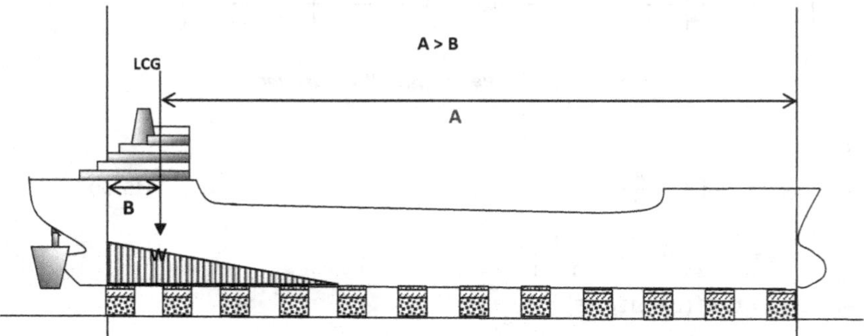


*Figura 15. 8.*

***Descripción de la concentración de la carga hacia la popa del buque en forma triangular.***

[92] E.E

***Ejemplo 15.4***

Supongamos que la distribución de la carga en el Alfredo Jemmott, ha sufrido movimientos de pesos y se ha degenerado la distribución de la carga sobre los picaderos, de trapezoidal a forma triangular, según se aprecia en la Figura 15.9, en donde: A > B. Calcúlese la carga promedio y la carga máxima.

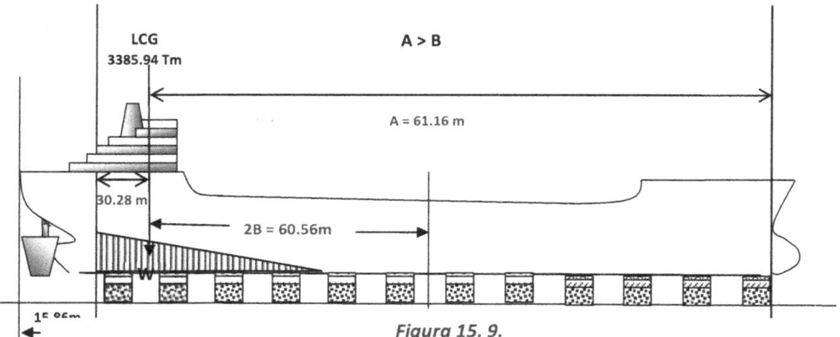


***Figura 15. 9.***
***Descripción de la concentración de la carga hacia la popa del buque en forma triangular***

Primero calculemos la carga promedio:

Sea: W = 3385.94 Tm, Lk = 91.44 m, A = 61.16 m, B = 30.28 m:

Carga promedio distribuida $= \dfrac{2\,W}{3L_q - 2A}$ (15.22)

$= \dfrac{2\,(3385.94}{3\,(91.44) - 2\,(61.16)}$

Carga promedio distribuida $= \dfrac{6771.88\text{Tm}}{274.32 - 122.32}$ = 44.55 Tms/metros.

Para la carga máxima distribuida tenemos:

Carga máxima distribuida $= \dfrac{4\,W}{3\,L_q - 2A}$ (15.23)

Carga máxima distribuida $= \dfrac{4 \times 3385.94}{3\,(91.44) - 2(61.16)}$ = 89.10 tms/metros.

Supongamos que la carga máxima, que se le permite a la plataforma de varada de un elevador de buques, sea: 91.00 tms/metros. De acuerdo con la carga máxima del buque comparado a la capacidad máxima de levante de la plataforma tendríamos: 91.00 - 89.10 = 1.9 Tm/m. Lo más seguro sería considerar que la carga máxima del buque se encuentra muy cerca del margen permitido para el elevador, y la operación rechazada, pero en estos casos el departamento de ingeniería debería ser la entidad que tome la decisión. Tal como lo pudimos apreciar en la Figura anterior (15.9), **B** es la distancia del centro de gravedad respecto al extremo de la fila de picaderos y A es la distancia hacia proa del centro de gravedad. Habrá ocasiones en que debemos verificar comparando la excentricidad con $\frac{1}{6}$ de la longitud de la fila de picaderos (véase la Figura 15.8), es decir que sí; $e = \frac{A-B}{2} > \frac{L_q}{6}$ significaría que la carga sobre los picaderos, cambiaria de forma trapezoidal a triangular. A en este caso, es mayor que B. [93] Veamos los cálculos en el siguiente ejemplo:

***Ejemplo 15.5***

Si volvemos a referirnos al MS Alfred Jemmott, con los mismos datos de la Figura 15.9 la cual sugiere una distribución triangular de la carga donde A > B, y ahora tratamos de calcular la carga actual sobre los picaderos. Tendremos lo siguiente:

W = 3385.94 Tm

A = 61.16 m

B = 30.28 m

$$e = \frac{A - B}{2} = \frac{74.02 - 30.28}{2} = 22.87\text{m} \qquad (15.24)$$

La Figura 15.7 nos muestra la longitud de la quilla dividida en seis partes. Esto es igual a:

$(\frac{L_Q}{6}) = \frac{91.44}{6}$ = 15.24 m y que la excentricidad (e) = 22.87 m > 15.24, entonces el efecto de la carga cambia de forma *trapezoidal* a forma *triangular* y se concentra fuertemente en la popa del buque. La carga en la popa se obtiene en estos casos, por medio de la siguiente ecuación:

$$\text{Carga en la popa} = \frac{2W}{3b} \qquad (15.25)$$

Por lo tanto $\frac{2W}{3b} = \frac{2 \times 3385.94}{3 \times 30.28} = \frac{6771.88}{90.84}$ = 74.55 Tm/metros.

(15.26)

La carga de 74.55 Tm/metros, se irá reduciendo de popa hacia proa, hasta llegar a una distancia de 3 × 30.28 = 90.84 metros. Al recorrer dicha distancia, la carga quedará reducida a cero.

[93] Crandall, Paul S. *Dockmaster's Manual.* Crandall Dry-dock Engineers, Inc. Deadham Massachusetts, 02026 1987. Página 15.

### 15.10 Reducción de Cargas de Alta Intensidad.

La carga concentrada en la popa o en la proa de un buque, puede llegar a exceder los límites de capacidad del dique. El centro de gravedad del buque en este caso se mueve de su posición y se va a mover donde se concentra la carga. Se busca una mejor redistribución de la carga sobre los picaderos. [94] Se requiere balancear la carga, reducir el asiento del buque, y mover el centro de gravedad a su posición original o cercana a dicha posición. Pueden intentarse varios métodos para resolver el problema. Veamos las opciones:

#### 15.10.1 Adición de Lastre.

A simple vista, agregar lastre a una embarcación, de por sí sobrecargada, no parece ser una solución viable. Consideremos que la embarcación, usualmente, tiene su centro de gravedad longitudinal, hacia un lado u otro de su sección media y por lo tanto, la carga será mayor hacia la parte donde se incline su centro de gravedad. Como hemos visto, cuando se aplica la ecuación trapezoidal, los picaderos que recibirán la mayor carga son los más cercanos a la acción del centro de gravedad de la carga y son los que pueden fallar por sobrecarga. Añadir lastre a la sección liviana disminuye la intensidad de la carga en el lado opuesto y puede ser la solución al problema. Habría que verificar la redistribución de la carga, realizando nuevos cálculos, para verificar si en efecto, se cumple con los límites de carga del dique. Consideramos un ejemplo hipotético:

***Ejemplo 15.6***

El capitán de diques seco Clarence George, planifica varar el buque ejemplo, MS Joseph Griffitt, sobre un elevador vertical de buques, cuya capacidad máxima es de 4500 ton y con una carga por pie lineal permisible de 17.05 ton. La línea de quilla es normal y regular. Los carros de varada están situados entre sí, en espacios equidistantes de 4' – 0". Se asume una carga en forma trapezoidal sobre los picaderos. El capitán debe calcular las cargas de proa y popa que recibirán los picaderos, para verificar si estas excederán las limitaciones de cargas del elevador de buques y si los valores son muy cercanos a los límites de carga del elevador, deberá reducir la intensidad de la carga, reduciendo la excentricidad.

Tomaremos las características generales del buque ejemplo para tomar las decisiones en el problema: Véase la Figura 15.10.

**<u>Datos del buque MS Joseph Griffitt</u>**

Eslora entre perpendiculares ---------------------- =380 pies

Eslora Total----------------------------------------- = 441.42 pies

El primer picadero de la fila de la quilla se encuentra a:

---

[94] Heger Dry Dock Inc Dockmaster's Training Seminar Lecture Notes. 2008

Posición #1 ------------------------------------------ = 115.0 pies

Posición #2 ------------------------------------------- = 115.0 pies.

Posición #3 ------------------------------------------- = 117.0 pies.

La arista hacia popa del codaste ------------------- = 57.0 pies

Posición del último picadero de quilla----------- = 9.0 pies del extremo vertical de la proa.

Calado en popa --------------------------------------- =17.5 pies

Calado en proa --------------------------------------- = 15.0 pies

Calado medio ------------------------------------------ = 15.25 pies

Longitud de la fila de picaderos-------------- ($L_k$) = 364.0 pies

Centro medio de la línea de picaderos----- $\frac{L_k}{2}$ = 182.0 pies

Distancia del centro de gravedad al $PR_{pp}$ ------- =205.96 pies

Desplazamiento (W) -------------------------------- =2700.73 ton largas

Excentridad--------------------------------------------=(182 + 57.0) – 205.96 =32.04 pies. (15.2)

A- Análisis de la carga:

Con la ecuación trapezoidal tenemos lo siguiente:

La magnitud de la carga en la popa quedará determinada por:

$$\text{Carga en popa} = \frac{W}{L} + \frac{6We}{L^2}$$

$$\text{Carga en popa} = \frac{2700.73}{364.0} + \frac{6 \times 2700.73 \times 32.04}{132496.00} \tag{15.28}$$

Carga en popa = 7.42 + 3.92

Carga en popa = 15.34 ton/pies

La magnitud de la carga en la proa quedará determinada por:

$$\text{Carga en proa} = \frac{2700.73}{364.0} - \frac{6 \times 2700.73 \times 32.04}{132496.00} \tag{15.29}$$

Carga en proa = 7.42 – 3.92

Carga en proa = 3. 50 ton/pies.

Los cálculos indican una carga apopante = 15.34 ton.

Carga permitida en el elevador de buques = 15.5 ton.

El capitán George decide adicionar lastre en la proa, para minimizar la carga máxima en popa. El tanque pique de proa tiene una capacidad de 300 toneladas largas (ton largas) y la distancia del PRpp al centro del tanque es de 370.50 pies.

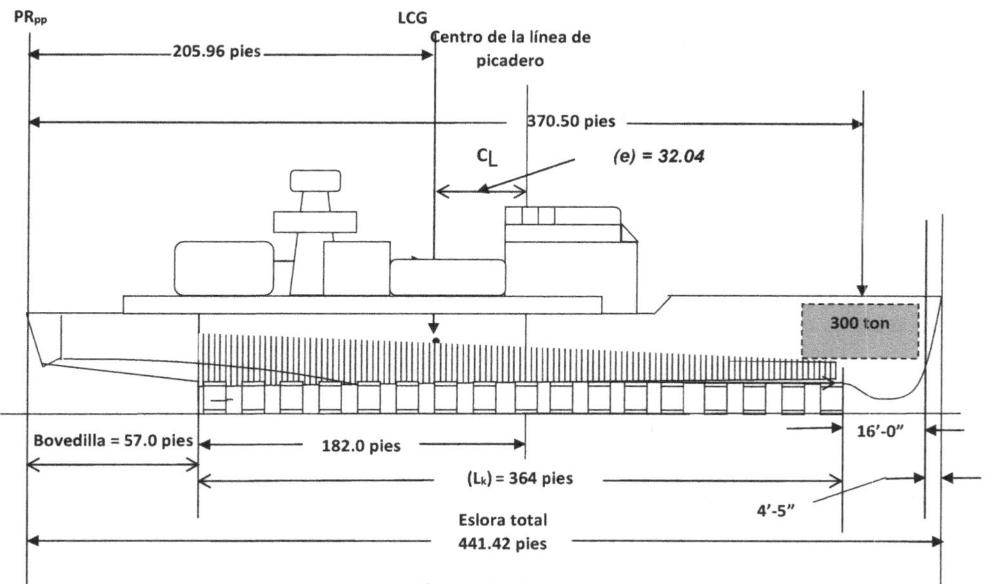


*Figura 15. 10.*
*Adición de lastre en el pique de proa.*

El peso desplazará el centro de gravedad en dirección hacia la proa, reduciendo la excentricidad. La reducción de la excentricidad causará una alteración del asiento y esto se reflejará en una reducción de los valores de los calados en popa y en proa y también la reducción de la carga en la popa. Para calcular el movimiento del centro de gravedad, debido a la adición del lastre, tomamos momentos respecto al punto de referencia de la popa y dividimos dicha suma, entre el nuevo peso del buque; que es el peso del lastre sumado al desplazamiento primitivo.

Veamos el procedimiento:

Los momentos que se obtienen respecto al punto de referencia de la popa ($PR_{pp}$) son los siguientes.

Mto.1 = 2700.73 × 205.96 (Distancia del centro de gravedad a popa, por el desplazamiento)

Mto 1 = 556242.35 ton / pies

Mto 2 = 300.00 × 370.5 (Distancia del centro del tanque de lastre a popa, por el peso del lastre en el tanque)

Mto 2 = 111150.00 ton / pies

***La suma de los momentos***:

$\sum$M = 556242.35 + 111150.00 (15.30)

$\sum$M = 667392.35 ton / pies

Nuevo peso de la embarcación:

2700.73 + 300 = 3000.73 ton (15.31)

***Nueva distancia al centro de gravedad:***

Distancia al nuevo centro de gravedad = $\frac{667392.35}{3000.73}$ = 223.41 pies (15.32)

Entonces la excentricidad será la diferencia entre las distancias:

223.41 - 205.96' = 117.45 pies

Volvemos a calcular la carga en popa y en proa con la nueva excentricidad y el nuevo peso del buque, por la adición del lastre:

Carga en popa = $\frac{W}{L} + \frac{6We}{L^2}$

Carga en popa = $\frac{3000.73}{364.00} + \frac{6 \times 3000.73 \times 16.45}{132496.00}$ (15.33)

Carga en popa = 9.244 + 2.235

Carga en popa = 10.48 ton / pies

Carga en proa = $\frac{W}{L} - \frac{6We}{L^2}$

Carga en popa = $\frac{3000.73}{364.00} - \frac{6 \times 3000.73 \times 16.45}{132496.00}$ (15.34)

Carga en popa = 9.244 – 2.235

Carga en popa = 7.009 ton / pies

Los cálculos indican una carga apopante = 10.48 ton.

Carga permitida en el elevador de buques = 15.5 ton/pies.

El capitán George ha logrado reducir la intensidad de la carga en la popa en:

15.58 – 10.48 = 1.10 ton / pies

Lo cual representa el: $\frac{1.10\text{ton/pies}}{15.58\text{ton/pies}} \times 100$= 9.50 % de reducción. (15.35)

Este procedimiento no es aconsejable para cargas cuya margen de diferencia, entre la capacidad permitida por pie para el dique y la carga total, producida por el peso de la embarcación sea excesiva. Dicho de otra manera, si el peso promedio $(W / L_k)$ excede la carga permisible del dique deberá intentarse otro método para reducir la intensidad de la carga.

15.10.2 Extensión de la fila de picaderos de la quilla.

Observamos en la primera investigación, de las condiciones del buque respecto a la posición de su centro de gravedad, que el cálculo de la carga del buque en la popa dio como resultado 15.58 ton en popa y 3.10 ton para la carga en proa. Se decidió añadir lastre al tanque en la proa con el fin de alterar el asiento, acercando más el CG al centro medio de la fila de picaderos, y así reducir la carga en popa. Ahora demostraremos otro método, contrario al anterior, que busca acercar el centro medio de la fila de picaderos al CG para reducir la excentricidad. Se trata en esta ocasión, de extender la fila de picaderos de la quilla, con una estructura que le dará soporte adicional, al extendido de la popa. Es importante recordar, que se debe estudiar con detenimiento el plano, para verificar la posición exacta, donde va ser colocada la estructura y planificar la forma más conveniente de posicionar dicha extensión. Mucho dependerá de la estructura del buque y las facilidades que presenta cada dique. Por ejemplo, habrá casos en que será preferible dejar a baja altura la estructura y luego que la quilla haya hecho contacto con los picaderos, tener un equipo de buzos disponible para rellenar el espacio entre el casco del buque y la superficie de la extensión, llevando el retaque contra el casco sin demasiada firmeza, para que, al asentarse el buque en su totalidad sobre los picaderos, se comprima más la extensión, quedando así aprisionada en su lugar.

En otros casos, las extensiones se diseñan para mantenerse fuera de la línea de la quilla con un dispositivo o mecanismo, que le permite ser jalada a su posición, después que el buque se encuentre ya en posición sobre los picaderos de la quilla. Otra variante es hacer entrar el buque al dique, enfilando la popa por delante en vez de la proa. Esta técnica hará que la popa del buque se posicione sin obstrucciones, directamente sobre la extensión. Sin embargo, la posición del buque dentro del dique es un importante detalle, porque al invertir la posición longitudinal del buque, en el dique, puede ser afectada tanto el acceso al buque, como a los talleres y a las grúas. Todo aquello debe estudiarse y programarse con antelación, realizando las consultas necesarias, antes de que se ejecute la maniobra. Cualquiera de los métodos que se elija, va a requerir estudio y planificación de todos los detalles de la operación, por el capitán de diques, el departamento de ingeniería junto con el personal administrativo del astillero.

***Ejemplo 15.7***

Veremos en este ejemplo como varia la carga añadiéndole una extensión a la fila de picaderos de la quilla:

La longitud de la fila de picaderos = 364 pies, a la cual, se le va a incorporar, una estructura de 30 pies en el extremo de la popa. Sumamos la extensión a la longitud actual de la fila de picaderos:

364 + 30' = 394': es la nueva longitud de la línea de picaderos.

205.96 pies: es la distancia entre el punto de referencia de la popa ($PR_{pp}$) y el centro de gravedad (CG).

$\frac{L_k}{2} = \frac{394}{2} = 197.00$ pies: es el centro de la línea de picaderos. (15.36)

A este valor le agregamos 26 pies, que es la distancia del extremo de la popa a la extensión de la quilla.

197.00 + 26= 224.00 pies: es la distancia del punto de referencia de la popa ($PR_{pp}$) al centro de la línea de picaderos.

Y la nueva excentricidad es:

224.00 – 205.96 = 117.04 pies.

Volvemos a calcular las cargas en popa y en proa, con la nueva excentricidad.

Carga en popa = $\frac{W}{L} + \frac{6We}{L^2}$

$$= \frac{2700.73}{394.00} + \frac{6 \times 2700.73 \times 17.04}{155236.00} \qquad (15.37)$$

Carga en popa = 7.855 + 1.78 =9.63 ton / pie

Carga en proa = $\frac{W}{L} - \frac{6We}{L^2}$

$$\text{Carga en proa} = \frac{2700.73}{394.00} - \frac{6 \times 2700.73 \times 17.04}{155236.00} \qquad (15.38)$$

Carga en proa = 7.855 – 1.78= 5.075 ton / pie

Carga en proa = 15.58 – 9.63 = 2.95 ton/pies

Como podemos apreciar, hemos logrado reducir la carga apopante de 15.58 ton / pie a 9.63 ton / pie, que representa una reducción de 25.47%. En la Figura 15.11 podemos apreciar los resultados del procedimiento.

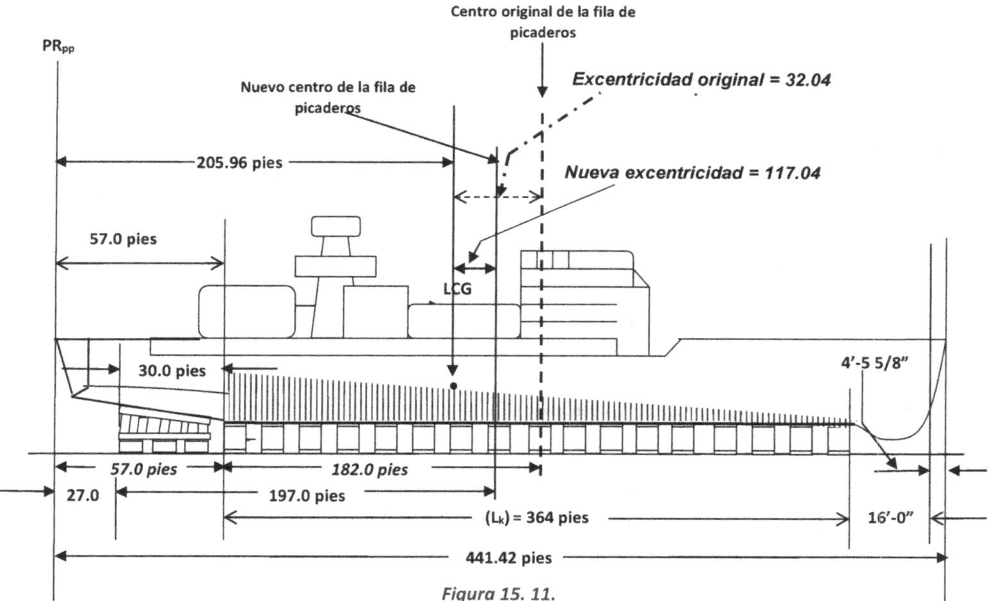


*Figura 15. 11.*
***Extensión de la fila de picaderos de la quilla.***

Pudimos comprobar, que la extensión del soporte de la quilla, disminuye significativamente, la carga sobre los picaderos. Pero antes de implementar este método, debe considerarse varios factores importantes tales como: la forma del casco, las hélices, la resistencia estructural del dique, la altura de la coronilla de popa, el calado del dique y realizarse un estudio detallado del espacio geométrico del dique.

**15.11 Cantidad de picaderos laterales necesarios, para la protección contra Huracanes.**

Una embarcación varada sobre picaderos, debe tener un conjunto de almohadas bajo el pantoque con la capacidad suficiente para resistir las fuerzas laterales que se desarrollan durante un huracán. Dichas fuerzas son los causantes de los momentos de vuelco, que tienden a ladear la embarcación. Cuando soplan fuertes vientos sobre las paredes de la embarcación, se desarrolla una fuerza a lo largo del casco, que tiende a empujar la embarcación lateralmente de la cama de picaderos. La fuerza de resistencia de la fricción entre la quilla y los picaderos y la fuerza del viento, crean un *momento de vuelco*, que puede causar la caída del buque. Para que la cama de picaderos tenga la necesaria resistencia, los picaderos y las almohadas laterales deben poseer una estabilidad transversal adecuada, para contrarrestar el momento de vuelco. La mayor preocupación de todas es que se desarrolle un *momento de vuelco* de tal magnitud, que pueda desestabilizar y sobrecargar las almohadas laterales, desestabilizando el buque e inclinándolo hacia un lado.

### 15.15.1 Momento de Vuelco y momento de escora.

El *momento de vuelco* es igual a la fuerza de fricción multiplicada por la distancia (brazo de palanca) de la quilla al centro del área lateral. La fuerza del viento en pies cuadrados varía según la velocidad del viento. El momento de vuelco debe ser resistido por la fuerza opuesta, de igual magnitud que el *momento de escora* que proveen los picaderos del pantoque. El efecto principal que resulta de los movimientos sísmicos y de los vientos huracanados, que siempre debemos considerar, es la generación del momento de vuelco puesto que, puede ser este el causante de la sobrecarga de las almohadas laterales que apoyan el pantoque. La magnitud de la fuerza del viento se obtiene multiplicando el área lateral total que incluye área lateral de la obra viva y la obra muerta (el casco sumergido más toda la estructura fuera del agua) por la fuerza del viento, por pie o metro cuadrado. La fuerza de fricción será igual y opuesta a la fuerza del viento. El momento de vuelco es igual a la fuerza de fricción multiplicada por la distancia (brazo de palanca) de la quilla al centroide del área lateral.

### 15.15.2 Métodos, Datos y ecuaciones para efectuar los cálculos.

**A- Existen tres métodos para resistir el momento de vuelco:**

1- Almohadas laterales con buena estabilidad.

2- Puntales bajo el casco en combinación con los picaderos laterales.

3- Puntales laterales en el costado del buque en combinación con picaderos laterales.

**B- Los datos Necesarios para los cálculos son los siguientes:**

1- Pviento = Presión del viento en lbs. /Pies$^2$ o Kg / m$^2$, se obtiene de la multiplicación del cuadrado de la velocidad del viento, por una constante.

2- V = Velocidad del viento dada en nudos

3- Una constante que se obtiene de la velocidad dada en nudos y en dos unidades, una en:

lbs. / pies$^2$ = 0.0044 y la otra en Kg / m$^2$ = 0.0215.

4- Momentos (H). Son Momentos causados por los vientos huracanados

5- Media manga: Brazos o palanca medido desde el centro de crujía.

6- Área (A)= Área lateral del buque.

7- KGA = Altura del centro del área sobre la quilla.

8- Carga total sobre los picadores laterales (DLs). La carga se divide en dos para los dos lados del buque.

**C- Las ecuaciones básicas más importantes son las siguientes:**

1- Fuerza *total del viento ($F_{Viento}$)* = Presión del viento × el área lateral.

2- Momento *de Vuelco* = $\mathbf{P}_{viento}$ × Brazo de Palanca.

3- Momento *de escora* = La fuerza en los picaderos × La longitud media del centro de crujía de la quilla.

4- La reacción (R) del picadero de Pantoque para resistir los Momentos (H) es la siguiente:

***Reacción (R)*** = $\frac{Mto_{\,H}}{L}$ (15.39)

Cantidad de almohadas laterales: $N_2 = \frac{M}{A_2 S_p L_2}$ (15.40)

Cantidad de almohadas laterales y puntales:

$R_1 = M\left(\frac{K_1 L_1}{L_1^{\,2} N_1 K_1 + L_2^{\,2} N_2 K_2}\right)$ (15.41)

$R_1 = M\left(\frac{K_2 L_2}{L_1^{\,2} N_1 K_1 + L_2^{\,2} N_2 K_2}\right)$ (15.42)

15.15.3 Resistencia contra el viento huracanado con almohadas estables.

El método preferido es el que utiliza picaderos con buena estabilidad. No obstante, se recomienda tomar las siguientes precauciones cuando se utilice este método:

**a)** No se pueden exceder los límites de resistencia del aplastamiento de la capa de madera.

**b)** La estructura formada por la unión de varios picaderos, debe conservarse estable. Se debe colocar la estructura para que la línea de acción del vector de la fuerza de apoyo atraviese el tercio del medio, de la base del conjunto de picaderos. Para que la cama de picaderos tenga la necesaria resistencia, los picaderos deben tener estabilidad transversal y la cantidad de picaderos laterales deben ser de un numero adecuado, para contrarrestar el momento de vuelco.

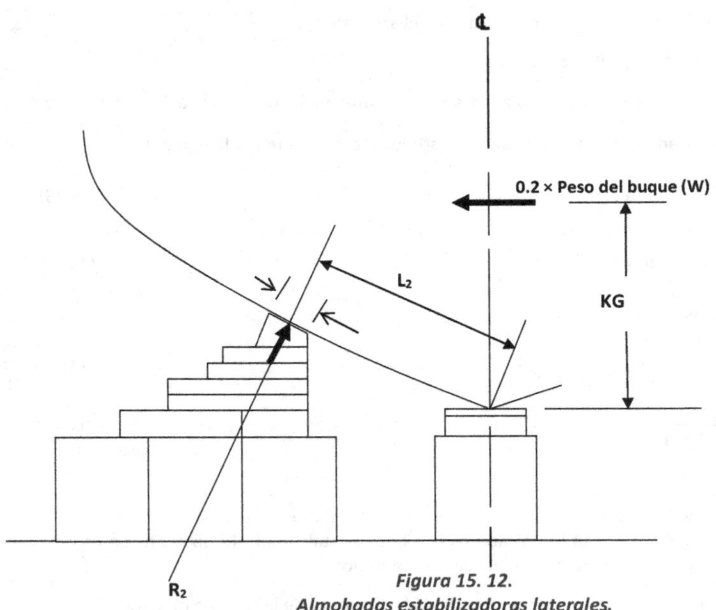


*Figura 15. 12.*
***Almohadas estabilizadoras laterales.***

La cantidad de almohadas puede ser reducida, si se aumenta el área de contacto contra el casco. La cantidad adecuada de almohadas laterales para este método se calcula con la siguiente fórmula:

$$N_2 = \frac{M}{A_2 S_p L_2} \tag{15.43}$$

Donde:

$N_2$ = Cantidad de almohadas laterales que se requieren en ambas bandas del buque.

M = Momento de vuelco. Puede ser el mayor entre $M_h$ y $M_s$.

$A_2$ = Área de contacto efectivo entre los picaderos laterales y el casco del buque.

$S_p$ = Limite de fuerza proporcional del material del picadero.

$L_2$ = Brazo promedio de la reacción de la estructura de picaderos laterales.

15.15.4 Combinación de puntales con almohadas laterales.

Este método requiere del análisis de la reacción promedio de los puntales y de las almohadas para verificar principalmente la estabilidad de los puntales. Los puntales son propensos a fallar con mayor facilidad como columna, que por compresión excesiva. La verificación del sistema se realiza con las siguientes ecuaciones:

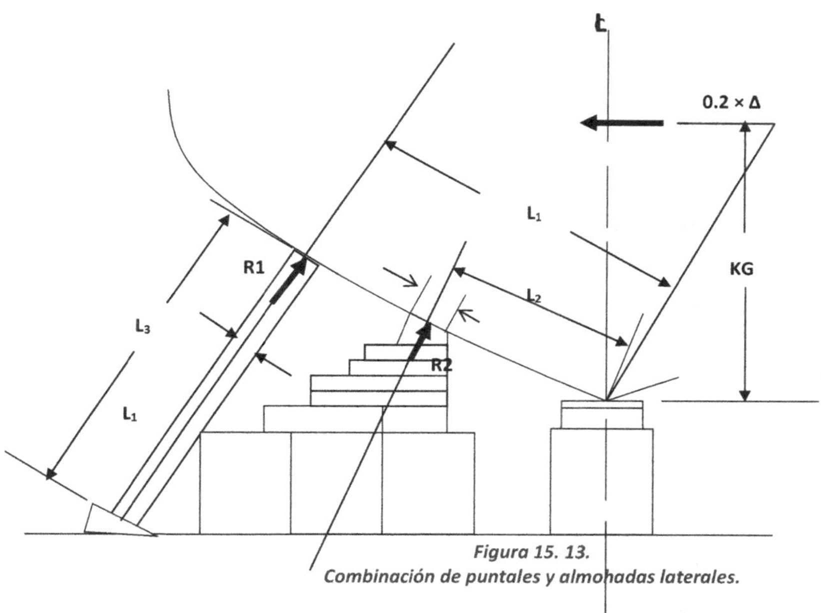


*Figura 15. 13.*
*Combinación de puntales y almohadas laterales.*

$$R_1 = M \left(\frac{K_1 L_1}{L_1^2 N_1 K_1 + L_2^2 N_2 K_2}\right) \quad (15.44)$$

$$R_1 = M \left(\frac{K_2 L_2}{L_1^2 N_1 K_1 + L_2^2 N_2 K_2}\right) \quad (15.45)$$

Donde:

M = Momento de vuelco ($M_h$ o $M_s$)

$L_1$ = Brazo de palanca promedio de los puntales

$L_2$ = Brazo de palanca promedio de los picaderos

$N_1$ = Cantidad de puntales bajo el buque en ambos lados del buque

$N_2$ = Cantidad de picaderos bajo el buque en ambos lados del buque

$K_1$ = Constante del resorte del puntal inclinado bajo el buque. (lbs. /pulgada o kg/cm)

$K_2$ = Constante del resorte del picadero bajo el pantoque. (Lbs. /pulgada o kg/cm)

$R_1$ = Reacción promedio del puntal (lb. o kg)

$R_2$ = Reacción promedio del picadero bajo le pantoque (lbs. o kg)

Cada puntal debe verificársele individualmente su estabilidad como columna.

15.15.5 Procedimiento para la aplicación del método de picaderos estables.

El procedimiento para calcular la cantidad de picaderos necesarios para resistir los vientos fuertes de los huracanes es el siguiente:

1- Obtenga una vista de perfil de la embarcación que incluya el casco y la superestructura del buque.

2- Aproxime las áreas mayores lo más cercanas a rectángulos.

3- Calcule las áreas y las distancias de la quilla al baricentro de los rectángulos.

4- Confeccione una tabla donde se puedan tabular los datos de áreas, longitud de los brazos y los momentos resultantes.

5- Calcule el centroide de la totalidad del área lateral dividiendo la suma de los momentos (área del rectángulo por el brazo de palanca) entre la suma de las áreas.

6- Calcular la presión del viento

7-Determinar la Fuerza del Viento

8-Determinar el Momento de Vuelco

9- Calcular el Momento de Escora.

10- Calcular la fuerza del viento sobre los picaderos del pantoque.

11- Fuerza total sobre los picaderos = Fuerza del Viento + Fuerza debido al peso de la embarcación.

12- Carga permisible por picaderos.

13- Cantidad de picaderos laterales necesarios = Fuerza Total contra los picaderos/ Carga permisible por picaderos.

En la figura 15.14 se puede apreciar la vista de perfil de un buque en donde se ha dividido la superestructura y el casco en áreas rectangulares. En la siguiente tabla 15.1 vemos el listado de sus las áreas enumeradas, los brazos de palanca y los momentos laterales calculados. En el siguiente ejemplo, haremos un ejercicio para calcular las almohadas laterales del buque ejemplo MS Alfredo Jemmott, para contrarrestar vientos huracanados con los datos de los momentos calculados en la tabla 15.1

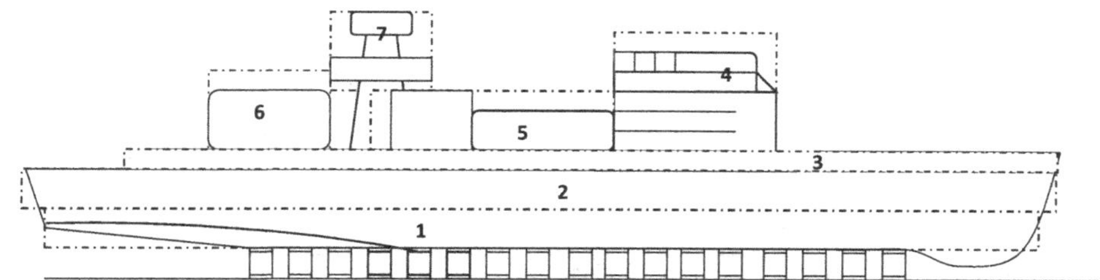


*Figura 15. 14.*
*Vista de perfil con áreas vulnerables*

| Conceptos | No. Área | Área Proyectada ( $m^2$) | Brazo /palanca De la quilla al centro de área (m) | Momento=Brazo × Área ($m^3$) |
|---|---|---|---|---|
| Casco | 1 | 467.84 | 2.29 | 1069.06 |
| Casco | 2 | 741.37 | 7.83 | 5063.58 |
| Superestructura | 3 | 202.16 | 9.54 | 1929.61 |
| Superestructura | 4 | 145.11 | 15.18 | 2202.77 |
| Superestructura | 5 | 69.65 | 15.35 | 9117.48 |
| Superestructura | 6 | 67.15 | 24.53 | 1557.51 |
| Superestructura | 7 | 117.91 | 29.63 | 501.04 |
| | | 1707.19 | | 13243.05 |

*Tabla 15. 1*
*Momentos laterales.*

| PESO / ÁREA | | VELOCIDAD DEL VIENTO | | |
|---|---|---|---|---|
| **Unidades** | **Área** | **MPH** | **Km/hr.** | **Nudos** |
| **Libras** | **Pies$^2$** | **0.0033** | **0.0013** | **0.0044** |
| | **Metros$^2$** | **0.0355** | **0.0137** | **0.0470** |
| ***Kilogramos*** | **Pies$^2$** | **0.0015** | **0.0006** | **0.0020** |
| | **Metros$^2$** | **0.0161** | **0.0062** | **0.0213** |

*Tabla 15. 2.*
*Tabla de conversiones de unidades, áreas y velocidades del viento.*

***Ejemplo 15.8***

Encuentre la cantidad de picaderos para contrarrestar vientos huracanados y movimientos sísmicos en el buque ejemplo MS Alfred Jemmott. Los datos del buque son los siguientes:

Peso del buque ($\Delta_1$) ---------------------------------------------------------- = 3385.94Tm

Ordenada tomada del centro de crujía (½ Manga) ------------------- = 7.27 m

Límite proporcional (LP) ---------------------------------------------------- = 24.60 Kg / cm$^2$

Área del picadero ------------------------------- = 45.72 cm× 71.12 cm = 3251.61 cm$^2$

Área del costado ---------------------------------------------------------------- = 1707.19 m$^2$ (tomado de la tabla)

Momento (tomado de la tabla15.1) ---------------------------------------- = 13243.05 m.

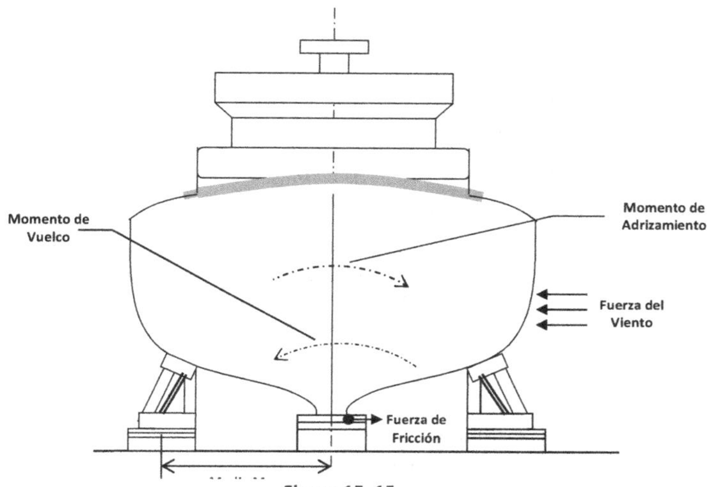


*Figura 15. 15.*
*Momento de vuelco y fuerza de fricción.*

Distancia entre la quilla y el centro de área del costado del buque:

$$\frac{\text{Momento de area}}{\text{AreaTotal}} = \frac{13243.05\text{m}^3}{1707.19\text{m}^2} = 7.76\text{ m} \qquad (15.46)$$

Momento por fuerza sísmica (Ms) = 0.20 ×Δ × KG × 1000 kg /Tm

Momento por vientos huracanados (Mh) = A × KGA × 0.0062 × $V^2$

Supongamos que la velocidad máxima del viento observada en la región donde se encuentra localizada el dique sea igual a 100 nudos y la constante establecida para unidades nudos es = Kg / $m^2$ es 0.0062.

1- ***Pviento*** = Fuerza del viento en kg/$cm^2$

V = Velocidad del viento = 100

2- ***CGA*** = Brazo de palanca del área lateral= $\frac{\text{Momento}}{\text{Area}} = \frac{13243.05}{1707.19}$ = 7.76 m (15

3- ***Presión del viento*** = 0.0062 × $V^2$

= 0.0062 × 100000

= 62

4- ***Fuerza del viento*** = Presión del viento × Área (15.48)

= 62 × 1707.19

= 105845.78 kg

5- ***Momento de vuelco*** = CGA × Fuerza del viento

= 7.76 × 105845.78

= 821363.25 kg-m

***6- Momento Adrizante*** = Fuerza contra los picaderos × ½ manga.

Pero el momento de vuelco debe poder resistir el momento adrizante que proveen los picaderos. El momento adrizante es igual a la fuerza en los picaderos laterales por la longitud del centro de la quilla a un punto en el picadero lateral donde se haría efectivo el giro por el empuje del viento. Conocemos la magnitud del momento de vuelco y se ha determinado que es igual a la magnitud del momento adrizante; y también conocemos la longitud de la distancia del picadero al centro de la quilla, por consiguiente, podemos calcular la fuerza que actúa en el picadero lateral. Debido al empuje del viento. Calcúlese la fuerza contra los picaderos:[95]

7- ***Fuerza contra los picaderos*** = $\dfrac{\text{Momento adrizante}}{\text{media manga}}$ (15.49)

Fuerza contra los picaderos = $\dfrac{821363.25}{6.27}$

***Fuerza contra las almohadas laterales*** = 130998.92 kg

La fuerza contra las almohadas laterales es ocasionada por el viento que sopla a 100 nudos. Esta fuerza tendrá que ser sumada a la carga inicial que ya existía en los picaderos, causada por el peso del buque. El porcentaje de la carga sobre las almohadas laterales depende de distintos factores. Para algunas estructuras es permitida que el 50% de la carga total se distribuya sobre las almohadas laterales. Otras regulaciones asignan una distribución del 15% de la carga del buque, distribuidos en 7.5 % de la carga a babor y el 7.5% (0.075) a estribor sobre las almohadas laterales.

8- Peso del buque al varar en el dique = 3385.94 Tm = 3385940.00 kg (15.50)

Se distribuye el 7.5 % en cada hilera de almohadas = 3385940.00 kg ×0.075 = 253945.5 kg

9- Fuerza total contra las almohadas= 130999.92 + 253945.5 = 384944.42

Todas las almohadas situadas a un costado del buque deben ser capaces de soportar el empuje de esta fuerza. Seguidamente calculamos la carga permisible para cada almohada: Asumimos que cada almohada tiene el 100% de contacto con el casco del buque. Generalmente se permite tomar la presión

---

[95] Heger Dry Dock Inc. Dockmaster's Training Seminar Lecture Notes. 2008

en la almohada, por el límite proporcional de la madera: Se considera que 100 % del área de la cuña de madera hace contacto con el casco:

10- Área de una cuña de la almohada del pantoque = 35.56 × 77.2 = 2709.67 $cm^2$ (15.51)

Limite proporcional utilizado para el material de la cuña = 24.6 $kg/cm^2$

11- Carga permisible para la almohada = 24.6 × 2709.67 = 63949.21 kg

12- Cantidad de almohadas laterales para contrarrestar los vientos = $\frac{384944.42}{63948.21}$ (15.52)

13- Cantidad de almohadas en cada banda para contrarrestar los vientos = 7.02 almohadas

Nuestra respuesta recomienda aproximadamente 6 almohadas de cada lado, pero para mayor seguridad, utilizaremos 7 almohadas estables, distribuidos y arriostradas longitudinalmente, en ambas bandas del buque.

### 15.12 Cantidad Mínima de Almohadas Laterales para resistir Movimientos Sísmicos.

Los métodos para calcular la cantidad de almohadas son similares al método anterior para vientos huracanados. La única diferencia consiste en el cálculo del momento del vuelco. En el caso de los movimientos sísmicos, se imparte una fuerza horizontal sobre el buque, debido a la aceleración lateral causado por el suelo o por el dique. La magnitud de esta fuerza es una función de la magnitud de la aceleración del suelo. Se ha establecido por asunción, que la magnitud de la fuerza horizontal es de 0.2 el peso del buque y su efecto ocurre en el centro de gravedad del buque. Así como ocurre en el caso de las fuerzas ocasionadas por vientos huracanados, la fricción entre la quilla del buque y la superficie de los picaderos impide que el buque resbale lateralmente, no obstante, la fuerza horizontal enfocada en el centro de gravedad y la fricción en dirección opuesta, crean el momento de vuelco que amenaza y tiende a derribar al buque, teniendo como punto de pivote a los picaderos de la quilla.

El ***Momento de Vuelco*** = La Fuerza Horizontal × Brazo de Palanca.

El ***brazo de palanca*** en este caso es la distancia entre la quilla del buque y su centro de gravedad vertical (KG).

Para el buque ejemplo MS Alfred Jemmott, los datos son:

Peso del Buque ---=3385.94Tm

Fuerza Horizontal = 0.2 × Peso del Buque

Fuerza Horizontal = 0.2 × 3385.94Tm = 677.19 tms (15.53)

Conversión de tms a kg: 677.19 tms × 1000 $\frac{kg}{1tms}$ = 677190.00 Kg (15.54)

Brazo de Palanca (KG) ------------------------------------ = 5.80 m

Momento de Vuelco: --------677190.00 Kg × 5.80 m = 3927702.00 Kg / m (15.55)

**Método Alterno para obtener momento de vuelco en kg-m:**

Peso del buque: 3385.94Tm ×1000 kg/Tm ×0.2 = 677189.00 kg (15.56)

Momento de Vuelco = 677189.00 kg × 5.80 m = 3927690.40 kg-m

El ***momento de vuelco*** debe ser resistido por el ***momento Adrizante***, que es la fuerza opuesta igual en magnitud que proveen los picaderos del pantoque.

***Momento Adrizante*** = Fuerza en los picaderos × distancia del centro de crujía al centro del picadero lateral.

Momento Adrizante = Momento de Vuelco

$$\text{Fuerza contra el picadero (Debido al Movimiento Sísmico)} = \frac{\text{Momento de Vuelco}}{\text{Distancia- bloque al centro}}$$

$$\text{Fuerza contra el picadero (Debido al Movimiento Sísmico)} = \frac{3927702.00\ \text{kg/m}}{3.05\ \text{m}} \quad (15.57)$$

$$= 1287771.15\ \text{kg}$$

Asumimos el 15% de la carga del buque distribuido en la siguiente forma: 7.5 % (0.075) de la carga a babor y el 7.5% (0.075) a estribor sobre los picaderos laterales.

Convertimos las toneladas métricas a kilogramos.

$$3385.94\ \text{Tm} \times \frac{1000\ \text{Kg}}{1\ \text{Tm}} = 33859462.00\ \text{Kg} \quad (15.58)$$

**Distribución de la carga en ambos lados:**

3385940.00 Kg × 0.075 = 253945.50 Kg (15.59)

*Fuerza total contra la* ***almohada*** = Fuerza (Movimiento sísmico) + Fuerza (peso del buque)

*Fuerza total contra la* ***almohada*** = 1287771.15 kg + 253945.50 Kg = 15417117.65 Kg

Para obtener la carga permisible para cada cuña, multiplicamos el área de la superficie del picadero por el límite proporcional de la capa blanda de madera. Veamos:

Las cuñas situadas sobre las almohadas a lo largo del pantoque están fabricadas de la madera conocida como: Abeto Douglas y su límite proporcional es: 57.23 $\frac{\text{kg}}{\text{cm}^2}$

El área de la superficie de una cuña de madera en contacto con el casco:

$$45.72 \times 71.12 = 3251.61 \text{ cm}^2 \tag{15.60}$$

Entonces la carga permisible para cada almohada será:

$$57.23 \text{ Kg / cm}^2 \times 3251.61 \text{ cm}^2 = 182839.03 \text{ Kg} \tag{15.61}$$

***Para obtener las almohadas laterales requeridas dividimos***: $\frac{\text{Fuerza total contra la almohada}}{\text{Carga permisible por almohada}}$

$$\text{Almohadas laterales requeridos} = \frac{1541716.65}{1828317.03} \tag{15.62}$$

$$= 9.43 \text{ almohadas} \approx 9 \text{ almohadas.}$$

Los cálculos indican, que serán necesarios 9 almohadas como mínimo, no o bastante le agregaremos una unidad adicional para mayor seguridad. Colocaremos en cada costado, 10 almohadas arriostradas longitudinalmente en cada banda del buque.

***¡RECUERDE SIEMPRE!:***

Es importante que se realice un análisis para determinar el número mínimo de almohadas laterales, necesarias para soportar la fuerza de los vientos huracanados y los movimientos sísmicos. El análisis debe estar fundamentada en la fuerza y resistencia de las cuñas superiores en contacto con el casco, y también, se debe verificar la resistencia de la estructura completa de la almohada y la estabilidad de los puntales que actúan como columna.

## 15.13 Resumen

Estudiamos en este capítulo los métodos que se emplean para determinar las cargas ocasionadas por el peso del buque, sobre la cama de picaderos y las formas aproximadas para el cálculo de la carga sobre los picaderos y almohadas. Además se analizaron los métodos en que se supone que la carga actúa en forma de un trapecio y otras veces en forma triangular. Practicamos la derivación de la ecuación de Crandall de la ecuación para una viga excéntricamente cargada, comparándola con el desvío que ocurre con el centro de gravedad longitudinal del buque, por alguna redistribución de pesos. Estudiamos, además, los efectos de las concentraciones de cargas sobre los extremos de las filas de picaderos y de la forma como se evalúan. Recordemos que serán estas evaluaciones las que determinarán, la capacidad del dique para soportar el buque. También se repasaron los procedimientos para reducir las cargas de alta intensidad y del método empleado para los cálculos de la cantidad de soportes laterales necesarios, para contrarrestar vientos huracanados y movimientos sísmicos. Los temas estudiados en este capítulo son fundamentales, para el diseño de la cama de picadero y aportan información importante para saber cómo aplicar las combinaciones adecuadas de los materiales cónsonos con las cargas ocasionadas por el peso del buque. En el siguiente capítulo veremos cómo se comporta la carga sobre una cama de picaderos especialmente diseñado para un buque con un casco irregular.

## 15.14 Preguntas de repaso

1- Escriba una ecuación trapezoidal para determinar la carga sobre los picaderos, en la popa y en la proa.

2- Mencione los métodos que más se utilizan, para reducir la carga sobre los picaderos.

3- Enuncie la ecuación alterna para la distribución trapezoidal de la carga.

5- Calcule la carga en la popa y en la proa, del buque de la Figura 15.16.

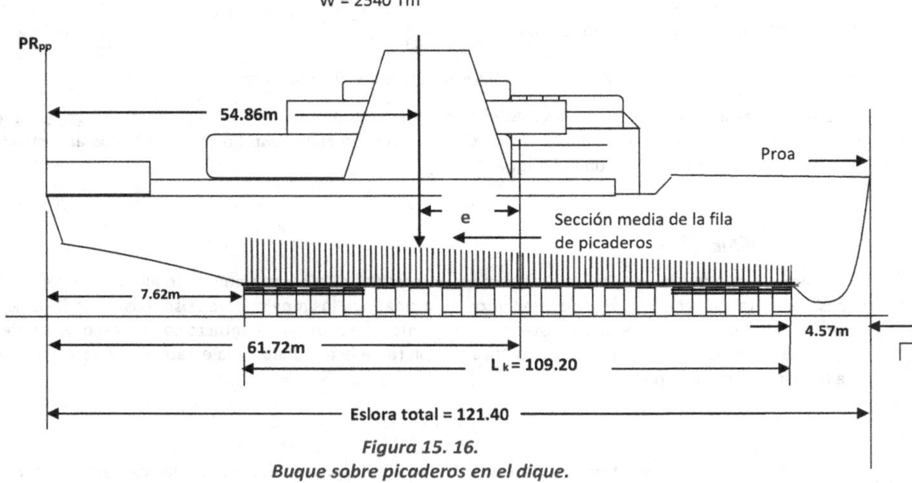


***Figura 15. 16.***
***Buque sobre picaderos en el dique.***

5- Escriba la ecuación de la carga promedio en la forma triangular de carga.

6- Si la carga permisible por almohada lateral es: 162335 Kg y la fuerza contra la almohada es de 1483124 kg ¿Qué cantidad de almohadas se requieren para protección adecuada contra el movimiento telúrico

7- El capitán de diques decide agregar 330.20 Tm de lastre en el tanque de proa del buque ejemplo de la Figura 17.17 para acercar el CG al centro de la fila de picaderos para aminorar la carga sobre los picaderos bajo la popa.

a) Calcule la carga en la popa después de llenar el tanque.

b) ¿Cuánto recorre el CG?

c) Cual es la diferencia entre los cálculos de la carga primitiva y el nuevo cálculo realizado con el lastre.

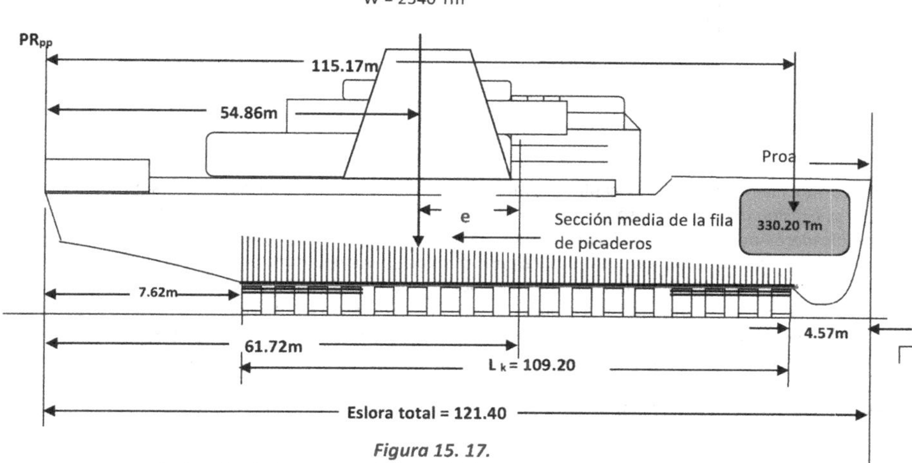


*Figura 15. 17.*

***Reducción de la carga en la popa del buque por adición de lastre.***

8- Agregue una extensión a la quilla de 20.0 pies y recalcule la carga sin el lastre.

a) ¿Cuál es la nueva excentricidad?

b) ¿Cuál es la carga en la popa?

**Bibliografía**


1- Bonilla de la Corte, Antonio. *Teoría Del Buque,* Librería San José. Carral, 19 – VIGO (España) 1972.

2- Crandall, Paul S. and Tobiasson, Bruce O. *An Introduction to Dry-docking Principles and Techniques*. Crandall Dry Dock Engineers, Inc. Cambridge Massachusetts June 1970.

3- Dm Consulting *Basic Dry Dock Training Instruction Manual*, 2004.

4- Heger Dry Dock Inc. *Dockmaster Training Seminar Lecture Notes*. 2008

5- González López, Primitivo B. Técnicas De Construcción Naval Universidade da Coruña Servicio de Publicaciones 2000.

6- Mazurkiewics, B. K. *Design and Construction of Dry docks*. Gulf Publishing Company Houston, Texas, U. S. A. 1981

7- Rawson, K. J., Tupper, E. C. *Basic Ship Theory*. Longman Group Limited N.Y. 1969.

8- Crandall, Paul S. *Dockmaster's Manual. Crandall Dry dock Engineers Inc.* Dedham Massachusetts. 1987.

# CAPÍTULO 16
# CALCULOS MULTIPLES III

## 16.1 Introducción.

Según lo investigado en los capítulos anteriores, sobre cómo se distribuye las cargas sobre los picaderos ocasionadas por el peso del buque, aprendimos que la distribución del peso del buque sobre dichos picaderos depende de la alineación de la cama que requiere el buque para su sostén, según la forma de su casco y del tipo de trabajo programado para dicho buque. Normalmente, la quilla del buque desciende gradualmente, hasta quedar asentada sobre una fila recta de picaderos, con su centro de gravedad generalmente, cargada hacia la popa. Salvo en raras ocasiones especiales, el centro de gravedad puede estar recargada hacia la proa. En ambos casos, siempre será excéntrica la carga respecto al centro longitudinal o sea media longitud de la fila. La evaluación en estas condiciones, de las cargas en los extremos de la fila se evalúan, aplicando la *ecuación trapezoidal,* si la fila de picaderos es homogénea. Véase un buque con las características normales de carga sobre los picaderos en la ilustración 16.1.

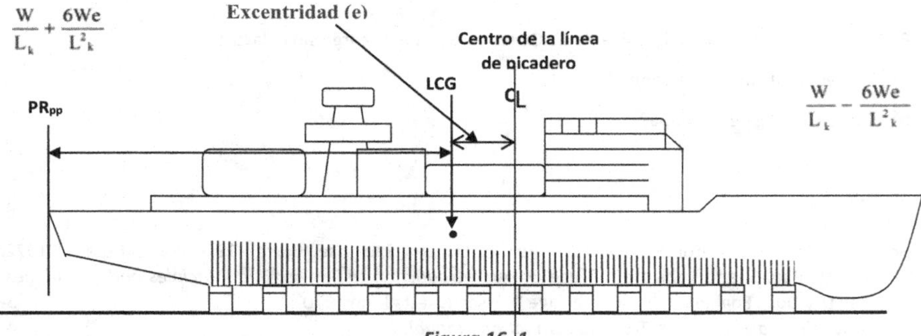


*Figura 16.1.*
***Buque con características en donde es aplicable la ecuación trapezoidal.***

Cuando las filas no son homogéneas, invalida la aplicación de la ecuación trapezoidal para investigar la magnitud de la carga sobre los picaderos. En este compendio nos dedicaremos a la determinación de las cargas para los casos en que la ecuación trapezoidal no es aplicable. Resolveremos algunos problemas relacionados a las filas de picaderos irregulares y a las cargas que recaen sobre dichas filas. Al final del capítulo incluimos un análisis de las deflexiones del casco por las variaciones de temperatura en el dique de carena, que causa la expansión del casco de acero y el aumento de la carga sobre los picaderos.

Examinaremos asimismo procedimientos para varar buques cargados, que tienden a sobrecargar los picaderos laterales. Al finalizar los estudios de este capítulo, el técnico sabrá:

- Aplicar la metodología para realizar cálculos para cargas sobre una fila de picaderos irregular.
- Verificar si los espacios en la fila de picaderos causan sobrecarga en los extremos.
- Calcular posibles cargas excesivas, por quillas de ancho variado.
- Determinar qué efecto producen los cambios de temperatura sobre los picaderos, dentro de un dique de carena.

## 16.2 Condiciones que invalidan el uso del método del trapecio para calcular la carga sobre los picaderos.

En el capítulo pasado, calculamos las cargas sobre los picaderos de camas normales, cuyas filas vistas en conjunto, asemejan una larga Figura rectangular y que era conveniente y efectiva, el uso de la ecuación trapezoidal para determinar la carga. Estudiamos su derivación de la ecuación para columnas cargadas excéntricamente. Vimos en el apartado pasado el buque como una viga rígida con una excentricidad debido a que centro de gravedad no coincide con el centro longitudinal de la fila de picaderos. Los picaderos eran uniformes y homogéneos, con el mismo módulo de elasticidad y en conjunto formaban una sola fila rectangular. Lo primero que haremos será una descripción de las camas de picaderos en donde no es aplicable la ecuación trapezoidal. Para introducir un método para la evaluación de las cargas sobre las camas con picaderos con una distribución irregular, debemos nombrar aquellas condiciones que invalidad la utilización de la ecuación trapezoidal. Estas condiciones son las siguientes:

__Cuando la fila de picaderos es interrumpida por un espacio en alguna parte de la fila, ya sea por reparaciones programadas en dicha área o por apéndices sobresalientes.

__Cuando el buque posee una quilla con una variedad de tamaños transversales a lo largo de su extensión.

__Si las camas están combinadas, con filas múltiples de picaderos, de tamaños irregulares y espacios variados, como, por ejemplo, las que se construyen para las plataformas perforadoras de petróleo, que tienen picaderos irregularmente alineados, con distintos tamaños bajo una plataforma de forma triangular y rectangular.

__ Cuando el buque genera cargas intensas por estar construida con una combinación de quillas angostas y anchas.

__Si la resistencia del buque ha sido debilitada por cortes en la estructura del buque o por daños en el casco.

__ Si existen picaderos más rígidos que otros.

__Cuando la proyección de la popa del buque se extiende más allá de la fila de picaderos a una distancia que equivale: al doble de la profundidad de su puntal.

__Si el buque posee un arrufo o un quebranto severo y la cama se ha construido en línea recta.

En todas estas condiciones se requiere la aplicación del método conocido como ***método del momento de área***.

**16.3 Cálculo de la carga por el método del *momento de área* sobre una fila de picaderos, con espacios en la fila.**

Cuando por alguna razón, se omiten a propósito picaderos en la fila de los soportes centrales, el método para la evaluación de la carga será el *del* ***momento de área.*** Para su aplicación disgregaremos los procedimientos en varias secciones, siguiendo la secuencia que establece el método para el cálculo final de las cargas sobre los picaderos.

***Ejemplo 16.1***

En la Figura 16.2 podremos apreciar una fila de picaderos de 150.00 pies de longitud pies y otra de 59.40 pies, interrumpida por un espacio entre las filas de 40 pies. Se pretende varar el buque MS Joseph Griffitt de 2700.73 toneladas de desplazamiento. La omisión de picaderos en la fila de picaderos de la quilla se debe a una reparación programada en el buque. Debemos investigar cómo afectará este espacio, la carga sobre los picaderos y verificar si el peso del buque será equivalente a las limitaciones de carga por pie o metro lineales de los picaderos. Para para ilustrar el método utilizado para calcular la carga sobre las filas, el problema se divide en cinco partes importantes.

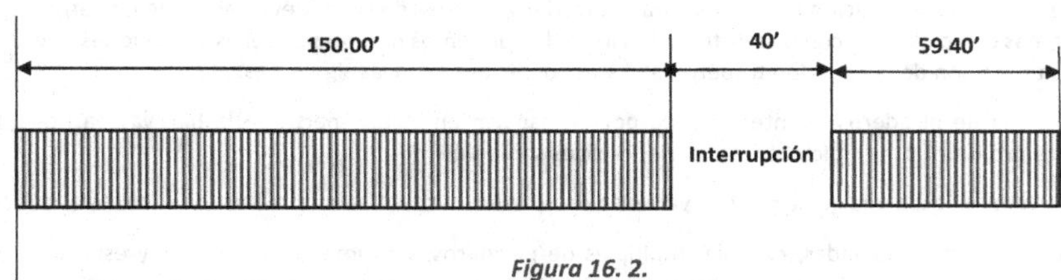


***Figura 16. 2.***
***Diagrama de una fila de picaderos interrumpidos.***

***Primer paso.***

**1- Encuéntrese el *centro de área* de la fila de picaderos.**

Para encontrar dicho centro, sumamos las áreas de los rectángulos, multiplicamos el producto por la distancia a un extremo tomado arbitrariamente como punto de referencia y el nuevo producto se divide entre la suma total de las áreas de los rectángulos. Con la presunción de que todos los picaderos poseen el mismo ancho. Seguidamente, confeccionamos un diagrama estableciendo un extremo como punto de referencia, que denominaremos "A". Consideremos las secciones de los picaderos como rectángulos uniformes de ancho b = 1. Veamos el diagrama en la Figura 16.2 y 16.3.

Hacemos que:

b = 1(ancho)

$d_1 = 75$

$d_2 = 220.7$

$L_1 = 150$

$L_2 = 59.4$

X = distancia medida del *centro del área* de la fila de picaderos, hasta el extremo "A" de la fila.

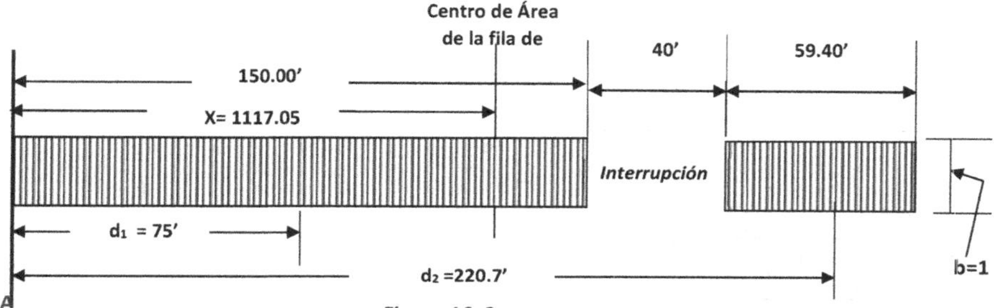


*Figura 16. 3.*
***Diagrama para los cálculos de carga para una fila de picaderos.***

La distancia "X" se hallará así:

$$X = \frac{(L_1 \times b)d_1 + (L_2 \times b)d_2}{(L_1 \times b) + (L_2 \times b)} \quad (16.1)$$

$$X = \frac{(150 \times 1)75 + (59.4 \times 1)219.7}{(150 \times 1) + (59.4 \times 1)} \quad (16.2)$$

$$X = \frac{11250 + 13050.18}{209.4}$$

$$X = \frac{24300.18}{209.4}$$

X = 1117.05' Distancia entre el *centro del área* (CA) de la fila de picaderos y el punto "A" del sistema.

***Segundo paso.***

**2- Calcule el *momento de Inercia* de los rectángulos A y B.**

Calculamos el momento de inercia de los rectángulos A y B, respecto a un eje arbitrario de acuerdo con los siguientes datos:

b = 1 (ancho del rectángulo)

d = distancia entre el centro de la línea de soporte y los rectángulos investigados.

h = longitud de la línea de soporte.

El momento de inercia quedará determinado por:

$$I = \frac{bh^3}{12} + Ad^2 \qquad (16.3)$$

Veamos los planteamientos en el siguiente diagrama de la ilustración 16.4

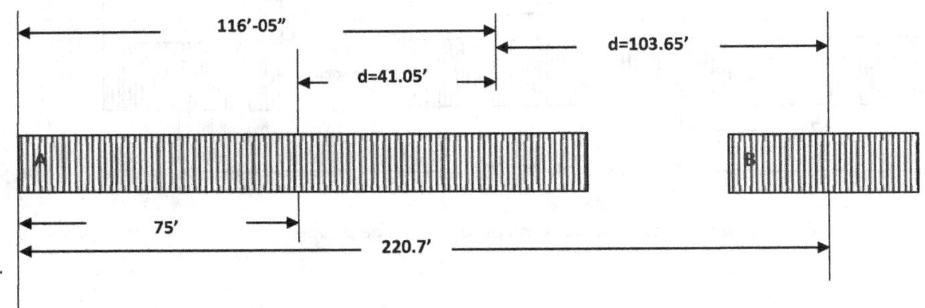


Figura 16. 4.
Diagrama para los cálculos de carga para una fila de picaderos interrumpidos.

**<u>Momento de Inercia del rectángulo "A".</u>**

$$I_a = \frac{150^3 \times 1}{12} + (150 \times 1) \times 41.05^2 \qquad (16.4)$$

$$I_a = \frac{3375000.0}{12} + 252765.375$$

$I_a$ = 281250.00 + 252765.375

$I_a$ = 534015.375 pie.

**<u>Momento de Inercia del rectángulo "B"</u>**

$$I_b = \frac{59.4^3 \times 1}{12} + (59.4 \times 1) \times 103.65^2 \qquad (16.5)$$

$$I_b = \frac{209584.58}{12} + 638153.36$$

$I_b$ = 17465.38 + 638153.36

$I_b$ = 655620.74 pies$^4$

**Suma total de los momentos de inercia.**

I total = 534015.375 + 655620.74

I total = 1189634.115 pies$^4$. (16.6)

***Tercero paso.***

**3- Calcúlese *la excentricidad* del sistema.**

Para la determinación de la excentridad debemos obtener la localización del centro de gravedad longitudinal. Podemos encontrar la posición del centro de carena longitudinal que corresponde al calado del buque, entrando a la tabla de desplazamiento del buque del plano de varada.

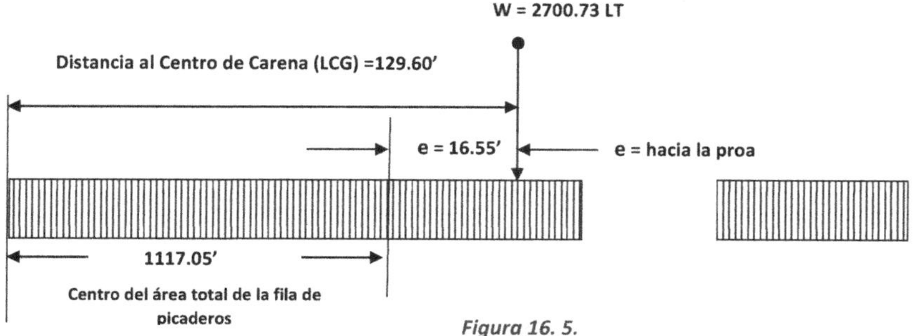


*Figura 16. 5.*
*Cálculo del centro de área.*

***Cuarto paso.***

**4- Verificar la carga sobre los extremos de los rectángulos.**

Con la ecuación de una columna excéntricamente cargada, la cual estudiamos en el capítulo pasado y que del cual se derivó la ecuación trapezoidal, procederemos a la investigación de la carga sobre todos los extremos de los rectángulos, los cuales nombraremos A, B, C y D. La ecuación es la siguiente:

$$\frac{P}{A} \pm \frac{Mec}{I}. \tag{16.7}$$

Reemplazando tendremos:

$$P = W \tag{16.8}$$

A = áreas de los rectángulos = (150 × 1) + (59.35 × 1) = 209.35 pies
e (excentridad) = 129.6 – 1117.05 = 16.55'

I = momento de inercia: 655620.75$^4$

c = distancia del centro del área de la línea de soporte a los puntos A, B, C y D.

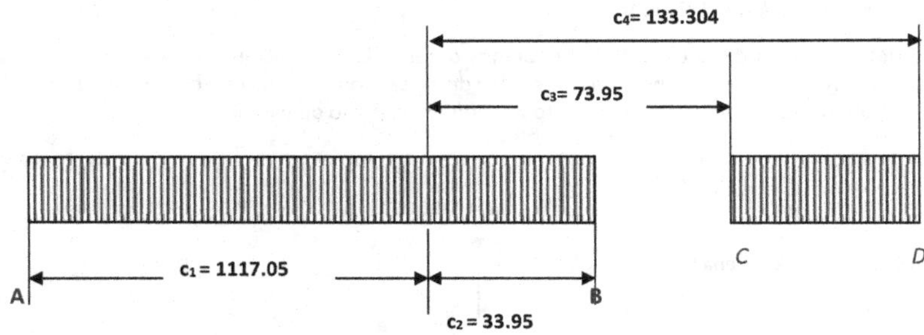


***Figura 16. 6.***
***Verificación de la carga de los cuatro extremo A, B, C y D.***

El término a la derecha de la ecuación es positivo porque el extremo A se encuentra del lado de del LCG a la izquierda del centro de la fila de picaderos:

$$\text{Carga} = \frac{W}{A} \pm \frac{W \times e \times C}{I} \tag{16.9}$$

$$\text{Carga en A} = \frac{2700.73}{209.35} + \frac{2700.73 \times 13.55 \times 116.05}{655618.74} \tag{16.10}$$

Carga en A = 11.90 + 7.48

Carga en A = 20.38 ton / pies

Carga en B = $\frac{2700.73}{209.35} - \frac{2700.73 \times 13.55 \times 33.95}{655618.74}$

Carga en B = 11.90 - 1.89

Carga en B = 11.01 ton largas / pie

Carga en C = $\frac{2700.73}{209.35} - \frac{2700.73 \times 13.55 \times 73.95}{655618.74}$

Carga en C = 11.90 - 4.13

Carga en C = 9.77 ton / pies

Carga en D = $\frac{2700.73}{209.35} - \frac{2700.73 \times 13.55 \times 133.30}{655618.74}$

Carga en D = 11.90 - 7.44

Carga en D = 5.46 ton / pies

***Quinto paso.***

**5- Determinar la capacidad de los picaderos para el soporte seguro a la embarcación.**

Verificar que la carga sobre los picaderos sea igual al peso de la embarcación. Para la verificación calcularemos la carga promedio para luego obtener la carga total.

a) Carga promedio de A hacia B

$\frac{19.38 + 11.01}{2}$ = 15.19 tons / pies (16.11)

15.19 tons/pies × 150 pies = 2279.50 tons

**b) Carga promedio de C a D.**

$\frac{8.77 + 5.46}{2}$ = 7.12 tons / pies

7.12 tons/pies × 59.4 pies= 423.63 tons.

**c) Carga total.**

2279.50 + 423.63 = 2701.13 ton / pies, el cual se considera aceptable, comparándolo al valor del desplazamiento de 2700.73 ton / pies.

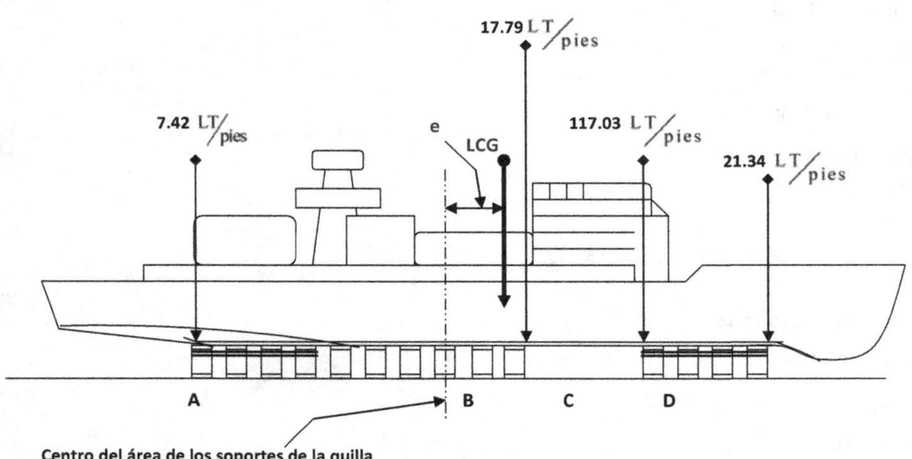


*Figura 16. 7.*
***Distribución de las cargas en A, B, C y D.***

Completamos la secuencia de cálculos con la comparación de los esfuerzos unitarios permisibles para la madera blanda con la carga del buque sobre los puntos A y B. La madera blanda debe ceder lo suficiente para distribuir la carga, sin que se exceda su capacidad de compresión. Si la carga excede los límites de compresión de la madera pueden quedar totalmente aplastadas. Con el siguiente ejemplo demostraremos el procedimiento para analizar los esfuerzos en la madera:

***Ejemplo 16.2***

Si el espacio entre picaderos es 4' – 0" de centro a centro, entonces la carga máxima en el punto A hacia popa será:

$$7.42\,\frac{\text{tls}}{\text{pies}} \times 4\ \text{pies} = 25.68\ \text{ton} \qquad (16.12)$$

Pero las tablas para esfuerzos unitarios permisibles se dan en $\frac{\text{Libras}}{\text{plg}^2}$ (psi), por lo tanto, debemos convertir las toneladas por $\text{pies}^2$ a libras por $\text{pulgadas}^2$

Carga máxima = 25.68 tons

$$1 \text{ pie}^2 = 12'' \times 12'' = 144 \text{ plgs}^2 \qquad (16.13)$$

1 ton = 2240 lbs.

Entonces:

$$\text{Presión sobre la madera} = 25.68 \text{ ton} \times \frac{2240 \text{ lbs}}{144 \text{ p lg}^2}$$

$$\text{Presión sobre la madera} = 399.47 \frac{\text{Libras}}{\text{p lg}^2} \qquad (16.14)$$

Presión que no excede los límites de esfuerzos permisibles del abeto o del pino.

**La carga máxima del punto B será:**

17.79 ton / ~~pies~~ × 4 ~~pies~~ = 59.16 tons (16.15)

área de la superficie en el punto B:

1′ × 3′ = 12″ × 36″ = 432 plgs$^2$

Por consiguiente:

$$59.16 \text{ ton} \times \frac{2240 \text{ lbs}}{432 \text{ plgs2}} = 307.76 \text{ lbs./plgs}^2 \qquad (16.16)$$

Tampoco se exceden los límites de esfuerzos permisibles del pino o del abeto.

**16.4 Cálculo de la carga sobre la fila de picaderos, ocasionada por una quilla de ancho variado.**

Algunos buques poseen quillas de barras muy delgadas en los extremos cercanos a la popa, pero mientras se acerca hacia proa, la quilla incrementa en su anchura. Este tipo de quilla ocasiona cargas variadas sobre la línea de soporte, pudiéndose sobrecargar los soportes bajo la parte más angosta y como consecuencia de la sobrecarga, causar severos daños a la capa superior de madera blanda. La carga en estas áreas debe ser calculadas para saber qué medidas tomar para neutralizar la carga excesiva.[96]

***Ejemplo 16.3***

[96] Heger Dry Dock Inc ***Dockmaster Training Seminar*** Lecture Notes. 2004 Página. A1 – A3

En la figura 16.8 y 16.9 se observa un buque sobre una fila de picaderos de 250.00 pies de longitud con una variación en el ancho de una de las secciones de la quilla. Las medidas son las siguientes: A los 90.00 pies del extremo del primer picadero de la quilla, que identificaremos como sección "A" la quilla posee un ancho de 12" y el otro sector que llamaremos "B", un ancho de 36". Obsérvese la configuración de la cama de picaderos. Queremos determinar la carga sobre la sección "A" y la sección "B".

Para determinar la magnitud de la carga en A y en B debemos efectuar lo siguiente:

1- Determinar la carga total sobre los picaderos.

2- Determinar los momentos de inercia.

3- Determinar la excentricidad.

***Primer paso.***

**1- Calcule el *centro del área* de la fila de picaderos.**

Asumimos que la fila de picaderos de la quilla es un rectángulo de longitud (L) y ancho (b) y a este rectángulo vamos a encontrársele, el centro del área total con respecto a un punto arbitrario. Conviene elegir el extremo de la popa como el punto de referencia.

Para calcular el centro de área de la fila debemos

a) Determinar las áreas de cada rectángulo.

b) Calcular el centro de área de ambos rectángulos.

c) Dividir el total de los momentos entre el total de áreas, para encontrar el centro de área final.

Con la siguiente ecuación:

$$X = \frac{(L_1 \times b_1 \times y_1) + (L_2 \times b_2 \times y_2)}{(L_1 \times b_1) + (L_2 \times b_2)} \tag{16.17}$$

Donde:

X = Centro de área.

$L_1$ (A) = 90 pies (longitud del primer rectángulo).

$L_2$ (B) = 160 pies longitud del segundo rectángulo).

$b_1$ = 1 pie (ancho del primer rectángulo).

$b_2$ = 36 pulg (ancho del segundo rectángulo).

$y_1$ = 45 pies (longitud al centro de la primera forma de la quilla).

$y_2$ = 170 pies (longitud al centro de la segunda forma de la quilla.

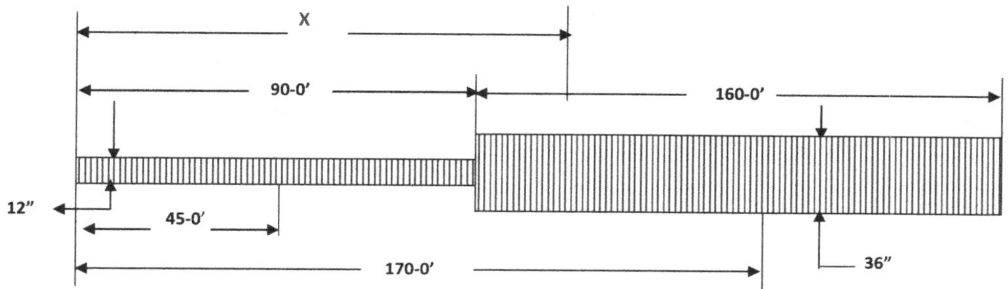


*Figura 16. 8.*
*Trazado de una Quilla de ancho variado.*

$$X = \frac{(90 \times 1 \times 45) + (160 \times 3 \times 170)}{(90 \times 1) + (160 \times 3)} \quad (16.18)$$

$$X = \frac{4050 + 81600}{90 + 480}$$

$$X = \frac{85650}{570}$$

X = 150.26

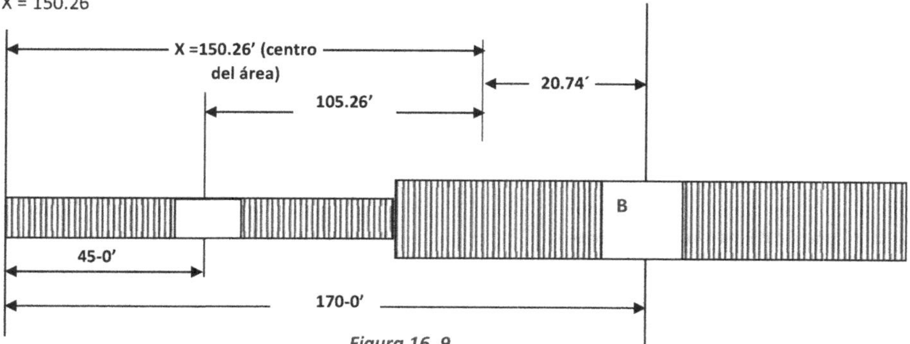


*Figura 16. 9.*
*Determinación de los centros de áreas.*

***Segundo paso.***

**2- Calcule el momento de Inercia de los rectángulos.**

Consideremos los dos sectores de la quilla, identificados como los rectángulos A y B, respectivamente. Ahora necesitamos obtener el ***momento de inercia*** de ambos rectángulos A y B. Para ello aplicaremos el ***teorema de los ejes paralelos*** respecto al eje que pasa por el centro de área. El momento de inercia se hallará con la siguiente ecuación:

$$I = \frac{bh^3}{12} + Ad^2 \qquad 16.19)$$

Donde:

b = ancho del rectángulo

h = longitud del rectángulo.

A = área del rectángulo.

d = distancia del centro de rectángulo al centro de área

X = Distancia del centro de área al punto de referencia.

**a) Momento de inercia del rectángulo A:**

$$I_A = \frac{90^3 \times 1}{12} + (1 \times 90) \times 105.26^2 \qquad (16.20)$$

$I_A = 60750 + 997170.084$

$I_A = 1057921.084$ pies$^4$

**b) Momento de inercia del rectángulo B:**

$$I_B = \frac{160^3 \times 3}{12} + (160 \times 3) \times 20.74^2$$

$$I_B = \frac{12288000}{12} + 187040.448$$

$I_B = 1024000 + 187040.448$

$I_B = 121040.448$ pies$^4$

**c) Sumamos los momentos de Inercia, de A y de B:**

$I_A + I_B = 2268960.532$ pies$^4$

(16.21)

***Tercer paso.***

**3- Encuentre el valor de la excentricidad.**

Se calculó el total de los momentos de inercia y la distancia punto de referencia al centro del área de la línea de soporte. Ahora solamente nos resta investigar la excentridad, que es la distancia entre el *centro de área* de la línea de soporte de la quilla y el centro de gravedad, que en este caso es *el centro de área.*

Esta se hallará por la diferencia entre el *centro de área* a una longitud de 150.26 pies del extremo o punto de referencia y el centro de gravedad a una distancia de 129.0 pies de dicho punto. En la Figura 16.10, observamos la posición de la excentricidad respecto al extremo de la sección A.

Excentricidad = 150.26 – 129.0 (16.22)

Excentricidad =22.26 pies

***Cuarto paso.***

**4- Calcule la carga en los extremos de los rectángulos A y B.**

Del diagrama en la Figura 17.10 se obtienen los siguientes datos:

W = P = 2700.73 ton

A = total de área = 570 pies$^2$

e = 22.26′

I = 2268960.532 pies$^4$

$c_1$ = 150.26′

$c_2$ = 60.26′

$c_3$ = 99.74′

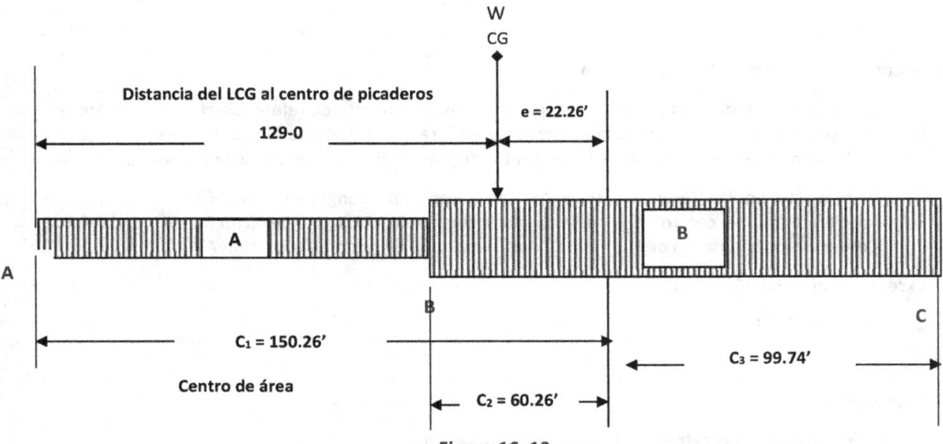


***Figura 16. 10.***
***Determinación de la carga por pie lineal.***

Aplicamos la ecuación de la columna con carga excéntrica, para calcular la carga por pie$^2$ sobre la fila de picaderos.

Le sumaremos el segundo término $\frac{\mathbf{W \times e \times c}}{\mathbf{2}}$ al primer término $\frac{\mathbf{W}}{\mathbf{A}}$ porque el extremo "A" se encuentra del mismo lado del LCG y a la izquierda del centro de la fila. Veamos los cálculos:

$$\text{Carga en A} = \frac{W}{A} \pm \frac{W \times e \times C}{I} \qquad (16.23)$$

$$\text{Carga en A} = \frac{2700.73}{570} + \frac{2700.73 \times 21.26 \times 150.26}{2268960.532}$$

Carga en A = 4.738 + 3.802

Carga en A = 9.54 ton / pies$^2$

Carga en B = (2700.73/570) + (2700.73 × 22.26 × 60.26) / 2268960.532

Carga en B = 4.738 + 1.525

Carga en B = 7.263 ton / pies$^2$

Carga en C = $\frac{2700.73}{570} - \frac{2700.73 \times 21.26 \times 99.74}{2268960.532}$ (16.24)

Carga en C = 4.738 – 2.524

Carga en C = 2.214 ton / pies$^2$

***¡¡¡Alerta, Necesitamos la carga en toneladas por pie lineal!!!***

Obsérvese que las cargas están en toneladas por pies cuadrados (ton / pies$^2$) pero es conveniente conocer la carga por pie lineal sobre la línea de soporte. Esto lo hallaremos multiplicando las toneladas por pies cuadrados por el ancho de las diferentes secciones.

Las conversiones a tns/pies se harán tomando en cuenta el ancho de la quilla de las distintas secciones:

Carga en el punto A:

9.54 ton/ ~~pies$^2$~~ × 1 ~~pies~~ = 9.54 ton / pies (16.25)

**Carga en el punto inmediatamente anterior a B.**

7.263 ton/ ~~pies$^2$~~ × 1 ~~pies~~ = 7.263 ton / pies (16.26)

**Carga en el punto delante de B.**

7.263 ton / ~~pies$^2$~~ × 3 ~~pies~~ = 20.789 ton / pies (16.27)

<u>Carga en el punto C</u>

2.214 ton / ~~pies$^2$~~ × 3 ~~pies~~ = 7.642 ton / pies.

**Diagrama de Carga**

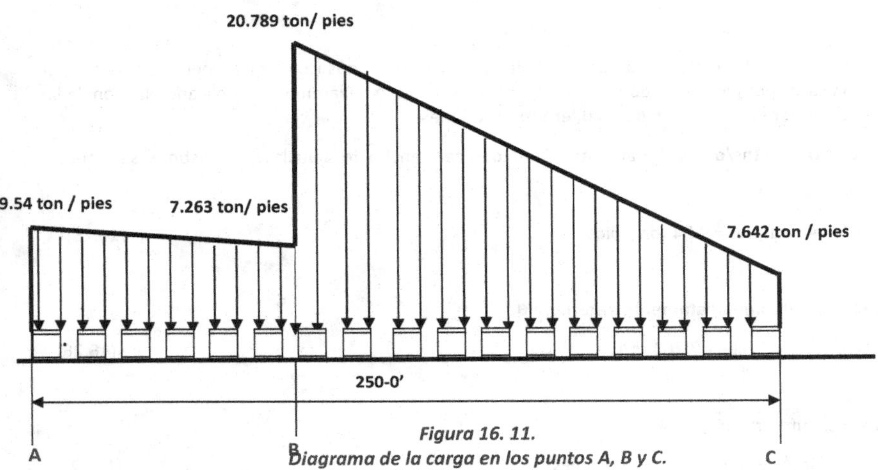


*Figura 16. 11.*
*Diagrama de la carga en los puntos A, B y C.*

**Verificación**

La suma de las cargas debe ser igual al peso de la embarcación. Para realizar esta comparación, calculamos la carga promedio entre A y $B_{popa}$ y entre $B_{proa}$ y C. De acuerdo a lo planteado, se tendrá que:

**Carga promedio entre A y $B_{popa}$.**

$$\frac{8.54 + 6.263}{2} = 7.40 \text{ ton / pies} \tag{16.28}$$

Multiplicado por la longitud de la sección:

7.40 ton / pies × 90 pies = 667.135 ton

**Carga promedio entre $B_{proa}$ y C**

$$\frac{18.789 + 6.642}{2} = 11.7155 \text{ ton / pies} \tag{16.29}$$

Multiplicado por la longitud de la sección:

11.7155 ton / pies × 160 pies = 2034.48 ton

Sección AB = 667.135 ton

Sección BC = 2034.48 ton

**Total, de carga = Sección AB + Sección BC**

Total, de carga =667.135 + 2034.48

Total, de carga = 2700.615 ton

Peso de la embarcación = <u>2700.73 ton</u>

$2700.615 \approx 2700.73$. Que se puede considerar aceptable.

**16.5 Determinación de la carga sobre una cama de picaderos distribuida en espacios irregulares, con picaderos de anchos múltiples, y un sector de la quilla, con una doble fila de picaderos.**

Algunas embarcaciones debido a sus funciones especiales se diseñan con cascos geométricamente irregulares. La cama de picaderos para estos buques también deberá tener una forma igualmente inusual y no serán uniformes, se interrumpen con espacios mayores que los que normalmente ocurren entre picaderos, y además están construidas con tamaños y alturas irregulares. Algunos necesitarán filas adicionales de picaderos aparte. A continuación, ilustraremos la aplicación del método para calcular la carga sobre este tipo de cama.

***Ejemplo 16.4***

En la Figura 16.12 se puede apreciar el plano de una cama de picaderos, en el cual se apoyará una embarcación cuyo casco requiere una cama con un arreglo de picaderos con distintos tamaños, agrupados según los diversos tamaños, con espacios variados entre ellos y un grupo adicional de picaderos colocados en doble fila. Necesitamos calcular la carga que ocasionará el peso del buque sobre este arreglo especial de picaderos.

Los cálculos requieren de una secuencia tal como la que presentamos a continuación:

1- Calculo de las áreas.

2- Cálculo del centro del total de áreas.

3 – Determinación de "d"

4- Determinación de "I".

5- Determinación de "c".

6- Cálculo de "e".

7- Determinación de la presión sobre los picaderos.

8- Determinación de la carga sobre el picadero.

**Solución:**

Sea:

A = Área del rectángulo (superficie de los picaderos.

D = Distancia del punto de referencia al centro del área de cada picadero

I = Momento de Inercia de cada picadero $=\frac{b\times h^3}{12}+A\times d^2$ (16.30)

b = base del rectángulo (Longitud del picadero)

h = Altura del rectángulo (Ancho del picadero)

e = Excentricidad.

**Plano de una cama diseñada con picaderos de ancho múltiple y espacios variados**

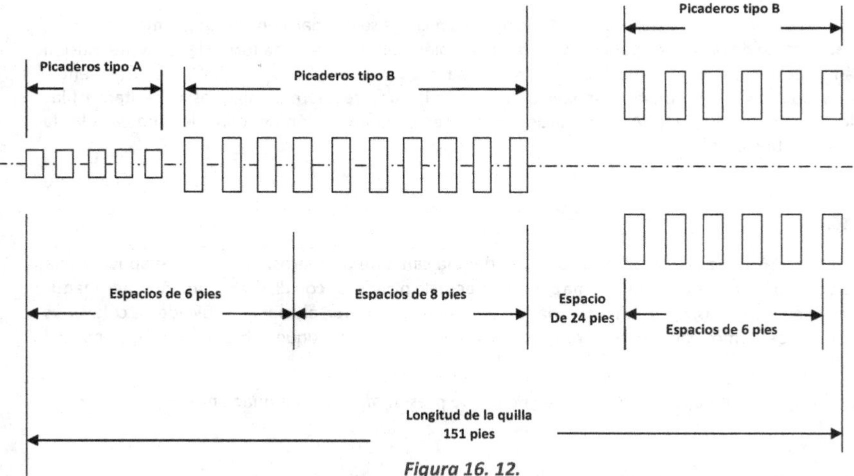


*Figura 16. 12.*
*Trazado de un plano con Picaderos de ancho múltiples.*

***Primera operación.***

**1- Calculo de las áreas de la superficie de los Picaderos**

Picaderos A = 12" × 24" =228 $(\text{pulg})^2$ = 2 $(\text{pies})^2$ (16.31)

Picaderos B = 12" × 48" = 576 $(pulg)^2$ = 4 $(pies)^2$ (16.32) .

***Segunda operación***

**2- Calculo del Centro del total de Áreas de los Picaderos**

Multiplicamos cada área de rectángulo (superficie del picadero) por la distancia del rectángulo a un punto común de referencia, en este caso será la arista hacia popa del primer rectángulo. En la tabla que presentamos a continuación, colocamos todos los datos pertinentes de cada picadero, para calcular con mayor facilidad el centro de área y las distancias **(dx)** entre cada picadero y dicho centro. La división de la suma de los momentos de área, entre la suma de las áreas de los picaderos, nos dará el centro de área ($X_A$).

En la tabla 17.1 están anotadas las áreas de los picaderos y los momentos de área. Veamos:

$X_A$ =9097.00 $(pies)^3$ ÷ 99.00 $(pies)^2$ = 92.83 pie

| No. Picadero | Long (Pies) | Ancho (Pies) | A= Área $(Pies)^2$ | D= Dist. del $PR_{pp}$ al centro del picadero (Pies) | A×D $(Pies)^3$ | X= (Dist. del $PR_{pp}$ al centro de área) | $d_x$ = X-D (Pies) |
|---|---|---|---|---|---|---|---|
| 1 | 1 | 2 | 2 | 0.5 | 1 | 92.83 | 92.33 |
| 2 | 1 | 2 | 2 | 7.5 | 13 | 92.83 | 87.33 |
| 3 | 1 | 2 | 2 | 11.5 | 25 | 92.83 | 80.33 |
| 4 | 1 | 2 | 2 | 20.5 | 37 | 92.83 | 74.33 |
| 5 | 1 | 2 | 2 | 25.5 | 49 | 92.83 | 69.33 |
| 6 | 1 | 4 | 4 | 30.5 | 122 | 92.83 | 62.33 |
| 7 | 1 | 4 | 4 | 37.5 | 146 | 92.83 | 57.33 |
| 8 | 1 | 4 | 4 | 42.5 | 170 | 92.83 | 50.33 |
| 9 | 1 | 4 | 4 | 49.5 | 194 | 92.83 | 44.33 |
| 10 | 1 | 4 | 4 | 57.5 | 226 | 92.83 | 37.33 |
| 11 | 1 | 4 | 4 | 64.5 | 258 | 92.83 | 29.33 |

| 12 | 1 | 4 | 4 | 72.5 | 290 | 92.83 | 21.33 |
|---|---|---|---|---|---|---|---|
| 13 | 1 | 4 | 4 | 80.5 | 322 | 92.83 | 11.33 |
| 14 | 1 | 4 | 4 | 89.5 | 354 | 92.83 | 4.33 |
| 15 | 1 | 4 | 4 | 97.5 | 386 | 92.83 | -3.67 |
| | | | | | | | |
| 16a | 1 | 4 | 4 | 121.5 | 482 | 92.83 | -27.67 |
| 16b | 1 | 4 | 4 | 121.5 | 482 | 92.83 | -27.67 |
| 17a | 1 | 4 | 4 | 127.5 | 506 | 92.83 | -33.67 |
| 17b | 1 | 4 | 4 | 127.5 | 506 | 92.83 | -33.67 |
| 18a | 1 | 4 | 4 | 132.5 | 530 | 92.83 | -39.67 |
| 18b | 1 | 4 | 4 | 132.5 | 530 | 92.83 | -39.67 |
| 19a | 1 | 4 | 4 | 139.5 | 554 | 92.83 | -45.67 |
| 19b | 1 | 4 | 4 | 139.5 | 554 | 92.83 | -45.67 |
| 20a | 1 | 4 | 4 | 144.5 | 578 | 92.83 | -51.67 |
| 20b | 1 | 4 | 4 | 144.5 | 578 | 92.83 | -51.67 |
| 21a | 1 | 4 | 4 | 150.5 | 602 | 92.83 | -57.67 |
| 21b | 1 | 4 | 4 | 150.5 | 602 | 92.83 | -57.67 |
| Total | | 98 | | | 9097 | | |

*Tabla 16. 1*
*Áreas y Momentos.*

***Tercera operación.***

**3- Cálculo de las distancias "D".**

Las distancias "D" tal como se aprecia en el plano, se toman del punto de referencia. En este caso se trata de la arista hacia popa del picadero #1 ($PR_{picadero\#1}$). En el siguiente plano tenemos detalladas las distancias "D"

**Plano de una cama diseñada con picaderos de ancho múltiple y espacios variados**

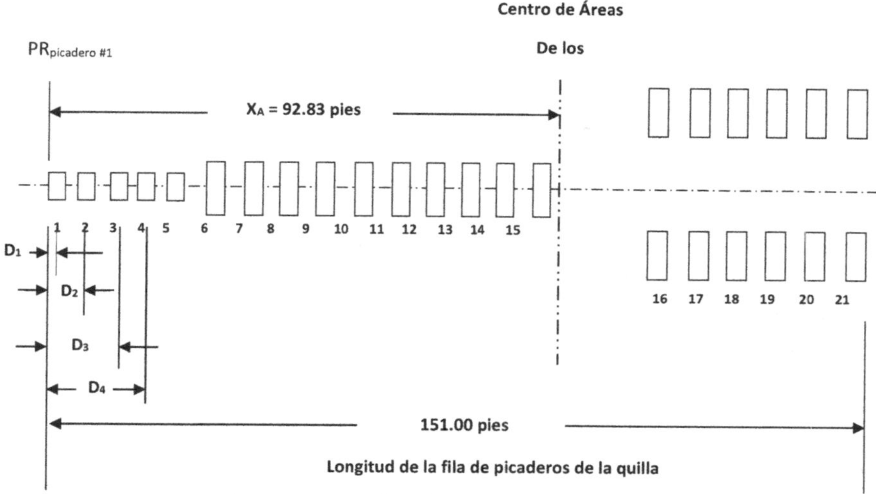


*Figura 16. 13. Cama de picaderos de anchos e inter–espacios múltiples.*

***Cuarta operación.***

**4- Cálculo de "dx".**

Llamaremos "dx" a la distancia entre los centros de cada picadero y el centro de área de la cama de picaderos. Si de la distancia del centro de áreas al punto de referencia le restamos "D" en cada picadero obtenemos la distancia "dx". De acuerdo con lo mencionado, la formula sería:

"dx" = $X_A$ – D. Podemos apreciar con mayor claridad, el procedimiento en la Figura 16.1

**Plano de una cama diseñada con picaderos de ancho múltiple y espacios variados**

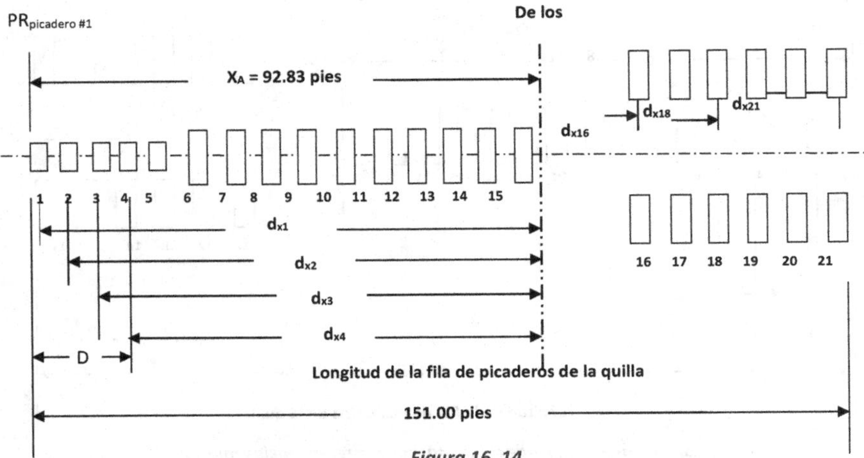


*Figura 16. 14.*
*Diagrama de cálculos de la carga sobre los picaderos de ancho múltiples.*

**Para calcular $d_x$ restamos del valor "D" de la tabla 1. Veamos algunos ejemplos:**

$d_{x1}$ = 92.83 – 0.5 = 92.33 pies.

$d_{x2}$ = 92.83 - 7.5 = 87.33 pies

$d_{x3}$ = 92.83 –11.5 = 80.33pies

$d_{x4}$ = 92.83 - 20.5 = 74.33 pies

***Quinta operación.***

**5- Cálculo del Momento de Inercia para cada picadero.**

En la siguiente tabla se presentan los resultados de los momentos de inercia, para cada picadero, respecto al eje representado por el centro de áreas, basada en el teorema del eje paralelo: Momento de Inercia (I) = $\frac{b \times h^3}{12} + A \times d^2$ (16.33)

También se obtienen de la tabla 16.2, la presión sobre los picaderos, la carga sobre los picaderos peso del buque etc.

| A= área (Pies)$^2$ | D= Dist. del $PR_{pp}$ al centro del picadero (Pies) | A×D (Pies)$^3$ | X= (Dist. del $PR_{pp}$ al centro de área) | $d_x = X - D$ (Pies) | Momento de Inercia (Pies)$^4$ | W= Peso del buque (tons largas) | e = Excent. (Pies) | Presión sobre los picaderos ton/(Pies)2 | Carga sobre los Picaderos (ton ) |
|---|---|---|---|---|---|---|---|---|---|
| 2 | 0.5 | 1 | 92.83 | 92.33 | 17049.04 | 1500 | 9.5 | 21.78 | 41.5822 |
| 2 | 7.5 | 13 | 92.83 | 87.33 | 14905.21 | 1500 | 9.5 | 21.43 | 40.85525 |
| 2 | 11.5 | 25 | 92.83 | 80.33 | 12905.37 | 1500 | 9.5 | 21.07 | 40.14333 |
| 2 | 20.5 | 37 | 92.83 | 74.33 | 11049.53 | 1500 | 9.5 | 20.72 | 39.4314 |
| 2 | 25.5 | 49 | 92.83 | 69.33 | 9337.696 | 1500 | 9.5 | 20.36 | 39.71947 |
| 4 | 30.5 | 122 | 92.83 | 62.33 | 15543.72 | 1500 | 9.5 | 20.00 | 77.0151 |
| 4 | 37.5 | 146 | 92.83 | 57.33 | 12697.05 | 1500 | 9.5 | 20.65 | 74.59125 |
| 4 | 42.5 | 170 | 92.83 | 50.33 | 10137.37 | 1500 | 9.5 | 20.29 | 73.1674 |
| 4 | 49.5 | 194 | 92.83 | 44.33 | 7864.698 | 1500 | 9.5 | 117.94 | 71.74355 |
| 4 | 57.5 | 226 | 92.83 | 37.33 | 5283.8 | 1500 | 9.5 | 117.46 | 69.84508 |
| 4 | 64.5 | 258 | 92.83 | 29.33 | 3217.903 | 1500 | 9.5 | 117.99 | 67.94661 |
| 4 | 72.5 | 290 | 92.83 | 21.33 | 1659.005 | 1500 | 9.5 | 117.51 | 67.04815 |
| 4 | 80.5 | 322 | 92.83 | 11.33 | 616.1067 | 1500 | 9.5 | 117.04 | 64.14968 |
| 4 | 89.5 | 354 | 92.83 | 4.33 | 80.20878 | 1500 | 9.5 | 15.56 | 62.25121 |
| 4 | 97.5 | 386 | 92.83 | -3.67 | 59.31086 | 1500 | 9.5 | 15.09 | 60.35274 |
| 4 | 121.5 | 482 | 92.83 | -27.67 | 3069.617 | 1500 | 9.5 | 16.66 | 54.65734 |

| | | | | | | | | | |
|---|---|---|---|---|---|---|---|---|---|
| **4** | **121.5** | **482** | **92.83** | **- 27.67** | **3069.617** | **1500** | **9.5** | **16.66** | **54.65734** |
| **4** | **127.5** | **506** | **92.83** | **- 33.67** | **4540.944** | **1500** | **9.5** | **16.31** | **53.23349** |
| **4** | **127.5** | **506** | **92.83** | **- 33.67** | **4540.944** | **1500** | **9.5** | **16.31** | **53.23349** |
| **4** | **132.5** | **530** | **92.83** | **- 39.67** | **6301.27** | **1500** | **9.5** | **11.95** | **51.80964** |
| **4** | **132.5** | **530** | **92.83** | **- 39.67** | **6301.27** | **1500** | **9.5** | **11.95** | **51.80964** |
| **4** | **139.5** | **554** | **92.83** | **- 45.67** | **8349.597** | **1500** | **9.5** | **11.60** | **50.38579** |
| **4** | **139.5** | **554** | **92.83** | **- 45.67** | **8349.597** | **1500** | **9.5** | **11.60** | **50.38579** |
| **4** | **144.5** | **578** | **92.83** | **- 51.67** | **10685.92** | **1500** | **9.5** | **11.24** | **49.96194** |
| **4** | **144.5** | **578** | **92.83** | **- 51.67** | **10685.92** | **1500** | **9.5** | **11.24** | **49.96194** |
| **4** | **150.5** | **602** | **92.83** | **- 57.67** | **13310.25** | **1500** | **9.5** | **11.88** | **47.53809** |
| **4** | **150.5** | **602** | **92.83** | **- 57.67** | **13310.25** | **1500** | **9.5** | **11.88** | **47.53809** |
| **98** | | **9097** | | | **214910.2** | | | | |

*Tabla 16. 2.*
*Momento de Inercia y presión sobre los picaderos.*

***Sexta operación.***

**6- Cómo se determina la Presión sobre el Picadero.**

Para calcular la presión sobre la capa superior de los picaderos generada por el peso del buque. En la tabla 16.2 obtenemos los datos para los cálculos de la presión. Aplicamos la ecuación de una columna excéntricamente cargada:

$$\frac{P}{A} \pm \frac{M \times e \times c}{I}. \qquad (16.34)$$

***Sustituimos los valores en la ecuación, con los datos del buque:***

W = Peso del buque = 1500 ton

A = Área total de los picaderos = 98 (pies)$^2$

e = Excentricidad = 9.5 pies

I = Momento de Inercia = 214910.20 (pies)$^4$

c = $d_x$ = distancia del centro de área al centro de los picaderos.

La ecuación toma la forma: $\frac{W}{A} \pm \frac{M \times e \times b_x}{I}$ (16.35)

***Séptima operación.***

**7- Determinación de la Carga sobre los Picaderos.**

Habiéndose determinado la magnitud de la presión sobre cada picadero de la cama, bastará multiplicar los valores para la presión sobre los picaderos, por el área de cada picadero, para obtener la carga que debe resistir cada picadero.

Para el picadero #1 hemos calculado una presión de 21.78 por ton/(pies)$^2$ y el picadero en aquella posición posee un área de 2 (pies)$^2$. Por consiguiente, la carga que posee es de:

21.78 ton/(pies)$^2$ × 2 (pies)$^2$ = 41.58 ton sobre el picadero #1 (16.36)

***Octava operación.***

**8- Determinación de la Carga sobre la Solera del Dique Seco.**

Dividimos la carga sobre cada picadero entre la distancia entre picaderos, para obtener la carga por pie lineal que debe resistir la solera o plataforma del dique.

Tenemos que la carga sobre el picadero # 2 es 40.86 ton y el espacio entre picadero en esta área es de 6 pies de centro a centro. Según los procedimientos para obtener la carga por pie líneal sobre la solera del dique, debemos dividir la carga sobre el picadero entre el espacio entre el picadero. Procedemos:

$$\frac{40.86\text{Tons largas}}{6.0 \text{ pies}} = 7.81 \text{ tons /pies} \quad (16.37)$$

Comparación entre el efecto de la carga ocasionada por un buque con una quilla angosta uniforme, y otra con quilla ancha uniforme. Si se calcula la carga sobre la línea de soporte de la misma embarcación, pero con una quilla de ancho uniforme, notaremos una gran diferencia en la distribución de la carga sobre los picaderos.

*Ejemplo 16.5*

Supongamos que se calcule la carga con los datos del buque ejemplo. Véase la Figura 16.15.

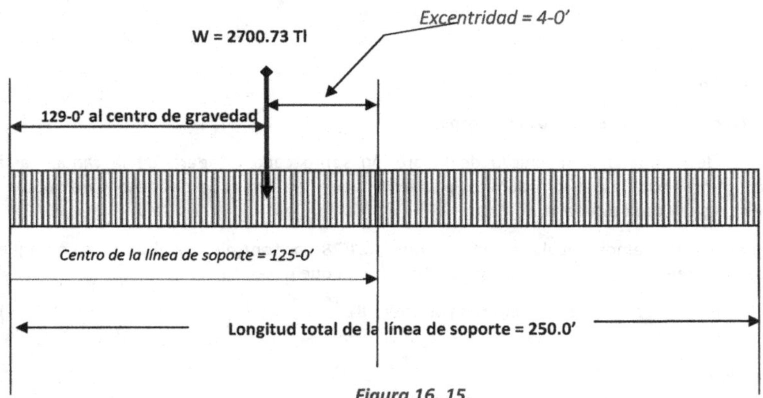


*Figura 16. 15.*
***Comparación del Cálculo de la carga sobre una quilla de ancho normal una de quilla angosta.***

**A- Calculamos la distribución de la carga:**

$$\frac{W}{L_K} \pm \frac{6 \times W \times e}{{L_K}^2}$$

Carga en popa = $\frac{2700.73}{250} + \frac{6 \times 2700.73 \times 4}{(250)^2}$ (16.38)

Carga en popa = 10.80 + 1.037

Carga en popa = 11.837 ton/ pies

Carga en proa = $\frac{2700.73}{250} - \frac{6 \times 2700.73 \times 4}{(250)^2}$ (16.39)

Carga en proa = 10.80 – 1.037

Carga en proa = 9.763 ton / pies.

**B- Calcule la presión máxima sobre la capa blanda.**

Volvemos a calcular la presión con los nuevos valores para la presión máxima aceptada en los cabezales de madera blanda.

Carga Mayor (en la popa) ---------------------- = 11.837 ton/pies

Espacio entre los picaderos de la quilla ------- = 4.00 pies

**a) Quilla de 12" carga en la popa.**

11.837 ton / pies × 4 pies = 47.348 ton

$$47.348 \text{ ton} \times \frac{2240 \text{ lbs}}{144 \text{ p lg}^2} = 737.52 \text{ lbs. / pulg.}^2 \qquad (16.40)$$

Este valor excede los límites de esfuerzo permisibles para madera blanda de 460 a 500 psi.

**b) Quilla de 36" carga en la popa.**

$$47.348 \times \frac{2240\text{lbs}}{432\text{pulgs}^2} = 245.508 \text{ lbs. / pulg}^2 \text{ (Acceptable)} \qquad (16.41)$$

**c) Quilla 12" carga en la proa.**

9.763 ton/ pies × 4 pies = 39.052 ton

$$39.052 \text{ ton} \times \frac{2240 \text{ lbs}}{144 \text{ p lg}^2} = 607.475 \text{ lbs. / pulg}^2 \qquad (16.42)$$

Excede los límites de esfuerzo permisibles para madera blanda 460 – 500 psi.

**d) Quilla de 36" carga en la proa**

$$39.052 \text{ ton} \times \frac{2240\text{lbs}}{432 \text{ plg}^2} = 202.49 \text{ lbs}/\text{plgs}^2 \qquad (16.43)$$

Las quillas más angostas causan presiones elevadas, que a menudo sobrepasan los límites permisibles de elasticidad del material de la capa superior del picadero. Para evitar que sean aplastadas o cortadas por la quilla, se instalan planchas de acero sobre la superficie de la capa superior de madera blanda de los picaderos. Si la quilla llegase a penetrar la madera blanda, los picaderos laterales recibirán una mayor carga y puede ser abollada el casco en el pantoque. La siguiente tabla sugiere algunos espesores de planchas utilizados según la carga por picadero:

| PLANCHAS DE ACERO<br>CARGA / TON LARGA | |
|---|---|
| **Carga por picadero en ton** | **Planchas de acero** |
| **10 Tons** | **24 x 12 x 1 ¼** |
| **20 Tons** | **24 x 12 x 1 ½** |
| **30 Tons** | **36 x 12 x 1 ¾** |
| **40 Tons** | **36 x 12 x 2.0** |
| **60 Tons** | **48 x 12 x 2 ½** |
| **80 Tons** | **48 x 12 x 3.0** |

***Tabla 16. 3.***
***Equivalencia de las planchas de acero según la carga sobre sobre los picaderos.***

Las cargas de alta intensidad pueden ser mejor distribuidas reduciendo el espacio entre la fila de picaderos. Probemos los resultados para dicha alternativa con un nuevo cálculo para la quilla de 12 pulgadas de ancho, esta vez con el espacio entre picaderos reducido a 2.00 pies.

Para la Quilla de 12" (carga a popa).

11.837 ton / pies × 2 pies = 24.674 tons

$$24.674 \text{ ton} \times \frac{2240 \text{ lbs}}{144 \text{ plg}^2} = 369.26 \ {}^{\text{lbs}}\!/_{\text{plgs}^2}. \qquad (16.44)$$

Los resultados indican una presión más baja que los límites establecidos para la madera blanda. La presión sobre los picaderos con un espacio intermedio de 4.00 pies se reduce a un 50% con la reducción a ½ espacio (2.00 pies). Es importante, como hemos visto, conocer la carga en los diferentes puntos, cuando se trata de un buque con una quilla con distintos anchos. Esto es especialmente muy importante en diques flotantes y en elevadores de buques verticales, donde las vigas transversales y los mamparos también pueden sobrecargarse.

## 16.7 Deflexión elástica de los picaderos.

Los picaderos se comprimen al sometérsele a una carga. La magnitud de la compresión depende de la presión y del módulo de elasticidad del material. La carga, en el picadero, depende del peso del buque y de la manera como se encuentra distribuido sobre los picaderos. Cada componente del picadero se comprime individualmente y su suma determinará la deflexión total del picadero. La deflexión se calcula con la fórmula:

$$\text{Deflexión} = \frac{\text{c arg a(lbs)}}{\text{Área(p lg s.}^2)} \times \frac{\text{espesor(p lg s.)}}{\text{módulo de elasticidad}} \tag{16.45}$$

$$\text{Deflexión} = \sum \frac{L \times h}{A \times E}.$$

Algunas propiedades relevantes de los materiales comúnmente utilizados en los diques secos se presentan en la siguiente tabla:

### *Ejemplo 16.6*

Los picaderos A, B y C de la Figura # 16.16 están construidos con materiales de distintas propiedades. Si se combinan en un sistema de soporte para un buque, pueden resultar variaciones en las deflexiones que exceden los límites permisibles de los materiales de concreto con las áreas de apoyo de la embarcación.

$$\frac{\textbf{Carga (kg o libras)}}{\textbf{Area (pulgs}^2\textbf{ o cm}^2\textbf{)}} \times \frac{\textbf{Espesor (pulgs o cm)}}{\textbf{Modulo de elasticidad}} \tag{16.46}$$

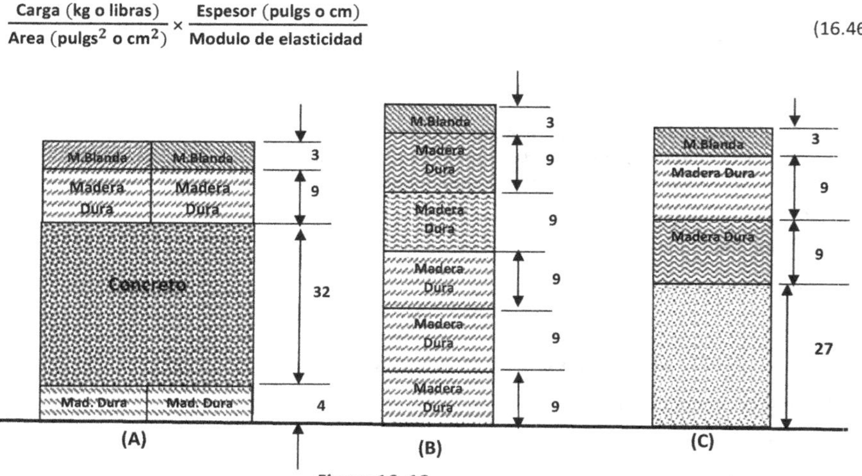


*Figura 16. 16.*

***Cálculo de la compresión de las capas de madera sobre los picaderos.***

| Material | Módulo de elasticidad Libras / plg$^2$ | Compresión perpendicular a la veta Libras / plg$^2$ | Peso / pie$^3$ |
|---|---|---|---|
| Abeto Douglas (perpendicular a la veta)<br>Abeto (paralela a la veta) | 15000<br>1,200,000 | 0 – 500 | |
| Pino del Sur | 13000 | 300 – 700 | |
| Roble | 32000 | | |
| Amarillo | 2070000 | | |
| Maria | 1095000 | | |
| Demerara | 2792000 | | |
| Concreto | 3200000 | | |
| Acero | 2900000 | | |

*Tabla 16. 4.*
***Módulos de elasticidad.***

Para demostrar cómo puede afectar la disparidad en las deflexiones de picaderos sometidos a una carga, calculemos la que corresponde a cada picadero para luego sumarlas. Primero debemos conocer la carga sobre cada picadero y convertirla de Toneladas métricas a kilogramos: Asumimos una carga de 254.07 Tm.

Convirtamos las 254.07 Tm a kg.

254.07 Tm× 1000 = 254070.00 kg. (16.47)

Ahora podemos calcular la Deflexión resultante de dicha carga:

*La **deflexión** se obtendrá a partir de*:

$$\text{Deflexión} = \frac{\text{Carga (kg)}}{\text{Area (cm}^2)} + \frac{\text{Espesor (cm)}}{\text{Modulo de elasticida d}} \quad (16.48)$$

El cálculo para la deflexión de los materiales será:

**Abeto Douglas (MB):**

Deflexión para 1 pieza:

$$\text{Deflexión} = \frac{254070.00}{35.56 \times 121.92} \times \frac{7.62}{525} \qquad (16.49)$$

Deflexión = 59.603 × 0.015

Deflexión = 0.851cm = 0.3125 pulgadas

**Abeto Douglas (2 piezas)**

Deflexión para dos piezas:

$$\text{Deflexión} = \frac{254070.00}{2(35.56 \times 121.92)} \times \frac{7.62}{525}$$

Deflexión = 29.30 × 0.015 = 0.440 cm = 0.1875 pulgadas

Concreto (C)
Deflexión 1 bloque

$$\text{Deflexión} = \frac{560128\ .43}{28 \times 48} \times \frac{32}{32000000}$$

Deflexión = 0."

**Demerara (Greenheart) (D)**

Deflexión de 1 pieza:

$$\text{Deflexión} = \frac{560128\ .43}{14 \times 48} \times \frac{27}{2792000}$$

$$\text{Deflexión} = \frac{560128\ .43}{672} \times \frac{27}{2792000}$$

Deflexión = 0.0081"

**María 4"**

Deflexión 1 pieza

$$\text{Deflexión} = \frac{560128\ .43}{14 \times 48} \times \frac{4}{1095000}$$

Deflexión = $\frac{5601217.43}{672} \times \frac{4}{1095000}$

Deflexión = 0.003"

**María 4" (2 piezas)**

Deflexión (2 piezas):

Deflexión = $\frac{560128 \ .43}{1344} \times \frac{4}{1095000}$

Deflexión = 0.0015''

María 9" (M1)
Deflexión 1 pieza:

Deflexión = $\frac{560128 \ .43}{14 \times 48} \times \frac{9}{1095000}$

Deflexión = $\frac{560128 \ .43}{672} \times \frac{9}{1095000}$

Deflexión = 0.0068"

**María 9" (2 piezas)**

Deflexión 2 piezas:

Deflexión = $\frac{560128 \ .43}{1344} \times \frac{9}{1095000}$

Deflexión = 0.0034.

Podemos observar que el picadero de concreto es mucho más rígido, por lo tanto, no se comprimirá como los demás. La deflexión total para los tres tipos de picadero, A, B y C, queda determinado de la manera siguiente:

**Para el picadero A:**

$\sum$ A = MB + C + M1 + M2 (16.50)

= 0.017 + 0.00042 + 0.0034 + 0.0015

= 0,17532''

**Para el picadero B:**

$\sum$ B = MB + M1 + M1 + M1 + M1 + M1 (16.51)

= 0.3125 + 0.0034"

=0.3465"

**Para el picadero C**

$\sum$ C = MB + M1 + M1 + D (16.52)

= 0.3125 + 0.0068 + 0.0068 + 0.0081

= 0.3342"

Queda demostrado, que el picadero compuesto de madera María (M1) con base de concreto (C), son los más rígidos. Si en una fila de picaderos centrales se intercalan al azar los tres tipos de picaderos, el picadero A, para igualar la deflexión del picadero C, necesitará una carga mayor y una todavía mucha mayor para igualar el picadero B.

Con estas relaciones establecidas podemos determinar de la manera siguiente la magnitud de la carga requerida para igualar la deflexión.

Vamos a considerar la carga para igualar C a B.

Formularemos una proporción con la carga de 250 toneladas y los valores obtenidos para C y B: Donde "C" = 0.189" y "B" = 0.201".

Por consiguiente:

0.189:250

0.201: X

$$X = \frac{0.201 \times 250}{0.189} \quad (16.53)$$

$$X = \frac{50.25}{0.189}$$

*X* = 265.87 ton, que es la carga para igualar C y B.

0.3342: :254,07

0.3465: :*X*

*X*= 263.42 ton

$\frac{263.42}{250}$ = **1.05 veces más carga.**

**Para igualar la deflexión de A (a) B**

0.0923 :: 250

0.201 :: $X$

0.0923 $X$ = 0.201 × 250

$X$ = 544.42 ton

$\frac{544.42 \text{ tls}}{250\text{tls}}$ = 2.2 veces más carga que los demás (16.54)

0.17532: 254,07

0.3465: $X$

***X*= 502.14 ton; 1.98 veces más carga.**

Ahora debemos determinar el efecto de la carga sobre la capa inmediata de madera que contacta con la quilla (Abeto Douglas en este caso). Primero analizaremos los esfuerzos causados por la carga, convirtiendo las toneladas a libras y dividiendo el resultado entre el área de contacto.

***Ejemplo 16.7***

$$\text{Esfuerzos} = \frac{257.04 \times 2240}{14 \times 48} \tag{16.55}$$

Esfuerzos = 857.8 lbs. / plg$^2$

Excede los esfuerzos permisibles del Abeto Douglas

El esfuerzo de A y B:

$$\text{Esfuerzo} = \frac{502.14 \times 2240}{672} = 1673.8 \text{ psi}$$

(16.56)

$$\text{Esfuerzo} = \frac{502.14 \times 2240}{1344} = 839.9 \text{ psi}$$

Ambos esfuerzos son extremadamente elevados, se concluye que la combinación de picaderos A y B, resultaría una sobrecarga excesiva sobre el picadero más rígido. Es importante que los picaderos sean homogéneos en el sistema de soporte, para la distribución efectiva de la carga. En el caso del picadero A y el picadero B, la diferencia entre ellos es excesiva, pero veamos otro ejemplo con un picadero compuesto de 4 piezas de maría y 2 de abeto, el cual identificaremos como D, y haremos una comparación de la carga que recae sobre él, con el picadero A.

Deflexión MB 2 piezas:

$$= \frac{\mathbf{560128.43}}{\mathbf{2(14 \times 48)}} \times \frac{3}{1095000} \qquad (16.56)$$

= 0.083

Deflexión M1 4 piezas:

$$= \frac{5601217.43}{4(14 \times 48)} \times \frac{9}{1095000}$$

= 0.017532

$\sum$ D = (2 × MB) + (4 × M1)

$\sum$ D = 0.083 +0.017532

$\sum$ D = 0.1005

Carga requerida para igualar la deflexión del picadero A al picadero D

0.17532 = 254.07 (16.57)

0.100= *X*

***X* =144.92 ton**

Es lo que se requiere para causarle una deflexión al picadero **A** igual al picadero **D.**

El esfuerzo causado por esta carga sería:

$$144.92 \text{ ton} \times \frac{2240\text{lbs}}{1 \text{ ton}} = 324621.8 \text{ lbs. / plgs}^2$$

$$\frac{324620.8 \text{ lbs}}{1344\text{plgs}^2} = \mathbf{242.53\ psi.} \qquad (16.58)$$

Son aceptables las 242.53 lbs. / plgs$^2$ porque no se excede el límite del esfuerzo permisible de 0 a 500 asignado al Abeto Douglas.

Este ejemplo es un indicativo de que se debe mantener la homogeneidad entre los picaderos de la cama. Debemos recalcar que un sistema ideal es aquel cuyos picaderos son homogéneos. En los diques de carena, por sus estructuras masivas, una sobrecarga por causa de un picadero más rígido que los otros, puede causarle daños a la estructura de la embarcación. En los diques flotantes, elevadores de buques verticales y los varaderos ferroviarios, es importante no tener picaderos que causen sobrecargas, pues es crítica su colocación, ya que deben estar siempre en las estructuras de mayor resistencia de las plataformas de estos diques, de lo contrario puede ocasionarse daños a la estructura del dique. En el siguiente ejemplo, podemos apreciar la demostración de otro método para calcular la deflexión:[97]

***Ejemplo 16.8***

La fila de picaderos bajo la quilla de un buque está compuesta de los siguientes materiales que se indican la Figura 16.17. Queremos comparar su deflexión con los picaderos laterales bajo el pantoque.

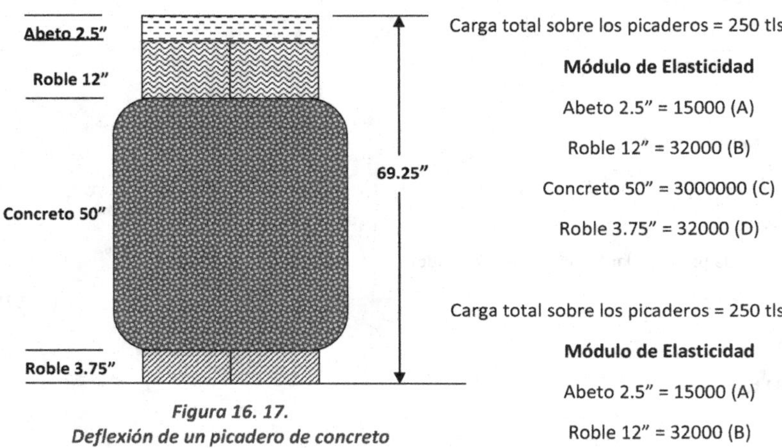


*Figura 16. 17.*
*Deflexión de un picadero de concreto*

Esta vez realizaremos el cálculo de la deflexión, con la formula $\Delta = \sum \frac{Ksi \times h}{E}$ (16.59)

Investiguemos cuanto se comprime el picadero de la Figura 16.17, bajo 250 toneladas largas de carga. Aplicamos la siguiente ecuación: Empezamos el procedimiento con la conversión de libras a kips, luego la

[97] Crandall, Paul S. *Dry dock Blocking Systems for Modern Ships.* Journal of Ship Production. The Society of Naval Architects and Marine Engineers. Volume 3 Number 1 February 1987 Pags. 50

división del módulo (E) entre 1000 y finalmente, el cálculo del área de todos los componentes del picadero.

Sea:

L = Carga sobre los picaderos (en lbs o kips).

E = Modulo de Elasticidad.

h = altura o espesor de cada componente.

Ksi = kips / $plgs^2$. (1 kip = 1000 lbs.)

| Áreas | h | Carga |
|---|---|---|
| **(A) 2 c/u 24 × 48** | **3”** | **L = 250 ton** |
| **(B) 2 c/u 24 × 48** | **12”** | |
| **(C) 1 c/u 30 × 52** | **50”** | |
| **(D) 2 c/u 24 × 52** | **4”** | |

*Tabla 16. 6*
*Lista de grosores de las maderas*

***Conversión de la carga LT a kips:***

$$\frac{\text{C arg a (Kips)}}{\text{Area (Plgs.}^2\text{)}} = \text{Kips}/\text{Plgs.}^2$$

1 kip = 1000 libras

$$250\ \text{LT} \times \frac{2240\ \text{lbs}}{1\ \text{LT}} = 56000\ \text{lbs} \qquad (16.60)$$

$$56000\ lbs \times \frac{1\ \text{kip}}{1000} = 560\ \text{kips}$$

***La carga sobre el picadero de la quilla.***

$$\frac{560\ \text{Kips}}{24 \times 48\ (\text{Plgs.}^2)} = 0.486\ \text{Kips}/\text{Plgs.}^2$$

$$\frac{560\text{Kips}}{24\times52\ \text{plgs}^2} = 0.4487\ \text{Kips/plgs}^2$$

***División del módulo entre 1000***.

(A) Abeto 2.5" = $\frac{15000}{1000} = 15$

(B) Roble 12" = $\frac{32000}{1000} = 32$

(C) Concreto 50" = $\frac{3000000}{1000} = 3000$

(D) Roble 4" = $\frac{32000}{1000} = 32$

***Compresión en pulgadas de los componentes del picadero.***

Compresión en el Abeto de 2.5" = $\frac{0.486}{15} \times 2.5 = 0.081$plgs.

Compresión en el Roble de 12" = $\frac{0.486}{32} \times 12 = 0.182$ plgs.

Compresión en el Concreto de 50" = $\frac{0.360}{3000} \times 50 = 0.006$ plgs.

Compresión en el Roble de 4" = $\frac{0.4487}{32} \times 3.75 = 0.0526$ plgs.

La suma total de la compresión: $\sum = A + B + C + D$ (16.61)

$\sum = 0.081 + 0.182 + 0.006 + 0.052$ = 0.321plgs.

**16.8 Análisis de la carga en las Almohadas laterales**

Se ha demostrado en la práctica, que los picaderos laterales deben ser menos rígidos que los de la línea de soporte de la quilla. El buque en su dirección transversal es lo suficientemente rígido para causar una compresión de igual magnitud, tanto al picadero central como al de pantoque, situados en la misma dirección. Sin embargo, la quilla del buque es el miembro de la estructura del buque, donde se concentra gran parte de la carga sobre el picadero y por esta razón los picaderos bajo la quilla deben ser más rígidos que los del área del pantoque.

***Ejemplo 16.9***

Hemos calculado la deflexión del picadero de la quilla del buque hipotético, compuestos por madera abeto blando, roble y concreto como picadero base. Véase la Figura #16.17. Queremos ahora comparar las deflexiones entre las almohadas laterales, sujetos a una carga de 100 LT.\ con las deflexiones en los picaderos de la quilla. La Figura 16.18 nos muestra una sección transversal con una almohada lateral sosteniendo el pantoque.

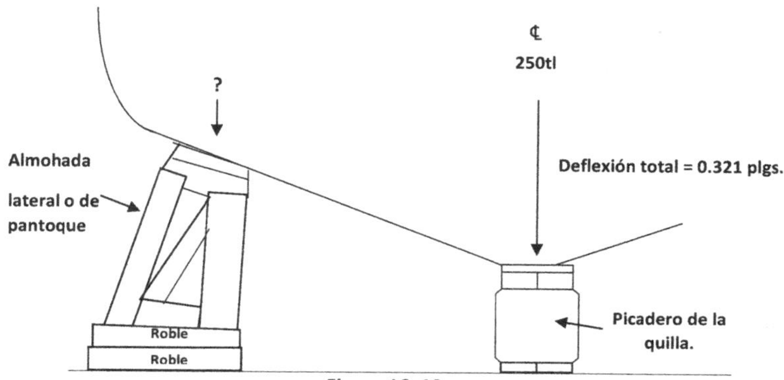


*Figura 16. 18.*
***Comparación de la deflexión entre el picadero de la quilla y la almohada del pantoque.***

Quedan distribuidos 250 tones largos, sobre cada picadero que soportan la quilla y debemos investigar cuanta carga se distribuyen sobre las almohadas laterales, asumiendo una carga de 100 toneladas largas. La almohada lateral está compuesta por dos piezas largas de abeto, que recibirán la carga perpendicularmente a la veta, un cabezal de roble y otro superior de abeto.

**Solución:**

**1- Calculemos la deflexión para cada material:**

Los módulos de elasticidad son:

Abeto = 15000 lbs /plgs$^2$ (perpendicular a la veta)

Abeto = 120000 lbs / plgs$^2$ (paralela a la veta)

Roble = 32000 lbs /plgs$^2$

**2- Convertimos los valores de los módulos de elasticidad de lbs. / plgs$^2$ a kips / pulgs$^2$**

15000 ÷ 1000 = 15 kips / plgs$^2$

120000 ÷ 1000 = 120 kips / plgs$^2$

32000 ÷ 1000 = 32 kips / plgs$^2$

**3- Calculamos las áreas de los componentes del picadero del pantoque.**

Área = (A) Abeto 36 × 12= 432 $plgs^2$

Área = (B) Abeto 24 × 12 = 288 $plgs^2$

Área = (C) Abeto 24 × 12 = 288 $plgs^2$

Área = (D) Roble 24 × 12 = 288 $plgs^2$

**4- Calculo de la deflexión:**

$$\sum \frac{L \times h}{A \times E} \tag{16.62}$$

$$\frac{112 \times 12}{432 \times 15} = 0.21$$

$$\frac{112 \times 12}{288 \times 32} = 0.145$$

$$\frac{112 \times 12}{288 \times 120} = 0.039$$

$$\frac{112 \times 24}{288 \times 32} = 0.29$$

**5- La suma total de la compresión:** $\sum = A + B + C + D$

$\Sigma$ =0.21 + 0.145 + 0.039 + 0.29

= 0.684 pulg.

Comprobamos que el picadero lateral del pantoque se comprime más que el de la quilla.

### 16.9 Deflexión Termal.

El calentamiento de una embarcación, por el sol, puede ser causa de una significativa variación en la presión sobre los picaderos. Si los componentes del sistema dique – buque corresponden a un dique flotante y un buque, las deflexiones del dique de acero y las del buque se cancelan entre sí o no se generan deflexiones significativas que afecten los picaderos del soporte del buque. Cuando la varada del buque se efectúa en un dique de carena de concreto, el aumento de temperatura puede someter a la embarcación a un calentamiento que hará aumentar la presión sobre los picaderos y el piso del dique. El aumento de presión causará un incremento en las deflexiones. Es importante analizar la magnitud de estas deflexiones. La deflexión termal quedará determinada por la siguiente ecuación:

$$Yt = \frac{0.75x10^{-6} L^2 t}{D} \tag{16.63}$$

Donde:

Yt = deflexión de la temperatura en la sección maestra

L = eslora máxima

D = Puntal del buque.

t = diferencia entre la temperatura de la parte superior del buque y el fondo del casco en Fº.
Haremos unas investigaciones hipotéticas para demostrar la deflexión termal y como pueden quedar afectados la fila de picaderos.

***Ejemplo 16.10***

Iniciamos los cálculos con los datos tomados del buque ejemplo:

Eslora: 490.50 pies.

Puntal: 21 pies.

T superior: 95 Fº

T inferior: 60 Fº

Coeficiente de expansión del acero dulce = 0.0000065 / Fº

La deflexión será:

$$Yt = \frac{0.75x10^{-6}L^2t}{D} \qquad (16.64)$$

$$Yt = \frac{0.75x10^{-6}x\,490.5^2x\,35F^0}{21}$$

$$Yt = \frac{0.75x10^{-6}x\,240590.25\,x\,35F^0}{21}$$

Yt= 0.301''

Para obtener el aumento de la carga por unidad de longitud se aplica la ecuación siguiente:

$$We = \frac{12tL^2\frac{1}{D}}{7500St\frac{1}{A}+\frac{1}{75}L^4I} \qquad (16.65)$$

Donde:

$W_e$ = aumento de la carga por pie lineal en los extremos de la embarcación.

t = diferencia en temperatura: 35 Fº

L = eslora de la embarcación: 404.00 pies.

D = puntal de la embarcación: 21 pies.

S = distancia entre los picaderos: 4 pies.

T = altura de los picaderos: 5 pies.

A = área de la superficie de los soportes: 4.67 pies$^2$

$I_s$ = momento de inercia: 37,000 pie$^4$

Por consiguiente:

$$W_e = \frac{12 \times 35 \times (404.00)^2 \times \left(\frac{1}{21}\right)}{7500 \times 4 \times 5 \times \left(\frac{1}{4.67}\right) + (404.00)^4 \times \left(\frac{1}{75 \times 37000}\right)} \quad (16.66)$$

$$W_e = \frac{3264320.00}{32119.91 + 9599.81}$$

$$W_e = \frac{3264320.00}{41719.72}$$

$W_e$ = 79.24 kips / pie

$W_e$ = 79.24 × 1000 = 78244.05 lbs. / Pies

Conversión a ton/ pies:

$\frac{78244.05}{2240}$ = 34.93 ton / pies.

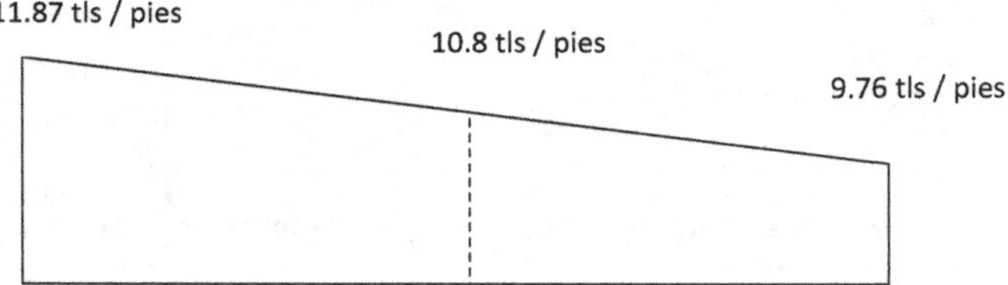

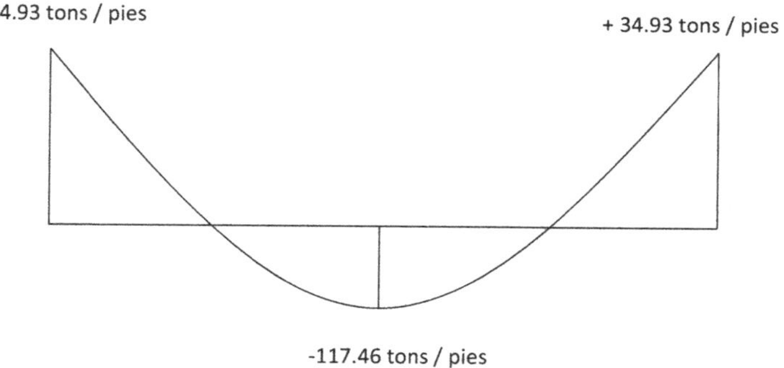


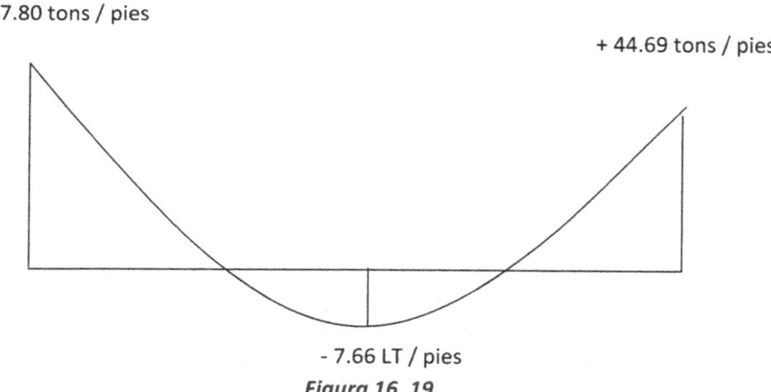


***Figura 16. 19.***
***Diagrama de la deflexión termal de la quilla.***

Luego de haber calculado la presión inicial y la final sobre los picaderos de la popa, ahora podremos verificar si se exceden los límites de las capas de madera blanda de los picaderos. Veamos los siguientes cálculos:

**1- Presión Inicial**

$$\frac{11.87\ {}^{tons}/_{pies} \times 4pies}{4.67pies^{\ 2}} \qquad (16.67)$$

Presión inicial = 10.17 ton / pies$^2$

Conversión a lbs. / $plg^2$:

$$= \frac{10.17 \times 2240}{144}$$

$$= 159.20 \ {}^{lbs}\!/_{p\,lg\,s^2}$$

**2- Presión Final:**

$$= \frac{46.80 \ {}^{tons}\!/_{pies} \times 4pies}{4.67pies^{\ 2}} \qquad (16.68)$$

= 40.09 tons / $pies^2$

Conversión a ${}^{lbs}\!/_{p\,lg\,s^2}$ :

$$= \frac{40.09 \times 2240}{144}$$

$$= 624.56 \ {}^{lbs}\!/_{p\,lg\,s^2}$$

$$\frac{623.56}{157.73} = 3.95 \text{ veces mayor}$$

Las 691.51 lbs. /$plg^2$ exceden el esfuerzo permisible de los picaderos de Abeto Douglas que es de 0 a 500 lbs. / $plg^2$.

En este ejercicio hipotético, vemos cómo la temperatura, puede afectar adversamente, tanto el buque como al dique. Otras operaciones también se verán afectadas por las variaciones de temperatura y el calentamiento del buque. Operaciones de alineación de ejes y otras operaciones donde se requiere rigurosa exactitud en las mediciones, no deben efectuarse en las horas de calentamiento. La sobrecarga sobre el picadero puede solucionarse incrementando el área de la superficie de soporte o reduciendo los espacios entre la fila de picaderos.

**16.10 Cama de picaderos para un buque con carga al máximo.**

La varada de buques cargadas al máximo presenta riesgos de compresiones excesivas para los picaderos y daños a la misma estructura de la embarcación. Una embarcación en rosca no causará sobrecargas al dique ni correrá el riesgo de que puedan ocurrir daños a su estructura, siempre y cuando los soportes se coloquen en los mamparos, varengas, cuadernas o que coincidan en las intersecciones de estas. Los buques cargados al máximo donde las secciones del pantoque concentran el peso real sobre los picaderos laterales, pueden causar pandeos en la estructura del casco en áreas próximas a intersecciones de longitudinales y cuadernas. Véase la Figura 17.20a.

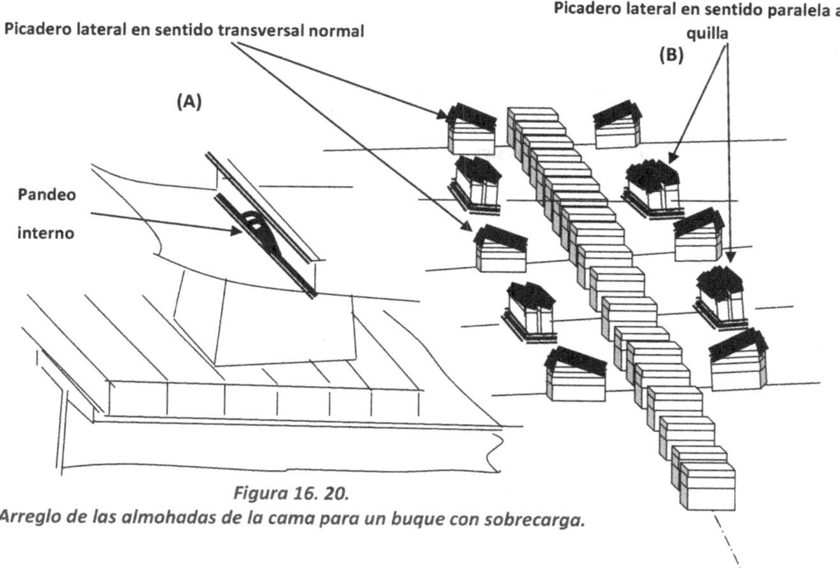


*Figura 16. 20.*
***Arreglo de las almohadas de la cama para un buque con sobrecarga.***

La configuración de una cama para buques en estas condiciones, requieren de picaderos laterales, colocadas en fila longitudinal con distancias de centro a centro, mucho más cortas y con hileras adicionales de picaderos. Es difícil determinar en estos casos, cómo se distribuirá el peso de la embarcación sobre los picaderos. Parte de la carga se irá distribuyendo, partiendo de las áreas más cargadas, a las menos cargadas, debido a la rigidez del buque. La determinación de la magnitud de la carga y la distribución sobre los picaderos de la quilla, se obtienen aplicando la ecuación trapezoidal, y también considerar el peso que puede haberse concentrado en el área del pantoque, por efecto de la sobre carga en las bodegas y que puede llegar a sobrecargar los picaderos laterales. Los procedimientos que se recomiendan para estos casos son los siguientes:

***Primer caso:***

Se asume que el peso total de la embarcación (incluyendo el cargamento) se concentra sobre los soportes de la quilla. De esta manera se procede a la aplicación de la ecuación trapezoidal para determinar la carga por pie lineal sobre los picaderos en la popa y en la proa.

***Segundo caso***:

Asumimos que el peso total se concentra en los picaderos laterales. Luego verificamos si los picaderos laterales están equitativamente distribuidos bajo las secciones cargadas. Pueda que sea necesario, agregar hileras de picaderos adicionales dispuestos longitudinalmente, bajo el pantoque, normales a los transversales, que forman parte de la cama original. En la Figura 16.20 (B) se aprecia una cama con picaderos longitudinales intercalados. Los cálculos realizados para un buque con una carga al máximo en el siguiente ejemplo, ayudará a clarificar el concepto.

***Ejemplo 16.11***

Un dique con una capacidad para 5000 ton máxima y 30 ton / pies, espera la llegada de un carguero cargado hasta su máxima capacidad y que debe ser varado por una emergencia.

Las características del buque son las siguientes:

Peso (w) ------------------------------------------------------------ = 4810 LT

LCG ------------------------------------------------------------------ = 2'

PRpp al picadero Nº 1--------------------------------------------- = 20'

Eslora total ---------------------------------------------------------- = 220'

Longitud de línea de soporte ---------------------------------- = 200'-0

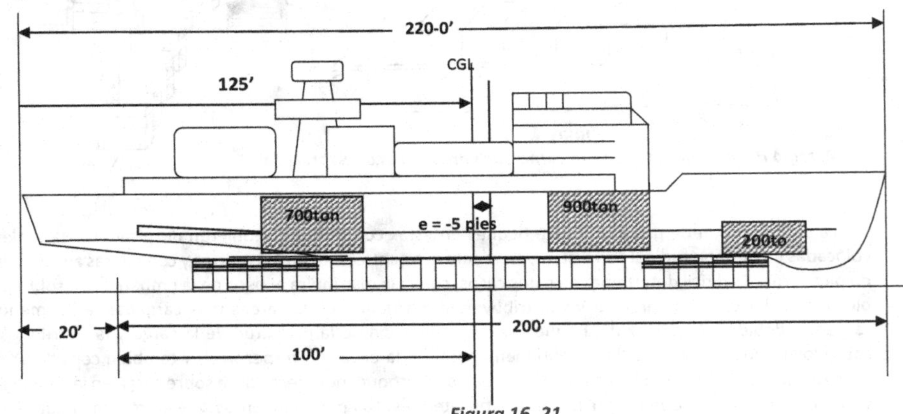


***Figura 16. 21.***
***Buque cargado al máximo.***

**Primer Caso:**

**1- Toda la carga se concentra sobre la quilla.**

Calculada por la ecuación trapezoidal:

$$\frac{W}{L_K} \pm \frac{6 \times W \times e}{L_K^{2}} \tag{16.69}$$

$$\text{Carga en popa} = \frac{W}{L_K} + \frac{6 \times W \times e}{L_K^{2}}.$$

$$\text{Carga en Proa} = \frac{W}{L_K} - \frac{6 \times W \times e}{L_K^{2}}$$

Donde:

Excentricidad = -5 pies

w = 4,810

$L_k$ = 200 pies

$$\text{Carga en popa} = \frac{4810}{200} + \frac{6 \times 4810 \times -5}{40000} \qquad (16.70)$$

= 25.05 + -3.61

= 21.44 ton en la popa.

= 25.05 – (-3.61)

= 27.66 ton en la proa. Al comparar los valores con los límites permisibles para el dique vemos que:

En la popa: 21.44 LT < 30 LT (16.71)

En la proa: 27.66 LT < 30 LT

Constatamos que las cargas sobre los picaderos de la quilla están dentro de los límites de la capacidad establecida para el dique.

**Segundo Caso:**

**2- La carga se concentra sobre las almohadas laterales:**

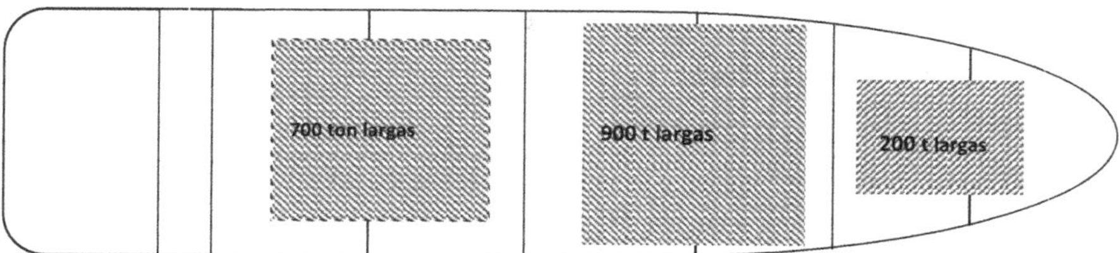


***Figura 16. 22.***
***Vista de planta del buque cargado al máximo.***

La Figura 16.22 ilustra una vista de planta del buque cargado en áreas específicas. El sistema de picaderos que se debe construir para resistir esta carga, sin someter el casco a esfuerzos excesivos, debe tener la cantidad suficiente de picaderos laterales colocados exactamente bajo cuadernas y en las intersecciones de los mamparos transversales con las longitudinales. También deben colocarse almohadas bajo las intersecciones entre los refuerzos longitudinales y las cuadernas. Si los picaderos no se colocan bajo las estructuras de resistencia del buque, se correrá el riesgo de hundir el casco en estas áreas intermedias. Basándose en la regla de compresión, calculamos la deflexión por igual, tanto para los picaderos del centro como para los picaderos laterales. Calculamos para el picadero del centro basado en una carga conocida y luego la calculamos en los laterales, con una carga asumida arbitrariamente. De esta manera podremos determinar los esfuerzos admisibles para cada picadero y verificar, si la resistencia estructural de los materiales de los picaderos es suficiente. Estos deben haberse escogido de acuerdo con su rigidez y de acuerdo con la carga máxima aceptable para las almohadas del pantoque.

**16.11 Resumen.**

Completamos el conjunto de evaluaciones matemáticas necesarias para estimar las condiciones del buque y su comportamiento tanto a flote como puesto en seco sobre los picaderos del dique. Concluimos con la investigación sobre los cálculos de la magnitud de las cargas sobre los picaderos distribuidos en forma irregular y con una composición heterogénea. Analizamos la aplicación del método del momento de área con la cual se determinan este tipo de cargas. Aprendimos la correcta aplicación del método para calcular las concentraciones de cargas en los extremos abruptos de los módulos formados por los espacios entre la fila de picaderos. Asimismo, pudimos analizar las cargas variadas que generan las quillas con anchura variada. Examinamos, además, los procedimientos que se practican en los casos de emergencias, en donde es inminente e imprescindible, la varada de un buque cargado al máximo. Concluimos el capítulo examinando las fórmulas empleadas para evaluar la expansión termal del casco de un buque asentado sobre una cama de picaderos y el riesgo de sobrecargar la cama por la expansión del metal del casco.

**16.12 Preguntas y problemas de Repaso.**

1. Defina deflexión elástica de los picaderos.
2. ¿Qué regla debe seguirse para construir los picaderos de la quilla y los de pantoque?
3. ¿Qué efecto tiene sobre los picaderos o picaderos, las quillas angostas
4. Escriba la ecuación de Crandall para la distribución de carga
5. Si la carga en la popa de un buque es de 11.56 ton / pies

   Calcule la presión en la madera blanda en lbs. / plgs$^2$.

   A) Si el espacio entre picaderos es de:

   a) 2.0 pies

   b) 4.0 pie
6. Calcule la distancia del Centro de área "X" al punto de referencia de los siguientes rectángulos combinados de la Figura 15.24.
7.

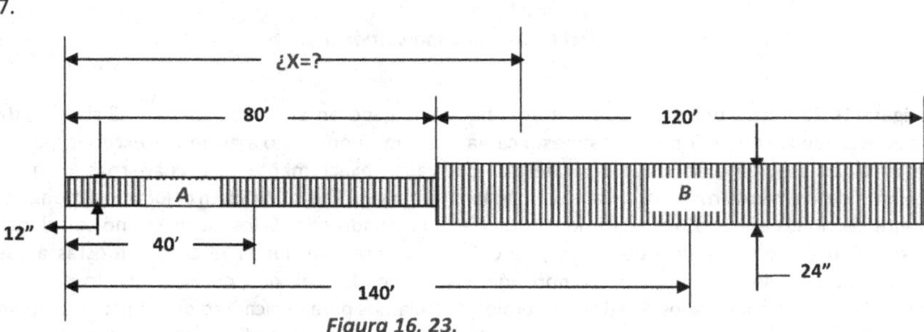


*Figura 16. 23.*
*Quilla de ancho variado.*

7. Calcule el momento de Inercia de los rectángulos.

Considere los rectángulos A y B de la Figura 16.23 respectivamente.

Calcule el momento de inercia de los rectángulos A y B referenciado al centro de área. El momento de inercia se hallará así:

$$I = \frac{bh^3}{12} + Ad^2$$

Donde:

**b** = ancho del rectángulo

**h** = longitud del rectángulo.

**A** = área del rectángulo.

**d** = distancia del centro de rectángulo al centro de área

**X** = Distancia del centro de área al punto de referencia.

**Bibliografía**

1- Crandall, Paul S. and Tobiasson, Bruce O. *An Introduction to Dry docking Principles and Techniques*. Crandall Dry Dock Engineers, Inc. Cambridge Massachusetts June 1970.

2- Crandall, Paul S. *Dry dock Blocking Systems for Modern Ships*. Journal of Ship Production The Society of Naval Architects and Marine Engineers Volume 3 Number 1 February 1987

3- DM CONSULTING *Basic Dry dock Training* Instruction Manual, 2004.

4- González López, Primitivo B. *Técnicas De Construcción Naval* Universidade da Coruña Servicio de Publicaciones 2000.

5- HEGER DRY DOCK INC *Dockmaster Training Seminar* Lecture Notes. 2004

6-Mazurkiewics, B. K. *Design and Construction of Dry docks*. Gulf Publishing Company Houston, Texas, U. S. A. 1981.

# CAPITULO 17
# CÁLCULOS MÚLTIPLES IV:
# PROGRAMA DE ACHIQUE DE TANQUES PARA LOS DIQUES FLOTANTES

**17. 1 Introducción.**

Los cuadernos de estabilidad y planos de fabricación establecen límites máximos en cuanto a la capacidad de levantamiento para cada dique flotante. Estos límites pueden estar alterados por las modificaciones realizadas al dique, por los cambios en los diseños, por la acumulación de materiales en los tanques o simplemente por la gravedad específica del agua. Debido a estos imprevistos, es importante elaborar un plan para el achique controlado del lastre en los tanques del dique. Se debe conocer en todo momento el nivel de agua en los tanques mientras se efectúe el levantamiento del buque. Los niveles de agua en los tanques proveen la fuerza de empuje para el izamiento de la carga, ocasionada por el peso del buque, y si sus volúmenes se restringen para que su empuje coincida con la diversificación de la carga ocasionada por el peso del buque, permitirá una mejor distribución de los esfuerzos y minimizará aquellos que puedan estresar negativamente la estructura del dique y del buque.

**17.2 Objetivo del plan de achique de los tanques.**

- Lograr que el dique levante el buque fuera del agua, causando los menores esfuerzos sobre el casco y sin causarle daños a los picaderos por concentraciones de peso o deformaciones permanentes a la estructura y cubierta de la solera.
- Realizar el descenso del dique, deteniéndose al llegar a los calados y asiento deseado.
- Planificar el achique de los tanques, según los cálculos del peso que recibirá cada compartimiento, el volumen de los compartimientos, el peso, y volumen del agua dentro de ellos.
- El calado dentro de cada tanque deberá ser calculado para ocasionar una fuerza de levante, equivalente a la distribución trapezoidal del peso del buque.

A continuación, elaboraremos un plan de achique con las dimensiones de un buque y un dique ejemplo, tomado del "Manual de Entrenamiento para Capitanes de Diques Secos" de la compañía Heger Dry Dock, Inc. Es esencial, sin embargo, que se observen las precauciones elementales durante la colocación de los picaderos. Antes de la confección del plan, citaremos las más importantes precauciones que deben tomarse antes de la varada.

1. Los picaderos deben colocarse sobre los mamparos y miembros estructurales de adecuada resistencia bajo la cubierta de la solera.

2. Es importante que los operadores vigilen los niveles de agua en los tanques durante la operación de varada, para realizar los ajustes necesarios.

3. Si durante la varada se observan deflexiones o el desarrollo de un asiento imprevisto o no programado o si se desarrollan escoras excesivas, la operación debe ser detenida de inmediato para determinar las causas de dichas discrepancias.

4. Debemos tener presente que los niveles de agua calculados al confeccionar dicho plan son valores teóricos que se estiman para un funcionamiento ideal del dique, bajo condiciones de mínimo estrés.

La elaboración del plan de achique la iniciamos con un listado de las dimensiones principales del buque:

**Dimensiones Principales del Buque**.

Desplazamiento ------------------------------------------------------------ = 20317.46 Tm

Distancia entre marcas de calado --------------------------------------- = 170.69 m

Longitud de la línea de picaderos de la quilla-------------------------- = 164.59 m

Distancia entre el LCG y el centro de la línea de picaderos---------- = 3.048 m

Primer picadero de quilla------------------------------------------------- = 6.096 m del extremo del dique.

Longitud de la línea de picaderos de la quilla-------------------------- = 164.59 m

Calado en la proa ---------------------------------------------------------- = 6.1 m

Calado en la popa ---------------------------------------------------------- = 6.2 m

**Dimensiones Principales del Dique Flotante.**

(Dique se encuentra en agua dulce.)

Peso del Dique --------------------------------------------------------------- = 7314.29 Tm

Eslora o Longitud del dique ---------------------------------------------- = 182.9 ms.

Eslora o Longitud de los tanques -------------------------------------- = 30.48 ms.

Manga total------------------------------------------------------------------ = 36.58 ms.

Manga media --------------------------------------------------------------- = 20.29 ms.

Altura interna del muro ------------------------------------------------- = 12.80 ms.

Profundidad de los pontones de varada -------------------------------= 5.49 ms

Ancho de los muros laterales ------------------------------------------ = 4.57 ms

Altura total del dique ---------------------------------------------------- = 20.29

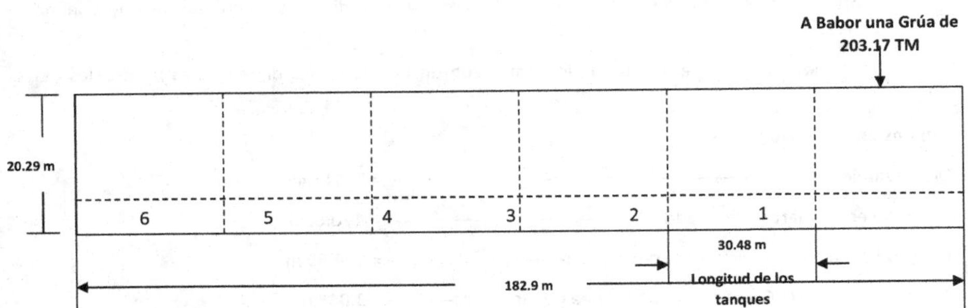


*Figura 17. 2.*
*Dique flotante (Vista lateral longitudinal).*

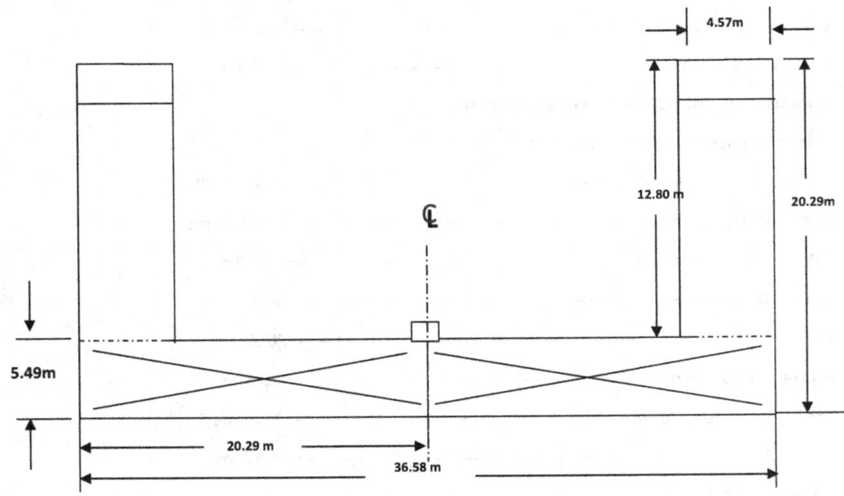


*Figura 17. 2. Dique flotante (Vista Transversal).*

### 17.3 Cálculos preliminares

Los primeros cálculos esenciales para el desarrollo del plan de evaluación de cada fase son los siguientes:

1. Cálculo del peso de los compartimientos.
2. Distribución del peso del buque sobre cada compartimiento.
3. Determinar el peso sobre los pontones.

17.3.1 Determinación del peso total de los compartimientos del dique.

Cada compartimiento debe tener la capacidad de levantar su propio peso. Debe calcularse entonces el peso del compartimiento y adicionarle cualquiera carga significativa que se encuentre sobre el compartimiento. En nuestro ejemplo, se encuentra una grúa en el muro a babor, cuyo peso deberá ser añadida al compartimiento correspondiente, al calcular su peso.

$$\frac{\text{Peso}}{\text{Longitud del pontón}} = \frac{7314.29}{182.88} = 317.99 \text{ Tms/m} \tag{17.1}$$

Cada compartimiento pesa: 317.99 Tms/ms ×30.48 ms = 1220.90 Tms (17.2)

Dividido para dos compartimientos.

Peso del Compartimiento 1/ Estribor: ----------- = $\frac{1218.90}{2}$ = 6017.45 Tms (17.3)

Peso del Compartimiento 1 /Babor: -------------- = $\frac{1218.90}{2}$ = 6017.45 Tms

Peso de la grúa sobre el muro: ------------------------------------ 203.17 Tms

Peso Total del compartimiento------------------------------------ 812.62 Tms

Compartimientos: 2, 3, 4, 5, y 6, en babor y estribor = $\frac{1218.90}{2}$ = 6017.45 Tms (17.4)

Antes del contacto de la quilla del buque con los picaderos, el único peso que tendrá que levantar el dique, es su propio peso. A partir del instante del contacto de la quilla del buque con los picaderos, el peso irá aumentando hasta que emerja totalmente el dique a su francobordo normal de trabajo. Asumimos que la carga irá aumentando en proporción lineal. Si se ha levantado el 25% del calado de la embarcación, asumimos que se ha levantado el 25% de su peso y que ha levantado el 100 % del peso del buque cuando este haya salido totalmente del agua.

17.3.2 Distribución del peso del buque sobre los compartimientos.

La fuerza de empuje de los compartimientos que se requiere para levantar la embarcación debe ser equivalente o superior al peso del buque. Necesitaremos primero calcular la carga por metro de longitud sobre la línea de picaderos. Para obtener dicha carga, aplicamos la fórmula de la distribución del peso en forma trapezoidal. Los datos del buque son los siguientes:

Peso (W) ---------------------------------------- = 20317.46 Tms

Longitud de la línea de picaderos ($L_k$) ------- = 164.59 m

Excentricidad (E) ------------------------------ = 3.048 m

$$\text{Carga en popa} = \frac{W}{L_k} + \frac{6WE}{{L_k}^2} = \frac{20317.46}{164.59} + \frac{6(20317.46)3.048}{(164.59)^2} \tag{17.5}$$

= 136.16 Tms/m

$$\text{Carga en proa} = \frac{W}{L_k} - \frac{6WE}{{L_k}^2} = \frac{20317.46}{164.59} - \frac{6(20317.46)3.048}{(164.59)^2} \tag{17.6}$$

= 1017.72 Tms/m

Interpolamos entre la carga mínima y máxima, para obtener los valores intermedios de la carga sobre los mamparos estancos del dique.

**Procedimiento:**

La diferencia entre la carga máxima y mínima se divide entre la longitud de la fila de picaderos de la quilla para obtener una constante o razón común.

$$\text{Razón común o Constante} = \frac{137.16 - 109.72}{164.59} = 0.16672 \text{ Tms/m} \tag{17.7}$$

Multiplicamos la constante por la distancia tomada del extremo de la proa hacia cada mamparo estanco y luego le sumamos el valor de la carga mínima a cada producto.

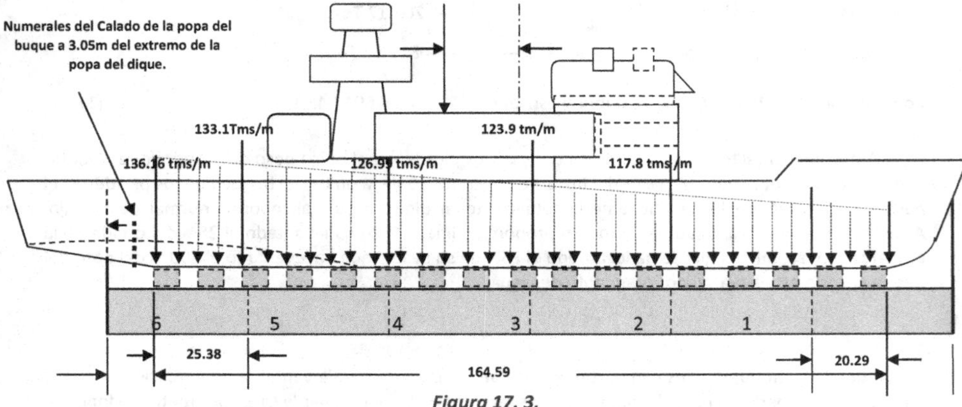


*Figura 17. 3.*
*Valores extremos e intermedios de la carga sobre el dique.*

| DISTRIBUCIÓN DEL PESO SOBRE LOS MAMPAROS ESTANCOS DEL DIQUE. | | |
|---|---|---|
| | **Carga en la proa** | **1017.72 Tms/m** |
| **Mamparo # 1** | 1017.7 Tms/m + (20.29 × 0.16672) | 112.75 Tms/m |
| **Mamparo #2** | 1017.7 Tms/m + (417.77 × 0.16672) | 117.80 Tms/m |
| **Mamparo #3** | 1017.7 Tms/m + (717.25 × 0.16672) | 123.90 Tms/m |
| **Mamparo #4** | 1017.7 Tms/m + (1017.7 × 0.16672) | 126.99 Tms/m |
| **Mamparo #5** | 1017.7 Tms/m + (140.2 × 0.16672) | 133.10 Tms/m |
| **Mamparo #6** | 1017.7 Tms/m + (164.6 × 0.16672) | 136.10 Tms/m |
| | **Carga en la popa** | **136.16 Tms/m** |

*Tablas 17. 1.*
*Peso del buque sobre los mamparos del dique.*

17.3.3 Determinación del peso sobre el centro de cada pontón.

El peso promedio sobre los mamparos lo multiplicamos por la longitud de los pontones para obtener la carga sobre el centro de cada pontón. El pontón está dividido por un mamparo vertical que se extiende por la línea de crujía del dique de proa a popa, por lo tanto, debemos dividir la carga total en dos.

**Compartimiento # 1**

*Peso promedio entre mamparos:* *Peso sobre el área total del pontón:*

$\frac{112.7+109.7}{2}$ = 110.20 Tms 110.20 × 20.29 = 2033.85 Tms (17.8)

Pontón a Babor y Estribor: $\frac{2033.85}{2} = 1016.9 \text{ Tm}$ (17.9)

**Compartimiento # 2**

*Peso promedio entre mamparos:* *Peso sobre el área total del pontón:*

$\frac{112.7+117.8}{2}$ = 115.25 Tm 115.25 × 30.48 = 3512.82 Tms (17.10)

Pontón dividido en dos:

Babor y Estribor: $\frac{3512.82}{2} = 1756.41 \text{ Tm}$ (17.11)

**Compartimiento # 3**

*Peso promedio entre mamparos:* *Peso sobre el área total del pontón:*

$$\frac{122.9+117.8}{2} = 120.35 \text{ Tm}$$ 121.35 × 30.48 = 36617.27 Tms (17.12)

Pontón dividido en dos:

Babor y Estribor: $\frac{3668.3}{2} = 1834.13 \text{ Tm}$ (17.13)

**Compartimiento # 4**

*Peso promedio entre mamparos:*

$\frac{127.99+122.9}{2}$ = 125.44 Tm

*Peso sobre el área total del pontón:*

125.44 × 30.48 = 3824.56 Tm (17.14)

Pontón dividido en dos:

Babor y Estribor: $\frac{3823.56}{2} = 1911.8\text{Tm}$ (17.15)

**Compartimiento # 5**

*Peso promedio entre mamparos:*

$\frac{133.1+127.99}{2} = 130.54$ Tms (17.16)

*Peso sobre el área total del pontón:*

130. 54 × 30.48 = 39717.00 Tms (17.17)

Pontón dividido en dos:

Babor y Estribor: $\frac{3979\ .0}{2}$ = 19817.5 Tms (17.18)

**Compartimiento # 6**

*Peso promedio entre mamparos:* :

$\frac{137.1+133.1}{2} = 135.1$ Tms (17.19)

*Peso sobre el área total del pontón*

135.1 × 25.38 = 3294.28 Tms (17.20)

Peso sobre el pontón dividido en dos:

Babor y Estribor: $\frac{3294.28}{2}$ = 1646.14 Tms (17.21)

| PESO TOTAL DEL BUQUE SOBRE LOS PONTONES DEL DIQUE. | | | |
|---|---|---|---|
| **Pontones** | **Peso Promedio Entre Mamparos Estancos.** | **Peso sobre el Área Total del Pontón.** | **Pontón dividido en Dos.** |
| | **(Tms)** | **(Tms)** | **(Tms)** |
| **Pontón # 1** | **110.20** | **2033.85** | **1017.92** |
| **Pontón #2** | **115.25** | **3512.82** | **1756.41** |
| **Pontón #3** | **121.35** | **36617.27** | **1834.13** |
| **Pontón #4** | **125.44** | **3824.56** | **1910.80** |
| **Pontón #5** | **130.54** | **39717.00** | **19817.50** |
| **Pontón #6** | **135.10** | **3294.28** | **1646.14** |

*Tablas 17. 2.*
*Peso del buque sobre los pontones.*

### 17.4 PRIMERA FASE. El Dique flotante Completamente Sumergido a su máximo calado.

El dique se sumerge al calado máximo, manteniendo una holgura entre la quilla del buque y la superficie de los picaderos de aproximadamente 1.219 ms. Calcularemos en esta fase:

1. El calado de la popa del dique.
2. El calado de la proa del dique.
3. Igualar el asiento del dique al asiento del buque.
4. Determinar el desplazamiento de los tanques de lastre (Pontones y muros laterales).
5. Determinar el volumen.
6. las alturas del lastre para cada Tanque.

17.4.1 Calado en la popa del dique.

Encontramos los calados del buque y luego su asiento para poder calcular los calados del dique.

Margen aproximado entre los picaderos y la quilla ---------------------- 1.23 ms

Calado en la popa del buque------------------------------------------------------ 6.3 ms

Calado en proa del buque---------------------------------------------------------- 6.1

Eslora entre marcas de calado ---------------------------------------------- 170.69 ms

Asiento del buque ---------------------------------------------------- ----------6.3 – 6.1 = 1.2 ms

Valor del asiento metro / metro de asiento = $\frac{7.3 - 6.1}{170.69} = 0.00703\ ^{m}\!/_{m}$ (17.22)

El calado máximo del dique se obtiene sumándole al calado de la embarcación, la holgura entre la quilla y los picaderos, la altura de los picaderos, y la profundidad de los pontones del dique. Veamos a continuación la suma de los valores:

Calado del buque en la popa---------------------------------------- 6.3 ms

Espacio entre los picaderos y la quilla------------------------------ 1.2 ms

Altura de los picaderos ---------------------------------------------- 1.8 ms

Profundidad de los pontones ---------------------------------------- 5.49 ms

Calado máximo total en la popa---------------------------------- = 15.79 ms

17.4.2 Calado de la proa del dique

Determinamos el calado de la proa de tal manera que el asiento del dique sea igual a la del buque.

Calado en proa = Calado en popa – [valor del asiento × Eslora del dique]

Calado en proa = 15.79 – (0.00703 × 182.88) = 14.5 ms (17.23

17.4.3 Interpolaciones para obtener los Calados restantes en el Centro de cada Compartimiento.

Empezamos por la proa del dique para localizar los calados restantes. Cada tanque tiene 30.48 ms de longitud y al centro del compartimiento #1 tendremos por lo tanto una distancia de = 15.24 ms. Véase a continuación, la figura 17.3 y la tabla de interpolaciones 17.3.

| PRIMERA FASE<br>DIQUE COMPLETAMENTE SUMERGIDO. | | |
|---|---|---|
| **Interpolaciones para el Calado externo del dique en cada pontón.** | | |
| | **Calado en la proa** | **14.50 m** |
| **Tanque #1** | 14.5 m + (15.24 × 0.00703) | 14.61 m |
| **Tanque #2** | 14.5 m + (45.72 × 0.00703) | 14.82 m |
| **Tanque #3** | 14.5 m + (76.20 × 0.00703) | 15.04 m |
| **Tanque #4** | 14.5 m + (106.68 × 0.00703) | 15.25 m |
| **Tanque #5** | 14.5 m + (136.16 × 0.00703) | 15.46 m |
| **Tanque #6** | 14.5 m + (166.64 × 0.00703) | 15.68 m |
| | **Calado en la popa** | **15.79 m** |

*Tablas 17. 3.*
*Calado externo en cada Pontón*

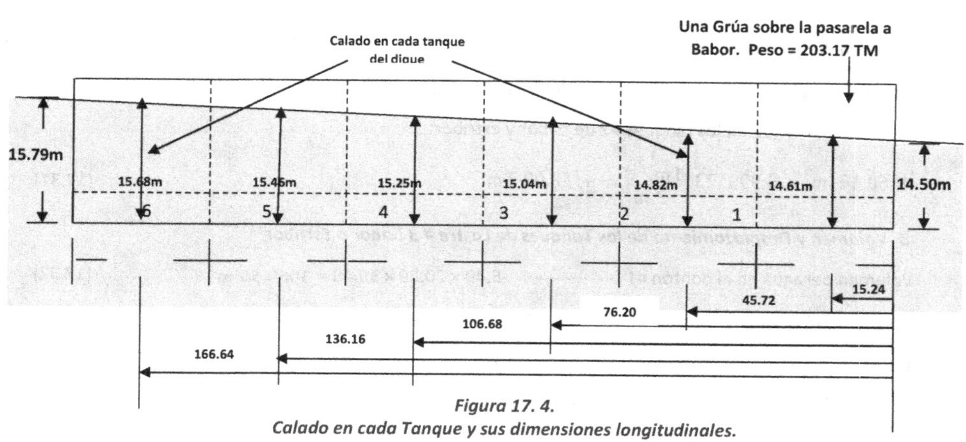


*Figura 17. 4.*
*Calado en cada Tanque y sus dimensiones longitudinales.*

17.4.4 Determinación del Desplazamiento de los Tanques de Lastre (Pontones y muros laterales).

Para determinar el desplazamiento, el volumen del agua de los pontones y de los muros laterales, multiplicamos por la unidad de peso por metro cúbico de agua dulce y por la gravedad específica del agua que es igual a 1.00.

***1- Volumen y Desplazamiento total de los Tanques de Lastre # 1 Babor o Estribor.***

Volumen del agua en el pontón #1 = 5.49 × 20.29 × 30.48 = $3060.56\ m^3$ (17.24)

Volumen del agua en el muro lateral = (14.61 – 5.49) × 4.57 × 30.48 = 1275.93 $m^3$ (17.25)

Volumen Total ---------------------------------------- = 3060.56 + 1275.93 = 4336.49 $m^3$ (17.26)

Peso en toneladas métricas del agua dulce por metro cúbico = 0.999523 $^{tms}/_{m^3}$

Peso Total del agua en los pontones #1 de babor y estribor:

$$4336.49\ m^3 \times 1.00 \times 0.999523\ ^{tms}/_{m^3} = 4334.421\ \text{Tms.} \quad (17.27)$$

***2- Volumen y Desplazamiento de los Tanques de Lastre # 2 Babor o Estribor.***

Volumen del agua en el pontón #1 -----------5.49 × 20.29 × 30.48 = $3060.56\ m^3$ (17.28)

Volumen del agua en el muro lateral -(14.82 – 5.49) × 4.57 × 30.48 = 12917.61 $m^3$ (17.29)

Volumen Total -------------------------- $3060.56\ m^3$ + 12917.61 = 4360.17 $m^3$ ( 17.30)

Peso Total del agua en los tanques #2 de babor y estribor:

$$4360.17\ m^3 \times 0.999523\ ^{Tm}/_{m^3} = 4358.09\ Tm \quad (17.31)$$

***3- Volumen y Desplazamiento de los Tanques de Lastre # 3 Babor o Estribor***

Volumen del agua en el pontón #1 -------------------5.49 × 20.29 × 30.48 = $3060.56\ m^3$ (17.32)

Volumen del agua en el muro lateral ----- (15.04 – 5.49) × 4.57 × 30.48 = 1330.25 $m^3$ (17.33)

Volumen Total ------------------------------------------ $3060.56\ m^3$ + 1330.25 = 4390.81 $m^3$ (17.34)

Peso Total del agua en los tanques #3 de babor y estribor:

$$4390.81\ m^3 \times 0.999523\ ^{Tm}/_{m^3} = 4388.71\ Tm \quad (17.35)$$

***4- Volumen y Desplazamiento de los Tanques de Lastre # 4 Babor o Estribor***

Volumen del agua en el pontón #1: ------------5.49 × 20.29 × 30.48 = $3060.56\ m^3$ (17.36)

Volumen del agua en el muro lateral: (15.25 – 5.49) × 4.57 × 30.48 = 13517.51 $m^3$

Volumen Total: ---------------------------------- $3060.56\ m^3$ + 13517.51 = 4421.07 $m^3$ (17.37)

Peso Total del agua en los tanques #4 de babor y estribor:

$$4420.07\ m^3 \times 0.999523\ {}^{Tm}\!/_{m^3} = 4417.96\ Tm \quad 17.38)$$

***5- Volumen y Desplazamiento de los Tanques de Lastre # 5 Babor o Estribor***

Volumen del agua en el pontón #1---= 5.49 × 20.29 × 30.48 = $3060.56\ m^3$ ( 17.39)

Volumen del agua en el muro lateral -- (15.46 – 5.49) × 4.57 × 30.48 = 13817.76 $m^3$

Volumen Total ------------------------- $3060.56\ m^3$ + 13817.76 = 44417.32 $m^3$ (17.40)

Peso Total del agua en los tanques #5 de babor y estribor:

$$4449.32\ m^3 \times 0.999523\ {}^{Tm}\!/_{m^3} = 4447.19\ Tm \quad (17.41)$$

***6- Volumen y Desplazamiento de los Tanques de Lastre # 6 Babor o Estribor***

Volumen del agua en el pontón #1----- 5.49 × 20.29 × 30.48 = $3060.56\ m^3$ (17.42)

Volumen del agua en el muro lateral--- (15.68 – 5.49) × 4.57 × 30.48 = 1420.40 $m^3$

Volumen Total ---------------------------- $3060.56\ m^3$ + 1420.40 = 44717.95 $m^3$ (17.43)

Peso Total del agua en los tanques #6 de babor y estribor:

$$4479.95\ m^3 \times 0.999523\ {}^{Tm}\!/_{m^3} = 4477.82Tm \quad (17.44)$$

17.4.5 Determinación del Volumen del lastre en los Tanques.

El peso del dique, el lastre en los tanques, y el peso del buque sobre una sección, debe ser igual al desplazamiento de dicha sección. Por lo tanto, podemos entonces inferir que:

Desplazamiento total. = Peso del dique + peso de la embarcación. + Peso del lastre.

Por consiguiente:

*Peso del lastre* = Desplazamiento total - Peso del dique - peso de la embarcación

Calcularemos, por separado, los pontones # 1 de babor y estribor, debido al peso adicional de la grúa en el lado de babor.

| PRIMERA FASE<br>PESO DEL LASTRE EN LOS TANQUES. | | | |
|---|---|---|---|
| **Numero de Tanque** | **Peso del Agua en el compartimiento** | **Peso del Dique** | **Peso del Buque** |
| **Tanque # 1, Estribor** | 4336.49 Tms | 6017.45 Tms | 0000.00 |
| **Tanque # 1, Estribor** | 4336.49 Tms | 812.62 Tms | 0000.00 |
| **Tanque # 2 Babor. /Estribor** | 43517.09 Tms | 6017.45 Tms | 0000.00 |
| **Tanque # 3 Babor. /Estribor** | 43817.71 Tms | 6017.45 Tms | 0000.00 |
| **Tanque # 4 Babor. /Estribor** | 4417.96 Tms | 6017.45 Tms | 0000.00 |
| **Tanque # 5 Babor. /Estribor** | 4446.19 Tms | 6017.45 Tms | 0000.00 |
| **Tanque # 6 Babor. /Estribor** | 4476.82 Tms | 6017.45 Tms | 0000.00 |

*Tablas 17. 4.*
***Peso del lastre en los tanques.***

**Tanque # 1 de Lastre - Estribor**

Peso total del agua en los compartimientos-- = 4336.49 Tms

Peso del dique ------------------------------------= 6017.45 Tms

Peso del buque -------------------------------- = 0000.00 Tms

Peso Total del lastre --------------------------= 3723.96 Tms

Volumen total del lastre ---------------------- = $\frac{\text{Peso total del Lastre}}{\text{Unidad de Peso del Agua}}$

$$= \frac{3722.96 \text{ Tms.}}{0.999523 \frac{\text{Tms.}}{m^3}} = \mathbf{3725.74}\ \text{m}^3 \qquad (17.45)$$

**Tanque # 1 de Lastre - Babor**

Peso total del agua en los compartimientos = 4336.49 Tms

Peso del dique ------------------------------------= 812.62 Tms

Peso del buque ----------------------------------- = 0000.00 Tms

Peso Total del lastre ------------------------------= 3520.79 Tms

Volumen total del lastre -------------------------= $\dfrac{\text{Peso total del Lastre}}{\text{Unidad de Peso del Agua}}$ (17.46)

$=\dfrac{3519.79 \text{ Tms.}}{0.999523 \frac{\text{Tms.}}{m^3}} = \mathbf{3522.47}\ \text{m}^3$ (17.47)

**Tanque # 2 de Lastre – Estribor y Babor**

Peso total del agua en los compartimientos = 43517.09 Tms

Peso del dique ------------------------------------= 6017.45 Tms

Peso del buque ----------------------------------- = 0000.00 Tms

Peso Total del lastre ----------------------------- =3746.64 Tms

Volumen total del lastre -----------------------= $\dfrac{\text{Peso total del Lastre}}{\text{Unidad de Peso del Agua}}$

$=\dfrac{3746.64 \text{ Tms.}}{0.999523 \frac{\text{Tms.}}{m^3}} = \mathbf{37417.43}\ \text{m}^3$

**Tanque # 3 de Lastre –Estribor y Babor**

Peso total del agua en los compartimientos =43817.71 Tms

Peso del dique -------------------------------------= 6017.45 Tms

Peso del buque -------------------------------------= 0000.00 Tms (Buque todavía a flote )

Peso Total del lastre ----------------------------- = 3776.26 Tms

Volumen total del lastre ------------------------ = $\dfrac{\text{Peso total del Lastre}}{\text{Unidad de Peso del Agua}}$

$=\dfrac{3777.26 \text{ Tms.}}{0.999523 \frac{\text{Tms.}}{m^3}} = \mathbf{37717.06}\ \text{m}^3$

**Tanque #4 de Lastre –Estribor y Babor**

Peso total del agua en los compartimientos = 4417.96 Tms

Peso del dique -----------------------------------= 6017.45 Tms

Peso del buque ----------------------------------- = 0000.00 Tms

Peso Total del lastre ----------------------------- = 3806.50 Tms

Volumen total del lastre ---------------------------= $\frac{\text{Peso total del Lastre}}{\text{Unidad de Peso del Agua}}$

$$= \frac{3806.50 \text{ Tms.}}{0.999523 \frac{\text{Tms.}}{m^3}} = \mathbf{38017.32} \text{ m}^3$$

**Tanque # 5 de Lastre –Estribor y Babor**

Peso total del agua en los compartimientos = 4446.19 Tms

Peso del dique ------------------------------------ = 6017.45 Tms

Peso del buque ------------------------------------ = 0000.00 Tms

Peso Total del lastre --------------------------------= 3835.74 Tms

Volumen total del lastre --------------------------= $\frac{\text{Peso total del Lastre}}{\text{Unidad de Peso del Agua}}$

$$= \frac{3835.74 \text{ Tms.}}{0.999523 \frac{\text{Tms.}}{m^3}} = \mathbf{3836.57} \text{ m}^3$$

**Tanque # 6 de Lastre –Estribor y Babor**

Peso total del agua en los compartimientos = 4476.82

Peso del dique --------------------------------------= - 6017.45 Tms

Peso del buque ------------------------------------= 0000.00 Tms

Peso Total del lastre --------------------------------=3867.37 Tms

Volumen total del lastre ----------------------- = $\frac{\text{Peso total del Lastre}}{\text{Unidad de Peso del Agua}}$

$$= \frac{3867.37 \text{ Tms.}}{0.999523 \frac{\text{Tms.}}{m^3}} = \mathbf{38617.21} \text{ m}^3$$

| PRIMERA FASE | |
|---|---|
| **Volumen total del Lastre** | |
| **Número del Tanque** | **Volumen** |
| **Tanque # 1, Estribor** | **3725.74** $m^3$ |
| **Tanque # 1, Babor** | **3522.47** $m^3$ |
| **Tanque # 2 Babor. /Estribor** | **37417.43** $m^3$ |
| **Tanque # 3 Babor. /Estribor.** | **37717.06** $m^3$ |
| **Tanque # 4 Babor. /Estribor** | **38017.32** $m^3$ |
| **Tanque # 5 Babor. /Estribor** | **3836.57** $m^3$ |
| **Tanque # 6 Babor. /Estribor.** | **38617.21** $m^3$ |

*Tablas 17. 5.*
*Listado de los volúmenes de los tanques de lastre*

17.4.6 Determinación de la Altura del lastre de cada Tanque.

El volumen total ocupado por el agua en los tanques debe ser levemente aumentado para compensar el volumen de las bombas, válvulas, tuberías y otras partes estructurales que no pueden llenarse de agua. La constante que representa la Permeabilidad de los tanques de lastre de un dique flotante de acero es igual a 0.917.[98] Para calcular este aumento en volumen, dividimos el volumen total del dique entre el valor de la permeabilidad. En algunos diques poseen tablas ya preparadas de antemano para cada tanque. De ser este el caso, entonces se obtienen de las tablas para cada calado del agua dentro del tanque, el peso correspondiente.

**Tanque # 1 Estribor.**

***Sea: L = Longitud del tanque***

***W= Ancho del tanque***

***$C_{tns}$= Calado del agua en el tanque.***

[98] Heger Dry Dock Inc *Dockmaster Training Seminar* Lecture Notes. 2004. Página 10-4

Formamos la siguiente ecuación:

**Volumen del agua en los Pontones = L × W × $C_{tns}$ × Permeabilidad.**

Tenemos que:

Volumen de los pontones ----------------------------30.48 × 20.29 × 5.49 × 0.98 = 29917.35 $m^3$ (17.48)

Volumen del lastre restante en el tanque del muro: 3725.74 $m^3$ - 29917.35 $m^3$ = 725.39 $m^3$

Volumen del lastre en los pontones = L × W × $C_{tns}$ × Permeabilidad

Calado del agua en los tanques: $C_{tns} = \dfrac{725.39}{4.57 \times 30.48 \times 0.98}$ (17.49)

$$C_{tns} = \frac{725.39}{4.57 \times 30.48 \times 0.98}$$

**$C_{tns}$ = 5.31 m.**

**Tanque # 1 a Babor. (Con el peso agregado de la grúa)**

De la ecuación:

Volumen del agua en los Pontones = L × W × $C_{tns}$ × Permeabilidad.

Tenemos que:

Volumen de los pontones: 30.48 × 20.29 × 5.49 × 0.98 = 29917.35 $m^3$

Volumen del lastre restante en el tanque del muro: 3522.47 $m^3$ - 29917.35 $m^3$ = 523.12 $m^3$

Volumen del lastre en el tanque---- = L × W × $C_{tns}$ × Permeabilidad

Calado del agua en los tanques: $C_{tns} = \dfrac{\text{Volumen}}{\text{L} \times \text{W} \times \text{Permeabilidad}}$

$$C_{tns} = \frac{522.12}{4.57 \times 30.48 \times 0.98}$$

**$C_{tns}$ = 3.82 m**

**Tanque # 2, Babor y Estribor**

Volumen de los pontones -------------------------30.48 × 20.29 × 5.49 × 0.98 = 29917.35 $m^3$

Volumen del lastre restante en el tanque del muro 37417.43 $m^3$ - 29917.35 $m^3$ = 7417.08 $m^3$

Volumen del lastre en el tanque del muro = L × W × $C_{tns}$ × Permeabilidad

Calado del agua en los tanques: $C_{tns} = \dfrac{\text{Volumen}}{L \times \text{W} \times \text{Permeabilidad}}$

$$C_{tns} = \frac{749.08}{4.57 \times 30.48 \times 0.98}$$

$C_{tns}$ **= 5.48 m**

**Tanque # 3, Babor y Estribor**

Volumen de los pontones: ------------------------ 30.48 × 20.29 × 5.49 × 0.98 = 29917.35 $m^3$

Volumen del lastre restante en el tanque del muro: 37717.06 $m^3$ - 29917.35 $m^3$ = 7717.71 $m^3$

Volumen del lastre en el tanque del muro = L × W × $C_{tns}$ × Permeabilidad

Calado del agua en los tanques: -------- $C_{tns} = \frac{\text{Volumen}}{L \times W \times \text{Permeabilidad}}$

$C_{tns}$ **= 5.71 m**

**Tanque # 4, Babor y Estribor**

Volumen de los pontones: ----------------------- 30.48 × 20.29 × 5.49 × 0.98 = 29917.35 $m^3$

Volumen del lastre restante en el tanque del muro: 38017.32 $m^3$ - 29917.35 $m^3$ = 8017.97 $m^3$

Volumen del lastre en el tanque del muro = L × W × $C_{tns}$ × Permeabilidad

Calado del agua en los tanques: $C_{tns} = \frac{\text{Volumen}}{L \times W \times \text{Permeabilidad}}$

$$C_{tns} = \frac{808.97}{4.57 \times 30.48 \times 0.98}$$

$C_{tns}$ **= 5.92 m**

**Tanque # 5, Babor y Estribor**

Volumen pontones: ------------------------------- 30.48 × 20.29 × 5.49 × 0.98 = 29917.35 $m^3$

Volumen del lastre restante en el tanque del muro: 3836.57 $m^3$ - 29917.35 $m^3$ = 8317.22 $m^3$

Volumen del lastre en el tanque del muro: L × W × $C_{tns}$ × Permeabilidad

Calado del agua en los tanques Ctns = $\frac{\text{Volumen}}{L \times W \times \text{Permeabilidad}}$

$$C_{tns} = \frac{838.22}{4.57 \times 30.48 \times 0.98}$$

$C_{tns}$ **= 6.14 m**

**Tanque # 6, Babor y Estribor**

Volumen de los pontones ------------------------= 30.48 × 20.29 × 5.49 × 0.98 = 29917.35 $m^3$

Volumen del lastre restante en el tanque del muro = 38617.21 $m^3$ - 29917.35 $m^3$ = 8617.86 $m^3$

Volumen del lastre en el tanque del muro = L × W × $\mathbf{C_{tns}}$ × Permeabilidad

Calado del agua en los tanques: $\mathbf{C_{tns}} = \dfrac{\text{Volumen}}{L \times W \times \text{Permeabilidad}}$ (17.50)

$\mathbf{C_{tns} = 6.36\ m}$

| **PRIMERA FASE<br>ALTURAS DEL LASTRE EN LOS TANQUES.** | |
|---|---|
| **Numero de Tanque** | **Alturas<br>(Mts.)** |
| Tanque # 1, Estribor | 5.31 m |
| Tanque # 1, Babor. | 3.82 m |
| Tanque # 2 Babor. /Estribor. | 5.48 m |
| Tanque # 3 Babor. /Estribor | 5.71m |
| Tanque # 4 Babor. /Estribor | 5.92 m |
| Tanque # 5 Babor. /Estribor | 6.14 m |
| Tanque # 6 Babor. /Estribor | 6.36 m |

*Tabla 17. 6*
*Altura del lastre en los tanques.*

## 17.5 SEGUNDA FASE. Instante en que la Quilla del buque Toca los Picaderos.

En esta segunda fase del plan de achique, haremos los siguientes cálculos:

1. Calcular el calado externo del dique.
2. Localizar el calado de popa del dique según la posición del calado del buque.
3. Calcular el calado de proa del dique para igualar el asiento del buque.
4. Igualar el asiento del dique al asiento del buque.
5. Determinación del desplazamiento de los Tanques.
6. Determinación del Volumen neto de Agua en los Tanques.
7. Determinación del calado ($C_{tns}$) de los Tanques.

### 17.5.1 Determinación del calado de la popa del dique.

Calado del buque en la popa----------------------------------------=6.3 m

No existe espacio entre los picaderos y la quilla----------------= 0.00

Altura de los picaderos------------------------------------------------= 1.8 m

Profundidad de los pontones --------------------------------------= 5.48 m

Suma de distancias = 14.58 m

Al quedar asentada la embarcación sobre los picaderos, las marcas de calado en la popa de la embarcación se encuentran a 3.048 ms. del borde del extremo de la popa del dique, por consiguiente, para colocar el dique con el mismo asiento de la embarcación. Calculamos por medio de una interpolación, el calado total de acuerdo con la posición de la marca del calado en la popa del buque. Para obtener el calado primero debemos encontrar el valor de la razón común o constante del pendiente metro / metro de asiento.

$$\text{Razón común} = \frac{7.3 - 6.1}{170.69} = 0.00703 \ {}^{\text{m}}\!/_{\text{m}} \qquad (17.51)$$

Entonces: Calado en la popa del dique de acuerdo con la marca de calado en la popa del buque:

**14.58 + (0.0703 × 3.048) = 14.79 mts.**

17.5.2 Determinación del calado de proa del dique, para que el asiento del dique sea igual al asiento del buque.

El calado en la Proa del dique será calculado para igualar el asiento del dique con el del buque: Realizamos una interpolación como la anterior:

Calado en proa = Calado en popa – (razón común (pendiente del asiento del buque) × Eslora del dique)

Calado en proa = **14.79 – (0.00703 × 182.88) = 17.50** m.

Determinados los calados en popa y en proa, pudimos igualar el asiento del dique al del buque. Ahora interpolaremos para encontrar el resto de los calados correspondientes a la media longitud de cada tanque. Se puede apreciar un resumen de todos los cálculos en la Tabla 17.7 con los calados acotados en la Figura 17.25.

| SEGUNDA FASE<br>INTERPOLACIONES PARA EL CALADO EXTERNO EN CADA COMPARTIMIENTO.<br>(Asiento del dique = Asiento del Buque.) | | |
|---|---|---|
| Calado en la proa | | 17.50 m |
| Compartimiento #1 | 17.50 m + (15.24 × 0.00703) | 17.60 m |
| Compartimiento #2 | 17.50 m + (45.72 × 0.00703) | 17.82 m |
| Compartimiento #3 | 17.50 m + (76.20 × 0.00703) | 14.04 m |
| Compartimiento #4 | 17.50 m + (106.68 × 0.00703) | 14.26 m |
| Compartimiento #5 | 17.50 m + (136.16 × 0.00703) | 14.46 m |
| Compartimiento #6 | 17.50 m + (166.64 × 0.00703) | 14.68 m |
| Calado en la popa | | 14.79 m |

*Tablas 17. 7.*
***Tabla de Interpolaciones para obtener el calado externo.***

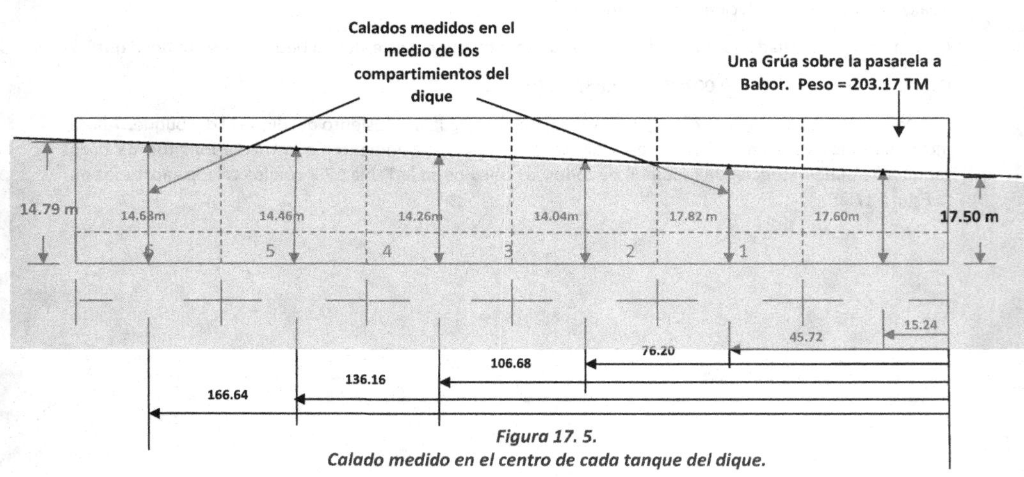


*Figura 17. 5.*
*Calado medido en el centro de cada tanque del dique.*

17.5.3 Determinación del desplazamiento de los Tanques.

Para determinar el desplazamiento de los tanques se obtienen los volúmenes de los pontones y los muros laterales de babor y estribor. El dique se encuentra en una posición de asiento hacia popa, lo cual indica que el volumen de agua contenida en cada pontón será igual por estar sumergidos completamente, pero en cada muro lateral los volúmenes serán distintos.

**Tanque de Lastre # 1 Babor y Estribor.**

Volumen del pontón ---------------- 5.49 × 20.29 × 30.48 = $3060.56\ m^3$

Volumen del muro lateral (17.43 – 5.49) × 4.57 × 30.48 = 1105.99 $m^3$

Volumen Total ------------------------------------------ = 3060.56 + 1105.99 = **4166.55** $m^3$ (17.52)

Peso del agua por metro cúbico: ---------------------= $0.999523\ Tm/m^3$ para agua dulce.

**Peso del agua:** $4166.55\ m^3 \times 0.999523\ Tm/m^3 = 4164.56\ Tm$ (17.53)

**Tanque de Lastre # 2 Babor y Estribor.**

Volumen del pontón = 5.49 × 20.29 × 30.48 = $3060.56\ m^3$

Volumen del muro lateral = (17.64 – 5.49) × 4.57 × 30.48 = 1135.24 $m^3$

Volumen Total ------------------------------------- = $3060.56\ m^3$ + 1135.24 = 4195.80 $m^3$

**Peso del agua** -------------------------- = $4195.80\ m^3 \times 0.999523\ Tm/m^3 = 4193.80\ Tm$

**Tanque de Lastre # 3 Babor y Estribor**

Volumen del pontón = 5.49 × 20.29 × 30.48 = $3060.56\ m^3$

Volumen del muro lateral = (17.85 – 5.49) × 4.57 × 30.48 = 1164.49 $m^3$

Volumen Total ----------------------------------- $3060.56\ m^3$ + 1164.49 = 4225.05 $m^3$

**Peso del agua:** ------------------ $4225.05\ m^3 \times 0.999523\ Tm/m^3 = 4223.04\ Tm$

**Tanque de Lastre # 4 Babor y Estribor**

Volumen del pontón ------= 5.49 × 20.29 × 30.48 = 3060.56 $m^3$

Volumen del muro lateral = (14.06 – 5.49) × 4.57 × 30.48 = 1193.75 $m^3$

Volumen Total ------------------------- = 3060.56 $m^3$ + 1193.75 = 4254.31 $m^3$

**Peso del agua:** ------------------------- = 4254.31 $m^3 \times 0.999523\ Tm/m^3 = 4252.28\ Tm$

**Tanque de Lastre # 5 Babor y Estribor**

Volumen del pontón-------= 5.49 × 20.29 × 30.48 = 3060.56 $m^3$

Volumen del muro lateral = (14.28 – 5.49) × 4.57 × 30.48 = 1225.39 $m^3$

Volumen Total ------------------------ = 3060.56 $m^3$ + 1225.39 = 4284.95 $m^3$

**Peso del agua:** ------------------------ = 4284.95 $m^3 \times 0.999523 \frac{Tm}{m^3} = 4282.90$ Tm

**Tanque de Lastre # 6 Babor y Estribor**

Volumen del pontón = 5.49 × 20.29 × 30.48 = 3060.56 $m^3$ 4

Volumen del muro lateral = (14.49 – 5.49) × 4.57 × 30.48 = 1266.57 $m^3$

Volumen Total ----------------------- = 3060.56 $m^3$ + 1266.57 = 43217.13 $m^3$

**Peso del agua:** ----------------------- = 43217.13 $m^3 \times 0.999523 \frac{Tm}{m^3} = 4326.07$ Tm

**17.5.4 Determinación del Volumen neto de Agua en los Tanques**

Ahora calcularemos el volumen neto del agua en cada tanque.

Peso del agua – peso de la embarcación – peso del dique = volumen de agua en los tanques.

**Tanque de Lastre - Estribor # 1**

**Peso del agua:** ---------------------------------= 4164.56 Tms

Peso del dique ---------------------------------= - 6017.45 Tms

Peso del buque -------------------------------- = <u>0000.00 Tms</u>

Peso Total del lastre --------------------------- = 3555.11 Tms

Volumen total del lastre ---------------------- = $\frac{\text{Peso total del Lastre}}{\text{Unidad de Peso del Agua}}$

------------- = $\frac{3555.11 \text{ Tms.}}{0.999523 \frac{\text{Tms.}}{m^3}}$ = 3556.80 (17.54)

**Tanque de Lastre - Babor # 1**

**Peso del agua: -----------------------------------** = 4193.80 Tms

Peso del dique ----------------------------------= - 812.62 Tms

Peso del buque --------------------------------- = <u>0000.00 Tms</u>

Peso Total del lastre --------------------------- = 3381.18 Tms

Volumen total del lastre ------------------------= $\frac{\text{Peso total del Lastre}}{\text{Unidad de Peso del Agua}}$

= $\frac{3381.18 \text{ Tms.}}{0.999523 \frac{\text{Tms.}}{m^3}}$ = 3382.79 $m^3$

**Tanque de Lastre – Estribor y Babor # 2**

**Peso del agua: -------------------------------** = 4193.80 Tms

Peso del dique --------------------------------- = - 6017.45 Tms

Peso del buque --------------------------------- = <u>0000.00 Tms</u>

Peso Total del lastre -------------------------- = 3584.35 Tms

Volumen total del lastre ---------------------- = $\frac{\text{Peso total del Lastre}}{\text{Unidad de Peso del Agua}}$

= $\frac{3584.35 \text{ Tms.}}{0.999523 \frac{\text{Tms.}}{m^3}}$ = 3586.06 $m^3$

**Tanque de Lastre –Estribor y Babor # 3**

**Peso del agua: -----------------------------** = 4224.04 Tms

Peso del dique ------------------------------- = - 6017.45 Tms

Peso del buque ------------------------------- = <u>0000.00 Tms</u> (Buque todavía a flote)

Peso Total del lastre -------------------------- = 3617.59 Tms

Volumen total del lastre ---------------------- = $\frac{\text{Peso total del Lastre}}{\text{Unidad de Peso del Agua}}$

= $\frac{3617.59 \text{ Tms.}}{0.999523 \frac{\text{Tms.}}{m^3}}$ = 3615.31 $m^3$

**Tanque de Lastre –Estribor y Babor #4**

**Peso del agua: ----------------------------------** = 4252.28 Tms

Peso del dique ---------------------------------- = - 6017.45 Tms

Peso del buque --------------------------------- = <u>0000.00 Tms</u>

Peso Total del lastre --------------------------- = 3642.83 Tms

Volumen total del lastre ----------------------- = $\frac{\text{Peso total del Lastre}}{\text{Unidad de Peso del Agua}}$

$= \frac{3642.83 \text{ Tms.}}{0.999523 \frac{\text{Tms.}}{m^3}} = 3644.57 \text{ m}^3$

**Tanque de Lastre –Estribor y Babor # 5**

**Peso del agua: -------------------------------** = 4282.90 Tms

Peso del dique --------------------------------- = 6017.45 Tms

Peso del buque ------------------------------- = <u>0000.00 Tms</u>

Peso Total del lastre --------------------------= 3673.45 Tms

Volumen total del lastre -------------------- = $\frac{\text{Peso total del Lastre}}{\text{Unidad de Peso del Agua}}$

$= \frac{3673.45 \text{ Tms.}}{0.999523 \frac{\text{Tms.}}{m^3}} = 3675.20 \text{ m}^3$

**Tanque de Lastre –Estribor y Babor # 6**

**Peso del agua: ----------------------------------** = 4326.07 Tms

Peso del dique ---------------------------------- = 6017.45 Tms

Peso del buque --------------------------------- = <u>0000.00 Tms</u>

Peso Total del lastre --------------------------- = 3717.62 Tms

Volumen total del lastre ----------------------- = $\frac{\text{Peso total del Lastre}}{\text{Unidad de Peso del Agua}}$

Volumen total del lastre----------------------- = $\frac{3716.62 \text{ Tms.}}{0.999523 \frac{\text{Tms.}}{m^3}} = 3720.39 \text{ m}^3$

| SEGUNDA FASE | |
|---|---|
| **VOLUMEN TOTAL DEL LASTRE** | |
| **Numeración.** | **Volumen** |
| **Tanque # 1, Estribor** | **3556.80** $m^3$ |
| **Tanque # 1, Babor.** | **3382.79** $m^3$ |
| **Tanque # 2 Babor. /Estribor** | **3586.06** $m^3$ |
| **Tanque # 3 Babor. /Estribor.** | **3615.31** $m^3$ |
| **Tanque # 4 Babor. /Estribor** | **3644.57** $m^3$ |
| **Tanque # 5 Babor. /Estribor** | **3675.20** $m^3$ |
| **Tanque # 6 Babor. /Estribor.** | **3720.39** $m^3$ |

*Tablas 17. 8.*
*Volumen total del lastre en los tanques.*

17.5.5 Determinación del calado (Ctns) de los Tanques.

Llamaremos el calado en los tanques "$\mathbf{C_{tns}}$" para distinguirlo de los otros calados. El volumen total ocupado por el agua en los tanques debe ser levemente aumentado para compensar el peso de las bombas, válvulas, tuberías y otras partes estructurales. El aumento se calcula multiplicando el volumen total por 0.98, la constante de permeabilidad de los tanques del dique flotante de acero.

**Tanque # 1 Estribor.**

De la ecuación:

Volumen del agua en los Pontones = L × W × $\mathbf{C_{tns}}$ × Permeabilidad.

Tenemos que:

Volumen de los pontones: --------------------------30.48 × 20.29 × 5.49 × 0.98 = 29917.35 $m^3$ (17.55)

Volumen del lastre restante en el tanque del muro 3556.80 $m^3$ - 29917.35 $m^3$ = 556.45 $m^3$

Volumen del lastre en el tanque del muro = L × W × $\mathbf{C_{tns}}$ × Permeabilidad

$$\text{Calado del agua en los tanques } (\mathbf{C_{tns}}) = \frac{\text{Volumen}}{\text{L} \times \text{W} \times \text{Permeabilidad}} \tag{17.56}$$

$$\mathbf{C_{tns}} = \frac{557.45}{4.57 \times 30.48 \times 0.98}$$

**$C_{tns}$ = 4.08 m.**

**Tanque # 1 Babor. (Con el peso agregado de la grúa)**

De la ecuación:

Volumen del agua en los Pontones = L × W × H × Permeabilidad.

Tenemos que:

Volumen en los pontones = 30.48 × 20.29 × 5.49 × 0.98 = 29917.35 $m^3$

Volumen del lastre restante en el tanque del muro:

$$3382.79\, m^3 - 29917.35\, m^3 = 383.44\, m^3$$

Volumen del lastre en el tanque del muro = L × W × $C_{tns}$ × Permeabilidad

Calado del agua en los tanques: $C_{tns} = \dfrac{\text{Volumen}}{L \times W \times \text{Permeabilidad}}$

$$C_{tns} = \frac{383.44}{4.57 \times 30.48 \times 0.98}$$

**$C_{tns}$ = 2.80 m**

**Tanque # 2, Babor y Estribor**

Volumen en los pontones -------------------------= 30.48 × 20.29 × 5.49 × 0.98 = 29917.35 $m^3$

Volumen del lastre restante en el tanque del muro = 3586.06 $m^3$ - 29917.35 $m^3$ = 586.71 $m^3$

Volumen del lastre en el tanque del muro = L × W × $C_{tns}$ × Permeabilidad

Calado del agua en los tanques: $C_{tns} = \dfrac{\text{Volumen}}{L \times W \times \text{Permeabilidad}}$

$$C_{tns} = \frac{586.71}{4.57 \times 30.48 \times 0.98}$$

**$C_{tns}$ = 4.29 m**

**Tanque # 3, Babor y Estribor**

Volumen en los pontones --------------- = 30.48 × 20.29 × 5.49 × 0.98 = 29917.35 $m^3$

Volumen del lastre restante en el tanque del muro:

$$3615.31\, m^3 - 29917.35\, m^3 = 615.96\, m^3$$

Volumen del lastre en el tanque del muro = L × W × $C_{tns}$ × Permeabilidad

Calado del agua en los tanques $C_{tns} = \dfrac{\text{Volumen}}{L \times W \times \text{Permeabilidad}}$

$$C_{tns} = \frac{615.96}{4.57 \times 30.48 \times 0.98}$$

**$C_{tns}$ = 4.51 m**

**Tanque # 4, Babor y Estribor**

Volumen en los pontones ------------------ = 30.48 × 20.29 × 5.49 × 0.98 = 29917.35 $m^3$

Volumen del lastre restante en el tanque del muro:

3644.57 $m^3$ - 29917.35 $m^3$ = 645.22 $m^3$

Volumen del lastre en el tanque del muro = L × W × H × Permeabilidad

Calado del agua en los tanques: $C_{tns} = \frac{\text{Volumen}}{L \times W \times \text{Permeabilidad}}$

$$C_{tns} = \frac{645.22}{4.57 \times 30.48 \times 0.98}$$

**$C_{tns}$ = 4.73m**

**Tanque # 5, Babor y Estribor**

Volumen en los pontones: --------------------------- 30.48 × 20.29 × 5.49 × 0.98 = 29917.35 $m^3$

Volumen del lastre restante en el tanque del muro: 3675.20 $m^3$ - 29917.35 $m^3$ = 675.85 $m^3$

Volumen del lastre en el tanque del muro = L × W × $C_{tns}$ × Permeabilidad

Calado del agua en los tanques: $C_{tns} = \frac{\text{Volumen}}{L \times W \times \text{Permeabilidad}}$

$$C_{tns} = \frac{675.85}{4.57 \times 30.48 \times 0.98}$$

**$C_{tns}$ = 4.95**

**Tanque # 6, Babor y Estribor**

Volumen en los pontones:

30.48 × 20.29 × 5.49 × 0.98 = 29917.35 $m^3$

Volumen del lastre restante en el tanque del muro:

3720.39 $m^3$ - 29917.35 $m^3$ = 720.04 $m^3$

Volumen del lastre en el tanque del muro = L × W × $C_{tns}$ × Permeabilidad

Calado del agua en los tanques:

$$C_{tns} = \frac{\text{Volumen}}{L \times W \times \text{Permeabilidad}}$$

$$C_{tns} = \frac{719.04}{4.57 \times 30.48 \times 0.98}$$

$$C_{tns} = 5.26 \text{ m}$$

| SEGUNDA FASE (LA QUILLA DEL BUQUE REPOSA SOBRE LOS PICADEROS). | |
|---|---|
| **Altura del Agua en los Tanques.** | |
| **Numeración.** | **Alturas** |
| **Tanque # 1, Estribor** | **4.08 m.** |
| **Tanque # 1, Babor.** | **2.80 m** |
| **Tanque # 2 Babor. /Estribor.** | **4.29 m** |
| **Tanque # 3 Babor. /Estribor** | **4.51 m** |
| **Tanque # 4 Babor. /Estribor** | **4.73m** |
| **Tanque # 5 Babor. /Estribor** | **4.95 m** |
| **Tanque # 6 Babor. /Estribor** | **5.26 m** |

*Tablas 17. 9.*
***Altura del agua en los tanques.***

## 17.6 TERCERA FASE. La superficie del agua del dique marca la mitad del calado del buque.

Los cálculos se harán basados en el hecho, de que el agua en el exterior se encuentra a la mitad del calado del buque. Se harán los siguientes cálculos para esta fase:

1. Encontrar la mitad del calado del buque.
2. Determinar el calado de la popa del dique flotante de acuerdo con la ubicación del calado de popa del buque.
3. Determinar el calado de la proa del dique flotante.
4. Determinar el Peso del agua en los Tanques.
5. Determinar el volumen de agua en los tanques.
6. Determinar el calado (**$C_{tns}$**) en los Tanques.

### 17.6.1 Determinación del calado de la popa del dique de acuerdo con la ubicación del calado de la popa del buque.

Mitad del calado del buque en la marca de la popa = $\frac{7.3}{2} = 3.67\text{mts}$ (17.57)

Mitad del calado del buque en la marca de la proa = $\frac{6.1}{2} = 3.05\text{mts}$

Asiento del buque = $\frac{3.67 - 3.05}{170.69} = 0.003632 \, {}^{mts}/_{mts}$

Calado del buque-------------------------------------------------- = 3.67 ms

Altura de los picaderos---------------------------------------------= 1.83 ms

Altura de los pontones del dique---------------------------------- = 5.49 ms

= 9.99 ms

La marca vertical de calados de la popa del buque se encuentra a 3.048 ms del extremo de la popa del dique, y según el valor del asiento metro por metro, calculado en el párrafo anterior tenemos:

Asiento del buque metro por metro = $\frac{3.67 - 3.05}{170.69} = 0.003632 \, {}^{mts}/_{mts}$ (17.58)

Para encontrar el calado en la popa del dique en la ubicación del calado del buque que se encuentra a 3.048 ms de distancia del extremo de la popa del dique. Interpolamos para situar el calado del dique justamente en dicho punto.

Calado en la popa del dique = 9.99 + (0.003632 × 3.048) = 10.00 ms (17.59)

| **TERCERA FASE**<br>**LA SUPERFICIE DEL AGUA LLEGA AL CALADO MEDIO DEL BUQUE.** | | |
|---|---|---|
| **Interpolaciones para el Calado Externo en cada Compartimiento.**<br>**(Asiento del dique = Asiento del Buque.)** | | |
| **Calado en la proa** | | **9.34 m** |
| **Compartimiento#1** | 9.34 + (0.003867 × 15.24) | **9.40 m** |
| **Compartimiento#2** | 9.34 + (0.003867 × 45.72) | **9.52 m** |
| **Compartimiento#3** | 9.34 + (0.003867 × 76.20) | **9.63 m** |
| **Compartimiento#4** | 9.34 + (0.003867 × 106.68) | **9.75 m** |
| **Compartimiento#5** | 9.34 + (0.003867 × 136.16) | **9.87 m** |
| **Compartimiento#6** | 9.34 + (0.003867 × 166.64) | **9.99 m** |
| **Calado en la popa** | | **10.00 m** |

*Tablas 17. 10.*
*Tabla de interpolaciones para el calado externo.*

17.6.2 Determinación del Calado de proa del Dique.

El calado de la proa del dique determinará su asiento paralelo al del buque. Para determinar el calado correspondiente al extremo de la proa del dique, realizamos la interpolación usual:

10.00 – (0.003632 × 182.88) = 9.34 ms

Volvemos a interpolar para obtener los calados en los 6 tanques restantes del dique:

Valor de la pendiente entre calados popa y proa = $\frac{11.00-10.34}{170.69} = 0.003867 \, {}^{mts}/_{mts}$ (17.60)

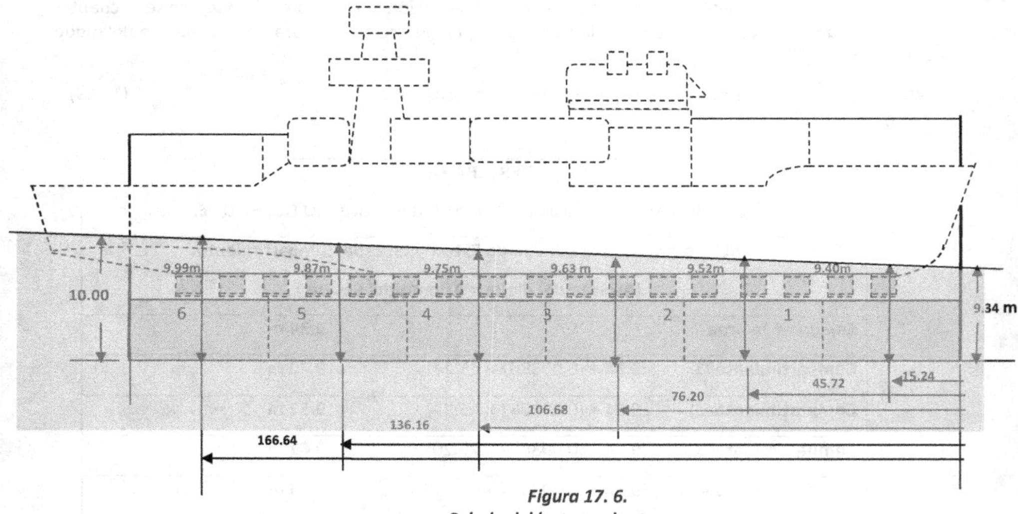


***Figura 17. 6.***
***Calado del lastre en los tanques.***

17.6.3 Determinación del Peso del lastre en los Tanques.
Volumen del Tanque # 1 Estribor. y Babor.

Volumen del pontón --------------------= 5.49 × 20.29 × 30.48 = 3060.56 m$^3$

Volumen del muro lateral-------= (9.40-5.49) × 4.57 × 30.48 = 683.93 m$^3$

Volumen Total ------------------------------ = 3060.56 + 683.93 = 3744.49 m$^3$

Desplazamiento o peso del agua ------- = 3744.49 × 0.999523 = 3742.70 Tms

Para el resto de los tanques se obtiene:

| TERCERA FASE<br>LA SUPERFICIE DEL AGUA LLEGA A LA MITAD DEL CALADO DEL BUQUE.<br>Calado en Popa=10.00, Calado en la proa = 9.34 | | | |
|---|---|---|---|
| **Numeración de los compartimientos** | **Peso del Agua en el compartimiento** | **Peso del Buque sobre el Compartimiento** | **½ Peso del Buque** |
| | **(Tms)** | **(Tms)** | **(Tms)** |
| # 1 Babor/Estribor | 3742.70 | 1017.90 | 5017.45 |
| # 2 Babor./Estribor | 37517.42 | 1756.41 | 8717.205 |
| # 3 Babor/Estribor | 3774.73 | 1834.10 | 917.05 |
| # 4 Babor/Estribor | 3791.43 | 1910.80 | 955.9 |
| # 5 Babor/Estribor | 38017.14 | 19817.50 | 994.75 |
| # 6 Babor/Estribor | 3825.8 | 1646.14 | 853.57 |

*Tablas 17. 11.*
*Calado correspondiente a ½ del calado del buque.*

17.6.4 Determinación del volumen del lastre en los tanques.

La suma del peso del dique más el peso sobre el compartimiento y el peso del agua en los tanques es igual al peso o desplazamiento de dicha sección: Empezamos calculando el volumen total del lastre.

**Tanque # 1 Estribor.**

Peso sobre el compartimiento (Babor y Estribor) --------------------- 1017.9 Tms

Desplazamiento del tanque----------------------------------------------- 3742.70 Tms

Peso del dique ---------------------------------------------------------------- 6017.45 Tms

Peso sobre el compartimiento dividido en dos ------------------------ - 5017.45 Tms

Peso Total del lastre ------------------------------------------------------ = 2641.52 Tms

Volumen total del lastre ------------------------------- = $\frac{\text{Peso total del Lastre}}{\text{Unidad de Peso del Agua}}$

$= \frac{2641.45 \text{ Tms.}}{0.999523 \frac{\text{Tms.}}{m^3}}$

= **2625.80** $m^3$

**Tanque # 1 Babor. (Con el peso agregado de la grúa)**

Peso sobre el compartimiento (Babor y Estribor) ----------------1017.9 Tms

Desplazamiento ---------------------------------------------------------- **3742.70** Tms

Peso del dique ------------------------------------------------------------ - 812.62 Tms

Mitad del Peso sobre el compartimiento--------------------------- - 5017.45 Tms

Peso Total del lastre -------------------------------------------------- = 2422.63 Tms

Dividimos el peso total del lastre entre la unidad de peso del agua = $\frac{\text{Peso total del Lastre}}{\text{Unidad de Peso del Agua}}$

$= \frac{2421.63 \text{ Tms.}}{0.999523 \frac{\text{Tms.}}{m^3}}$

Volumen total del lastre = **2423.79** $m^3$

Los tanques restantes se han calculado con el mismo método con los resultados que se presentan en la tabla a continuación:

| TERCERA FASE<br>**Calado en Popa=10.00, Calado en la proa = 9.34** | |
|---|---|
| **Volumen total del Lastre** | |
| **Numeración.** | **Volumen ($m^3$)** |
| **Tanque # 1, Estribor** | 2625.80 |
| **Tanque # 1, Babor.** | 2423.79 |
| **Tanque # 2 Babor. /Estribor** | 2272.84 |
| **Tanque # 3 Babor. /Estribor.** | 22417.30 |
| **Tanque # 4 Babor. /Estribor** | 2226.14 |
| **Tanque # 5 Babor. /Estribor** | 2204.99 |
| **Tanque # 6 Babor. /Estribor.** | 2191.97 |

*Tablas 17. 12.*
*Volumen total del lastre en los tanques.*

17.6.5 Determinación de la altura (Ctns) del lastre en los Tanques.

**Tanque # 1 Estribor. (Sumado el peso de la grúa sobre el muro)**

De la ecuación del volumen del lastre despejamos $C_{tns}$:

$$\text{Volumen del lastre} = L \times W \times \mathbf{C_{tns}} \times \text{Permeabilidad} \tag{17.61}$$

$$C_{tns} = \frac{\text{Volumen}}{L \times W \times \text{Permeabilidad}} \tag{17.62}$$

$$C_{tns} = \frac{2624.80}{18.29 \times 30.48 \times 0.98}$$

$$\mathbf{C_{tns} = 4.80\ m.}$$

**Tanque # 1 Babor.**

Volumen del lastre en el tanque del muro = L × W × $\mathbf{C_{tns}}$ × Permeabilidad

Calado del agua en los tanques: $\mathbf{C_{tns}} = \dfrac{\text{Volumen}}{L \times W \times \text{Permeabilidad}}$

$$C_{tns} = \frac{2422.79}{18.29 \times 30.48 \times 0.98}$$

**$C_{tns}$ = 4.43 m**

| TERCERA FASE<br>LA SUPERFICIE DEL AGUA EN LOS TANQUES LLEGA AL CALADO MEDIO DEL BUQUE.<br>Calado en Popa=10.00, Calado en la proa = 9.34) | |
|---|---|
| Altura del lastre en los Tanques. | |
| Numeración. | Alturas (mts) |
| Tanque # 1, Estribor | 4.80 m. |
| Tanque # 1, Estribor | 4.43 m |
| Tanque # 2 Babor. /Estribor. | 4.29 m |
| Tanque # 3 Babor. /Estribor | 4.51 m |
| Tanque # 4 Babor. /Estribor | 4.73m |
| Tanque # 5 Babor. /Estribor | 4.95 m |
| Tanque # 6 Babor. /Estribor | 4.43 m |

*Tablas 17. 13.*
*Altura del lastre coincide con ½ del calado del buque.*

**17.7 CUARTA FASE: El agua se encuentra al nivel de la Superficie de los picaderos (La quilla del buque descansa sobre los picaderos).**

Los cálculos para esta fase son los siguientes:

1. Determinación del calado del dique.
2. Determinación del peso del agua en los tanques limitado por el calado al nivel de la superficie de los picaderos.
3. Determinación del volumen total, requerido para sostener el peso del buque sobre cada pontón.
4. Determinación de la altura del agua en los tanques.

17.7.1 Calado del dique.

El dique en esta etapa se encuentra flotando a nivel, sin asiento.

Encontramos el calado sumando la altura del agua que se encuentra al nivel de los picaderos, más la altura de los pontones.

Altura de los picaderos ----------------------------------------- = 1.83 ms.

Altura de los pontones (Profundidad) ---------------------- = 5.49 ms.

Total = 6.32 ms.

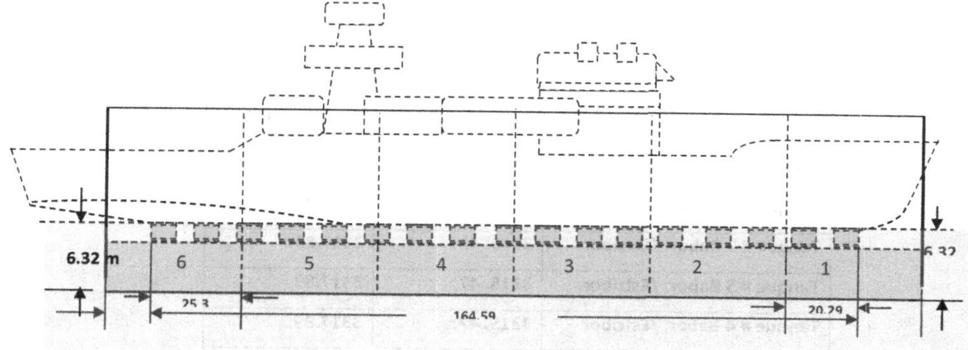


***Figura 17. 7.***
***Nuevo calado del Dique.***

17.7.2 El peso del agua en los tanques.
**(Dique nivelado. Calado = 6.32 ms.)**

Para los tanques del 1 al 6 en babor y estribor calculamos el volumen de agua en los muros y pontones al calado de 6.32mts. y luego multiplicamos por el valor de la densidad del agua dulce en toneladas métricas para obtener el peso del agua en los tanques.

Volumen de los pontones---------------------- $5.49 \times 20.29 \times 30.48 = 3060.56\ m^3$

Volumen de los muros --------- $(6.32 - 5.49) \times 4.57 \times 30.48 = 254.91\ m^3$ (17.63)

**Volumen Total =3315. 47 $m^3$**

**Peso del agua en los tanques**: $3315.47 m^3 \times 0.999523\ tms/m^3 = 3317.89$ Tms

| CUARTA FASE<br>EL AGUA SE ENCUENTRA AL NIVEL DE LA SUPERFICIE DE LOS PICADEROS.<br>Calado 6.32 m. Dique nivelado. | | |
|---|---|---|
| **Volumen total del Lastre** | | |
| **Numeración.** | **Volumen** | **Peso del Agua** |
| | **($m^3$)** | **(Tms)** |
| **Tanque # 1, Estribor** | **3315. 47** | **3317.89** |
| **Tanque # 1, Babor.** | **3315. 47** | **3317.89** |
| **Tanque # 2 Babor. /Estribor** | **3315. 47** | **3317.89** |
| **Tanque # 3 Babor. /Estribor.** | **3315. 47** | **3317.89** |
| **Tanque # 4 Babor. /Estribor** | **3315. 47** | **3317.89** |
| **Tanque # 5 Babor. /Estribor** | **3315. 47** | **3317.89** |
| **Tanque # 6 Babor. /Estribor.** | **3315. 47** | **3317.89** |

*Tablas 17. 14.*

***Volumen total del lastre. El agua se encuentra a nivel con la superficie de los picaderos***

17.7.3 Volumen y altura del lastre en los tanques.

Para el peso total del volumen del lastre para cada tanque, tenemos que:
Peso Total del lastre = Peso del agua – peso del dique – peso de la embarcación. Luego dividimos dicho peso entre la densidad del agua dulce para el volumen exacto del lastre y seguidamente con la ecuación: Volumen del lastre = L × W × $\mathbf{C_{tns}}$ × Permeabilidad.

De esta ecuación despejaremos la altura ($\mathbf{C_{tns}}$).

| CUARTA FASE<br>EL AGUA SE ENCUENTRA AL NIVEL DE LA SUPERFICIE DE LOS PICADEROS.<br>Calado 6.32 M. Dique Nivelado. | | | | |
|---|---|---|---|---|
| **Numeración.** | **Peso del Agua en el compartimiento** | **Peso de los Compartimientos** | **Peso del Buque sobre el Compartimiento** | **½ Peso del Buque** |
| | **(Tms)** | **(Tms)** | **(Tms)** | **(Tms)** |
| **# 1 Estribor** | 3317.89 | 6017.45 | 1017.90 | 5017.45 |
| **#1 Babor** | 3317.89 | 812.62 | 1017.90 | 5017.45 |
| **# 2 Babor./Estribor** | 3317.89 | 6017.45 | 1756.41 | 8717.205 |
| **# 3 Babor/Estribor** | 3317.89 | 6017.45 | 1834.10 | 917.05 |
| **# 4 Babor/Estribor** | 3317.89 | 6017.45 | 1910.80 | 955.9 |
| **# 5 Babor/Estribor** | 3317.89 | 6017.45 | 19817.50 | 994.75 |
| **# 6 Babor/Estribor** | 3317.89 | 6017.45 | 1646.14 | 853.57 |

*Tablas 17. 15.*
*Peso del lastre en los compartimientos.*

Peso Total del lastre = 3317.89 – 6017.45 - 1017.17.

Peso Total del lastre = 1686.54 Tms.

Dividimos este peso entre la densidad del agua dulce en Tms / mts.

$$\text{Volumen del lastre} = \frac{1687\ .54\ \text{tms}}{0.999523\ \ {}^{\text{tms}}\!/_{\text{m}^3}} =$$

**$=16817.34\ m^3$**

De la ecuación del Volumen del lastre = L × W × Altura (**$C_{tns}$**)× Permeabilidad (17.64)

Despejamos altura (**$C_{tns}$**) para obtener:

$$C_{tns} = \frac{V_{Lastre}}{L \times W \times \text{Permeabili dad}} \quad (17.65)$$

$$C_{tns} = \frac{1688.34}{30.48 \times 18.29 \times 0.98} \quad (17.66)$$

**$C_{tns}$** = 3.09 mts

**Para el Tanque # 1 a Babor**

Peso Total del lastre = 3317.89 – 812.62 – 1017.17.

Peso Total del lastre = 1484.37 Tms.

Peso entre la densidad del agua dulce en Tms / ms para el volumen total.

Peso del agua entre la densidad para obtener el volumen total = $\frac{1484.37 \text{ Tms.}}{0.999523 \frac{\text{Tms.}}{m^3}}$ = 1485.08 $m^3$

Volumen total del lastre = L × W × $\mathbf{C_{tns}}$ × Permeabilidad

1485.08 $m^3$ = L × W × $\mathbf{C_{tns}}$ × Permeabilidad

1485.08 $m^3$ = 30.48 × 20.29 × $\mathbf{C_{tns}}$ × 0.98

$$C_{tns} = \frac{1485.08}{L \times W \times 0.98}$$

$$C_{tns} = \frac{1485.08}{30.48 \times 18.29 \times 0.98}$$

**$C_{tns}$ = 2.72 ms.**

**Tanque # 2 Babor y Estribor**

Peso total del lastre = 3317.89 – 6017.45 – 1756.41 = 9417.03 Tms

Volumen total del lastre = $\frac{948\ .03\ tms}{0.999523\ \text{tms}/\text{m}^3}$ = 9417.48 $m^3$

$$C_{tns} = \frac{948.48}{30.48 \times 18.29 \times 0.98}$$

**$C_{tns}$ = 1.74 ms.**

**Tanque # 3 Babor y Estribor**

Peso total del lastre = 3317.89 – 6017.45 – 1834.13 = 870.31 Tms

Volumen total del lastre = $\frac{870.31}{0.999523}$ = 870.73 $m^3$

$$C_{tns} = \frac{870.73}{30.48 \times 20.29 \times 0.98}$$

**$C_{tns}$ = 1.59 ms.**

**Tanque # 4 Babor y Estribor**

Peso total del lastre = 3317.89 – 6017.45 – 1910.8 = 792.64 Tms

Volumen total del lastre $= \frac{792.64}{0.999523}$ = 793.02 m$^3$

$$C_{tns} = \frac{793.02}{30.48 \times 20.29 \times 0.98}$$

$\mathbf{C_{tns} = 1.46}$ **ms.**

**Tanque # 5 Babor y Estribor**

Peso total del lastre = 3317.89 – 6017.45 – 19817.5 = 714.94 Tms

Volumen total del lastre $= \frac{714.94}{0.999523}$ = 715.217.02 m$^3$

$$C_{tns} = \frac{715.28}{30.48 \times 20.29 \times 0.98}$$

$\mathbf{C_{tns} = 1.31}$ **ms.**

**Tanque # 6 Babor y Estribor**

Peso total del lastre = 3317.89 – 6017.45 – 1646.14 = 1056.30 Tms

Volumen del lastre $= \frac{1056.30}{0.999523}$ = 1056.81 m$^3$

$$C_{tns} = \frac{1056.81}{30.48 \times 20.29 \times 0.98}$$

$\mathbf{C_{tns} = 1.94}$ **ms.**

| CUARTA FASE<br>ALTURA DEL AGUA EN LOS TANQUES<br>***El Agua Se Encuentra Al Nivel De La Superficie De Los Picaderos.*** | |
|---|---|
| **Calado 6.32 m. Dique nivelado.** | |
| **Numeración.** | **Altura (mts)** |
| **Tanque # 1, Estribor** | **3.017.** |
| **Tanque # 1, Babor** | **2.72** |
| **Tanque # 2 Babor. /Estribor.** | **1.74** |
| **Tanque # 3 Babor. /Estribor** | **1.59** |
| **Tanque # 4 Babor. /Estribor** | **1.46** |
| **Tanque # 5 Babor. /Estribor** | **1.31** |
| **Tanque # 6 Babor. /Estribor** | **1.94** |

*Tablas 17. 16.*
*Altura del lastre en los tanques.*

**17.8 QUINTA FASE: El dique se encuentra a nivel en su francobordo normal de operación.**

El buque se encuentra en reposo sobre los picaderos en el dique. Después de la inspección de los apoyos y los sistemas de seguridad, comenzarán los trabajos programados para el buque.

17.17.1 Verificación de los volúmenes, desplazamientos y alturas del Lastre.

A - Verificación final del calado interno de los 6 tanques del dique.

Primero restamos la altura del francobordo de la altura de los pontones bajo la solera del dique para obtener el calado externo del dique.

Altura de los pontones bajo la solera--------------------------- 5.49 ms

Francobordo------------------------------------------------------ - 0.457 ms.

Calado externo del dique. Dique a nivel: -------------------- = 5.03 ms.

**Tanque # 1 Estribor:**

1- Volumen del pontón: --------------------------------------------- $5.03 \times 20.29 \times 30.48 = 2804.12\ m^3$

2- Desplazamiento (Δ) del agua en los pontones: $2804.12\ m^3 \times 0.999523\ Tms/m^3 = 2802.78$ Tms

3- Peso total del lastre -------------------------------------= 2802.78 – 6017.45 – 1017.9 = 1176.65 Tms

4- Volumen del lastre del tanque = $\frac{1176.65}{0.999523}$ = 1176.99 m$^3$ (17.67)

Volumen total = L × W × $C_{tns}$× Permeabilidad (17.68)

1176.99 = L × W × $C_{tns}$ × Permeabilidad (17.69)

$C_{tns} = \frac{1176.99}{30.48 \times 20.29 \times 0.98}$ (17.70)

**$C_{tns}$ = 2.15 m**

**Tanque # 1 Babor:**

1- Volumen del pontón: ---------------------------------------- 5.03 × 20.29 × 30.48 = 2804.12 m$^3$

2- Desplazamiento (Δ) del agua en los pontones: 2804.12 m$^3$× 0.999523 Tms/m$^3$ = 2802.78 Tms

3- Peso total del lastre = 2802.78 – 812.62 – 1017.9 = 973.26 Tms

4- Volumen del lastre del tanque = $\frac{973.26}{0.999523}$ = 973.72 m$^3$

Volumen total = L × W × $C_{tns}$× Permeabilidad

973.72 = L × W × $C_{tns}$ × Permeabilidad

Despejamos $C_{tns}$:

$C_{tns} = \frac{973.72}{30.48 \times 20.29 \times 0.98}$

**$C_{tns}$ = 1.78 m**

**Tanque # 2 Estribor / Babor**

1- Volumen del pontón: ---------------------------------------------5.03 × 20.29 × 30.48 = 2804.12 m$^3$

2- Desplazamiento (Δ) del agua en los pontones: 2804.12 m$^3$× 0.999523 Tms/m$^3$ = 2802.78 Tms

3- Peso total del lastre:------------------------------------ 2802.78 – 6017.45 – 1756.41 = 436.92 Tms

4- Volumen del lastre del tanque--------------------------------------------- = $\frac{436.92}{0.999523}$ = 436.13 m$^3$

Volumen = L × W × $C_{tns}$× Permeabilidad

436.13 m$^3$= L × W × $C_{tns}$ × Permeabilidad

$C_{tns} = \frac{436.13}{30.48 \times 20.29 \times 0.98}$

$C_{tns}$ **= 0.800 mts**

**Tanque # 3 Estribor / Babor**

1- Volumen del pontón: ------------------------------------------------ 5.03 × 20.29 × 30.48 = 2804.12 $m^3$

2- Desplazamiento (Δ) del agua en los pontones: 2804.12 $m^3$ × 0.999523 Tms/$m^3$ = 2802.78 Tms

3- Peso total del lastre:--------------------------------------- 2802.78 – 6017.45 – 1834.13 = 3517.20 Tms

4- Volumen del lastre del tanque:----------------------------------------------------- $\frac{3517.20}{0.999523}$ = 3517.37 $m^3$

Volumen = L × W × $C_{tns}$× Permeabilidad

3517.37 $m^3$ = L × W × $C_{tns}$ × Permeabilidad

- $C_{tns} = \frac{3517.37}{30.48 \times 20.29 \times 0.98}$

$C_{tns}$ **= 0.6578 mts**

**Tanque # 4 Estribor / Babor**

1- Volumen del pontón: ------------------------------------------------ 5.03 × 20.29 × 30.48 = 2804.12 $m^3$

2- Desplazamiento (Δ) del agua en los pontones: 2804.12 $m^3$ × 0.999523 Tms/$m^3$ = 2802.78 Tms

3- Peso total del lastre--------------------------------------- = 2802.78 – 6017.45 – 1910.8 = 281.53 Tms

4- Volumen del lastre del tanque: ----------- $\frac{281.53}{0.999523}$ = 281.66 $m^3$

Volumen = L × W × $C_{tns}$× Permeabilidad

281.66 $m^3$= L × W × $C_{tns}$ × Permeabilidad

$C_{tns} = \frac{281.66}{30.48 \times 20.29 \times 0.98}$

$C_{tns}$ **= 0.516 mts**

**Tanque # 5 Estribor / Babor**

1- Volumen del pontón: ------------------------------------------------ 5.03 × 20.29 × 30.48 = 2804.12 $m^3$

2- Desplazamiento (Δ) del agua en los pontones: 2804.12 $m^3$ × 0.999523 Tms/$m^3$ = 2802.78 Tms

3- Peso total del lastre:---------------------------------------2802.78 – 6017.45 – 19817.5 = 203.83 Tms

4- Volumen del lastre del tanque:------------------------------------------------ $\frac{203.83}{0.999523}$ = 203.93 $m^3$

Volumen = L × W × $C_{tns}$× Permeabilidad

203.93 $m^3$ = L × W × $C_{tns}$ × Permeabilidad

$$C_{tns} = \frac{203.93}{30.48 \times 20.29 \times 0.98}$$

**$C_{tns}$ = 0.3733mts**

**Tanque #6 Estribor / Babor**

1- Volumen del pontón: ---------------------------------------------- 5.03 × 20.29 × 30.48 = 2804.12 $m^3$

2- Desplazamiento (Δ) del agua en los pontones: 2804.12 $m^3$ × 0.999523 Tms /$m^3$ = 2802.78 Tms

3- Peso total del lastre -----------------------------------= 2802.78 – 6017.45 – 1646.14 = 546.19 Tms

4- Volumen del lastre del tanque: ----------- $\frac{546.19}{0.999523}$ = 546.45 $m^3$

- -Volumen = L × W × $C_{tns}$× Permeabilidad

- 546.45 $m^3$ = L × W × $C_{tns}$ × Permeabilidad

$$--C_{tns} = \frac{546.45}{30.48 \times 20.29 \times 0.98}$$

**--$C_{tns}$ = 1.000 mts**

| **ALTURAS DEL LASTRE EN LOS TANQUES** <br> ***EL DIQUE SE ENCUENTRA A NIVEL.*** | |
|---|---|
| **Numeración.** | **Alturas (m)** |
| **Tanque # 1, Estribor** | **2.15** |
| **Tanque # 1, Babor** | **1.78** |
| **Tanque # 2 Babor. /Estribor.** | **0.800** |
| **Tanque # 3 Babor. /Estribor** | **0.6578** |
| **Tanque # 4 Babor. /Estribor** | **0.516** |
| **Tanque # 5 Babor. /Estribor** | **0.3733** |
| **Tanque # 6 Babor. /Estribor** | **1.000** |

*Tablas 17. 17.*
*Alturas del lastre en los tanques con el dique a nivel.*

Con estos resultados concluimos el desarrollo del plan de achique para esta varada. Para facilitar el uso y la aplicación del plan, se recomienda la confección de una tabla de trabajo, con todos los datos obtenidos. Presentamos a continuación un ejemplo de la tabla de achique.

| **INFORMACION GENERAL SOBRE LAS CONDICIONES DEL AGUA EN LOS TANQUES** | | | | | | | | |
|---|---|---|---|---|---|---|---|---|
| **Fases** | **Calado del Dique** | **ALTURA DEL AGUA EN LOS COMPARTIMIENTOS DEL DIQUE.** | | | | | | **Calado del Buque** |
| | **(Mts)** | **6 (Mts)** | **5 (Mts)** | **4 (Mts)** | **3 (Mts)** | **2 (Mts)** | **1E / 1B (Mts)** | **(Mts)** |
| **Sumersión Completa** | **15.79<br>14.50** | **6.36** | **6.14** | **5.92** | **5.71** | **5.48** | **5.31 / 3.82** | **6.1<br>6.3** |
| **Contacto de la Quilla** | **14.61<br>17.32** | **5.26** | **4.95** | **4.73** | **4.51** | **4.29** | **4.08 / 2.80** | **6.1<br>6.3** |
| **Medio calado del Buque** | **9.34<br>10.00** | **4.43** | **4.95** | **4.73** | **4.51** | **4.29** | **4.80 / 4.43** | **3.05<br>3.67** |
| **Superficie de los picaderos** | **6.32<br>6.32** | **1.94** | **1.31** | **1.46** | **1.59** | **1.74** | **3.09 / . 2.72** | **0.00<br>0.00** |
| **Francobordo de operación** | **5.03<br>5.03** | **1.000** | **0.3733** | **0.516** | **0.6578** | **0.800** | **2.15 / 1.78** | **0.00<br>0.00** |

*Tablas 17. 18.*
***Resumen de la altura del agua en los compartimientos.***

**17.9 Curvas de Levantamiento.**

Las curvas de levantamiento evitan los extensos cálculos que se realizan en un plan de achique, como el que acabamos de desarrollar. Con las curvas se pueden determinar directamente, la altura del lastre en los tanques que se necesita para levantar un buque, conociendo su peso y su calado. Las curvas se desarrollan para cada tanque. Para crear las curvas medimos la altura del lastre en todos los tanques, para varios calados del dique. Deben verificarse físicamente estas medidas del lastre de los tanques, con cintas métricas u otros medios, para luego compararlas con el sistema automático instalado en el dique,

que indica la altura del lastre en los tanques. En la Figura 17.7, podemos apreciar una ilustración de la sección de un tanque, con lastre y la altura del agua en el exterior.

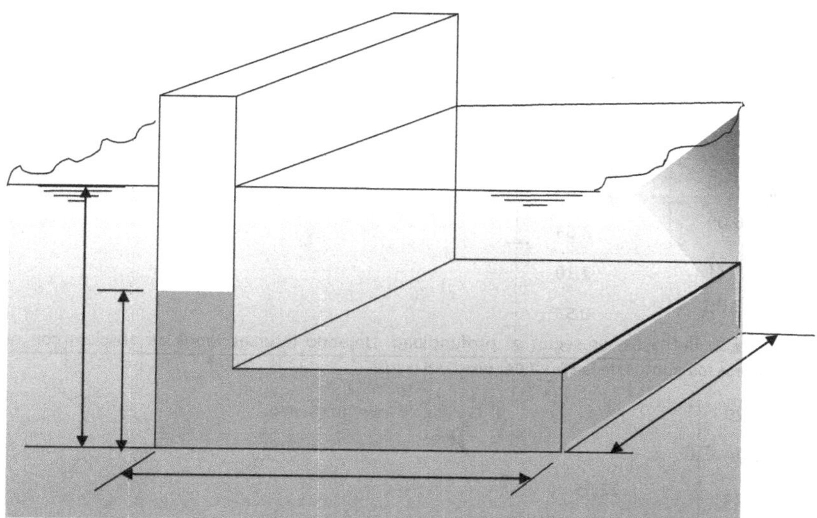

***Figura 17. 8.***
***Vista de una Sección de un Tanque con lastre.***

Es indispensable preparar una gráfica para cada tanque. Los calados del dique se trazan primero en el eje vertical de la gráfica y junto a los calados, las alturas del lastre, equivalentes a cada calado del dique. Se sugiere una escala de: 2 pies medidos físicamente, trazar en la gráfica, intervalos de 5 pies. Una vez que se haya determinado la altura del lastre, el volumen y el peso se calcula para dicha altura y se van colocando, sobre el eje horizontal de la gráfica, en cada 500 Tms aproximadamente. De esta manera se genera, la "Curva del peso del lastre". A continuación, se demuestran los pasos para obtener los valores en una curva de levantamiento:

Creamos una gráfica con el peso del lastre como abscisas y los calados del dique y las alturas del lastre como ordenadas (Figura 17.8).

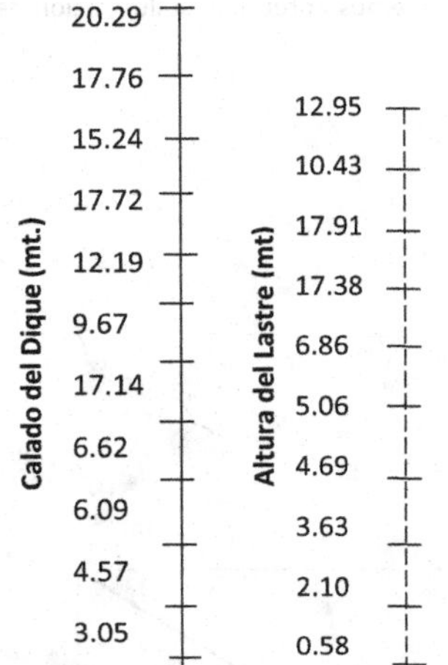


El peso del lastre es según su profundidad. Uniendo intersecciones de abscisas con ordenadas obtenemos los puntos de la curva del peso del lastre.

***Figura 17. 9.***
***Curvas de levantamiento.***

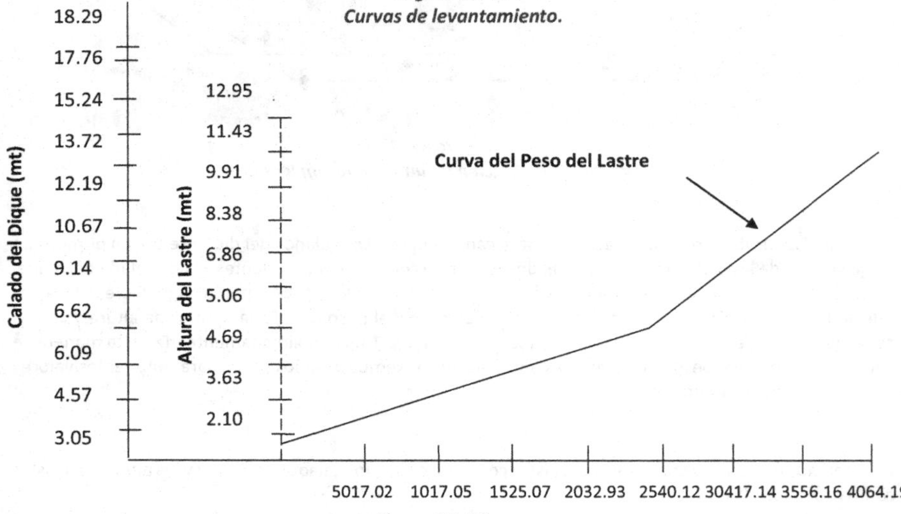


***Figura 17. 10.***
***Curvas de levantamiento.***

Sobre la curva anterior trazamos las ordendas de la cubierta del ponton y la superficie de los picadero, extendiendo la linea hasta hacerla intersecar con la curva del peso del lastre.

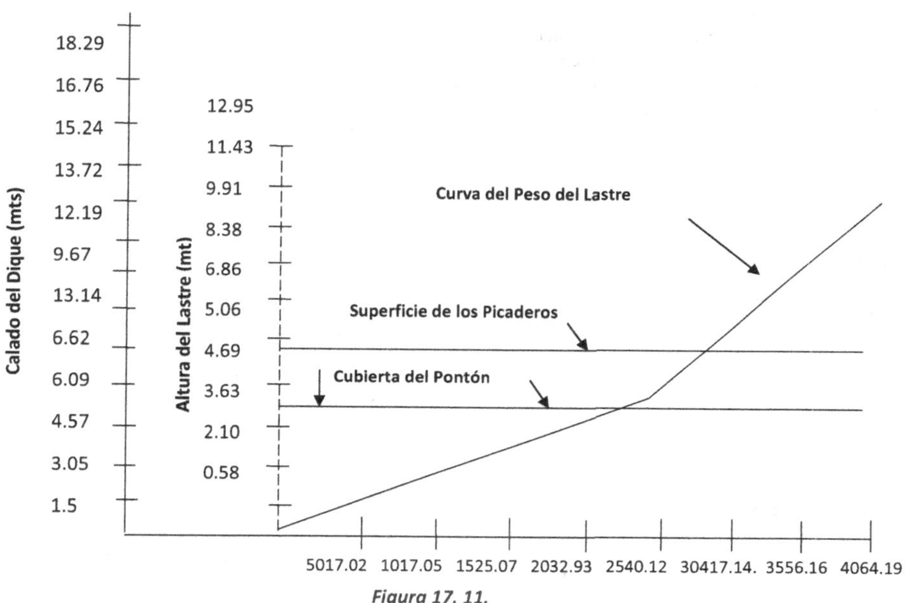


*Figura 17. 11.*
*Curvas de levantamiento.*

**17.10 Preparación del plan de achique utilizando las curvas de levantamiento.**

Utilizaremos los datos del buque y el dique ejemplo del plan de achique anterior para calcular el nivel del agua del compartimiento # 6 de estribor y babor. Los calados y el peso calculado para las 5 fases son las siguientes:

Peso del compartimiento =1646.01 Tms

Calado máximo del dique = 15.85 m

Calado al tocar la quilla los picaderos = 14.63 m

Calado del dique al medio calado del buque = 9.97 m

Calado al mismo nivel de los picaderos = 6.32 m

Calado del francobordo de operación = 5.03 m.

Marcamos el punto donde interseca el calado equivalente al instante en que la quilla toca los picaderos, sobre la curva del peso del lastre. Después de localizar el punto donde interseca el calado del nivel de los picaderos con la curva del peso del lastre, movemos horizontalmente hacia la izquierda, una distancia a escala, que corresponda al peso del compartimiento de 1646.01 Tms. Trace el punto donde interseca la curva del peso del lastre con el calado correspondiente a la cubierta del pontón (5.49 m). De este punto reste el peso del compartimiento moviendo hacia la izquierda horizontalmente el peso a escala y marque el punto. Localice el calado correspondiente al francobordo de operación (5.03 m) y encuentre la intersección de dicho calado con la curva del peso del lastre, moviendo hacia la izquierda. Reste el peso del compartimiento y marque el punto. Conecte todos los puntos y trace la curva que representa la cantidad de agua que debe ser removida para levantar el buque.

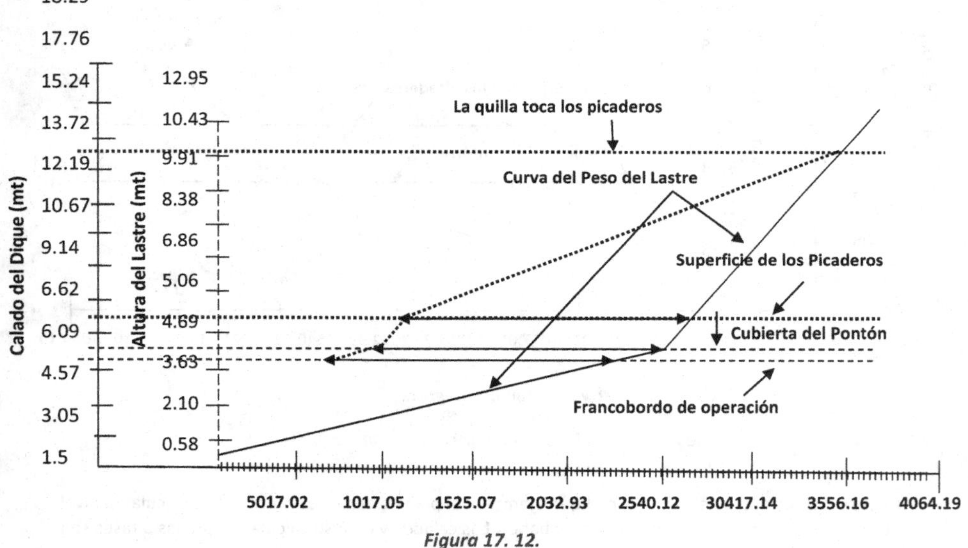


*Figura 17. 12.*
*Grafica de las cinco fases de levantamiento.*

En la Figura 17.12 la cantidad de lastre está marcada en el eje interior de la gráfica para las cinco fases del levantamiento del pontón #6.

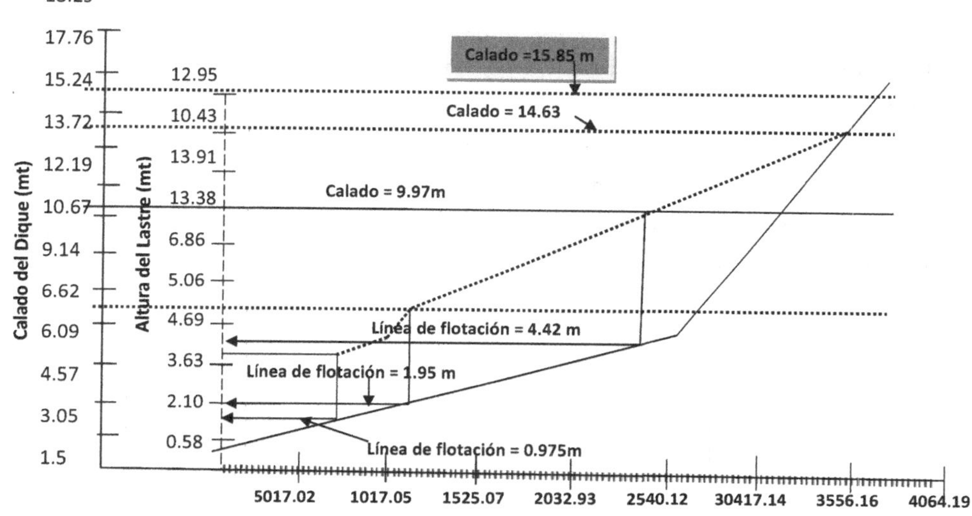


*Figura 17. 13.*
*Gráfica de las cinco fases de levantamiento.*

**17.11 Plan de Desagüe o Achique (Técnica de R. Wasalasky) en unidades Imperiales para un Diques Flotantes.**

Este plan de desagüe fue preparado por el Ingeniero Naval Robert Wasalasky en uno de sus manuscritos técnicos para la MIL-STD-1625. El plan para las cinco (5) etapas críticas del levantamiento del buque, se prepara para un buque ficticio que será varado en un dique flotante. Haremos los cálculos para la primera etapa. Las dimensiones del buque son las siguientes:

Eslora Total (Et) -------------------------------------------------- 437' - 11 1/8" ( 436. 927' )

Eslora entre Perpendiculares ($E_{pp}$) ------------------------------ 414' – 11 1/8" (414.927')

Manga ------------------------------------------------------------------ 46' - 7" (46.583')

Espacio entre Cuadernas ------------------------------------------30"

Perpendicular media ------------------------------------------------ 212' – 0"

LCG dista hacia popa de la perpendicular media ----------------0. 65'

**<u>Posición de la cama de soportes en el dique:</u>**

Para esta varada, el buque se colocará dentro del dique en la posición # 2.

Primer picadero de la quilla ------------------------------------------ 84'– 3" (84.25')

Primer picadero lateral (Pantoque) -------------------------------- 160'– 10" (160.83')

Longitud de la fila de picaderos de la quilla --------------------- 267'– 6" (266.5')

Las dimensiones del dique se obtienen de la Figura 14.14 A y C

Pontones ----------------------------------------------- L= 84', A=72' y P =15'

Altura del fondo a la cubierta principal del muro lateral -------55'

Altura de la cubierta de varada sobre los pontones--------------40'

Francobordo operacional ---------------------------------------------1.5'

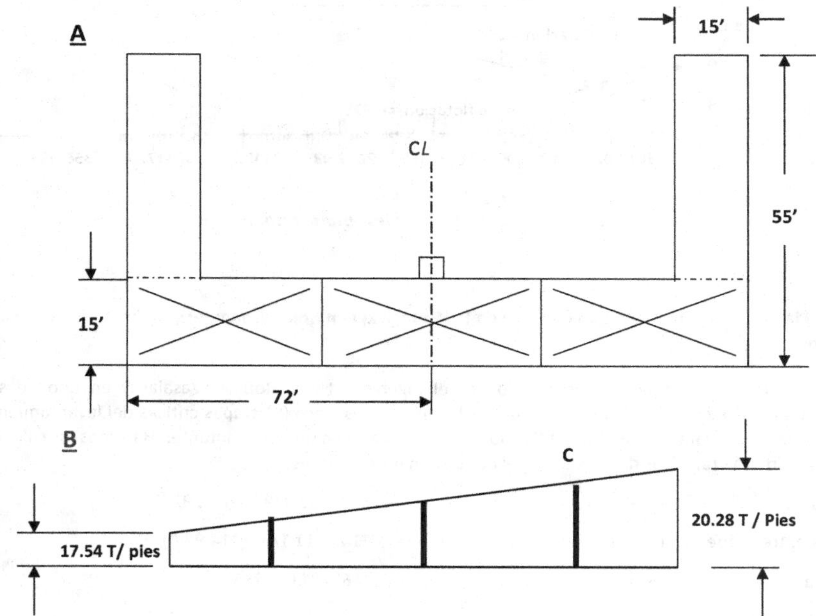

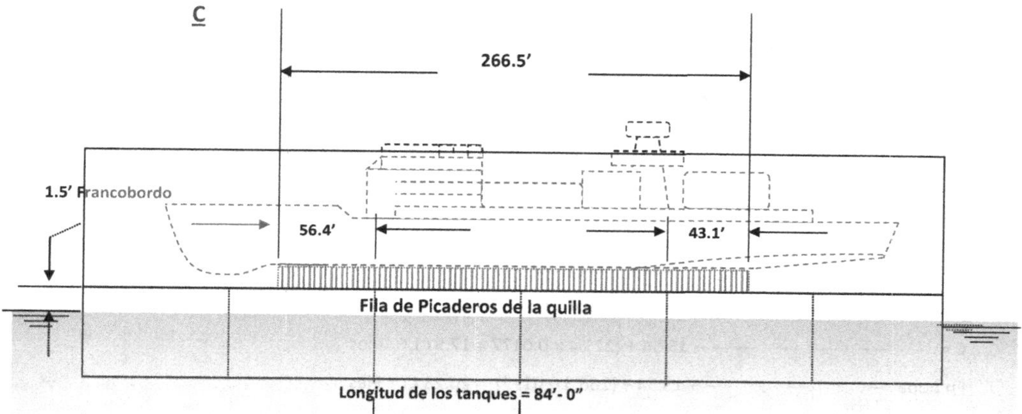


*Figura 17. 14.*
***Peso del buque sobre la plataforma del dique Flotante.***

El primer cálculo que haremos será el de la distribución de la carga sobre los picaderos. Utilizaremos la ecuación trapezoidal para calcular la distribución de la carga y para ello debemos encontrar la excentricidad. El procedimiento es el siguiente: Primero debemos determinar el centro de la fila de picaderos, dividiendo su longitud total en 2:

$\frac{E_{lq}}{2} = \frac{266.5}{2} = 133.75'$

Seguidamente relacionamos el centro de la fila de picaderos con el punto de referencia de la popa (PRpp) sumándole a $\frac{E_{lq}}{2}$ la distancia al primer picadero de la quilla:

133.75 + 84.25 = 218' – 0" del $PR_{pp}$ del buque.

Luego la ubicamos LCG respecto a $PR_{pp}$ y le restamos $\frac{E_{lq}}{2} \rightarrow PR_{pp}$:

Establecimos que la perpendicular media se encuentra a 212 pies del punto de referencia de la popa ($PR_{pp}$).

Por consiguiente, LCG = 212 – 0.65 = 210.35' de $PR_{pp}$

Restando la distancia de centro de gravedad longitudinal del ($PR_{pp}$) de la distancia al centro de la fila, obtendremos la excentricidad: 218-210.35 = 6.65'

Obtenido el valor de la excentricidad, aplicamos la ecuación trapezoidal:

Carga en popa = $\frac{W}{L_k} + \frac{6WE}{{L_k}^2} = \frac{4255.56}{267.5} + \frac{6(4255.56)(6.65)}{(267.5)^2} = 18.28 \frac{LT}{pies}$

Carga en proa = $\frac{W}{L_k} - \frac{6WE}{{L_k}^2} = \frac{4255.56}{267.5} - \frac{6(4255.56)(6.65)}{(267.5)^2} = 13.54 \frac{LT}{pies}$

El cambio de la carga lineal por pie forma una pendiente que va en ascenso de proa a popa:

Pendiente ascendiente de la carga de proa a popa = $\frac{18.28 - 13.54}{267.5} = 0.0177\ LT/pies$

17.11.1 Cálculo de la Carga por pie de Longitud sobre los Mamparos A, B y C (son los mamparos directamente debajo de la embarcación)

A =-------------------------------------- 13.54 + (56.4 × 0.0177) = 14.54 LT / Pies

B =-------------------------------------- 13.54 + (140.4 × 0.0177 = 17.03 LT / Pies

C =-------------------------------------- 13.54 + (225.4 × 0.0177 = 17.51 LT / Pies

En popa --------------------------------13.54 + (266.5 0.0177) = 20.28 LT / Pies

17.11.2 Cálculo de la Carga Promedio sobre cada Compartimiento:
Compartimiento 1 -----------------Ninguno (0000)

Compartimiento 2 ---------------- $\frac{13.54 + 14.54}{2} = 14.04\ LT/pies$

Compartimiento 3 ---------------- $\frac{13.54 + 14.54}{2} = 14.04\ LT/pies$

Compartimiento 4 ---------------- $\frac{13.54 + 14.54}{2} = 14.04\ LT/pies$

Compartimiento 5 ---------------- $\frac{13.54 + 14.54}{2} = 14.04\ LT/pies$

Compartimiento 6 ---------------- $\frac{13.54 + 14.54}{2} = 14.04\ LT/pies$

17.11.3 Cálculo de la Carga Individual sobre cada Compartimiento.

Para obtener la carga sobre cada compartimiento se multiplican las cargas promedias por las distancias entre cada tanque y el extremo de la proa del dique.

Compartimiento 1 ------------------------------------ = 0.0

Compartimiento 2 ----------------------14.04 × 56.4 = 791.86 LT

Compartimiento 3 ----------------------15.29 × 84 = 1330.56 LT

Compartimiento 4 --------------------------17.7 × 84 = 14817.68 LT

Compartimiento 5 ------------------------17.90 × 43.1 = 771.49 LT

Compartimiento 6 --------------------------------------- = 0.0

17.11.4 Calcular el peso de cada Compartimiento del Dique.

Para obtener el peso de cada compartimiento, se divide el peso total del dique entre la suma de la longitud de los tanques.

Cantidad de compartimientos----------------------- = 6.0

La longitud de cada compartimiento -------------- = 84' – 0"

Longitud Total------------------------------------ 6 × 84 = 504' – 0"

Asumiendo que el peso total del dique sea ---------= 8000 LT

Entonces el peso por pies de longitud del dique---- = $\frac{8000}{504} = 15.87\ LT/pies$

Y el peso de cada sección ------------------------- $15.87\ LT/pies \times 84\ pies = 1333.33$ LT

17.11.5 Determinación del Volumen del agua en los tanques.

Conociendo el peso por sección, podemos ahora calcular el volumen de empuje de cada compartimiento, sumando el peso de la carga del buque sobre cada compartimiento más el peso de cada compartimiento y luego multiplicarlo por la razón de 35 pies cúbico por tonelada larga. Este volumen representa la capacidad de empuje de cada sección:

$P_{TC}1$ = 0000.00 + 1333.33 = 1333.33 LT $\quad \nabla_1$ = 1333.33 LT × $\frac{35\ pies^3}{1\ LT}$ = 46666.55 $pies^3$

$P_{TC}2$ = 791.86 + 1333.33 = 2125.19 LT $\quad \nabla_2$ = 2125.19 LT × $\frac{35\ pies^3}{1\ LT}$ = 74381.65 $pies^3$

$P_{TC}3$ = 1330.56 + 1333.33 = 2663.89 LT $\quad \nabla_3$ = 1330.56 LT × $\frac{35\ pies^3}{1\ LT}$ = 93236.15 $pies^3$

$P_{TC}4$ = 14017.68+ 1333.33 = 2742.01 LT $\quad \nabla_4$ = 2742.01 LT × $\frac{35\ pies^3}{1\ LT}$ = 95970.35 $pies^3$

$P_{TC}5$ = 771.49 + 1333.33 = 2104.82 LT $\quad \nabla_5$ = 2104.82 LT × $\frac{35\ pies^3}{1\ LT}$ = 736617.70 $pies^3$

$P_{TC}6$ = 0000.00 + 1333.33 = 1333.33 LT $\quad \nabla_6$ = 1333.33 LT× $\frac{35\ pies^3}{1\ LT}$ = 46666.55 $pies^3$

17.11.6 Determinación de la altura del lastre dentro de los tanques.

Conociendo el valor del volumen, el calado del agua o altura del lastre dentro del tanque se obtendrá despejando la altura (H) a partir de la ecuación del volumen:

Sean: L = longitud, W = ancho, $H_{Lastre}$ = altura del lastre

Volumen del lastre en el tanque = L × W × $\mathbf{H}_{Lastre}$

Volumen del lastre en el tanque = 84 × (72× 2) × $\mathbf{H}_{Lastre}$

Volumen del lastre en el tanque = 84 × 144 × $\mathbf{H}_{Lastre}$

$$\text{Calado } (\mathbf{H}_{Lastre}) = \frac{\text{Vol. del lastre en el tanque}}{84 \times 144}$$

$$\text{Calado } (\mathbf{H}_{Lastre}) = \frac{46666\ .55}{84 \times 144}$$

Finalmente calculamos la altura del lastre para todos los tanques y luego el calado o altura total :

$$\mathbf{H}_{Lastre\ 1} = \frac{46666.55 \text{ pies}^3}{84\text{pies} \times 144\text{pies}} = 3.86 \text{ pies} \qquad \mathbf{H}_{Lastre}\ \mathbf{2} = \frac{74381.65 \text{ pies}^3}{84\text{pies} \times 144\text{pies}} = 6.15 \text{ pies}$$

$$\mathbf{H}_{Lastre}\ \mathbf{3} = \frac{93236.15 \text{ pies}^3}{84\text{pies} \times 144\text{pies}} = 6.71 \text{ pies} \qquad \mathbf{H}_{Lastre}\ \mathbf{4} = \frac{95970.35 \text{ pies}^3}{84\text{pies} \times 144\text{pies}} = 6.93 \text{ pies}$$

$$\mathbf{H}_{Lastre}\ \mathbf{5} = \frac{73668.70 \text{ pies}^3}{84\text{pies} \times 144\text{pies}} = 6.09 \text{ pies} \qquad \mathbf{H}_{Lastre}\ \mathbf{6} = \frac{46666.55 \text{ pies}^3}{84\text{pies} \times 144\text{pies}} = 3.86 \text{ pies}$$

**Calado Total ($H_{Total}$) = Altura de los pontones – francobordo – $H_{Lastre}$**

**$H_{Tot}$ 1 = 15.0 – 1.5 – 3.86 = <u>17.64 pies</u>** **$H_{Tot}$2 = 15.0 – 1.5 – 6.15 = <u>6.35 pies</u>**

**$H_{Tot}$ 3 = 15.0 – 1.5 – 6.71 = <u>6.71 pies</u>** **$H_{Tot}$ 4 = 15.0 – 1.5 – 6.93 =<u>5.57 pies</u>**

**$H_{Tot}$ 5 = 15.0 – 1.5 – 6.09 = <u>6.09 pies</u>** **$H_{Tot}$ 6 = 15.0 – 1.5 – 3.86 = <u>17.64 pies</u>**

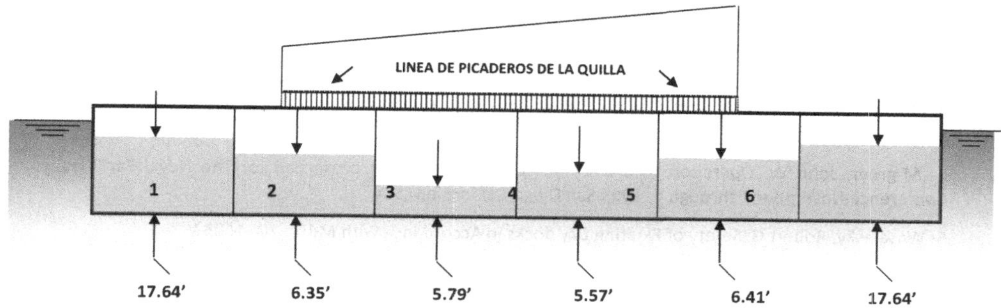


*Figura 17. 15.*
***Altura del lastre en los tanques para el levantamiento de la embarcación.***

**17.12 Resumen.**

Esta vez los esfuerzos y nuestra dedicación los centramos en el estudio de los planes de achique, por su importancia para el levantamiento que debe realizar el dique flotante. Hemos presentado ejemplos de algunos de los procedimientos para la confección del plan de achique de los tanques de lastre. Repasamos los planes confeccionados con unidades métricas e imperiales y también pudimos estudiar una versión gráfica. El achique como pudimos apreciar debe ser conforme a un plan confeccionado expresamente para el control de los niveles del lastre de cada tanque de acuerdo con el peso del buque. El plan de achique se hará para controlar la fuerza de empuje del agua bajo el buque, la cual reaccionará contra la carga distribuida del peso del buque. El objetivo primordial será siempre varar el buque de manera segura, y para ello deberá mantenerse en lo mínimo, los esfuerzos longitudinales de flexión que tienden a flexionar la estructura del dique. Estamos anuentes de que este tema requiere una exposición de mayor rigor. Recomendamos el estudio de los manuales Británicos de Varada, manuales de la NAVSEA, manuales del Ingeniero Joe Stiglich, los manuales de Robert Heger y los de Robert Wasalasky, conocidos ingenieros navales, eruditos y doctos en la materia.

**17.13 Problemas y preguntas.**

1- ¿Diga cuál es el objetivo del plan de bombeo o achique?

2- Explique por qué debemos determinar el peso de los compartimientos del dique.

3- ¿Explique cuáles son los cálculos preliminares que deben realizarse

4- ¿Por qué no se puede confiar únicamente en el plan de achique

5- ¿Cuál es el procedimiento para detectar deflexiones en la cubierta del dique?

6 - ¿Dónde se trazan los calados de los tanques en la gráfica?

7 – ¿Qué ventajas ofrecen las curvas de levantamiento?

**Bibliografia**

1- Dm Consulting Basic Dry Dock Training Instruction Manual, 2004.

2- Heger Dry Dock Inc. Dockmaster Training Seminar Lecture Notes. 2004

3- Mazurkiewics, B. K. Design and Construction of Dry docks. Gulf Publishing Company Houston, Texas, U. S. A. 1981

4- M$^{c}$gruer, John W. Operation of a Dry dock Conference paper presented to: The Naval Facilities Conference November 1 through 4, 1983 San Diego California U.S.A.

5- Wasalasky, Robert G. Safety of Floating Dry docks in Accordance with MIL - STD -1625A.

## CAPÍTULO 18
## MANIOBRA DE ENTRADA DEL BUQUE AL DIQUE DE CARENA

### 18.1 Introducción.

En los capítulos anteriores, centramos nuestro enfoque en aquellas actividades que han de realizase previas al ingreso de la embarcación a un dique seco y a su colocación sobre la cama de picaderos. En este apartado estudiaremos los procedimientos para la ejecución de la maniobra de entrada del buque al dique seco. Lo primero que exploraremos son los procedimientos para introducir un buque a la cámara de un dique de carena y la cantidad y distribución del personal y el equipo que se requiere alrededor del dique para controlar la entrada al dique. El personal suele ser más numeroso en un dique de carena, que, en otros tipos de diques, debido a que estos poseen la capacidad de acomodar buques de mayor calado. En los diques modernos de carena, equipados con mecanismos en sus paredes laterales, capaces de llevar los cabos y cables guiados por troles especiales, reduce la cantidad de operadores lo cual mejora substancialmente la comunicación y por ende se logra una coordinación más eficiente de todo el proceso. Según la programación formulada para la maniobra, se determina la cantidad del personal corroborador necesario para el manejo de los cabos y su ubicación a lo largo de ambas bandas del buque para el control de la travesía del buque hacia el dique. El grosor y tipo de cabo se determinan según el tamaño del buque y su respectivo calado. El sistema de comunicación que se elija, es de mucha importancia especialmente cuando se trate de buques de gran calado por el número del personal que deberá ser dirigido. Veremos en primera instancia, un diagrama de actividades basada en la lista tabulada del orden de las actividades, que deben efectuarse antes, durante y después de la varada. Confiamos en que después de estudiar este capítulo, el lector podrá anexar a sus conocimientos nuevos detalles de los fundamentos integrantes en una maniobra de entrada. Esto contribuirá a mejorar su enfoque sobre como:

- Reconocer las limitaciones del dique que opera.
- Conocer los pasos importantes de los procedimientos.
- Planificar la varada en un dique de carena.
- Manejar el personal para la maniobra.
- Calcular pesos para corregir la escora.
- Escoger el mejor método para la eliminación de la escora.

### 18.2 Planificación de la secuencia de actividades.

Para la planeación hemos creado un diagrama (Figura 18.1), en el cual podremos observar un despliegue de las actividades que forman parte de la maniobra de entrada del buque al dique. En él se aplican lineamientos basadas en las técnicas básicas de la administración de proyectos, aunque solamente se muestran en el diagrama de redes, la secuencia de actividades y su orden de precedencia, asumiendo la disponibilidad del recurso humano, materiales y equipo. Las flechas del diagrama representan el orden de ejecución y los nudos están identificados con letras que siguen el orden lógico del abecedario e indican las tareas que habrán de ejecutarse. Hemos excluido el tiempo de duración de cada actividad, puesto que no perseguimos un criterio de eficiencia[99] simplemente queremos destacar el orden de ejecución del proceso.

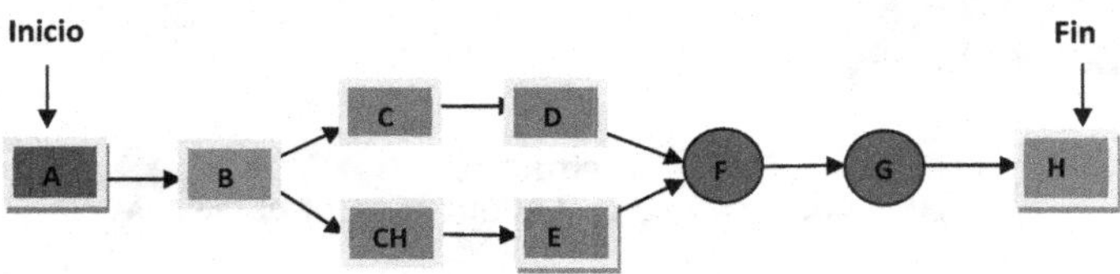


*Figura 18. 1.*
***Diagrama de las actividades preparatorias.***

Considerando todos los cambios y los ajustes que acontecen al inicio de la planeación ya sea, por las diferencias estructurales de los buques o por las variaciones en el equipo mecánico de los diques, las actividades son fundamentalmente básicas, para toda operación de varada y desvarada. Basándonos en el diagrama de actividades creamos una lista que exponemos a continuación. La lista explica ampliamente, las actividades que constituyen los preparativos esenciales, que deben completarse en secuencia lógica, sin interrupciones.

**A**

1-Autorización administrativa.
2-Conferencia de llegada,
3-Recibimiento de planos y otros datos importantes sobre la embarcación. Lugar y fecha de la última varada
4- Posición en el dique relativa a la última varada.
5- Reportes de los sondeos de tanques.
6-Información sobre la pintura.
7-Reportes de alteraciones y correcciones que puedan afectar la varada sobre los bloques.
8- Datos hidrostáticos que permitan calcular cargas sobre bloques.
9-Cuadernillo de Estabilidad.
10-Reportes sobre las últimas varadas realizadas.

**B**

1-Cálculos de la carga sobre los picaderos y cálculos de estabilidad
2-Resumen de datos tomados del plano de varada y de los cálculos realizados.
3-Confección de la hoja de datos.
4-Entrega de datos e instrucciones generales.

---

[99] Monks PhD. D., Joseph G. *Administración de Operaciones.* McGraw-Hill Interamericana de México, S.A. 1991 Página 324,325

**C**

1-Compra de materiales.
2-Trazado de líneas en la solera del dique para la colocación de picaderos. (carros varaderos en
3-el elevador vertical)
4-Replanteo de líneas en la sala de gálibos para las cuñas del pantoque.
5-Confección de plantillas para las cuñas de pantoque.
6-Confección de picaderos laterales y material de relleno para la nivelación de los picaderos base.
7-Colocación y nivelación de picaderos.
8-Fabricación de puntales. (cuando sean necesarios)

**CH**

El replanteo de los puntos en la albardilla del dique: se refiere a la colocación de marcas, en la albardilla, en ambos lados del dique. Estas marcas se obtienen transfiriéndolas de las marcas de referencias en la solera y precisamente son las que ubican la posición transversal y longitudinal de la cama de picaderos y de las dimensiones del buque. Serán las marcas claves que determinarán la posición final del buque, dentro del dique. De estas marcas, las más importantes, son las que indican los extremos del buque, popa y proa, las que señalan la posición del primer picadero de pantoque, el primer picadero de la quilla y las que identifican el resto de los picaderos laterales. Si bajo la embarcación exista algún apéndice y que, por seguridad, debe poderse localizar su posición, entonces también deberá estar señalizada en la albardilla.
1-Preparación de dispositivos para centrar la embarcación y otros aparejos y equipos.
2-Distribución de cabos de amarre para el manejo de la embarcación: el número de sogas y aparejos depende del tamaño de la embarcación y de las condiciones atmosféricas del momento.
3-Medición de los calados del buque
4-Calcular el espacio libre de la quilla del buque, relativo al calado mínimo del dique (el calado puede variar de acuerdo con las variaciones de la marea).

**D**

Acondicionamiento de la embarcación para la varada: se refiere a la verificación del asiento indicado, la escora, el calado y el sondeo de tanques (eliminación de la mayor cantidad de superficies libres) En esta etapa se colocan pesos en posiciones estratégicas, en la embarcación, para obtener el asiento requerido. Las actividades indicadas aquí, se derivan de los cálculos realizados en cuanto a carga sobre los picaderos y las condiciones de estabilidad al arribo.

**E**

1-Inspeccionar las secciones arriostradas, si son parte de la cama.
2-Verificación de la existencia de apéndices que puedan obstruir el posicionamiento de los picaderos o que constituyan un impedimento, al momento de espiar la embarcación dentro del dique, que no fueron estipuladas en los planos de varada.
3-Cantidad de agua suficiente en el dique para la entrada de la embarcación

**F**

1-Inundación del dique o hundimiento de la plataforma de varada (diques flotantes, varaderos 2-sobre rieles, elevadores verticales)
3-Apertura de la compuerta de entrada al dique. (dique de carena)
4-Maniobra de entrada
5-Instalación de aparejos e instrumento para el centrado del buque.
6-Cierre de la compuerta. (dique de carena).

G

1-Achique del dique o levantamiento de la plataforma de varada.
2-Primer contacto con los picaderos. Verificación de escoras y centrado.
3-Colocación de puntales e instalación de los picaderos laterales
4-Secado del dique.

H

1-Conexión a tierra del buque por los electricistas.
2-Instalación de Portalones.
3-Inspección de la cama de picaderos.
4-Lavado del dique y del casco del buque.

18.2.1 Diagrama de precedencia.

Para la planeación hemos creado un diagrama (figura 18.2), donde podemos observar un despliegue de la operación de varada desde su inicio. Aunque se han aplicado los lineamientos que indican algunas técnicas de administración de proyectos, solo mostramos en el diagrama de redes, las actividades de precedencia, asumiendo la disponibilidad de recursos, tanto humano como de materiales y equipo, y simplemente enfocamos la fase de control del proyecto. Las flechas del diagrama son las actividades y los nudos están identificados con letras que siguen el orden lógico del abecedario e indican el inicio de una tarea que termina en el inicio del otro. Hemos excluido el tiempo de duración de cada actividad, puesto que no perseguimos un criterio de eficiencia[100]. Tampoco concierne la duración total y el costo del proyecto de varada, estadía y desvarada, porque nuestro interés está centrado en proyectar, la secuencia en que se realizan las actividades. Además, existen variables no controlables cuyo análisis pertenece a otros departamentos y para efecto de nuestra discusión, lo importante es enfocar esfuerzos en la identificación del orden de precedencia, de todas las actividades componentes.

El departamento encargado de los diques secos no siempre obtiene con premura, la información pertinente sobre el buque. En algunas ocasiones, la información recibida es incompleta, equivocada o simplemente no-existente. Si se trata de naves clientes del astillero, lo más probable es que exista un archivo con planos corregidos con datos adicionales sobre dicho buque u otro gemelo. En estos casos, se sometería esta documentación a un estudio comparativo, para verificar las similitudes con el buque en cuestión y determinar si existen riesgos, en el caso de decidirse su utilización. Podemos citar como ejemplo, el caso de los buques militares, que, aunque su sistema de información se maneja con un alto grado de reserva, la documentación se conserva rígidamente actualizada y consistente por clases, de tal manera que un solo plano de varada puede servirles a varios buques con el mismo tipo de casco. Cuando se trata de un buque, que no es regularmente varado en el astillero, pero que, en un momento dado, es

[100] Monks PhD., Joseph G. *Administración de Operaciones.* McGraw-Hill Interamericana de México, S.A. 1991 Pagina 324,325

obligatorio su varada, por ejemplo, si por algún accidente se haya comprometido la integridad del casco, y no se disponga de planos completos, ni de otra información relativa y confiable, entonces se iniciarían algunos de los procedimientos que se explicaron en los capítulos noveno y décimo, para obtener coordenadas sin los planos. Es importante advertir, que cuando no se encuentra comprometida la flotabilidad de la embarcación, en aspecto alguno, y se hayan agotado las posibilidades de obtener la información pertinente para la varada del buque, entonces la dirección general del astillero deberá tomar la decisión de intentar o no la varada.

## 18.3 Verificaciones preliminares

Luego de recibir los planos y toda la información pertinente sobre el buque, el capitán o maestre del dique y el departamento de ingeniería del astillero, deben realizar los cálculos, para el análisis preliminar de la estabilidad del buque y de la carga por pie o metro lineal que impondrá el peso del buque, sobre los picaderos de la cama.

### 18.3.1 Distribución de la hoja de datos

Las dimensiones principales del buque, las alturas de los picaderos laterales, las ordenadas para el corte de la curvatura del casco en las cuñas de madera para el pantoque, las distancias del punto de referencia de la popa al primer picadero de la quilla y al primer picadero lateral y las coordenadas de los apéndices y aberturas en el casco, vienen anotadas en una hoja de datos, que es un breve resumen de la información tomada del plano de varada.

### 18.3.2 Comparación entre el calado del buque y la del dique

El calado del dique puede fluctuar en los diques adyacentes al mar, afectados por las variaciones de la marea. Embarcaciones de desplazamiento ligero, con extensiones y apéndices que se extienden debajo del casco, entre los que podemos mencionar, los remolcadores con propulsión en su centro, llamados" tractores", los hidrófilos y catamaranes, cuya obra viva se extiende considerablemente bajo la línea de flotación. En la tabla 18.1 podemos apreciar los cálculos del espacio libre.

| TABLA DE HOLGURA ENTRE LA QUILLA Y LA SUPERFICIE DE LOS PICADEROS | | | | | | | |
|---|---|---|---|---|---|---|---|
| **Profundidad del dique "A"** | | **Calado del buque "D"** | | **Altura de los picaderos "C"** | | **Espacio libre entre la quilla y la superficie de los picaderos "B"** | |
| **Metros** | **pies** | **Metros** | **Pies** | **Metros** | **Pies** | **Metros** | **Pies** |
| **6.401** | **21.000** | **4.267** | **14.000** | **1.676** | **5.500** | **0.457** | **1.500** |
| | | | | | | | |
| | | | | | | | |
| | | | | | | | |
| | | | | | | | |
| | | | | | | | |

*Tabla 18. 1.*
*Tabla de holguras entre la quilla y los*

Es una práctica importante, la investigación del calado del buque, y realizar las comparaciones entre este y la del dique. Es importante cerciorarse de que se cuenta con un espacio libre de 0.762 a 1.067 metros aproximadamente, entre la quilla o el apéndice más sobresaliente y la superficie del picadero más alto de la cama. Es importante también conocer, el calado que tendrá el dique justamente cuando se asiente la quilla sobre los picaderos. En la siguiente ilustración, podemos apreciar las relaciones entre los calados y el espacio libre entre la quilla y la superficie del picadero más alto y los cálculos para obtener el calado (X) del dique cuando se asiente la quilla sobre los picaderos. Veamos una demostración asignándole datos numéricos a la ilustración: La profundidad del dique A =25 metros, el calado D = 10 metros, la holgura calculada B = 0.914 metros y la altura de los picaderos C = 1.83 metros y X = calado del dique.

$X = A - (A - C) - (D + B)$

$X = 25 - (25 - 1.83) - (10 + 0.914)$

$X = 25 - (23.17 - 10.914)$

$X = 25 - 12.26$

$X = 12.74$ metros.

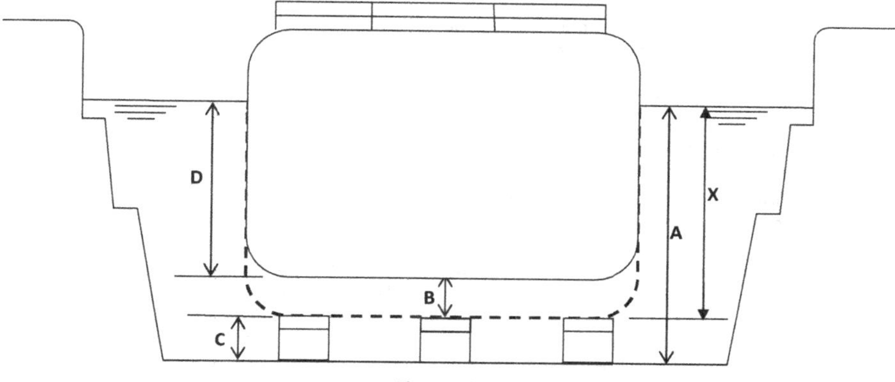


*Figura 18. 2.*
***Holgura entre la quilla y los***

Es importante verificar que contamos con los espacios libres entre todas las protuberancias que sobresalgan del casco y el picadero más alto; el umbral de la entrada del dique y entre el diámetro de las hélices y la solera del dique.

## 18.4 Conferencia con el personal de varada y última revisión

La última conferencia entre el equipo de trabajo antes del inicio de la operación es una de las más importantes, puesto que, busca la integración armoniosa de cambios o adiciones en las actividades preparatorias que no interrumpan la fluidez del trabajo, y eviten demoras. En ocasiones se tendrá que insertar ajustes debido a imprevistos, en el desenvolvimiento de la operación, además se permiten la inclusión de nuevas sugerencias o llamadas de atención por procedimientos mejorados u otros que pudieron haber sido relegados por algún motivo. La conferencia con los supervisores y el personal auxiliar, que será participe de la maniobra de entrada al dique, se convoca con tiempo suficiente para la discusión de los procedimientos que se emplearán en la maniobra. Algunos de los temas que se discuten en esta reunión, son parte de la lista de revisiones original, pero se repiten para establecer el consenso entre supervisores y subalternos de que todo se haya realizado según la planeación antes de iniciar la maniobra, dada la aprobación final del capitán de diques. Las principales que debemos repetirlas con insistencia son las siguientes:

- Inspección del equipo y del dique, realizar rectificaciones según sea necesario.
- Disponibilidad del personal calificado y asignaciones a los puestos para la maniobra.
- Plan de bombeo de los tanques para el levantamiento de la embarcación, si la varada se efectúa en un dique flotante.
- Revisión de las marcas de posición longitudinal y para alinear el centro, en la solera y en la albardilla del dique.
- Verificación de los espacios libres entre las plumas de las grúas.
- Revisión de las líneas de amarres.

- Revisión de los cabrestantes.
- Revisión de los cabos para abrir y cerrar el barco puerta
- Inspección de los mecanismos para centrar la embarcación.
- Inspección de las alturas de los picaderos. Se recomienda la verificación independiente por segundos y terceros.
- Verificación de las marcas de acotamiento; coordenadas de los picaderos y de las estructuras que sobresalgan del casco.
- Verificación de mareas y suficiencia de agua en el dique para la varada
- Verificación del calado del buque y el espacio libre sobre los picaderos.
- Colocación de portalones y recomendaciones sobre el periodo de enfriamiento del buque.
- Establecimiento de la fecha exacta de la maniobra
- Requerimiento de remolcadores y pilotos para el manejo de la embarcación
- Acuerdos sobre el calado, asiento y escora aceptables para la varada.
- Disponibilidad de portalones (¿Necesitan reparación?), transformadores, conexiones para agua potable, ventiladores conexión a tierra, iluminación, mangueras contra incendio y cisternas para la recolección de desechos y material bombeado de la sentina.
- Disponibilidad del plan de seguridad para la permanencia del barco dentro del dique, medidas contra incendio, espacios confinados, pasamanos para andamios y otras aberturas que se produzcan por efecto de los trabajos que se han de realizar.
- Repaso de los procedimientos.
- Designación de las posiciones para contra – maestre de líneas y ayudantes.
- Método de comunicación que se utilizará durante la maniobra.
- Revisión del reporte climatológico y tablas de marea.
- Deben eliminarse del buque, todas las condiciones y materiales, que puedan causar incendios y explosiones. Es importante que un químico marino, certifique que los compartimientos adyacentes, espacios confinados y otros, donde se planifique trabajos de cortes con sopletes o soldadura de arco, estén limpios y libre de vapores inflamables.
- Las superficies libres de los tanques de lastre y de combustibles, deben ser mínimas. Deben ser sondeados y el resultado presentado en un informe escrito formal.
- La embarcación debe tener cero escoras y un asiento con una pendiente máxima que no sea mayor que: aproximadamente de 0.3048 m en 45.72m de longitud de quilla.
- Los objetos que puedan caerse del buque, dentro del dique, deben ser asegurados antes de entrar al dique.
- Las proyecciones de aparatos electrónicos (sonares, estabilizadores, etc.) deben ser retraídas dentro de la quilla antes de la varada. Las hélices que se proyectan más abajo de la línea de la quilla deben girarse hasta que sus puntas, queden en posición elevada.
- Planes para contrarrestar incendios, a bordo del barco por los trabajos deben implementarse en la etapa de la planeación, con anticipación a la varada.

### 18.4.1 Designación del personal para el manejo de cabos y aparejos

Las posiciones del personal se asignan, según la cantidad y posiciones de los cabos y aparejos. Generalmente son asignados grupos de 2 a 4 personas, repartidos a lo largo de la embarcación, entre la proa y la popa, en ambos lados del buque. A cada grupo se le asignará un líder, que estará al frente del cabo y será el encargado de la comunicación directa con el capitán del dique. Para los buques de gran calado o cuando arrecian vientos muy fuertes, deben ser colocados, cabos intermedios entre los cabos primarios para mantener el control del buque. Un cabo reemplazará al otro, cada vez que se deba avanzar de una bita o bolardo, a otra. En el lado de barlovento del dique, puede disponerse de otro cabo adicional, teniendo en cuenta que un cabo adicional representa el aumento del personal. El grado de dificultad y la cantidad de trabajadores necesarios para ejecutar la maniobra, es proporcional al tamaño de la embarcación y al tipo de dique. Cabe advertir, que se deben emplear trabajadores entrenados, con experiencia en el manejo de cabos y aparejos, para todas las maniobras. Manejar cabos sometidas a tensiones extremas, alrededor del agua, y controlar la inercia del movimiento de un buque o cualquier equipo flotante de gran calado, es una operación riesgosa.

### 18.5 Inicio de la maniobra.

Es preferible tener el buque en el muelle más cercano a la entrada del dique. Sera más fácil guiarlo, desde esta posición hasta la entrada del dique y una vez alineado frente a la entrada, arrastrarlo dentro de la cámara del dique, con cabos y cabrestantes. Si es necesario abarloar entre otras embarcaciones, el Capitán de dique posee la opción de instruir los oficiales de a bordo y la tripulación, para que sean ellos los que manejen los cabos ante las obstrucciones, hasta llegar a la entrada del dique. Después de que las revisiones estén aprobadas por el capitán del dique, la operación inicia con la inundación del dique seco. En un dique flotante, las revisiones más importantes, antes de sumergirlo, serían las inspecciones de las válvulas y de los mamparos, preferiblemente, por dos o más personas, siguiendo un listado de los controles y accesorios, con que se opera dicho dique. Debe recordarse que las válvulas que inundan los tanques del dique flotante son de vital importancia, puesto que, ellos controlan el empuje que balanceará la carga de la embarcación y manejará la estabilidad, tanto del dique como el de la embarcación. Su control y funcionamiento es vital.

La coordinación de la operación de varada se complica con un personal más numeroso de lo que normalmente se acostumbra. Ocurre, cuando las condiciones meteorológicas indican fuertes vientos o cuando el buque es de gran tamaño. Lo principal para estos casos especiales, es el fortalecimiento del sistema de información entre los distintos grupos apostados, para el manejo de los cabos. El fortalecimiento de la comunicación incluye la distribución de radios y otros aparatos electrónicos para la comunicación, entre los jefes de grupos y el resto del personal, aunque su uso debe ser moderado y planificado, para no crear confusiones. Otra forma de mejorar la comunicación es la distribución de la lista de revisiones e instrucciones por escrito, en conjunto con los accesorios electrónicos. Si la situación lo permite, salvo en los casos de emergencias, la distribución de la lista y los accesorios, deben hacerse con tiempo suficiente, aunque perentorio, pero que permita la difusión de los hitos importantes que se señalan en las instrucciones y la familiarización con los accesorios. Esta lista debe contener las instrucciones, para la colocación de los cabos y aparejos, el tiempo de inicio programado para la inundación, las inspecciones de los picaderos, etc. Si la varada ha de realizarse en un dique flotante, la lista de revisiones incluirá la revisión de las bombas de inundación y válvulas de achique, así como los mamparos, los sistemas eléctricos de controles, las posiciones de las grúas en las cubiertas de las paredes laterales y la limpieza general de la cubierta. Si fuese la varada en un elevador vertical, las inspecciones estarían dirigidas a los rieles de la plataforma, los muelles, los cables de los guinches y todo el mecanismo eléctrico incluyendo, los sistemas de controles. El funcionamiento del mecanismo de izamiento, que incluye: los guinches con los frenos, los cables, la plataforma y el sistema de controles, deberá ser probada varias veces, antes de que inicie la maniobra.

### 18.6 Inundación del dique.

Generalmente la posición del capitán del dique es en el lado barlovento del dique, para dirigir la maniobra. Deberá estar presente durante la inundación del dique y solo delegará esta función, en las maniobras que se aprovechan como prácticas para el aprendizaje de su asistente. El capitán de diques dirigirá, en ocasiones especiales, la maniobra desde la proa del buque, por ejemplo, en aquellas en que se tenga que abarloar el buque, entre otras embarcaciones, en espacios reducidos, para cambiar cabos o para mover otras embarcaciones que obstaculizan el paso. Después de que el buque se encuentre en el dique, desembarcará y tomara su posición usual en tierra.

En el dique de carena, la sala de bombas controla el desagüe y la inundación. Los controles de los mamparos de inundación pueden encontrarse, cercanas a la entrada del dique, alejadas de la sala de bombas o dentro de la misma sala de bombeo. El agua entra a las alcantarillas por gravedad y su velocidad de entrada se logra, ajustando la válvula que controla la elevación del mamparo que permite la cantidad y la velocidad del agua, que entra a las alcantarillas hacia la cámara del dique. En los primeros metros o pies, se mantiene baja la velocidad de entrada del agua, o sea, el mamparo apenas se abre para dejar pasar un volumen mínimo de agua, hasta quedar totalmente cubiertos los picaderos, evitándose así, que se generen turbulencias, que bien podrían causar el desprendimiento de los componentes de los picaderos. La velocidad de la entrada del agua suele aumentarse después de que el nivel del agua sobrepase la altura de los picaderos de la cama. Si la inundación se debe a una desvarada, igualmente deberá ser lenta al principio, para evitar movimientos bruscos del buque. Los trabajadores estarán listos para remover cualquiera material que flote durante la inundación, debido a la presión del agua. El encargado de la operación decidirá, de acuerdo con la cantidad de picaderos que floten, si se detiene la inundación para volver a achicar el dique, y realizar las correcciones a la cama o si habrá de continuarse con la inundación. Por lo general la asistencia del equipo de buzos, impide la pérdida del tiempo, realizando una inspección de la cama para restaurar la cama.

**18.7 Apertura de Compuertas.**

Las aperturas y los cierres de compuertas de *inglete*, compuertas *deslizantes* o de compuertas de tipo *chapaleta*, se realizan con mayor rapidez, en comparación con la apertura o el cierre de una compuerta tipo barco- *puerta.* Una compuerta flotante o barco- puerta, posee tanques que se lastrean y la hacen descender hasta quedar asentada sobre el busco de la entrada del dique y de igual forma habrá que deslastrarla para su remoción. Al empezar el descenso del agua en el dique, el agua en el exterior hará presión contra la compuerta, aprisionando los sellos que revisten los bordes verticales y el borde horizontal inferior, creando un sello hermético. Cuando se trata de una desvarada el procedimiento se invierte. El dique se llena de agua a un nivel que coincida, con el nivel del agua exterior. Luego el agua de los tanques de lastre del barco-puerta, se achica con bombas eléctricas, que reciben corriente eléctrico de tomacorrientes marinos de 440 voltios, colocados en ambos lados, próximo a la entrada del dique. Cuando boye el barco-puerta lo suficiente, será remolcada con la ayuda de los chigres de la entrada del dique, a un lugar conveniente de la dársena.

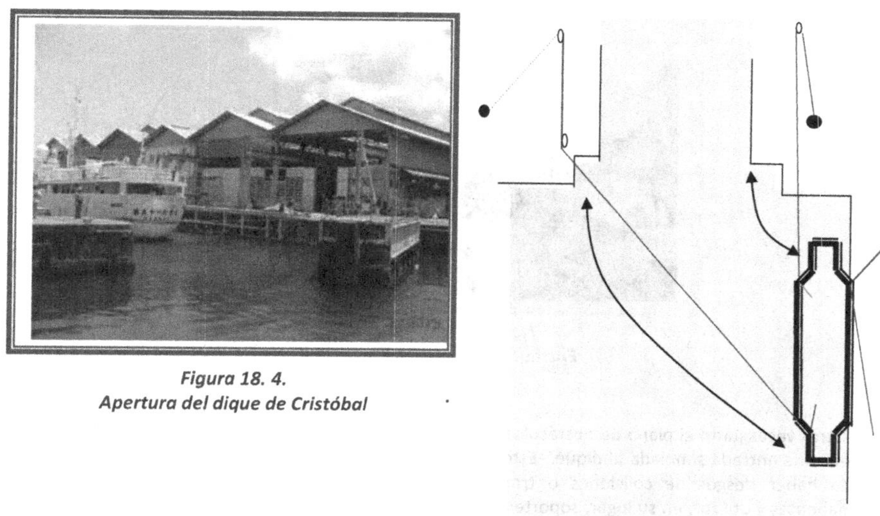

*Figura 18. 4.*
*Apertura del dique de Cristóbal*

*Figura 18. 4.*
*Posición de los cabos para el traslado del barco-puerta.*

**18.8 Remolque de la embarcación a la cámara del dique seco.**

En ocasiones la confección de un plano a escalas, con una ruta exacta y con los obstáculos claramente señalados, que pudiesen interferir con el paso del buque en la operación de entrada o salida del dique. La salida o la entrada al dique pueden complicarse, cuando se encuentran naves amarradas al muelle que obstaculizan la entrada al dique. También puede haber dificultades por una cama con picaderos elevados en la quilla. Un ejemplo común de estos casos, lo constituyen los buques provistos de domos que sobresalen por debajo de la quilla, los buques catamaranes y los remolcadores tipos tractor, cuyas hélices están situadas en unidades giratorias, proyectadas considerablemente, por debajo del casco. Las camas para este tipo de nave contienen picaderos elevados, que reducen el calado del dique e impiden un remolque directo por el centro del dique.

***Figura 18. 5.***
***Entrada al dique seco.***

Otras veces junto al plano de obstáculos pueden crearse modelos a escala, del buque y del dique, y realizar una entrada simulada al dique. Esto permite visualizar con exactitud, aquellos espacios donde puede haber riesgos de colisiones o tropiezos. Puede ser necesaria la eliminación de soportes permanentes y utilizar, en su lugar, soportes con secciones movibles, que permitan su posicionamiento, después del paso de la embarcación. Además, es importante siempre tener presente que la magnitud del calado de la embarcación reducirá el espacio entre la quilla y los picaderos. En esta situación debe verificarse, si el espacio lateral entre la pared y los picaderos del centro del dique es lo suficientemente amplio, como para permitir la entrada de la embarcacion. Si el espacio es lo suficiente amplio la nave, tiramos de la nave y lo guiamos por dicho espacio. Una vez que se aliñe la nave paralelamente a las marcas en la albardilla indicando la posición correcta frente a la cama de picaderos, movemos la nave lateralmente, hacia el centro. (Véase la figura 18.5).

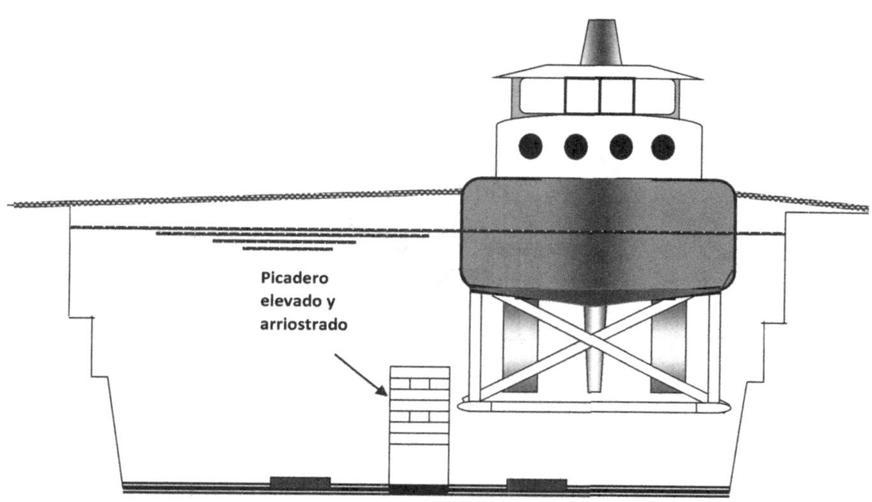


*Figura 18. 6.*
***Entrada lateral al dique de carena de un Remolcador tipo tractor.***

Hemos señalado en párrafos anteriores que existen diques con capacidad para buques de gran calado, que poseen novedosos sistemas de control, los cuales, minimizan el trabajo de cargar los pesados cabos, que es lo que acontece en las maniobras de entradas y salidas del dique, de estos grandes buques. En dichos diques automatizados los operadores ostentan controles portátiles para guiar los carruajes *o troles* que corren sobre vigas instaladas en las dos paredes laterales del dique y en las cuales van amarradas los cabos que controlan la nave, que la guían y la mantienen centrada sobre la cama. Los cabos se envían al buque antes de que inicie la maniobra. Salvo en aquellas ocasiones, cuando el buque se dirige directamente a la entrada del dique, sin hacer escala en los muelles y en que se deban colocar sobre la marcha los cabos, en la proa del buque. En estos casos, la pericia del personal será vital, para la rápida colocación de los cabos. Los carruajes han demostrado con creces, ser de gran ayuda en las varadas de buques de gran calado, por el control y la rapidez con que se coloca el buque en posición y por el incremento en la seguridad, que esto representa para la tripulación, al no tener que lidiar cabos de grandes grosores. Los carruajes proveen la restricción y resistencia adicional, de gran ayuda cuando la velocidad del viento aumenta durante la maniobra de entrada o salida y se dificulta el control de la embarcación.

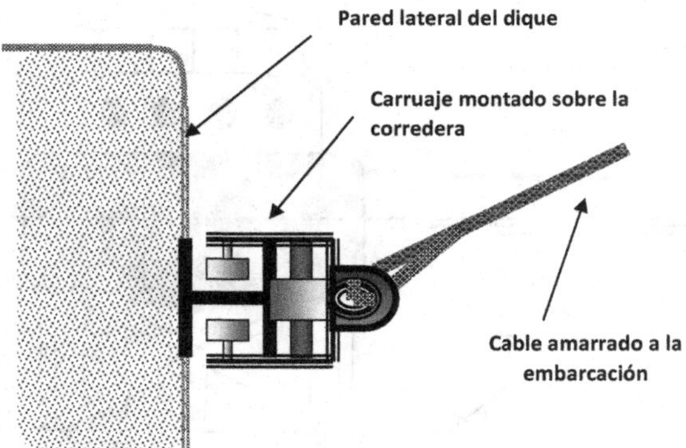


*Figura 18. 7.*
***Ejemplo de un Carruaje remolcador instalado en la pared del dique.***

Los carruajes proveen mayor seguridad a la maniobra y una significativa reducción del tiempo y de personal. Especialmente al varar naves especiales, como submarinos nucleares y buques en que se requieren controles más precisos, durante la maniobra. Para estos casos, ha de tomarse en consideración, factores especiales tales como: cargamentos y armamentos inusuales, la estructura especial de la nave, su sistema de propulsión y la complejidad de la gestión de la seguridad al cual deben ser sometidos.

**18.9 Líneas y Aparejos**

Los cabos que deben utilizarse para una maniobra normal son los siguientes:

- Cabo de popa e intermedia.
- Cabo de proa e intermedia.
- Cabo guía de remolque.

Los cabos del buque se reemplazan por cabos especiales para la maniobra suministrados por el astillero, salvo los casos especiales en que, por la premura del tiempo, con que debe ser llevado el buque al dique, se trate de evitar la demora que acaecería la sustitución. Los cabos especiales del barco-puerta, también los suministra el astillero para las maniobras de apertura y de cierre. Los cabos que se utilizan en las operaciones de varada son de tipos, tamaños y especificaciones variadas. Las sogas de 4.5 pulgadas de circunferencia por ejemplo pueden ser de:

- Nylon con un peso de 55.5 lbs por cada 100 pies de longitud, Resistencia 46000

- Manila con un peso de 60.0 lbs por cada 100 pies de longitud, Resistencia 18500
- Poliéster con un peso de 63.0 lbs por cada 100 pies de longitud, Resistencia 39000
- Polypropyl con un peso de 44.0 lbs por cada 100 pies de longitud, Resistencia 26000
- La soga Kevlar pesa 54.0 lbs por cada 100 pies de longitud, Resistencia 100000.

El tamaño de las sogas depende de la embarcación que se pretende varar. Varían en diámetros de $\frac{3}{4}$ p lg s . $a$ 4plgs.

La línea guía de remolque va enrollada en el cabrestante situado a la cabeza del dique, y por medio de ella, se completa el remolque del buque, a su posición dentro del dique. Los cabos que guían el buque, hacia el dique, se utilizan cabos en la proa y popa en ambas bandas. El Capitán de diques dirige por el lado barlovento del buque y su asistente por el sotavento. Para buques de mayor tamaño, es necesario el servicio de remolcadores y en ocasiones, el buque vendrá con un piloto a bordo. Se debe reforzar el amarre, pasando los cabos varias veces para "doblar los amarres" del barco puerta al muelle para darle uso a las bitas que se encuentran sobre su cubierta. Constante mente durante la maniobra en la entrada o salida del dique, se requiere aminorar la marcha o temporalmente frenar, para alterar la trayectoria del buque. Con el buque asegurado en su posición dentro del recinto, se procede al cierre de la entrada del dique y se activan las bombas para el achique del dique. Simultáneamente a la operación de achique, se empieza la colocación de aparejos en la proa y en la popa, en estribor y babor, perpendicular a la línea de crujía del buque. Los cabos junto a los aparejos y en la misma dirección, se conocen como *través de proa* y el *través de popa*[101]. En adición, se coloca un aparejo esprín en la popa y otro en la proa, a babor y estribor.

[101] Pinto, Abdón Araníbar. *Manual de Consulta Marítimo* Indecopi Partida Registral 0460-96, Lima, Perú. Págs. 184 - 203

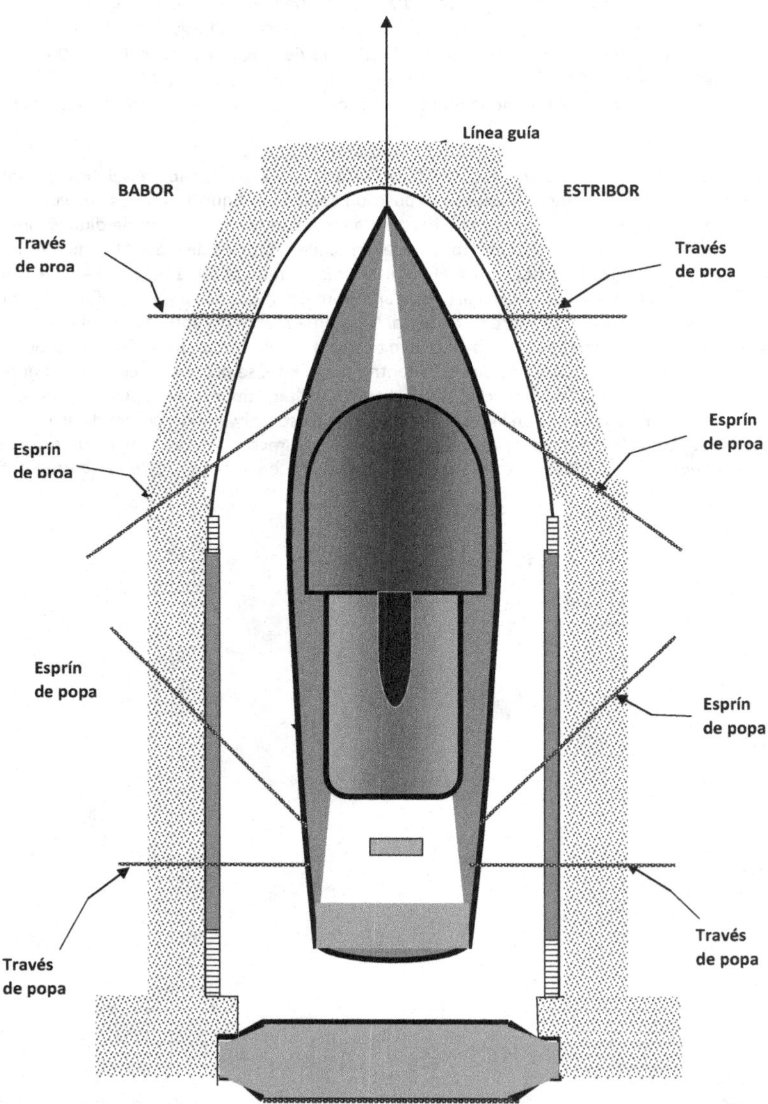


*Figura 18. 8.*
*Líneas principales para la maniobra en el dique seco.*

**18.10 Pilotos y Remolcadores.**

En algunas varadas se emplea un piloto para llevar el buque a la entrada del dique. En otras el capitán del navío traslada el buque del atracadero hacia el dique. Los buques a veces vienen directamente al dique, sin atracar en el muelle. En todas las situaciones que puedan darse, el intercambio de la responsabilidad del buque, entre el piloto y el capitán del dique, se realiza al momento en que la proa del buque llegue al busco de la entrada del dique. En este momento se releva al piloto, capitán del remolcador o capitán del buque, de su responsabilidad por el buque y lo asume el capitán de dique. A partir de ese instante, el capitán del dique se responsabiliza totalmente de la operación y de la seguridad del buque, durante el periodo de permanencia dentro del dique, hasta su desvarada y partida del astillero. El instante en que enfile la proa del buque por la entrada del dique, el capitán de dique hará una anotación de la hora exacta. Lo mismo se hará en la desvarada del buque. Dicha anotación servirá para el control de los cargos por el servicio y para la determinación del tiempo de permanencia del buque dentro del dique. No es aconsejable que entre el remolcador al dique porque la turbulencia de las hélices, pueden causar desprendimientos de los bloques sobre los picaderos. Cerca de la entrada del buque al dique, el remolcador se coloca detrás y detenerse, para remover los cabos de amarres cuando el buque cruce el busco del dique. La marcha hacia el dique continuará con la guía de remolque (soga guía) enrollada en el cabrestante. La velocidad del buque debe ser lo mínimo posible, para evitar cualquier percance a los picaderos debido al "fenómeno de ¨squat¨, o sobre calado y también poderlo detener justamente al llegar a la posición programada.

***Figura 18. 9.***
***Apertura de válvulas del barco -puerta.***
***Dique seco de Monte Esperanza. Autoridad del Canal de Panamá***

El inicio del desagüe del dique debe ser lento, con un mínimo de bombas para el achique. El descenso con lentitud permite el tiempo suficiente para colocar los aparejos, corregir direcciones del tendido de los cabos que sean necesarios y colocar el equipo de centrado para el alineamiento del buque sobre la cama. Todas las estaciones deben ser atendidas y operadas por un técnico responsable de vigilar los cables y sogas, para cobrar senos o lascarlas, cuando sea necesario. Deben evitarse a toda costa, la tensión excesiva en los cabos y aparejos, que causará el descenso del buque, según avance el achique. El técnico asignado al alineamiento del buque en la popa con el centro del dique dará las indicaciones para tensionar o lascar a los que manejan los cabos y aparejos en la popa y de igual manera el asignado al alineamiento de la proa hará otro tanto con los que se encargan de los cabos y aparejos en la proa, para mantener la embarcacion en el centro del dique. El posicionamiento longitudinal del buque, lo atiende el capitán del dique o alguien asignado por él.

**18.11 Corrección de la escora antes de la entrada al dique seco.**

La escora del buque debe ser corregida antes de entrar al dique seco, salvo situaciones de emergencia en donde el buque haya navegado directamente dentro del dique. Es importante realizar una consulta con los ingenieros del buque, antes de tomar medidas, para la eliminación de la escora por medio del traslado de líquidos de los tanques para nivelar el ángulo de escora. Si no es conveniente el traslado de líquidos, se tendrá que aplicar alguna otra técnica alterna para eliminar la escora. La escogencia de una de estas aplicaciones, dependerán de la experiencia del capitán de dique. Veamos a continuación algunas de las opciones empleadas para tratar de corregir la escora del buque antes de la varada:

1. La adición o movilización de pesos pequeños.
2. Adrizamiento mediante puntales colocados dirigidos contra la inclinación de la embarcación.
3. Varar con la escora y permitir que se asiente primero la parte más baja de la inclinación en los bloques laterales, y así enderezarlo.
4. Colocación de poleas en el mástil.
5. Varar el barco obviando la eslora.
6. Traslado de líquidos del doble fondo y de los tanques laterales y el traslado de carga a bordo.
7. El desagüe de los domos externos y la reducción del asiento son opciones para buques con domos para sonares bajo el casco.
8. Rehusarse a varar el buque.

18.11.1 Colocación de pesas.

El método práctico para buques pequeños es el de la movilización o adición de pesos. Haremos uso de dos ecuaciones sencillas, pero con la única condición de que la escora, esté dentro de la estabilidad inicial, o sea, para ángulos no mayores de 10º. En muchas ocasiones al intentar colocar un peso, se encuentran obstáculos en el área o simplemente, no se encuentran las características estructurales adecuadas en el sector donde colocar el peso. Puede ser que se tenga espacio en la siguiente cubierta y pueda colocarse el peso. Esto dependerá del tipo de buque y de todos modos puede haber dificultades en la colocación, si no se cuenta con un acceso directo a las grúas. Debemos recordar que al cambiar de ubicación tendremos que recalcular la distancia y verificar si dicho peso producirá el momento necesario para la corrección de la escora o si su posición vertical no llegue a disminuir su GM. Generalmente lo que se agrega en peso al buque, para corregir la escora, no altera el GM significativamente. Agregar pesos es un recurso que se realiza después de haber extenuado esfuerzos con el traslado de líquidos. El traslado de líquidos para la corrección de la escora es el más seguro y el más recomendable, siempre que se eviten las superficies libres en los tanques de lastre y combustibles.

Antes de proceder, con la adición pesos, debe investigarse lo siguiente:

1. Cantidad de peso por añadir.
2. Estabilidad del buque con la adición de los pesos.
3. La estructura del buque donde se colocarán los pesos.

Para calcular el peso exacto que ha de embarcarse para la corrección, la distancia del centro de crujía al peso y el momento de escora, se utilizan una de las ecuaciones para la descarga y carga de pesos.

*Primera ecuación:*

Necesitamos conocer el ángulo de escora, la altura metacéntrica (GM) y el desplazamiento. Por medio de la ecuación para carga, descarga y traslado de pesos, tenemos que:

Tan $\theta$ = Tangente del ángulo de escora.

p = Peso

$d_T$ = distancia del peso al centro de crujía.

GM = Altura metacéntrica.

$\Delta$ = Desplazamiento.

1- Para determinar la escora:

$$\text{Tan } \theta = \frac{p \times d_T}{\Delta \times GM} \qquad (18.1)$$

2- Para conocer la magnitud del peso despejamos "p":

$$p \times d = \tan\theta \times (\Delta \times GM)$$

$$p = \frac{\tan\theta(\Delta \times GM)}{d_T} \qquad (18.2)$$

3- Para determinar la distancia al centro de crujía despejamos "$d_T$".

$$d_T = \frac{\tan\theta(\Delta \times GM)}{p}. \qquad (18.3)$$

Veamos un ejemplo trabajado:

### *Ejemplo 18.1*

Un buque se encuentra a flote en el dique seco con una escora de $3^0$ a estribor. Antes de iniciar el achique del dique, se debe corregir la escora. El capitán de diques ordena colocar un peso de 40 Ton largas para corregir la escora y se debe determinar la distancia del centro de crujía a la posición del peso y luego calcular el momento, para la corrección de la escora. La información que tenemos del buque, son las siguientes:

P = 40.0 Ton Largas

GM = altura metacéntrica.

$\Delta$ = 2697.44 TL

KG = 18.08

KM = 18.98,

Escora = 3º a estribor.

$d_T$ = Distancia del centro de crujía.

**Solución:**

Primero calculamos GM:

GM = KM – KG (18.4)

GM = 18.98 – 18.08 = 1.9 pies.

Para obtener la distancia (dt)

$$dt = \frac{tg3^0(2697.44 \times 1.9)}{40.0} \quad (18.5)$$

$$dt = \frac{0.05241\ (2697\ .44 \times 1.9)}{40.0}$$

$$dt = \frac{268\ .61}{40} = 6.72 \text{ pies}$$

Y el momento de escora = tg θ × Δ × GM (18.6)

= tg $3^0$ × 2697.44 × 1.9

= 268.60 TL-pies.

Si aplicamos la ecuación para el momento de escora, que se utilizó, en la sección anterior para evaluar los momentos de escora del buque ejemplo Lionel Olton, podremos comparar las respuestas. Veamos:

Momento de escora = Escora × Sen $1^0$ × Desplazamiento × GM. (18.7)

= 3.0 × 0.01745 × 2697.44 × 1.9

= 268.34 Ton Largas/pies.

Como podemos apreciar, la diferencia es: 268.60 - 268.34 = 0.26.

Una diferencia mínima de un 0.097 %.

*Segunda ecuación*

La segunda ecuación es la que calcula la distancia que se mueve el centro de gravedad ($GG_1$) fuera de su posición original, por alguna modificación del peso a bordo del buque. La ecuación es la siguiente:

$GG_1$ = GM tan θ (18.8)

Nótese que para utilizar esta ecuación debemos contar con los datos de KM y KG para poder calcular GM, ya que GM = KM – KG (18.9)

Veamos un problema resuelto:

***Ejemplo 18.2***

. El Capitán del dique Robert Moolchan ordena colocar un peso de 18.26 Tm a babor para corregir una escora de $3^0$. ¿A qué distancia del centro de crujía deberá colocarse el peso? Siendo KM = 6.31 m y KG = 5.36 m, $\Delta$ = 2388.21 toneladas y GG=0.033. La distancia y el peso por cargar o descargar se calcula con:

$$d_T = \frac{GG \times \Delta}{p} \quad (18.10)$$

$$p = \frac{GG \times \Delta}{d_T}$$

(18.11)

**Solución:**

Primero calculamos GM

$$GM = KM - KG \quad (18.12)$$

$$GM = 6.31 - 5.36$$

$$GM = 0.95m$$

Después calculamos $GG_1$

$$GG_1 = GM \tan 3^{\circ} \quad (18.13)$$

$$GG_1 = 0.95 \times 0.05241$$

$$GG_1 = 0.04979 \text{ m}$$

La distancia medida desde el centro a la posición donde se debe colocar el peso, se obtiene de:

$$d_T = \frac{GG \times \Delta}{p} \quad (18.14)$$

$$d_T = \frac{0.04979 \times 2388.21}{16.26}$$

**Respuesta:**

$d_T$ =7.31m de la línea de crujía (línea del centro del buque) .

Supongamos que conociésemos la distancia ($d_T$) adecuada para colocar el contrapeso, pero necesitamos calcular su magnitud para producir el momento de escora necesario. Entonces basta con despejar "p" de la ecuación anterior.

Veamos el siguiente ejemplo:

***Ejemplo 18.3***

Supongamos que el espacio convenientemente escogido, se encuentra a 3.66 m fuera del centro de crujía, y el buque posee un desplazamiento de 2388.21 Tm y GG = 0.033 m entonces el peso (p) que se necesitaría sería el siguiente:

$$p = \frac{GG \times \Delta}{d_T} \tag{18.15}$$

$$p = \frac{0.033 \times 2388.21}{3.66}$$

p = 21.48 Tm

*Tercera ecuación:*

También se utiliza esta ecuación para determinar la distancia del centro de gravedad, del punto exacto en donde debemos colocar un contrapeso conocido, para eliminar la escora. Debemos conocer primero la ubicación del centro de gravedad. La ecuación es la siguiente:

$$GG_1 = \frac{p \times d_T}{\Delta + p} \tag{18.16}$$

Donde:

p = peso que embarcaremos.

$d_T$ = distancia transversal

Δ = desplazamiento

GG1 = distancia recorrida de G a G1

Para obtener la distancia buscada, despejamos dt de la ecuación:

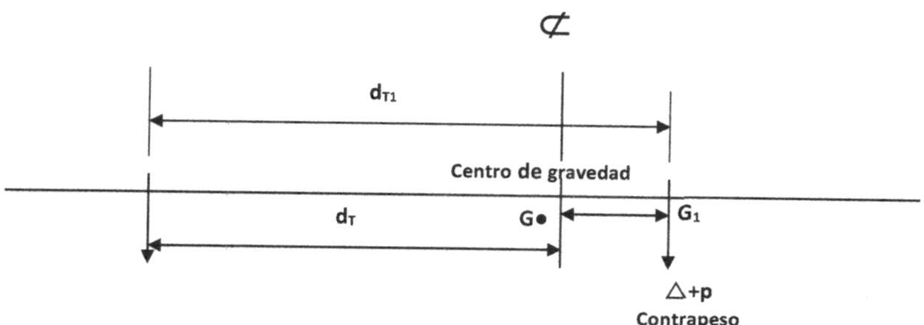


*Figura 18. 10.*
*Diagrama para la corrección de la escora.*

**Solución:**

$$GG_1 = \frac{p \times d_T}{\Delta + p}$$

$$GG_1\,(\Delta + p) = p \times d_T$$

$$d_T = \frac{GG_1(\Delta + p)}{p} \qquad (18.17)$$

***Ejemplo 18.4***

Se programa la varada de un buque con un desplazamiento (Δ) = 2350 L tons, KG = 17.60 pies y KM = 18.70 pies. El buque posee una escora de $3^0$ a estribor que requiere que se corrija antes de la entrada al dique. El capitán del dique ordena la colocación de un peso de 16 L tons a babor para corregir la escora. ¿A qué distancia del centro de crujía se debe colocar el peso para obtener un momento de adrizamiento efectivo?

**Solución:**

1- Calcule GM.

$$GM = KM - KG \qquad (18.18)$$

GM = 18.70 – 17.60

GM = 3.10 pies

2- Calcule el recorrido de "G "

$GG_1$= GM tan$3^0$ (18.19)

$GG_1$ = 3.10 × 0.0524

$GG_1$ = 0.16244 pies

3- Encuentre la distancia:

$$d_T = \frac{GG_1(\Delta + p)}{p} \quad (18.20)$$

$$d_T = \frac{0.16244\ (2350\ +16)}{16}$$

$d_T$ = 24.02 pies

Respuesta: La posición del peso respecto al centro de crujía es de 24.02 pies.

En ocasiones los obstáculos en cubierta no permiten la colocación del peso deseado y se debe recurrir a distintos pesos. En tal caso, debe escogerse la distancia adecuada del centro del espacio y después calcularle el peso y el momento de adrizamiento. Supongamos que la distancia al punto escogido sea de 18.0 pies.

$$P = \frac{GG_1 \times \Delta}{d_T} \quad (18.21)$$

$$p = \frac{0.16244\ \times 2350}{18}$$

p = 21.21 L. Ton

Y el momento de adrizamiento seria:

21.21 × 18 = 381.73 Tons-pies.

*Cuarta ecuación*

. La ecuación de la experiencia de estabilidad también se utiliza para calcular la distancia y el contrapeso para la corrección de la escora. Las ecuaciones de la experiencia de estabilidad son las siguientes:

$$\text{Tan } \theta = \frac{p \times d}{\Delta \times GM} \quad (18.22)$$

Despejamos el peso (p) p × d = Tan θ × (Δ × GM)

Para el peso por cargarse: $$p = \frac{\tan \theta\ (\Delta \times GM)}{d} \quad (18.23)$$

Para la distancia del centro de crujía: $$d = \frac{\tan \theta\ (\Delta \times GM)}{p} \quad (18.24)$$

La magnitud de (p) puede elevar a KG. Si KG se eleva afectará a GM, reduciendo su valor, causando la inestabilidad. Previendo esto, cada vez que se añada un peso se trata, hasta donde sea posible, a una cubierta inferior. Se puede aproximar el efecto que tendrá la adición de peso sobre la estabilidad, ocasiona la reducción del valor de GM. Para obtener una aproximación, aplicamos la siguiente expresión:

Sea:

h = altura del peso sobre la flotación.

p = peso cargado.

⍰ = desplazamiento.

La ecuación es: $GM = \frac{h \times p}{\Delta}$ (18.25)

18.11.2 Adrizamiento con puntales.

Esta técnica se emplea para adrizar buques livianos. Requiere de mucha destreza y cuidado al empujar con el puntal. Es una situación recurrente en las varadas de veleros con pantoques de curvaturas muy pronunciadas y buques diseñados con cascos hidrodinámicos para el desarrollo de velocidades elevadas. También se da esta situación, cuando el valor de GM se encuentre por debajo de los límites aceptables de estabilidad, y se llega a la etapa en donde la quilla hace su primer contacto con el codaste y la quilla empieza su giro pivoteando sobre los picaderos del codaste. Existe el peligro de perder la estabilidad antes de posarse totalmente la quilla y será necesario compensar la falta de estabilidad, colocando puntales estabilizadores a los lados, espaciados en ambas bandas del francobordo de la embarcación, en puntos estratégicos de la estructura del buque, preferiblemente en las partes superiores de las cuadernas. Los puntales ayudaran a la estabilización de la embarcacion atiesándolas, una tras otra, siguiendo la trayectoria del giro sobre los picaderos.

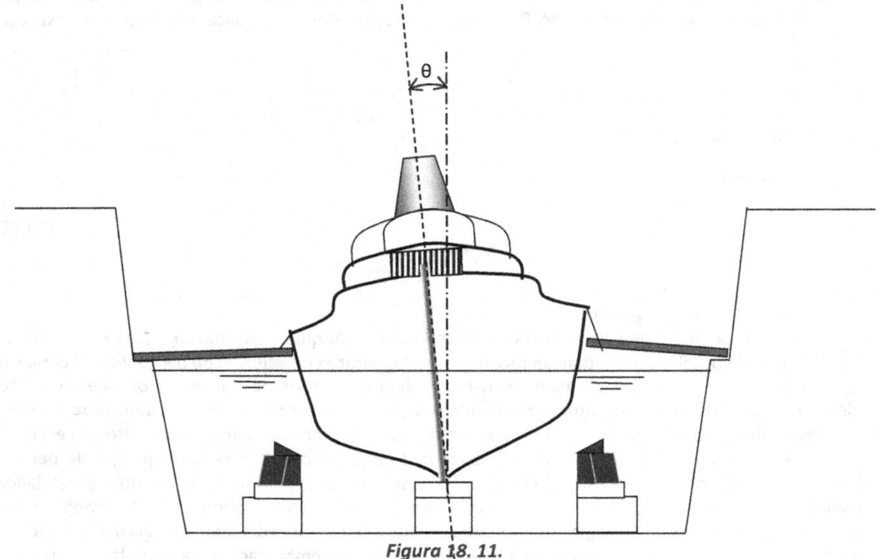


***Figura 18. 11.***
***Remoción de la escora con puntales laterales.***

Los puntales se colocan en línea, preferiblemente verticalmente sobre la ubicación de las almohadas laterales del pantoque, en ambas bandas de la embarcacion. Si a la vez se tenga que corregir una escora, el puntal opuesto al lado donde se inclina el buque, se mantienen con su material de relleno sueltos, (nos referimos a los empaques de madera y cuñas que se colocan detrás del puntal contra la pared del dique), permitiéndose un espacio que corregirá la escora y para que el puntal pueda deslizarse por el espacio con facilidad. El capitán de dique, o el supervisor de la operación, se sitúa en el centro de la compuerta, o cualquier punto céntrico del dique, donde pueda supervisar y estar vigilante, por si se desarrollase una escora mayor. Tan pronto la quilla quede completamente apoyada, debe jalarse y tensar las almohadas contra el pantoque. La figura 18.11 ilustra algunos detalles de esta maniobra.

18.11.3 Varada sin remover la escora.

Varar con la escora y permitir que se asiente primero la parte más baja de la inclinación del casco sobre una sección de los bloques laterales, y lentamente bajar sobre la otra para eliminar la escora, no es recomendable. Siempre será impredecible lo que puede ocurrir, si se decide efectuar la varada en estas condiciones. Puede considerarse viable, en buques que posean una quilla ancha y plana y los de quillas dobles, pero, de todas formas, dependerá del grado de la escora. Por ejemplo, una escora de 1º grado puede considerarse dentro de un margen tolerable. Se utiliza en este caso como guía limitante, la desviación de 3 pulgadas de una línea vertical de 20 pies de largo, que descienda y pase por el centro de la roda de la embarcación, pero son empíricas estas consideraciones y poco recomendable, y solo debe ser utilizado en un caso extremo pues, se considera como de alto riesgo.

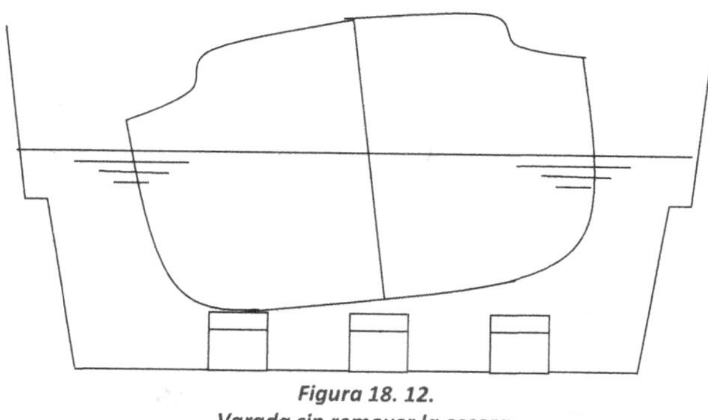

***Figura 18. 12.***
***Varada sin remover la escora.***

18.11.4 Aparejo en el mástil.

Esta técnica solo se debe aplicar a buques livianos. Consiste en colocar un cuadernal de aparejos, a ambos lados del mástil, en un lugar estructuralmente resistente y ejercer tensión sobre el lado donde debe enderezarse la embarcación. El arreglo de la cama deberá ser con picaderos laterales movibles y si la curvatura del casco es demasiado empinada, deberán colocarse puntales en ambas bandas una vez que sea removida la escora y simultáneamente al jalar los picaderos laterales del pantoque a su lugar bajo el casco. Esta técnica debe ser utilizada como último recurso, cuando se hayan intentado los métodos anteriores, sin obtener un resultado aceptable. Además, solo debe intentarse por supervisores de operaciones de varada, con larga experiencia en estos casos. Preferiblemente se reserva a las situaciones de emergencia y de consulta y aprobación del equipo de ingeniería del astillero.

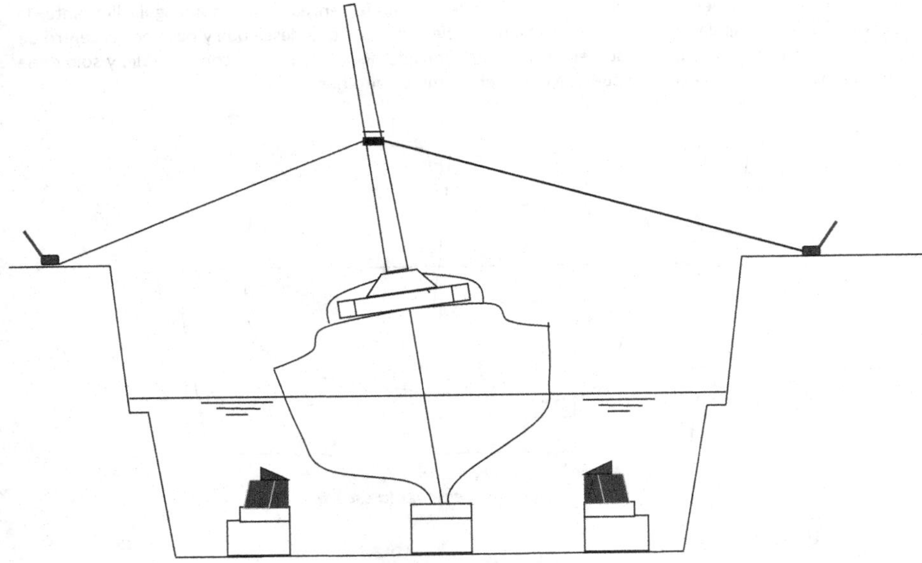

*Figura 18. 13.*
*Aparejo en el mástil para eliminar la escora.*

**18.12 Precauciones durante el desagüe o la elevación.**

Las líneas y aparejos deben ser atendidas y mantener una vigilancia permanente cuidando de que las líneas no se rompan por la tensión. Debe recordarse que, en los diques secos de carena, las sogas y los cables tienden a tensarse por el descenso de la embarcación producto de la disminución del volumen del agua que trae consigo el vaciado.

*Figura 18. 14.*
*Achique del dique de carena de Monte Esperanza. ACP.*

Es importante notar que, en un dique flotante, después de la operación de asegurar el buque en su posición con los amarres de los cabos y la tensión de los aparejos, estas permanecen con la tensión original. Puesto que es el dique, el que se mueve hacia arriba, hacia la quilla del buque, mientras que el agua y el buque permanecen inmóviles. En los diques varaderos ferroviarios, las plataformas salen del agua y elevan la embarcación, pero el cobro del seno de los cabos y los aparejos deben irse recogiendo a medida que el varadero vaya subiendo. Luego que se asiente el buque sobre los picaderos, cesa la necesidad de cobrar o lasquear las líneas, porque el varadero trae l consiga la carga del buque hasta salir del agua. En los elevadores verticales de buques, el peligro de que se rompan los cabos ocurre a partir del momento en que la quilla haga contacto con los picaderos y la plataforma se mueve hacia arriba o hacia abajo con la embarcación, si los cabos permanecen amarrados al muelle mientras que suba o baja la plataforma con el buque. Las líneas deben mantenerse distendidas, una vez que la quilla contacte los picaderos y se haya estabilizado el buque con los picaderos laterales.

**18.13 Calados Críticos.**

Los calados críticos son:

1- El calado de la embarcación en el instante cuando toque la quilla los picaderos.

2- Calado cuando descienda el agua 3 a 6 pulgadas (7.62 a 15.24 cms)

a) Instante en que se jalan los picaderos bajo el pantoque.

b) Los buzos realizan la inspección de los picaderos

3- Calado cuando GM = 0. El buque se encuentra inestable.

En un dique flotante, varadero sobre rieles o en un elevador vertical de buques, la plataforma se elevaría con el buque hasta llegar a los calados críticos. Después de que se realice la inspección de los picaderos bajo el buque por los buzos, continuara elevándose la plataforma con el buque hasta dejarlo en seco.

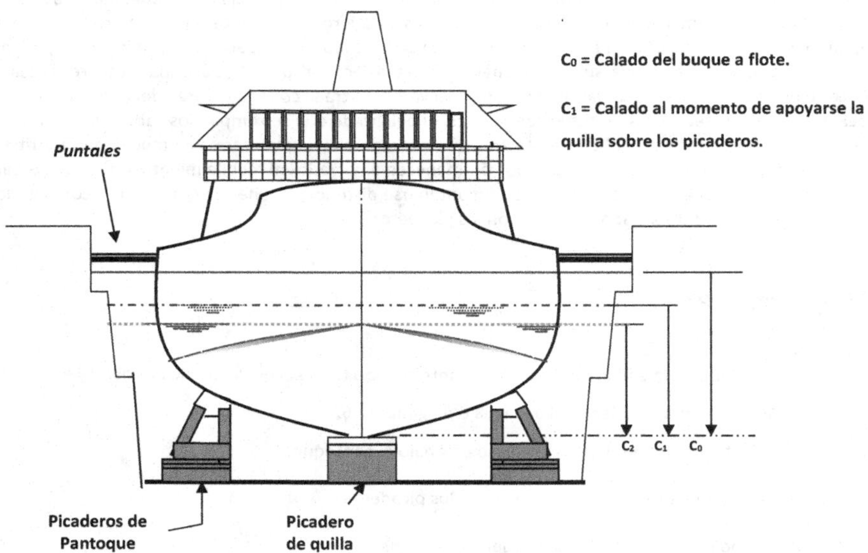


*Figura 18. 15.*
*Los Tres calados más importantes durante la operación de varada.*

**18.14 Colocación de puntales.**

Se colocan puntales laterales en buques de casco angosto, cuando el buque posee asiento excesivo y cuando son buques que se tienen que varar con carga máxima. La longitud se obtiene de la resta entre la manga total del buque, en el punto elegido para el puntal y la manga del dique. Dividiendo dicha longitud entre dos, se obtienen los puntales para ambos lados. De ambos puntales se le reduce la longitud para colocar de cuñas, con empaques cortos de madera, intercalados entre sí, que servirán para posteriormente afirmarlas en el momento indicado. Se colocan al momento de reposar la quilla sobre los picaderos, después de haber puesto en posición los apoyos de pantoque. Cuando se colocan los puntales deben estar desapretados, sin ajustar hasta después de jalarse todos los picaderos bajo el pantoque. Una vez que estén colocados los picaderos laterales se ajustan; los puntales simultáneamente en ambos francobordos, empezando con el primer puntal en la popa y continuando en sucesión, de popa a proa hasta llegar al último. Si el asiento es pronunciado, y hacia popa, el codaste hará contacto primero con los picaderos bajo el codaste. Haciendo pivote sobre el codaste, la quilla quedará apoyada en su totalidad, al ir disminuyendo el agua en el dique. El primer puntal (va del franco bordo de la embarcación, hasta el escalón de la pared del dique) en dirección vertical sobre el punto de contacto de la quilla con los picaderos, es decir el primero estará sobre el área del codaste. El extremo del puntal que reposa contra el francobordo de la embarcación debe elevarse unos grados más arriba, que el extremo opuesto que reposa sobre la escalinata del dique donde se hace firme el puntal con cuñas. Los grados de elevación impiden que el puntal quede aprisionado entre el dique y el francobordo cuando llegue el momento del reflote del buque en la desvarada. Después de quedar ajustados, se amarran con cabos o cables de acero en ambos extremos. Las diferencias de temperatura afectan a los puntales, por la dilatación y contracción del buque. Cada vez que disminuye la temperatura en el dique y se contrae el metal del casco, se aflojan los puntales y pueden caer al dique.

## 18.15 Servicio de buzos.

Los buzos se emplean cuando los planos de varada resultan erróneos o dudosos, cuando se trata de una embarcación con severos daños en el casco, cuando se sospecha que los apoyos han sufrido algún golpe que los haya movido fuera de posición, si es un buque nuevo o cuando existen indicios de que no se ha seguido las indicaciones de los planos.

***Figura 18. 16.***
***Buzos inspeccionando la varada de la embarcacion sobre la cama de picaderos.***

Aunque estas sean las razones que impulsan la necesidad de utilizar buzos para la varada como medida de seguridad, muchos astilleros utilizan estos servicios permanentemente en sus operaciones y su función primordial es la de alinear el buque sobre los picaderos y de verificar que el asentamiento se realice libre de obstrucciones.

## 18.16 Resumen.

Nos esforzamos en este capítulo, por captar el dinamismo de una maniobra de entrada a un dique de carena, internándonos en cada actividad para colocarlas en la secuencia en que se realizan. Aunque en esta ocasión hemos enfocado la maniobra de entrada en un dique de carena, debemos aclarar, que estos procedimientos organizados, en orden de precedencia, que hemos estudiado, es una metodología que es aplicable a todo tipo de dique., salvo algunas excepciones que se distinguirían dentro de la planificación general del conjunto de actividades. Las excepciones serian usualmente debido a variaciones estructurales existentes o por algún desperfecto mecánico con que se opera. Insistimos en que el objetivo final, es lograr una operación rápida y segura sin serios imprevistos y que los riesgos sean predecibles de tal manera, que puedan ser analizados y controlados de antemano. Los sistemas, hábitos, destrezas con las herramientas y el equipo y las actitudes en general, del personal, deben tomarse en cuenta e insertarlas como elementos de la planeación general de la maniobra, para el fortalecimiento de la capacidad del personal de varada. Comprendamos que las discusiones presentadas en este capítulo pueden variar en la práctica, cuando se den cambios significativos en el mecanismo de operación del dique y especialmente si ocurren mejoras tales como las automatizaciones de alta tecnología, que logran cambiar significativamente los mecanismos operatorios. Trabajamos con ahínco para que las operaciones de varada sean vistas como un sistema integrado que consta de varias actividades, en la cual interactúa el hombre con las estructuras del buque, el dique seco, las herramientas y las maquinarias. La operación sin duda posee todos los elementos para ser evaluada por la ingeniera de sistemas, cuya disciplina impone estudios de ergonomía, basadas en la tecnología que se maneja, la cual incluye el comportamiento del hombre, el cual debe interactuar eficientemente con el sistema.

Hemos podido apreciar en este estudio de la maniobra de entrada y salida de los diques secos de carena, todas las actividades que tiene que cumplirse para la movilización del buque al dique. Concluimos con la advertencia, de que la entrada y salida de una embarcación de un dique seco, debe ejecutarse, siguiendo lo que se establece en la planeación de la operación. Debe quedar formalizado y detallada en un plan maestro, todas las actividades propias del del dique, la embarcación y el personal encargado de la maniobra. El incumplimiento de la programación establecida para la maniobra, aun en condiciones de emergencia, representa riesgos de improvisación, creándose un ambiente propicio, para que germinen eventos negativos en la programación. En el capítulo 20 se analizarán aquellos riesgos persistentes dentro de las etapas de la evolución de estas maniobras.

**18.17 Problemas de Repaso**

1. Mencione algunas actividades preparatorias de anteriores a la operación de varada.
2. Explique por qué es importante la conferencia antes del inicio de la operación de varada.
3. Mencione algunos de los dispositivos para centrar la embarcación.
4. ¿Qué procedimientos deben seguirse para preparar el buque para la entrada al dique?
5. Explique cuáles son los puntos de verificación en el proceso de inspección.
6. Mencione algunas alternativas para corregir la escora del buque.
7. Mencione los reglamentos para la permanencia del buque dentro del dique.
8. ¿Qué precauciones deben tomarse para la colaboración de pesos para corregir la escora?
9. ¿Cuándo debe interrumpirse la operación de achique o bombeo del dique?

**Bibliografia**

1- Crandall, Paul S. and Tobiasson, Bruce O. *An Introduction to Drydocking Principles and Techniques*. Crandall Dry Dock Engineers, Inc. Cambridge Massachusetts June 1970.

2- Dm Consulting *Basic Drydock Training* Instruction Manual, 2004.

3- Heger Dry Dock Inc *Dockmaster Training Seminar* Lecture Notes. 2004

4- González López, Primitivo B. *Técnicas De Construcción Naval* Universidade da Coruña Servicio de Publicaciones 2000.

5- Mazurkiewics, B. K. *Design And Construction Of Drydocks*. Gulf Publishing Company Houston, Texas, U. S. A. 1981

6- Pinto, Abdón Araníbar. *Manual de Consulta Marítimo* Indecopi Partida Registral 0460-96, Lima, Perú.

## CAPÍTULO 19
## MANIOBRAS PARA INTRODUCIR EL BUQUE A LOS ELEVADORES DE BUQUES, DIQUES FLOTANTES Y VARADEROS SOBRE RIELES INCLINADOS.

### 19.1 Introducción.

En el capítulo anterior examinamos detalles importantes sobre la maniobra de entrada al dique de carena. En este apartado examinaremos las actividades que se realizan, antes y durante la maniobra de entrada, a los diques flotantes, los elevadores de buques y los varaderos sobre rieles inclinados, estos últimos son diques accionados por fuerza electromecánica. Agrupamos estos diques para su estudio, porque para la entrada y salida de estos diques, se comparten restricciones similares. Es especialmente notable las restricciones que presentan sus pasarelas, cuyas áreas geométricas son reducidas, lo cual dificulta el tránsito de los operadores de cabos y aparejos durante la maniobra. Sabemos que la mayoría de las actividades que se realizan, anteriores, durante y posteriores a la maniobra de entrada y salida, son similares a los que se realizan en las maniobras en los diques de carena, pero existen diferencias significativas e importantes, entre ellos. Por ejemplo, podemos citar todo lo concerniente con el movimiento vertical del buque dentro del dique que infieren en las modificaciones que han de hacerse a los procedimientos básicos para el manejo del buque. Esta diferencia en el movimiento de la estructura del dique junto al buque requiere adaptar métodos de trabajo que se ajusten a dicho movimiento, principalmente para el control de los cabos y aparejos en la operación de centrado del buque. En el dique de carena, la función de levantar el buque fuera del agua o de hacerla descender y posarla sobre la cama de picaderos, se realiza precisamente por la fuerza propulsora del volumen de agua. El volumen de agua dentro del recinto del dique de carena provee la fuerza de empuje que levanta directamente la estructura del buque en la desvarada y lo hace descender en la varada, mientras que, en los varaderos, diques flotantes y elevadores verticales, para la operación de varada, es la estructura del dique la que se eleva hasta contactar la embarcación y luego de colocada sobre la plataforma del dique, ponerla en seco. Durante las operaciones de desvarada ocurre lo inverso, se hace descender la estructura con el buque hasta dejarlo a flote.

Las similitudes operacionales entre los distintos diques son las siguientes: la necesidad de una cama de picaderos, realizar conferencias informativas, primordiales en toda maniobra, concertación sobre el tipo y las cantidades del equipo para la guía y el control del buque, y tener conocimiento de la experiencia y el conocimiento general para la correcta asignación de las posiciones a los participantes en la operación. Es importante hacer énfasis sobre las diferencias existentes, entre los sistemas que mencionamos en el párrafo anterior. Seguidamente haremos una descripción de las actividades realizadas en estos diques y la secuencia en que se ejecutan, para hacer notar los cambios que tendrán que enfrentar el personal de varada, para colocar el buque con seguridad dentro de estas estructuras.

Objetivos:

Esperamos que, al finalizar este capítulo, el lector ponga en práctica nuevas estrategias para:

- Reconocer los elementos que pueden afectar la planificación de la maniobra en estos diques.
- Identificar el movimiento característico de cada plataforma.
- Comparar las maniobras realizadas en los distintos diques mencionados en este capítulo.
- Resaltar los puntos considerados críticos en cada procedimiento.
- Aprender la secuencia en que se efectúan las actividades para la maniobra.

**19.2 Diferencias estructurales y operacionales fundamentales que afectan la operación de entrada.**

En la introducción de este capítulo se explicaron las diferencias predominantes entre los sistemas de diques. Estas diferencias deben considerarse elementos de ponderada importancia en la planeación inicial del proceso y deberá ser el tema preponderante, en las instrucciones que se impartan al personal, antes de iniciar la operación en el dique, ya sea las de entrada o las de salida. Los diques de carena poseen compuertas, en uno de sus extremos y en el otro una pared cerrada. Su compuerta se abre para dejar entrar o salir el buque. Pueden ser de inglete o de chapaleta y algunos poseen barco-puertas que son flotadas y remolcadas con cabos. No existen pasarelas o andenes angostos. Su espacio geométrico es adecuado, permitiéndose el libre tránsito del equipo y el personal que participa en la varada. El movimiento vertical del buque dentro del dique depende del movimiento del volumen de agua que provee la fuerza de empuje que sostiene al buque, es decir cuando se inunda el dique hace flotar el buque y cuando se achica la cámara del dique, hace descender el buque hasta quedar su quilla varada sobre los picaderos.

19.2.1 Descripción del movimiento de los Elevadores verticales de buques y sus ventajas y desventajas durante las maniobras:

a) No poseen compuertas en ninguno de sus extremos. Ambos extremos son abiertos.

b) Se manejan los cabos y aparejos en corredores o pasarelas angostos. Pero existen menos obstáculos que en los diques flotantes. Los corredores son más fácil acceso, por estar conectada la estructura a tierra.

c) La elevación y descenso del dique es en sentido vertical y en la plataforma se recibe y de la misma forma se despide el buque. Poseen cabrestantes que en la mayoría de las veces son accionadas por motores eléctricos y otros utilizaran fuerza hidráulica, para el levante y descenso de la plataforma de varada.

d) Su capacidad de izamiento es limitada

19.2.2 Descripción del movimiento de los Varadero sobre rieles y sus ventajas y desventajas durante las maniobras:

a) No poseen compuertas en ninguno de sus extremos. Ambos extremos son abiertos.

b) Se manejan los cabos y aparejos en corredores o pasarelas angostos. Los corredores son de difícil acceso.

c) El movimiento de la plataforma se realiza sobre rieles anclados sobre una pendiente. La plataforma de acero y madera desciende y asciende del agua, jalados por cadenas y garruchas, accionados por motores eléctricos.

d) El varadero sobre rieles posee la particularidad de moverse operacional diferente. Esta se desliza sobre una pendiente, para ejecutar el descenso o el ascenso del buque. Debido a esta particularidad se ocasionan ciertas dificultades durante la operación de arrastre de la plataforma. Al iniciar la subida o descenso de la estructura, deberá mantenerse inmovilizada el buque dentro del recinto, por el constante movimiento de la estructura del varadero que imprimen las cadenas al deslizarse por las enormes garruchas al ser jalada por los motores, cosa que no ocurre con los diques flotantes y los elevadores verticales, que durante las operaciones de subida y descenso, el buque se mantiene inmovilizado, una vez se encuentre en el recinto y al elevarse la plataforma quedará varada el buque y al realizar el descenso del dique, quedará el buque totalmente a flote. En el varadero sobre rieles se pone a prueba la destreza de los operarios en el manejo de los cabos y aparejos, para mantener la embarcación en su centro, dificultad que se manifiesta, toda vez que el buque se encuentre en constante movimiento, ya sea en la varada o en la desvarada.

19.2.3 Descripción del movimiento de los Diques Flotantes y sus ventajas y desventajas durante las maniobras.

En el capítulo 7 y 8 estudiamos los aspectos más importantes y sobresalientes de la operación del dique flotante, tanto de su estabilidad y de los efectos del movimiento del agua en los tanques de lastre al sumergirse y al emerger del agua.

a) Su movimiento es en forma vertical y depende totalmente de la fuerza del agua. Para su descenso se llenan sus tanques de lastre y para el levantamiento de la embarcacion se vacían los tanques de acuerdo con la distribución del peso del buque sobre la plataforma y esto se hará según un plan cuidadosamente calculado.

b) Se manejan los cabos y aparejos en corredores o pasarelas angostos con obstáculos que son pare integral de la estructura, como lo son las grúas, respiraderos etc. Es de difícil acceso para el personal y el equipo.

c)_No poseen compuertas en ninguno de sus extremos. Ambos extremos son abiertos.

**19.3 Maniobra de entrada a un Varadero Sobre Rieles.**

Tanto en el dique flotante, el elevador vertical de buques y en el varadero sobre rieles, el buque y el agua permanecen inmóviles mientras que la plataforma de varada es la que asciende para levantar el buque fuera del agua. Los procedimientos son generalmente los mismos que se aplican a toda operación de varada.

1- La preparación de avanzada.
2- Preparación del dique.
3- Revisiones anteriores a la varada.
4- Operación de Varada
5- Acciones y revisiones posteriores a la varada.

Después de azocados los cabos del buque a las bitas en la plataforma, el varadero se mueve con el buque y mientras más acerca la estructura del varadero, sobre la pendiente, hacia tierra, el agua se hace menos profunda, por lo tanto, se reduce el calado del buque y tiende a quedar "colgando" de los amarres, por lo que deberán ser lascados los cabos y aparejos, pero de manera controlada para no perder el centro.

Es importante recalcar, que todo el personal debe estar entrenado para esta labor y para todo lo referente a la dirección de las fuerzas de movimiento, en cada uno de los diques que se opera.

La secuencia de actividades que conforman la maniobra para varar una embarcación, en un varadero sobre rieles son las siguientes:

1- El descenso de la plataforma a la profundidad requerida.

2- Inicio del remolque hacia la entrada de la embarcación con sogas y cabrestantes si se encuentra cerca del dique y si se encuentra demasiado retirada, entonces requiere la asistencia de uno o varios remolcadores.

3- Instalación de los aparejos de control para el centrado de la nave.

4- Instalación del aparato para el centrado.

El método de las plomadas para alinear el buque es uno de los más comunes en los varaderos, por la facilidad y de rápida instalación.

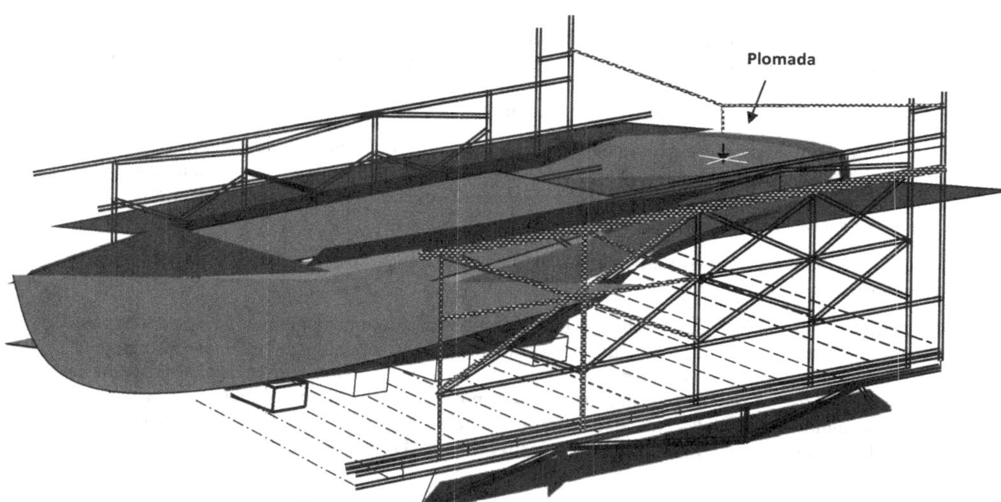


***Figura 19. 1***
***Centrado con cadena y plomada de un buque sobre el varadero***

Las plomadas deben estar colocadas y verificadas su centro antes del ascenso de la plataforma, mientras tanto se colocan los cabos y aparejos en posición para recibir la embarcación. Las plomadas se colocan para verificar el centrado de la plataforma y luego son removidas para permitir el paso de la embarcacion. Se volverán a colocar una vez que el buque se encuentra dentro del área para el centrado. Véase la Figura 19.1.

5- El trazado de las líneas para la cama de picaderos, incluye una medida de referencia para ubicar la popa de la embarcacion. En algunos varaderos se hace coincidir la popa de la embarcacion con la plomada. En muchos casos el extremo de la popa se extiende más allá de la plomada, y debe ser medido esta distancia de la plomada al extremo de la popa y colocarla sobre la cubierta de la embarcacion para hacerla coincidir luego con la caída de la plomada. Al coincidir la punta de la plomada con dicha marca, quedará indicada el centro de la cama y la posición longitudinal de la embarcación.

6- Una vez centrada el buque sobre la cama, atesada todos los aparejos e inmovilizada la embarcación, el capitán de diques ordena la subida de la plataforma.

7- Dependiendo del seno en las cadenas de la maquinaria de arrastre, en algunos varaderos ocurren en el inicio del arrastre sobre los rieles, ocurren pausas y arranques súbitos, que imprimen un movimiento brusco a la plataforma con el buque, cada vez que el mecimiento quede en su ciclo de tensión. El vaivén se acentúa en proporción a la magnitud del seno en las cadenas. Este movimiento oscilante, ejerce una fuerza que empuja longitudinalmente al buque que todavía se encuentra a flote, y que tiende a perder el centrado original. Para mantenerlo en posición, ha de mantenerse tensados los cabos, cobrando el seno, aprovechando el vaivén del movimiento. Se requiere destreza para lidiar este instante muy particular y crítico de la maniobra. Pueden romperse los cabos y los cables de los aparejos, por la inercia del movimiento hacia delante y hacia atrás. Se distienden los cabos y aparejos por un momento, e inmediatamente sigue una rápida tensión en el otro. En otros varaderos el movimiento de arrastre es continuo y no ocurren eventos de esa naturaleza. Una vez tensados los cabos y aparejos será cuestión de vigilar los aparejos para mantenerlas con la tensión adecuada según suba progresivamente la plataforma.

8- El varadero subirá por los rieles sobre la pendiente hasta que la quilla de la embarcación haga contacto con los picaderos. Seguidamente el capitán de diques hará nota del instante en que toque la quilla los picaderos. Luego de que la quilla se asiente sobre los picaderos centrales, hará subir la plataforma hasta llegar cerca del calado del instante de inestabilidad.

9- En este instante los picaderos laterales son jalados contra el pantoque en babor y estribor, para la estabilización de la embarcación.

10- Inicia la colocación de los laterales con el picadero designado como número uno y posteriormente, se continua la secuencia hasta, hasta quedar totalmente apoyado el pantoque. Terminada la colocación de los laterales, continúa la elevación del varadero. Para las naves con astilla muerta aguda, casi plana, la cama de picaderos no requiere almohadas laterales movibles por lo tanto la cama se construye con picaderos o almohadas laterales fijos, eliminándose el proceso de jalar los picaderos y se elimina el riesgo de un volcamiento. Una vez que se logre el contacto con la quilla, el varadero podrá elevarse sin mayor demora.

11- La plataforma, con la embarcación asentada sobre los picaderos, continúa su recorrido hasta salir totalmente del agua y llegar a la posición predeterminada. Este será el instante en que se colocan los portalones de acceso a la embarcación.

12 – Inspecciones: Una vez fuera del agua, se inspeccionan los picaderos, para verificar sus condiciones, la posición de estas con respecto a las marcas preestablecidas y la coincidencia de las cuñas laterales con el contorno del pantoque y de la cuña contra el mamparo de la embarcación. En el resto del casco se verifican si han quedado libres las aberturas y otras protuberancias.

13 – Es el momento propicio para empezar el lavado del casco del buque y de la plataforma, con agua dulce. Las sogas y aparejos también se lavan y se estiban en paletas, hasta la fecha de la desvarada. Se

colocan los letreros de seguridad contra incendios e instrucciones que prohíban el uso de los baños y desagües de la embarcación y se designan las áreas autorizados para el uso de la tripulación, mientras dure la estadía de la embarcación en el varadero. Seguidamente se colocan en un lugar o tablero visible al pie del portalón de acceso al buque, las autorizaciones y certificaciones para trabajos en espacios confinados, trabajos "en caliente" y el manejo de sustancias consideradas peligrosas a la salud, todas expedidas y certificadas por el Químico Marino o por una persona competente, nombrado por el departamento de seguridad.

**19.**4 Maniobra de entrada a un Elevador de Buques.

La planificación para la varada es básicamente las mismas que practican anteriores a la entrada a todo dique seco.

1-La preparación de avanzada.
2-Preparación del dique.
3-Revisiones anteriores a la varada.
4-Operación de Varada
5-Acciones y revisiones posteriores a la varada.

***Figura 19. 2.***
***Traslado de un remolcador a la plataforma del elevador vertical.***

De los elementos de la planificación se destacan los siguientes: la asignación del personal, equipo y herramientas, inspección de cabos y aparejos y asignación de grúas y la conferencia sobre el método que se empleará en la maniobra de entrada. La principal diferencia entre el elevador vertical de buques y el varadero sobre rieles radica en que el primero se eleva, subiendo una pendiente y lleva la embarcación con ella hasta que ésta, quede asentada sobre los picaderos. Mientras en el elevador, simplemente se inmoviliza la embarcación, entre marcas preestablecidas, se eleva verticalmente, hasta que la cama de picadero logre el contacto con la quilla del buque, levantándola hasta sacarla fuera del agua. En ambos casos el movimiento se hace normal a la fuerza de gravedad y los miembros estructurales que realizan el izamiento, siempre estarán bajo tensión. Por el hecho, de que la cama de varada del elevador vertical, se construye sobre carros varaderos sobre rieles, posee la capacidad de trasladar la embarcación de la plataforma a un patio de estacionamiento, dejando libre la plataforma de varada para varar o desvarar otro buque es un factor importante que debe ser incorporado dentro de la planificación general de la operación. Otras condiciones que deben considerarse son:

a) La cama de picaderos para el elevador se construye sobre carros, que corren sobre rieles ferroviarios,
b) Otros elevadores colocan vigas de arrastre para deslizar el buque al patio del estacionamiento.
c) Ambos requieren mantenimiento periódico.
d) Debe incorporarse alguna maquinaria de propulsión al sistema, de suficiente capacidad para el traslado del buque.
e) La plataforma de levantamiento debe ser nivelada para el traslado del buque, al patio de hormigón.

El orden de las actividades que se efectúan en los procedimientos de la maniobra se describe a continuación:

1- Conexión y colocación de los carros de varada sobre la plataforma de varada.

La cantidad de carros que se requiere para sostener adecuadamente una embarcación, dependen del peso del buque. Los carros se conectan entre sí, con sus respectivos conectores y se nivelan fuera de la plataforma de izamiento. La plataforma está fabricada con vigas articuladas y se encuentra suspendida por los cables de los chigres, lo cual, no es una buena base de referencia. Sobre la plataforma y sobre la albardilla, se trazan las marcas de las dimensiones principales de la embarcación, para la alineación de los carros y para la colocación de los accesorios para posicionar el buque. Luego de colocar el tren de carros varaderos sobre la plataforma, se le instalan unos dispositivos para inmovilizar las ruedas.

2- Remoción de los segmentos de rieles que conectan la plataforma y los rieles del patio de aparcamiento.

3- Descenso de la plataforma a una profundidad no menos de 0.610 m (2.0 pies) entre la quilla del buque y la superficie de los picaderos.

4- Elevación de la plataforma hasta lograr el contacto con los picaderos de la quilla

5- Continúa emergiendo la plataforma con el buque, hasta llegar al calado acordado para la colocación de los picaderos laterales.

6- Verificación de escora. Envío de buzos para inspeccionar la posición del buque sobre la cama.

7. Continúa emergiendo la plataforma con el buque hasta la nivelación de los rieles de la plataforma con los rieles del aparcamiento.

8- Inspección de la cama de picaderos, los rieles y las conexiones ente los carros.

9- Re- instalación de los segmentos de rieles que conectan la plataforma y los rieles del patio de aparcamiento.

10- Conexión de la maquinaria de remoque.

11- Remolque del tren de varada con el buque a la mesa de transferencia (para los elevadores provisto de mesas secundarias para traslados laterales).

12 - Remolque final del tren de varada con el buque a su aparcamiento en el área de trabajos.

Los elevadores verticales que poseen la capacidad de varar buques de mayor calado utilizan, tractores con brazos hidráulicos especiales, que se agarran de los rieles para vencer la fuerza de fricción, para el traslado de los buques hacia dentro y fuera del área de trabajo. Se agregan tractores adicionales colocándolos en línea, cuando se trata del traslado de buques con desplazamientos elevados. Actualmente se han diseñado camas especiales, capaces de ser trasladadas por un tren de carros. Estas se introducen por debajo de la cama en la mesa. Tienen ruedas giratorias y gatos hidráulicos, movidos por control remoto o por un camión articulado de altura muy especial que se coloca bajo las vigas. Luego de colocarse bajo la cama, las ruedas se elevan con los gatos y con el control remoto se lleva el buque sobre la cama original al aparcamiento.

**19.5 Maniobra de entrada a un Dique Flotante.**

La entrada y salida del buque del dique, depende de la ayuda auxiliar externa, como lo son los remolcadores y otras naves. La elevación y descenso del dique se hace verticalmente y la plataforma recibe y de la misma forma como despide al buque. El achique o inundación de este tipo de dique, se realiza en sus pontones bajo la plataforma y tanques de las paredes laterales, las cuales al inundarse hacen descender el dique y cuando se achican la hacen subir a su francobordo de operación. Los diques flotantes se distinguen entre los demás por que utilizan la fuerza del agua para levantar las embarcaciones. Esta característica impone procedimientos de seguridad diferentes, que deben implementarse para evitar daños al buque y a la estructura del dique. Algo que siempre debe tenerse presente, es el hecho de que los vaivenes de la marea no afectan la claridad o el espacio entre la quilla y la superficie de los picaderos, pero siempre debe ser investigado, la profundidad del agua en que flota el dique, puesto que puede quedar fácilmente encallada si el agua es poca profunda para la sumersión del dique. Empezaremos con las actividades estándar que se deben realizar para todo dique. Debemos siempre recordar, que las cinco actividades principales que componen la operación de varada, para todo dique, son las siguientes:

1-La preparación de avanzada.
2-Preparación del dique.
3-Revisiones anteriores a la varada.
4-Operación de Varada
5-Acciones y revisiones posteriores a la varada.

Los primeros pasos en la secuencia de actividades son fundamentales y se aplican a las operaciones de varadas en cualquier tipo de dique. Los diques flotantes, sin embargo, requieren una planificación más extensa, la cual requiere, que se tomen en cuenta elementos distintos a los demás diques. Un elemento importante exclusivo de este tipo de diques, son los planes de desagüe de los tanques para el levantamiento del buque (Véase los planes de desagüe de los tanques de lastre en el capitulo17). La planificación de la entrada al dique es muy importante, por las restricciones de espacio que existen en las cubiertas donde el personal tiene que trabajar forzosamente con los cabos y aparejos para el control de la embarcación. Se requiere considerable habilidad y experiencia para controlar el buque con los cabos de maniobra, desde el espacio limitado que ofrecen las cubiertas de trabajo de los diques flotantes. Ante todo, en este tipo de dique, la preparación y el movimiento del buque dentro del dique, deberá ser lento y pausado. Aunque debemos puntualizar que las distancias del recorrido con los cabos son cortas, puesto que, por lo general el acercamiento a la entrada al dique lo controla un remolcador.

El control de la inundación y el achique, durante las diferentes fases de la estabilidad se hará siempre según el plan de bombeo para evitar la sobrecarga de la estructura. El operario debe conocer las limitaciones eléctricas del sistema para evitar sobrecargas durante la varada o desvarada. Los sistemas de generación de corriente y de distribución, pueden estar limitadas, de tal suerte que no posean la capacidad, que permita tener en línea todas las bombas y cabrestantes a la vez. Otras verificaciones que se deben realizar, antes de empezar las operaciones del dique flotante, son las siguientes:

a. Los indicadores de los niveles de agua en los tanques.
b. Disponibilidad de instrumentos para medir la deflexión del dique
c. Disponibilidad de energía eléctrica para la operación simultánea de todas las bombas contra incendio, alarmas, comunicaciones, cerrar y abrir válvulas y demás sistemas necesarios para la operación del dique.
d. Que hacer en casos de que fallen los generadores, ¿cómo afecta el bombeo del dique?
e. ¿Es suficiente la energía de reserva?
f. Verificar la efectividad del sistema de llamada.
g. Verificar el estado de los trabajos de reparaciones a los tanques.
h. Conocer el estado y el tipo de sistemas de conexiones de servicio de tierra al dique.
i. Condiciones de las grúas para los trabajos a realizarse.
j. Cálculos de estabilidad para cuando encalla la quilla sobre los picaderos, para el instante de jalar los picaderos laterales, para el sistema Buque / Dique, los de carga sobre los picaderos, los de contrarrestar movimientos sísmicos y vientos huracanados y el desarrollo de un plan de desagüe.

La entrada del buque al dique necesita, por lo general, la ayuda de remolcadores. Se requiere un buen control de la embarcación para situar al buque exactamente entre los muros del dique, especialmente cuando la manga del buque es tal, que se reduce a un mínimo, el espacio entre el casco y el muro. La maniobra debe ser planificada con anticipación tomando en consideración cada detalle del movimiento del buque hacia y dentro del dique. El calado en el dique debe ser lo suficiente, para evitar cualquier contacto con los picaderos bajo el agua, debido a alguna de las protuberancias del buque no vistas en el plano.

**19.6 Secuencia de Actividades y verificaciones.**

A continuación, se describe la secuencia usual de las actividades de entrada. Advertimos que cada varada se realiza bajo situaciones con nuevas condiciones muy particulares y las actividades y su secuencia han de ajustarse, según sean las condiciones en el momento de la programación de la operación.

1- El remolcador se coloca en la entrada del dique, y se amarra al buque. Mientras empieza el empuje del remolcador contra el buque, dirigiéndolo a la entrada del dique, los operadores de cabos envían líneas guías amarradas a los cabos para la popa y la proa tan pronto el buque se encuentre suficientemente cerca del dique. Los esprines se colocan cuando el buque se encuentre dentro del dique.

2- Cuando se toma el control del buque con las sogas y aparejos, se deshacen los amarres de los remolcadores y el capitán de diques toma el control del buque. Los cabos avanzan cambiando de posición, de bita en bita. Los buques con apéndices que sobresalen de la quilla del buque y los picaderos elevados complican la entrada del buque si es que la profundidad del agua sobre los picaderos no es suficiente para que el buque pase sin rozarlos o golpearlos.

3- Si la entrada por el centro del dique no es posible por insuficiencia de agua sobre los picaderos, entonces será necesario guiar la embarcación fuera del centro del dique, cerca de las paredes laterales, y luego jalarla transversalmente hacia el centro, a su posición final. Para estos casos se pueden colocar rodillos portátiles entre la pared del dique y el francobordo, forzando el buque para que haga contacto directo contra los rodillos.

Se requiere habilidad y experiencia en el manejo de los cabos para guiar con seguridad al buque dentro del dique. El procedimiento para guiar el buque dentro por los remolcadores y la colocación de los cabos es el mismo para los tipos de diques con pasarelas angostas. Los cabrestantes con los cabos reemplazan el empuje del remolcador, después de que el buque se encuentre dentro del dique. Los bolardos, las bitas, y los cabos, proveen los controles de la embarcación, en su recorrido hacia dentro y hacia fuera del dique. Las Figuras 19.2 al 19.6 muestran la secuencia de la maniobra de entrada de un buque a un dique flotante asistido por un remolcador. Cabe mencionar que la cantidad de remolcadores varía según el tamaño del buque o si el buque ha sufrido alguna avería. La intensidad del viento, el tamaño del buque, la disponibilidad de remolcadores y la cantidad y condición de la maquinaria de arrastre que posea el dique, son otros factores que pueden determinar la cantidad de remolcadores para el control del buque durante la maniobra.

En **"A"** la embarcación se aproxima al busco del dique. Los operadores de líneas y aparejos reciben los cabos de guía desde el extremo del dique. El buque todavía es controlado por el o los remolcadores.

**A**

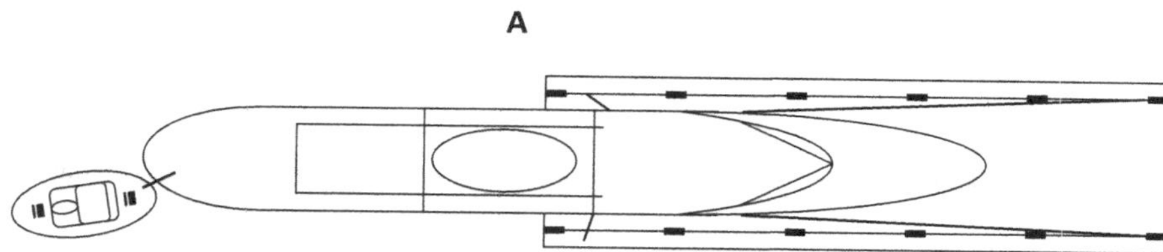

***Figura 19. 3.***
***Maniobra de acercamiento de un buque a la entrada de un dique flotante***

En "B" los operadores de cabos y aparejos caminan con los cabos a medida que va entrando la embarcación todavía por el empuje del remolcador. Solamente atesarán los cabos para frenar y cambiar la dirección de la proa cuando sea necesario. Se hará con amarres breves en las bitas, soltando rápidamente para no frenar del todo el movimiento de la embarcación.

**B**

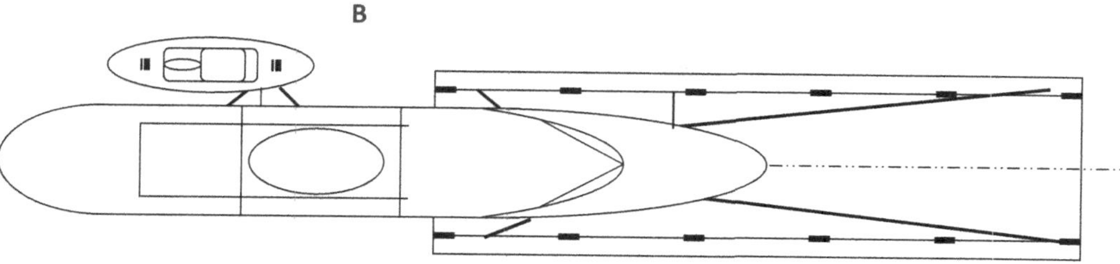

***Figura 19. 4.***
***Maniobra de entrada de un buque al dique flotante ayudado por cabos.***

En "C", se sueltan los amarres y se recogen los cabos de los remolcadores.

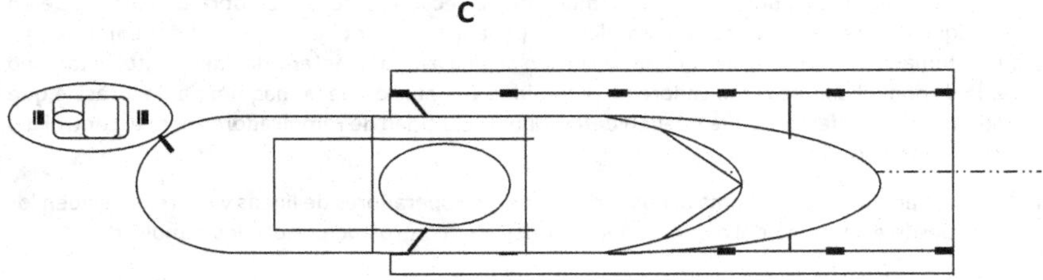


***Figura 19. 5.***
***Secuencia de la Maniobra de entrada a un dique flotante.***

En "D" el avance de la embarcación se mantiene con los cabrestantes del dique para terminar el recorrido en la posición final.

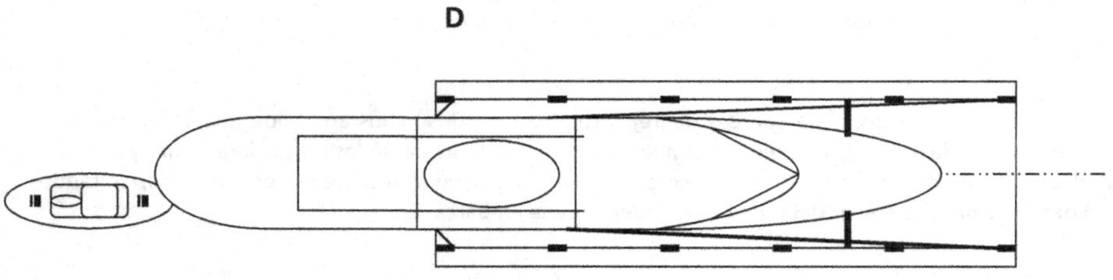


***Figura 19. 6.***
***Finaliza la Maniobra de entrada al dique flotante.***

En "E", la embarcación se encuentra en su posición y luego de colocar las cadenas o instrumentos para el centrado de la embarcación con el dique y los aparejos necesarios de control, se procede al desagüe para levantarla fuera del agua.

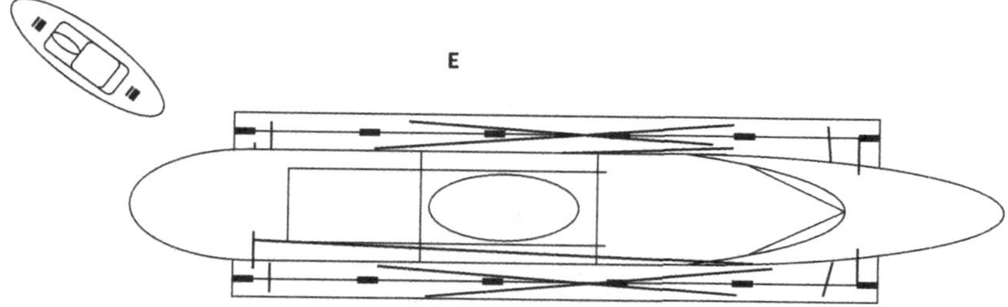


***Figura 19. 7.***
***Buque dentro del Dique flotante.***

Las ilustraciones vistas recogen una sinopsis de la secuencia de las actividades, que se realizan durante las maniobras de entrada a un dique flotante, pero es importante recordar que las actividades pueden variar, dependiendo de las condiciones del clima, las condiciones del buque, las practicas del astillero y del capitán de diques y su equipo de trabajo, además de los pilotos que participan en la maniobra. Para la salida, la secuencia de actividades se invierte y se aplican las reglas importantes para toda desvarada. Vale la pena un repaso de las *"Certificaciones de descarga o movimiento de pesos"* y las *"pausas a dos pies (.610 metros más o menos) del despegue de la quilla de los picaderos, para la inspección del casco del buque".* Estas reglas se discutirán en el capítulo 21 de este manuscrito con mayor amplitud por su importancia para la seguridad del buque. Toda esta secuencia de actividades estudiadas se aplica tanto a los diques de carena como a los hidro-elevadores, elevadores de buques y a los varaderos ferroviarios.

**19.7 Resumen.**

Se ha realizado un esfuerzo por resaltar las actividades más importantes de la maniobra de entrada y salida, para los tres tipos de diques, cuyas plataformas de varada emergen del agua. Las tres poseen pasarelas estrechas, donde forzosamente laboran los que manejan los cabos y aparejos. Los varaderos sobre rieles y los elevadores verticales, no utilizan la presión hidrostática del agua para levantar el buque mientras que el dique flotante, depende en su totalidad del empuje del agua para realizar su trabajo. Hemos tratado de aislar algunas de las diferencias entre los sistemas, que son importantes para los trabajadores que manejan los cabos y aparejos y que deben tomarse en cuenta cada vez que se planifique la maniobra.

La mayoría de las actividades que se detallan son comunes a todos los diques, no obstante, habrá variaciones en los procedimientos debido a las diferencias estructurales. Las limitaciones de espacio en los puentes y pasarelas en los diques flotantes, los varaderos sobre rieles, y algunos elevadores verticales, es un elemento de riesgo que debe ser considerado. Son áreas de trabajo que requieren que el personal, se familiarice con el área y que posea la experiencia de laborar con cabos y aparejos, en espacios reducidos. Además, es importante la planificación detallada y completa, en donde se detallen y se ilustren los métodos practicados y comprobados como efectivos, en aras de prevenir accidentes cuando se manejan cabos y aparejos en espacios reducidos.

**19.8 Preguntas de Repaso**

1- ¿Qué etapa es la más crítica, en la varada de un buque sobre un dique flotante?

2- Diga los procedimientos para la varar un buque en un elevador de buques.

3- ¿Que se coloca en los rieles del elevador vertical después de la inspección de los carros y del buque?

4- ¿Cuáles son los procedimientos para la varada en varaderos sobre rieles?

5- Describa la diferencia más importante para el operador de cabos, entre el elevador de buques y el varadero sobre rieles.

6- ¿Cuál es el método más utilizado para el centrado de la embarcación en el varadero ferroviario?

7- Mencione las actividades estándares anterior a la varada para todos los diques.

**Bibliografía**

Crandall, Paul S. and Tobiasson, Bruce O. *An Introduction to Dry docking Principles and Techniques*. Crandall Dry Dock Engineers, Inc. Cambridge Massachusetts June 1970.

Dm Consulting *Basic Dry Dock Training* Instruction Manual, 2004.

Heger Dry Dock Inc. *Dockmaster Training Seminar* Lecture Notes. 2004

González López, Primitivo B. *Técnicas De Construcción Naval* Universidade da Coruña Servicio de Publicaciones 2000.

Mazurkiewics, B. K. *Design and Construction of Dry docks*. Gulf Publishing Company Houston, Texas, U. S. A. 1981

# CAPITULO 20
# EVALUO Y CONTROL DE LOS RIESGOS EN LAS OPERACIONES DE VARADA, ESTADIA Y DESVARADA

## 20.1 Introducción.

El departamento de seguridad de los astilleros posee la autoridad y es el ente responsable de implementar los estándares de seguridad para todos los trabajos que se realizan en los talleres y en las operaciones de varadas en los diques secos. En este estudio evaluaremos y analizaremos los riesgos presentes en el desempeño del procedimiento de la varada, en las distintas etapas de su evolución y los riesgos presentes durante la estadía de la embarcacion dentro del dique. Iniciamos el análisis de los riesgos desde la planeación de la operación y la extendemos hasta la desvarada. La congregación de trabajadores, como un enjambre en movimiento simultaneo, requiere la coordinación exacta de las operaciones. Los riesgos durante las maniobras de entrada y salida de los diques solo se minimizan cuando se cuenta con un equipo bien entrenado para el desempeño armónico en ambas bandas del dique seco. De por sí, existen condiciones inseguras estructurales las cuales se pueden observar en andenes o pasarelas de los diques flotantes y en los varaderos sobre rieles, por el espacio geométrico reducido y además, obstaculizado por rieles de grúas, bitas y cornamusas elevadas. Estos se convierten en espacios peligrosos, en donde los riesgos de caídas y daño corporal se multiplican, sumándosele a estos, otros factores tales como: la magnitud del peso de los equipos, el trabajo que se realiza sobre andamios o por la posibilidad de inundaciones accidentales que devastaría cualquier trabajo en progreso dentro del dique. Es evidente que se labora en un entorno inseguro, que requiere de la aplicación formal de un sistema de seguridad para las actividades que han de realizarse.

Las características estructurales de los diques de carena, y el de los elevadores verticales, son menos restrictivas que los diques flotantes y el de los varaderos sobre rieles. En estos últimos, se dificulta el desplazamiento de hombres y materiales, más los riesgos particulares, inherentes a sus características estructurales. Las posibilidades de caídas y resbalones siempre están presentes en todos los entornos en que se labora y el peligro existente durante las maniobras con cabos y cables de acero. Existen, además, otros tipos de riesgos como los que ocurren, debido a errores en la fabricación de las camas, que, como consecuencia, pueden causarle daños al casco de la embarcación y al dique.

Dentro del dique se encuentran peligros no muy evidentes. Durante la travesía un buque navega en su estado normal y todas sus funciones se realizan en forma ordenada y programada. Una vez se le somete a una varada reglamentaria, los riesgos y posibilidades de accidentes se multiplican. Súbitamente el buque y sus alrededores se ven invadida por un ejército de trabajadores ajenos a la disciplina del marino tripulante y de maquinarias, materiales y equipos regados por todos los andenes del buque. El departamento de seguridad debe proveer una gestoría eficiente y dinámica en cuanto a los estándares de seguridad. Debe otorgársele la suficiente autoridad y autonomía para que se desarrolle la metodología más eficiente y segura en los procedimientos, y que evolucione entre ellos una cultura de alta seguridad.

En este capítulo estudiaremos las evaluaciones y métodos de corrección de riesgos que se ajustan a este tipo de operación para aplicar controles, según las condiciones del entorno en donde se desarrollan estas tareas. Debemos señalar que es primordial que la coordinación de las actividades ejecutadas por el personal de varada sea en forma ordenada. Estudiaremos todo el conjunto de actividades dentro de las etapas que componen el proceso de la varada, para fijar la existencia de los riesgos inherentes en cada tarea de acuerdo con el entorno en que se llevan a cabo, como grupo o como individuo, para minimizarlos o totalmente eliminarlos.[102] Señalaremos los eventos de peligro según se vayan suscitando en cada etapa del proceso, para así implementar controles básicos para cada caso.[103]

**Objetivos:**

Después de la lectura de este capítulo, el lector tendrá mayor claridad para:

- Organizar mejor los puestos de trabajo para detectar riesgos inherentes.
- Aplicar los reglamentos de seguridad en la varada.
- Alentar a los trabajadores en el cumplimiento de las metas de seguridad del departamento.
- Inspeccionar, con conocimiento, las herramientas y el equipo utilizado en el cumplimiento del trabajo.
- Evaluar y evitar los puntos de riesgo en las tareas que conforman la actividad.
- Diseñar sistemas preventivos para salvaguardar y evitar accidentes al personal, a la embarcación y al dique.
- Saber Identificar los riesgos en cada estación de trabajo.

## 20. 2 Evaluación y Análisis de los Riesgos en las Operaciones de varada, estadía y desvarada.

La administración de los astilleros debe implementar programas de evaluación de riesgos para que los encargados de los trabajos puedan evaluar los riesgos que se presentan al ejecutar sus labores. En algunos sistemas se implementan evaluaciones basados en la asignación de grados de peligrosidad de 1 al grado 5. Por ejemplo: A la categoría considerado como trivial se le asigna un grado = 1, al tolerable =2, al moderado= 3, al substancial = 4 y al Intolerable = 5. Cuando el riesgo se considera trivial no se requiere documentación ni se toma acción alguna. Si el riesgo es tolerable simplemente se monitorea los controles aplicados. Cuando el riesgo es moderado, se implementan controles adicionales para minimizar el riesgo y evitar que se desarrolle nuevas posibilidades de daños. Si ocurren riesgos substanciales durante deben

[102] Dessler, Gary. *Administración del Personal.* Prentice-Hall Hispanoamericana, S.A. 1991. Página, 270

[103] Dessler, Gary. *Administración del Personal.* Prentice-Hall Hispanoamericana, S.A. 1991. Página, 270

tomarse acciones urgentes para su mitigación. No se iniciarán los trabajos de conocerse un riesgo intolerable. De no poder reducir dicho riesgo, esta labor deberá ser eliminada.

El estudio de la seguridad y los riesgos al efectuar las labores en los diques secos, se basan en una variedad de regulaciones estudiadas por varias organizaciones dedicados a la seguridad industrial y a otras que fueron creadas, por empresas según sus criterios y experiencias, según los factores ambientales que las rodean, la complejidad de sus estructuras y de acuerdo con sus métodos de producción. Una operación de varada utiliza primero que nada el esfuerzo físico de muchos hombres, que participan en todas las tareas, encaminadas a una culminación exitosa de la operación. La modernización de las estructuras, equipos y herramientas ha contribuido a una reducción significativa de la dependencia, que se ejercía en otras épocas, de la fuerza netamente humana. Podemos citar como ejemplos progresivos a los troles, que son vigas longitudinales instaladas a lo largo de las paredes del dique y que sobre ellas se deslizan unos pequeños carros que llevan los amarres que controlan la embarcacion, una vez se encuentre dentro del dique y aunado a las nuevas aplicaciones tecnológicas los controles pueden ser digitales y portátiles. Estas mejoras han logrado reducir significativamente la cantidad del personal requerido para las maniobras por ende la cantidad de riesgos en las operaciones. Actualmente existen diques provistos de trenes de carros varaderos capaces de trasladar un buque con solo un operador con controles digitales. También han contribuido a estos avances, las grúas de gran capacidad de levante, manejados por aplicaciones de la tecnología digital, provistos de controles electrónicos que han reducido los tiempos de enganche y desenganche, reduciéndose por ende los tiempos de movimiento de las gigantescas secciones de buques en construcción. Sin embargo, debemos recordar que el ingenio humano es parte integral del sistema y que, de sus actuaciones en el desempeño de su labor, depende que se eviten los eventos inesperados y actos inseguros. Los accidentes fatales se atribuyen en su mayoría a errores del trabajador. En los últimos años, organizaciones como la OSHA y la NIOSH, entidades creadas por el departamento de trabajo de los Estados Unidos, el Instituto Náutico en Gran Bretaña creador del boletín: "Internacional Marítima de Estudios sobre el Elemento Humano, Alert", dedicada a la investigación del comportamiento del elemento humano en los buques, tratan de concienciar a los dueños administradores de los buques que navegan en alta mar del importante rol del elemento humano señalando las deficiencias y debilidades bajo condiciones adversas en un ambiente que de por sí, se caracteriza como hostil.

La disciplina que se dedica a la optimización, entre la tecnología y el operador humano de una variedad de sistemas, es la ingeniería del factor humano. Sus investigaciones y adelantos respecto al elemento humano, que debe tomarse en cuenta en los diseños de sistemas, de plantas industriales y los sistemas de producción, demuestran que donde exista esta interactuación de hombre y tecnología deben estudiarse de manera formal en todas sus etapas, de tal manera de que se optimice la eficiencia y la seguridad. Mucho se ha investigado concerniente a los accidentes en alta mar, pero son escasas las reglamentaciones formales, en cuanto a seguridad en las operaciones de diques secos. Los principios que se aplican en las técnicas para el análisis de puestos definen a las personas idóneas para el puesto, a las actividades reales del puesto, sus deberes, el entorno en que se desarrolla, el ambiente social y las descripciones de dichos deberes[104], pero son escuetas las instrucciones detalladas, respecto a seguridad, según los estándares que se exigen respecto al desempeño. Una supervisión dedicada a reducir los riesgos que se manifiestan en las operaciones de varada debe ser una que realice inspecciones constantes, a las tareas relacionadas con cada puesto, documentar las deficiencias observadas, para maximizar la eficiencia en el proyecto de evaluación de la labor y el rendimiento del grupo. Se podrá de este modo, implementar

---

[104] Dessler, Gary. *Administración del Personal.* Prentice-Hall Hispanoamericana, S.A. 1991. Página 85, 86, 87, 88.

la creación de dimensiones (aspectos detallados de la tarea o del rendimiento) [105] y aplicar correctivos adecuados a los riesgos que se identifican en cada tarea y posteriormente diseñar una estrategia de capacitación conveniente.

## 20.3 Implementación de controles para los riesgos en las etapas que componen las operaciones.

Para la implementar controles de riesgos a esta operación, dividiremos la duración del proceso de varada en seis etapas, para facilitar su análisis. Iniciaremos con la planeación del proyecto, y seguiremos con la preparación del dique, la entrada del buque al dique y su asentamiento sobre los picaderos de la cama y luego todo lo concerniente a la desvarada o salida del dique y finalmente el amarre del buque al muelle. Cada una de las etapas la subdividiremos en estaciones de trabajos, y serán en dichas estaciones donde se realizarán diversas tareas, para cumplir con la meta de colocar el buque en seco, sobre los picaderos del dique. Al aislar cada tarea para la observación de los detalles de esta, es fácil aplicar el proceso básico en la determinación de deficiencias en el desempeño, errores, ineficiencias en el manejo del equipo, mala utilización de materiales y herramientas y los conocimientos y nivel cultural de la seguridad del grupo en general. La observación objetiva de las deficiencias permitirá fijar los objetivos medibles de capacitación, de rápida implementación. [106]. Asumimos el hecho de que la compañía mantiene una política de seguridad y sus estándares deben aparecer escritos posteados en lugares, donde el empleado pueda tener acceso a dicha literatura. La disgregación de actividades permitirá al inspector de seguridad, observar aspectos tales como, ergonomía, equipo de trabajo, almacenamiento de materiales, iluminación y ventilación, aspectos más difíciles del factor humano como lo serian aspectos psicológicos, fisiológicos y físicos.

El inspector asignado a la tarea debe poseer los conocimientos y la experiencia sobre este tipo de actividad para lograr una evaluación imparcial y exacta de las técnicas aplicadas en el desempeño de la actividad.[107] Al identificar el funcionamiento de cada tarea y su contribución a la ejecución de las actividades que se desarrollan en cada etapa, se manifestaran sus puntos de riesgo, las posibilidades de accidentes, y la calidad de la ergonomía practicada, el cual debe ser un factor importante en las técnicas de trabajo del personal. Las organizaciones buscarán la mejor forma de lograr que los trabajadores, junto a sus supervisores, realicen sus tareas de la manera más segura y eficiente y cumplir las metas propuestas.[108] Se utilizaran técnicas adecuadas para diseñar los puestos de trabajo, creando tareas simples y repetitivas, en aras de mejorar el desempeño de las mismas.[109] Emplearemos algunos elementos de los métodos para el diseño de puestos, para organizar el grupo encargado de la varada y desvarada, y poder estudiar de cerca su desempeño al realizar sus labores. Nuestro objetivo general, es realizar la búsqueda de deficiencias en la seguridad con que se desempeñan estas labores, observando la forma

---

[105] Gómez-Mejía, Luis R., Balkin, David B., Cardy, Robert L. *Gestión de Recursos Humanos* Prentice Hall. Madrid 1997 Pagina 106.

[106] Dessler, Gary. *Administración del Personal.* Prentice-Hall Hispanoamericana, S.A. 1991. Página 105, 106

[107] Machado, P. A. *Drydock Safety Management.* RINA´S Drydocking Conference London UK, 2003

[108] Adam Jr., Everett E. Ebert, Ronald J. *Administración de la Producción y las Operaciones.* Prentice-Hall Hispanoamericana, S.A. 1981. Pags. 262 – 275.

[109] Gómez- Mejía, Luis R., Balkin, David B., Cardy, Robert L. *Gestión de Recursos Humanos* Prentice Hall. Madrid 1997 Pagina 106.

como se realizan las tareas en las estaciones, y detectar si existen fallas en el sistema ergonómico establecido, con el equipo utilizado, o en la destreza del trabajador para cumplir su labor. El ingeniero de seguridad anotará de manera objetiva, aquellas características humanas, relevantes y compatibles (Nelson & Associates, Human factors and ergonomics) a las personas que realizan las tareas. Recomendamos estudiar los riesgos involucrados en este tipo de operación, aplicando los lineamientos aplicados por los estamentos de seguridad ocupacional. Consideramos viables y compatibles sus sistemas además de las recomendaciones de los expertos en seguridad ocupacional, como lo es la organización OSHA "Administración de Seguridad y Salud Ocupacional". En este estudio utilizaremos la proposición de la OSHA. Ella propone tres controles, las cuales contienen elementos que son aplicables y compatibles con los riesgos que se enfrentan en las operaciones de varada, estadía y desvarada. Los controles que se aplicarán serán las siguientes: Controles de ingeniería, Controles administrativos y los controles que regulan el Equipo protector personal.

### 20.3.1 Controles de ingeniería.

Los controles de ingeniería son cambios físicos que se implementan para la eliminación de los riesgos. Incluyen entre varios, el rediseñó de la estación de trabajo, cambios de los materiales y de los procedimientos, cambios en las prácticas acostumbradas de realizar el trabajo, y cambios en la forma como se utiliza el equipo. Cuando se aplican los controles de ingeniería en la fase de diseño, se pueden reconocer con mayor facilidad, las situaciones riesgosas y realizar los cambios necesarios antes del inicio del proceso en las estaciones de trabajo, con los materiales y el equipo. Cuando estos cambios se realizan al inicio del proceso, queda eliminada la situación insegura. Asimismo, en la operación de varada aplicamos las mismas reglas de seguridad, a las operaciones de varada y desvarada, empezando por identificar los peligros, en el momento de la planeación de las actividades que integran la operación, recorriendo antes del inicio del proceso, todo el plan general. Podemos nombrar algunos controles de ingeniería, que se pueden aplicar en esta fase de la operación, como lo son: verificación de las condiciones actuales del dique, inspección de las condiciones de la maquinaria para la confección de picaderos y sus cuñas, inspección del el equipo que se utilizarán en las maniobras, como grúas y montacargas, cabos y aparejos, cabrestantes, verificar las condiciones de los controles de las salas de bombas, de las bombas, del funcionamiento de las válvulas de desagües, de los guinches que levantan las plataforma de varada, la limpieza de los rieles y correderas y las condiciones de la estructura del dique en general.

### 20.3.2 Controles administrativos.

Los controles administrativos son procedimientos y métodos que reducen significativamente la exposición del trabajador a los riesgos alterando la metodología del desempeño de la tarea. Incluyen: la rotación de puestos, las tareas alternas, el rediseño de los métodos de realizar los trabajos y los periodos de descanso.

### 20.3.3 Equipo protector personal (PPE)

El equipo protector personal (PPE) se refiere a los dispositivos que utiliza el trabajador mientras realiza una tarea, para protegerse de los riesgos y peligros en una estación de trabajo. Incluyen: Uso de guantes, anteojos y gafas de seguridad, respiradores, protectores auditivos, botas de seguridad y ropa apropiada al trabajo que se realiza.

**20.4 Distribución y Organización de las tareas en las distintas Etapas de la operación.**

Para la programación general de la seguridad del proyecto, dividimos el proceso en seis etapas. Los trabajos realizados por los trabajadores en la preparación y las maniobras de varada y desvarada y sus responsabilidades durante la estadía se realizan en áreas específicas. Estas áreas donde se realizan los trabajos, las denominamos *estaciones* para facilitar la identificación y localización de los riesgos relacionados a cada actividad. Las *estaciones* las hemos identificado con los numerales: 00, 01, 02, 03, 04 y 05. Seguidamente explicamos las actividades que ocurren en cada estación dentro de las etapas de la evolución:

**PRIMERA ETAPA:** Se elabora y reúne la documentación pertinente al proyecto. Los más importantes para la varada serán los planos de varada, que incluyen los cálculos preparatorios de estabilidad y otras instrucciones, así como las compras de materiales. En esta etapa también se realizan los sondeos de los tanques, los trazados de líneas, localización y emplazamientos de picaderos base. La localización de las estaciones donde se realizan estas acciones son las siguientes:
**Estación 00**: Oficinas Administrativas, de ingeniería y oficinas del capitán de diques.
**Estación 01**: Trabajos dentro de los diques secos y de las plataformas de varada, en áreas de la albardilla que rodea los diques y áreas dedicadas al aparcamiento de buques.
**Estación 02:** Sala de gálibos, y talleres de carpintería.

**SEGUNDA ETAPA:** Fabricación de materiales para la cama.
**Estación 02:** Sala de gálibos, y talleres de carpintería.

**TERCERA ETAPA:** Montaje, nivelación y afianzamiento de la cama de picaderos en el dique.
**Estación 03:** Marcas para la localización de la cama revisiones finales.
**Estación 01:** Trabajos preparatorios para la inundación del dique dentro del dique.

**CUARTA ETAPA:** Entrada del buque al Dique.
**Estación 04(Traslación):** Se realizan las maniobras de entrada del muelle de amarre (06) al dique seco (05).

**QUINTA ETAPA**: Periodo de estadía.
**Estación 05:** En esta estación el buque se encuentra en seco sobre los picaderos dentro del dique y se realizan todos los trabajos programados. En esta etapa se acentúan los riesgos de accidentes en el buque y su alrededor debido a la naturaleza de los trabajos que han de ejecutarse. Las operaciones de soldaduras, trabajos en espacios confinados dentro de tanques, trabajos con químicos y gases tóxicos liberados y los trabajos de electricidad y de pintura proveen avenidas en donde pueden desatarse serios accidentes. Las labores muchas veces en manos de contratistas inexpertos obligan al estricto seguimiento de los procedimientos de seguridad que deben haberse implementado la planeación general de las actividades.

**SEXTA ETAPA**: Preparación y Maniobra de salida del dique.
**Estación 06 (Traslación):** Desvarada del dique seco (05) hacia el muelle de amarre (06).

20.4.1 Tabla de Actividades para la localización de estaciones en cada etapa.

Como una herramienta de trabajo adicional, hemos confeccionado una tabla donde se describen las etapas y las actividades que en ella se realizan, relacionándolas con las estaciones y las profesiones que participan en el desempeño de dichas actividades. Con la disgregación de las actividades, agrupadas en etapas, buscamos identificar el mejor enfoque posible de los riesgos inherentes en cada una de las actividades que se ejecutan en las operaciones de varada y desvarada para poder crear una programación para administrar la seguridad en cada etapa según evolucione la operación. Con este desglose de actividades para cada estación, esperamos facilitar la labor de inspección y estudio del inspector de seguridad.

| **ACTIVIDADES Y DESPLAZAMIENTO DEL PERSONAL**<br>**Durante**<br>**Las 6 Etapas de La Operación de varada** | | |
|---|---|---|
| ***PRIMERA ETAPA*** | | |
| **TAREAS** | **ESTACIONES** | **PERSONAL ASIGNADO A LA OPERACIÓN DE VARADA** |
| **A**<br>**Autorización y entrega de documentos, cálculos matemáticos.**<br>**Compra de materiales.** | **00** | **1- Gerencia del astillero**<br>**2- Oficina del capitán de diques secos.**<br>**3- Departamento de Ingeniería.**<br>**4- Departamento de compras** |
| **B**<br>**Limpieza y ordenación del dique. Preparación y distribución de cabos y aparejos** | **01** | **1-Carpinteros de ribera (1)**<br>**2- Aparejadores**<br>**3- Operadores de grúas**<br>**4- Agrimensor (1)** |
| **C**<br>**Replanteo de líneas en la sala de gálibos, para la confección** | **02** | **1- Carpinteros de ribera** |

| | | |
|---|---|---|
| **de plantillas para las cuñas laterales del pantoque.** | | |
| **CH**<br><br>**Replanteo de líneas en la solera del dique seco para el emplazamiento de la cama de picaderos. Verificación y nivelación de alturas.** | **01** | **1- Carpinteros de ribera** |
| **D**<br><br>**Sondeo de tanques y verificación y correcciones de asiento y escora.** | **05** | **1- Oficina del capitán de diques secos**<br>**3- Carpinteros de ribera**<br>**4- Aparejadores**<br>**5- -Operadores de grúas** |
| ***SEGUNDA ETAPA*** | | |
| **E**<br><br>**Fabricación de capas de madera, calzas y material de relleno** | **02** | **1- Carpinteros de ribera** |
| **F**<br><br>**Fabricación de Cuñas laterales y puntales.** | **02** | **1- Carpinteros de ribera** |
| ***TERCERA ETAPA*** | | |
| **G**<br><br>**Emplazamiento y nivelación de picaderos y almohadas. Instalación de cuñas laterales del pantoque y limpieza del dique.** | **03** | **1- Carpinteros de ribera**<br>**2- Agrimensor**<br>**3- Ingeniero** |
| **Conferencia de llegada** | **00** | **1- Capitán de diques secos**<br>**2- Supervisores de talleres**<br>**3-Capitanes y pilotos de remolcadores** |

| | | |
|---|---|---|
| I Verificación de los calados del buque relativos al calado del dique. Instalación de la guía de remolque y cabos laterales | 03 | 1- Carpinteros de ribera<br>2- Aparejadores<br>3-Operadores de grúas |
| J<br><br>Inspección de la cama de picaderos y transferencia de las líneas de referencia de la cama a la albardilla del dique. | 03 | 1- Capitán de diques secos<br>2- Carpinteros de ribera |
| *CUARTA ETAPA*<br>(Entrada al Dique Seco) | | |
| L<br><br>Apertura de la compuerta | 04 | 1- Capitán de diques secos<br>2- Carpinteros de ribera<br>3- Aparejadores |
| M<br><br>Maniobra de entrada al dique seco | 04 | 1- Capitán de diques secos<br>2-Carpinteros de ribera<br>3- Aparejadores<br>4- Operadores de grúas |
| N<br><br>Cierre de las compuertas y Alineamiento del buque | 04 | 1- Capitán de diques secos<br>2- Carpinteros de ribera<br>3- Aparejadores<br>4- Operadores de grúas<br>5- Departamento de Buzos |
| Ñ<br><br>Elevación de la plataforma (Elevador vertical, dique flotante y varadero sobre rieles). Achique del dique de carena y varada sobre los picaderos | 04 | 1- Capitán de diques secos<br>2- Carpinteros de ribera<br>3- Aparejadores<br>4 –Operadores de grúas |
| O<br><br>Instalación de portalones y conexión del buque a tierra. Inspección del asentamiento | 04 | 1- Aparejadores<br>2 –Operadores de grúas |

| | | |
|---|---|---|
| del buque sobre la cama. Verificaciones y correcciones a la cama | | |
| *QUINTA ETAPA* (Estación de Mayor Riesgo) | | |
| | | |
| P<br>ESTADÍA EN EL DIQUE | 05 | Se realizan los Trabajos programados al buque. El buque permanece bajo la responsabilidad del capitán de diques. Verificaciones y monitoreo de los traslados, adiciones o remociones de pesos para garantizar la estabilidad de entrada. |
| *SEXTA ETAPA* (Salida Del Dique Seco) | | |
| Q Conferencia de salida | 00 | 1-Capitan de diques<br>2- Remolcadores<br>3- Supervisores de talleres |
| R<br>Instalación de cabos y aparejos para la desvarada | 06 | 1- Carpinteros de ribera<br>2- Aparejadores<br>3- Operadores de grúas |
| S<br>Inspección y limpieza del dique | 06 | 1- Carpinteros de ribera<br>2- Aparejadores<br>3- Operadores de grúas |
| T<br>Inundación o elevación parciales para la inspección de estanqueidad del casco. | 06 | 1- Carpinteros de ribera<br>2- Aparejadores<br>3- Operadores de grúas |
| U<br>Inundación total / elevación total.<br>Apertura de la compuerta | 06 | 1- Carpinteros de ribera<br>2- Aparejadores<br>3- Operadores de grúas |

| | | |
|---|---|---|
| **W**<br><br>**Salida del dique y amarre al muelle** | **06** | **1- Carpinteros de ribera**<br><br>**2- Aparejadores**<br><br>**3- Operadores de grúas** |
| **V**<br><br>**Achique del dique de carena o ascenso de la plataforma.**<br><br>**Inspección del dique** | **06** | **1- Carpinteros de ribera**<br><br>**2- Aparejadores**<br><br>**3- Operadores de grúas** |

*Figura 20. 1*
*Diagrama del orden de las Actividades que deben ser realizadas en cada etapa de la operación de varada, estadía y desvarada.*

### 20.5 Evaluación de los riesgos en las actividades realizadas en cada etapa.

Cada estación tendrá sus riesgos característicos según el equipo, las herramientas y la geometría del entorno en donde se lleva a cabo la actividad o tarea. Podrá ser implementada la creación de dimensiones (aspectos detallados de la tarea o del rendimiento) [110] y la aplicación de correctivos adecuados a los riesgos, por condiciones o actos inseguros del trabajador. Luego que estos riesgos estén debidamente identificados en cada tarea, deberán ser sometidas a las entidades encargadas de su análisis y estudio y para que posteriormente se diseñe una estrategia de capacitación conveniente.

La observación objetiva de cualquiera deficiencia permitirá fijar objetivos medibles de capacitación y de rápida implementación. [111] Dividir la operación en etapas, es una estrategia que facilitará realizar con mayor claridad, el estudio y el análisis de cada caso, sus aspectos ergonómicos, si son adecuados los equipos de trabajo, el almacenamiento de materiales y la iluminación y ventilación. De esta manera la evaluación de las condiciones inseguras del entorno en que se desarrolla la tarea, y de las condiciones del equipo con que se realiza el trabajo pueden generar resultados más precisos. Podrá también verificarse los actos inseguros, directamente relacionados al elemento humano, tales como las condiciones psicológicas y fisiológicas por el que atraviesa el trabajador, al momento en que ejecuta la tarea y si se aplican las técnicas de ergonomía compatibles con las tareas y el grado de conocimiento sobre la tarea que ostenta el que desempeña la labor. El inspector deberá poseer en su currículo los conocimientos necesarios sobre la tarea que se realiza, para poder evaluar las técnicas utilizadas al ejecutar la actividad.

---

[110] Gómez-Mejía, Luis R., Balkin, David B., Cardy, Robert L. *Gestión de Recursos Humanos* Prentice Hall. Madrid 1997 Pagina 107.

[111] Dessler, Gary. *Administración del Personal.* Prentice-Hall Hispanoamericana, S.A. 1991. Página 105, 106

Debe imperar en todo momento la observación y el análisis formal de las tareas específicas que desempeña cada trabajador.[112]

Para lograr este objetivo, hemos insertado algunas de las técnicas de evaluación de los puestos de trabajo, creando tareas simples y repetitivas en aras de mejorar el desempeño de estas.[113] Emplearemos algunos de estos elementos empleados en la evaluación de puestos, para la evaluación de las prácticas de seguridad y los riegos a los cuales estarán expuestos el grupo encargado de la varada y desvarada y poder descubrir cuales son las fallas y cumplimientos. Debe estar basada la evaluación en estándares relacionados directamente a las actividades de varada de buques. Es importante que sean medibles y objetivos y además, deberá mantenerse informado el trabajador sobre los estándares que se utilizan y el objetivo que se persigue en este tipo de evaluación. La evaluación estará dirigida a identificar los actos y las condiciones inseguros (fallas en los equipos, condiciones de la estación de trabajo y actitud del trabajador hacia la tarea que desempeña). La evaluación deberá hacerse mientras se realizan los trabajos, sin interrumpir la labor de los trabajadores. En el siguiente párrafo iniciamos la programación de la evolución completa de todo el proceso de la operación, describiendo las estaciones dentro de las etapas, el tipo de actividad que se desarrolla en cada una de ellas y la aplicación de los controles para mitigar posibles riesgos subyacentes.

**PRIMERA ETAPA: PREPARATIVOS PARA LA OPERACIÓN DE VARADA.**
**ESTACION 00**

**20.6 Descripción de los riesgos existentes en la Estación 00 en la primera etapa.**

En la estación 00 se efectúan los cálculos para las evaluaciones del buque y la distribución de las autorizaciones de compra y las hojas de datos para el inicio de las labores. En este apartado nos limitaremos a señalar las condiciones inseguras y los controles que generalmente prevalecen.

a. Errores en los cálculos, planos equivocados, planos sin corregir.

b. Falta de Planeación.

c. Deficiencias en el flujo de la información.

d. Lesiones por tropiezos o resbalones.

20.6.1 Controles administrativos, de ingeniería y de protección personal para la Estación 00.

La aplicación de controles de riesgos para esta estación es somera y se basa mayoritariamente en fallas en la documentación y a las precauciones de evacuación que se practican para toda área de trabajo donde labora un contingente de personas. No obstante, el listado a continuación sugiere algunos cuidados que, de no atenderse, podrían resultar negativos a la programación del proyecto de varada.

***Controles Administrativos***

---

[112] Machado, P. A. *Dry dock Safety Management.* RINA´S Dry-docking Conference London UK, 2003

[113] Gómez- Mejía, Luis R., Balkin, David B., Cardy, Robert L. *Gestión de Recursos Humanos* Prentice Hall. Madrid 1997 Pagina 107.

1- Capacitar el personal en el sondeo de tanques.
2- Aplicar todos los implementos que permita un flujo eficiente de la información.
3- Difusión anticipada de los planes por escrito a todas las entidades que han de participar en la varada.
4- Realizar los cálculos y una programación detallada de todas las actividades.
5- creación de programas de capacitación para todo el personal.
6- Apoyar al departamento de seguridad con las legislaciones vigentes sobre los estándares de seguridad que deben cumplirse.
7- Mantener vigente una política de evacuación, primeros auxilios y accesibilidad a servicios médicos para accidentes u otras emergencias.
8- Implementación y manutención de un programa contra incendios.
9- En los casos de carencia de documentación sobre el buque, realizar investigaciones en otros astilleros sobre la posible existencia de documentos similares.
10- Aplicar todos los implementos que permita un flujo eficiente de la información.
11- Difusión anticipada de los planes por escrito a todas las entidades que han de participar en la varada.

***Controles de Ingeniería***

1- Levantamientos de coordenadas en la curvatura del casco interno para casos de varadas por emergencias sin documentación.
2- Investigar en otros astilleros sobre la posible existencia de planos similares.
3- Compárese los planos con otros buques de la misma clase y generación.
4- Mantener un personal activo especialmente para la limpieza.
5- Si el buque arriba sin adecuada documentación, efectuar el levantamiento de las coordenadas de la curvatura del casco interno.

10-Realizar prácticas frecuentes para casos de incendio u otros desastres naturales.

11-Mantener la limpieza, equipos de oficina en buen estado, pasillos y corredores iluminados y buena ventilación.

***Equipo de protección personal***

1- 12-Mantener un inventario adecuado con los implementos básicos de seguridad. (cascos, botas especiales, mascarillas desechables, guantes, gafas de seguridad y protectores auditivos).
2- 13-Protección auditiva
3- 14-Gafas de seguridad.
4- 15-Botas de seguridad y ropa apropiada de trabajo
5- 16-Guantes.

**ESTACION 01**

**20.7 Descripción de los riesgos existentes en la Estación 01 en la primera etapa de la operación.**

En la estación 01 se efectúan los sondeos de los tanques del buque, se eliminan escoras y se corrigen el asiento para la varada del buque. También son ejecutados simultáneamente, en este periodo, las compras de materiales, el replanteo de líneas en la solera del dique y trazados en la sala de gálibos para las curvaturas del pantoque.

Las condiciones inseguras observadas en la estación 01 son las siguientes:

1. Caídas ocasionadas por derrames de grasas y aceites en la cubierta.
2. Tropezones por obstáculos en el área de tránsito vehicular y peatonal.
3. Caídas al agua.
4. Eslingas en mal estado.
5. colocación incorrecta de los pesos en la cubierta del buque.
6. Desconocimiento de las limitaciones de carga.

20.7.1 Controles administrativos, de ingeniería y de protección personal para la Estación 01.

Los controles se aplicarán a las actividades preparatorias que se realizan en el muelle de amarre, sala de gálibos y áreas aledañas al dique.

***Controles Administrativos***

1- Proveer los planos y la documentación necesarias para la varada.
2- Administración de costos
3- Compras de materiales
4- Diseminación de copias de la planeación general.

***Controles de Ingeniería***

1- Eliminar cualquiera escora existente
2- Verificación del asiento adecuado para la varada de la embarcacion.
3- Realizar verificaciones del sondeo.
4- Procurar una entrada y salida del tanque sin obstáculos.
5- Limpiar y mantener el área libre de aceites o cualquier sustancia que pueda causar resbalones.
6- Lugar de transito libre de obstáculos.
7- Inspección de grúas y equipo de cables y pesas.

***Equipo de Protección Personal***

1- Utilizar chaleco salvavidas para trabajar en flotas o se tenga que transitar por la orilla.
2- Utilizar gafas de seguridad.
3- Botas de seguridad y ropa apropiada de trabajo.

**SEGUNDA ETAPA: PREPARATIVOS PARA LA OPERACIÓN DE VARADA.**
**ESTACION 02**

**20.8 Descripción de los riesgos existentes en la Estación 02 en la segunda etapa.**

El escenario de la estación 02 es la sala de gálibos y los talleres que confeccionan las cuñas de madera para las almohadas laterales. Las maquinarias de los talleres de fabricación de madera donde se confeccionan gálibos y demás artefactos para las camas de varada presentan un sin número de situaciones riesgosas que requieren del monitoreo sistemático cada vez que se accionen. A continuación, recordamos algunas de las acciones preponderantes, causantes de accidentes en el puesto.

1. Errores en el corte de las curvaturas de los picaderos de pantoque,

2. Números erróneos en la cartilla de trazado.

3. Mediciones incorrectas del técnico.
4. Uso incorrecto de la maquinaria para los cortes de madera.
5. Lesiones por mal uso de la maquinaria de procesamiento de la madera.
6. Lesiones por averías de las bandas o cintas, cuchillas y discos de las maquinas procesadoras de la madera.
7. Tropezones por obstáculos en el área de tránsito vehicular y peatonal.
8. Resbalones y caídas.
9. Caídas de objetos.
10. Uso de herramientas dañadas.
11. Maquinaria defectuosa.
12. Peligros de lesión en la espalda, por levantar material pesado de forma incorrecta.
13. Lesiones en los ojos, por desprendimiento de bruscas, polvo, aserrín etc.

### 20.8.1 Controles administrativos, de ingeniería y de protección personal para la Estación 02

Atendiendo a las acciones arriba mencionadas que bien pueden revertir en posibles causas de accidentes, creamos una lista de controles para dichos riesgos.

***A-Controles Administrativos:***

1 Creación de programas de capacitación para replanteamiento de líneas y confección de gálibos, para el personal del dique seco.

2 Establecer programas de capacitación sobre técnicas de levantamiento de pesos.

3 Proveer programas de capacitación para: aparejadores, carpinteros de ribera y operadores de grúas en el uso de cables y sogas.

4 Instituir programas de capacitación agresivos de seguridad por medio del departamento de seguridad para todos los supervisores.

***B-Controles de ingeniería:***

1- Revisar las alturas dadas en el plano.

2- Inspección de las líneas trazadas para la detección de errores en el trazado.

3- Si se detectan errores en la cartilla de trazado, consulte el problema con el departamento de ingeniería.

4- Tome medidas a lo interno del buque para obtener coordenadas para trazar la curvatura correcta.

5- Verificar con especial cuidado las camas con almohadas laterales fijas.

6- Asignar técnicos capacitados y con experiencia para operar las maquinarias industriales para el corte y el movimiento de maderas de alto grosor. El uso indebido de una sierra de banda puede resultar en el rompimiento de la hoja. En manos de un novato puede resultar en cortes no precisos.

7- Mantener la limpieza del área de trabajo.

***C-Protección personal:***

1 Utilice siempre gafas de seguridad
2 Ropa adecuada de trabajo.
3 Botas de seguridad
4 Protección auditiva cuando se utilice maquinas con sonidos vibratorios agudos.

**TERCERA ETAPA: PREPARATIVOS PARA LA OPERACIÓN DE VARADA.**
**ESTACION 00, 03.**

**20.9 Descripción de los riesgos existentes en la Estación 03 en la tercera etapa de la operación.**

En la estación 03 se realizan las actividades de emplazamiento de los picaderos, las almohadas laterales, las nivelaciones, el afianzamiento final de la cama y la colocación de las marcas de ubicación de la cama dentro del dique. Se realiza la conferencia de llegada con el personal participante de la maniobra de entrada. Se manejan grúas, montacargas y una variedad de bloques de madera pesada. En dicha operación intervienen un grupo numeroso de trabajadores, que deben funcionar de manera coordinada, bajo la supervisión del capitán de diques. La acción tiene como escenario principal, la cámara o plataforma de varada del dique y sus alrededores.

1- Aparejamiento deficiente.
2- Peligro de rompimiento de sogas y cables bajo tensión.
3- Uso de eslingas equivocadas en el levantamiento de pesas.
4- Operación deficiente de la grúa y el montacargas.
5- Resbalones por derrame de aceites y otras sustancias.
6- Heridas ocasionadas por clavos, grapas y tornillos regados en la solera.
7- Peligros de lesión en la espalda, por levantar material de peso considerable de forma incorrecta.
8- Lesiones en los ojos, por desprendimiento de bruscas por trabajar sin gafas de seguridad.
9- Trabajos en andamios mal colocados
10- Lesiones por el mal uso de herramientas.
11- Riesgos en el uso de enchufes o empalmes de dispositivos eléctricos.
12- Falta de destreza y conocimiento en el uso de la maquinaria en la fabricación de gálibos.

20.9.1 Controles administrativos, de ingeniería y de protección personal para la Estación 03.

Son controles que se implementan en los talleres para el uso correcto de las maquinarias, el manejo correcto de pesos y la limpieza general del área de las áreas en donde se labora.

***A-Controles Administrativos:***

1. Implementación de programas de capacitación sobre el manejo del equipo y maquinarias de fabricación.
2. Implementación de programas de capacitación sobre el manejo y levantamientos de peso.
3. Programar los cursos de seguridad sobre el levantamiento correcto de pesos.
4. Proveer capacitación para el manejo de cargas.
5. capacitación de los operadores de montacargas.
6. Entrenar los talleres sobre seguridad en el manejo de cabrestantes.
7. Mantener recipientes para desperdicios accesibles en el área de trabajo.

8. Implementar reglamentos para la limpieza del área de trabajo.

***Controles de ingeniería:***

1. Utilice eslingas certificadas para la magnitud del peso que va a ser levantada.
2. No deben excederse los límites de carga en las sogas y aparejos.
3. Evitar derrames de aceites y basura.
4. Exigencias estrictas en el uso de guantes de cuero.
5. Cumplimiento de las señalizaciones puestas en las maquinarias de cortes.
6. Mantenimiento de los guinches de la plataforma de varada. (elevadores de buques)
7. Implementación de procedimientos contra incendios.
8. Verificación de los sistemas del barco puerta.
9. Mantenimiento e inspecciones periódicos de las compuertas de inglete.
10. Verificación del correcto funcionamiento de las grúas
11. Solo debe permitirse buzos certificados. Estos se ceñirán a las normas estipuladas en las tablas de descompresión.
12. Detener todas las bombas de achique y toda actividad que pueda afectar al buzo cuando este se encuentre en el agua.
13. Colocación de barandales y pasamanos alrededor de la albardilla del dique de carena, en ambos extremos de la plataforma de los diques flotantes y en las pasarelas de los diques flotantes y los varaderos sobre rieles.
14. Verifique que no estén obstruidas las áreas cercanas a las bitas y cabrestantes antes de que empiece la maniobra.
15. Instalar guarda rieles portátiles removibles de una altura de aproximadamente 1.07 m (42 pulgadas aproximadamente) en las entradas de la plataforma de los diques flotantes.
16. Instalar andenes o pasarelas sobre las paredes laterales del varadero sobre rieles, deben instalarse guarda rieles con travesaños intermedios de aproximadamente 1.07 m (42 pulgadas aproximadamente).
17. Instalar guarda rieles portátiles removibles de una altura de aproximadamente 1.07 m (42 pulgadas aproximadamente) en los muelles laterales en ambos lados de la plataforma de izamiento de los elevadores de buques.

***C-Protección personal:***

1. Uso de gafas de seguridad en el área de trabajo.
2. Usar siempre botas de seguridad en el área de trabajo.
3. Utilizar vestimenta apropiada.
4. Utilizar cascos de seguridad.
5. Manejar cabos y cables con guantes apropiados.
6. Mantener la vigilancia cuando se mueven cargas aéreas constantemente dentro del dique.
7. Utilizar siempre chaleco salvavidas mientras este a bordo de la embarcación y durante la maniobra de varada y desvarada.
8. Mantener el área de transito libre de obstáculos.
9. Verificar la magnitud del peso por levantar.

**CUARTA ETAPA: MANIOBRA DE ENTRADA AL DIQUE.**
**ESTACION 04,05**

**20.10 Descripción de los riesgos existentes en la Estación 04 en la cuarta etapa.**

Esta es la etapa en que se ejecuta la maniobra de entrada del buque, partiendo de la estación 06 del muelle a la 05 que es la cámara del dique. La mayoría de los riesgos se encuentran por la actividad que se realiza en la albardilla del mismo dique de carena o sobre las pasarelas en los diques elevadores, varadero sobre rieles o en las de los diques flotantes. Son dinámicas las acciones de esta etapa y proporcionalmente resulta en un aumento de los riesgos. El manejo de los cabrestantes y el tensar de los cabos adjunto a las acciones de adujar o soltarlos, crean riesgos para los que los manejan. En ocasiones se solicitará la ayuda de un equipo de buzos para verificación del alineamiento sobre la cama bajo el agua.

1- Peligros de lesión en la espalda, por levantar pesos en forma incorrecta.
2- Lesiones en los ojos, por desprendimiento de bruscas por trabajar sin gafas de seguridad.
3- Peligros por el rompimiento de cabos.
4- Caídas durante la maniobra.
5- Peligro de una embolia pulmonar o enfermedad de descompresión, por respirar aire comprimido. (Buzos)
6- Peligro de cortes o rompimiento de la manguera de aire del buzo.
7- Peligro de quedar atrapado por la poca visibilidad bajo el buque.
8- Riesgos en el uso de enchufes o empalmes de dispositivos eléctricos.
9- Resbalones por derrame de aceites y otras sustancias.

20.10.1 Controles administrativos, de ingeniería y de protección personal para la Estación 04.

***A-Controles Administrativos:***

1-implementación de programas de capacitación sobre levantamiento de peso.

2-Programar cursos de seguridad sobre el levantamiento correcto de pesos.

3-Proveer capacitación para el manejo de cargas.

4-capacitación de los operadores de montacargas.

5-Entrenar los operadores sobre la seguridad en el manejo de cabrestantes.

6-Mantener recipientes para desperdicios accesibles en el área de trabajo.

7-Implementar reglamentos para la limpieza del área de trabajo.

8-Creacion de equipos idóneos, capacitados para efectuar la varada de cualquier tipo de embarcación.

***B-Controles de ingeniería:***

1-Utilice eslingas certificadas para la magnitud del peso que va a ser levantada.

2-No deben excederse los límites de carga en las sogas y aparejos.

3-Evitar derrames de aceites y basura.

4-Exigencias estrictas en el uso de guantes de cuero.

5-Mantenimiento periódico de la planta de bombeo y las casetas de control.

6-Mantenimiento de los guinches de la plataforma de varada. (elevadores de buques)

7-Verificación de los sistemas del barco puerta.

8-Mantenimiento e inspecciones periódicas de las compuertas de inglete.

9-Verificación del correcto funcionamiento de las grúas

10-Detener todas las bombas de achique y toda actividad que pueda afectar al buzo cuando este se encuentre en el agua.

11-Colocación de barandales y pasamanos alrededor de la albardilla del dique de carena, en ambos extremos de la plataforma de los diques flotantes y en las pasarelas de los diques flotantes y los varaderos sobre rieles.

12-Realizar inspecciones para verificar la no obstrucción de las áreas cercanas a las bitas y cabrestantes antes de empezar la maniobra.

13-Instalar guarda rieles portátiles removibles de una altura de aproximadamente 1.07 m (42 pulgadas aproximadamente) en las entradas de la plataforma de los diques flotantes.

14-Instalar andenes o pasarelas sobre las paredes laterales del varadero sobre rieles, deben instalarse guarda rieles con travesaños intermedios de aproximadamente 1.07 m (42 pulgadas aproximadamente).

15-Mantenimiento periódico de la planta de bombeo y las casetas de control.

16-Los dispositivos eléctricos se manejarán por electricistas marinos asignados a la maniobra.

*C-Protección personal:*

1-Uso de gafas de seguridad en el área de trabajo.

2-Usar siempre botas de seguridad en el área de trabajo.

3-Utilizar vestimenta apropiada.

4-Utilizar cascos de seguridad.

5-Manejar cabos y cables con guantes apropiados.

6-Mantener la vigilancia cuando se mueven cargas aéreas constantemente dentro del dique.

7-Utilizar siempre chaleco salvavidas mientras este a bordo de la embarcación y durante la maniobra de varada y desvarada.

8-Mantener las áreas de transito libre de obstáculos.

9-Verificar la magnitud del peso por levantar.

**QUINTA ETAPA: ESTADIA DE LA EMBARCACION EN EL DIQUE SECO.**
**ESTACION 05**

**20.11 Descripción de los riesgos existentes en la Estación 04 en la quinta etapa.**

Esta es la etapa de mayor riesgo para el buque y el dique y por ende sus alrededores. En esta etapa los riesgos se encuentran en su mayoría, en los trabajos programados en el tiempo que dure el periodo de estancia del buque en seco, dentro del dique o sobre la plataforma de levantamiento (Diques flotantes, elevadores verticales o varaderos sobre rieles). Los trabajos ejecutados en el buque dentro del dique y en el área de aparcamiento, la denominamos *estación 04*. Las condiciones inseguras están supervisadas por un inspector de seguridad y los supervisores de los talleres encargados de los trabajos a bordo y en el casco del buque. Generalmente los administradores asignan un coordinador general de proyectos, para que gestione e interactúe con los contratistas y subcontratistas. Mientras más extenso sea el proyecto de reparación o remodelación mayor serán los riesgos por identificar y prevenir. Por ser una estación de mayor peligro para el buque, haremos un análisis de cada trabajo para asignarles controles a los riesgos que se vayan identificando, para minimizarlas o eliminarlas. A continuación, confeccionamos un listado de condiciones inseguras característicos por la naturaleza de trabajos que se realizan en la estación 04.

1- Peligro de Incendios

2- Falta de programas de entrenamiento contra incendio.

3- Negligencia en el seguimiento de los procedimientos contra incendios.

4- Fallas en la política de guarda incendios para los trabajos de soldadura.

5- Remodelaciones causantes de movimientos y de traslados de pesos abordo

6- Derrame de materiales combustibles como aceites, pinturas, barnices etc.

7- Activación inadvertida de controles por falta de señalización.

8- Derrame de sustancias toxicas.

9- Válvulas abiertas.

10- Peligros por trabajos en espacios confinados.

11- Peligros de inundación del buque por válvulas dejadas abiertas en un dique flotante.

12- Señalización deficiente en áreas de peligro.

13- Contaminación del entorno por derrames de materiales o desechos tóxicos.

14- Medio ambiente libre de gases tóxicos.

15- Peligro de radiación en buques de propulsión nuclear.

16- Falta de equipos de seguridad.

17- Restricciones para trabajos en altura.

18- Deficiencias en los procesos de comunicación.

19- Peligros por las operaciones de grúas no advertidas.

20.11.1 Controles administrativos, de ingeniería y de protección personal para la Estación 05.

Estudiaremos 6 casos especiales de alto riesgo por separados para su mitigación, aplicándoles controles administrativos, de ingeniería y protección personal.

**CASO # 1**

***Casos de derrames de sustancias químicas, toxicas o flamables.***

Las labores que se realizan en un dique seco tienden a contaminar la atmosfera y el agua circundante. Cualquier descarga accidental de aceites, químicos u otras sustancias contaminantes sobre la solera del dique, puede fácilmente llegar al mar. Los derrames se consideran entre los accidentes, altamente peligrosos a la vida humana.

***A-Controles administrativos***

1- Todo recipiente debe mantenerse cerrado con una cerradura o candado y etiquetado con fecha y su respectivo letrero de "No abrir".
2- Se apostarán letreros de "No Fumar" en el dique, en el buque y sus alrededores.
3- Deberá inmediatamente establecerse una alerta general.
4- Designar trabajadores idóneos, capacitados para la limpieza del derrame.
5- Proveer equipos y herramientas contra derrame.
6- El uso de químicos debe estar autorizado por la administración.
7- Sus propiedades y peligros deben ser del conocimiento del personal involucrado con su uso.
8- Deben seguirse las recomendaciones para su almacenaje y manipulación.
9- Se debe notificar a los supervisores si alguien resulta afectado por los vapores.
10- Ningún material debe verterse al agua circundante.

***B-Controles de ingeniería***

1- Proteger los drenajes del piso con medias absorbentes de líquidos.
2- Deben limpiarse tan pronto ocurran.
3- Solo se tendrán a mano el material necesario para el desempeño de la labor del momento.
4- Se paralizarán todos los trabajos en caliente tales como: soldadura, emparejadura, limpieza por chorro de arena o herramientas que causen chispas.
5- Encontrar la fuente del derrame para su detención.
6- Todos los recipientes se deben desechar en áreas designadas para tal fin para evitar derrames.
7- Se debe utilizar siempre equipo de protección personal adecuado, que incluyan respiradores, guante, gafas y botas d seguridad.

8- La arena acumulada por los trabajos de limpieza por chorro de arena no debe ser vertida al agua, sino recogida en cajas especiales para disponer de ella de manera segura.
9- Debe utilizarse protección personal adecuada cuando se realicen operaciones de pulverización con pinturas vinílicas.
10- Las válvulas de control deben mantenerse todas bajo llave y señalizada apropiadamente.
11- Las sustancias tóxicas deberán ser extraídas tan pronto se permita subir al buque y deshechas según el reglamento para el manejo de sustancias toxicas.

***C – Protección personal***

El equipo de protección personal debe ser la apropiada e indicada para el tipo de sustancia derramada. Deberá estar siempre guardada en un lugar accesible y cercano al área de trabajo. El equipo debe contener aparte de la indumentaria protectora, un equipo protector respiratorio.

**CASO # 2**

***Trabajos en espacios confinados.***

Los espacios confinados abundan en las estructuras de las embarcaciones, en forma de tanques y túneles, las cuales son partes normales de las estructuras pero que a menudo requerirán atención como parte de los trabajos que se realizan a la embarcacion. Estos espacios a menudo necesitarán modificaciones su atmosfera para el sustento de vida humana. A menudo se necesitarán vestimentas personal especiales para poder tener acceso a ellas. En ocasiones tendrán una atmosfera que podrá ser explosiva por contener gases flamables.

***A--Controles administrativos***

1- Todo empleado sujeto a tener acceso a un espacio confinado deberá ser entrenado por una autoridad competente.

2- El espacio confinado debe ser monitoreado diariamente mediante inspecciones para detectar cualquier cambio en las condiciones atmosféricas del espacio y el equipo recomendado.

3- Los espacios confinados deben primero certificarse como "segura la entrada" a ellas, por un químico marino.

***B- Controles de Ingeniería***

4- La atmosfera debe inspeccionarse para cerciorar la no existencia de gases explosivos y venenosos.

5- Deberá verificarse la calidad de aire para sostener vida humana.

6- Verificaciones si el espacio está saturado por un contenido alto de oxígeno puro.

7- El químico marino recomendará el tipo de ventiladores y el tipo que deberá ser utilizado.

8- El químico marino recomendará el tipo de iluminación. Usualmente se recomiendan luces antiexplosivas.

9- El químico en todo caso dará las instrucciones para librar el espacio de cualquiera anomalía y posteará en la entrada la autorización escrita de entrar al espacio.

***C- Equipo de Protección personal***

Vestimenta apropiada para entrar al espacio.

Equipo personal de protección a las vías respiratorias.

Conocer el tipo de respiradores según los trabajos que se realizan en el espacio.

Mantenerse rasurado para el acomodo correcto del respirador.

Guantes y mascaras apropiadas.

**CASO # 3**
***Aberturas en el casco del buque.***

Las aberturas en el casco tales como, deben mantenerse cerradas. Una válvula mal cerrada, puede causar la inundación del dique y del buque, causando daños al equipo en su interior. Este es un requisito de mayor relevancia en diques flotantes. Las válvulas en un dique flotante se deben mantener bajo llave y con sus letreros que describan su función. Aparte de lo arriba mencionado, se debe al hecho de que el buque debe estar capacitado para poderse poner a flote en caso de una emergencia, de ahí, la imperiosa necesidad de procurar mantenerlo estanco.

***A -Controles administrativos***

1 Etiquetar todas las válvulas, tomas de agua u otros apéndices que permitan el paso de agua.
2 Mantener cercadas todas las aberturas en el casco.
3 Las áreas de las aberturas que requieren señalización estarán determinadas según la política de seguridad de la administración del astillero.
4 El ingeniero de seguridad será el encargado de verificar y recomendar la señalización en toda el área de trabajo en el buque y dentro del dique seco y sus alrededores.

***B- Controles de ingeniería.***

1 Mantener cerradas aquellas tuberías que puedan causar derrames en el dique.
2 Instalar mecanismos de seguridad que prevengan la abertura accidental de las aberturas en el casco.
3 Realizar pruebas estancas después de los trabajos de reparaciones a las válvulas y tomas de agua en los cascos.

***C- Protección personal***

1 Utilizar vestimenta protectora para todo el cuerpo.
2 Utilizar siempre gafas de seguridad
3 Utilizar siempre Botas de seguridad.

**CASO # 4**
***Preparaciones contra tormentas durante la ejecución de los trabajos.***

La administración del astillero debe considerar los cambios climatológicos como elemento importante dentro de la planificación de las reservaciones para las varadas de embarcaciones, particularmente si el astillero se encuentra próximo a una región en donde ocurren huracanes. La fuerza de la naturaleza es impredecible por lo tanto la seguridad aplicada de antemano es la estrategia recomendada.

***A- Controles administrativos***

1- Planificar las varadas evitando la época donde más ocurren tempestades peligrosas.
2- Si el tiempo permite programar los trabajos a tiempo para que el casco quede estanco antes de la tormenta.
3- Se debe considerar la posibilidad de inundar el dique para una desvarada de emergencia.
4- Tratar de mantener los sistemas de navegación, de propulsión y de control funcionando.
5- Tener un muelle en buenas condiciones, donde se puedan manejar los cabos de amarre con efectividad y si se cuentan con remolcadores con potencia adecuada.

***B-Controles de ingeniería.***

1- Si debe permanecer la embarcación en el dique, se debe realizar todo esfuerzo por reducir el área descubierta al viento.
2- Es posible reducir el área expuesta en un dique flotante con un buque sobre picaderos, inundando el dique para reducir el área expuesta al viento, manteniendo el 50% del peso del buque sobre los picaderos, controlando la inundación para no causar el despegue del buque.
3- Para un dique flotante desocupado, debe ser inundado hasta la máxima profundidad que se pueda alcanzar.
4- Deben estudiarse las fluctuaciones de la marea y tomar las medidas necesarias para que el dique no encalle en el fondo.
5- Las holguras excesivas entre el doblaje de los amarres a los postes del fondeadero deben eliminarse, manteniéndolas con la mayor tensión posible. Se deben colocar cabos amarrados diagonal y longitudinalmente en los extremos del dique y amarrados al muelle para restringir hasta lo mínimo los movimientos longitudinales.

***C- Protección personal***

1 Utilizar vestimenta protectora resistentes a la lluvia.
2 Utilizar siempre gafas de seguridad
3 Utilizar Botas a prueba de agua.
4 Chalecos salvavida
5 Cascos protectores
6 Guantes a prueba de derrames de químicos en el agua.
7 Respiradores adecuados. (En casos de tormentas las oficinas de OSHA deben ser contactadas para obtener una mejor información sobre el equipo protector de acuerdo con la tormenta que se avecina).

**CASO # 5**

***Peligro de Radiación.***

La varada de buques con propulsión nuclear requiere de cuidados de la fuerza de trabajo y de toda la tripulación de la nave. La cultura de seguridad debe ser férrea y rigurosa. Esto impone mayores riesgos para el dique en general y se necesitará la inyección de trabajadores y operadores capacitados especialmente que brinden asesoramiento técnico mientras dure la estancia de la nave en el dique. Aun así, las fallas debido a errores del factor humano es lo más crítico en estas operaciones.

***A-Controles administrativos .***

1-Inmediatamente que arribe un buque de propulsión nuclear al dique, se debe establecer un área restringida de “control de radiación” con sus respectivos letreros y anuncios, que adviertan del peligro de radiación. Además, los oficiales del buque deben asignar vigilantes para el área donde se localizan los reactores.

2- Inmediatamente después de la varada, una comitiva formada por los oficiales de la embarcación, el capitán de diques y los vigilantes asignados al área de los reactores, harán una inspección del área donde está situado el reactor y del casco desde la proa hasta la popa, también de la solera y las paredes del dique.

***B-Controles de ingeniería***

1 3-Debe realizarse una revisión de cada válvula que controle las entradas de agua, además de todos los tapones en babor y en estribor.

2 4-Uno o dos vigilantes se apostarán en el área de radiación las 24 horas, hasta el momento de la desvarada de la embarcación.

3 El químico marino y los expertos en el manejo de la energía nuclear deberán supervisar las reparaciones programadas.

***C-Equipo de protección personal***

La protección personal es crítica para este tipo de peligro por los peligros de ionización y por peligros por partículas radioactivas o liquidas. Los materiales de una vestimenta protectora pueda que proteja al usuario de uno de estos peligros. Algunos expertos recomiendan el uso de vestimentas hecho de materiales que contenga una base de plomo y con una capucha protectora, pero hacen la salvedad que su protección es limitada. Se recomienda el uso limitado de estas vestimentas y que el uso debe estar especificado para cada tipo de trabajo. El tiempo de uso para cada vestimenta debe ser limitado para no quedar contaminado por la radiación. Aparte de la vestimenta se utilizarán botas, gafas y guantes especiales.

**CASO # 6**

***Trabajos en caliente.***

Los trabajos en caliente se refieren a todo trabajo que requiera el uso de sopletes, hornos, soldadura manual y automática. En un astillero será la modalidad más empleada para la manufactura y armadura de las piezas en una embarcacion. Por su naturaleza ofrece riesgos de mayores rangos en lo que a quemaduras, incendios y explosiones se refiere. Generalmente la administración confiere las autorizaciones a un químico marino quien goza de una alta idoneidad, tratándose de las interacciones entre sustancias; tales como metales, fuego, gases tóxicos y explosivos.

***A-Controles administrativos.***

1- Solo el químico marino o una persona competente asignada por el astillero puede autorizar la ejecución de un trabajo en caliente.
2- Trabajos en caliente dentro de espacios confinados requiere certificación de una persona competente.
3- Sistemas de capacitación para la formación del guarda incendios auspiciada por la administración del astillero.

***B-Controles de ingeniería.***

4- Apostamiento de un guarda incendios para todos los trabajos en caliente. (Los "trabajos en caliente" se realizan a diario en los astilleros en las reparaciones de embarcaciones, por ende, es importante tener un vigilante que evite las posibilidades de incendios en el área de trabajo. Este vigilante recibe el nombre de *"Guarda Incendios"*)
5- Provisión de ventilación forzada adecuada.
6- Abertura de entrada y otra de salida.

7- Equipo de extinción de incendios
8- Deberá ser utilizado aparato respiratorio con línea de aire si el trabajo se realiza en superficies donde existe plomo, cadmio o mercurio o si estuviera recubierto con algún preservativo.

***C-Equipo de protección personal***

1- Vestimenta con propiedades anti flamables.
2- Todo elemento que pueda incendiarse deberá ser removido de la vestimenta.
3- Los pantalones y camisas de manga larga.
4- Camisas de cuero podrán utilizarse siempre y cuando no contengan sustancias flamables como pinturas, solventes, u otros químicos flamables.
5- Las botas de seguridad deben ser del tipo largo para la protección contra caídas de chispas y escorias.
6- Utilizar gafas especiales oscuras para soldadores para protección contra los rayos.
7- Guantes de cuero.
8- Capucha resistente al fuego.

**CASO # 7**

***Riesgos de Incendios***

Los riesgos de incendio están por doquier y pueden ocurrir en cualquier tiempo. El incendio puede iniciarse por una gran variedad de fuentes. Puede ser por basura acumulada, trabajos en caliente, maquinarias como los generadores que pueden sobrecalentarse, una acumulación estática o por simple error humano. El humo que se genera, producto del incendio aumenta la complejidad del accidente puesto que dificulta la movilización y el rescate del personal abordo.

***A-Controles administrativos***

Formación de un equipo dedicado a sofocar cualquier brote de incendios.
Capacitar al equipo de trabajadores de cómo reaccionar en casos de incendios.
Planificar las rutas de escape.
Crear un sistema de señalización para las rutas.
Mantener vigente los contratos para el agua y la remoción de basuras.

***B-Controles de ingeniería.***

1 Proveer sistemas de evacuación del personal.
2 Preparar métodos de comunicación y alarmas.
3 Mantener siempre libre el acceso al buque.
4 Mantener un sistema de vigilancia para mantener libre de obstáculos, las pasarelas y portalones.
5 Utilizar el mínimo de agua para la extinción del incendio para evitar una variación en la estabilidad del buque.
6 Disminuir la temperatura del casco del buque para evitar la caída de puntales por la contracción y expansión del acero.
7 Proveer y mantener siempre el suministro de agua.
8 Utilizar preferiblemente $CO^2$ para sofocar los incendios en vez de agua. Siempre y cuando no sea en un área abierta para reparaciones. El uso de agua para los incendios en un buque no es recomendable y solo debe ser utilizado en las cubiertas y el forro. La admisión de grandes volúmenes de agua dentro del buque puede causar esfuerzos adicionales sobre la cama que pueden a la vez ser causa del colapso del sistema de apoyo del buque.
9 El personal contraincendios entrenado debe tener la localización exacta de los hidrantes y conocer de antemano la longitud de las mangueras para que abarque la distancia al buque.

***C-Equipo de protección personal***

El personal para la extinción de los incendios debe poseer la indumentaria a prueba de fuego
El uso de aparatos respiratorios es mandatorio
Botas de seguridad a prueba de agua
Gafas de seguridad
Guantes especiales para bomberos.

**SEXTA ETAPA: RIESGOS EN LA OPERACIÓN DE DESVARADA.**

**ESTACION 00, 05, 06**

**20.12 Descripción de los riesgos existentes en la Estación 00 en la sexta etapa de la operación.**

En la sexta etapa se realiza la desvarada del dique (estación 05) hacia el muelle de amarre (06) y finaliza la operación. La primera actividad que se realiza y que inicia la maniobra de desvarada, ocurre en la *estación* 00 en donde se realiza la última conferencia para la salida del buque del dique. Los riesgos existentes son los siguientes:

1. Movimientos y traslados de pesos no reportados
2. Incongruencias con la terminación de los proyectos en el organigrama.
3. Deficiencias en el flujo de la información.
4. Cálculos inapropiados de estabilidad para la desvarada.

20.12.1 Controles Administrativas, de ingeniería y protección personal para la estación 00.

***A-Controles Administrativos.***

1. Implementar sistema de verificación de movimientos de pesos.
2. Nombrar un gerente de proyectos.
3. Implantar un sistema de comunicación diario entre supervisores de talleres.
4. Asignar al capitán de diques el monitoreo de los movimientos y traslados de pesos en la embarcación.

***B- Controles de Ingeniería***

1. Verificar cálculos de estabilidad antes de la desvarada.
2. Realizar anotaciones del avance de los proyectos por los talleres.
3. Realizar anotaciones de los movimientos de pesos abordo.

***C- Protección personal***

Cascos de seguridad fuera de las oficinas. Utilizar
Botas de seguridad. Utilizar
siempre gafas de seguridad.

**20.13 Descripción de los riesgos existentes en la Estación 06 en la sexta etapa de la operación.**

Los riesgos principales en la estación 06 son las siguientes:

1 Peligro de rompimiento de sogas y cables bajo tensión.
2 Caídas al agua.
3 Peligro de caer o tropezar. El riesgo se multiplica en las maniobras sobre pasarelas angostas y extremadamente confinadas (diques flotantes, elevadores de buques verticales y varaderos sobre rieles).
4 Peligro de inundación por alguna abertura no estanca.
5 Peligro de inestabilidad por el movimiento de pesos.
6 Lesiones por tropiezos o resbalones.
7

20.13.1 Controles Administrativas, de ingeniería y protección personal para la estación 06.

***A-Controles Administrativos.***

1 Aplicar todos los implementos que permita un flujo eficiente de la información.
2 Difusión anticipada de los planes por escrito a todas las entidades que han de participar en la varada.
3 Mantener un personal activo para la limpieza.

***B- Controles de ingeniería***

1- 1-Utilice solo cables y eslingas probadas y certificadas para el peso.
2- Manténgase alejado de las líneas bajo tensión.
3- Mantenga el área de transito libre de obstáculos.
4- Precauciones especiales en los diques con pasarelas elevados como los del dique flotante y los varaderos sobre rieles, las posibilidades de tropiezos y caídas se multiplican por lo angosto del área de trabajo y la existencia de objetos fijos, tales como respiradores, rieles y otros objetos que forman parte de la estructura de la plataforma del corredor.
5- Inspeccionar la cama de picaderos bajo el buque antes de la maniobra
6- Inspección de cabos y aparejos antes de la desvarada.
7- Preparar planes para la movilización de los cabos, extendiéndolos convenientemente para seguir el recorrido del buque cuando empiece el remolque de este.
8- Los cabos deberán ser de una longitud conveniente que permita transportarla con facilidad sobre el corredor.

***C-Protección personal:***

1-Uso de gafas de seguridad en el área de trabajo.

2-Usar siempre botas de seguridad en el área de trabajo.

3-Utilizar vestimenta apropiada.

4-Utilizar cascos de seguridad.

4-Utilice siempre chaleco salvavidas cuando se labora cerca del agua.

5-Manejar cabos y cables con guantes apropiados.

Finaliza con esta última maniobra el proceso de varada, estadía y desvarada de un buque y las estrategias que se aplican para la mitigación y eliminación de las posibilidades de accidentes. En el capítulo siguiente veremos con mayores detalles los procedimientos que se aplican en la operación de desvarada.

**20.14 Resumen.**

Colocar un buque sobre picaderos en un dique seco para luego desvararlo, es una operación de alto riesgo. La comunidad dedicada a la labor de varar y desvarar buques establece dentro de sus principales objetivos, la eliminación de los accidentes e incidentes en las operaciones diques secos. La gestión de la seguridad debe ser un esfuerzo en conjunto, tanto de la gerencia de los astilleros que administran los diques secos, como de los trabajadores que participan en la actividad. Es importante que la administración de cada astillero registre debidamente la ocurrencia de incidentes peligrosos, los correctivos y las precauciones que se tomen. Es importante que el capitán de diques confeccione una base de datos con estos incidentes para el entrenamiento del personal y para tener conocimientos de aquellos procedimientos, que muchas veces se practican, aunque sean inapropiados.

La diseminación de la información sobre este tipo de accidentes se restringe porque a menudo están sujetos a litigios, que conllevan grandes repercusiones financieras y es escasa lo que se publica en los medios. Sin embargo, la digitalización de la información en estos tiempos permite obtener videos que muestran algunos de estos accidentes. Debemos recordar también, que la reputación de las corporaciones y las personas involucradas en estos accidentes, están en juego y generalmente es esta la razón por la cual, la información se maneja muy discretamente. Los accidentes fatales se atribuyen en su mayoría a errores del trabajador. En los últimos años, organizaciones como la OSHA y la NIOSH, entidades creadas por el departamento de trabajo de los Estados Unidos, el Instituto Náutico en Gran Bretaña creador del boletín: "Internacional Marítima de Estudios sobre el Elemento Humano, Alert", dedicada a la investigación del comportamiento del elemento humano en los buques, han logrado concientizar a los administradores (armadores) de los buques que navegan en alta mar, del papel que juega el elemento humano, señalando deficiencias y debilidades, bajo condiciones adversas, en un ambiente, que de por si es de marcada hostilidad. La comunidad marítima ha apoyado positivamente estas investigaciones.

Cada día cobra mayor importancia la ingeniería del factor humano, la cual se dedica a la optimización de las labores, entre la tecnología y el operador humano y cuyos estudios se aplican a una variedad de sistemas. Sus investigaciones y adelantos sobre la interactuación del elemento humano dentro de los diseños de los sistemas de plantas industriales y los sistemas de producción concluyen, que esta interactuación debe ser estudiada de manera formal en todas sus etapas, de tal manera que se optimice la eficiencia y la seguridad. Debido a esta pobre adecuación del hombre con los sistemas, existe actualmente un mayor enfoque sobre los procesos ergonómicos y una tendencia hacia una nueva reglamentación de los diseños de sistemas. Aunque mucho se ha investigado concerniente a los accidentes en alta mar, causada por el error humano, todavía es somera y aislada un enfoque sistematizado de los riesgos presentes en la operación de varada de buques.

**20.15 Preguntas de Repaso.**

1- ¿Qué recomiendan los estamentos de seguridad ocupacional para el control de riesgos?

2- ¿Cuántos pasos deben tener los empalmes de ojal?

3- Mencione dos precauciones que se deben observar cuando se utilizan cuerdas o sogas de fibra.

4- Diga dos precauciones que deben tenerse al utilizar eslingas.

5- Mencione algunas de las precauciones que se deben observar en las operaciones de grúas.

6- Mencione tres precauciones importantes que se deben poner en práctica, al trabajar dentro del dique.

6- Mencione algunas de las precauciones que se deben observar en el manejo de las sogas de fibra.

7-

**Bibliografia**

1- DM Consulting *Basic Dry Dock Training* San Diego CA 2004.

2- Adam Jr., Everett E., Ebert, Ronald, J. *Administración de la Producción y las Operaciones.* Prentice-Hall Hispanoamericana, S.A. 1981.

3- Machado Policarpo A, *Dry dock Safety Management* RINA, London U.K., 2003.

4- Gómez - Mejía, Luis R. Balkin, David B., Cardy, Robert L. *Gestión De Recursos Humanos* Prentice Hall Madrid 1997.

5- González López, Primitivo B. *Técnicas De Construcción Naval* Universidade da Coruña Servicio de Publicaciones 2000.

6- Dessler, Gary. *Administración del Personal.* Prentice-Hall Hispanoamericana, S.A. 1991.

7- Nelson & Associates. *Human Factors and Ergonomics.* 3131 East 29th Street Suite E Bryan, Texas 77802. 1993, 2010

8- Nelson & Associates. *Workplace Management responsibility for the Establishment and Implementation of the Basic Elements of Workplace Safety Programming.* 3131 East 29th Street Suite E Bryan, Texas 77802. 1990

9- Monks Ph. D., Joseph G. *Administración de Operaciones.* McGraw-Hill Interamericana de México, S.A. 1991.

10- Occupational Safety and Health Administration, *Shipyard Industry* US Department of Labor OSHA September 1983

11- Occupational Safety and Health Administration. *Shipyard Industry Standards.* OSHA 2268-03R 2009.

# CAPITULO 21
# SALIDA DEL BUQUE DEL DIQUE SECO.
# OPERACIÓN DE DESVARADA

## 21.1 Introducción.

En un dique flotante, la desvarada consiste en el hundimiento del dique por medio del lastrado de los tanques, para hacer flotar la embarcación. La operación es similar para los elevadores verticales y los varaderos ferroviarios. Estas harán descender sus plataformas con la embarcación, hasta que despegue el casco de la embarcacion y flote a una distancia prudente entre el casco y los picaderos. Para el dique dársena o de carena, la operación es la inundación del dique, para poner a flote la embarcacion y seguir inundando hasta equiparar el nivel del agua dentro del dique con el agua circundante, para poder entonces abrir las compuertas. Después de liberado de los amarres, el buque es remolcado fuera del dique hasta el muelle de amarre o hacia cualquier sitio designado con antelación. En el capítulo 20 situamos la operación como uno de los eventos de la secta etapa y se analizaron los riesgos que se presentan en dicha maniobra. En este capítulo veremos a fondo los procedimientos y los hitos más importantes de la operación.

Objetivos Generales:

Confiamos que después de la participación del técnico en este recorrido de las partes críticas de esta operación, logremos reforzar su interés por aplicar practicas más estrictas de seguridad y mejorar los procedimientos expuestos en este compendio y además se trate de:

1. Escoger el método más eficiente en la planificación de la operación.
2. Mejorar el sistema de monitoreo de los movimientos de pesos a bordo.
3. Crear mejores sistemas de vigilancia para la seguridad general al planear la desvarada.

## 21.2 Preparativos para la desvarada.

Acordada la fecha de la desvarada, el Capitán de dique, convocará una conferencia con las autoridades del astillero y oficiales encargados de la embarcación. La conferencia debe efectuarse con anticipación a la fecha de la desvarada. Los temas que se examinarán serán los siguientes:

- Tiempo y fecha de la desvarada.
- Tiempo y fecha en que empezará la inundación del dique de carena o el dique flotante, o el descenso de la plataforma del elevador vertical marino.
- Requerimientos de remolcadores y pilotos.
- Requerimientos de personal para la ejecución de la maniobra.
- Reportes del sondeo (tiempo y fecha) de tanques a bordo (astillero).
- Reportes de cambios de peso (tiempo y fecha) a bordo (astillero).
- Reportes de las certificaciones de los cierres de válvulas de mar (tiempo y fecha).
- Reportes radiológicos, si es un buque con propulsión nuclear.
- Requerimientos de las asignaciones de personal para la vigilancia de las aberturas que dan al mar durante la inundación.
- Lugar de amarre del buque después de salir del dique.

- Método de comunicación entre participantes de la maniobra.
- Para diques flotantes: plan de bombeo de tanques.
- Para elevadores verticales: tiempo de traslado de la embarcacion de la plataforma de varada.
- Momento para el despejo de las cuñas de los rieles de la vía (elevador vertical).
- Momento para las desconexiones de mangueras, cables eléctricos y otros mecanismos de suministros de apoyo.
- Tiempo de retirar los andamios.
- Mecanismo para el traslado de la embarcación del lugar de aparcamiento hacia la mesa (elevador vertical, diques flotantes).
- Tiempo de colocar aparejos y cunas.

Durante toda la evolución de la operación, será el capitán de diques el que determine los métodos, tiempos y lugar de amarre. Todas las acciones se ejecutarán, respetando los estándares de seguridad establecidas para la protección del dique, el buque y los hombres que participan en la labor.

**21.3 Determinación de la altura del agua requerida para flotar el buque sin tropiezos.**

El Capitán de Diques determinará, si el nivel de agua fuera del dique es el adecuado para el momento escogido para la desvarada del buque. Investigará lo siguiente: Deberá inspeccionar cualquiera estructura o apéndice, instalado durante la estadía de la embarcación en el dique. Se requiere un mínimo de 18 pulgadas de espacio libre entre el punto más sobresaliente del casco y el picadero más alto. Bajo condiciones de emergencia esta distancia podrá reducirse a 12 pulgadas. Distancias menores de 12 pulgadas representan el riesgo de tropiezos. En los diques flotantes, las fluctuaciones en los niveles de agua, por cambios en la marea, no afectan el agua bajo la embarcación si esta cumple con el calado deseado, pero el espacio entre lo externo del fondo del casco del dique y el fondo del agua puede quedar reducida. De ser este el caso, el dique podría encallar en el fondo, por insuficiencia de agua.

1. El capitán de diques se cerciorará de que se inspeccionen las ligaduras entre los picaderos bajo la embarcación, para evitar que boyen al despegar la embarcación. Es importante evitar la flotación de piezas provenientes de la cama de picaderos. Se trata de mantener intacta la configuración de la cama, considerando siempre, la posibilidad de tener que volver a varar el buque, por algún motivo imprevisto o porque se tenga que varar otra embarcación, con las mismas características en una emergencia, y no tener que vaciar el dique para reacondicionar la cama. En estos casos es importante la asistencia de un equipo de buzos para la verificación de la integridad de la cama.

2. El dique deberá estar exento de basura o desperdicios que puedan flotar y obstruir alguna entrada de tubería o válvulas del buque.

3. Todos los picaderos que hayan sido removidos por algún trabajo en el casco de la embarcación deberán ser reinstalados.

**21.4 Desconexiones.**

Las conexiones consideradas no esenciales, entre la embarcación y el dique, deberán ser removidas antes de la inundación. Las líneas y aparejos para el control de la embarcación, durante la flotación, serán instaladas en este instante.

Siempre se considera la posibilidad de volver a varar la embarcación, por lo tanto, las marcas de acotación longitudinal y que indican el centro se deben aclarar. El maestro de diques verificará los reportes presentados por el oficial al mando. El oficial deberá certificar, que todas las válvulas de mar están cerradas y que se ha asignado una persona idónea, para que vigile la impermeabilidad de los sellos. La inundación del dique debe hacerse con lentitud, deteniéndose aproximadamente un mínimo de 18 a 23 pulgadas antes del calado de flotación de la embarcación para la inspección de los sellos de las válvulas de mar y otras áreas trabajadas que podrían permitir la entrada de agua.

## 21.5 Informe de las Alteraciones por desembarque o embarque de pesos.

Es un informe detallado de los cambios o alteraciones por embarque o desembarque de pesos, que debe ser presentado por el oficial encargado de la embarcación y los supervisores de los talleres, responsables de los cambios. Este reporte ha de enviarse al maestro de dique en un tiempo prudente, anterior a la hora del inicio de la desvarada. Los cálculos compensatorios de los momentos creados por los movimientos de pesos remitirán a la sección de Ingeniería, para la verificación de las medidas tomadas. Cualquier negligencia en este sentido puede ocasionar percances desastrosos al iniciar la flotación. Si se desarrollan momentos escorantes excesivos, puede resultar un volcamiento de la embarcación.

## 21.6 Alteración del centro de gravedad debido al traslado, carga o descarga de un peso.

Así como se realizan las correcciones del asiento y la escora del buque para su entrada al dique seco se realizan con movimientos de pesos a bordo o en ocasiones se agregan pesos para dichas correcciones, cuando se trata de buques pequeños. Es importante entonces realizar un análisis de lo que ocurre cuando se realizan movimientos de pesos antes de la desvarada para conocer el efecto sobre el centro de gravedad. Veamos algunos de los cálculos que podemos realizar para estos casos. La nomenclatura y las fórmulas que utilizaremos son las siguientes:

Δ = Desplazamiento del buque.

El traslado de un peso (p) de una posición, llamémosle a la posición (g) a otra posición que identificaremos como: ( g'). Entonces la distancia recorrida de una posición a la otra, la llamaremos: ( gg'). Para diferenciar la dirección del movimiento los nombramos como:

( $gg'_v$) = Distancia vertical recorrida

( $gg'_t$). = Distancia transversal recorrida

( $gg'_l$). = Distancia longitudinal recorrida

Identificamos el centro de gravedad como (G) y llamaremos cualquiera nueva posición de (G), como (G').

Entonces el recorrido será: GG'

Cuando se mueve un peso de g a g' también se moverá paralelamente G a G'.

La distancia recorrida GG' = $\dfrac{\text{Momento estático del peso}}{\text{Desplazamiento}}$

$$GG' = \frac{p \times gg'}{\Delta}$$

Si se tratase de un sistema de pesos, el cálculo sería la suma de pesos en esta forma:

$$GG' = \frac{\sum p \times gg'}{\Delta}$$

La distancia vertical recorrida por G debido al movimiento carga o descarga de un peso sería:

$$GG' = \frac{p \times gg'_{V}}{\Delta}$$

La distancia vertical recorrida por G debido al movimiento carga o descarga de varios pesos:

$$GG' = \frac{\sum(p \times gg'_{V})}{\Delta}$$

La distancia transversal recorrida por G debido al movimiento carga o descarga de un peso sería:

$$GG' = \frac{p \times gg'_{T}}{\Delta}$$

La distancia transversal recorrida por G debido al movimiento carga o descarga de varios pesos:

$$GG' = \frac{\sum(p \times gg'_{T})}{\Delta}$$

La distancia longitudinal recorrida por G debido al movimiento carga o descarga de un peso sería:

$$GG' = \frac{p \times gg'_{L}}{\Delta}$$

La distancia longitudinal recorrida por G debido al movimiento carga o descarga de varios pesos:

$$GG' = \frac{\sum(p \times gg'_{L})}{\Delta}$$

*21.7 Verificación de estanqueidad.*

Habrá un cese temporal de la inundación o del ascenso de la plataforma, para las inspecciones de rigor. En este instante el capitán o jefe de diques deberá estar en posesión de los reportes de los talleres o departamentos participantes en los trabajos realizados durante la permanencia del buque en el dique. Los reportes atestan y certifican la terminación de los trabajos realizados al buque. Deben estar apostados personas que inspeccionen las áreas recién trabajadas que estén situados bajo la línea de flotación del buque. Se hará un alto a la inundación del dique o a la inmersión de la plataforma después de que el agua cubra las estructuras instaladas o reparadas en el casco para la inspección para verificar la estanqueidad de estas. La lista de condiciones que deben haberse atendido son las siguientes:

a. Deben haberse completado todas las secciones que requirieron soldadura en el casco

b. Todo sector o espacio destinado a la instalación de equipos que no hayan sido instalados, deben condenarse y sellarse con una tapa ceñida y estanca

c. Las válvulas bajo la línea de flotación deben haberse probados y cerradas. Las aberturas selladas herméticamente. Las válvulas que no hayan sido probadas deben cegarse y sellarse.

d. Los tanques de lastre, combustible y las auxiliares certificadas como probadas satisfactoriamente.

e. Deben haberse completados todos los trabajos en los sistemas eléctricos bajo la línea de flotación.

f. Las parillas y placas de guía deben haberse instalado. Todo arreglo para los engrases debe estar en su lugar.

g. Los sistemas y conductos para el control del asiento deben estar operacionalmente comprobados.

h. Todas las bombas deben haberse conectados y estar en condiciones operables.

La detección de entrada de agua, se deben corregir antes de proseguir con la desvarada. Si resultan daños mayores, quedaría suspendida la operación hasta tanto concluya la reparación. En los buques militares provistos de sonares retractiles en el casco, se recomienda mantener extendido el sonar a una distancia prudente, al inicio de la inundación del dique o la inmersión de la plataforma, para evitar que penetren desperdicios a los orificios de la caja del sonar. También se acostumbra en algunos astilleros, como método de protección contra los desperdicios, colocar mallas finas alrededor del área. Debe tenerse el cuidado de retractar nuevamente el sonar una vez el agua llegue a los 1.75 m por encima de los picaderos. La responsabilidad recae sobre el capitán del buque cerciorarse de que esto se cumpla, reportarlo al capitán de diques y a la vez confeccionar un reporte por escrito. Cuando el sonar es del tipo fijo contra el casco, esta se debe llenar de agua mientras proceda la inundación del dique o avance el descenso de la plataforma. Deberá procurarse una diferencia mínima entre el agua dentro del sonar y la del exterior.

## 21.8 Etapa Crítica: Despegue del casco de los picaderos.

Se considera etapa crítica, una vez llegado el instante del despegue de la embarcación. En este instante, pueden ocurrir vuelcos, corrimiento de picaderos, deformaciones en el codaste etc., debido variaciones en las condiciones de entrada y que para las cuales no se tomaron las medidas correctivas a tiempo. Si, por ejemplo, inicia una escora justo en el instante en que debe despegar la quilla de los picaderos, inmediatamente debe interrumpirse la inundación del dique o el hundimiento de la plataforma. De manera inmediata deberá procederse a la inundación o la sumergida de las plataformas, para realizar una investigación de la causa de la escora y realizar las correcciones que fuesen necesarias. El monitoreo estricto de las adiciones, sustracciones y traslados de pesos abordo, por nuevas remodelaciones en la estructura del buque es de vital importancia. Cualquiera de estas operaciones que ocurran sin los ajustes pertinentes, afectarán negativamente la estabilidad de la embarcacion en el momento del despegue en la desvarada.

## 21.9 La Embarcación a Flote.

Después del momento crítico del despegue del casco de los picaderos, continúa la inundación del dique de carena o el descenso de la plataforma de varada en los elevadores verticales, diques flotantes, o varaderos sobre rieles, hasta que el volumen de agua llegue a los calados de la embarcacion y la fuerza de empuje supere su desplazamiento. Luego de la apertura de la compuerta (dique de carena), o total sumersión de las plataformas, se retiran todos los aparejos, son activados los cabrestantes con las líneas de remolque y se conduce el buque hacia los muelles de amarre. Si se estima necesaria la asistencia de remolcadores, éstos se amarran al buque en la entrada del dique mientras se sueltan los cabos de los cabrestantes. En este instante el mando de la embarcación se transfiere al piloto o Capitán de la nave, quien se encargará de conducir la embarcación hacia el atracadero o puede enrumbarse directamente fuera del área del astillero, según se haya establecido en la planeación general. Una vez que salga el buque del dique y se cierran las compuertas, comienza el achique del dique de carena o se eleva la plataforma si es un elevador de buques, dique flotante o varadero sobre rieles. El capitán de diques debe verificar la integridad de la cama de picaderos. Si se encontrasen discrepancias, tales como la desaparición de capas de madera de la cama que no hayan flotado, deberán iniciarse la inspección general del área del problema, hasta encontrar las piezas faltantes. Si es posible el acceso al buque, un equipo de buzos deberá inspeccionar el casco, para detectar si se han adherido al casco algún componente de la cama. Puede ocurrir, que, en un casco recién pintado, cuyo tiempo de secado no se haya cumplido, las múltiples capas de pintura hayan arrancado de su base las almohadas de madera en el instante del despegue del casco del buque.

### 21.10 Resumen

En realidad, los preparativos para la desvarada inician realmente durante la estadía del buque en el dique seco. Los trabajos realizados no reportados o aquellos no monitoreados por el encargado de las operaciones de varada pueden causar tropiezos serios en las operaciones de reflote del buque. Hemos enfocado las omisiones en los reportes, cuando se realizan alteraciones a la estructura del buque, o en los trabajos de reparación o de remodelación. Aprendemos que es una responsabilidad compartida entre la tripulación, el capitán de diques, el personal de varada, los talleres que realizan los trabajos y el departamento de ingeniería responsable de inspeccionar y reportar dichos cambios. En conclusión, reafirmamos la importancia de mantener una contabilidad precisa de las reubicaciones, a las adiciones y sustracciones de piezas y maquinarias, porque sin este monitoreo, la desvarada puede ser afectada negativamente.

### 21.11 Preguntas de Repaso.

1- Mencione 5 precauciones que deben implementarse durante la estadía en el dique

2- ¿De quién es la Responsabilidad final?

3- ¿Cuáles son las precauciones que se deben tomar para líquidos inflamables en el dique?

4- ¿Qué cuidados debemos tener con las aberturas del casco?

5- ¿Qué controles existen para contabilizar los movimientos de pesos?

7- Precauciones que se deben tomar durante la desvarada cuando se trata de un buque con aparato de sonar fijo.

8- ¿Cuál es la etapa más crítica de la operación de desvarada?

### Bibliografía.

1- Bonilla de la Corte, Antonio. *Teoría Del Buque, Librería San José*. Carral, 19 – VIGO (España) 1972.

2- Crandall, Paul S. and Tobiasson, Bruce O. *An Introduction to Dry docking Principles and Techniques*. Crandall Dry Dock Engineers, Inc. Cambridge Massachusetts June 1970.

3- Dm Consulting *Basic Dry Dock Training* Instruction Manual, 2004.

4- Heger Dry Dock Inc. *Dockmaster Training Seminar* Lecture Notes. 2004

5- González López, Primitivo B. *Técnicas De Construcción Naval* Universidade da Coruña Servicio de Publicaciones 2000.

6- Mazurkiewics, B. K. *Design and Construction of Dry docks*. Gulf Publishing Company Houston, Texas, U. S. A. 1981

7- Requirements for the Dry docking Slipping or Lifting of MOD Vessels Incorporating NES 850 Category 3 Issue 1. Ministry of Defense, England. Defense Standard 02-850 (NES 850) Issue 1 Publication Date1 April 2000

8- Naval Ships' Technical Manual Chapter 997 Docking Instructions and Routine Work in Dry dock. S9086-7G-STM-010/CH-997 Third Revision.

# CAPITULO 22
# FORMACIÓN PROFESIONAL DEL TECNICO DE DIQUES SECOS

## 22.1 Introducción.

Las estrategias establecidas para reclutar un personal calificado que tenga la capacidad de manejar todas las fases de una operación de varada en diques secos, difieren significativamente entre astilleros comerciales y astilleros gubernamentales. Estos últimos, son generalmente supervisados por las marinas de guerra, quienes establecen sus propias políticas de reclutamiento y capacitación. Las variaciones en estrategias de reclutamiento del recurso humano en los astilleros comerciales dependen de los cambios y a las reestructuraciones particulares del proceso empresarial y del tipo de formación profesional, que se emplea en la administración de estas empresas. Las empresas navieras, crean sus reglamentos internos de acuerdo con el funcionamiento de sus instalaciones y según sus metas organizacionales. Y aunque estas modificaciones se den, estructuralmente, en los departamentos, hasta el presente existe un vacío en cuanto a programas formales de capacitación. Si enfocamos la situación de los trabajadores de diques secos, son pocos los programas de capacitación que tengan como meta una certificación que confiera, idoneidad a los trabajadores de diques secos. La tendencia actual es de subcontratar estos servicios, supuestamente para reducir los gastos que implica manejar un personal permanente para dicha actividad. Aunque los contratistas que licitan en estos concursos de ejecutar las labores que se requieren en las operaciones de varadas, están obligados al cumplimiento estricto de los estándares establecidos por las compañías que los contratan, este supuesto ahorro aumenta el déficit de mano de obra competente. En tal sentido, son mayores los esfuerzos de las marinas de guerra, que poseen estándares accesibles al público, con el propósito de diseminar y estandarizar los procedimientos de varada y asegurar la protección y seguridad de sus buques de guerra y sus instalaciones.

Son someras las referencias en los textos de construcción naval, salvo algunas excepciones, sobre la operación y el funcionamiento detallado sobre diques secos, las cualidades que deberá poseer el personal que las operan y mucho menos, de cómo, debe estar estructurado el departamento encargado de las operaciones de varada. Haremos el esfuerzo, en este capítulo, basándonos en nuestra propia experiencia e investigaciones realizadas, destacar algunas particularidades generales del departamento de varada, que incluyen las especificaciones de los puestos que la integran y la importancia del adiestramiento del personal. Las entidades mundiales dedicados a velar por la seguridad del hombre de mar y de los buques, en donde se aplican conceptos de la ingeniería de factores humanos, cuyo objetivo es obtener el óptimo desempeño del personal y de que los sistemas marinos sean los más seguros y eficientes, no han extendido dicha preocupación, ni atención formal, a los hombres que extraen estos buques fuera del agua, y los colocan en una estructura rígida semi elástica, como en realidad lo es, una "cama de picaderos". El conjunto de actividades que componen una operación de varada requiere la organización y coordinación de un personal numeroso, la cual tendrá que funcionar en equipo, en un entorno cambiante, interactuando entre diversas maquinarias con distintas funciones e imbuidos con una adecuada formación profesional. Es menester que la comunidad dedicada a esta actividad elabore un verdadero plan organizado, que engendre equipos profesionalmente capacitados, para que esta actividad se realice de manera formal y segura.

**Objetivos:**

Esperamos que después de leer este capítulo, el lector se preocupe por:

- Analizar las necesidades de capacitación del personal que opera los diques secos.
- Planificar nuevos métodos de entrenamiento para el equipo de trabajo.
- Entender la importancia de incentivar la formación del personal.
- Encontrar nuevas soluciones que faciliten la ampliación de los puestos dentro del grupo.
- Facilitar un plan de movilidad ascendente, hacia el puesto de asistente y de capitán de diques.
- Gestionar de manera eficiente todas las funciones del equipo de varada y desvarada.

## 22.2 Organización de un Departamentos de varada.

En este apartado, trataremos de caracterizar este grupo según su funcionamiento, apegándonos a las técnicas de categorización, que asignan los expertos en recursos humanos, cuando se realizan los análisis de los departamentos dentro de una empresa. Estudiamos en el capítulo sexto, ejemplos de departamentos que manejan las operaciones de varada en los diques secos y su ubicación en el organigrama del astillero, generalmente bajo el *Departamento de Movimientos.* También aprendimos que, en otros, el departamento encargado, es el de *Aparejadores y Grúas,* bajo la dirección de un capitán de diques. Como quiera que se encuentre constituido, será este el supervisor encargado, responsable de la planificación, distribución, instalación y movimiento de cargas y de realizar las maniobras de amarre de los buques en los muelles y de la entrada y salida de estos, de los diques secos. La característica que resalta y califica al grupo, es la combinación de estructura burocrática[114] con otra informal, debido al enfoque vertical de mandos (de arriba hacia abajo), bajo la autoridad de un director o gerente y su asistente. El equipo en ocasiones puede funcionar como un equipo de trabajo auto- gestionado, porque algunos de los miembros del equipo realizan diversas tareas. Aunque, sería favorable a este tipo de operaciones, un equipo auto gestionado permanente, la administración tendría que aunar esfuerzos y destinar recursos, para dotar a todo el personal de conocimientos técnicos, administrativos y de comunicación, necesarios para lograr la eficacia del equipo.[115] El personal debe poseer la destreza y los conocimientos de geometría de buques, conocimientos básicos sobre la teoría del buque, mecánica básica, técnicas de galibado y alineamiento, técnicas de manejo de máquinas y herramientas, para la construcción de piezas pesadas de madera gruesa, conocimientos sobre el manejo de grúas pequeñas y montacargas, operación de guinches y cabrestantes y saber realizar técnicas de aparejamiento livianas, tales como construir andamios, etc. Deben ser capaces de fabricar soportes hechos a la forma exacta del

---

[114] Gomes-Mejía, Luis R. Balkin, David B., Cardy, Robert L. Gestión De Recursos Humanos. Prentice Hall Madrid 1997, Pags 92

[115] Ibidem. Página 101, 102.

casco, de trasladar cargas pesadas, manejar y tejer sogas y cables de alambre, hacer empalmes y realizar la instalación de aparejos.

Un equipo tradicional y común de varada, es uno formado por *Aparejadores, carpinteros de ribera y operadores de Grúas*. Los carpinteros de ribera pertenecen a una elite casi extinta y relegada a los astilleros que se especializan en la construcción de yates e interiores de lujo de los buques. En la actualidad, son empleados precisamente por sus conocimientos básicos de la teoría del buque, El replanteamiento de líneas, fabricación de gálibos, conocimientos de trabajos de fibra de vidrio y la construcción de modelos. A continuación, podemos apreciar el organigrama de dicho sistema.

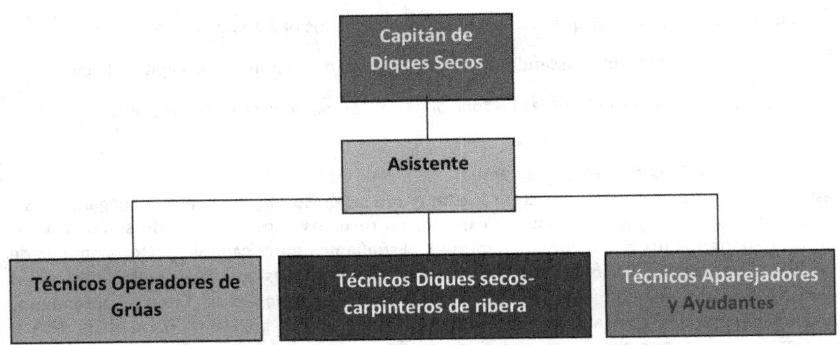


***Figura 22. 1.***
***Organigrama interno de un departamento de varada.***

**22.3 Requerimientos y habilidades que debe poseer el personal de Varada.**

La seguridad del buque, del dique y del mismo personal que la desempeña, se relaciona directamente a los niveles de conocimiento del personal y el despliegue de sus habilidades como equipo, en el desempeño de sus funciones. Al pasar el tiempo, el personal de varada se enfrenta a nuevos retos, por una parte, las nuevas estructuras en que se varan los buques, poseen nuevas características mecánicas, con nuevos sistemas de controles basadas en tecnologías modernas que demandan mayor especialización de los operadores de los diques y por otra parte, el engrandecimiento y sofisticación de los buques, han impactado significativamente la operación de varada y desvarada, creando nuevos retos en el desempeño de la maniobra. En consecuencia, nuevos cuestionamientos se deben formular, respecto a la capacidad de los grupos involucrados en esta actividad; analizar su desempeño y proveer los medios que ayuden a subsanar las deficiencias encontradas. Debe tenerse presente que, en estas actividades, se trata de armonizar un grupo mixto de trabajadores, que interactuarán en una labor riesgosa y que su eficiencia, va a depender de sus habilidades, destrezas y conocimientos individuales, así como la habilidad de funcionar como equipo con una dirigencia capacitada para la planificación y organización del grupo.

Las organizaciones que fiscalizan las acciones de la gente de mar, por medio de estudios sobre "confiabilidad humana", han detectado factores de riesgo significativos en el desempeño de la labor de los marineros y han evaluado e identificado varias zonas vulnerables, y en gran parte las fallas se encuentran en la carencia de conocimientos y habilidades del marino. A pesar de los análisis de riesgos importantes hechos al personal que labora a bordo de los buques, estos no se han extendido a los trabajadores de diques secos, cuyo desempeño depende en gran parte de la calidad de su entrenamiento. En este caso no existen programas ni entidades que formalmente regulen la capacitación, por tanto, se propicia el empirismo en la actividad, factor que reafirma la vulnerabilidad del equipo en la operación de diques secos.[116] Se requieren evaluaciones de los estándares informales del grupo que labora en este departamento, y de sus conocimientos y habilidades para la preparación de técnicas formales que contenga los fundamentos necesarios para desempeñarse con la eficiencia necesaria. Los trabajadores deben estar capacitados para realizar todas las tareas que se requieren dentro de la unidad. A continuación, presentamos algunos de los conocimientos y habilidades que debe poseer todo técnico:

- Lectura e Interpretación de Planos del Buque.
- Dibujo Mecánico
- Replanteo de líneas
- Matemática Básica
- Construcción de Buques.
- Fundamentos de Física.
- Seguridad y Salud Ocupacional.
- Estándares y Convenciones.
- Arquitectura Naval Elemental
- Clasificación y Tecnología de Metales.
- Clasificación y Tecnología de Maderas
- Materiales Compuestos.
- Lectura e Interpretación de Dibujos y Planos de Varada
- Estudios sobre la Geometría del buque.
- Técnicas de Galibado.
- Realizar trabajos de Galibado y la Preparación de gálibos.
- Fundamentos de Hidráulica y Bombas.
- Uso de Instrumentos de Agrimensura.
- Uso correcto de Aparejos
- Fundamentos de Aparejamiento.
- Operación de Grúas y Montacargas.

[116] Machado, Policarpo A. *Dry dock Safety Management RINA* Conference Paper 2003

- Soldadura Básica.

Cualquier programa de formación de técnicos, para esta profesión, debe contener en su pensum, estos elementos básicos. La lista de conocimientos y habilidades, que hemos presentado, no es una norma establecida todavía para esta actividad, ni forma parte de una estandarización formal del oficio. En el pasado la operación de varada, estuvo destinada al taller de los carpinteros de ribera, constructores de buques. Eran los responsables de realizar los trabajos de varada con la ayuda de los talleres de grúas y aparejadores. Actualmente, se observan cambios en la organización de funciones de este departamento en algunas empresas, principalmente en los astilleros comerciales. A continuación, mencionamos algunos casos cuyos equipos de varada, están organizadas en distintas formas:

**Primer caso:**

Opera con un equipo de varada bajo contrato, que agrupa un personal temporal con operadores de grúa del astillero (el capitán de diques en algunos astilleros también opera la grúa), bajo el mando de un capitán de diques subcontratado.

**Segundo caso:**

El personal permanente del taller de constructores de buques y el de aparejos se encarga de la operación de varada y desvarada con ayuda del personal de otros talleres.

**Tercer caso:**

El taller de aparejadores y operadores de grúas se encarga de los movimientos, traslados, embarque, desembarque y levantamiento de cargas pesadas y de realizar las operaciones de varada y desvarada.

### 22.4 Cambios y ampliaciones de los puestos.

La formulación de nuevas estrategias de la administración de los astilleros, frecuentemente alteran la estructura de los departamentos, que tienen a su cargo las operaciones de los diques secos, y debido a estas alteraciones, a menudo se experimentan réplicas, que se traducen como cambios en los puestos y el organigrama interno del departamento. Son cambios que generalmente se deben a procesos de reingeniería dentro del astillero, los cuales, persiguen la mejora de la competitividad y productividad, los niveles de calidad y la elevación de la eficiencia del grupo, la cual incluye la minimización de los costos de operación y la inyección de aspectos motivadores. La subcontratación de trabajos, originalmente realizados por el personal permanente del astillero, resulta en una nueva estructuración de funciones, constituyéndose en el más notable de los cambios. Pueden observarse entre estos cambios, grupos contratados para la fase preparatoria del dique adjunto a otro grupo que se encarga de realizar la maniobra de entrada y salida del buque. Otras empresas optan por la contratación de un capitán de diques debidamente certificado, para gestionar completamente la operación de varada y desvarada con el personal permanente de la empresa.

### 22.5 Rotación de puestos

Las rotaciones de puestos en el departamento de diques, permite la ampliación del puesto y su objetivo es mejorar el rendimiento del personal, pero existen desventajas en la aplicación de esta estrategia, para este tipo de puestos. Una desventaja notable es la dificultad en la adquisición de la destreza y la experiencia que necesita el trabajador para manejarse con soltura en el desempeño del puesto. Es importante para la formación del candidato, su exposición a las dos partes del programa de capacitación, una sería obtener destreza en el campo realizando las labores correspondientes del oficio y la otra, el estudio académico en los salones de clases. El éxito de cualquier cambio en la estructura del personal de varada, dependerá del sistema de formación que se implemente y obviamente de la calidad de esta. Los esfuerzos de capacitación, parte de las técnicas de administración de personal, son factores importantes, que impactan el desempeño, la productividad, los costos[117] y la seguridad en todas las empresas.

Entre los astilleros modernos que se distinguen entre las investigaciones sobre astilleros que realizaron rotaciones de puestos en sus departamentos de varada y cambios en su sistema de capacitación, con resultados exitosos, podemos citar al astillero de Newport News en Virginia, Estados Unidos, fabricante de submarinos y portaviones con propulsión nuclear. Del grupo de graduandos, se eligen candidatos para el programa académico superior de dos años, que los especializará: unos en diseños, otros en operaciones avanzadas del astillero y otros como planificadores de la producción y en gestión de proyectos. Los programas están diseñados de acuerdo con las tecnologías de construcción de buques de propulsión atómica y las de propulsión convencional. Instructores, especializados en los diferentes oficios, imparten clases bajo la supervisión de los directores de departamentos, junto a instructores académicos, que dictan los cursos en salones de clases del astillero, combinados con otras materias que deben completarse en una universidad de la localidad. Al término de dos años, los candidatos se gradúan de Técnicos en Ingeniería o de Técnicos en Administración. Su departamento de aparejamientos y grúas es la que se encarga de las operaciones de varadas y desvaradas. Durante muchos años, esta función estuvo asignada, al taller de carpintería de ribera por sus conocimientos de teoría del buque y replanteo de líneas y por poseer la maquinaria, para la fabricación de gálibos y componentes para la fabricación de los picaderos. El capitán de diques, generalmente se escoge del grupo de supervisores de los talleres de movimientos y grúas. Aunque es notable las recientes exigencias académicas para el currículo del capitán de diques, que ahora deberá poseer una formación en ingeniería o en arquitectura naval.

## 22.6 Ventajas y Desventajas de la rotación de puestos en el astillero.

Tener trabajadores en el departamento de diques, con múltiples habilidades, que les permita la flexibilidad de ocupar puestos variados, durante el desarrollo de la evolución de la operación, supone una gran ventaja. Cada trabajador estaría en las condiciones de reemplazar a otro, eliminando problemas de la dependencia de especializaciones en los casos de ausencias inesperadas, que crean vacíos técnicos que pueden interrumpir el flujo normal del trabajo. Pueden surgir, sin embargo, otras desventajas con una capacitación cuyo objetivo es lograr la rotación de un puesto especializado. La conversión de un técnico de galibados en operador de grúa, por ejemplo, dependería de las habilidades del individuo para la asimilación de los requerimientos para manejar el equipo. Las dificultades ocurren al inicio del proceso por el periodo de adecuación que se le debe permitir al trabajador, para lograr el grado de especialización que se necesita en el desempeño del puesto, hasta que se demuestre sin duda alguna, que al asumir el trabajador su nueva tarea, la ejecute con la debida seguridad. Podemos también citar obstaculizaciones,

---

[117] Gómez Mejía, Luis R., Balkin, David B., Cardy, Robert L. *Gestión de recursos Humanos* Prentice-Hall Madrid. 1997. Página 106,107.

debido a una incompatibilidad comprobada entre las profesiones, la cual crea rechazos en el candidato que se pretende adiestrar. Otras, se deben a la inhabilidad del individuo de desempeñar uno de los oficios según los requerimientos que exige el puesto. El flujo de la operación del colectivo puede ser impactado negativamente por esta incompatibilidad.

Por estas razones, sugerimos la ocupación temporal con una rotación de un número mínimo del personal, para la escogencia y la obtención de la delineación del perfil más apto para el puesto. Debemos recordar que, en este tipo de profesión, se operan maquinarias de altas revoluciones y se manejan pesos de elevada magnitud. Lo cual nos indica que la función psicomotora del candidato debe corresponder a una función cognoscitiva, de natural acorde con el puesto. Hemos observado en el entrenamiento de aprendices, aquellos que frente a una maquina industrial, logra rápidamente un manejo acoplado y fluido y hemos también, podido apreciar en otros, la falta de coordinación y el enfrentamiento temeroso hacia la actividad.

### 22.7 Riesgos de Accidentes por deficiencias en la capacitación del personal de varada.

La seguridad de las operaciones se encuentra íntimamente ligada a la formación y nivel técnico del personal que realiza la varada. Los programas de formación diseñados para el personal que labora en los diques secos deben concebirse con el objetivo de certificar la creación de grupos idóneos, capaces de realizar la operación de varada con un mínimo de riesgos. La labor de hacer encallar la quilla en una posición predeterminada, sobre picaderos, es extensa, compleja y riesgosa. Requiere de la atención y la acción atinada de todos los que participan en la operación. El entendimiento de la teoría del buque la cual regula las condiciones y el comportamiento esperado del buque, cada vez que se hace descender sobre los picaderos, debe ser de la comprensión de todos los involucrados. El personal necesita la experiencia y los conocimientos necesarios, para reaccionar en el momento preciso, ante lo imprevisto. Formar un equipo diestro y hábil capaz de responder a situaciones de emergencia y realizar varadas y desvaradas con la debida seguridad, debe ser un objetivo primordial en las estrategias de productividad y calidad de servicios de todo astillero. La operación de varar un buque en un dique seco no debe subestimarse. Existe la tendencia de convertirla en una acción de rutina, especialmente para aquellas embarcaciones clientes, que a menudo llegan a las instalaciones para sus trabajos de mantenimiento de rutina. Dicha rutina puede dar lugar al relajamiento, en el momento de la aplicación de los procedimientos y a la omisión de detalles importantes. Esta es una operación de múltiples tareas, con imprevistos que se hacen presentes en cada tarea. Es vital que cada operación se trabaje con la misma preocupación y atención de detalles y con la misma disciplina y precisión.

### 22.8 Capacitación del personal para la operación de los diques secos.

El programa de capacitación que mejor se adecua a esta profesión y el más exitoso y de mejor rendimiento, es el sistema de *Aprendices* por ser una formación profesional que permite la capacitación en el puesto. Lo podemos describir como un programa de capacitación de cuatro años de duración, que combina instrucciones académicas con entrenamiento en el puesto de trabajo. La semana de trabajo se divide entre el entrenamiento en el puesto de trabajo dentro de los talleres evaluado por supervisores y las instrucciones académicas en los salones de clases. Luego de cumplir los cuatro años de estudio vocacional, los estudiantes pueden optar por dos años de clases en una universidad tecnológica, graduándose de técnicos en ingeniería. El programa permite obtener la practica en el manejo de herramientas y equipo, así como las practicas necesarias en el manejo de cables de acero, cabos naturales y sintéticos y cabrestantes, cada vez que se participe en una maniobra de entrada y salida del buque de los diques.

### 22.9 Formación del Capitán de Diques Secos.

El candidato para la posición de capitán de diques puede encontrarse entre los trabajadores que posean las cualidades y conocimientos, ya mencionadas. Los astilleros reclutan en la actualidad, contratistas con títulos de arquitecto o ingeniero naval para la posición de Capitán o jefe de diques, por la ampliación de las responsabilidades del puesto. En las operaciones de varada y desvarada para buques de la marina, en diques que pertenecen a las marinas de guerra o contratados por ella, el capitán de diques suele ser un oficial de cubierta que ha recibido entrenamiento para el puesto, algunos con grado de arquitectura naval o un civil, certificado por la marina para ejercer el puesto. Se inicia en el puesto, bajo el mando de un inspector de varada, que a su vez es un capitán de diques calificado. La posición del capitán de diques se califica a nivel de un gerente de departamento autónomo, al mando de varios talleres, con un personal especializado. Su formación aparte de la ingenieril es la de un gerente de departamento, investido con la autoridad para tomar decisiones sobre el proceso de la varada y sobre todas las actividades que afecten la entrada, estadía y salida del buque. Mantendrá y ejercitará una relación protocolar harmoniosa y directa con los dueños de las embarcaciones. En otras organizaciones el capitán de diques evoluciona del grupo de supervisores del equipo de varada, que a su vez proviene del grupo de técnicos de diques secos.

### 22.10 Conocimientos que debe poseer el Capitán de Diques Secos

Las cualidades que presentamos a continuación son fundamentales en la formación de un capitán o jefe de diques, tanto para el gerente contratado, como para el que ocupa una posición permanente dentro de la organización.

#### A- Conocimientos de Ingeniería.

a. Estudios básicos de Matemáticas que incluyan: álgebra, geometría, física, trigonometría y matemática para cálculos de estabilidad.
b. Estudios de los elementos de Arquitectura Naval relativos a la varada y desvarada de buques.
c. Lectura de Planos de construcción de buques y planos de varada.
d. Conocimiento sobre instrumentos de agrimensura.
e. Conocimientos básicos de la teoría estructural.
f. Conocimiento de replanteo de líneas y levantamiento de gálibos.
g. Estudios básicos sobre la ingeniería de los servicios básicos para el funcionamiento de la embarcación.
h. Experiencia en maniobras y conocimientos básicos sobre el uso y los tamaños de líneas, esfuerzos y sobrecarga de estas y la de los aparejos.
i. Posicionamiento de líneas para el movimiento de embarcaciones.
j. Estudios de Hidráulica.
k. Conocimientos básicos sobre condiciones climáticas y fluctuaciones de la marea.

#### B- Experiencia:

a. Haber trabajado bajo la supervisión de un Capitán de Diques más de 3 años como su asistente
b. Haber completado un programa de aprendizaje para capitanes de diques secos.
c. Coordinar la implementación de programas de capacitación del personal.

d. Coordinación y supervisión de los servicios al dique.
e. Control de los servicios del astillero y su afectación del desenvolvimiento de la operación de varada y desvarada.

**C- Conocimientos Administrativos.** [118]

Por ser la varada y desvarada de embarcaciones una actividad que acontece de manera repetitiva puede ser clasificada como una operación general, dentro de la organización. Pero cada varada es un proyecto único y siempre serán aplicables las técnicas de gestión de proyectos, para facilitar el cumplimiento de los objetivos de varada, estadía y desvarada. La educación formal del capitán de diques secos debe trascender el ambiente del astillero, para que se fortalezcan sus conocimientos de los principios sobre "gestión de recursos humanos", las técnicas de supervisión, la seguridad y salud ocupacional y las técnicas de orientación del equipo. Una vez expuesto a estas enseñanzas podrá establecerse entre el equipo, una cultura de eficiencia y seguridad unificada. Como gerente, debe conocer a fondo, las técnicas de comunicación eficiente, la identificación y cuantificación de riesgos en el proyecto de varada y la habilidad de cumplir con los objetivos, dentro de las restricciones de tiempo y costos que emerjan.

**22.11 Resumen.**

Finalizamos nuestra investigación sobre la varada, estadía y desvarada en diques secos, con un análisis breve de la formación profesional y académica que debe poseer todo técnico de operaciones de diques secos. La capacitación en este campo es informal y por ende también es escaza el material impreso para fines didácticos, orientada a promover la discusión y el análisis del tema. Generalmente la literatura naval conserva en un apartado generalizado, el tema de la operación de diques secos y a menudo se excluyen los detalles y las guías importantes, útiles a la formación del encargado de operar el dique seco y la de sus colaboradores. Creemos que esta realidad sustenta la demanda de un sistema de formación profesional técnico académico, con el fin de crear un personal dedicado a la ejecución de las operaciones de varada en diques secos. Por todo aquello, tratamos en esta obra de retomar todos los elementos relacionados a la operación de la varada y desvarada de buques en diques secos y tratar de convertirlos en el elemento motivador de la discusión y el estudio de la actividad entre los eruditos expertos en el tema, y que se logre una estandarización que fortalezca a los procedimientos ya establecidos y que partiendo de dicha discusión, se inicie la creación de un sistema de formación profesional, cuyo currículo contenga elementos de arquitectura naval, mecánica básica, maniobras de abarloamiento, utilización de sogas y aparejos, conocimientos sobre administración de proyectos y de manejo del recurso humano. El cúmulo de tecnicismos y conocimientos requeridos para la gestión de la operación, en sus variadas etapas de evolución, amerita un personal exclusivamente dedicada a esta labor, formados con estudios vocacionales formales, que culminen con un currículo universitario que los eleve a un nivel de técnico naval.

---

[118] M[c]gruer, John W. *Operation of a Dry dock* Naval Facilities Command. Waterfront Facilites Conference 11 / 1 – 11 / 4, San Diego California 1983.

**22.12 Preguntas de Repaso.**

1- ¿Quién es la persona u oficial responsable de la varada de diques?

2- Mencione una ventaja de rotar los puestos entre los trabajadores de la varada.

3- ¿Cuáles son las profesiones que tradicionalmente integran el departamento de diques secos?

4- ¿Cómo afecta la seguridad de la operación de varada, un personal de escaso entrenamiento?

5- Describa el perfil educativo del personal de varada.

6- Describa el perfil educativo del Capitán de Diques.

**Bibliografia**

1- Dessler, Gary *Administración de personal* Prentice-Hall Hispanoamericana, S.A. 1991

2- Gómez - Mejía, Luis R. Balkin, David B., Cardy, Robert L. *Gestión De Recursos Humanos* Prentice Hall Madrid 1997, Pags 92

3- Machado, Policarpo A. *Dry dock Safety Management RINA* Conference Paper 2003

4- M$^{c}$gruer, John W. *Operation of a Dry dock* Naval Facilities Command. Waterfront Facilities Conference 11 / 1 – 11 / 4, San Diego California 1983.

5- Project Management Institute, *A Guide To The Project Management Body Of Knowledge,* 130 South State Road, Upper Darby, PA 19082, 1996

6- Adam Jr., Everett E., Ebert, Ronald, J. *Administración de la Producción y las Operaciones.* Prentice-Hall Hispanoamericana, S.A. 1981.

# ANEXO A

# MATEMATICA BASICA I APLICADA A LOS TRABAJOS EN EL ASTILLERO.

## A.1 Introducción.

Este apéndice debe ser considerado una herramienta más para el técnico de Diques Secos. Se trata de tomar de la matemática elemental, aquellos elementos que se aplican a los trabajos que a diario se realizan. Expondremos algunos de dichos trabajos en las cuales se aplican elementos de la matemática básica para obtener resultados de las estimaciones. Para iniciar con ejemplos de las aplicaciones de la matemática básica, primero realizaremos un breve repaso de los sistemas de mediciones y sus equivalencias. En todos los trabajos del astillero se realizan mediciones que a veces deben ser convertidas del sistema inglés al sistema métrico y en ocasiones la conversión debe ser realizada entre las mismas unidades.

## A.2 Conversiones.

En la tabla A.1, se aprecian las equivalencias que más se utilizan para las conversiones entre los dos sistemas. Proporcionamos a continuación algunos cálculos de conversiones para peso y dimensiones.

***Ejemplo A1***

Convierta 3/8 pulgadas a su equivalente en pies

Solución: $\frac{3}{8} = 0.375$

$\frac{0.375}{12} = 0.03125$ pies

***Ejemplo A2***

Convierta 6-⅛ pulgadas a su equivalente decimal en pies.

Solución:

1- Convierta 6 pulgadas a su equivalente decimal en pies:

$\frac{6}{12} = 0.5$ pies

2- Convierta 1 / 8 pulgadas a su equivalente decimal en pies:

$\frac{1}{8} = 0.125$ pulgadas.

$\frac{0.125}{12} = 0.0104$ pies.

| TABLA DE CONVERSIONES<br>Del Sistema Métrico Al Sistema Inglés.<br>MEDIDA LINEAL | |
|---|---|
| **1 centímetro** | **0.3937 pulgadas** |
| **1 pulgada** | **2.54 centímetro** |
| **1 decímetro** | **3.937 pulgada** |
| **1 decímetro** | **0.328 pies** |
| **1 pie** | **3.048 decímetros.** |
| **1 pulgada** | $\frac{1}{12}$ **pies** |
| **1 centímetro cúbico** | **0.061 pulgada cúbica** |
| **1 pulgada cúbica** | **18.39 centímetro cúbico** |
| **1 decímetro cúbico** | **0.0353 pies cúbico** |

| PESO | |
|---|---|
| **1 kilogramo** | **2.2046 libras** |
| **1 libra** | **0.4536 kilogramos** |
| **1 tonelada métrica** | **0.98421 Toneladas largas** |
| **1 tonelada larga** | **1.016 toneladas métricas** |

***Tabla A1***
***Conversiones***

Finalmente sume el equivalente decimal de 6 pulgadas (0.5) más el equivalente decimal en pies de un octavo:

0.5 + 0.0104 = 0.5104 pies

Entonces: 6-⅛ pulgadas = 0.5104 pies

***Ejemplo A.3***

Conversión entre el sistema inglés y el sistema métrico, de las medidas de las esloras, mangas, calados, metacentros, abscisas, ordenadas y alturas en el buque.

Dada la dimensión en metros, convertir a pies: $\text{metros} \times \frac{3.2808 \text{ pies}}{1 \text{ m}}$ = pies

Dada la dimensión en pies, convertir a metros: $\text{pies} \times \frac{1 \text{ m}}{3.2808 \text{ pies}}$= metros

***Ejemplo A.4***

Para convertir desplazamiento en toneladas métricas, a toneladas largas (Tl) aplicamos la siguiente fórmula.

$$\text{Tm} \times \frac{0.984375 \quad \text{Tl}}{1\,\text{Tm}} = \text{ton largas}$$

Para convertir desplazamiento en toneladas largas (Tl), a toneladas métricas (Tms):

$$\text{Tl} \times \frac{1.016\text{Tm}}{1\,\text{Tl}} = \text{Tm}$$

El número de toneladas métricas (Tm) que se le agrega a un buque para que su calado aumente 1 centímetro o el número de toneladas largas (Tl) que se le agrega a un buque para que su calado aumente 1 pulgada, se conoce como: *"Toneladas por centímetro o pulgada de inmersión"*. Frecuentemente, el técnico necesitará realizar conversiones entre unidades. A continuación, veremos algunos ejemplos de dichas conversiones:

***Ejemplo A.5***

Conversión de toneladas por pulgada de inmersión (Tp) a toneladas por centímetros de inmersión (Tc) y en sentido opuesto.

Para convertir $T_c$ a $T_p$

$$\frac{T_C}{1\,\text{cm}} \times \frac{0.984375\,\text{Tl}}{1\,\text{Tm}} \times \frac{2.54\,\text{cm}}{1\,\text{pulgada}} = \text{Tp}$$

Para convertir $T_p$ a $T_c$:

$$\frac{T_P}{1\,\text{pulgada}} \times \frac{1.016\,\text{Tm}}{1\,\text{Tl}} \times \frac{1\,\text{pulgada}}{2.54\,\text{cm}} = \text{Tc}$$

Igual respuesta se obtiene multiplicando o dividiendo directamente las toneladas buscadas por o entre la constante: 2.5003125

Tc a Tp: Tm ×2.5003125 = $T_p$

Tp a Tc: $T_p \times \frac{1}{2.5003125 \quad \text{Tl}} = T_c$

***Ejemplo A.6***

Conversión del Momento para variar el asiento una pulgada (Mto/1p) al momento para variar el asiento un centímetro. (Mto/1cm) y viceversa.

Convierta Mto/1cm a Mto/1p:

$$\text{Tm} \times \frac{m}{\text{cm}} \times \frac{3.2808\,\text{pies}}{1\,\text{m}} \times \frac{0.984375\,\text{TL}}{1\,\text{Tm}} \times \frac{2.54\,\text{cm}}{1\,\text{pulgada}} = \text{Mto/1p}$$

Convierta: Mto /1 pulg. a Mto/1cm:

$$TL \times \frac{\text{pies}}{\text{pulgadas}} \times \frac{1\text{ m}}{3.2808\text{ pies}} \times \frac{1.016\text{ Tm}}{1\text{ TL}} \times \frac{1\text{ pulgada}}{2.54\text{ cm}} = \text{Mto/1cm}$$

**A.3 Razones**

La razón es una comparación entre dos cantidades. Llamémosle a y A. Se puede establecer de dos maneras: 1- encontrando su diferencia o 2- encontrando su cociente. A la primera se le denomina *razón aritmética* y a la segunda *razón geométrica*. En este repaso nos concentraremos en la razón geométrica y la llamaremos en adelante, simplemente razón. Se expresa de la siguiente manera:

a ÷ b y también $\frac{a}{b}$ lo mismo sería b ÷ a o $\frac{b}{a}$.

La razón de los números 6 y 8 se puede expresar de varias formas:

6: 8, 6 ÷ 8 y $\frac{6}{8}$.

En cada caso se lee "6 es a 8".

Los elementos de una razón se denominan términos de una razón. Al primero se le denomina antecedente y al segundo, consecuente, por lo tanto, en las razones:

a ÷ b ó $\frac{a}{b}$, el *antecedente* es "a" y el *consecuente* es "b".

la razón puede considerarse una fracción y sus términos pueden invertirse; en tal caso, la razón se conoce como *razón inversa*

**Ejemplo A.7**

El roble blanco pesa 42 libras por pie cúbico y el acero pesa 490 libras por pie cúbico. ¿Cuál es la razón de sus pesos?

42 ÷ 490 (42 es a 490)

$\frac{42}{490}$ (Escribimos en forma de fracción)

$\frac{42 \div 14}{490 \div 14}$ (Simplificamos dividiendo entre 14, el numerador y el denominador)

Resultado = $\frac{3}{35}$ o también 3:35 o sea la razón de sus pesos es de 3 a 35.

**Ejemplo A.8**

Un velero de 40 pies de eslora desplaza 34000 libras y contiene 18000 libras de plomo como lastre. ¿Cuál es la razón entre el lastre y el desplazamiento?

Solución:

18000: 34000 = $\frac{18000}{34000}$ = 0.5294

Esta razón debe expresarse en términos de porcentaje, por lo tanto, el resultado es:

0.5294 x 100% = 52.94%

***Ejemplo A.9***

División de un número en partes que tengan una relación dada:

El técnico Eyvard Castillo debe preparar una colada de resina para revestir la parte exterior del eje de un remolcador. La resina debe prepararse con una relación de 2 a 3, entre el material de relleno y la mezcla de resina; si entre el relleno y la resina se debe obtener un total de 25 pulgadas cúbicas, ¿Qué cantidad de cada elemento debe mezclar el técnico Castillo?

Solución:

1- Primero agrupamos las partes:

2 + 3 = 5

2- Dividimos las 25 pulgadas cúbicas entre el total de las partes (5)

$\frac{25}{5}$ = 5

3- Por último, multiplicamos cada parte por 5:

2 x 5 = 10

3 x 5 = 15

Respuesta:

Se necesitarán: 10 partes de material de relleno y 15 partes de resina.

**A.4 Razón Promedio de Cambio o Pendiente de una recta inclinada, que pasa por dos puntos.**

Se puede aplicar la ecuación de la pendiente de una recta inclinada, que pasa por dos puntos, a los cálculos relacionados al buque con *asiento* (un buque que flota con una inclinación hacia uno de sus extremos, generando una diferencia entre el calado de proa y el de popa). La línea de flotación, que se observa en la vista de perfil de los planos de un buque con asiento, es el de una línea inclinada. La línea de flotación se encuentra limitada en sus extremos, por las perpendiculares de popa y proa. En dichas perpendiculares generalmente, se indican las marcas de los calados. Por ser esta, una recta inclinada, podemos calcular su pendiente (podríamos definirla también, como la tangente del ángulo θ que se forma por la inclinación de la recta)[119] para determinar cualquier punto sobre la línea de flotación. La ecuación es la siguiente:

m = tg θ

[119] Thomas, G. A. y Finney, R. L. CÁLCULO CON GEOMETRÍA ANALÍTICA Sistemas Técnicos de Edición, S. A. de B. V. México C. F. 1987 Pagina 11

$$\frac{\Delta y}{\Delta x} = \frac{y_2 - y_1}{x_2 - x_1}$$

Para realizar esta operación, haremos que $y_2$ e $y_1$ sean los calados de popa y proa y la eslora total entre perpendiculares, represente los valores de $x_2$ y $x_1$. Veamos un ejemplo.

***Ejemplo A.10***

Cuál es la razón promedio de cambio o pendiente de una línea de flotación de un buque con los siguientes datos:

Calado en la proa $C_{pr} = y_1 = 7.1$ m y el Calado en la popa $C_{pp} = y_2 = 7.3$ m

$$\Delta y = (y_2 - y_1) = (7.3 - 7.1)$$

Eslora entre perpendiculares: 170.69 m

**Solución:**

$\Delta x = (x_2 - x_1) = (170.69 - 0)$.

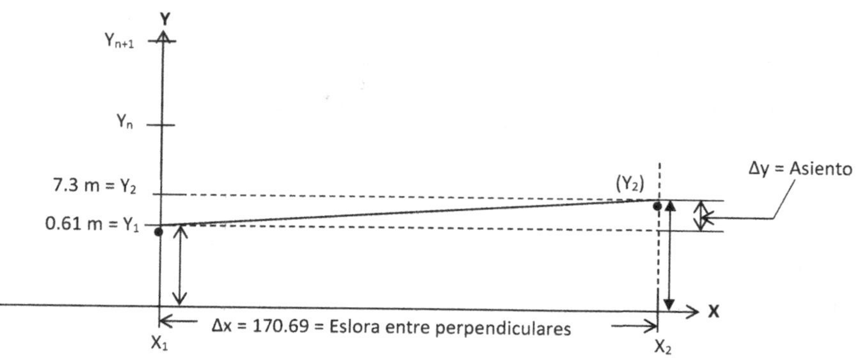


***Figura A.1.***
***Diagrama de una Razón de cambio***

$$\text{Razón promedio de cambio o pendiente (m)} = \frac{\Delta y}{\Delta x} = \frac{y_2 - y_1}{x_2 - x_1}$$

$$= \frac{7.3 - 6.1}{170.69 - 0} = 0.00703 \text{ m/m}$$

La razón promedio de cambio o pendiente (m) = 0.00703 m/m

Veamos la aplicación a un problema, cuya solución, requiere del conocimiento de la razón promedio de cambio.

***Ejemplo A.11***

El herrero de ribera Arthur Davis debe taladrar un orificio en el casco, para realizar una prueba, exactamente sobre la línea de flotación del casco de un buque. La distancia entre las marcas de calado es de 170.69 metros. La distancia horizontal de la perforación se encuentra a 45.72 metros de la perpendicular de proa del buque. El calado en la proa del buque es de 7.1 metros, y en la popa el calado mide 7.3 metros.

Encuentre la altura (Δy) del punto exacto donde se tiene que perforar sobre la línea de flotación. Véase la Figura A.2.

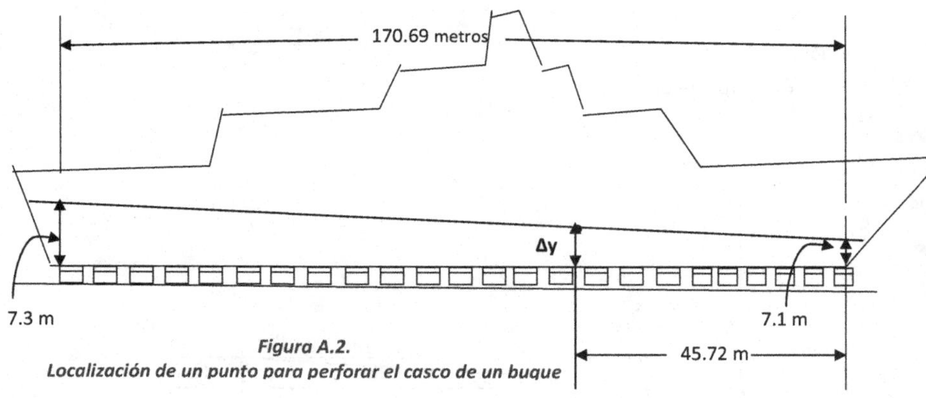


***Figura A.2.***
***Localización de un punto para perforar el casco de un buque***

**Procedimiento:**

1- Encontramos primero la razón promedio de cambio:

$$\text{Razón promedio de cambio} = \frac{7.3 - 6.1}{170.69 - 0} = 0.00703 \text{ m/m}$$

2- Luego para calcular la altura (Δy) vertical punto, multiplicamos 45.72 m (que es la distancia horizontal donde se requiere efectuar la perforación), por la razón promedio de cambio.

3- A este resultado sumamos el calado de proa de 7.1m.

Altura (Δy) = (45.72 × 0.00703) + 7.1= 7.4214 m.

Podríamos obtener los mismos resultados para la altura (Δy), tomando la distancia horizontal del extremo opuesto, o sea, desde la popa en vez de la proa. Simplemente restamos la altura (Δy) en vez de sumar:

$$[(179.69 - 45.72) \times 0.00703] - 7.3 = 7.4214 \text{ m.}$$

Obteniéndose la misma respuesta que la anterior.

**A.5 Proporciones.**

Una proporción es la igualdad que se forma entre dos razones. Si decimos, por ejemplo, que 2/4 = 4/8 o 2: 4 = 4: 9. También pueden ser dimensiones tales como:

6 m: 12 m = 8 m: 16 m.

Los términos de afuera, 6 y 16 se les conocen como extremos y los de adentro, 12 y 8 son los medios.

Reglas Generales:

En toda proporción, el producto de los medios es igual al producto de los extremos. 6:12 = 8:16 entonces:

$$6 \times 16 = 12 \times 8$$

$$96 = 96$$

Regla de tres: En una proporción, cualquiera de los extremos puede encontrarse multiplicando los medios y dividiendo entre el extremo conocido:

$$X = \frac{12 \times 8}{6}$$

$$X = 16$$

En toda proporción, cualquiera de los medios puede encontrarse multiplicando los extremos y dividiendo entre el medio conocido:

$$X = \frac{6 \times 16}{12} = 8$$

***Ejemplo A.12***

Las planchas de acero A y B de la Figura A.3 poseen lados proporcionales.

Si las dimensiones de la plancha "A" son las siguientes: largo = 12" y ancho = 6" y el ancho de la plancha "B" es 4" ¿Cuál es el largo de la plancha "B"?

**Solución:**

Rectángulo B:

Lado = X

Ancho = 4

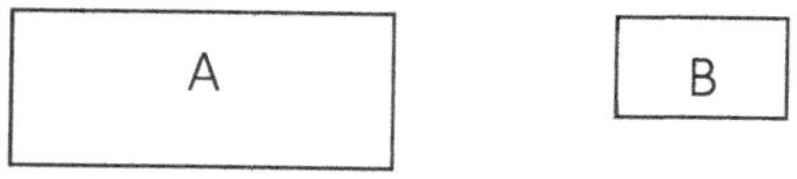

Hagamos la siguiente proporción:

6": 12" = 4": X"

A

B

***Figura A3***
***Planchas de acero***

Enunciado: 6 pulgadas son a 12 pulgadas como 4 pulgadas es a X pulgadas.

$6 \times X = 12 \times 4$

$$X = \frac{12 \times 4}{6}$$

X = 8 pulgadas

***Ejemplo A.13***

Si el carpintero de ribera Juan Cedeño, realiza una compra de 6 pernos "tirafondos" de acero inoxidable, por la suma de B/.25.00; ¿Cuánto le costará una caja de 144 pernos?

**Solución:**

Para la solución del problema, debemos plantear una proporción de la siguiente manera:

| Pernos | | Costo |
|---|---|---|
| 6 | : | $25.00 |
| 144 | : | $X |

Igualando las dos razones:

$$\frac{6}{144} = \frac{24}{X}$$

Se puede expresar también como:

6: 144 = 25.00: X

$6 \times X = 3456$

X = $576 es lo que Juan pagará por los 144 pernos.

Con frecuencia, encontramos que el ancho de las cuñas sobre los picaderos del dique seco, no concuerdan con las dimensiones estipulados en los planos de varada del buque que va a ser varado. Resolvemos el problema en tal caso, calculando nuevos biseles de acuerdo con el plano para el ancho de los picaderos existentes. Ilustramos en el siguiente ejemplo la proporción para calcular el nuevo bisel.

***Ejemplo A.14***

El técnico de diques secos, Samuel Prada, debe calcular el bisel longitudinal para el corte de la cuña de madera que se colocará sobre una de las almohadas del pantoque. Los picaderos del dique son de 18 pulgadas de ancho y las medidas tomadas del plano, están dadas para un picadero de 28 pulgadas de ancho. ¿Qué hará el técnico Prada para calcular el bisel correcto?

En la cartilla de trazado del plano de varada están anotadas las medidas para el bisel del picadero, de la siguiente forma:

"0 – 0 – 5 BISEL EN 28"

Por lo tanto, debe obtenerse un nuevo bisel que sea proporcional al ancho existente de los picaderos del dique.

**Solución:**

Formamos una proporción para obtener el nuevo bisel:

$$\frac{5''}{28''} = \frac{x}{18''}$$

$$28\,x = 5 \times 18$$

$$x = 3.214285$$

El bisel será de: 3.21 en 18 pulgadas.

Veamos ahora el uso de las proporciones para calcular longitudes de acuerdo con dibujos a escalas obtenidas de un plano.

***Ejemplo A.15***

En una escala de: 1 pulgadas = 20 millas, calcule el equivalente, en millas, de una línea de 4 ¾ pulgadas.

**Solución:**

$$\frac{20 \text{ millas}}{1 \text{ pulgada}} = \frac{X \text{ millas}}{4\,¾}$$

$$X = 4\,¾ \times 20$$

$$X = 19/4 \times 20$$

$$X = 95$$

Respuesta: 95 millas

**2-** Si la escala es: 1 pulgada = 8 pies calculen el equivalente en pulgadas de una línea de 18 pies.

$$\frac{8 \text{ pies}}{1 \text{ pulgada}} = \frac{18 \text{ pies}}{X}$$

$$8 \times X = 18$$

$$X \text{ pulgadas} = \frac{18\text{pies}}{8\text{pies}}$$

$$X = 2\,¼ \text{ pulgadas}$$

Respuesta: El equivalente en pulgadas, de una línea de 18 pies es: 2 ¼ pulgadas.

***Ejemplo A.16***

Supongamos que en una maniobra se requiere una soga de fibra sintética que pueda extenderse desde una bita, llamémosle "C", en el muelle de amarre, hasta un punto "D" en un duque de alba en el agua. Conocemos una de las distancias, la distancia entre las dos bitas A y B que es igual a 150 m. Con un instrumento óptico sobre el centro de la bita "B", luego enfocamos exactamente el centro de la otra bita "A". De dicho punto realizamos un giro en dirección hacia el duque de alba, y enfocamos el punto "D" y obtenemos un ángulo de $50^0$. Volvemos esta vez al punto A, colocamos el instrumento en A y giramos para volver a enfocar "D", esta vez obtenemos un ángulo de $30^0$.

Calcule la distancia entre "D" y "C" o sea entre el duque de alba y el muelle para luego agregarle a DC la distancia EC al cabrestante. Esto nos dará el largo mínimo de la soga para alcanzar el duque de alba. A esta distancia mínima entonces le podemos agregar lo necesario para azocar el cabo o lo suficiente para ligar el chicote del cabo al duque de alba y dar las vueltas al cabrestante.

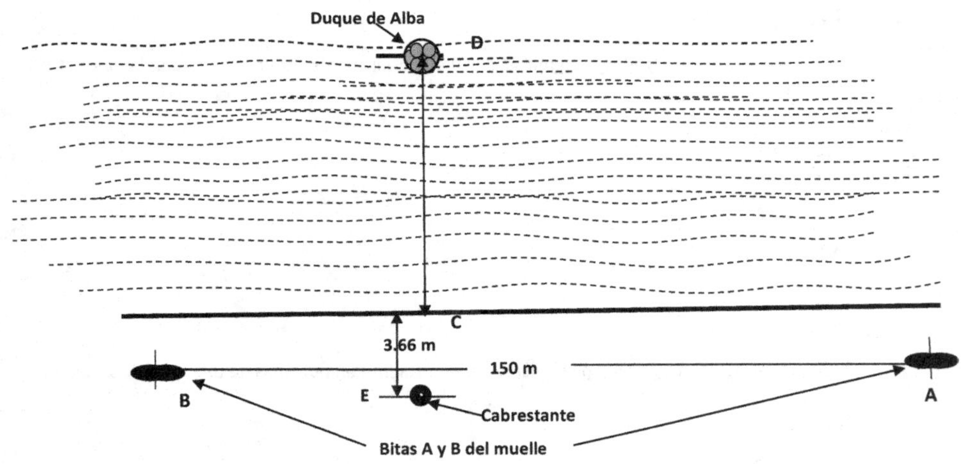


*Figura A.4*
***Cálculo de las dimensiones de una soga de fibra sintética***

**Solución:**

Seleccionamos la escala: 25 mm = 100 m

En una hoja dibujamos una línea **AB.** Su dimensión se obtiene a escala de la siguiente forma:

$$\frac{25\text{mm}}{100\text{m}} = \frac{1\text{mm}}{4\text{m}}$$

Entonces con la escala de 1 mm = 4 m, convertimos 150 m a mm:

$$150\text{m} \times \frac{1\text{mm}}{4\text{m}} = \frac{150\text{mm}}{4} = 37.50\text{mm}$$

150 m equivale a 37.50 mm.

Trace la línea de 37.50 mm y con un transportador trace los ángulos de 50 y 30 grados y dibuje, respectivamente, dos líneas hasta que intersequen. (Figura A.5).

Desde el punto de intersección, que representa el punto "D", trace una perpendicular al punto "C". Mida la distancia DC en mm. La distancia en mm es aproximadamente 10.45 mm. Convierta a metros utilizando la escala designada para obtener el tamaño actual de la soga:

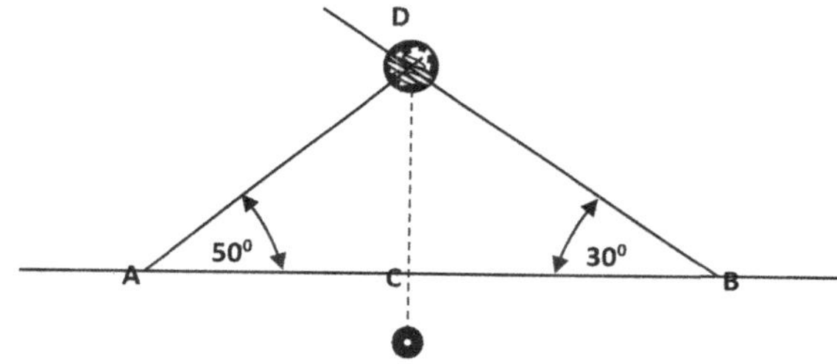


***Figura A5.***
***Diagrama para el cálculo de la longitud de la soga del muelle al duque***

$$\text{DC} = 100\text{m} \times \frac{10.45\text{mm}}{25\text{mm}} = 41.80\text{m}$$

También:

$$\text{DC} = 4\text{m} \times \frac{10.45\text{mm}}{1\text{mm}} = 41.80\text{m}$$

Longitud total de la soga: CE+ DC = 3.66 + 41.80 = <u>45.46 m.</u>

# ANEXO B
# MATEMATICA BASICA II APLICADA A TRABAJOS DEL ASTILLERO

## B.1 Introducción

La interpretación correcta del conjunto de planos para la varada de un buque es crucial, tanto para el encargado de las operaciones, como para el que construye las camas de picaderos dentro del dique. Saber interpretar y extraer correctamente la información de un plano de varada es fundamental tanto para los aspectos de seguridad como el económico. Este apéndice presenta algunos de los elementos adicionales que complementan la metodología empleada para la interpretación de algunos de estos planos y parte de la geometría y trigonometría básica para las mediciones básicas que se realizan a diario en la labor del técnico de varada.

## B.2 Números Denominados para Planos de varada del sistema inglés.

En los planos de varada NDP, (siglas en inglés de NAVSEA Docking Plan) para buques militares americanos[120] el sistema numérico estandarizado es el de números denominados. Son aquellos que junto a la cantidad estipulada se nombra el tipo de medida. [121]

Ejemplo de números denominados los son:

9 pies - 7 pulgadas,

4 horas - 30 minutos,

2 metros – 2 cms.

Con este sistema de números se señalan en los planos las alturas, distancias longitudinales y transversales, abscisas y ordenadas, para localizar secciones, apéndices y aberturas en el casco del buque. Con ellas, también se indican las coordenadas para la colocación de los picaderos de la cama. En la siguiente tabla repasaremos las reglas que se han establecidos para la lectura de los planos y para cualquier cálculo que sea necesario, a partir de los datos del plano:

Primero veamos cómo se aplican las reglas para decimales en la interpretación de planos de varada diseñadas sus medidas con números denominados. Las reglas en el manual de la compañía DM Consulting se aplican a tres casos específicos, que llamaremos: A, B, y B. Estas se pueden apreciar en la tabla B.1.

---

[120] DM Consulting Basic Dry Dock Training manual San Diego California 2004. Página 4

[121] Gossage, EC. C., Loyce B. Matemática Comercial. South Western Publishing Co... Cincinnati Ohio, E.U.A 1980. Páginas: 503, 504.

| | SISTEMA DE DECIMALES<br>*Para números denominados de los planos de varada.* | |
|---|---|---|
| **A** | **Entre 0.001 y 0.249** | **Se toma en cuenta solo el entero.** |
| **B** | **Entre 0.250 y 0.749** | **Se le agrega el símbolo" +" (+ representa: un dieciseisavo)** |
| **C** | **Entre 0.750 y 0.999** | **Se lee: 1 / 8 (un octavo)** |

***Tabla B.1***
***Reglas para los decimales***

**B.3 Reglas adicionales que se aplican a la suma y resta de números denominados.**

Cada vez que se trabaje con planos confeccionados con este sistema, es importante conocer las siguientes reglas para las conversiones:

1- La columna de los *pies* en el formato estándar no tiene límites.

2- En la columna de las *pulgadas* nunca se encontrará un número mayor que A. Si el número llegase a valer 12 unidades de pulgadas, este entonces se convierte en <u>1 pie</u>.

3- En una resta de números denominados, la unidad que se presta son <u>pulgadas</u>.

4- En la columna de los octavos nunca se encontrará un número mayor que 7. Si el número llegase a valer 8, este entonces se convierte en <u>1 pulgada.</u>

5- Cuando se realiza una resta de números denominados, la unidad que se presta de la columna de pulgadas son 8/8 .

6- En la columna de los dieciseisavos nunca se encontrará más de un dieciseisavo o "+". Si se llegase a tener dos dieciseisavos ("+" "+"), este entonces se convierte en <u>1 octavo.</u>

7- Cuando se realiza una resta de números denominados, y se necesite pedir prestado una unidad de la columna de octavos, lo que en realidad se está pidiendo son <u>2 dieciseisavos</u>.

| ESTÁNDAR PARA OCTAVOS | ESTÁNDAR PARA DIECISEISAVOS |
|---|---|
| **PIES – PULGADAS – OCTAVOS.**<br>**8 - 3 - 6**<br>**El símbolo "+" designa los dieciseisavos en el plano estándar de octavos. Cuando ocurren dieciseisavos en este tipo de planos, se convierten a octavos:**<br>**Por ejemplo 3 pies 4 -** $\frac{7}{16}$ **pulgadas.**<br>**Convertimos los** $\frac{7}{16}$ **a octavos así:**<br>$\frac{7}{16} \div \frac{2}{2} = \frac{3.5}{8}$ | **PIES – PULGADAS – DIECISEISAVOS**<br>**8 – 3 - 12**<br>**Para la nomenclatura estándar de mayor precisión debemos convertir los octavos a dieciseisavos:**<br>$\frac{6}{8} \times \frac{2}{2} = \frac{12}{16}$<br>**8 pies, 3 pulgadas y 12 dieciseisavos**<br>**Solo viene anotado en el plano el valor del numerador y se omite el denominador.** |
| **Se escriben los** $\frac{3}{8}$ **de pulgada como "3" y los 0.5 como un dieciseisavo (**$\frac{1}{16}$**) y la nomenclatura toma la forma 3 – 4 - 3 "+"**<br>**Que es: 3 pies, 4 pulgadas, 3 octavos y 1 dieciseisavos** | **Para el estándar de dieciseisavos: 3 pies 4 - 7 / 16 pulgadas**<br>**Se escribe: ---------- = 3 - 4 - 7**<br>**Que representa: ----- = 3 pies, 4 pulgadas y 7 dieciseisavos.** |
| | |

***Tabla B.2***
***Estándares para los números denominados***

***Ejemplo B.1***

Ejemplos de Anotaciones en los planos según los estándares: En el ejemplo A14 sobre la aplicación de las proporciones para obtener un bisel proporcional correcto, para el corte de una almohada del pantoque, se obtuvo el resultado de: 3.214285 pulgadas en 18 pulgadas de ancho.

Según las reglas establecidas en el nuevo plano se anotaría en este caso, sólo el entero [122] o sea la anotación correcta debe ser: 0 – 0 – 3 en 18 pulgadas de ancho.[123]

[122] DM Consulting Basic Dry Dock Training San Diego California 2004 Apéndice 1, Página 5

[123] Idem

***Ejemplo B.2***

Sumas de dimensiones denominadas

| | | |
|---|---|---|
| 427 – 11 – 3 | 28 – 8 – 5+ | 21 – 10 – 5 |
| v + 12 - 8 - 4 + | 10 – 7 – 7+ | 33 - 1 - 6 |
| 440 – 7 - 7+ | 39 – 4 - 5 | 55 – 0 - 3 |

Restas de dimensiones denominadas

| | | |
|---|---|---|
| 334 - 9 - 7 + | 56 – 11 – 3 + | 5 – 6 – 3 |
| - (11 – 10 – 2 ) | - (12 – 9 – 6) | - (4 – 11 – 4) |
| 322 – 11 – 5 + | 44 - 1 - 5 + | 0 - 6 - 7 |

**B.4 Soluciones trigonométricas para problemas en el dique.**

El cálculo de ángulos catetos de triángulos rectángulos, se realizan a menudo, especialmente cuando se trate de la determinación de longitudes y alturas. Su conocimiento es también aplicable a muchos problemas de diseño. Se ven, por ejemplo, en muchos de los problemas de ángulos e hipotenusas de embarcaciones con cascos en forma de "V" [124]

En la siguiente figura podemos apreciar un triángulo rectángulo y las relaciones entre sus lados y sus ángulos. De ellas se obtienen las aplicaciones del teorema de Pitágoras y las funciones trigonométricas que apreciamos a continuación.

Teorema de Pitágoras: $C^2 = a^2 + b^2$

$$C = \sqrt{a^2 + b^2}$$

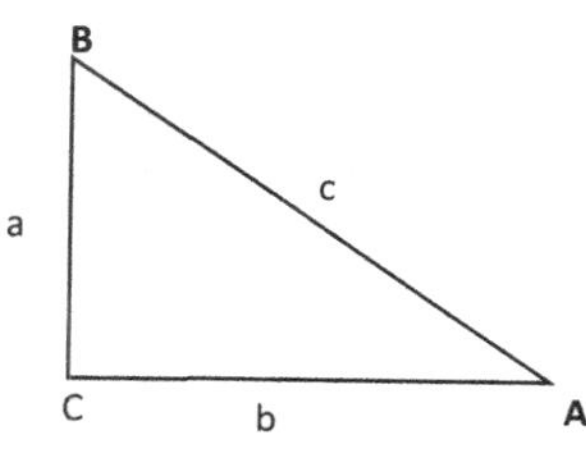


***Figura B.1***
***Triángulo rectángulo***

[124] Nudelman, Norman, NA ***Basic Mathematics*** Westlawn Institute of Marine Technology, 733 Summer Street , Stamford Connecticut 06901 Página: 42,43,44

| FUNCIONES TRIGONOMÉTRICAS. | | |
|---|---|---|
| **Seno A** | $\frac{\text{Lado opuesto}}{\text{Hipotenusa}}$ | **Seno A =** $\frac{a}{c}$ |
| **Coseno A =** | $\frac{\text{Lado adyacente}}{\text{Hipotenusa}}$ | **Coseno A =** $\frac{b}{c}$ |
| **Tangente A** | $\frac{\text{Lado opuesto}}{\text{Lado adyacente}}$ | **Tangente A =** $\frac{a}{b}$ |
| **Cotangente A** | $\frac{\text{Lado adyacente}}{\text{Lado opuesto}}$ | **Cotangente A =** $\frac{b}{a}$ |
| **Secante A =** | $\frac{\text{Hipotenusa}}{\text{Lado adyacente}}$ | **Secante A =** $\frac{c}{b}$ |
| **Cosecante A =** | $\frac{\text{Hipotenusa}}{\text{Lado opuesto}}$ | **Cosecante A =** $\frac{c}{a}$ |
| | | |

*Tabla B.3.*
*Funciones Trigonométricas*

Con ayuda de estas relaciones se pueden encontrar los valores de cualquier ángulo mayor o menor de $90^0$. Veamos una aplicación de las funciones trigonométricas y del teorema de Pitágoras, a un cálculo que comúnmente se realiza en el dique seco.

***Ejemplo B.3***

Se deben medir las alturas correspondientes a la inclinación de la astilla muerta de la embarcación, para confeccionar una plantilla en la posición donde se pretende colocar un picadero lateral. Encuentre la distancia "X" entre el centro de crujía y el borde interno del picadero, para poder medir la altura interna y externa de la plantilla manteniendo un espacio de 1'-0" del filo de la astilla muerta. Véase la siguiente ilustración:

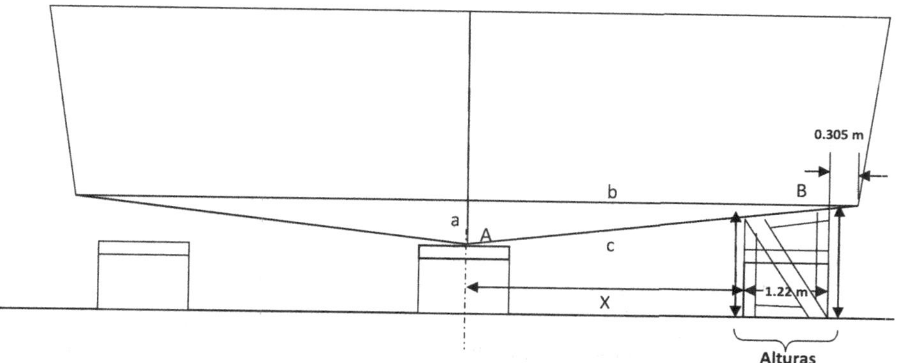


*Figura B.2*
*Colocación del picadero lateral*

**Solución:**

Sea:

A = b = X

B = $5^0$ a = 3 m c = 35 m

Solución:

$$\text{Coseno B} = \frac{b}{c}$$

$$\text{Coseno } 5^0 = \frac{b}{35m}$$

b= Coseno $5^0$ × 35 m

b = 0.9962 × 35 m

b = 34.867 m

X = b – (1.22 + 0.305) = 34.867- 1.525 = 33.342 m

X = 33.342 mts.

Podemos resolver el mismo problema aplicando el teorema de Pitágoras, si conocemos los valores de los lados del triángulo.

$c^2 = a^2 + b^2$

$b = \sqrt{c^2 - a^2}$

$a = \sqrt{1225 - 9}$

$a = \sqrt{1216}$ -

a = 34.87 m

X = 34.87 – 1.525 = 33.345 m

***Ejemplo B.4***

En el siguiente ejemplo, demostramos otra de las aplicaciones de las funciones trigonométricas. Esta vez vamos a calcular el ángulo y la longitud de los puntales de madera que sostendrán el extendido en el fondo de ambos extremos de una barcaza en el dique seco. También marcaremos la posición del ángulo que será soldado al casco, el cual servirá de tope para restringir los puntales. Dichos puntales se colocan bajo el casco, en el descuello o suspendido de la proa y la popa de una barcaza. La inclinación en el fondo de las proyecciones tiene una pendiente de 0.2632. Véase la demostración en el siguiente ejemplo:

Calcúlese el ángulo que se le debe cortar a un extremo del puntal que apoyará el sobre extendido de la barcaza que apreciamos en la Figura B.3.

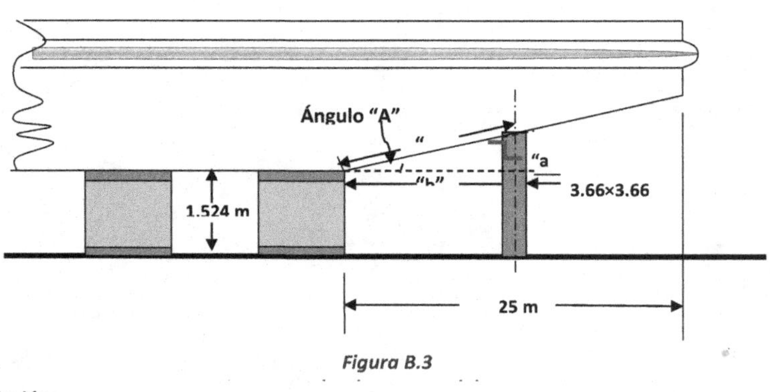


*Figura B.3*

**Solución:**

$b = \frac{25}{2} = 12.50$ m,

a = X

c = Y

Sabemos que la pendiente de una recta es igual a su tangente y si el valor de la pendiente en este caso es 0.2632, entonces:

Tan A = 0.2632

Angulo A = $\tan^{-1}(0.2632)$= 14.74$^0$

Cos A = $\frac{b}{c}$

b = Cos A × c

12.50 = 0.9671 × c

c = $\frac{12.50}{0.9671}$ = 12.92 m

Sen A = $\frac{a}{c}$

0.2544 = $\frac{a}{12.92}$

a = 0.2544 × 12.92 = 3.28 m

Longitud del puntal = 3.28 + 1.524 = 4.804 m

El ángulo en el extremo superior (contra el casco) del puntal será = 14.74$^0$

Medimos ½ del grueso del puntal colocar el tope: $\frac{3.66}{2}$ = 1.83.

Y la altura al cual se colocará el ángulo de tope será: 12.92 + 1.83 = 14.75 m

**B.5 Interpolación Lineal.**

La tabla de atributos de la carena, o tabla hidrostática, representan gráficamente con curvas, las propiedades hidrostáticas del buque en función de los distintos calados. Los calados están verticalmente enumerados en ambos extremos de la tabla con números enteros. Con frecuencia debemos encontrar un valor intermedio entre los números enteros. Para ello realizamos una interpolación lineal. El procedimiento es similar a las interpolaciones que se realizan en las tablas de funciones trigonométricas para obtener valores intermedios. Tratemos primero de encontrar un valor intermedio de una función trigonométrica, realizando una interpolación entre los valores dados en la tabla de funciones. Asumamos que el cambio entre los valores de la función es proporcional al cambio en el tamaño del ángulo.

***Ejemplo B.5***

Supongamos, que queremos encontrar el valor del seno del ángulo de 32° 42′ 30″. Observamos que este se encuentra entre los valores 32° 42″ y 32° 43″. Procedemos de la siguiente forma:

1 minuto equivale a 60 segundos

=$\left(\frac{30"}{60"} \times 0.00025\right) + 0.5402$

= 0.000125 + 0.5402

= 0.540325

Por consiguiente, el valor del seno 32° 42′ 30″. = 0.540325

En este caso se le agregó la corrección al valor correspondiente porque el seno, la secante y la tangente crecen a medida que aumenta el ángulo de cero a noventa grados. En el caso de la cotangente la cosecante y el coseno le restaríamos el valor correspondiente porque estas decrecen en vez de aumentar. Veamos un ejemplo:

**Ejemplo B.6**

Queremos calcular los valores para la cotangente del ángulo de 36° 42′. Los dos ángulos próximos en la tabla de funciones son: 36° 40′ y 36° 50′ debemos entonces interpolar entre estos valores:

**Solución:**

$= 1.343 - \left(\frac{2}{10} \times 0.008\right)$

= 1.343 – 0.002

= 1.341

Respuesta: La cotangente de 36° 42′. = 1.341

La interpolación realizada para obtener valores intercalados de las funciones trigonométricas en las tablas, se aplican como se explicó anteriormente, al principio del párrafo, a la búsqueda de valores intermedios en la tabla hidrostática de los buques que no coinciden con el listado de calados y se encuentran entre valores mayores y menores en la tabla. Veamos una interpolación de este tipo:

***Ejemplo B.7***

Supongamos que un buque cala 12 pies de agua en la proa y 13 pies en la popa y queremos encontrar KM y LCF para esta flotación. Primero debemos buscar el promedio entre los dos calados dados. Colocamos los datos en una tabla para facilitar los cálculos.

| **Calado** | **Centro de Flotación** | **KM** |
|---|---|---|
| **(Pies)** | **(Pies)** | **(Pies)** |
| **12** | **15.90** | **23.60** |
| **13** | **21.90** | **23.50** |
| | | |

***Tabla B.4.***
***Datos hidrostáticos.***

**Procedimiento:**

1- Encontremos el calado promedio: $\frac{12+13}{2}$ = 12.5 pies.

2- Interpolamos entre los calados de 12 pies y 13 pies para encontrar el centro de flotación longitudinal (LCF) correspondiente al calado de 12.5 pies. Veamos el procedimiento:

CLF = $[(\frac{20.90 - 15.90}{13 - 12}) \times (12.5 - 12)] + 15.90$

CLF = $[(\frac{5.0}{1}) \times (0.5)] + 15.90$

CLF = 2.5 + 15.90

CLF = 20.4 pies.

**Respuesta:**

Para el calado medio = 12.5, el centro de flotación se encuentra a: 20.4 pies de la cuaderna maestra. De la tabla obtenemos los valores para KM, correspondientes a los calados de 12 y 13 pies. Necesitamos interpolar entre los calados de 12 y 13, para obtener el valor de KM correspondiente al calado de 12.5 pies.

KM = 23.60 - $[(\frac{22.60 - 22.50}{13 - 12}) \times (12.5 - 12)]$

KM = 23.60 - $(0.10 \times 0.5)$

KM = 23.55 pies.

**B.6 Aplicación de la Progresión Aritmética a problemas variados en el dique seco.**

Repasemos lo siguiente. Se conoce como una sucesión, a un grupo de números colocados uno a continuación de otro. Por ejemplo: $a_1, a_2, a_3, a_4, a_5, \ldots a_{n-2}, a_{n-1}, \ldots$

También son ejemplos de sucesiones las siguientes situaciones:

1- Una fila de picaderos colocados en un dique seco para la quilla de una embarcación, en línea recta y en una sucesión que empieza con el primer picadero de la fila, llamémosle "$a_1$" y el último "$a_n$".

2- Una serie de alturas equidistantes, que permiten el trazado de la línea de flotación del buque que resulta de la intersección del plano de agua con el casco del buque.

3- Una colección de vectores equidistantes verticales, que, trazadas sus magnitudes a escala, sus extremos describen una línea recta.

Estos ejemplos son sucesiones en donde sus elementos, son equidistantes entre sí, e indican que la diferencia (d) entre uno de los elementos y el anterior, son iguales. A estas sucesiones se les denomina progresiones aritméticas. [125] En las progresiones aritméticas cada elemento de la progresión, con excepción del primero, se obtiene sumando al anterior la diferencia "d". De esta manera puede verificarse

[125] Lajón de, Diana. Matemática para el Comercio. Teoría Practica VI año. Editorial Sibauste. Páginas 71-75.

que una sucesión es una progresión, si la diferencia entre cada dos términos consecutivos siempre es la misma. Las ecuaciones que utilizaremos para los cálculos son las siguientes: la ecuación de la diferencia común: d = $\frac{b-a}{n-1}$ que se obtiene de la ecuación general para obtener el ultimo termino (b): b = a + (n – 1) d.

En el siguiente ejemplo veremos cómo interpolar medios aritméticos aplicando la ecuación de la diferencia común.

***Ejemplo B.8***

Interpole 5 medios aritméticos entre los términos 8 y 32.

Solución:

b=32,

a = 8 y

n =5+2 = 7 Sumamos 2 al valor de "n" porque queremos determinar exactamente 5 medios entre los extremos 8 y 32 y para el cálculo debemos incluir los extremos.

8 = primer extremo inicial__ (5 medios entre ambos extremos) __ 32 = Último extremo

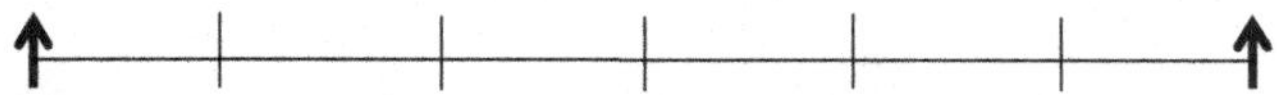

Seguidamente calculamos la distancia (d) entre los medios.

$$d = \frac{b-a}{n-1}$$

$$d = \frac{32-8}{7-1}$$

$$d = \frac{24}{6} = 4$$

Sumando la diferencia empezando por el primer término, tenemos: 8 + 4 = 12, 12 + 4 = 16... sucesivamente, hasta obtener el total de los cinco medios interpolados: 12, 16, 20, 24, 29.

Este sistema de cálculo se presta para interpolar posiciones intermedias para colocar nuevos picaderos equidistantes, cuando se necesita completar una fila ordenada en el dique. Bastaría asignarle un número a los picaderos entre los cuales se desea insertar los nuevos picaderos y así identificar las posiciones. Serían estos los extremos "a" y "b" o sea, el primero y el último término.

## B.7 Ubicación de la posición de un elemento que es parte de una fila ordenada.

Con la ecuación para el término general, se puede calcular la posición de un objeto, que es parte de una fila ordenada, con espacios equidistantes entre sí, como en efecto lo son, los picaderos que sostienen la quilla del buque en el dique seco. En el siguiente ejemplo, se trata de encontrar la posición exacta de un picadero, en un caso de emergencia, y que debe ser removido de la fila bajo el agua, para adecuarla a las características del nuevo buque. El ejemplo describe una varada que, por lo apremiante del tiempo, se trata de llevar a cabo con la misma agua en el dique del buque anterior.

***Ejemplo B.9***

Se planea varar, sin achicar el dique para minimizar el tiempo de la operación. Pero para lograr el objetivo, se debe reajustar la cama para el nuevo buque removiendo uno de los picaderos de la quilla para evitar que el domo del nuevo buque tropiece con el picadero. Se encuentran colocados 100 picaderos de quilla en sucesión y con una diferencia "d" entre ellos de 4' – 0", de centro a centro. Los buzos deben remover uno de los picaderos que se encuentra a 52' – 0" de la perpendicular de popa ($PR_{pp}$), de acuerdo a los planos del nuevo buque. Si el primer picadero coincide con la perpendicular de popa, determine la numeración del picadero que debe ser removido.

**Solución:**

Aplicaremos la ecuación para encontrar el término general de una progresión aritmética $b = a_1 + (n - 1)$ C. Despejaremos "n" de la ecuación. El número "n" representará la posición del picadero en la fila, la cual deberán remover los buzos:

Sea:

$b = 52'$

$a_1 = 0$

$d = 4'$ (Espacio común entre los picaderos)

n = Número de picadero que debe ser removido.

De la ecuación: $b = a + (n - 1)\, d$, reemplazamos valores y despejamos "n", que será la posición buscada:

$$52 = 0 + (n - 1)\, 4$$

$$52 = 4\, n - 4$$

$$56 = 4\, n$$

$$n = \frac{56}{4} = 14$$

Por la poca visibilidad bajo el agua, los buzos deberán físicamente contar cada picadero hasta ubicar la posición del picadero #14 y proceder a removerlo. Deberá designársele como #0, al primer picadero en popa y han de contarse los picaderos sucesivamente del: 0, 1, 2, 3..., hasta llegar al #14. Véase el diagrama de una vista de perfil de la línea de picaderos en la Figura A9.

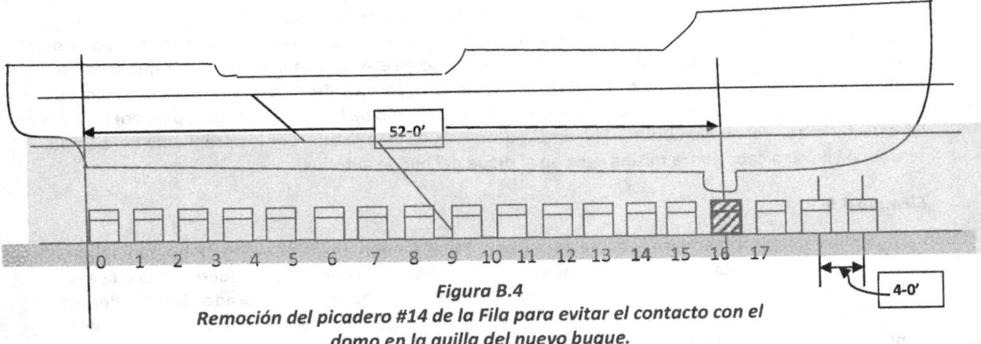


***Figura B.4***
***Remoción del picadero #14 de la Fila para evitar el contacto con el domo en la quilla del nuevo buque.***

**B.8 Interpolación de medios para trazar una línea de flotación.**

Queremos demostrar en esta sección como podemos aplicar la interpolación de medios entre dos extremos por medio de una progresión aritmética para crear puntos en estaciones equidistantes y transferirlas al casco por medio de estadales y un nivel laser de visual fija que emite un haz que define una línea horizontal, para trazar una línea de flotación de un buque. El buque se encuentra varado sobre picaderos en el dique seco. Veamos el siguiente ejemplo:

***Ejemplo B.10***

El técnico Carlos Roberts se propone trazar una línea de flotación en un remolcador varado sobre picaderos en el dique seco (véase la Figura B.10). Del plano se obtienen, los calados 13.5' (4.115 m) y 10.0' (3.048 m) con una eslora entre perpendiculares de 97.0' y un volado o suspendido de 25.0' (7.315 m) Tratándose la línea de flotación de un plano que interseca el casco, cuyo perfil longitudinal es lo que se pretende trazar de proa a popa, el técnico Roberts decide dividir la eslora entre perpendiculares en espacios de 6 pies (1.829 m) entre sí. Los puntos extremos, 13.5' (4.115 m) en la popa y 10.0' (3.048 m) en proa, que delimitan la línea base. Roberts necesitará ordenadas intermedias para trazar el perfil del plano de flotación y para obtenerlas, decide calcularlas con una interpolación de medios aritméticos de una progresión aritmética.

Veamos el procedimiento:

Sea: d = 6'-0" entre punto y punto, b = 13.5', a = 10.0.

La cantidad de medios que se necesitarán para el trazado de la línea, se obtienen encontrando "n". Para ello, a la eslora (97.0'), le restaremos el volado (25.0') y el resultado lo dividimos entre 6 pies.

Despejamos "n" de la ecuación:

$$d = \frac{b - a}{n - 1}$$

$$d = \frac{b - a}{n - 1}$$

$$n - 1 = \frac{b - a}{d}$$

$$n = \frac{b - a}{d} + 1$$

$$n = \frac{96 - 24}{6} + 1 = 13$$

Sumamos los dos extremos:

n + 2 = 13 + 2 = 15

Ahora necesitamos encontrar la diferencia "d ":

$$d = \frac{b - a}{n - 1}$$

$$d = \frac{13.5 - 10.0}{15 - 1}$$

d = 0.25'

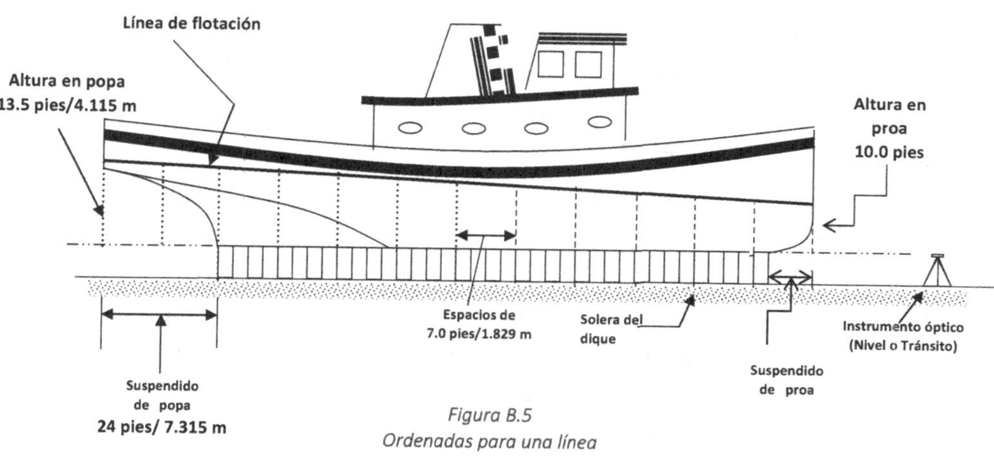


*Figura B.5*
*Ordenadas para una línea de flotación*

La distancia (d = 0.25') será el incremento que se le agregará a cada término empezando con el valor de 10.0' (3.048 m) que es la altura en la proa, hasta alcanzar 13.5' (4.115 m) la altura en la popa.

Veamos el resultado de la progresión para a =10.0, $a_1, a_2, a_3, a_4 \ldots$ b = 13.5.

Para el término que le sigue a 10.0 tenemos:

$$a = 10.0$$

Para el siguiente: $a_1 = 10.0 + 0.25 = 10.25$

Y sucesivamente: $a_2 = 10.25 + 0.25 = 10.5$

Último término: b = 13.5 pies o b = 4.115 metros.

Creamos a continuación una tabla con las ordenadas de los extremos junto a las intermedias en unidades inglesas y métricas.

| **Número de Estaciones (1)** | **Incremento (Pies) (2)** | **Incremento (Metros) (3)** | **Altura inicial en la proa (4)** | | **Alturas intermedias de proa a popa para la línea de flotación (4)** | |
|---|---|---|---|---|---|---|
| | | | **Pies** | **Metros** | **Pies (2+4)** | **Metros (3+4)** |
| **a = 0** | **0.00** | **0.00** | **10.00** | **3.048** | **10.00** | **3.048** |
| **$a_1$ = 1** | **0.25** | **0.076** | **10.00** | **3.048** | **10.25** | **3.124** |
| **$a_2$ = 2** | **0.50** | **0.152** | **10.00** | **3.048** | **10.50** | **3.200** |
| **$a_3$ = 3** | **0.75** | **0.229** | **10.00** | **3.048** | **10.75** | **3.277** |
| **$a_4$ = 4** | **0.25** | **0.076** | **10.00** | **3.048** | **A00** | **3.353** |
| **$a_5$ = 5** | **0.50** | **0.152** | **10.00** | **3.048** | **A25** | **3.429** |
| **$a_6$ = 6** | **0.75** | **0.229** | **10.00** | **3.048** | **A50** | **3.505** |
| **$a_7$ = 7** | **0.25** | **0.076** | **10.00** | **3.048** | **A75** | **3.581** |
| **$a_8$ = 8** | **0.50** | **0.152** | **10.00** | **3.048** | **12.00** | **3.658** |
| **$a_9$ = 9** | **0.75** | **0.229** | **10.00** | **3.048** | **12.25** | **3.734** |
| **$a_{10}$= 10** | **0.25** | **0.076** | **10.00** | **3.048** | **12.50** | **3.810** |
| **$a_{11}$ = 11** | **0.50** | **0.152** | **10.00** | **3.048** | **12.75** | **3.886** |
| **$a_{12}$ = 12** | **0.75** | **0.229** | **10.00** | **3.048** | **13.00** | **3.962** |
| **$a_{13}$= 13** | **0.25** | **0.076** | **10.00** | **3.048** | **13.25** | **4.039** |
| **$a_{14}$ = 14** | **0.50** | **0.152** | **10.00** | **3.048** | **13.50** | **4.115** |

***Tabla B.5. Tabla de ordenadas***

La línea de flotación se puede trazar con un estadal apoyado la base del estadal perpendicularmente a la solera del dique. Se marcan los puntos de las alturas en cada estación y luego se unen con un cordel entizado. También se puede marcar los puntos proyectándolas con estadales y un nivel laser. La dificultad y la escogencia del método para el trazo de la línea, dependerá de la curvatura de la embarcación y de los obstáculos alrededor de la embarcación en el dique.

B.9 Aplicación de la Interpolación de medios aritméticos para estimar la carga intermedia sobre los picaderos.

La carga sobre los picaderos ocasionada por el peso del buque es un factor que va a determinar, si la capacidad de resistencia de los picaderos y la estructura misma del dique es la adecuada. Los ingenieros navales utilizan varios métodos para determinar la distribución de la carga sobre los picaderos del dique. La más común, aunque no la más precisa, es el método del trapecio de Crandall, el cual aplicaremos para esta demostración. Es importante señalar, que los cálculos que se realizarán para esta estimación de la carga, basada en el método del trapecio y el método de interpolación de medios de las progresiones, no serán válidas si:

1- Si los picaderos no forman una sucesión con espacios equidistantes.

2- La resistencia longitudinal del buque está impedida o reducida por cortes o daños al casco.

3- El espacio entre picaderos no es uniforme ni fijos.

4- Los picaderos no son de estructura uniforme.

5- Existen quillas de anchos variados sobre la línea de picaderos.

6- La quilla es de forma convexa o cóncava sobre una línea de picaderos construida en línea recta.

De existir estas condiciones, se aplican otros métodos para determinar la carga. En este ejemplo, haremos una interpolación de medios para estimar la carga sobre los picaderos intermedios, entre la popa y la proa, asumiendo que las condiciones son propicias.

***Ejemplo B.11***

El técnico Elías Sánchez asignado a la construcción de la cama de picaderos para un buque, necesita un rápido estimado de la carga que recibirá cada picadero en la cama. Se ha determinado por el método Crandall, que la carga sobre los extremos de la línea de picaderos, son las siguientes: en popa 20.28 toneladas / pies y en la proa 13.54 toneladas / pies. Elías decide realizar una interpolación de medios, aplicando la progresión aritmética. Realizamos una interpolación de términos entre los valores obtenidos para los extremos, las cuales son la carga en popa y en proa. Veamos el procedimiento:

Debemos establecer cuantos términos se necesitan. Los datos son los siguientes:

Longitud del soporte de la quilla = ------------------------------------------- 267.45 pies

Espacio entre los picaderos de la línea de quilla--------------------------------- 4 pies

$$\text{Cantidad de Picaderos} = \frac{\text{Longitud de la línea de picaderos}}{\text{Espacio entre picaderos}}$$

$$\text{Total} = \frac{267.45}{4} = 66 \text{ picaderos.}$$

Seguidamente, realizamos una interpolación para encontrar los medios de acuerdo con los espacios de cuatro pies y entre la carga de 18 LT/ pies y 13.54 LT/ pies. Los medios representan la magnitud de la carga por cada picadero colocados cada 4 pies de distancia en la fila, ascendiendo en magnitud, desde el extremo de la proa (13.54 LT/pies) hasta llegar a la popa (20.28 Tl/pies).

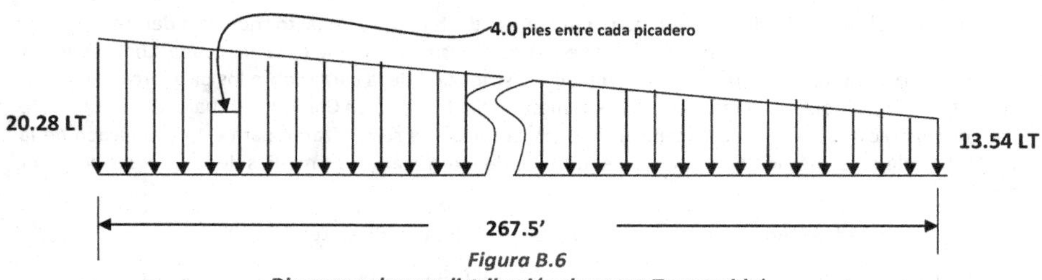


*Figura B.6*
*Diagrama de una distribución de carga Trapezoidal*

Veamos la operación:

Primer término (en popa) = b = 20.28 Tl/pies

Segundo término (en proa) = a = 13.54 Tl/pies.

Cantidad de términos = n = 2 + 66 = 69. Se incluyen los dos términos (los dos picaderos en los extremos) de los extremos a la cantidad de términos.

d = Diferencia (Razón promedio de cambio)

$$d = \frac{b - a}{n - 1}$$

$$d = \frac{18.28 - 13.54}{68 - 1} = 0.0707 \text{ Tl}$$

La carga aumenta 0.0707 Tl cada 4 pies de proa a popa.

Creamos una tabla, para tabular los aumentos progresivos de la carga de proa a popa, sobre cada picadero, distanciados cada 4'-0" entre sí.

| Número de Picadero | Incremento 0.0707 ton. /pies De Proa a Popa | Interpolación de la Carga intermedia en toneladas sobre los Picaderos. | Longitud de la fila de Picaderos (Pies) |
|---|---|---|---|

| (Espacios = Cada 4'-0") | | (ton/pies) | |
|---|---|---|---|
| 68 | 0.0000 | 13.54 | Proa=267.45~268-0 |
| 67 | 0.0707 | 13.61 | 264-0 |
| 66 | 0.0707 | 13.68 | 260-0 |
| 65 | 0.0707 | 13.75 | 256-0 |
| 64 | 0.0707 | 13.82 | 252-0 |
| 63 | 0.0707 | 13.89 | 248-0 |
| 62 | 0.0707 | 13.96 | 244-0 |
| 61 | 0.0707 | 14.03 | 240-0 |
| 60 | 0.0707 | 14.11 | 236-0 |
| 59 | 0.0707 | 14.18 | 232-0 |
| 58 | 0.0707 | 14.25 | 228-0 |
| 57 | 0.0707 | 14.32 | 224-0 |
| 56 | 0.0707 | 14.39 | 220-0 |
| 55 | 0.0707 | 14.46 | 216-0 |
| 54 | 0.0707 | 14.53 | 212-0 |
| 53 | 0.0707 | 14.60 | 208-0 |
| 52 | 0.0707 | 14.67 | 204-0 |
| 51 | 0.0707 | 14.74 | 200-0 |
| 50 | 0.0707 | 14.81 | 196-0 |
| 49 | 0.0707 | 14.95 | 192-0 |
| 48 | 0.0707 | 15.02 | 188-0 |
| 47 | 0.0707 | 15.10 | 184-0 |
| 46 | 0.0707 | 15.17 | 180-0 |
| 45 | 0.0707 | 15.24 | 176-0 |
| 44 | 0.0707 | 15.31 | 172-0 |
| 43 | 0.0707 | 15.38 | 168-0 |
| 42 | 0.0707 | 15.45 | 164-0 |

| 41 | 0.0707 | 15.52 | 160-0 |
|---|---|---|---|
| 40 | 0.0707 | 15.59 | 156-0 |
| 39 | 0.0707 | 15.66 | 152-0 |
| 38 | 0.0707 | 15.73 | 148-0 |
| 37 | 0.0707 | 15.80 | 144-0 |
| 36 | 0.0707 | 15.87 | 140-0 |
| 35 | 0.0707 | 15.94 | 136-0 |
| 34 | 0.0707 | 18.01 | 132-0 |
| 33 | 0.0707 | 18.09 | 128-0 |
| 32 | 0.0707 | 18.16 | 124-0 |
| 31 | 0.0707 | 18.09 | 120-0 |
| 30 | 0.0707 | 18.09 | 116-0 |
| 29 | 0.0707 | 18.09 | 112-0 |
| 28 | 0.0707 | 18.09 | 108-0 |
| 27 | 0.0707 | 18.09 | 104-0 |
| 26 | 0.0707 | 18.09 | 100-0 |
| 25 | 0.0707 | 18.09 | 96-0 |
| 24 | 0.0707 | 18.09 | 92-0 |
| 23 | 0.0707 | 18.09 | 88-0 |
| 22 | 0.0707 | 18.09 | 84-0 |
| 21 | 0.0707 | 18.09 | 80-0 |
| 20 | 0.0707 | 18.09 | 76-0 |
| 19 | 0.0707 | 18.01 | 72-0 |
| 18 | 0.0707 | 18.08 | 68-0 |
| 17 | 0.0707 | 18.15 | 64-0 |
| 16 | 0.0707 | 18.22 | 60-0 |
| 15 | 0.0707 | 18.29 | 56-0 |
| 14 | 0.0707 | 18.36 | 52-0 |
| 13 | 0.0707 | 18.43 | 48-0 |

| 12 | 0.0707 | 18.50 | 44-0 |
|---|---|---|---|
| 11 | 0.0707 | 18.57 | 40-0 |
| 10 | 0.0707 | 18.65 | 36-0 |
| 9 | 0.0707 | 18.72 | 32-0 |
| 8 | 0.0707 | 18.79 | 28-0 |
| 7 | 0.0707 | 18.86 | 24-0 |
| 6 | 0.0707 | 18.93 | 20-0 |
| 5 | 0.0707 | 20.00 | 16-0 |
| 4 | 0.0707 | 20.07 | 12-0 |
| 3 | 0.0707 | 20.14 | 8-0 |
| 2 | 0.0707 | 20.21 | 4-0 |
| 1 | 0.0707 | 20.28 | Popa = 0-00 pies |

***Tabla B.6***
***Estimación de la Carga Intermedia en una distribución trapezoidal.***

**B.10 Medios aritméticos para la construcción de una Fila inclinada de Picaderos.**

La interpolación de medios también la podemos aplicar a la construcción de una fila de picaderos inclinada. Los picaderos deben transportarse al dique seco para acortar tiempo, por lo tanto, se ha decidido construir cada picadero con su altura correspondiente conforme a la pendiente deseada, enumerándolas convenientemente en orden ascendente de popa a proa, antes de trasladarlos al dique para su rápida colocación. Analicemos el siguiente ejemplo.

***Ejemplo B.12***

Se planifica la varada de un buque, con un asiento que excede los límites permisibles. El Capitán de diques decide construir la fila de picaderos con alturas que resulten en una pendiente o desnivel de 10 pulgadas en los 150.0 pies de longitud de la fila. Pretende así, reducir el asiento excesivo, reduciendo la intensidad de la carga en el área del codaste. Calcule las alturas correspondientes a cada uno de los picaderos, mediante la interpolación de medios aritméticos.

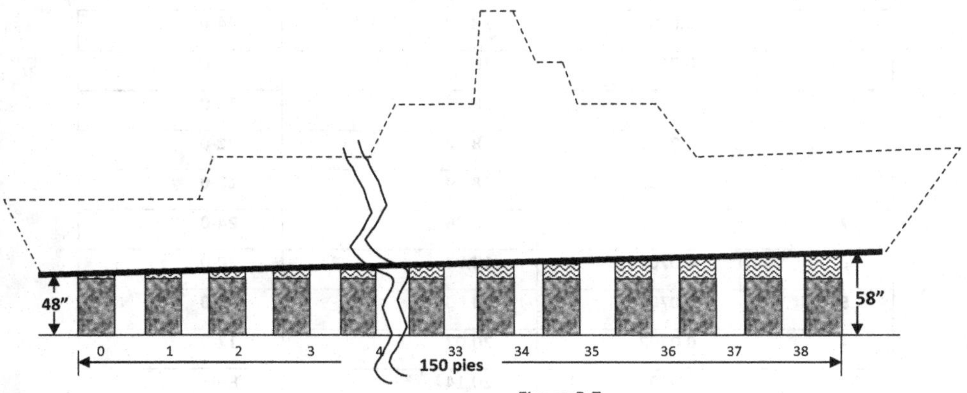


*Figura B.7.*
*Alturas de los picaderos en orden ascendente de acuerdo con el asiento: 58- 48 = 10*

**Solución:**

Primero encontramos la cantidad de términos y la diferencia:

n = Cantidad de términos.

n = 150 + 2 = 152

d = diferencia.

b = Primer término (en popa): 58" = 4.833'

a = Segundo término (en proa): 48" = 4.000'

Calcule la diferencia (razón de cambio):

$$d = \frac{b - a}{n - 1}$$

$$d = \frac{4.833 - 4.000}{152 - 1}$$ = 0.005517 pies (incremento en altura por cada pie de longitud).

Convertiremos el incremento de pies a pulgadas para facilidad de las medidas en la tabla.

d = 0.005517 pies $\times \frac{12 \text{ pulgadas}}{1 \text{ pie}}$ = 0.0662 pulgadas.

Confeccione una tabla para las alturas de los picaderos, enumerando como primer picadero el primero en la popa (altura = 4.000'= 48"). Los incrementos de altura se suman al picadero que sigue inmediatamente en la fila, hasta alcanzar la altura del más alto en el extremo de la fila en la proa (altura = 4.833'= 58"). En la tabla A7 presentamos las alturas calculadas, con el programa Excel. Los cálculos en la tabla, se realizaron para incrementos de altura en cada pie de longitud de popa a proa, pero solo serán necesarias las alturas, según el espacio común entre picaderos, en este caso, el espacio es de 4'-0".

| Numero de Picadero (Cada 4'-0") | Incremento<br><br>0.005517 pies = 0.0662 pulg. | Alturas en orden ascendente de la popa hacia la proa Picadero. #1 – Picadero. #38 (Decimales) | Alturas en orden ascendente de la popa hacia la proa Picadero. #1 – Picadero. #38 (Fracciones) |
|---|---|---|---|
| 0 | 0.0000 | 49.0000 | 49.0000 |
| 1 | 0.0662 | 49.2648 | 48 -1/4 |
| 2 | 0.0662 | 49.5296 | 48 -1/2 |
| 3 | 0.0662 | 49.7944 | 48 -3/4 |
| 4 | 0.0662 | 49.0592 | 49–1/16 |
| 5 | 0.0662 | 49.3240 | 49–5/16 |
| 6 | 0.0662 | 49.5888 | 49-9/16 |
| 7 | 0.0662 | 49.8536 | 49-7/8 |
| 8 | 0.0662 | 50.1184 | 50-1/8 |
| 9 | 0.0662 | 50.3832 | 50-3/8 |
| 10 | 0.0662 | 50.6480 | 50-5/8 |
| 11 | 0.0662 | 50.9128 | 50-15/16 |
| 12 | 0.0662 | 51.1776 | 51-3/16 |
| 13 | 0.0662 | 51.4424 | 51-7/16 |
| 14 | 0.0662 | 51.7072 | 51-11/16 |
| 15 | 0.0662 | 51.9720 | 51-15/16 |
| 16 | 0.0662 | 52.2368 | 52-1/4 |
| 17 | 0.0662 | 52.5016 | 52-1/2 |
| 18 | 0.0662 | 52.7664 | 52-3/4 |
| 19 | 0.0662 | 53.0312 | 53-1/32 |
| 20 | 0.0662 | 53.2960 | 53-5/16 |
| 21 | 0.0662 | 53.5608 | 53-9/16 |
| 22 | 0.0662 | 53.8256 | 53-13/16 |
| 23 | 0.0662 | 54.0904 | 54-1/16 |

| 24 | 0.0662 | 54.3552 | 54-3/8 |
|---|---|---|---|
| 25 | 0.0662 | 54.6200 | 54-5/8 |
| 26 | 0.0662 | 54.8848 | 54-7/8 |
| 27 | 0.0662 | 55.1496 | 55-1/8 |
| 28 | 0.0662 | 55.4144 | 55-3/8 |
| 29 | 0.0662 | 55.6792 | 55-11/16 |
| 30 | 0.0662 | 55.9440 | 55-15/16 |
| 31 | 0.0662 | 57.2088 | 56-3/16 |
| 32 | 0.0662 | 57.4736 | 56-7/16 |
| 33 | 0.0662 | 57.7384 | 56-3/4 |
| 34 | 0.0662 | 57.0032 | 57-1/32 |
| 35 | 0.0662 | 57.2680 | 57-1/4 |
| 36 | 0.0662 | 57.5328 | 57-1/2 |
| 37 | 0.0662 | 57.7976 | 57-13/16 |
| 38 | 0.0662 | 57.9962 | 57-16/16 = 58 |

***Tabla B.7***
***Altura de los picaderos***

# ANEXO C
# REPASO DE LOS ELEMENTOS DE TEORÍA ESTRUCTURAL

## C.1 Introducción.

El sistema formado por el buque en combinación con el dique seco, están sometidas a cargas ocurrentes constantemente y en cortos periodos de tiempo. En los diques de carena ocurren por la acción de las fuerzas del agua contra las paredes del dique por debajo y sobre la solera del dique y por las reacciones de los picaderos bajo el peso del buque. En los diques flotantes, son los compartimientos de lastre los que resisten el movimiento del agua y en el caso de los elevadores verticales y los varaderos sobre rieles, las cargas ocurren por la fuerza de resistencia de las vigas bajo la plataforma, en los cables de izamiento y por las cadenas que arrastran el peso del buque con la plataforma. No serán estas fuerzas y sus efectos, parte de nuestro estudio en este manual, por la complejidad y lo variado de los métodos ingenieriles que predicen el efecto de las fuerzas externas, de los esfuerzos y de las deformaciones relacionadas con el buque y los diques secos. Queremos repasar los elementos básicos que afectan directamente las operaciones de varada y que debe ser de la comprensión del técnico al momento de realizar los cálculos preliminares.

## C.2 Fuerzas.

Cuando se empuja o se tira de un cuerpo se produce una fuerza. Sabemos por la física básica que todos los cambios del estado de reposo ocurren por la acción de las fuerzas. Un remolcador que jala o empuja un buque, ejerce una fuerza. También ejerce una fuerza sobre las paredes del dique seco de carena, el agua que entra por gravedad. Cuando se analiza una fuerza, debe considerarse los elementos importantes de dicha fuerza. Debe ser considerado, por ejemplo:
*El punto donde se aplica la fuerza, la magnitud de la fuerza y la dirección hacia donde se aplica la fuerza.*

Cuando dos o más fuerzas actúan sobre un punto, la suma de sus efectos puede ser representados por una sola fuerza con los mismos efectos del conjunto de fuerzas en acción. Esta fuerza única recibe el nombre de *fuerza resultante*. Cuando dos fuerzas actúan en línea recta y en la misma dirección, su resultante se obtiene sumando ambas fuerzas. Si actúan en direcciones opuestas, la resultante se obtiene de la diferencia de ambas y la dirección será la de la fuerza mayor. Una fuerza que actúa sobre un punto tendrá el mismo efecto que una fuerza de igual magnitud que actúa en la misma línea, pero en dirección opuesta a la primera. Es decir, que una fuerza de X magnitud que empuja, puede ser sustituida por otra fuerza X que jala en dirección contraria.

***Ejemplo C.1***

a) ¿Cuál es la resultante de dos fuerzas, una que empuja con 500 N de fuerza de un punto P y otra que jala con750 N, ambos en una sola dirección.

***Solución:***

La resultante será la suma de las dos fuerzas, en la misma dirección.

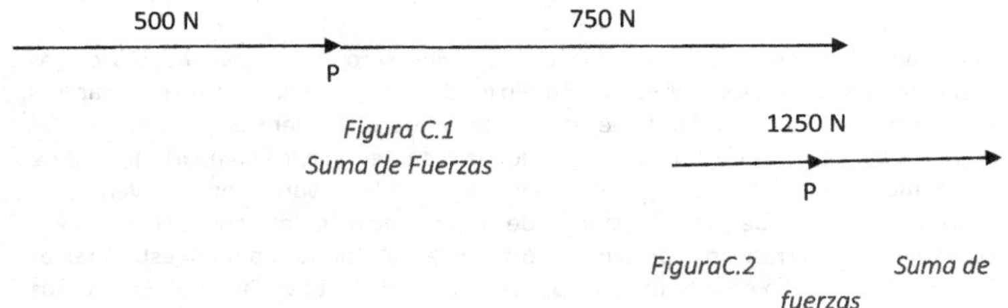


*Figura C.1*
*Suma de Fuerzas*

*FiguraC.2* *Suma de fuerzas*

b) Si se empuja contra un punto P con una fuerza 12 N mientras que otra de 10 N empuja contra el mismo punto, pero en dirección contraria. ¿Cuál sería la resultante?

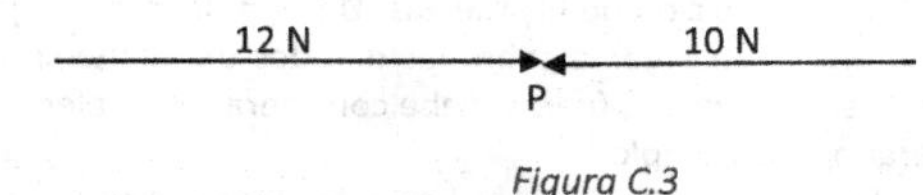


*Figura C.3*
*Suma de fuerzas*

***Solución:***

La resultante es la diferencia entre ambas fuerzas:

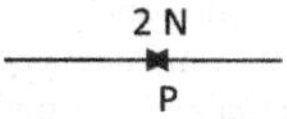

2 N
P

*Figura C.4*
*Suma de fuerzas*

En ocasiones las fuerzas no actúan en línea recta y cuando esto ocurre tenemos que recurrir a los métodos gráficos para obtener la resultante. Los métodos que se aplican en estos casos son *método del polígono* y *método del paralelogramo*. El método del polígono consiste en dibujar a escala cada vector, colocado según la dirección de la fuerza uniendo la cola de una con la punta de la otra y luego dibujamos la cola de la flecha final contra la punta del último vector. Se puede apreciar un ejemplo del método del polígono en la Figura C.5.

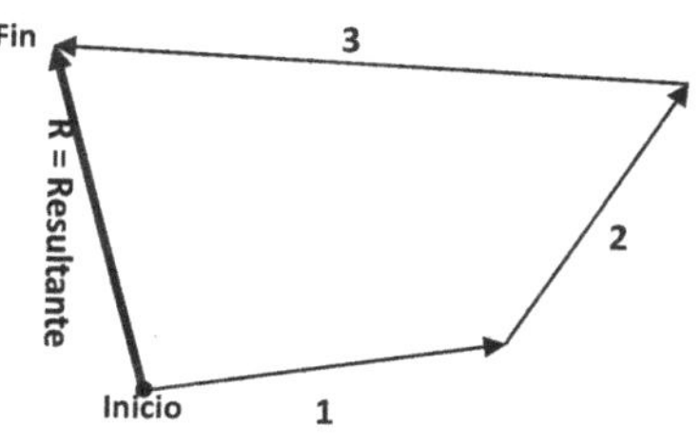


*Figura C.5.*
*Método del polígono*

Ahora veremos un ejemplo resuelto aplicando el método del paralelogramo.

**Ejemplo C.2**

Una fuerza de 5 N y otra de 8 N actúan sobre un punto a un ángulo de $115^0$ entre ellas. Encuentre la magnitud de la resultante y su dirección.

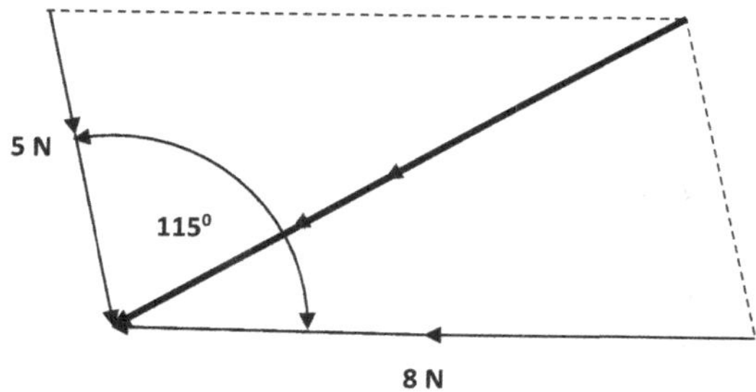


*Figura C.6*
*Método del paralelogramo*

***Solución:***

Encontrar la resultante por el *método del paralelogramo*:

El problema se puede solucionar gráficamente, dibujando a escala ambos vectores y crear un paralelogramo uniendo las colas de los vectores. La resultante se obtendría uniendo los ángulos opuestos, partiendo de la unión de las flechas con una diagonal y con la escala utilizada para las fuerzas, mida la línea resultante para obtener su magnitud y su dirección.

Encontrar la resultante por el método de la ley del coseno y del seno.

Veamos su aplicación:

Sea:

R = resultante

a = vector de fuerza = 5 N

b = vector de fuerza = 8 N

$\gamma = 65^0$

$\alpha = X^0$

**Ley del coseno**

$$R^2 = a^2 + b^2 - 2ab\cos\gamma$$

$$R^2 = 5^2 + 8^2 - 2(5\times8)\ \text{Cos}\ 65^0$$

$$R^2 = 25 + 64 - (80 \times 0.423)$$

$$R^2 = 89 - 33.84 = 55.16$$

$$R = \sqrt{55.16} = 7.43\ \text{N}$$

Para obtener la dirección del vector resultante aplicamos la ley del seno:

**Ley del Seno**

$$\frac{a}{\text{Seno}\ \alpha} = \frac{R}{\text{Sen}\ \gamma}$$

$$\frac{5}{\text{Seno}\ \alpha} = \frac{7.43}{0.906}$$

$$\text{Seno}\ \alpha = \frac{5 \times 0.906}{7.43}$$

$$\text{Seno}\ \alpha = 0.610 = (37.59)^0$$

Es importante que el técnico tenga presente, que toda estructura debe estar en equilibrio y que todas las fuerzas resultantes deben estar equilibradas. Según la *ley de la Inercia,* un cuerpo puede estar en estado de reposo o mantenerse en movimiento rectilíneo siempre y cuando no actúe una fuerza externa sobre él[126]. Tres leyes básicas de equilibrio son:

- La suma de todas las fuerzas verticales es igual a cero.
- La suma de todas las fuerzas horizontales es igual a cero.
- La suma de los momentos de todas las fuerzas, con relación a cualquier punto es igual a cero.

1- La suma de las fuerzas horizontales deben ser igual a cero.

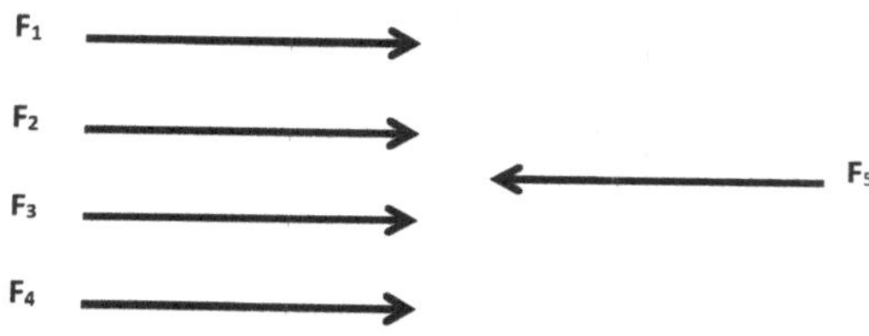


*Figura C.7*
*Suma de fuerzas horizontales*

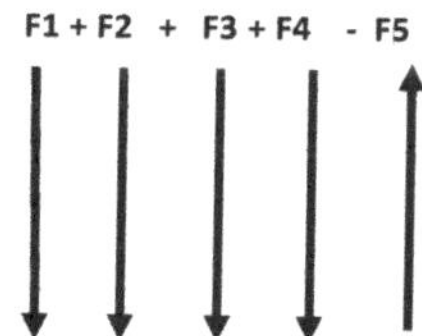


*Figura C.8*
*Suma de fuerzas verticales*

2- La suma de las fuerzas verticales deben ser iguales a cero. [127]

**F1 + F2 + F3 + F4 - F5 = 0**

**C.3 Momento de una fuerza.**

*Momento de una fuerza* es la tendencia de una fuerza de hacer girar un cuerpo alrededor de un eje de referencia específico. La magnitud de la fuerza multiplicado por el brazo de momento respecto al eje de referencia, determinan el movimiento de rotación. El brazo de momento es la distancia perpendicular

---

[126] Tippens, ***FÍSICA Conceptos y Aplicaciones.*** McGraw-Hill INTERAMERICANA DE MÉXICO, S.A. de B.V. 19 . Página 45.

[127] Heger Dry Dock, Inc. ***Dockmaster's Training Seminar Lecture Notes*** Página 01.

entre el eje de rotación, llamado centro de momentos, y la línea de acción de la fuerza. El conocimiento y la comprensión de los principios básicos sobre la resolución de fuerzas y momentos contribuyen a la resolución de muchos de los problemas que emergen al planificar la varada de buques en los diques secos. El brazo de momento multiplicado por un peso se denomina: *Momento de fuerza*.[128]

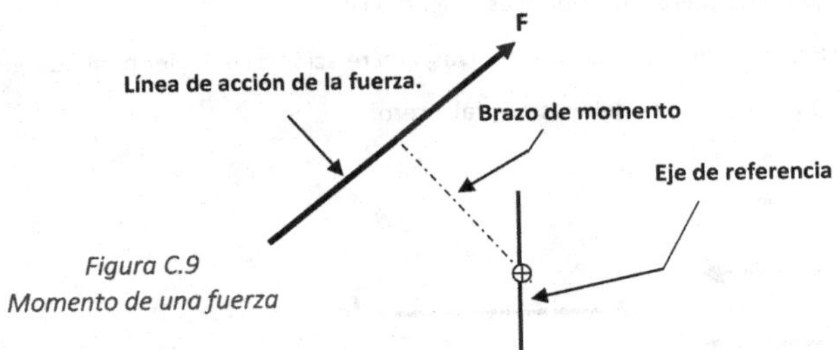


*Figura C.9*
*Momento de una fuerza*

***Momento (M) = Fuerza × Distancia"***

***Ejemplo C.3***

Se planifica instalar una máquina en la embarcación de la Figura C.3 y es importante calcular el momento longitudinal que se va a generar por el peso de la máquina. La máquina pesa 670 kg y la distancia a la sección media de la embarcación es de 7 metros. Calcule el momento longitudinal

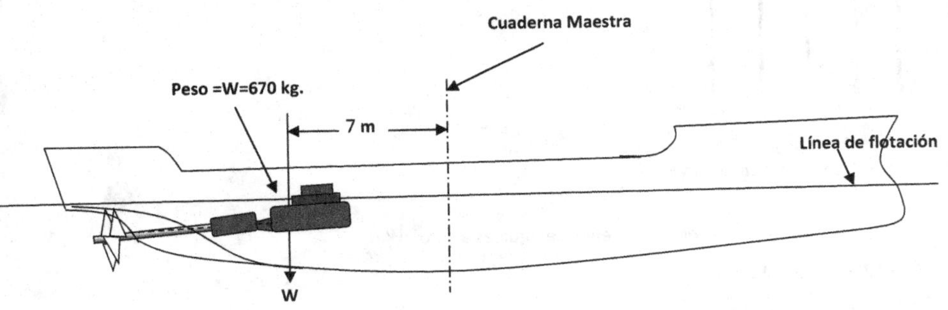


*Figura C.10*
*Momento longitudinal*

**Solución**:

La ecuación del momento de fuerza: "Momento (M) = Fuerza × Distancia"

[128] Serway, Raymond. ***Física (Tomo I)***, McGraw-Hill Interamericana de México, 1993. Página 262.

$M = 670 \text{ kg} \times 7 \text{ m} = 4690 \text{ kg-m}.$

Respuesta: Momento longitudinal = 4690 kg-m.

La suma de los momentos de las fuerzas que tienden a producir una rotación en el sentido de las manecillas del reloj alrededor de un punto, es igual a la suma de los momentos de las fuerzas que tienden a causar una rotación opuesta alrededor del mismo punto. La suma total debe ser igual a cero.

Véase la Figura #C.11

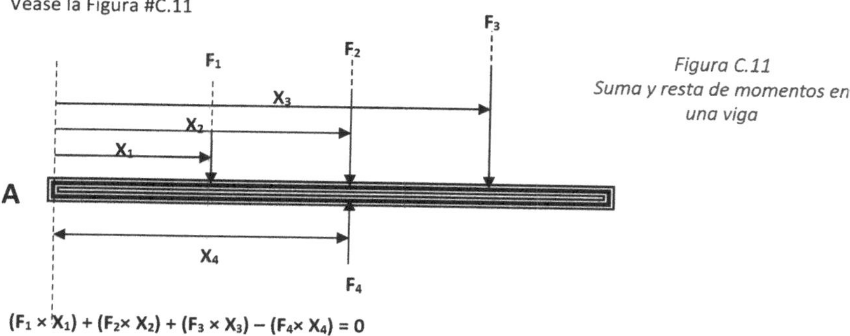


*Figura C.11*
*Suma y resta de momentos en una viga*

$$(F_1 \times X_1) + (F_2 \times X_2) + (F_3 \times X_3) - (F_4 \times X_4) = 0$$

C.4 Momento de un par de fuerzas.

El producto de la distancia perpendicular entre dos fuerzas, que actúan en direcciones opuestas y en distintas líneas de acción, por la magnitud de una de las fuerzas, se conoce como: *momento de un par de fuerzas*. En la Figura C.12 podemos observar el par de fuerzas formado por la fuerza que pasa por el centro de gravedad y la fuerza que pasa por el centro de carena del buque al inclinarse. El momento de adrizamiento será el que tienda a restaurar la embarcación a su posición original.

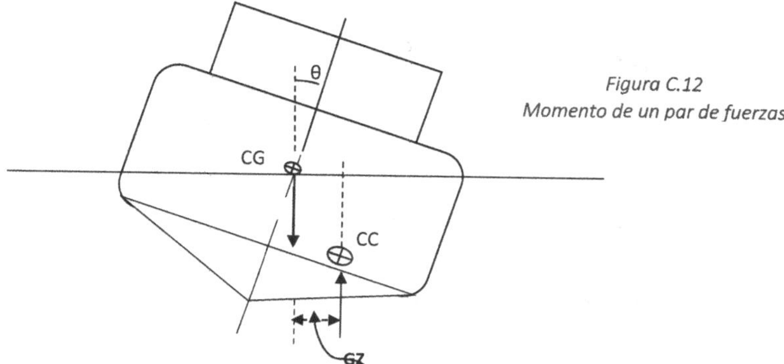


*Figura C.12*
*Momento de un par de fuerzas*

**C.5 Momento de Inercia.**

Si multiplicamos el total de las superficies pequeñas "Δa", por el cuadrado de sus distancias, medidas al centro del rectángulo ($\sum \Delta a \times z^2$), ilustrado en la Figura C.13 obtendremos el *momento de inercia*.[129] Podemos encontrar en cualquier texto de física, mayores detalles sobre los procedimientos para determinar el momento de inercia de una sección transversal rectangular

Su ecuación es la siguiente: $I = \frac{b \times h^3}{12}$.

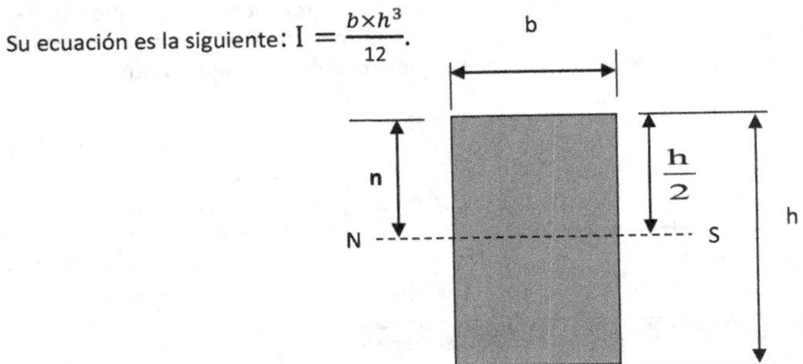


*Figura C.13*
*Momento de inercia de un rectángulo*

En casos de Figuras con secciones transversales no rectangulares, se aplica el teorema de ejes paralelos para calcular el momento de inercia. La ecuación del momento de inercia de una región paralela a la base, donde un eje paralelo "ZZ" se encuentra distanciado del eje neutro "SN", que pasa por el centro de masa del rectángulo, es la siguiente:

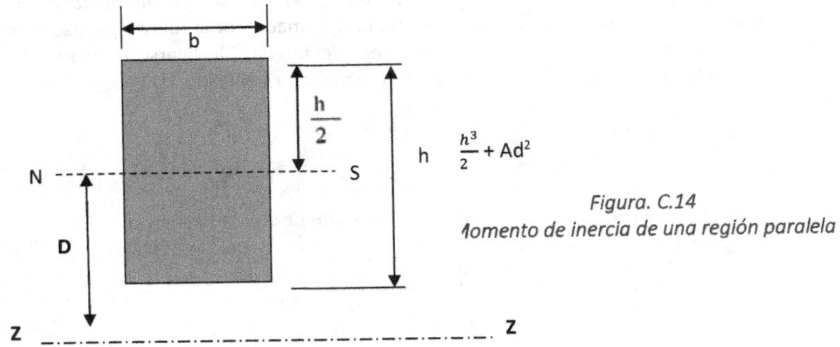


$\frac{h^3}{2} + Ad^2$

*Figura. C.14*
*Momento de inercia de una región paralela*

[129] Parker M. B., Harry. ***Diseño Simplificado de Estructuras de Madera*** Editorial Limusa, S.A. De B.V. 1990. Página 49.

***Ejemplo C.4***

Calcule el momento de inercia del área del rectángulo de la Figura C.15 También calcule el momento de inercia respecto al eje Z-Z, distante y paralelo al eje neutro SN

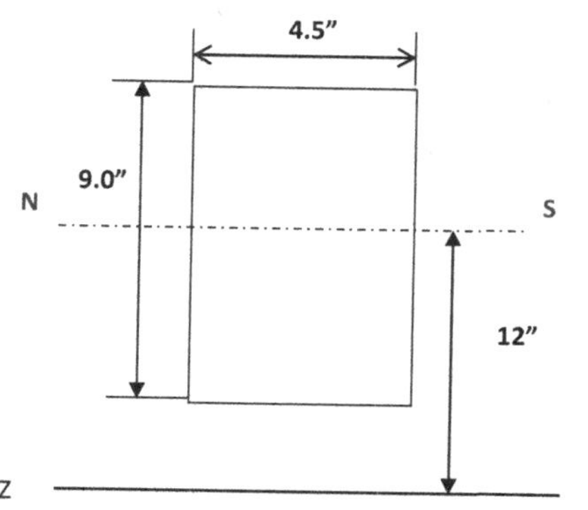


*Figura C.15*
*Momento de inercia de un rectángulo*

***Solución:***

1 - Momento de inercia del rectángulo:

$$I = \frac{bh^3}{12}$$

$$I = \frac{4.5 \times 8^3}{12}$$

$$I = \frac{2304}{12}$$

$I = 192.0$ pulgadas$^4$

2 - Momento de Inercia respecto al eje Z-Z:

$$I = \frac{bh^3}{12} + Ad^2$$

$I = 192.0 + (8 \times 4.5) \times 144$

$I = 192 + 5184$

$I = 5376$ pulgadas$^4$

El momento de inercia de las formas más complejas, se evalúan con mayor facilidad, con el cálculo integral.

**C.6 Cargas.**

Las cargas que interesan al técnico de diques secos son las que se originan por el peso del buque sobre los picaderos y las externas que pueden causar el desplomo del buque, una vez trepada sobre la cama de soporte. Es importante, por consiguiente, un repaso sobre las distintas cargas y su distribución. Se le denomina *carga,* a un peso o cualquiera fuerza que actúa sobre una estructura, causándole presión, tensión o también un efecto cortante. Se clasifican como:

**Dinámicas:** Varían con el tiempo. Los Trenes y camiones sobre un puente, maquinarias oscilantes y las cargas sísmicas, son ejemplos de este tipo de carga.

**Estáticas:** Se aplican con lentitud y luego permanecen casi constantes. Los pisos de edificios, un buque sobre picaderos en un dique, son ejemplos de cargas estáticas.

C.7 Clasificación de las Cargas.

Las cargas se clasifican según su distribución, por su lugar de acción y

por su origen.

***Según su distribución:***

*Uniformemente Distribuidas*:

Son aquellas cuya área de contacto es considerable en comparación con el tamaño de la viga y se mantienen constantes sobre una superficie del elemento de soporte.

*Concentradas:*

Tienen superficies de contacto pequeñas en comparación con el resto del área de superficie del elemento de soporte, es decir, que se concentran en un punto. [130]

***Por su lugar de acción como:***

*Axial*:

Es perpendicular al plano de la sección y su resultante pasa por el centroide de una sección.

*Excéntrica*:

Es perpendicular al plano de la sección, pero no pasa por el centroide de la sección, causándole una flexión al elemento de soporte. La carga excéntrica es de especial interés para el técnico de varada porque de su ecuación se derivan las ecuaciones para determinar la carga ocasionada por el peso del buque cuando se asienta el casco sobre los picaderos.

---

[130] Ibidem.

*Torsionales*:

Son las fuerzas que están localizadas en la misma sección o inclinadas en relación con el plano de la sección, sin pasar por el centro de corte de la sección.

*Flexores o flexionantes*:

Son causadas por fuerzas que producen momentos y cuplas sobre una viga y que, como resultado, generan una variedad de esfuerzos en una sección de la viga.[131]

***Por su origen:***

Se refieren a ellas como cargas:

*Muertas, vivas, de impacto, por vientos y sísmicas.*

Para la varada y la estadía en los diques secos, son de extrema importancia las cargas por vientos y por sismos. Porque una vez varado el buque sobre los picaderos se deben tomar precauciones especiales para contrarrestar estas cargas.

**C.8 Centro de gravedad de un cuerpo u objeto.**

Será indispensable conocer las coordenadas del centro de gravedad para los cálculos de la estabilidad del buque. Recordemos que la fuerza principal que actúa sobre un cuerpo es su propio peso y este se distribuye a través del cuerpo u objeto, concentrándose en el centro geométrico de la estructura. Este punto en que se concentra todo el peso de un objeto es conocido como *centro de gravedad* y actúa hacia abajo a través de dicho centro.[132] Empezaremos en esta sección con un ejemplo de ubicación del centro de gravedad en una estructura con cargas en los extremos y en la cual requiere ser movida de su posición. Veamos la ilustración en la Figura C.18.

***Ejemplo C.5***

Debemos soldarle un *ojillo de platillo* a una viga de acero en su centro de gravedad para que al levantarla se mantenga balanceada. En sus extremos, sendas estructuras con pesos de 10Tm y 15Tm, respectivamente, a una distancia, entre sí, de 30 m. Si debemos soldarle el ojillo en el mero punto donde se encuentre el centro de gravedad. Encuentre la posición del centro de gravedad.

---

[131] Gillmer, Thomas B. and Johnson, Bruce. Introduction to NAVAL ARCHITECTURE.US Naval Institute, Annapolis, Maryland. Página 79.

[132] Nudelman N.A., Norman. HYDROSTATICS I. Westlawn Institute of Marine Technology.733 Summer Street. Stamford Connecticut 06901. Página 40, 41.

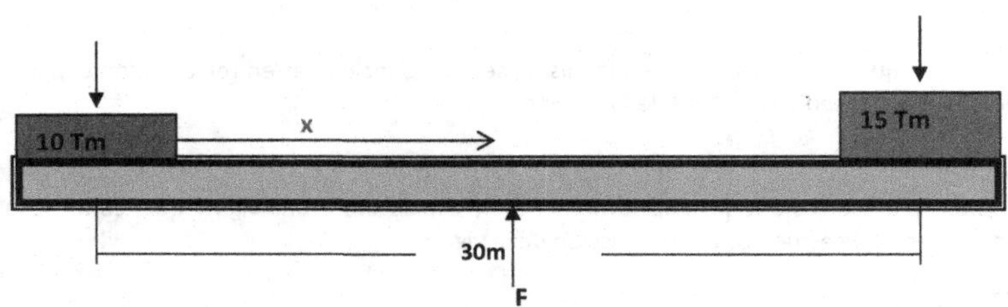


*Figura C.16*
*Centro de gravedad de una viga con pesos en los extremos*

**Procedimiento:**

(1) *La suma de las fuerzas hacia abajo es igual a las sumas de las fuerzas hacia arriba.*

Fuerzas hacia abajo = 15 Tm + 10 Tm = 25Tm

Fuerzas hacia arriba = F

Fuerzas hacia arriba = Fuerzas hacia abajo

Por lo tanto:

(1) F = 25Tm

(2) *La suma de los momentos es igual a cero.*

Escogemos como eje de rotación, el extremo donde se encuentra la carga de 15 toneladas. Concluimos que:

Fuerzas hacia arriba por distancia = F × X

= 25Tm × X (positiva)

Fuerzas hacia abajo por distancia = 10 T × 30 pies (negativa)

Igualamos la ecuación a cero (0):

(25Tm × X) – (10 Tm × 30 m) = 0

Despejamos X:

(25 Tm × X) – (10 Tm × 30 m) = 0

25 Tm × X = 10 Tm × 30 m

$$X = \frac{300}{25}$$

X = 12 m.

Medimos 12 m partiendo del centro de la carga de 10 toneladas, hacia el centro de la viga, y en dicha marca procedemos a soldar el ojillo de platillo.

En el siguiente ejemplo calcularemos el centro de gravedad de una viga con varios pesos de distintas magnitudes, distribuidas sobre ella.[133]

***Ejemplo C.6***

Encuentre el punto de balance o centro de gravedad del sistema de la Figura C.17

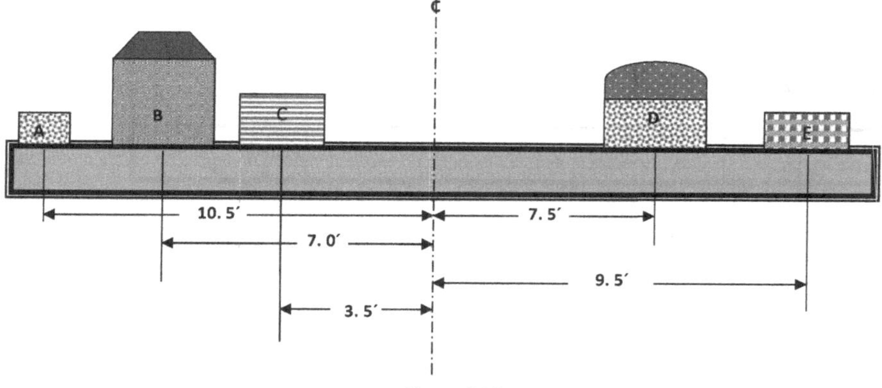


*Figura C.17*
*Centro de gravedad de una viga con varios pesos en los extremos*

Las operaciones están anotadas en sus respectivas columnas, en la siguiente tabla.

[133] Ibídem.

| Objeto | Peso | Distancias de la izquierda al centro de la viga | Momentos de la izquierda | Distancias de la derecha al centro de la viga | Momentos de la derecha |
|---|---|---|---|---|---|
| A | 30 | 10.5 | 315.0 | | |
| B | 80 | 7.0 | 480.0 | | |
| C | 50 | 3.5 | 175.0 | | |
| D | 60 | | | 7.5 | 450.0 |
| E | 45 | | | 9.5 | 427.5 |
| | 265.0 | | 970.0 | | 877.5 |

*Tabla C.1*
***Tabla de momentos para calcular el centro de gravedad de la viga de la figura C.17, con pesos en ambos extremos.***

**Procedimiento:**

1- Obtenemos momentos en ambas direcciones, multiplicando el peso de las estructuras que reposan sobre la viga, por las distancias medidas entre el eje de referencia (el centro de la viga, en este caso) y el centro de cada estructura.

2- Sumamos la columna de los pesos y la columna de los momentos.

3- Encontramos el excedente de momentos: Momentos de la derecha, los restamos de los momentos de la izquierda.

4- Finalmente, para encontrar la posición del centro de gravedad, el excedente de momentos se divide entre la suma de los pesos.

La magnitud de los momentos según lo calculado en la tabla demuestra ser mayor hacia el lado izquierdo de la viga. Por esta razón podemos concluir que el centro de gravedad estará localizado hacia la izquierda del centro de la viga.

Excedente de momentos----------------- 970 – 877.5 = 92.5 lb - pies

Distancia del centro de gravedad al eje de referencia = $\frac{\text{Excedente de momentos}}{\text{Total de los pesos.}}$

Distancia del centro de gravedad al eje de referencia: $\frac{92.5}{265}$ = 0.3491 pies

Respuesta: El centro de gravedad se encuentra a 0.3491 pies hacia la izquierda del centro de la viga.

Podríamos aplicar el mismo procedimiento para determinar el centro vertical y longitudinal de gravedad de una embarcación pequeña. Lo primero sería contabilizar todos los pesos de los artículos y del equipo a bordo, luego multiplicar sus distancias a la cuaderna media de la embarcación. Con esta operación se obtendría el total de los momentos que después los dividiríamos entre el total de los pesos, para obtener el *centro de gravedad longitudinal.* El procedimiento sería igual para obtener el *centro de gravedad vertical*, con la excepción de que se medirían las distancias del centro de los pesos a la línea base o línea de construcción.

**C.9 Vigas.**

Según la forma como esté apoyada la viga, éstas se clasifican como: *vigas simples, vigas en voladizo, vigas doblemente empotradas* y *vigas continuas.* La distancia, entre los soportes de las vigas, recibe el nombre de *claro* y la fuerza hacia arriba recibe el nombre de *reacción,* puesto que reacciona contra la carga que está dirigida hacia abajo sobre el soporte.[134]

El buque, al varar, asemeja una viga continua, pues se apoya sobre una hilera de picaderos, que le proveen un soporte continuo. Sin embargo, algunos pesqueros, remolcadores y algunas fragatas, tienen sus secciones a popa, considerablemente sobre extendidas más allá del apoyo de los picaderos de la quilla, por lo cual, y para obtener la magnitud de la carga en esta área se investiga como si se tratase de una viga en voladizo. Repasemos algo sobre las formas de apoyo de las vigas y su clasificación, extendiéndonos un poco más, para ampliar nuestro estudio del tema. Veamos ahora las siguientes ilustraciones sobre las formas de apoyo. Las vigas ilustradas en la Figura C.18, distinguidas como: "a", b" y "c", pueden calculárseles sus reacciones con las ecuaciones de equilibrio, por lo tanto, se les denomina como *estáticamente determinadas.*[135]

---

[134] Parker M. B., Harry ***Diseño Simplificado de Estructuras de Madera*** EDITORIAL LIMUSA, S.A. de B.V. 1990. Página 102.

[135] 1- Merritt, Frederick S., Loftin, M. Kent, Ricketts, Jonathan T. ***Manual del Ingeniero Civil.*** McGraw-Hill/ Interamericana. Editores, S. A. De B.V. 1999. Sección 7.16

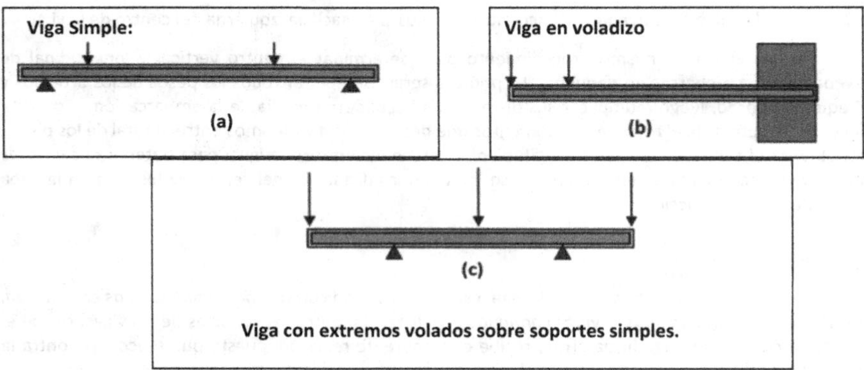


*Figura C.18*
*a) Viga simple, b) Viga en voladizo, c) Viga sobre soportes, con extremos volados*

Las reacciones de las vigas que veremos a continuación no podrán determinarse con las ecuaciones de equilibrio. Estas se ilustran en la Figura C.19. Debido a esto, se han clasificado como vigas *estáticamente indeterminadas*. [136] La determinación de sus reacciones no se discutirá en este texto.

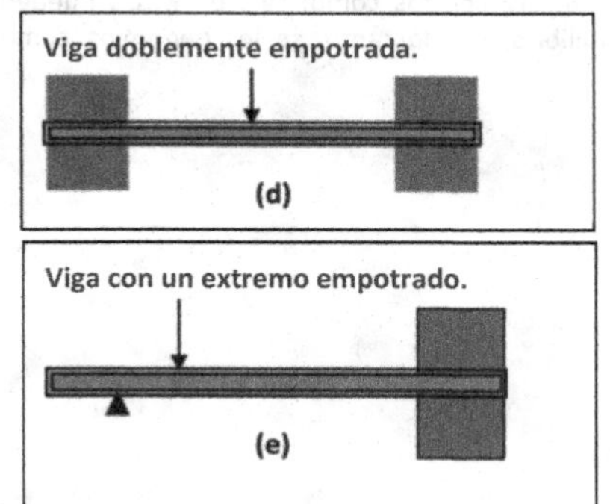


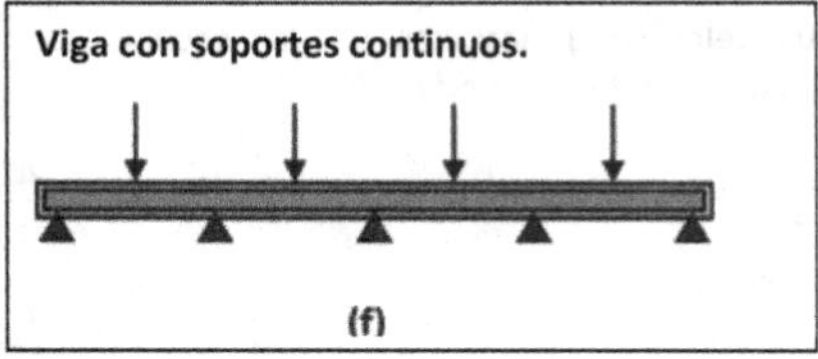


*Figura C.19*
*d) Doblemente empotrada, e) Un extremo empotrado, f) Soportes continuos*

[136] Ibidem

**C.10 Reacciones.**

Las reacciones son las fuerzas dirigidas hacia arriba en los apoyos que sostienen a una viga. Estas fuerzas proveen el equilibrio a las cargas que se dirigen hacia abajo. La carga que reciben los soportes genera una reacción,[137] que se determina con las ecuaciones de equilibrio:

$\sum F_x = 0,\ \sum F_y = 0,\ y \sum M = 0.$

La determinación de las reacciones, en las vigas rectas, nos interesa porque tendremos que determinar algunas, al varar una embarcación sobre picaderos. Por ejemplo es de suma importancia, para la operación de varada, la reacción que ocurre al varar un buque con asiento apopante, donde se sabe que primero tocará el codaste y se producirá una reacción, que perdurará hasta que quede la quilla del buque asentada en su totalidad sobre los picaderos. El conocimiento del valor de esta reacción es un factor determinante para el diseño del tipo de picadero con la capacidad de resistir la carga. Refiriéndonos específicamente, al material que posea la debida resistencia y elasticidad. También será un factor orientador en la verificación estructural de la solera del dique.

La descripción completa del cálculo de fuerzas y reacciones está completamente fuera del alcance de esta obra, sin embargo, es importante que el técnico sepa realizar cálculos elementales, para determinar las fuerzas y reacciones que ocurren en las vigas y sus apoyos. El lector siempre podrá obtener más información sobre el tema, en los textos de mecánica, resistencia de materiales y de arquitectura naval. Veamos algunos ejemplos prácticos, de cómo calcular reacciones, en vigas con cargas variadas, aplicando las ecuaciones de equilibrio.

**C.11 Viga simple con carga uniformemente distribuida y con varias cargas concentradas.**

Es una viga con una carga uniforme por cada unidad de su longitud. Puede estar sobre toda la viga o sobre una sección de ella. En el ejemplo C.7 calcularemos las reacciones de una viga con una carga uniforme, que abarca toda la viga, ilustrada en la Figura C.20.

***Ejemplo C.7***

Una viga de 60 pies de longitud con voladizos soporta una carga uniforme de 200 lbs/pies lineales en toda su longitud y varias cargas concentradas, según se puede apreciar en la Figura C.20 a y C.20 A. Encuentre las reacciones $R_1$ y $R_2$.

---

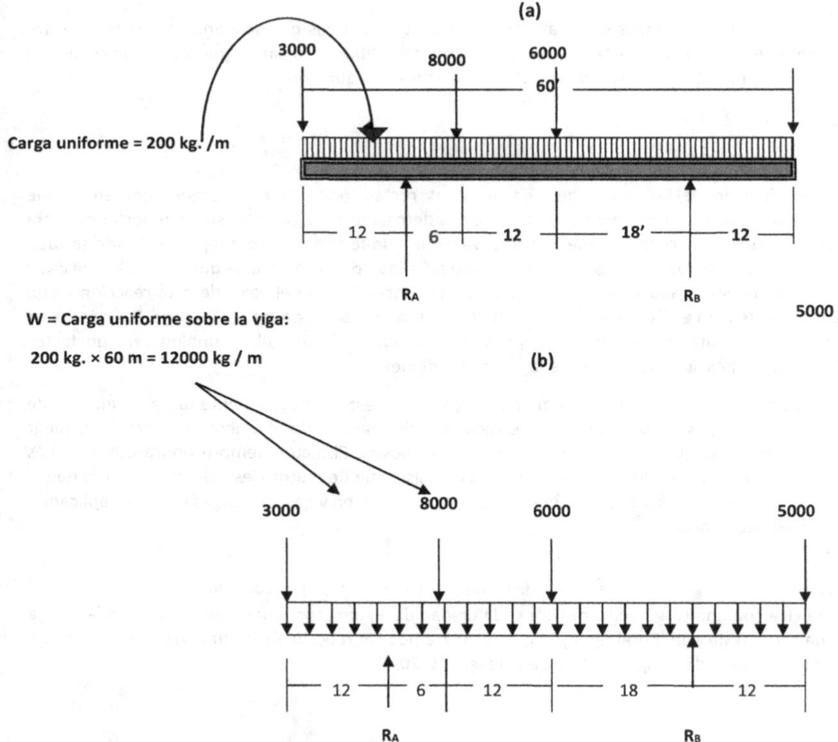


*Figura C.20*
*Viga cargada uniformemente*

**Procedimiento**:

I- A partir de las fuerzas y cargas concentradas que afectan a la viga, construiremos un diagrama vectorial. Este diagrama vectorial se conoce como: *diagrama de cuerpo libre.*[138] Encuentre la carga uniforme total sobre la viga, y que actúa en el centro de la viga por ser un rectángulo. La condición de equilibrio de $\sum F_x = 0$ está tácita en estos casos en particular.

*Carga Uniforme Total = kg / m × 60m = 12000 kg*

[138] Tippens, *Física: Conceptos y Aplicaciones,* Página 48

II - Aplicando la primera condición de equilibrio, sumando todas las fuerzas e igualándolas a cero (0).

$\sum F_y = R_A + R_B - 3000\ kg - 8000\ kg - 12000kg - 6000\ kg - 5000kg = 0$

$R_A + R_B - 34000\ kg = 0$

$R_A = - R_B + 34000\ kg$

III- Aplicando la segunda condición de equilibrio, tomamos momentos de todas las cargas. Colocamos $R_A$ como eje de rotación y designamos las cargas en sentido contra el reloj, como positivas, y las que tienden a causar un giro en sentido de las manecillas del reloj, como negativas. Procedemos:

$\sum M_A = (3000 \times 12) - (8000 \times 6) - (200 \times 60 \times 18) - (6000 \times 18) + 36R_B - (5000 \times 48) = 0$
$576000 + 36R_B = 0$

$36\ R_B = 576000$

$R_B = 16000$

IV- En la ecuación: ------------------------------------------------------------------- $R_A = - R_B + 34000$

Reemplazamos $R_B$ por su valor: ------------------------------------------------ $R_A = - 16000 + 34000$

Respuesta: ------------------------------------------------------------ $R_A = 18000$ kg.

***Verificación:***
La suma de las reacciones debe igualar la suma de las cargas aplicadas.

Verifiquemos:

$18000 + 16000 = 3000 + 8000 + (200 \times 60) + 6000 + 5000$

$34000 = 34000$

Otro método de verificar la operación sería designar el soporte $R_B$, como eje de rotación y tomar momentos respecto a él.

**C.12 Viga simple con carga uniformemente distribuida en una sección, con una carga concentrada en un extremo.**

La carga uniformemente distribuida, se encuentra ejerciendo sobre una parte de la viga. La magnitud de la carga uniforme se extiende por cada unidad de la longitud del sector y tienen el mismo efecto que una carga concentrada, de la misma magnitud, aplicada en el centro de gravedad de la carga uniformemente distribuida. Las reacciones, se obtienen siguiendo el mismo método del ejemplo anterior

*Ejemplo C.8*

Calcule las reacciones correspondientes:

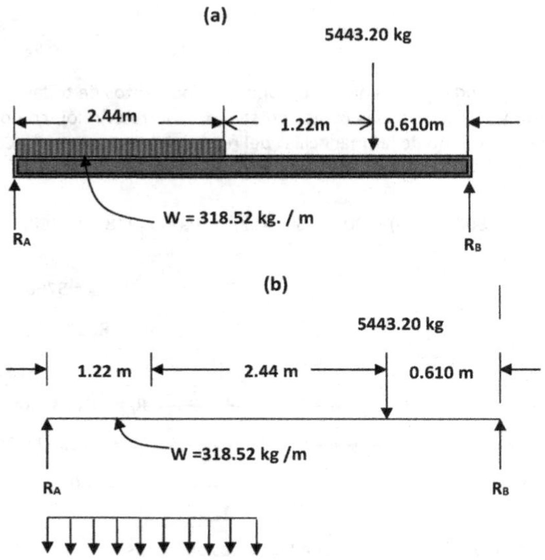


*Figura C.21*
*Viga con carga uniformemente distribuida*

**Solución:**

Carga concentrada = 5443.20kgs.

Carga uniformemente distribuida = 318.52 kg/ m

El centro de gravedad de la carga distribuida (W) de 318.52 kg., se encuentra a 1.22 m de $R_A$ y a 3.05 m de $R_{A.}$

Magnitud de la carga distribuida (W): 2.44 × 318.52 = 774.749 kg.

Situamos a $\mathbf{R_B}$ como centro de momentos.

Tenemos:

4.27 $R_A$ = (318.52 × 2.44 × 3.05) + (5443.20 ×0.610)

4.27 $R_A$ =2362.984 × 3321.352

4.27 $R_A$ = 5683.336

$$R_A = \frac{5683.336}{4.27} = 1330.992 \text{ kg.}$$

Esta vez, tomaremos a **$R_A$** como centro de momentos para encontrar **$R_A$**.

$4.27\ R_B = (318.52 \times 2.44 \times 1.22) + (5443.20 \times 3.66)$

$4.27\ R_B = 945.194 + 19923.112$

$4.27\ R_B = 20867.306$

$$R_B = \frac{20867.306}{4.27}$$

$R_B = 4887.957$kgs.

Igualamos las cargas al valor de las reacciones:

$(318.52 \times 2.44) + 5443.20) = 1330.992 + 4887.957$

$6218.95 = 6218.95$

Lo cual comprueba que la suma de las cargas es igual a la suma de las reacciones.

## C.13 Viga simple con carga uniformemente distribuida en un extremo y con carga concentrada en inclinación.

Es similar a la viga que estudiamos en el ejemplo anterior. La diferencia está en las cargas uniformemente distribuidas en ambos extremos con forma rectangular y triangular. También se encuentra actuando sobre ella, una carga que ejerce en ángulo de 35 grados, 500 kg en su centro la cual será reemplazada por su componente vertical. Veamos el método utilizado para obtener las reacciones en los apoyos a estas cargas.

***Ejemplo C.9***

Determine las reacciones en los apoyos situados en los puntos "A" y "B" bajo la viga en la Figura 2.18. (Asuma una viga sin peso).

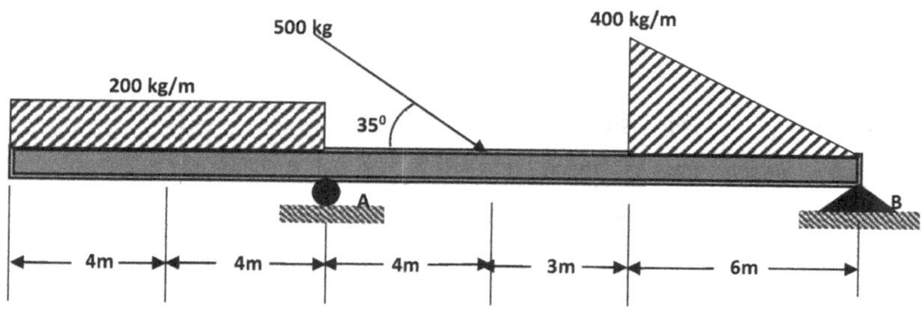


*Figura C.22*
*Carga distribuida en un extremo y carga con acción inclinada en el otro.*

**Solución:**

I. Confeccionamos un diagrama de cuerpo libre de la viga con las cargas. Notamos que las cargas distribuidas uniformemente ejercen su acción en el baricentro de las formas representadas en los dos extremos de la viga. En la parte izquierda de la viga, la carga uniforme ejerce su acción en el baricentro de la Figura e igual lo hace en la Figura triangular del otro extremo. Esta viga se considera estáticamente determinada por que son las tres reacciones que debemos investigar.

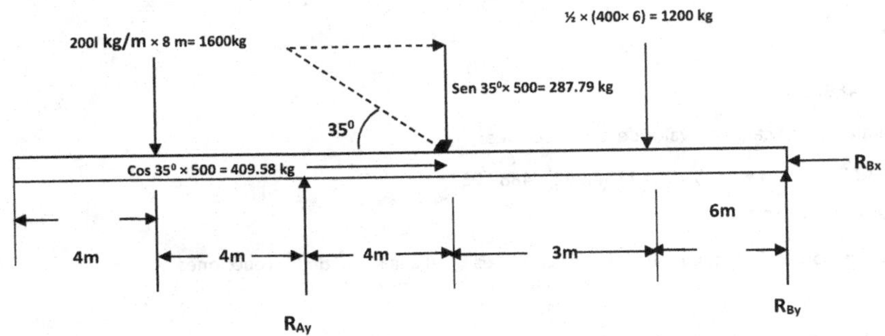


*Figura C.23*
*Diagrama de cuerpo libre de la viga carga*

**1: - La primera ecuación congrega todas las fuerzas sobre el eje de la "x":**

$\sum F_x = 0$

409.58 lbs. - $R_{Bx} = 0$

**$R_{Bx}$ = 409.58kg.**

**2 – Para la segunda ecuación, tomamos el punto "A" como el centro de momentos, buscamos la reacción en B ($R_{yB}$):**

$\sum M_A = 0$

$13R_{yB} + (4 \times 1600) – (4 \times 287.79) – (9 \times 1200) = 0$

$13\ R_{yB} + 6400 – 1147.16 - 10800 = 0$

$13\ R_{yB} = 11947.16 - 6400$

$$R_{yB} = \frac{11947.16 - 6400}{13}$$

**$R_{yB}$ = 427.70 kg.**

**3: Ahora, con el punto "B" como centro de momentos, buscamos la reacción en A ($R_{yA}$):**

$\sum M_B = 0$

$(1600 \times 17) + (287.79 \times 9) + (1200 \times 4) - 13\ R_{yA} = 0$

$27200.00 + 2581.11 + 4800 - 13R_{yA} = 0$

$13\ R_{yA} = 34581.11$

$R_{yA} = 2660.08$ kg.

**Finalmente verificamos que: $\sum F_y = 0$**

$R_{yA} + RyB - 1600 - 287.79 - 1200 = 0$

$2660.08 + 427.70 = 1600 + 287.79 + 1200$

**3087.78 = 3087. 7**

# ANEXO D
# INTEGRALES DEFINIDAS PARA EL CÁLCULO DE ÁREAS Y VOLÚMENES DEL BUQUE

## D.1 Introducción

Las formas geométricas de las estaciones o cuadernas de trazado, planos de agua y el volumen desplazado (obra viva) circunscritos por líneas curvas, no pueden determinarse analíticamente con la aplicación de leyes conocidas de la matemática. Sus áreas y volúmenes pueden calcularse solamente por los métodos aproximados de las integrales definidas, convirtiéndolas en sumas de elementos rectangulares infinitamente pequeñas, localizados entre límites específicos.

Podemos apreciar en la Figura A1 la vista longitudinal de la mitad de un plano de flotación de un buque, sobreimpuesta sobre un sistema de coordenadas cartesianas. En ella, hacemos coincidir su media eslora o cuaderna maestra con el origen, cero (0), el eje de la "X" con la línea del centro o de crujía y en el eje de la "Y" la ordenada en sentido transversal. Consideremos los valores de las ordenadas como las semimangas del plano de flotación. La longitud del eje de la "X", como la eslora o distancia entre perpendiculares.

## D.2- Área de una superficie de flotación.

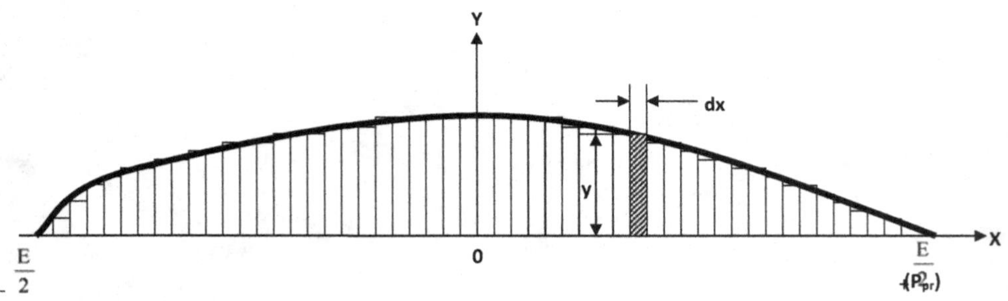


de: $P_{pp}$ = Perpendicular de popa.

$P_{pr}$ = Perpendicular de proa.

$\delta x$ = Ancho del rectángulo.

*Figura D.1*

$\frac{E}{2}$ = Media eslora

$A_{SF}$ = Área de la superficie del plano de flotación.

Se puede expresar como una suma infinita: $A = \lim_{\delta x \to 0} \sum_{x=-\frac{E_p}{2}}^{x=+\frac{E_p}{2}} y(x)\, \delta x$

Y como una integral definida: $A_{SF} = \int_{-\frac{E_{pp}}{2}}^{+\frac{E_{pp}}{2}} ydx$

Por la simetría de los planos de agua del buque, respecto a la línea del centro, las integrales se resuelven para una mitad del área, y se multiplican por dos. Por consiguiente, la ecuación toma la forma:

$$A_{SF} = 2\int_{-\frac{E_{pp}}{2}}^{+\frac{E_{pp}}{2}} ydx$$

**D.3- Área de la sección sumergida de la cuaderna de trazado.**

Las cuadernas de trazado son contornos verticales que resultan, de la división del buque por planos transversales, verticales, equidistantes y en sentido longitudinal,

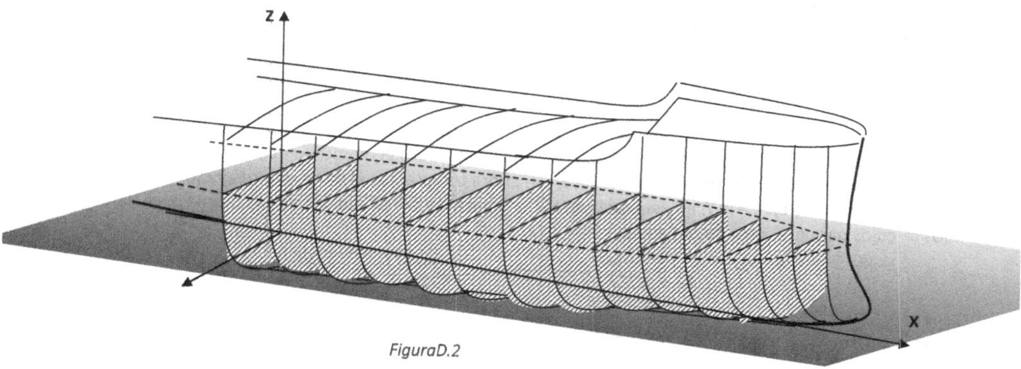


*FiguraD.2*

En la Figura D.3 podemos apreciar la integración del elemento de área para obtener el área total de la sección de la cuaderna bajo el agua.

Sea:

$A_S$ = Área de la sección sumergida de la cuaderna.
$dA_S$ = Elemento de área tomado de una sección de la cuaderna sumergida.
dz = Espesor del rectángulo.
PF = Línea de flotación.
T = Calado de la cuaderna.
Y = Eje que representa la línea base.
$Y_Z$ = Media manga de la cuaderna.
Z = Eje Perpendicular a la línea base. (Eje "Y")
El elemento de área (rectángulo): $dA_S = Y_Z \times dz$

La integración del área se realiza desde la línea base, hasta la línea de flotación (la distancia "T") multiplicado por dos, para obtener el total del área de la cuaderna sumergida.

La ecuación es la siguiente: $A_S = 2\int_0^T ydz$

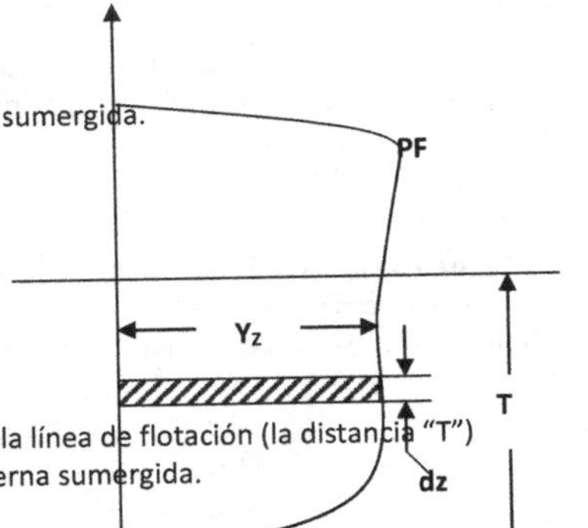

*Figura D.3*

**D.4 Aplicación de las integrales para determinar las propiedades de los planos de agua.**

Para localizar el centro de flotación, debemos calcular primero el momento de área del plano de agua. Previamente calculamos el área del plano de agua, ahora tomaremos el momento respecto a la cuaderna media del buque o eje de la Y, en este caso. Véase la repetición del dibujo del plano de agua para clarificar los cálculos para el centro de flotación.

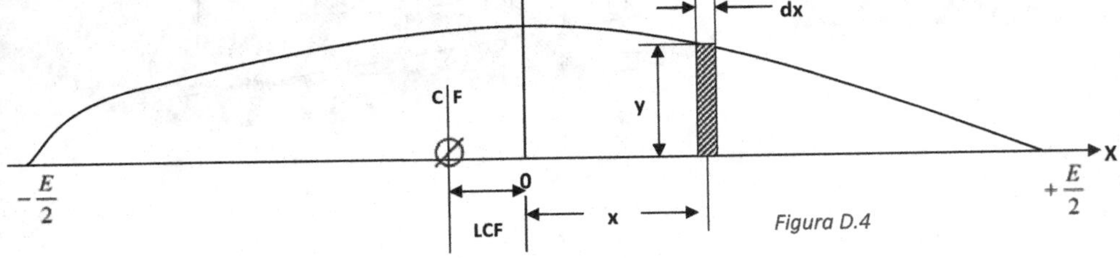

*Figura D.4*

A- tomamos el momento del elemento de área o rectángulo.
Donde:

dA = Y dx (Elemento de área.)

x = Brazo de momento, respecto a la cuaderna maestra ("+" si es hacia popa, y "–"si es hacia proa).

dm = Primer momento del elemento de área.

Primer momento del elemento de área: $dm = x\,dA = x\,(ydx)$

Momento total del área de la superficie de flotación: $M = 2\int_{-\frac{E_{pp}}{2}}^{+\frac{E_{pp}}{2}} A_S dx$

B- Centroide de la superficie de flotación (LCF)

Para el baricentro (LCF) de la superficie de flotación, se divide el momento M, entre el Área $A_{SF}$.

$$LCF = \bar{x} = \frac{M}{A_{SF}} = \frac{2\int_{-\frac{E_P}{2}}^{+\frac{E_P}{2}} x\ y\ dx}{2\int_{-\frac{E_P}{2}}^{+\frac{E_P}{2}} y\ dx}$$

**D.5- Momento de Inercia de la superficie de flotación.**

El momento de inercia de la superficie de flotación es llamado también, el segundo momento de área, porque es el primer momento de área multiplicado otra vez por el brazo del momento "x". Por lo tanto:

Momento del elemento de área:

$$di = x^2 d A = x^2 y\, dx$$

Integrando toda la longitud del buque, incluyendo los dos lados del plano de flotación.

$$I = 2\int_{-\frac{E_P}{2}}^{+\frac{E_P}{2}} x^2\ y\ dx$$

El momento de inercia e importante para la evaluación la estabilidad longitudinal. El eje escogido como referencia para el cálculo del momento de inercia deberá ser el eje transversal que pasa por el centro de flotación. Se acostumbra a llamar a este momento: *"el momento longitudinal de inercia del plano de flotación*, y se aplica el teorema de los ejes paralelos para su evaluación.[139]

**D.6- Integrales para calcular el volumen de desplazamiento.**

Para definir el volumen de la obra viva, en forma de integrales, primero ha de definirse el volumen de un elemento de este. La integral para el volumen de la obra viva es análoga a la integración para la superficie de flotación, excepto que se utilizan áreas de las cuadernas, en vez de las abscisas del centro de crujía. El dibujo del volumen sumergido, a continuación, ilustra el concepto.
Sea:

$\nabla$ = Volumen desplazado por el buque.

$A_S$ = Área de las cuadernas de trazado, hasta la línea de flotación del buque.

---

[139] Zubaly, Robert B., *Applied Naval Architecture*. Cornell Maritime Press Centreville, Maryland 1997. Páginas, 39, 40,41.

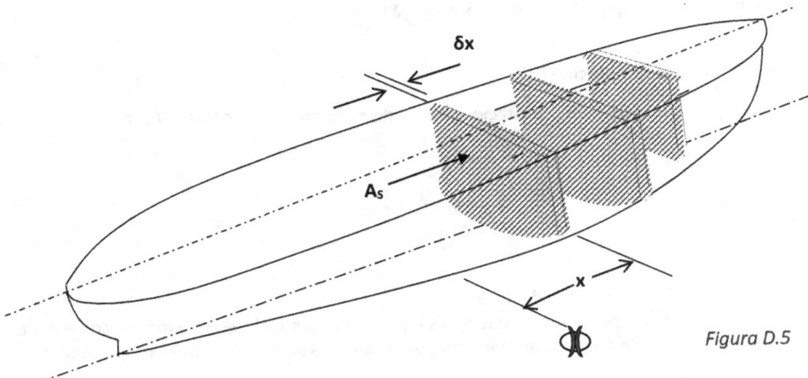


*Figura D.5*

Volumen del elemento = dv = $A_S$ dx

Integrando la longitud total del buque:

$$\nabla = \int_{-\frac{E_P}{2}}^{+\frac{E_P}{2}} A_S \, dx$$

**D.7- Primer momento del volumen:**

Momento del elemento: dm = x $A_S$ dx

Integrando: $M_V = \int_{-\frac{E_P}{2}}^{+\frac{E_P}{2}} x \, A_S \, dx$

**D.8- Para obtener LCB o centro de carena longitudinal.**

A- Centro de carena longitudinal (LCB)

$$LCB = \frac{M_V}{\nabla} = \frac{\int_{-\frac{E_P}{2}}^{+\frac{E_P}{2}} x \, A_S \, dx}{\int_{-\frac{E_P}{2}}^{+\frac{E_P}{2}} A_S \, dx}$$

**D.9- Para obtener KB o centro de carena vertical, desde la quilla hasta la flotación.**

En este caso la dirección de la integración se hace en sentido vertical, partiendo de la quilla hasta la flotación. Los elementos de volumen ahora son tiras infinitesimales longitudinales, en capas horizontales con la forma de superficies de flotación limitado por la flotación del buque. Vea la siguiente

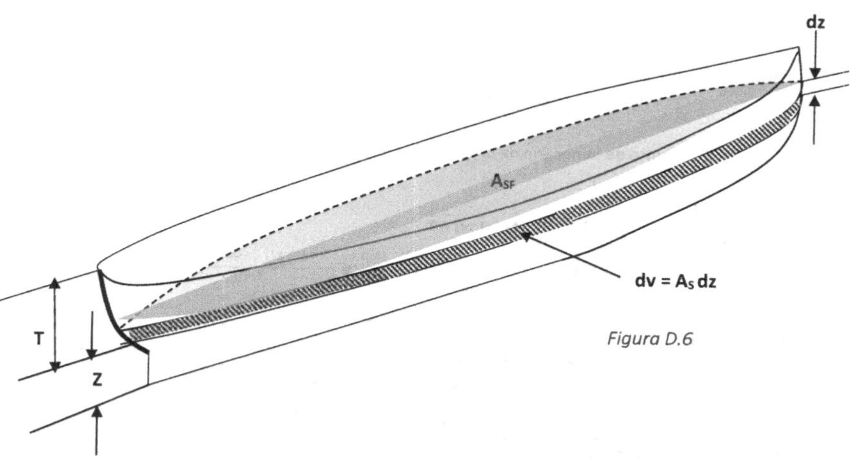


*Figura D.6*

Integrando verticalmente para obtener el volumen: $\nabla = \int_0^T A_S dz$

Integrando para el primer momento: $M_{\nabla K} = \int_0^T z\, A_S dz$

Finalmente, para obtener KB $KB = \frac{M_{\nabla K}}{\nabla}$

**D.10- Integrales para el cálculo de la estabilidad dinámica.**

En el capítulo en que se analizó la estabilidad del buque se introdujeron algunas nociones sobre la estabilidad dinámica. En dicha ocasión centramos nuestra discusión sobre el trabajo que realiza el par escorante de manera constante, igual al trabajo resistente que realizaba el par de estabilidad. Empezamos por ver el buque totalmente adrizado, es decir la inclinación = 0 o mejor dicho el ángulo, llamémosle "θ"= 0. Si por alguna razón el buque se inclinara, entonces sumariamos los valores del trabajo resistente que realizase el par de estabilidad en pequeños incrementos de tiempo, el tiempo en que se demore en inclinarse el buque. Estos incrementos podrían nombrase como: dθ. El incremento pequeño de trabajo seria entonces:

$$d_T = \Delta \times GZ \times d\theta$$

La integración de estos diminutos elementos de trabajo seria:

$$T = \int_0^{\theta} \Delta \times GZ \times d\theta$$

¿Que nos indica? que: el área bajo la curva de la estabilidad estática es igual a la estabilidad dinámica.[140]

Si analizamos la Figura A7 donde se muestra la gráfica de la estabilidad para grandes inclinaciones, veremos que el área bajo la curva es también la integral:

$$A = \int_0^\theta \Delta \times \mathbf{GZ} \times \mathbf{d\theta}$$

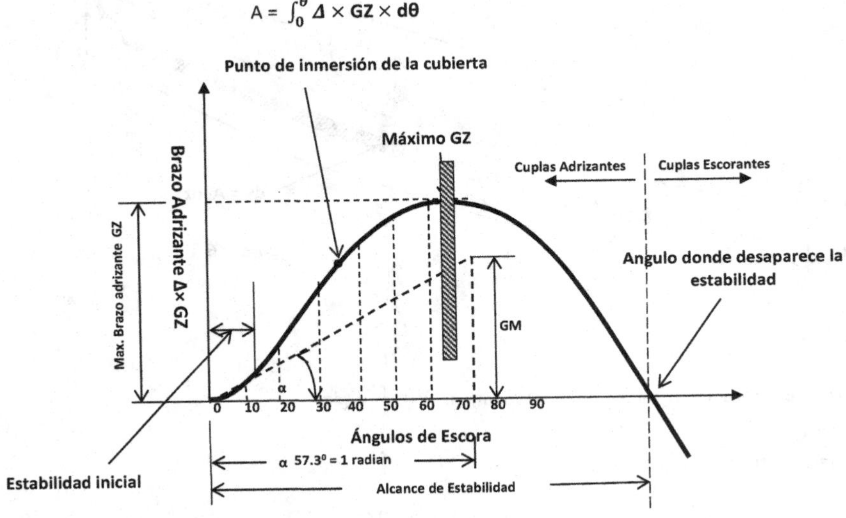


*Figura D.7*

[140] De la Corte Bonilla, Antonio. *Teoría del buque*. Librería San José. Carral, 19 – Vigo España 1994. Páginas, 135,137.

# ANEXO E
# TABLAS DE CONVERSIONES

| **Conversión del Sistema Inglés** | **Al Sistema SI** | **Multiplique por:** |
|---|---|---|
| ↓ | ↓ | ↓ |
| Ton largas | Ton métricas | 1.016 |
| Ton cortas | Ton métricas | 0.907 |
| Ton cortas | Ton largas | 0.892 |
| Ton métricas | Ton largas | 0.984 |
| Pies | Metros | 0.305 |
| Pulgadas | Milímetros | 25.4 |
| Metros | Pies | 3.279 |
| Centímetros | Pies | 0.033 |
| Centímetros | Pulgadas | 0.394 |
| Libras | Kilogramos | 0.454 |
| $Pulgadas^2$ | $Milimetros^2$ | 645.16 |
| $Pies^2$ | $Metros^2$ | 0.093 |
| $Metros^2$ | $Pies^2$ | 10.76 |
| $Centimetros^2$ | $Pulgadas^2$ | 0.065 |
| $Milimetros^2$ | $Pulgadas^2$ | 0.00065 |
| Ton por pies | Ton métricas / metro | 3.33 |
| $Pies^3$ | $Metro^3$ | 0.283 |
| Millas / Hora | Km / Hora | 1.609 |
| Km / Hora | Millas / Hora | 0.622 |
| Nudos | Millas / Hora | 1.151 |

| Nudos | Km / Hora | 1.852 |
|---|---|---|
| Ton métricas | Kilogramos | 1000 |
| Ton métricas / metro | Ton largas/pies | 0.300 |
| Ton métricas / m/cm | Ton largas/pies/pulgadas | 9.203 |
| Ton largas/pies/pulgadas | Ton métricas / m/cm | 0.122 |
| Libras / pies$^3$ | Kilogramos/metro$^3$ | 18.018 |
| Libras / pies$^3$ | Ton métricas/metro$^3$ | 0.016018 |
| Kilogramos/metro$^3$ | Libras / pies$^3$ | 0.0624 |
| Ton métricas/metro$^3$ | Libras / pies$^3$ | 62.4 |
| Psi | Kg/-cm$^2$ | 0.0703 |
| Kg/-cm$^2$ | Psi | 14.22 |
| Galones | Litros | 3.785 |
| Pies$^2$ | Metro$^3$ | 0.02832 |
| Pies$^3$/seg. | Metro$^3$/seg. | 0.02832 |
| Gal/ minuto | Litros/seg | 0.06308 |
| Ton largas | Ton métricas | 1.016 |
| Ton cortas | Ton métricas | 0.907 |
| Ton cortas | Ton largas | 0.892 |
| Ton métricas | Ton largas | 0.984 |
| Pies | Metros | 0.305 |
| Pulgadas | Milímetros | 25.4 |
| Metros | Pies | 3.279 |
| Centímetros | Pies | 0.033 |
| Centímetros | Pulgadas | 0.394 |
| Libras | Kilogramos | 0.454 |
| Pulgadas$^2$ | Milimetros$^2$ | 645.16 |

| Pies$^2$ | Metros$^2$ | 0.093 |
|---|---|---|
| Metros$^2$ | Pies$^2$ | 10.76 |
| Centimetros$^2$ | Pulgadas$^2$ | 0.065 |
| Milimetros$^2$ | Pulgadas$^2$ | 0.00065 |
| Ton por pies | Ton métricas / metro | 3.33 |
| Pies$^3$ | Metro$^3$ | 0.283 |
| Millas / Hora | Km / Hora | 1.609 |
| Km / Hora | Millas / Hora | 0.622 |
| Nudos | Millas / Hora | 1.151 |
| Nudos | Km / Hora | 1.852 |
| Ton métricas | Kilogramos | 1000 |
| Ton métricas / metro | Ton largas/pies | 0.300 |
| Ton métricas / m/cm | Ton largas/pies/pulgadas | 9.203 |
| Ton largas/pies/pulgadas | Ton métricas / m/cm | 0.122 |
| Libras / pies$^3$ | Kilogramos/metro$^3$ | 18.018 |
| Libras / pies$^3$ | Ton métricas/metro$^3$ | 0.016018 |
| Kilogramos/metro$^3$ | Libras / pies$^3$ | 0.0624 |
| Ton métricas/metro$^3$ | Libras / pies$^3$ | 62.4 |
| Psi | Kg/-cm$^2$ | 0.0703 |
| Kg/-cm$^2$ | Psi | 14.22 |
| Galones | Litros | 3.785 |
| Pies$^2$ | Metro$^3$ | 0.02832 |
| Pies$^3$/seg. | Metro$^3$/seg. | 0.02832 |
| Gal/ minuto | Litros/seg | 0.06308 |
| | | |
| | | |

# ANEXO F
## PLANTILLA PARA CALCULOS PRELIMINARES

***Determine "LCG$_{kn}$"***

Desplazamiento ( del Buque__________ LBP ___________ Longitud de "$L_k$". ___________

G de la Pm _________ $PR_{pp}$ a la $P_{pp}$ ____________ OHA _____________

***Determine "CB:*** $\frac{L_K}{2} = \frac{(\_\_\_\_\_\_)}{2}$ = ___________ *Pies o Metros "CB".*

***Determine "B";*** $\frac{L_K}{6} = \frac{(\_\_\_\_\_\_)}{6}$ = ___________ ***Pies o Metros "B".***

$\frac{LBP}{2} \pm (\text{LCG de la Pm}) - (\text{OHA}) + (PR_{PP}) = \frac{(\_\_\_\_\_\_)}{2}$ ± (____)-(____)+(___)=Pies o Mts.

***Determine "A"***

(CB) – (LCG$_{kn}$) = (__________) – (_________) = _____________= Pies o Mts.

Resultado # 1 = $\frac{\Delta}{L_K} = \frac{(\_\_\_\_\_\_)}{(\_\_\_\_\_\_)} = (\_\_\_\_\_\_\_)$

Resultado # 2 = $\frac{A}{B} = \frac{(\_\_\_\_\_\_)}{(\_\_\_\_\_\_)} = (\_\_\_\_\_\_\_)$

**Cálculo de la Carga en la Popa.**

(Resultado # 1) × (1+ Resultado # 2 )= (_______) × ( . _______) = ________ LT / pie lineal o Tm / mt. lineal

**Cálculo de la Carga en la Proa.**

**Cálculo de la Pendiente.**

$$\frac{(\text{Carga}_{\text{popa}}) - (\text{Carga}_{\text{proa}})}{L_K} = \frac{(\_\_\_\_\_\_) - (\_\_\_\_\_\_)}{(\_\_\_\_)} = \frac{(\_\_\_\_\_\_\_)}{(\_\_\_\_\_)} = \frac{(\_\_\_\_\_\_\_)}{}$$

## ANEXO G

| FORMULARIOS PARA CONTABILIZAR LÍQUIDOS A BORDO | | | | | | | | | | | | | |
|---|---|---|---|---|---|---|---|---|---|---|---|---|---|
| **Información** | | | | | | | | **Momentos** | | | | | |
| **Sondeo** | | | | **Peso** | **Tanques** | | | **Vert.** | | **Escorantes** | | **Asientos** | |
| **Sondas antes de varar** | **Sondas después de varar** | **Sondas dentro del dique** | **+ -** | **Peso Dentro del dique** | **Dist. sobre la quilla** | **Dist. Desde la crujía** | **Dist de la sección media** | **Carga** | **Descar.** | **Bab.** | **Estr.** | **Hacia Proa** | **Hacia Popa** |
| | | | | | | | | | | | | | |
| | | | | | | | | | | | | | |
| | | | | | | | | | | | | | |
| | | | | | | | | | | | | | |
| | | | | | | | | | | | | | |
| | | | | | | | | | | | | | |
| | | | | | | | | | | | | | |
| | | | | | | | | | | | | | |
| | | | | | | | | | | | | | |
| | | | | | | | | | | | | | |
| | | | | | | | | | | | | | |
| | | | | | | | | | | | | | |
| | | | | | | | | | | | | | |
| | | | | | | | | | | | | | |
| | | | | | | | | | | | | | |
| | | | | | | | | | | | | | |
| | | | | | | | | | | | | | |
| | | | | | | | | | | | | | |

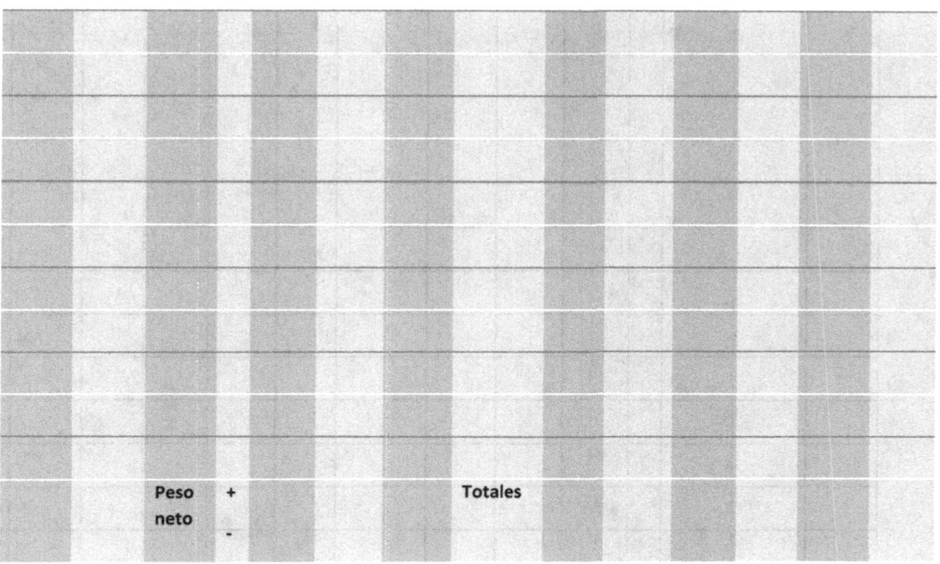

| | | | | | | | | | | | | | |
|---|---|---|---|---|---|---|---|---|---|---|---|---|---|
| | | Peso neto | + - | | | | Totales | | | | | | |

| FORMULARIO PARA CONTABILIZAR LÍQUIDOS A BORDO | | | | | | | | | | | | | |
|---|---|---|---|---|---|---|---|---|---|---|---|---|---|
| | Cargas | | | | Momentos | | | | | | | | |
| | | | | | Tanques | | | Vert. | | Escorantes | | Asientos | |
| Sondas antes de varar | Sondas después de varar | Sondas dentro del dique | + - | Peso Dentro del dique | Dist. sobre la quilla | Dist. Desde la crujía | Dist de la sección media | Carga | Descar. | Bab. | Estr. | Hacia Proa | Hacia Popa |
| | | | | | | | | | | | | | |
| | | | | | | | | | | | | | |
| | | | | | | | | | | | | | |
| | | | | | | | | | | | | | |
| | | | | | | | | | | | | | |
| | | | | | | | | | | | | | |

| | | | | | | | | | | | | | |
|---|---|---|---|---|---|---|---|---|---|---|---|---|---|
| | | | | | | | | | | | | | |
| | | | | | | | | | | | | | |
| | | | | | | | | | | | | | |
| | | | | | | | | | | | | | |
| | | | | | | | | | | | | | |
| | | | | | | | | | | | | | |
| | | | | | | | | | | | | | |
| | | | | | | | | | | | | | |
| | | | | | | | | | | | | | |
| | | | | | | | | | | | | | |
| | | | | | | | | | | | | | |
| | | | | | | | | | | | | | |
| | | | | | | | | | | | | | |
| | | | | | | | | | | | | | |
| | | | | | | | | | | | | | |
| | | | | | | | | | | | | | |
| | | | | | | | | | | | | | |
| | | | | | | | | | | | | | |
| | | | | | | | | | | | | | |
| | | | | | | | | | | | | | |
| | | | | | | | | | | | | | |
| | | | | | | | | | | | | | |
| | | **Peso neto** | **+ -** | | | | **Totales** | | | | | | |

## RESPUESTAS

### Capítulo 1

**1.** Eslora, Manga y Puntal.

**3.** De proa y de popa.

**5.** 1 decímetro.

**7.** Línea base

**9.** Diametral, horizontal y transversal

**11.** Método numérico, grafico interactivo, programas Cad. /Cam.

**13.** NAPA, Autodesk

**15.** Bao

### Capítulo 2

**1.** 4.19 m.

**3.** – 0.108 m (hacia proa)

**5.** En rosca, en lastre o servicio, en carga

**7.** a) 10004.88 $m^3$, b) 10255 $m^3$, c) 0.0476 cm, d) 5.548

### Capítulo 3

**1.** El *coeficiente de bloque* se encuentra dividiendo el volumen de la carena o parte sumergida del buque entre el volumen de un bloque rectangular cuya longitud, ancho y altura, se compara a la eslora, manga y puntal de la obra viva del buque.

**3.** Es la relación entre el volumen de la carena y el de un prisma cilíndrico, que posea el ancho equivalente a la cuaderna maestra del buque y su longitud, igual a la eslora del buque.

**5.** 3292.37 Tms

**7.** a) Peso muerto en rosca = 918.30 ton b) Peso muerto en carga = 1633.63 ton.

**9.** $(C_M)\ \beta = 0.993$

**Capítulo 4**

**1.** $GM = \frac{p \times d_t \times L}{\Delta \times z}$

**3.** GZ = .021, $M2^0$ = 182.13 Tms-m

**5.** 164.79 Tms-m

**7.** $10^0$

**9.** GM = 0.442 mts y KG = 7.058 mts.

**Capítulo 5**

**1.** 7.5 m

**3.** 895.20 Tms

**5.** 1359.05 $m^2$

**7.** d, f, c, a, b, e.

**Capítulo 6**

1. Al abrirse la compuerta externa de la dársena que lo separa del rio, el buque es remolcado dentro de la dársena, mediante cables movidos por chigres hidráulicos instaladas en las laderas, dispuestos estratégicamente para controlar el movimiento del buque. El siguiente paso es la elevación del agua dentro de la dársena que también inunda el dique seleccionado para la varada. La inundación continua hasta alcanzar el nivel, que permita la entrada del buque. Una de las novedades de este tipo de dique, es que, la elevación del nivel de agua en la dársena y en el dique, no ocurre por fuerza de gravedad, sino que se realiza por medio de cuatro bombas.

**3.** Volumen = 123149.50 $m^3$

**5.** Gravedad – masa, gravedad con anclajes, dique con drenajes.

**7.** Dique de carena de dos compuertas, barcazas que transportan los módulos hacia la planta de ensamble, sistema de carros transportadores operados por control remoto por un solo operador para transportar los módulos hasta la planta de ensamble.

9. $Wp = \frac{W}{V}$

**Capítulo 7**

1. Diques de Pontones o "Rennie", diques de Cajón o de una sola pieza, diques Seccionados.

3. Acero, madera y concreto.

5. Máxima inmersión, contacto con la quilla del buque, nivel del agua = ½ el calado del buque, nivel del agua = superficie de los picaderos, francobordo de operación

7. No ocupa terreno, se vende con facilidad en el mercado internacional, es ajustable al asiento y la escora de los buques, facilita los trabajos de dragado, puede moverse hacia aguas más profundas, cuando así lo requiera la operación de varada.

**Capítulo 8**

1. Plataforma y cuna de picaderos, rieles inclinados construidos sobre una fundación de concreto, cadenas, máquina de arrastre.

3. Se utilizan durmientes comunes de ferrocarril sobre fundaciones livianas de concreto, las de cargas moderadas exigen la instalación de pilotes de madera; y para cargas pesadas, pilotes de acero ó de concreto.

5. Deben estar colocadas para que se deslicen sobre correderas protectoras, ser lavadas antes de que se introduzcan a las garruchas dentadas y mantener aceitadas los eslabones.

7. Carga de la cadena = W * Pendiente + (W + Cf)

9. Algunas ventajas son los costos iniciales de construcción, de operación rápida, los buques más largos pueden levantarse con la proa y popa extendidas y los rieles pueden acomodarse al terreno. Las desventajas que se pueden mencionar son: El mantenimiento muchas veces es bajo el mar, estrechez en las pasarelas, no puede ser trasladada la estructura, cambios frecuentes de piezas y es difícil el acceso.

**Capítulo 9**

**1.** Son varias las diferencias; El método de traslado puede ser con plataforma mixto de traslado lateral o puede ser singular con un sistema de traslado en una sola dirección. La diferencia puede ser entre los sistemas de izamiento. Pueden ser chigres que hagan accionar cadenas conectadas a la plataforma o puede ser izada la plataforma mediante un sistema de cables. También las hay con sistemas hidráulicos de levantamiento. Existen diferencias también, entre los tipos de carros, algunos con picaderos o vigas transversales capaces de levantar el buque de la plataforma, accionados por control remoto.

**3.** Ventaja: Es un sistema de operación rápida. Desventaja: Mantenimiento costoso

**5.** Chigres con sus cables o cadenas, plataforma de izamiento, sala de controles, carros de varada y patio de aparcamiento.

**7.** Maquinaria elevadora con eslingas de acero, estructura sobre ruedas, correas de nylon ajustables y muelle de soporte.

**Capítulo 10**

**1.** Se miden de la línea base hacia tres puntos C, A y B localizadas en la cuña con curvatura o en la cuña con pendiente en su parte ancha superior. La medida del centro (A) se debe proyectar perpendicularmente del casco, pasando por el tercio medio de la base del picadero.

**3.** Para brindarle un soporte completo a la quilla de un buque de gran peso, es importante que se amolde toda la superficie de la capa superior de madera, a las irregularidades, en sentido longitudinal, de la quilla del buque.

**5.** Se estira un alambre transversalmente, dentro del buque contra un mamparo sobre el fondo en la parte de adentro del casco y se toman las alturas en el área escogida para el soporte y se toman ordenadas convenientemente espaciadas. Uniendo los puntos en una sala de gálibos se obtiene una curva que permitirá la fabricación de una plantilla para la confección de las cuñas.

**7.** La hoja de datos es la manera más rápida para diseminar la información entre los trabajadores del dique y el jefe de diques.

**Capítulo 11**

Llene los espacios:

1- Esfuerzo unitario, Módulo de Elasticidad

3- Resistente a la corrosión, acero templado, De alta tensión, Bajo en carbono

5- Acero, Madera, Metales no-ferrosos, Materiales compuestos.

**7.** El Aluminio es un metal no ferroso.

9- Pareo:

___d___ Material sometido a cargas cíclicas invertidas alternantes y al máximo esfuerzo.

__ a____ Se realizan con un extensómetro y un dispositivo mordaza.

_ _b_____ Se realiza con un instrumento de penetración que puede ser en forma de bola o de pirámide.

___c____ Pruebas de tensión y dureza con cargas aplicadas rápidamente a bajas temperaturas.

**Capítulo 12**

1. Sistema de cables y cadenas con plomada, Boyas amarradas a pastecas sumergidas conectadas a la cama de picaderos, instrumentos ópticos, puntales laterales y tijeras de maderas

**3.** Movimiento horizontal del cable = $\frac{e}{H}$

**5.** El extremo de la popa.

**7.** Para evitar derrumbamientos de los picaderos por tropiezos de la quilla con los picaderos y por asientos severos del buque.

**Capítulo 13**

**1.** Las principales son: Cuñas de contorno, Cuñas tangenciales, Cuñas universales.

**3.** Un picadero compuesto posee; base de concreto o base de hierro fundido, madera dura y madera blanda, ocasiones hule sintético como primera capa de contacto.

**5.** Las maderas blandas comúnmente utilizadas son: el abeto Douglas, pino blanco, pino amarillo, pino Guayaquil.

**7.** Las cajas de arena no deben ser removidas sin el debido apuntalamiento del área circundante del picadero que se pretende remover. Si son varios los picaderos deben moverse uno por uno y apuntalarse contra el casco antes de proceder a mover el siguiente

**9.** Para la mejor distribución del peso del buque y para amoldarse a las irregularidades del casco.

**Capítulo 14**

1. 11.84 kg/cm$^2$
3. 477.00 lbs. /pulgs$^2$ (psi)
5. 1.85 kg/cm$^2$
7. 0.0135 m

**Capítulo 15**

1. Carga Trapezoidal = $\frac{W}{L} \pm \frac{6 \times W \times e}{L_k{}^2}$
3. Carga en la popa = 32.4 Tm, carga en la proa = 14.54 Tm
5. Carga promedio triangular = $\frac{W}{1.5\ L_q - A}$
7. **a)** Carga en la popa = 27.71 Tm, carga en la proa = 15.49Tm

b) El centro de gravedad avanza 1.25 m hacia la proa.

c) La carga primitiva en popa: 27.71 ton. La nueva carga en la popa con el lastre: 25.32 ton y la diferencia: 27.71 – 25.32 = 1.39 ton

**Capítulo 16**

1. Se define con la ecuación siguiente: Deflexión = $\frac{\text{c arg a(lbs)}}{\text{Área(p lg s.}^2)} \times \frac{\text{espesor(p lg s.)}}{\text{módulo de elasticidad}}$
3. Las quillas angostas crean intensas sobrecargas que dañan a los picaderos.
5. La ecuación de Crandall para calcular la carga sobre los picaderos es: $\frac{W}{L_k} \pm \frac{6We}{L^2{}_k}$
7. Momento de Inercia de A = 246267.67 pies$^4$

   Momento de Inercia de B = 1014000.00 pies$^4$

**Capítulo 17**

**1.** El objetivo es lograr que el dique levante el buque, causando los menores esfuerzos sobre el casco y sin causarle daños a los picaderos por concentraciones de peso o deformaciones permanentes a la estructura y cubierta de la solera y en el descenso del dique, saber cuáles son los calados y asiento correctos en donde se tiene que detener.

**3.** Los cálculos preliminares para el desarrollo del plan son: Cálculo del peso de los compartimientos, distribución del peso del buque sobre cada compartimiento y la determinación del peso sobre los pontones.

**5.** Con un instrumento óptico de agrimensura y sus respectivas balizas colocado sobre ambas cubiertas de los muros laterales.

**7.** Con las curvas se pueden determinar directamente, la altura del lastre en los tanques necesarios para levantar el buque, conociendo su peso y su calado.

**Capítulo 18**

**1.** Algunas revisiones que deben realizarse son las siguientes:
Inspección de las alturas de los picaderos. Se recomienda la verificación independiente por segundos y terceros. Verificación de las marcas de acotamiento; coordenadas de los picaderos y de las estructuras que sobresalgan del casco. Verificación de mareas y suficiencia de agua en el dique para la varada Verificación del calado del buque y el espacio libre sobre los picaderos.

**3.** Tijera alineadora, tránsito y niveles, cadenas y cables con plomada.

**5.** Los siguientes son los más importantes:

Realizar un levantamiento de datos que incluya la verificación de la eslora y manga actual del barco. Verificar las distancias del primer bloque de la quilla y el primer bloque de pantoque. El primer bloque de la quilla debe corresponder al extremo de la quilla en la popa y el primer bloque de pantoque al mamparo escogido en el plano. Verificar las alturas de los bloques según los datos de fabricación. Verificación de ángulos y coordenadas.

**Capítulo 19**

**1.** Cuando el calado del dique llegue al nivel del agua y coincide con la superficie de los picaderos.

**3.** El segmento de riel que une los rieles de la plataforma con los de la grada de reparaciones.

**5.** En el elevador de buques los cabos solo se mueven después del descanso del buque sobre la cama. En varadero ferroviario los cabos deben atezarse constantemente con el movimiento del buque.

**7.** Las actividades que se deben realizar antes de toda varada son:

1. La preparación de avanzada.
2. Preparación del dique.
3. Revisiones anteriores a la varada.
4. Operación de Varada
5. Acciones y revisiones posteriores a la varada.

**Capítulo 20**

1. Para control de los riesgos, los estamentos de seguridad ocupacional recomiendan la aplicación de los siguientes controles:

Controles de ingeniería.

Controles administrativos.

Equipo protector personal.

**3.** No exponga las líneas a calores innecesarios, ni al sol, frío o a sustancias químicas ni las mantenga firmemente enrolladas en su carrete, durante la temporada de frío.

**5.** No se estacione directamente en la misma dirección del punto en que las líneas cambian de dirección. Como en las vueltas alrededor de una bita, cabrestante o pasteca.

No se pare a horcajadas sobre una línea en tensión.

Evite la colocación de líneas o alambres sobre superficies escabrosas que puedan causarle excoriaciones o cortaduras, ni coloque objetos sobre ellas.

Asegúrese de eliminar las cocas o ensortijamiento en la línea antes de darle uso.

Verifique que las garruchas, roldanas y motones tengan la capacidad y el tamaño correcto.

Escuche el sonido que hace la línea bajo tensión. Estos sonidos pueden indicar que la línea esté a punto de fallar.

Coloque siempre las manos sobre todas las líneas dirigidas a los molinetes, bitas o cabrestantes.

Nunca lubrique las líneas

**7.** Algunas precauciones para la operación de grúas son las siguientes:

Antes de levantar cualquier material, se debe calcular su peso y determinar el radio al cual se levantará y dónde será depositado de acuerdo con las especificaciones de la máquina.

Evite, hasta donde sea posible levantar una carga con dos grúas a la misma vez. Se corre el peligro de que la carga se mueva de un lado a otro sobrecargando una de las grúas y haga fallar la otra. Siempre opere una grúa después que se haya verificado las condiciones de operación de esta. Verifique siempre el diagrama de la capacidad de carga, según el radio de la pluma. Baje la pluma con mucho cuidado cuando tenga una carga en el aire. Cuando tenga que subir y bajar la carga, hágalo con lentitud.

**Capítulo 21**

**1.** Implementar los procedimientos de prevención de accidentes por líquidos inflamables, prevenir la contaminación del ambiente, mantener cerradas todas las aberturas en el casco, establecer preparativos contra tormentas y medidas para la contabilización de todos los movimientos de pesos a bordo.

3. No vaciar o bombear aceites, gasolina, aceite combustible o cualquier otro líquido inflamable en el dique. Tomar precauciones para evitar la ignición de pinturas y mantener letreros de *no fumar* en los alrededores y en el fondo del dique. Solo deberá mantenerse el material necesario para el consumo inmediato dentro del dique.

5. Las aberturas en el casco deben mantenerse cerradas para evitar inundaciones.

7. Los sonares fijos se llenan de agua mientras se inunda el dique para mantener una presión dentro igual a la de afuera.

**Capítulo 22**

**1.** El departamento encargado, es el de *Aparejadores y Grúas,* bajo la dirección de un capitán de diques.

**3.** El departamento de varada tradicionalmente lo forman: Los aparejadores, carpinteros de ribera, operadores de grúas, arquitectos e ingenieros navales.

**5.** El trabajador de varada debe ser diestro en el manejo de montacargas, grúas pequeñas, carpintería de ribera, debe conocer y tener habilidades para el aparejamiento liviano, el replanteo de líneas y la fabricación de gálibos.

# ÍNDICE ANALÍTICO

## BIOGRAFÍA DEL AUTOR

Mi irrebatible predilección por las ciencias marítimas la profeso desde mi juventud, influenciado sin duda, por haber crecido en medio del ir y venir de lanchas, buques bananeros y barcos de cabotaje que trasladaban la mercadería traídas de otras provincias y que en aquel tiempo constituían el medio de transporte de toda la comuna de mi provincia. Mis deseos se cumplieron al pasar los exámenes y ser admitido a la escuela de Aprendices del Canal de Panamá como aprendiz Carpintero de Ribera. Con caldeado entusiasmo empecé a laborar en los talleres de carpintería náutica que era la encargada de operar los diques de los astilleros de la compañía del Canal de Panamá. Luego de completar los cuatro años de estudio, fui aceptado en el programa de formación de buzos de la empresa, participando en los programas de entrenamiento para buzos de la Marina Estadounidense en Panamá City Florida.

El incremento de mi vocación por los trabajos en los diques secos fue el elemento alentador a mi búsqueda de otros conocimientos relacionados. Después de quince años de laborar como técnico de diques secos y buzo, Fui promovido a la supervisión del taller de Carpinteros náuticos y después a Capitán de Diques Secos. Durante aquellos años de arduo trabajo, siempre fue notable la escasez de material impreso en español, relacionado a esta profesión. Los esfuerzos de entrenamiento quedaban siempre sucintos, someros e informales y sin el adecuado rigor por la falta de algún texto de referencia. Al cumplir los 24 años de labor, decidí jubilarme. Seguí mi búsqueda de conocimientos tratando de reforzar lagunas que, a mi juicio, entorpecían la capacitación de los técnicos. Obtuve sobre la marcha un Diploma a nivel técnico en Tecnología del Panamá Canal College de Balboa, República de Panamá. Realicé estudios en Westlawn Institute of Marine Technology, la Universidad Tecnológica de Panamá, la Universidad Latinoamericana de Ciencias y Tecnología, ULACIT, Pennfoster College, Asian Health Services Healthcare Interpreters training, Certificación del estado de California EU como Lingüista y Certificación del gobierno panameño como Traductor Público Autorizado del Inglés /español/ inglés. La búsqueda de conocimientos relacionados, finalmente se convirtió en un factor que definiría la idea de crear un manual para el personal encargado de las operaciones de varadas y desvaradas de buques en diques secos, y que a la vez contribuyera a enmendar en algo, la insuficiencia de material bibliográfico de referencia, relacionada a esta profesión.

El autor:
Policarpo Alfonso Machado C.